文史哲學集成

葉政欣 著

漢儒賈逵之春秋左氏學

文史哲出版社印行

國家圖書館出版品預行編目資料

漢儒賈逵之春秋左氏學 / 葉政欣著. -- 再版 --
臺北市：文史哲出版社, 民 110.06
頁；　公分--（文史哲學集成；738）
ISBN 978-986-314-557-8（平裝）

1.左傳 2.春秋(經書) 3.注釋

621.73　　110009477

文史哲學集成 738

漢儒賈逵之春秋左氏學

著　者：葉　政　欣
出版者：文　史　哲　出　版　社
http:// www.lapen.com.tw
e-mail：lapen@ms74.hinet.net
登記證字號：行政院新聞局版臺業字五三三七號
發行人：彭　正　雄
發行所：文　史　哲　出　版　社
印刷者：文　史　哲　出　版　社
臺北市羅斯福路一段七十二巷四號
郵政劃撥帳號：一六一八〇一七五
電話886-2-23511028・傳真886-2-23965656

定價新臺幣八〇〇元

一九八三年（民七十二）元月興業初版
二〇二一年（民一一〇）六月再版

ISBN 978-986-314-557-8　01738

漢儒賈逵之春秋左氏學 目次

序言

春秋之學，西漢初期得立於學官者僅公羊、穀梁二家。左傳較晚出，初未得立。漢書儒林傳略謂：「漢興，北平侯張蒼、梁太傅賈誼、京兆尹張敞、大中大夫劉公子，皆修春秋左氏傳。誼爲左氏傳訓故，授趙人貫公，爲河間獻王博士。子長卿授張禹。禹言於蕭望之。望之薦禹於宣帝。徵禹待詔。未及問，會疾死。授尹更始。更始授子咸及翟方進、胡常。常授賈護。護授陳欽。陳欽以授王莽。而劉歆從尹咸及翟方進受。由是言左氏者本之賈護、劉歆。」許愼說文解字序亦云：「北平侯張蒼，獻春秋左氏傳。」據此則漢初左氏學傳自張蒼、賈誼，而其傳授之迹，亦略可考見。蓋張蒼既傳授斯學，復上獻其書。初藏之秘府，未得立學官，僅私相傳授，學終未顯。及至劉歆，乃昌大其學。哀帝之時，歆親近貴顯，更求立左傳於學官，以今文經諸博士之反對而不果，然左氏學之發展已漸臻於昌盛矣。

降及東漢，賈徽受左氏學於劉歆，而傳其子逵。賈氏兩代精研，號稱左傳專門之學，與鄭氏齊名，爲儒林所重，後漢書鄭興傳云：「世言左氏者多祖於興，而賈逵自傳其父業，故有鄭、賈之學。」又賈逵傳論曰：「鄭、賈之學，行乎數百年中。」是賈、鄭二家，成就卓越，當世蓋罕有其匹，而賈學之成就及影響，殆尤過於鄭氏。其後，許愼、潁容、許淑、馬融、服虔、鄭玄諸家，皆深受其影響。賈學實上繼劉歆，下開諸家，具承先啓後之功，有足多者。

顧賈逵之著述，蓋至宋而不傳，其學亦湮沒而不彰。先儒鴻業，淪亡殆盡，良可惘惜。宋儒王應麟始有事於蒐輯，所得賈氏左傳佚說，已有可觀。清儒復興漢代學術，於賈逵遺說更為裒輯，黃奭、王謨、馬國翰三家，皆有賈氏遺作輯本，而余蕭客古經解鉤沈、嚴蔚春秋內傳古注輯存及馮明貞補輯，亦收賈氏佚說。馬氏輯本及嚴氏、馮氏所輯尤夥。雖十不存一，又復得失參半，然賈氏遺說賴此略存梗概，亦彌足珍貴矣。

自隋、唐以來，迄於清初，學者未嘗聞有專就賈學而予以探討者，有之當自清儒李貽德始（李氏字天彝，號次白。清浙江嘉興人，一七八三—一八三二），李氏著春秋左傳賈服注輯述二十卷，取賈逵、服虔兩家之說而爲之疏證。其於賈注蒐採頗備，而援引經傳古籍以證成賈義，時多精洽之論，惟僅就賈說申證，未能博採衆家，辨析得失。且遇賈說失當處，或略而不言，或曲爲之說，未能諟正，此其缺失也。其後劉文淇（劉氏字孟瞻，清江蘇儀徵人。一七八九—一八五四）撰春秋左氏傳舊注疏證若干卷，取漢儒舊注而疏證之，於賈氏之說蒐採亦備。其書疏證賈說處不及李書之詳，而精核過之。其釋禮制引證詳贍，且間引諸家說而辨析得失，論斷多切要中肯，是其長處。然於賈說之失當處，亦但有引申而無駁詰，其失與李書略同。引證諸家說亦未能賅備，且其書至襄公五年而止，非爲全璧，皆其所短。今探究賈氏遺說，於李氏、劉氏二家之書，並有取焉。

本文取賈氏春秋左傳遺說，爲之爬梳整理，並依內容性質區分爲春秋義例、左傳義例、左傳文旨、名物、古史、禮制、國名、地名、人名及訓詁等項，逐事辨證，並析論諸家得失。計分爲八章三十節。綜括全文綱要，凡有五端，玆分別說明如次：

一曰輯賈注之佚文：賈注佚文，清儒爲之蒐輯者，以馬國翰、黃奭、王謨、嚴蔚、馮明貞諸家爲詳，而李貽德、劉文淇二家之書所收賈注亦備。本文參稽諸家所輯之文，其所輯誤者正之，贅者刪之，闕漏字句者補之，務求其確當。其有諸家所未及輯者，亦爲補入，以求其詳備焉。

二曰申賈注之義蘊：經傳古注，措辭簡要，其義蘊固有淺顯易解者，亦有隱晦難明者，需爲之申解，其義乃明。此義疏之學所由興。賈注措辭，亦頗簡要，故爲之引據經傳及子史、義詁，以疏通證明之，或明義理，或徵故實，或詳史事，或通訓詁，以證成賈說而明其義蘊。義蘊明則其義例、學說亦從可考見矣。

三曰辨賈、杜之得失：賈、杜二家皆專門之學。賈說多精當之見，然亦偶有疏陋處。其說之得者，固當遵從；失者亦當辨明其疏誤所在，不必曲爲之說。杜預集解乃先儒春秋左傳古注之僅存者，故取以與賈說對勘。其相同者可明二家淵源關係，其相異者亦可藉以較其得失。孔穎達正義疏證杜說，遇杜說與賈氏異者，每引賈說而駁之。然賈、杜二家義有相違，往往得失互見，而孔氏正義以體例之故，概從杜說，是其駁賈之說，尚有未妥當者，亟宜重予探討，以正其謬誤，庶不致貽誤後人。至賈、杜以外各家說之可考者，自亦在徵引探討之列也。

四曰論諸家之是非：魏晉以來，南北朝時期學者盛行義疏之學，至唐初孔穎達編撰正義而集其大成。自玆以降，究心春秋左傳之學者，於唐則啖助、趙匡、陸淳三家爲著，於宋則有孫復、劉敞、蘇轍胡安國、趙鵬飛、葉夢得、呂祖謙、陳傅良、黃仲炎、張洽，呂大圭、家鉉翁等，於元明則程端學、黃澤、趙汸、李廉、俞皐、陳深、張以寧等，於清則顧炎武、王夫之、毛奇齡、惠士奇、顧棟高、萬斯大、惠棟、焦循、馬宗璉、洪亮吉、梁履繩、李富孫、沈欽韓、李貽德、劉文淇等，其尤著者也。本文於疏證賈說或辨析賈、杜得失之時，每稱引諸家之說，以資證明，而諸家之是非得失，亦兼為論定。又有清一代，古學昌明，經學著述甚夥，其有單篇之論說、劄記之屬及他經之著述，與春秋經傳相關者，亦廣為蒐討，而定其從違焉。

五曰析賈注之條例：賈氏專門名家，其春秋左傳說卓然一家之學，其書自必體例整贍，條理縣密，惜卷帙不全，其詳不可得見，然就此殘存之文以析論之，其條例尚可考見一二。本文於辨證之中，間亦揭示其條例，或於概說中明之，雖未能完密，要亦可藉此窺見賈學之一斑矣。

以上五項其犖犖大者，其餘如徵典制之故實，明經傳之義例，說左傳人名、地名之梗概等等，篇中亦偶及之，此其大略也。

予前撰「賈逵春秋左傳遺說探究」一稿，以草創未周，漏略不免。嗣經前輩學者，多所匡正，乃增益資料，重加刪正，而成斯編。較之前稿，差為完密。然春秋左傳之學，上下二千餘年，浩博難究，豈易言哉。予雖經多年探索，仍感所獲有限，難以一登堂奧。今茲此編亦聊誌其探索之過程而已。尚祈博雅君子，進而教之，則幸甚矣。

中華民國七十二年元月五日，葉政欣謹識于國立成功大學

第一章 緒論

第一節 賈逵之生平及其先世

賈逵字景伯，扶風平陵（今陝西省興平縣東北二十里）人。生於東漢光武帝建武六年（西元三〇年），卒於和帝永元十三年（西元一〇一年），年七十二歲。

逵九世祖賈誼，西漢文帝時爲梁王太傅，家於洛陽，撰有左氏傳訓故，爲西漢初年傳左氏學之一名家，史記、漢書自有傳。曾祖父賈光，宣帝時爲常山太守，以吏二千石自洛陽徙居扶風，遂爲扶風平陵人。父賈徽，官至潁陰令。嘗受學於劉歆、塗惲、謝曼卿，博通群經，專力於學，爲世通儒。

逵悉傳父業，自幼穎悟好學，弱冠能誦左氏傳及五經本文。自爲兒童，常在太學，受學術環境之薰陶甚深。生性樂易，長於智思，俶儻有大節。而身長八尺二寸，故諸儒爲之語曰：「問事不休賈長頭。」凡此種種，皆有助於賈氏成爲一代名儒，而身軀高大，亦有異於常人也。

明帝永平元年，逵年二十九歲。至永平十八年，四十六歲。此十餘年間，據後漢書本傳所載，凡有二事：其一，逵撰成左氏傳及國語解詁五十一篇，上疏獻之。明帝重其書，寫藏秘館。其二，嘗有神雀集宮殿官府，冠羽有五采色，帝異之，以問臨邑侯劉復，復不能對，薦逵博學多識，帝乃召逵問之。對曰：「昔武王終父之業，鸑鷟在岐，宣帝威懷戎狄，神雀仍集，此胡降之徵也。」帝勅蘭臺給筆札，使作神雀頌，拜爲郎，與班固並校秘書，應對左右。此賈逵四十六歲以前事也。

章帝卽位，降意儒術，特好古文尙書及左氏傳。建初元年，逵年四十七，受詔入講北宮白虎觀、南宮雲臺。帝善逵說，使發出左氏傳大義長於二傳者。逵於是具條奏之。書奏，帝嘉之，有所賞賜。並令逵自選公羊嚴、顏諸生高才者二十人，敎以左氏，與簡紙經傳各一通。此時逵已躋身師儒之林矣。又逵母常有疾，帝欲加賜，以校書例多，特以錢二十萬，使潁陽侯馬防與之。帝謂防曰：「賈逵母病，此子無人事於外，屢空則從孤竹之子於首陽山矣。」其專力於學，心無旁騖，於此可見。故能成就一代師儒，非偶然也。

逵又數爲章帝言古文尙書與經傳爾雅詁訓相應，帝乃詔令撰歐陽、大小夏侯尙書古文同異。逵集之爲三卷，帝善之。復令撰齊、魯、韓詩與毛氏異同。幷作周官解故。此三書約成於逵五十歲前後數年中。其職務亦於此時遷調爲衞士令。章帝建初八年，逵年五十四，詔諸儒各選高才生受左氏、穀梁春秋、古文尙書、毛詩，由是四經遂行於世。逵蓋亦在受詔諸儒之中，而四經之行於世，逵提倡之功，亦與有力。逵所選弟子及門生，皆拜爲千乘王國郞，朝夕受業黃門署，學者皆欣欣羨慕焉。逵此時蓋已儼然儒林碩望矣。

和帝永元三年，逵年六十二，以逵爲左中郞將。八年，復爲侍中，領騎都尉。內備帷幄，兼領祕書近署，甚見信用。逵嘗薦東萊司馬均、陳國汝郁二人，帝卽徵之，並蒙優禮。均位至侍中，郁累遷至魯相，皆有循行。

逵所著經傳義詁及論難凡百餘萬言，又作詩、頌、誄、書、連珠、酒令凡九篇。學者宗之，後世稱爲通儒。永元十三年卒，朝廷愍惜，除二子爲太子舍人。

綜觀賈氏一生，凡歷光武、明、章、和四帝，其一生經歷，亦約可分爲四期：㈠三十歲稍後出任郎官以前，爲第一期。此期爲賈氏學問奠定時期。㈡出任郎官以後，至明帝末年，逵年四十六歲許，爲第二期。此期受命與班固典校秘書，應對左右。並從事於專門著述，左傳國語解詁五十一卷，即成於此時期。此時賈氏學問已有成就，漸爲朝野所推重。㈢章帝建初元年，至和帝永元二年，約十五年間，爲第三期。此期逵受知於章帝，既受詔入講北宮白虎觀、南宮雲臺，復講學黃門署，並撰周官解詁等書。此期以講學之功爲多，聲望崇隆。㈣和帝永元三年以後十年，爲第四期。以左中郎將進位侍中，兼領秘書近署，內贊帷幄，甚見信用。此期不專於講學，而以參預機要之功居多。綜其一生，肆力於古文經學，卓然有成，號爲通儒。且以親近之故，古文經學因以大顯，左氏、古文尚書、毛詩諸古文經之得行於世，逵之力也。然以不修小節，當世以此頗譏焉，故不至大官。又以頗引圖讖，故不能無附會文致之失，此則其美中不足者也。

附賈逵年譜

近人陳邦福氏有賈景伯年譜之作（刊國粹學報第七年第八十二期），取材以范史本紀列傳爲主，旁及類書雜說，編次排比，尙稱允當，惟間有遺漏。今本其說，略爲增補如次。

光武帝建武六年庚寅一歲

賈逵生。本傳云：九世祖賈誼，文帝時爲梁王太傅。曾祖父光，爲常山太守，宣帝時以吏二千石自洛陽徙焉。父徽，從劉歆受左氏春秋，兼習國語、周官，又受古文尚書於塗惲，學毛詩於謝曼卿，作左氏條例二十一篇。

建武十一年乙未六歲

拾遺記云，逵年六歲，其姊聞鄰家讀書，日日抱逵就籬聽之。逵年十歲，迺暗誦六經。父曰：吾未嘗教爾，安得三墳五典誦之。對曰：姊嘗抱於籬邊聽鄰家讀書，因得而誦之。按拾遺記之說，未詳所本，姑存錄之。

建武十三年丁酉八歲

本傳云：自爲兒童，常在太學，不通人間事。事當自此年前後始。

建武二十五年己酉二十歲

本傳云：逵悉傳父業。弱冠能誦左氏傳及五經本文。身長八尺二寸，諸儒爲之語曰：問事不休賈長頭。性愷悌，多智思，俶儻有大節。景伯弱冠之時，蓋已嶄露頭角矣。

建武二十六年庚戌二十一歲

後漢書鄭興傳云：世言左氏者多祖興，而賈逵自傳其父業，故有鄭賈之學。陳邦福氏云：「竊以興學稽之，當在是年。」玆從之。

建武三十一年乙卯二十六歲

據光武帝紀，是年郡國大水，扶風亦受其害。

建武中元元年丙辰二十七歲

後漢書儒林傳敍云：中元元年，初建三雍。

建武中元二年丁巳二十八歲

明帝永平元年戊午二十九歲

是年明帝行辟雍禮。後漢書儒林傳敍云：天子始冠通天，衣日月。祖割辟雍之上，尊養三老五更，饗射禮畢，帝正坐自講，諸儒執經問難於前。

永平四年辛酉三十二歲

明帝本紀云：是年京師及郡國七大水。

永平六年癸亥三十四歲

明帝紀云：是年二月，王雒山出寶鼎（雒或作雄），廬江太守獻之。逵聞此事，當上疏稱瑞。

永平九年丙寅三十七歲

明帝紀云：是歲大有年。爲四姓小侯開立學校，置五經師。

本傳云：以大夏侯尙書敎授，雖爲古學，兼通五家穀梁之說。事當在此年前後。

永平十年丁卯三十八歲

明帝紀云：是年閏月甲午，南巡狩，幸南陽，祠章陵。日北至，又祠舊宅。禮畢，召校官弟子作雅樂，奏鹿鳴，帝自御塤篪和之，以娛嘉賓。

永平十一年戊辰三十九歲

明帝紀云：是年麒麟白雉醴泉嘉禾出。

永平十五年壬申四十三歲

後漢書東平憲王蒼傳云：是年春，明帝行幸東平，帝以所作光武本紀示蒼。蒼因上光武受命中興頌，帝甚善之。以其文典雅，特令校書郎賈逵爲之訓詁。

永平十六年癸酉四十四歲

左傳文公十三年正義云：明帝時，賈逵上疏云，五經皆無證圖讖明劉氏之爲堯後者，而左氏獨有明文。案困學紀聞卷六，翁注亦載此語。陳氏云：「以本傳審之，疑在是年。」從之。

永平十七年甲戌四十五歲

本傳云：逵明左氏傳國語，爲之解詁五十一篇，永平中，上疏獻之。顯宗重其書，寫藏秘館。時有神雀集宮殿官府，冠羽有五采色，帝異之，以問臨邑侯劉復。復不能對，薦逵博物多識，帝乃召見逵問之。對曰：昔武王終父之業，鸑鷟在岐，宣帝威懷戎狄，神雀仍集，此胡降之徵也。帝勅蘭臺給筆札，使作神雀頌。拜爲郎。與班固並校祕書，應對左右，陳氏云：「考明帝本紀神雀見僅此一次，紀云是歲芝草生殿前，神雀五采翔集京師，與此事正合。故知獻左氏國語解詁與拜爲郎及校秘書皆在一時事。」從之。

永平十八年乙亥四十六歲

章帝建初元年丙子四十七歲

本傳云：是年詔逵入講北宮白虎觀、南宮雲臺。帝善逵說，使出左氏傳大義長於二傳者，逵於是具條奏之。

三輔決錄云：是年受詔列春秋公羊、穀梁不如左氏四十事。春秋名左氏長義。帝大善，賜布五百匹。

又隋書經籍志云：春秋左氏長經二十卷。漢侍中賈逵章句。

困學紀聞卷六引左氏正義云：章帝時，賈逵上春秋大義四十條。（說本許愼五經異義）

建初四年己卯五十歲

後漢書丁鴻傳云：建初四年，徙封魯陽鄉侯。肅宗詔鴻與廣平王羨及諸儒樓望、成封、桓郁、賈逵等，論定五經同異於北宮白虎觀。

後漢書傅毅傳云：建初中，肅宗博召文學之士，以毅爲蘭臺令史，與班固賈逵共典校書。案事見章紀建初四年。

是年扶風馬融生。

後漢書李育傳云：育字元春，扶風漆人。少習公羊春秋。建初四年，詔與諸儒論五經於白虎觀。育以公羊義難賈逵，往返皆有理證，稱爲通儒。

建初五年庚辰五十一歲

本傳云：逵母常有疾，帝欲加賜，以校書例多，特以錢二十萬，使潁陽侯馬防與之。謂防曰：賈逵母病，此子無人事於外，屢空則從孤竹之子於首陽山矣。陳氏謂：「馬傳云：防以建初四年封潁陽侯，而賜錢之事，當在五年可知。」從之。

建初七年壬午五十三歲

馬防傳云：是年防以病乞骸骨，詔賜中山王田廬。

建初八年癸未五十四歲

本傳云：乃詔諸儒各選高才生，受左氏、穀梁春秋、古文尚書、毛詩，由是四經遂行於世。皆拜逵所選弟子及門生為千乘王國郎，朝夕受業黃門署，學者皆欣欣羡慕焉。

元和元年甲申五十五歲

元和二年乙酉五十六歲

本傳云：令逵自選公羊嚴顏諸生高才者二十人，敎以左氏。

本傳云：改元正歷，垂萬世則。顏注云：改元謂改建初九年為元和元年。正歷謂元和二年始用四分歷也。陳氏云：「本書律歷志有賈逵論歷一篇，疑此時所作。」從之。

元和三年丙戌五十七歲

章和元年丁亥五十八歲

章和二年戊子五十九歲

和帝永元元年己丑六十歲

後漢書李尤傳云：尤字伯仁，廣漢雒人。少以文章顯。和帝時侍中賈逵荐尤有相如揚雄之風，召詣東觀，受詔作賦。拜爲蘭臺令史。

永元三年辛卯六十二歲

本傳云：是年以逵爲左中郎將。

永元八年丙申六十七歲

本傳云：是年復爲侍中，領騎都尉。內備帷幄，兼領秘書近署。逵薦東萊司馬均，陳國汝郁，帝即徵之。

永元十一年己亥七十歲

後漢書魯丕傳云：永元十一年，丕遷中散大夫。時侍中賈逵薦丕道藝深明，宜見任用。和帝因朝會召見諸儒，丕與賈逵黃香等相難數事，帝善之。

永元十二年庚子七十一歲

袁山松後漢書曰：侍中賈逵薦楊終博達忠直，徵拜郎中。及病，賜錢二十萬。案楊終傳云：是年徵拜郎中，以病卒。

馬防傳云：是年防卒。

永元十三年辛丑七十二歲

本傳云：逵以是年卒，年七十二。朝廷愍惜，擧用兩子爲太子舍人。又云：逵所著經傳義詁及論難凡百餘萬言。又作詩、頌、誄、書、連珠、酒令凡九篇。學者宗之，後世稱爲通儒。

御覽卷五百九十引傅玄連珠敍云：連珠者，興於漢景帝之世，班固、賈逵、傅毅三才子受詔作之，而蔡邕、張華之徒又廣焉。班固喩美辭壯，文體弘麗，最得其體。蔡邕言質辭碎，然其旨篤矣。賈逵儒而不艷，傅毅文而不典。

第二節　賈逵之學術與師承

賈逵以左氏學名家，然其學不僅限於春秋左傳。其於國語及周官、古文尚書、毛詩諸古文學，並皆擅長，且均有著述。爲東漢初年一古文經學大家。就五經言之，賈氏兼通者，計有詩、書、禮、周官、春秋左氏、穀梁凡四經，惟於易經未見刻意鑽研，亦無關於易經之著作傳世，蓋僅略通其學而已。

賈氏雖專以古文學著稱於世，然於今文經學，亦兼習焉。本傳謂其以大夏侯尚書教授，又兼通五家穀梁之說（章懷太子注：五家謂尹更始、劉向、周慶、丁姓、王彥等，皆爲穀梁，見前書也。）大夏侯尚書及五家穀梁說，皆今文學也。逵又撰歐陽、大、小夏侯尚書古文同異，及齊、魯、韓詩與毛氏異同。歐陽、大、小夏侯尚書及齊、魯、韓詩，亦今文學也。於書詩必今古文兼治，乃能較其同異，知逵於古文學之外，亦兼通詩、書、穀梁諸今文學也。

至其師承則以得自父傳者爲多。本傳謂：「父徽，嘗從劉歆受左氏春秋，兼習國語、周官，又受古文尚書於塗惲，學毛詩於謝曼卿，作左氏條例二十一篇。逵悉傳父業。」賈逵所治諸學，與父徽所治者全同，皆其父所傳也。其成就則有出藍之雅，亦以家學淵源，兩代累積，始克臻此。

賈氏父子之春秋左傳學傳自劉歆，歆爲大昌左氏學之一名家也。漢書劉歆傳云：「及歆校秘書，見古文春秋左氏傳，歆大好之。時丞相史尹咸以能治左氏，與歆共校經傳。歆略從咸及丞相翟方進受，質問大義。初左氏傳多古字古言，學者傳訓故而已，及歆治左氏，引傳文以解經，轉相發明，由是章句義理備焉。」（漢書卷三十六）據此文知歆嘗受左氏學於尹咸及翟方進，而引傳解經，轉相發明，由是左氏學之章句、義理始備。則劉歆實大有功於左氏學也。賈徽受學於劉歆，爲劉氏高第弟子，能得其傳。孔穎達春秋左傳正義引漢儒說每劉賈並稱，亦可證賈學本之於劉氏也。

漢書儒林傳云：「漢興，張蒼、賈誼、張敞、大中大夫劉公子，皆修春秋左氏傳。誼爲左氏傳訓故，授趙人貫公，爲河間獻王博士。卿子長卿授張禹。禹與蕭望之同時爲御史，數爲望之言左氏。後望之爲太子太傅，薦禹於宣帝。徵禹待詔，未及問，會疾死。授尹更始。更始傳子咸及翟方進、胡常。常授賈護，哀帝時待詔爲郎。護授陳欽。陳欽以授王莽，而劉歆從尹咸及翟方進受。由是言左氏者本之賈護、劉歆。」（漢書卷八十八）此西漢左氏學授受之大略也。據此劉歆之左氏學又可上推至漢初之張蒼、賈誼矣。

國語一書，號稱春秋外傳，與左傳相爲表裏，故治左傳之學者，往往兼習之，賈氏父子卽其顯例。

漢書藝文志春秋類載：「國語二十一篇，左丘明著。」（漢書卷三十）其師傳則無聞。漢志春秋類又載：「新國語五十四篇，劉向分國語。」（同上）劉向蓋嘗治國語，故分國語爲五十四篇。歆傳父學，而賈氏父子又得劉歆之傳授者也。

周禮之學，傳世較晚。漢志禮類載：「周官經六篇。王莽時劉歆置博士。」又載：「周官傳四篇。」（并漢書卷三十）其師傳無聞。賈公彥序周禮廢興引馬融傳云：「秦自孝公以下，用商君之法，其政酷烈，與周官相反。故始皇禁挾書，特疾惡，欲絕滅之，搜求焚燒之獨悉，是以隱藏百年。孝武帝始除挾書之律，開獻書之路，既出於山巖屋壁，復入於秘府，五家之儒，莫得見焉。至孝成皇帝，達才通人劉向子歆校理秘書，始得列序，著於錄略，然亡其冬官一篇，以考工記定之。時衆儒並出共排，以爲非是，唯歆獨識，其年尚幼，務在廣覽博觀，又多銳精於春秋，末年乃知其周公致太平之道，迹具在斯。奈遭天下倉卒，兵革並起，疾疫喪荒，弟子死喪，徒有里人河南緱氏杜子春尚在。永平之初，年且九十，家於南山，能通其讀，頗識其說，鄭衆、賈逵往受業焉。」（周禮注疏卷首）馬傳述周禮隱顯源流，至爲明析。據此可知周禮在西漢，藏於秘府，儒者莫見其書。至劉歆起廢繼絕，始研治之，其學乃稍顯於世。杜子春從劉歆受周禮之學，賈逵又從子春受業焉。又賈逵傳云：「父徽，從劉歆受左氏春秋，兼習周官。逵傳父業。」（卷三十六）則景伯之周禮學，一傳自其父賈徽，一傳自杜子春也。

逵亦善古文尚書。古文尚書得自孔壁，孔安國始治其學。漢書儒林傳云：「孔氏有古文尚書，孔安國以今文字讀之，因以起其家，逸書得十餘篇，蓋尚書茲多於是矣。遭巫蠱，未立於學官。安國爲諫大夫，授都尉朝，而司馬遷亦從安國問故。都尉朝授膠東庸生。庸生授清河胡常少子。常授虢徐敖。敖爲右扶風掾，又傳毛詩，授王璜、平陵塗惲子眞。子眞授河南桑欽君長。王莽時，諸學皆立。劉歆爲國師，璜、惲等皆貴顯。」（漢書卷八十八）古文尙書在西漢傳授之大要如此。賈徽學古文尙書於塗惲，傳子賈逵，是則賈氏父子之古文尙書學，其師承又可上推至於孔安國也。

賈氏父子之毛詩學，傳自謝曼卿。曼卿善毛詩，見於後漢書衞宏傳，宏傳云：「初，九江謝曼卿善毛詩，乃爲其訓。宏從曼卿受學，因作毛詩序，善得風雅之旨，于今傳於世。」（後漢書卷七十九下）是賈徽、衞宏俱受毛詩於謝曼卿也。漢書儒林傳云：「毛公，趙人也。治詩，爲河間獻王博士，授同國貫長卿。長卿授解延年。延年爲阿武令，授徐敖。敖授九江陳俠，爲王莽講學大夫。由是言毛詩者，本之徐敖。」（卷八十八）此西漢毛詩學授受之大要。而謝曼卿之毛詩學，受自何人，則未之及。陸德明經典釋文敍錄云：「或云：陳俠傳謝曼卿。元始五年，公車徵說詩者。」（經典釋文卷一）按漢書平帝紀：「元始五年，徵天下通知逸經、古記、天文、歷算、鍾律、小學、史篇、方術、本草，及以五經、論語、孝經、爾雅敎授者，在所爲駕一封軺車。」（卷十二）卽其事也。陸氏敍錄引或說，未詳所本。就年世衡之，當得其實。然則賈氏之毛詩學，又可上推至於二毛公也。（陸璣疏云：毛亨作詁訓傳，以授趙國毛萇。時人謂亨大毛公，萇小毛公。）

第三節　賈逵著述考佚

賈氏博洽多聞，兼擅諸經，而又歷在講筵，專力於學，故著述甚夥，其見於本傳所載者，有左傳、國語解詁五十一篇，左氏傳大義長於二傳者三十事，集歐陽、大、小夏侯尙書古文同異三卷，齊、魯、韓詩與毛氏異同及周官解故若干卷等多種。本傳謂其所撰經傳義詁及論難，凡有百餘萬言，可謂宏富矣。惟賈氏此百餘萬言之著述，今皆不傳。宋元以來學者所輯佚文，恐尙不及原作五十之一，餘皆亡佚，良可惜也。今據史志目錄及淸儒輯佚等有關文獻，略爲考訂如次：

㈠春秋左氏傳解詁三十卷

按後漢書本傳載：「逵尤明左氏、國語，爲之解詁五十一篇。（章懷太子原注：左氏三十篇，國語二十一篇）永平中，上疏獻之，顯宗重其書，寫藏秘館。」（卷三十六）陸德明經典釋文敍錄亦載：「賈逵左氏解詁三十卷」。隋書經籍志及舊唐書經籍志、新唐書藝文志均著錄，且同爲三十卷。宋史藝文志已不載，則其書至宋時已佚。淸儒輯本，黃奭逸書考有賈逵春秋左氏解詁一卷，王謨漢魏遺書鈔亦輯有一卷。其序錄云：「案文獻通考此書已不著錄，故經義考並入佚書。今抄出左氏釋文二條，左傳疏一百三十條，尙書疏一條，毛詩疏五條，周禮疏二條，禮記疏一條，史記注一百八十八條，都爲一卷。」馬國翰玉函山房輯佚書春秋類輯有賈氏左傳解詁二卷。馬氏序云：「宋王應麟輯古文春秋左傳十二卷中，載賈逵佚說，而疏漏者尙三分之一，玆更補綴合舊輯爲二卷。」嚴蔚春秋內傳古注輯存錄存三卷，馮明貞亦有補輯三卷。賈氏此書，錢大昭補續漢書藝文志，侯康補後漢書藝文志，顧櫰三補後漢書藝文志，姚振宗後漢藝文志，曾樸補後漢書藝文志，姚振宗隋書經籍志考證等書均著錄。

(一)春秋左氏長經章句二十卷

按此書隋志、舊唐志、新唐志皆著錄。隋志及新唐志均作二十卷，舊唐志作三十卷，蓋誤。宋史藝文志不載此書，蓋亦至宋而佚也。此書爲賈氏所撰春秋經注，因後漢書賈逵本傳未提及此書，故諸家往往誤以爲此書卽左氏長義，其實非也。隋、唐志並以此書冠於解詁之前，皆曰章句，明此書爲經注，解詁則傳注也。且章句云者，乃注解之別稱，非論難之比。賈氏別有左氏大義三十事及左氏長義四十一事二書，與此書各別。其左氏長義僅四十一條，亦不得有二十卷之數。通志略亦列此書于春秋經類中，亦可證其爲經注無疑也。馬國翰輯有長經章句一卷，然所收者實本傳所稱大義奏及本傳注文、公羊疏所引大義佚文等文字凡九條，實論難之文，不類經注，故姚振宗隋書經籍志考證，謂馬氏題曰長經章句，乃似是而非，是也。此書錢大昭、侯康、顧櫰三、姚振宗、曾樸諸家補藝文志之書均著錄。黃奭、王謨則無此書輯本。

(二)春秋三家經本訓詁十二卷

按此書隋志及新舊唐志皆著錄，惟書名所載略異。隋志作「春秋三家經本訓詁」，舊唐志作「春秋三家經訓詁」，新唐志作「春秋三家訓詁」，均十二卷。玆據隋志。此書當係賈氏專釋公羊、穀梁及左氏三家春秋經文異同之作，其體例於左氏經文之異於公羊穀梁者，必釋曰公、穀作某。觀公羊傳徐彥疏所引尚可見一斑。如春秋左氏莊十二年，宋萬弒其君捷。公羊、穀梁捷作接。公羊傳徐氏疏引賈氏云：公羊、穀梁曰接。昭四年，大雨雹。徐氏疏引賈氏云：穀梁作大雨雪。昭五年，秦伯罃。徐氏疏引賈氏云：穀梁作秦伯偃。定十年，宋樂世心出奔曹。徐氏疏云：世字亦有作泄字者，故賈氏言焉。哀四年，亳社災。徐疏引賈氏云：公羊曰薄社。蓋皆賈氏此書中語也。又定十年，叔孫州仇、仲孫何忌帥師圍費。徐氏疏云：左氏、穀梁此費字皆爲郈，賈氏不云公羊曰費者，蓋文不備，或所見異也。又齊侯、衞侯、鄭游遬會於窐。徐氏疏云：左氏、穀梁作安甫，賈氏不云公羊曰窐者，亦是文不備。定十五年，齊侯、衞侯次于籧篨。徐氏疏云：左氏作籧挐，賈氏無說，文不備也。徐彥作公羊傳疏時，賈氏此書當仍傳世，宋史藝文志已不見著錄，則宋時已佚。馬國翰、黃奭、王謨三家皆無此書輯本。錢大昭、侯康、顧櫰三、曾樸、姚振宗諸家則皆著錄。

㈣春秋釋訓一卷。春秋左氏經傳朱墨別（別或作列）一卷

按隋志載有賈逵所撰「春秋釋訓」及「春秋左氏經傳朱墨列」二書各一卷。是賈氏又有此兩書傳世。惟新舊唐志皆不載，蓋佚已久。此二書體例及內容已不可考，隋志列之於諸家釋例之首，蓋亦春秋釋例之類也。魏志王肅傳注引魏略云：「弘農董遇字季直。善左氏傳，爲作朱墨別異。」（三國志卷十三）姚振宗後漢藝文志謂董遇所作朱墨別異，當本之賈氏，是也。而作「列」者，蓋「別」字之譌。此書錢大昭、侯康、顧櫰三、姚振宗、曾樸諸家均著錄。馬、黃、王三家均無此二書之輯本。

(五)春秋左氏大義三十事

按賈逵本傳云：「肅宗立，降意儒術，特好左氏傳。建初元年詔逵入講白虎觀、雲臺。帝善逵說，使出左氏傳大義長於二傳者，逵於是具條奏之，書奏帝嘉之。」（後漢書卷三十六）東觀記云：「建初元年，詔逵入講北宮白虎觀、南宮雲臺，使出左氏大義。書奏，上嘉之。」（卷三）據此賈逵於建初元年確有此書之作。惟隋志及新舊唐志皆不載。袁宏後漢紀曰：「建武初，議立左氏學，博士范升議識毀左氏，以爲不宜立。愍帝（按章帝之謚）即位，左氏學廢，乃使郎中賈逵敍明左氏大義。」（卷十二）太平御覽引三輔決錄云：「賈逵建初元年，受詔列春秋公羊穀梁不如左氏四十事，名曰左氏長義。」（卷六百五十）三輔決錄以賈氏於建初元年所上者爲左氏四十事，名曰左氏長義，蓋誤。姚振宗云：「按是書上於建初元年，其曰大義者，乃承詔命以名書，時章帝欲立左氏學，恐諸儒蔽固者又廷爭不已，故命逵有是作。據表紀言蓋即左氏春秋之敍論，於左氏之廢興，極有關繫，若長義但與李育相往復，此實別爲一書。」（後漢藝文志春秋類）按姚氏說是也。此書僅姚氏後漢藝文志著錄，其餘錢、侯、顧、曾諸家補志則不錄。馬、黃、王三家亦無輯本。

(六)春秋左氏長義四十一事

按隋志及新舊唐志皆不載此書。李育傳云：「育作難左氏義四十一事，建初四年，詔育與諸儒論五經於白虎觀。育以公羊義難賈逵，往返皆有理證。」（後漢書卷七十九下）據此則賈逵有申左氏義四十一事之作。孔穎達左傳序疏曰：「章帝時，賈逵上春秋大義，以抵公羊、穀梁，又與左氏作長義。」(左傳注疏卷一)徐彥公羊序疏云:「賈逵作長義四十一條,云公羊理短,左氏理長。」(公羊傳注疏卷首)孔疏所云又與左氏作長義,徐疏所云長義四十一條者,卽此書也。又本傳云:所著經傳義詁及論難百餘萬言。此卽論難之一。姚振宗曰:「左傳序疏言,又與左氏作長義,是亦以爲大義在前,長義在後,截然兩書也。賴有此一說,使後人得以尋求。」(後漢藝文志春秋類)姚氏所言甚諦,諸家往往誤合二書爲一者,非也。諸家著錄情形,與前條同。

(七)歐陽、大小夏侯尚書古文同異三卷

按後漢書本傳云:「肅宗立,降意儒術,特好古文尚書。逵數爲帝言古文尚書與經傳爾雅詁訓相應,詔令撰歐陽大小夏侯尚書古文同異,逵集爲三卷。帝善之。」(卷三十六)隋、唐志均不載此書。蓋亡佚已久。孔穎達尚書堯典正義云:「其百篇次第,孔、鄭不同,孔依壁內篇次及序爲文,鄭依賈氏所奏別錄爲次。」又云:「後漢初,賈逵奏尚書疏云,流爲烏。」(並尚書注疏卷二)詩齊風載驅正義引洪範稽疑論云:「卜兆有五,曰圛。注:圛者,色澤光明,蓋古文作悌,今文作圛。賈逵以今文校之,定以爲圛。」(詩疏卷五之二)又商頌殷武疏引賈逵說五服之制(詩疏卷二十之四)。魏志高貴鄉公本紀引賈逵說,曰若稽古爲順考古道(三國志卷四)五經異義引賈逵說祀方澤及六宗之義(陳壽祺五經異義疏證卷上)。諸書所引蓋皆賈氏此書之遺文也。此書錢、侯、顧、姚、曾諸家皆著錄。馬、黃、王三家皆無此書輯本。

(八)尚書古文訓(卷數佚)

按後漢書杜林傳：「林傳古文尚書，同郡賈逵為之作訓，馬融作傳，鄭玄注解。由是古文尚書遂顯於世。（按東漢會要作古文尚書訓）」（卷二十七）是賈氏有尚書古文訓之作。隋唐志均不載此書，蓋前已亡佚。許慎說文解字釋「犧」、「赻」、「速」、「蹬」、「諆」、「椅」、「穃」、「囧」、「㥯」、「厄」、「豫」、「嫛」、「毐」、「隉」、「亞」、「目」、「酏」等十七字，皆引賈侍中說，蓋即本之此書也。此書錢、顧、姚三家皆著錄，侯、曾二家無。馬氏有輯本一卷，黃、王二家缺。

㈨毛詩雜議難十卷

按隋志載：「梁本毛詩雜議難十卷，漢侍中賈逵撰，亡。」（卷三十二）舊唐志亦著錄有「毛詩雜議難十卷」（卷四十六）惟不著撰人。新唐志同。此書梁時尚存，至唐初已亡佚，兩唐志雖載其書而不著撰人，恐屬存目而已。本傳謂逵所著經傳義詁及論難百餘萬言，此當亦屬於論難之類也。此書錢、侯、顧、姚、曾諸家之書皆著錄。馬、黃、王三家則無輯本。

㈩毛詩傳、毛詩異同（卷數並佚）

按後漢書本傳：「逵父徽學毛詩于謝曼卿。逵傳父業。」又云：「建初中，詔令撰尚書古文同異，帝善之。復令撰齊魯韓詩與毛氏異同。」（卷三十六）又儒林衞宏傳：「中興後，鄭衆、賈逵傳毛詩。」（卷七十九）是賈氏有毛詩傳及毛詩與齊魯韓三家異同之作。隋志：「鄭衆、賈逵、馬融並作毛詩傳。」（卷三十二）惟兩唐志不見著錄，蓋前已亡佚。應劭風俗通引賈逵詩說云：「靈星，龍第三有天田星。靈者，神也。故祀以報功。辰之神爲靈星，故以壬辰日祀靈星於東南，金勝木爲土相也。」（風俗通祀典篇）此蓋賈氏釋詩周頌絲衣篇之逸義也。此二書姚振宗並有著錄，曾樸僅著錄毛詩傳一種，錢、侯、顧三家則均未著錄。馬、黃、王三家均無輯本。

（十一）周官解故（卷數佚）

按後漢書本傳：「逵父徽，從劉歆受周官。逵傳父業。作周官解故。」（卷三十六）賈公彥序周禮興廢引馬融周官傳曰：「杜子春能通其讀，頗識其說。鄭衆、賈逵往受業焉。衆、逵洪雅博聞，又以經書記轉相證明。杜氏爲解，逵解行于世，衆解不行。兼覽二家爲備，多所遺闕。」（周禮注疏卷首）是賈氏撰有周官解故一書行世。隋、唐志均不著錄，蓋佚已久。陸德明經典釋文敍錄云：「賈景伯亦作周禮解詁。」（卷一）惟不言卷數。其書之佚文，尚可見於他書之引用，如魏書劉芳傳引賈逵云：「東郊木帝太皡八里。南郊火帝炎帝七里。西郊金帝少皡九里。北郊水帝顓頊六里。中兆黃帝之位，幷南郊之季。故云兆五帝於四郊也。」（魏書卷五十五）又隋書音樂志下引賈逵曰：「圜鍾，夾鍾也。」（卷十五）又馬融周官傳云：「逵以爲六卿大夫則冢宰以下及六遂爲十五萬家，絙千里之地。」（周禮注疏卷首）此蓋皆出於賈氏此書也。又賈公彥周禮疏及諸書所引賈逵說每與馬融並稱，而鄭康成于其說之不合者，時以己意破之。如天官：「惟王建國。」賈疏引賈、馬以爲建諸侯國，而鄭以爲王國。（周禮注疏卷一）春官：「守祧，奄八人。」賈疏引賈、馬：奄，卿也，而鄭以爲如今之宦官。（注疏卷廿一）巾車：「玉路錫樊纓十有再就。」賈疏引賈、馬：鞶纓，馬飾，在膺前，而鄭以爲纓，今馬鞅。（注疏卷廿七）考工記：「玉人棗栗十有二列。」賈疏引賈、馬：十二列比聘禮醯醢夾碑百甕十以爲列，而鄭以爲十有二列者，勞二王之後也。（注疏卷四十一）又詩小雅賓之初筵疏引賈逵周禮注：「四尺曰正。」（毛詩注疏卷十四之三）而鄭康成於射人注從毛公云：「二尺。」（周禮注疏卷三十）此類皆是。惟多官：「韗人上三正。」鄭康成注引賈侍中云：「晉鼓大而短。」（周禮注疏卷四十）此則顯從賈逵說，凡此亦皆出於賈氏解詁一書也。此書錢、侯、顧、姚、曾諸家均著錄。馬、黃、王三家均有輯本一卷。

(土)國語解詁二十一卷

按後漢書本傳：「逵撰左傳、國語五十一篇。永平中，上疏獻之。」（卷三十六）章懷太子注：國語二十一篇。韋昭國語解序曰：「鄭大司農爲之訓注，至于細碎，有所闕略。侍中賈君敷而衍之，其所發明，大義略舉，爲已瞭矣。然于文閒，時有遺亡。」（國語卷首）隋志經部春秋篇：「春秋外傳國語二十卷，賈逵撰。」（卷三十二）已缺一卷。兩唐志均不著錄。蓋至唐已亡佚。故宋庠國語補音序曰：「賈景伯國語解詁二十一篇，唐已亡。」（卷首）王謨輯本序錄云：「李善注文選，每並引賈逵韋昭國語注，而韋解多卽賈逵注，猶班班可考。且如類聚、書鈔于耕籍門所引國語數條，具載賈注，則賈書固不以韋廢也。今從韋解內鈔出八十一條。又文選注九十條，史記集解十二條，後漢書注三條，經典釋文三條，類聚一條，書鈔七條，初學記二條。」（漢魏遺書鈔）賈氏國語注尚可藉此窺見一斑。此書錢、侯、顧、姚、曾諸家均著錄。馬、黃、王三家均有輯本一卷。

第四節　賈逵春秋左傳遺說之內容與輯佚

賈氏淹貫諸經，而於春秋左傳用力最深，著述亦最夥。如上節所述，其關於春秋左傳之著述，計達七種，卷數當近七十。就其內容性質言之，左氏解詁三十卷，乃傳注也。長經章句二十卷，則經注也。三家經本訓詁十二卷，乃專釋左氏、公、穀三家經本文字之異同者。春秋釋訓及經傳朱墨別各一卷，則是闡釋春秋義例之類也。大義三十事及長義四十一事二種，則較論左氏與公穀長短及論難之類也。其中尤以長經章句及左傳解詁二書，最稱重要。此七種著述之內容，所賅頗廣。賈氏用力之勤，及其春秋左傳學之博，亦於此略可窺見焉。惜賈氏著述皆不傳，無由窺其全豹，今欲考知其春秋左傳學之梗概，不得不求之於輯佚之一途矣。

宋元以來，蒐輯賈氏左氏說佚文者，當以宋之王應麟爲最早。王氏所輯古文春秋左傳十二卷，載有賈逵佚說。惟尙非完備。清儒馬國翰謂其疏陋者尙三分之一，可知其所缺者，爲數尙夥。降及清代，蒐輯賈氏春秋左傳遺說者多家，黃奭佚書考、王謨漢魏遺書鈔、馬國翰玉函山房輯佚書均有解詁輯本，所輯蓋皆解詁及長經二書之佚文。而余蕭客古經解鉤沈輯有漢晉學者之春秋左傳注七卷及嚴蔚所輯春秋內傳古注輯存凡三卷，二書皆不別標書名，所輯雖並存漢晉儒者遺說，實以賈逵、服虔兩家爲多。馮明貞又有補輯三卷，以補嚴氏之缺漏，亦時見賈氏佚文焉。余氏鉤沈所輯賈注僅二百八十餘條。王氏所輯，計左傳疏一百三十條，史記注一百八十八條，毛詩疏五條，左氏釋文二條，尙書疏一條，周禮疏二條，禮記疏一條，合共三百二十九條。黃氏所輯與王氏略同。而馬氏嚴氏所輯及馮氏所補，較之王黃二家爲多，計各逵四百六十餘條，可謂詳備矣。

清儒李貽德作春秋左傳賈服注輯述二十卷，劉文淇作春秋左傳舊注疏證若干卷（刊行本至襄公五年而止），蒐采賈氏遺說頗稱完備，然亦不出馬、嚴二家及馮補之外。今據余、黃、王、馬、嚴、馮諸家及李、劉二書所輯賈氏遺說，爲之排比，依其內容，約可區分爲七大類：曰關於春秋義例之闡釋者，凡九十五條；曰關於左傳義例及文旨之闡釋者，凡六十九條；曰關於左傳名物及古史之解說者，凡四十七條；曰關於左傳禮制之解說者，凡六十七條；曰關於經傳國名、地名之解說者，凡五十四條；曰關於左傳人名之解說者，凡七十二條；曰關於經傳字義之訓詁者，凡四十九條，合共四百五十三條。（尚有若干條說例相同，省略不計入。）賈逵遺說略具於斯。吾人得以藉此考知景伯春秋左氏學說之概略，誠宜珍惜者矣。

後漢書本傳云：「建初（章帝）元年，詔逵入講北宮白虎觀、南宮雲臺。帝善逵說，使發出左氏傳大義長於二傳者。逵於是具條奏之曰：臣謹擿出左氏三十事尤著明者，斯皆君臣之正義，父子之紀綱。其餘同公羊者什有七八，或文簡小異，無害大體。至如祭仲、紀季、伍子胥、叔術之屬，左氏義深於君父，公羊多任於權變，其相殊絕，固以甚遠，而寃抑積久，莫肯分明。臣以永平中上言左氏與圖讖合者，先帝不遺芻蕘，省納臣言，寫其傳詁，藏之秘書。建平中，侍中劉歆欲立左氏，不先暴論大義，而輕移太常，恃其義長，詆挫諸儒，諸儒內懷不服，相與排之。孝哀皇帝重逆衆心，故出歆爲河內太守。從是攻擊左氏，遂爲重讎。至光武皇帝，奮獨見之明，興立左氏、穀梁，會二家先師不曉圖讖，故令中道而廢。凡所以存先王之道者，要在安上理民也。今左氏崇君父，卑臣子，彊幹弱枝，勸善戒惡，至明至切，至直至順。且三代異物，損益隨時，故先帝博觀衆家，各有所採。易有施、孟，復立梁丘，尙書歐陽，復有大小夏侯，今三傳之異亦猶是也。又五經家皆無以證圖讖明劉氏爲堯後者，而左氏獨有明文。五經家皆言顓頊代黃帝，而堯不得爲火德。左氏以爲少昊代黃帝，卽圖讖所謂帝宣也。如今堯不得爲火，則漢不得爲赤。其所發明，補益實多。陛下通天然之明，建大聖之本，改元正歷，垂萬世則，是以麟鳳百數，嘉瑞雜遝。猶朝夕恪勤，遊情六蓺，研機綜微，靡不審覈。若復留意廢學，以廣聖見，庶幾無所遺失矣。」（後漢書卷三十六）此文蓋賈氏有關論難文字之僅存者，讀之可見賈氏與公羊學家論難之一斑也。賈氏於此文特申左傳之長，而抑公羊之短，以爲左傳所載史事多君臣之正義，父子之紀綱。而左氏崇君父，卑臣子，彊幹弱枝，勸善戒惡，至明至切，至直至順。皆先王安上治民之道也。其持義特深於君父，較之公羊義之多任於權變者，爲優實多。且三代異物，損益隨時，故先帝博觀異家，各有所採。易書各復分立，三傳之異亦猶是也。陳義堪稱允洽。至語及圖讖與五行終始之言，則其小疵也夫。

據漢書劉歆傳所載，西漢儒者研治春秋左傳，每經傳分行。及劉歆治左氏，始引傳解經，乃使經傳之關係，趨於密切。賈氏師承劉氏之學，亦兼治經傳，故於經傳並有注解，解詁及長經章句二書是也。南齊書陸澄傳云：「澄與王儉書曰：左氏泰元（晉孝武帝年號）取服虔而兼取賈逵經，服傳無經，雖在注中而傳又有無經者故也。今留服而去賈，則經有所闕。」（卷三十九）據此可知服虔但注傳不注經，賈逵則兼注經傳。此可明賈氏春秋左傳學內容之廣博，亦賈學之一特色也。

第五節　賈逵春秋左傳學之成就及其得失

東漢之初，鄭、賈號稱左氏專門之學，擅名當代。良以景伯既師承父業，復能潛心研索，功力精深，成就乃著。重以兼通群經，學殖博厚，觸類旁通，多所創獲，遂能卓然有成，爲世名家。後漢書鄭興傳云：「世言左氏者多祖於興，而賈逵自傳其父業，故有鄭、賈之學。」（卷三十六）杜預春秋經傳集解序亦謂：「賈景伯父子，先儒之美者也。」（卷首）賈氏成就之超卓，及見重於後世，於此可見。

賈學成就可觀，堂廡甚大，然其長短得失，亦可得而說。賈氏學識淵博，功力深厚，其於經傳史實、名物、典制、訓詁之解說，多能確當中肯，往往爲他家所不及。如文十一年傳云：「宋武公之世，鄋瞞伐宋，司徒皇父帥師禦之，耏班御皇父充石，公子穀甥爲右，司寇牛父駟乘，以敗狄于長丘。皇父之二子死焉。」（卷十九下）賈逵云：「皇父與穀甥、牛父三子皆死。」鄭衆以爲穀甥、牛父二人死耳，皇父不死。馬融以爲皇父之二子從父在軍，爲敵所殺。杜預從賈逵說。按「之」猶「與」也。皇父之二子死焉，二子者，穀甥、牛父也。謂皇父與二子皆死也。（詳見第三章第五節文十一年傳條）賈說得之，鄭、馬說非也。又如昭廿二年傳云：「賓孟適郊。遽歸告王。王弗應。」（卷五十）賈逵云：「太子壽卒，景王不立適子。」鄭衆以爲壽卒，王命猛代之，後欲廢猛立子朝耳。服虔以賈爲然，杜預則從鄭說。按賈服說爲當。（詳見第三章第四節）賈氏釋經傳史實類此者比比皆是，足見其說之精當。

定三年傳云：「有兩肅爽馬。」（卷五十四）賈逵云：「色如霜紈。」（詳見第四章第二節）又如昭廿五年傳云：「執冰而踞。」（卷五十一）賈逵云：「冰，櫝丸蓋也。」賈氏釋義皆稱允當。又如定八年傳云：「魯於是始尙羔。」（卷五十五）賈逵云：「周禮公之孤四命，執皮帛。卿三命執羔。大夫再命執鴈。魯廢其禮，三命之卿皆執皮帛，至是乃始復禮尙羔。」（詳見第五章第二節）又昭十三年傳云：「鄭伯，男也，而使從公侯之貢。」（卷四十六）賈逵云：「鄭伯爵在男畿。」（詳見第五章第三節）此賈氏釋名物、典制之文，而義皆精當也。

僖十年傳云：「斃於韓。」（卷十三）賈逵云：「斃，敗也。」又僖廿四年傳云：「且旌善人。」（卷十五）賈逵云：「旌，表也。」又文元年傳云：「楚國之舉，恆在少者。」（卷十八）賈逵云：「舉，立也。」又文五年傳云：「其子何震之有？」（卷十九）賈逵云：「震，威也。」（並詳見第八章第二節第二目）訓義皆頗切當。諸如此類，率多訓釋允洽，精義疊見，不勝枚舉。此賈氏之所長也。

至其短處，則在於釋經傳義例，間或隨文立義，未能統攝全書，會通上下，致有扞格不通，穿鑿附會之失。杜預集解序所謂進不成爲錯綜經文，以盡其變者，謂此類也。如文十八年經云：「莒弒其君庶其。」（卷二十）賈逵云：「君惡及國朝，則稱國以弒；君惡及國人，則稱人以弒。」（詳見第二章第三節㈣）又閔二年經云：「夫人姜氏孫于邾。」（卷十一）賈逵云：「文姜殺夫罪重，故去姜氏；哀姜殺子罪輕，故不去姜氏。」（詳見第二章第四節㈢）又隱元年傳云：「不書卽位，攝也。」（卷一）賈氏云：「恩深不忍，則傳言不稱。恩淺可忍，則傳言不書。」（第三章第二節㈠）又昭八年經云：「秋，蒐于紅。」（卷四十四）賈逵云：「蒐于紅，不言大者，言公大失，權在三家也。」（詳見第二章第四節㊃）又昭十一年經云：「大蒐于比蒲。」（卷四十五）賈氏云：「書大者，言大衆盡在三家。」（詳見第二章第三節㊃）此賈氏說經傳義例失之穿鑿者也。又或據陰陽、五行、讖緯之說以釋經傳，亦不免穿鑿之弊。如以陽中陰中釋春秋二字之義。（見第二章第二節㈠）又僖十六年經云：「隕石于宋五。是月，六鷁退飛過宋都。」（卷十四）賈氏云：「石，山岳之物。齊，太岳之胤。而五石隕宋，象齊桓卒而五公子作亂，宋將得諸侯，而治五公子。鶂退，不成之象。後六年，霸業退也。鶂，水鳥，陽中之陰，象君臣之訟鬩也。」（見第二章第六節㈤）又昭元年傳云：「六氣曰陰陽風雨晦明也。」（卷四十一）賈氏云：「風，東方；雨，西方；陰，中央；晦，北方；明，南方，唯天陽不變，唯晦明所屬。」（見第四章第二節）此皆深受陰陽五行說之影響而顯然可見者。又賈氏條奏肅宗云：「又五經家皆無以證圖讖明劉氏爲堯後者，而左氏獨有明文。五經家皆言顓頊代黃帝，而堯不得爲火德，左氏以爲少昊代黃帝，卽圖讖所謂帝宣也。如今堯不得爲火，則漢不得爲赤。……」（後漢書卷三十六賈逵傳）凡此皆賈氏據陰陽、五行、讖緯說而不免於穿鑿者也。此則賈氏之失也。其所以有此失者，一以春秋左氏義例之學創自劉歆，而自歆至逵，才再傳耳，草創難遇，故有所失。再則陰陽、五行、讖緯說，盛行於兩漢，賈氏治春秋左氏之學，亦不免受其影響，故也。

綜上所述，賈學之長短得失，略可概見。馬融較論賈、鄭長短云：「賈君精而不博，鄭君博而不精。」（後漢書卷六十上馬融傳）云賈學精者，蓋如前所述賈氏訓釋經傳、史實、名物、典制、訓詁等項能精要切當也。不博云者，蓋謂名物之引證及義例之通釋不如鄭學之博也。馬氏重在較論賈、鄭兩家長短，而謂賈學以精見長，鄭學以博見長，蓋可信也。

第六節　賈逵春秋左傳學對後續諸儒之影響

後漢書鄭賈傳論云：「鄭、賈之學，行乎數百年中，遂爲諸儒宗。」（卷三十六）據此可知鄭、賈之學，影響於後世者，至爲深遠。鄭、賈之後，迄於魏晉，言春秋左氏學者，當以服虔、潁容、許淑、杜預諸家爲最。而許愼、馬融二家亦嘗究心左氏之學而有成就。此數家者，皆深受賈學之影響。其影響之痕迹，尙可考見焉。

服虔，字子愼，初名重，又名祇，後改爲虔，河南滎陽人。少以淸苦見志，入太學受業。有雅才，善著文論，作春秋左氏傳解誼，行於世。又以左傳駁何休之所駁漢書六十條。事迹見後書儒林傳（卷七十九下）。劉義慶世說新語云：「鄭玄欲注春秋傳，尙未成。時行與服子愼遇宿客舍，先未相識。服在外車上與人說己注傳意。玄聽之良久，多與己同。玄就車與語曰：吾久欲注，尙未了，聽君向言，多與吾同。今當盡以所注與君。遂爲服氏注。」（卷四）據此則服氏解誼中有鄭氏說，服、鄭乃一家之學也。隋書經籍志云：「賈逵服虔並爲訓解。至魏遂行於世。晉杜預又爲經傳集解。服虔、杜預注俱立國學，而後學惟傳服義。至隋杜氏盛行，服義寖微，今殆無師說。」（卷三十二）服虔春秋左氏傳解誼，隋志載三十一卷。兩唐志及陸氏釋文並三十卷。今佚。馬國翰玉函山房輯佚書輯爲四卷。孔穎達春秋左傳正義及他經正義引證漢儒說每賈、服並引，今可考見者尚四十餘條，知服說頗多本之賈逵也。（詳見第二章以下各節中，不具引。）

穎容字子嚴，陳國長平人。博學多通，善春秋左氏，師事太尉楊賜。初平中，避亂荆州，聚徒千餘人。著春秋左氏條例五萬餘言，建安中卒。事迹見後漢書儒林傳。杜預集解序云：「末有穎子嚴者，雖淺近亦復名家。」卽其人也。穎氏所著書，隋志載：「春秋釋例十卷。」（隋書卷三十二）舊唐書經籍志載：「春秋左氏傳例七卷。」（卷四十六）不注撰人。疑爲穎氏之書。唐書藝文志載：「穎容釋例七卷。」（卷五十七）其書已佚。馬氏玉函山房輯佚書輯得二十七節。其中八節與賈逵說同，足見穎氏說亦多有本之賈逵者也。（八節見第二章以下各節中）

許淑字惠卿，魏郡人。（見孔穎達正義）官至太中大夫。杜預集解序云：「賈景伯父子、許惠卿，皆先儒之美者也。」是許氏於左氏學亦爲名家。陸德明經典釋文序錄謂許氏嘗注解左氏傳。（卷一）唯隋唐志皆不著錄。卷數亦不詳。清儒馬氏從正義中輯得六節。其中五節與賈逵同引。知其說亦多本之賈逵也。

許愼字叔重，汝南召陵人。少博學經籍，馬融常推敬之，時人爲之語曰：「五經無雙許叔重。」著有五經異義及說文解字十四篇。事迹見後漢書儒林傳。叔重嘗師事賈景伯，故其五經異義春秋說多有本之師說者。清儒諸可寶云：「許君固五經無雙者，而尤以左氏爲專門名家之學，范書專敍左氏學之項，卽列許君傳，雖前有服、穎、謝三人，其意自見。」（許君疑年錄）吾同門友黃君永武撰「許愼之經學」一書，所輯許書佚義，於春秋左氏學最多精湛之思，均足證許氏亦左氏學名家也。

馬融字季長，扶風茂陵人。早歲從京兆摯恂遊學，博通經籍。桓帝時爲南郡太守。融才高博洽，爲世通儒，教養諸生，常有千數。涿郡盧植、北海鄭玄，皆出其門。後漢書有傳。融著述頗多，於易、書、詩、禮、論語等書皆有注。嘗欲訓左氏春秋，及見賈逵、鄭衆注，乃曰：賈君精而不博，鄭君博而不精。既精既博，吾何加焉！但著三傳異同說。卒年八十八。所著三傳異同說，隋、唐志皆不著錄，蓋佚已久。清儒馬氏輯得二十一節，其中說雉長三丈之制及引逸禮皆升合於其祖，說與賈氏同，其受賈景伯之影響亦顯然可見也。

杜預字元凱，京兆杜陵人。晉武帝時，官至征南大將軍，晉書有傳。所作春秋經傳集解三十卷，爲春秋左傳古注之僅存者。其書名曰集解，當謂集衆解而作也。自序云：「劉子駿創通大義，賈景伯父子、許惠卿，皆先儒之美者也。末有潁子嚴者，雖淺近亦復名家，故特舉劉、賈、許、潁之違，以見異同。」明其有取於漢儒說也。馬氏宗霍說文解字引春秋傳考敍例云：「杜預注左傳，名曰集解者，當謂滙諸解而集之，與何晏論語集解同。乃其注中更不指系一人，而序文經傳集解之目，又在分經與傳數語之下，於是孔氏正義遂謂聚集經傳爲之作解，與何晏言同而意異。夫取傳附經，何名曰集？此實曲護杜失，顯亂命名之恉，故錢大昕曰：元凱名其書曰集解，蓋取何平叔論語之例，顧平叔於孔、包、馬、鄭諸解，各標其姓名，而元凱於前賢義訓，隱而不言，則又近於伯尊之攘善矣。」（說文引經考第五）按馬說是也。賈氏遺說之中，與杜說同者，尚多可驗，足證賈氏亦爲杜預集解所本者之一人。杜氏取於賈說甚多，特未標明出於賈氏耳。然則賈氏春秋左傳學之影響於杜預者，又豈淺鮮也哉。

綜上所述，賈學之影響於後世者，可謂深遠。大體言之，許、服、潁、許、馬諸家於賈學長短兩方面均承其影響，杜預一家則取賈之長者爲多，而能避免其短。所以然者，一以杜氏已晚至晉代，思想、觀念已有轉變，故能擺脫陰陽、五行、讖緯說之影響。說經傳義例，亦能後出轉精，故能免於承繼前人之失。二則杜氏以顯赫事功，兼及儒業，其識見固自不同，於前人迂曲之見，自較能爲廓清之功故也。（惟杜氏訓詁之學未深，故於漢儒說之精者，往往未能採擇，而喜自出新義，每致訛誤，此則杜氏之失也。）賈學之影響，當不僅限於上述諸家，其餘或因著述不傳，或成就不著，無由考見，故略之也。

第二章　關於春秋義例之闡釋

第一節　概　說

春秋義例之解說，公羊、穀梁二傳爲詳盡，左傳於西漢傳世較晚。據漢書劉歆傳載，其始也，學者傳授僅及訓詁而已，義例之學未昌也。及劉歆治左氏，引傳文以解經，轉相發明，由於章句義理始備。蓋自賈誼之後，學者大抵皆傳訓詁，至歆乃於訓詁外兼明義例，故言春秋左氏義例者，實自劉歆始也。賈氏父子之學，旣傳自劉歆，其說春秋義例，必多有本之劉歆者。惜歆書不傳，其詳不可得見。今考孔穎達春秋左傳正義所引劉歆說，尙得十有八條，皆劉賈並引，是尙可證賈氏說確多本之劉歆。此賈氏春秋義例說之淵源也。

賈氏春秋左傳遺說中，關於春秋義例者尙存九十餘條，大抵皆孔氏正義所徵引。唐人編撰春秋左傳正義，以杜預集解爲定準，而賈氏說春秋之例與杜氏異者，正義往往據杜說而駁之，又杜氏春秋釋例中，亦多有駁賈氏說者，而爲正義所徵引，賈說因得以藉此而稍傳於後世。而正義所駁賈說，又可別爲兩類：其一爲賈說與杜說皆各有理據，可以並存者，或杜說確有長於賈說者，正義輒申證杜說而駁賈逵。其引賈說處，類多刪節過於簡略，致使賈義不甚詳明。甚或斷章取義，略去賈說之精義而顯其粗疏，（如釋昭十三年傳，鄭伯男也一事，正義略去賈氏之正說而引其或說。）其二爲杜說不如賈說之精當者，正義於申證杜說之外，亦間引賈說，以存賸義，惟仍不出刪節簡略一途，不敢詳爲申證，（如釋昭七年經，暨齊平一事，正義有「據經言之，賈君爲得」之語。）凡此皆說經偏主一家之失，而爲淸儒所詬病者也。

賈氏說春秋義例，有極精當者，亦有迂曲者，可謂得失參半。要而言之，賈於審度事理，辨析原委之事例，說多允當，此其得也。然或承繼先儒之說，或受公、穀二傳說之影響，時或隨文生例，不免流於迂曲，此則其失也。如釋莊元年經：「三月，夫人孫于齊。」賈氏云：「桓公之薨，至是年三月，期而小祥。公憂思少殺，念及于母，以其惡重，不可以返之，故書孫于齊。」意謂魯桓公與夫人姜氏於前一年春俱如齊。四月薨于齊。夫人姜氏畏罪滯留齊國，不敢歸魯。至今年三月，桓公之喪將屆期年，魯人將行小祥祭禮。繼位之莊公，於桓公初遭變故之時，父死母去，憂思可知。今爲時已將滿期年，母縱有過，怨懟之情已減，因念及於母，有返還其母姜氏與於小祥祭禮之意，然又以姜氏罪重，一時尚不可以返之，故書夫人姜氏孫于齊，以表莊公思念之情也。又釋莊公九年經：「齊小白入于齊。」賈逵謂：「齊大夫來迎子糾，公不亟遣而盟以要之，齊人歸迎小白。」謂齊襄旣被弑，公子糾在魯，齊人來迎子糾，欲立之，故有蔇之盟，然魯莊公貪利，不亟遣公子糾歸齊，反欲藉盟以要齊人，齊人憤而歸迎公子小白，小白乃得先入于齊。凡此賈氏所釋，皆能辨析入微，合於情理。此審度事理，辨析原委而當者也。成公十七年經：「九月辛丑，用郊。」賈逵謂：「諸書用者，不宜用也。」又云：「諸言用，皆不宜用，反于禮者也。」又莊公二十九年經：「新延廐。」賈逵謂：「言新有故木，言作有新木。延廐不書作，所用之木非公命也。」此則隨文生例，不免於迂曲者也。

賈氏釋春秋義例之說，計分五類：一曰綜釋全書之義例者，凡七條，所釋皆關係全書之義例者也。二曰釋春秋書而示義者，凡二十五條，釋經所以書其事之義也。三曰釋春秋不書而示義者，凡二十七條，釋春秋所以不書其事之義也。同類之事，或書或不書，示義各別，賈亦分別言之。四曰闡明其事之原委者，凡十六條，以事爲主而原其本末者也。五曰闡釋經文之旨義者，凡十八條，釋字義及其所專指者也。都凡九十有三條云。

第二節　綜釋全書之義例者

（一）賈逵釋春秋二字之義，本劉歆三統曆之說，謂春秋乃取法於陰陽之中。春為陽中，萬物以生；秋為陰中，萬物以成。欲使人君動作不失中。杜預則以為春秋之書，無所不包，無事不記，與四時義同。四時不可偏舉，故取春秋二字以為所記之名。當從杜說。

釋春秋名義。

賈逵曰：「取法陰陽之中。春爲陽中，萬物以生；秋爲陰中，萬物以成。欲使人君動作不失中也。」

（孔穎達春秋左傳正義引。下簡稱正義引。馬國翰玉函山房輯佚書、黃奭逸書考、王謨漢魏遺書鈔及嚴蔚春秋內傳古注輯存皆輯。）

案杜預春秋經傳集解序云：「春秋者，魯史記之名也。記事者，以事繫日，以日繫月，以月繫時，以時繫年，所以紀遠近，別同異也。故史之所記，必表年以首事，年有四時，故錯舉以爲所記之名也。」（春秋左傳注疏卷一）孔穎達正義曰：「年有四時，不可偏舉四字以爲書號，故交錯互舉，取春秋二字以爲所記之名也。春先於夏，秋先於多，舉先可以及後，言春足以兼夏，言秋足以見多，故舉二字以包四時也。春秋二字，是此書之總名，雖舉春秋二字，其實包多夏四時之義，四時之內，一切萬物生植孕育，盡在其中。春秋之書，無所不包，無事不記，與四時義同，故謂此書爲春秋。孝經云：春秋祭祀，以時思之。詩魯頌云：春秋匪解，享祀不忒。鄭箋云：春秋猶言四時也。是舉春秋足包四時之義。」（春秋左傳注疏卷一）又曰：「春秋之名，錯舉而已，後代儒者，妄爲華葉。賈逵云：取法陰陽之中。春爲陽中，萬物以生；秋爲陰中，萬物以成。欲使人君動作不失中也。賀道養云：春貴陽之始，秋取陰之初。計春秋之名，理包三統。據周以建子爲正言之，則春非陽中，秋非陰中。據夏以建寅爲正言之，則春非陽始，秋非陰初。乃是竅混沌而畫蛇足，必將夭性命而失卮酒。」（同上）孔氏不以賈說爲然，故駁之。漢書律曆志云：「向子歆究其微眇，作三統曆及譜以說春秋，推法密要，故述焉。夫曆春秋者，天時也。列人事而因以天時。傳曰：民受天地之中以生，所謂命也。是故有禮誼動作威儀之則以定命也。能者養以之福，不能者敗以取禍。故列十二公二百四十二年之事，以陰陽之中制其禮。故春爲陽中，萬物以生；秋爲陰中，萬物以成。是以事舉其中，禮取其和，曆數以閏正天地之中，以作事厚生，皆所以定命也。」（漢書卷二十一上）公羊徐彥疏云：「三統曆云：春爲陽中，萬物以生；秋爲陰中，萬物以成，故名春秋。賈、服依此以解春秋之義。公羊何氏與賈、服不異，亦以爲欲使人君動作不失中也。」（公羊傳注疏卷一）又徐氏引春秋說云：「始於春，終於秋，故曰春秋者，道春爲生物之始，而秋爲成物之終，故云始於春，終於秋，故曰春秋也。」（同上）據此知賈逵、服虔、何休諸家解春秋二字之義，皆本之劉歆三統曆之說也。按三統云者，謂夏尚黑，殷尚白，周尚赤。又夏以建子之月爲正，謂之天統。殷以建丑之月爲正，謂之地統。周以建寅之月爲正，謂之人統。此之謂三統也。（本論語注疏卷二殷因夏禮，周因殷禮下邢昺疏。）李氏貽德曰：「墨子明鬼篇云：著在周之春秋，著在燕之春秋，著在齊之春秋。又云：古者聖王必以鬼神，爲其務鬼神厚矣。又恐後世子孫不能知也，故書之竹帛，傳遺後世子孫。言書之竹帛，卽所云春秋也。稱古者聖王，明春秋之名，由來已遠，當不始於周也，故劉、賈釋春秋制名之始，不以周正爲文，而曰春爲陽中，秋爲陰中也。尙書大傳曰：萬物非春不生，非秋不收。收亦成也。說文酉部云：丣爲春門，萬物已出；丣爲秋門，萬物已入。卽其義也。欲使人君動作不失中者，中卽天地之中，動作之則所以定命，卽不失中也。玉藻云：動則左史書之。此春秋之名所由立也。」（春秋左傳賈服注輯述卷一，下簡稱賈服注輯述。）按李氏卽就賈說而申證之，其意與劉、賈同。漢儒劉、賈、何、服諸家，及正義所引賀氏之說、李氏所引說文解丣丣二文，皆採陰陽與萬物生成關係說之觀點以言，足以顯現漢代思想普徧之一項特色。其說恐不免穿鑿附會之失，實不足取。杜預不採漢儒說，而以「年有四時，故錯擧以爲所記之名」爲言，較爲平實切當。正義申杜說而駁賈、賀，理宜然也。

（二）賈逵以為春秋乃周王室史記之專名，而魯史記亦得名春秋者，乃因魯之史法，於諸侯之中，最稱完備，故得與周王室史記同名。此說得之。

釋魯史所以稱春秋。

賈逵曰：「周禮盡在魯矣，史法最備，故史記與周禮同名。」（正義引。此條馬輯馮補有，黃王嚴缺。）案李貽德釋賈說云：「史法最備，謂未修之春秋。如隱七年書名例云：謂之禮經。孔氏謂五十凡是周公舊制，是史法最備也。史記卽魯春秋，韓宣子見春秋而稱之曰，周禮盡在魯矣，是魯史與周禮同名。」（賈服注輯述卷一）鄭玄六藝論云：「春秋者，國史所記，人君動作之事，左史所記爲春秋，右史所記爲尙書。」（徐彥公羊疏卷一引）禮記玉藻：「動則左史書之，言則右史書之。」（鄭注：「其書：春秋、尙書。」（卷二十九）正義亦云：「掌書曰史，史官記事，爲書立名，以春秋二字爲記事之書名也。」是古者史官記事，名曰春秋。劉知幾史通六家篇云：「春秋家者，其先出於三代。案汲冢瑣語記太丁時事，目爲夏殷春秋。」浦氏釋云：「原記事家古名所自。」（卷一）則夏殷時已有此制，其名當亦由來甚早。周初典制已備，史官有法，王室史官所掌，法最完備，其所記蓋卽名曰春秋。孔子觀周禮之舊法，遵魯史之遺文，而修春秋，仍春秋之名。諸侯雖各有國史，然其初，或法有未備，故所記各取專名，以別於王室之春秋，孟子所謂「楚謂之檮杌，晉謂之乘」者是也。獨魯於諸侯中，史法最備，亦得用春秋之名。其後，周室衰微，諸侯僭禮，加以王官散處各國，各國史官所記，乃漸用春秋之名而不別，至於戰國之世，春秋遂爲史記之通名矣。昭二年傳，晉韓宣子聘魯，「觀書於太史氏，見易象與魯春秋，曰周禮盡在魯矣。吾乃今知周公之德，與周之所以王也。」（卷四十二）杜注：「魯春秋，史記之策書也。」明魯以周公之故，於諸侯之中，史法最稱完備，與王室相侔，故得同稱春秋也。

（三）賈逵謂孔子覽史記，修春秋，明王道，辨是非，補敝起廢，以達王事之說，證以孟子及太史公之言，當得其實。至素王之說，當起於西漢，賈氏沿用之，杜預以為：論語「文王既歿，文不在茲乎。」此孔子作春秋之本意。子路欲使門人為臣，孔子以為欺天，而云仲尼素王，丘明素臣，非通論。杜說得之。

釋孔子作春秋之意。

賈逵曰：「孔子覽史記，就是非之說，立素王之法。」（正義引賈逵春秋序。此條馬、黃、王三家皆輯。嚴輯缺，馮補有。）

案孔子覽史記，作春秋，以制義法，而褒貶天下之事，史記及孟子言之頗詳。史記十二諸侯年表序云

：「是以孔子明王道，干七十餘君，莫能用，故西觀周室，論史記舊聞，興於魯而次春秋，上記隱，下至哀之獲麟，約其辭文，去其煩重，以制義法，王道備，人事浹。」（卷十四）又孔子世家云：「子曰：吾道不行矣！乃因史記作春秋，上自隱公，下訖哀公十四年，十二公。據魯，親周，故殷，運之三代，約其文辭而指博。……推此類以繩當世，貶損之義，後有王者，舉而開之，春秋之義行，則天下亂臣賊子懼焉。」（卷四十七）是言孔子據史記作春秋，約其文辭，以制義法，而備後王採擇之意也。孟子曰：「王者之迹熄而詩亡，詩亡然後春秋作。晉之乘，楚之檮杌，魯之春秋，一也。其事則齊桓、晉文，其文則史，孔子曰：其義則丘竊取之矣。」（離婁篇下）又曰：「世衰道微，邪說暴行有作，臣弑其君者有之，子弑其父者有之，孔子懼，作春秋。春秋，天子之事也。是故孔子曰：知我者其惟春秋乎，罪我者其惟春秋乎！」（滕文公篇下）史記太史公自序云：「余聞董生曰：周道衰廢，孔子爲魯司寇，諸侯害之，大夫壅之。孔子知言之不用，道之不行也，是非二百四十二年之中，以爲天下儀表，貶天子，退諸侯，討大夫，以達王事而已矣。」（卷一百三十）又云：「夫春秋，上明三王之道，下辨人事之紀，別嫌疑，明是非，定猶豫，善善惡惡，賢賢賤不肖，存亡國，繼絕世，補敝起廢，王道之大者也。」（同上）按上引諸文，言孔子作春秋，明王道，辨是非，補敝起廢，以達治亂興衰，恢復王道盛世之意，可謂深切著明。賈逵之言，亦此意也。至素王之說，蓋出於漢世，孔穎達正義云：「說左氏者言：孔子自衞反魯，則便撰述春秋，三年文成，乃致得麟，孔子既作此書，麟則爲書來應，言麟爲孔子至也。麟是帝王之瑞，故有素王之說，言孔子自以身爲素王，故作春秋，立素王之法，丘明自以身爲素臣，故爲素王作左氏之傳，漢魏諸儒，皆爲此說。」正義又引董仲舒、賈逵、鄭玄、盧欽諸家之說。董仲舒對策云：「孔子作春秋，先正王而繫以萬事。」賈逵春秋序說，見前引。鄭玄六藝論云：「孔子旣西狩獲麟，自號素王，爲後世受命之君，制明王之法。」盧欽公羊序云：「孔子自因魯史記而修春秋，制素王之道。」（並正義引）漢魏儒者，所以有素王、素臣之說者，正義以爲孔子經終獲麟，麟爲帝王之瑞，故有素王之說。此其一端也。而孟子述孔子之言曰：「春秋，天子之事也。知我者其惟春秋乎，罪我者其惟春秋乎！」「其義則丘竊取之矣。」太史公之言曰：「以爲天下儀表，以達王事而已。」「王道之大者也。」此皆明孔子之作春秋，旨在制義法以儀表天下，此王者之事，而孔子爲之。且漢儒有陰陽災異之說，及符瑞、讖緯之言，彼見孔子有王者之才德與學，而無其位，因附會素王、素臣之說，實無足取。此漢人之蔽也。杜氏集解序云：「仲尼曰：文王旣歿，文不在玆乎。此制作之本意也。」又云：「子路欲使門人爲臣，孔子以爲欺天，而云仲尼素王，丘明素臣，又非通論也。」杜說得之。

（四）賈逵以經諸及字爲義，杜預釋例駁之。賈義不顯，當否未可遽斷。杜據傳例為說，於義亦未為確當。

「夏公會齊侯伐萊。」（宣公七年經）

賈逵以經諸及字爲義。（正義引劉、賈、許、潁。馬、嚴輯有，黃、王二家缺。）

案杜氏釋例曰：「與謀者，同志之國，彼我之計未定，相與共謀，講議利害，計成而後行之，故以相連及爲文。不與謀而出師者，謂不得已而應命，故以外合爲文，皆據魯而言之也。公親會齊侯伐萊，而傳以師出示例，所以通卿大夫帥師者也。魯既春會于曹，以謀伐鄭，夏遂起師而更從不與謀之文者，厲公簒大子忽之位，謀而納之，非正，故諱從不與謀之例。若夫盟主之令，則上行乎下，非匹敵和成之類，故雖或先謀，皆從不與謀之例。成公八年，晉士燮來聘，且言將伐郯。下云會伐郯是也。凡乞師者，深求過理之辭，執謙以偪成其計，故雖小國乞之於大國，大國乞之於小國，亦皆不從與謀之例，臧宣叔、郤錡是也。」（正義引）又駁劉、賈、許、潁云：「傳以師出爲例，是唯繫於戰伐，而劉、賈、許、潁濫以經諸及字爲義，本不在例，今欲强合之，所以多相錯亂也。」（同上）劉文淇曰：「本疏引釋例云，公親會齊侯伐萊，而傳以師出示例，所以通卿大夫帥師者也。此蓋補傳例義。然劉、賈、許、潁之義，杜稱引不完，今繹考其辭，蓋卽據此傳例爲說。例云：師出則書及書會，皆繫於戰伐，劉、賈諸儒，不當有異。」（舊注疏證宣公七年）又曰：「杜以劉賈諸儒說及字爲濫，不實引其文，今無以考，惟莊二十九年經，城諸及防。賈君云，言及，先後之辭。杜所說或斥此類。然賈君於彼經之及，別爲說，不舉此例也。」（同上）按劉說是也。杜氏釋例以劉、賈諸儒濫以經諸及字爲義，然不實引其文，則劉、賈諸儒說，無由得知眞象，自不宜遽以釋例之言爲正確也。至杜氏釋此年傳例之說，竹添光鴻左傳會箋引龜井昱說嘗駁其非，其言曰：「凡師出者，通於公及大夫也。此等凡字，稱爲凡例者，杜之謬說也。龜井昱曰：及即與也。杜云，以相連及爲文，郤是螯牙。及例蓋春秋二出，隱十一年，公及齊侯鄭伯入許。莊八年，師及齊師圍郕。此信與謀者也。僖三十三年，晉人及姜戎敗秦師于殽。此非據魯而言之者，又非與謀之例。他桓十二年及鄭師伐宋。僖十五年，公孫敖帥師及諸侯之大夫救徐。此皆受上文會字，則於文辭不可稱會。然既會，此說與謀亦非不通。桓十七年及宋人衞人伐邾。僖四年及江人黃人伐陳。此皆我微者會之，則固不得弁會字。春秋書法，及字上無文可也，會字上不得無文也。夫自僖公以後，師出無復稱及者，凡春秋大會戰，皆稱會。三國以上無稱及者，兩君特相會而稱會以伐。此經一出，故傳於此發例也。乃知與謀者，兩心投合以出師之謂也。不與謀者，奔方伯之命，從諸侯之義，勉强以出師之謂也。與者非干預之義，傳於特相會者示會例，則及例亦在及一國二國者可知。三國以上無稱及者，釋例乃云，盟主之令乞師者，並從不與謀之例。案成八年叔孫僑如會晉士燮、齊人、邾人伐郯，此會於三國者也。既奔方伯之命，則勉强出師者，且雖與晉謀，有齊邾在焉。豈以盟主之令故不稱及乎。況不與謀者，非不預謀之謂也。世豈有不預其謀而出師於死地者乎？臧宣叔乞師，成二年鞌之戰也，此亦會於三國者。鞌之戰，晉與魯、衞宜稱及者也。猶有曹在焉，故曰會。郤錡乞師，成十三年也，此會於八國者。桓十六年公會宋公、衞侯、陳侯、蔡侯伐鄭，此亦會於四國者也。」（宣公七年）會箋駁杜說而疑傳言非凡例，說較杜氏爲優，當可從。隱十一年，公及齊侯、鄭伯入許。張應昌春秋屬辭辨例編云：「內會外兵，書及、書會。按劉敞權衡云：左氏曰：凡師出，與謀曰及，不與謀曰會。非也。安有連兵合衆，人君親將，而曰不與謀者哉？以左氏考之，先謀而後伐者，稱會多矣，不必云及也。愚按，內會外兵，書及書會，舊說內志外志之例，與內盟誤說同。劉氏辨左傳與謀不與謀之說，是矣。或者曲全其說，謂左氏所謂謀者，始事之謀也。劉氏所謂謀者，臨事之謀也。亦非確義。趙東山謂，君大夫將言會，微者言及。考之全經，亦多不通。蓋侵伐入救等事，有先行會禮者，有不行會禮者，與內盟事同，書法亦同。」（清儒五經彙解卷一百七十六引）按張氏及劉氏，皆以此年傳：凡師出與謀曰及，不與謀曰會之說，與經書法多所牴牾，未可以爲說經之準據。說與會箋合。其說足以駁正杜氏釋例之說。然則此年傳例「與謀不與謀」之說爲不足據矣。

（五）賈逵謂春秋序事，三命以上之卿，乃得書於經。杜預則以為諸侯及其卿大夫命數，周官雖具等差，然仲尼據時之宜，不復與周官同。且傳云：叔孫昭子三命踰父兄。昭公十二年，昭子始加三命，而先此叔孫，皆自見經，知所書皆再命也。當從杜說。

「邾庶其以漆閭丘來奔。」（襄公廿一年經）

賈逵曰：「春秋之序，三命以上乃書於經。」（正義引劉、賈。又昭十二年正義引同。馬、嚴輯有，黃、王二家缺。）

案周禮典命云：「凡諸侯，公之孤四命，其卿三命，其大夫再命，其士一命。侯伯之卿大夫士，亦如之。子男之卿再命，其大夫一命，其士不命。其宮室、車旗、衣服、禮儀，各眡其命之數。」（周禮注疏卷二十一）禮記王制云：「大國之卿，不過三命，下卿再命，小國之卿與下大夫一命。」（禮記注疏卷十一）典命謂公之孤卿四命，卿三命，王制則謂大國之卿，不過三命。所以不同者，疏以爲王制乃夏殷之制，周禮典命則周制，故有不同，蓋是。據典命及王制之說，則諸侯之臣有四命、三命、再命、一命之差也。賈逵云：「春秋三命以上，乃書於經。」蓋卽據典命、王制之文也。正義引杜氏釋例以爲，卿再命卽書於經，不必三命乃書，與賈逵說異。杜氏釋例云：「公侯伯子男及其卿大夫士命數，周官具有等差，當春秋時，漸已變改，是以仲尼丘明據時之宜，仍其行事，從而然之，不復與周官同，而先儒考合周官禮記，各致異端。今詳推經傳，國之大小，皆據當時土地人民，不復依爵，故書秦楚之卿，而略於滕薛也。諸侯大國之卿，皆必有命，固無所疑，其總名亦曰大夫也。故經傳卿大夫之文相涉，晉殺三卿，而經書大夫。邢丘之會，傳稱大夫，亦皆卿也。蜀之盟齊國之大夫，溴梁之盟，小邾之大夫，此不命一命之大夫，故不書也。命者謂其君正爵，命之於朝，其宮室車旗衣服禮儀，各如其命數，則皆以卿禮書之於經。衞之於晉，不得比次國，則邾莒杞鄫之屬，固以微矣。此等諸國，當時附隨大國，不得列於會者甚衆，及其得列，上下能自通於天子，下無暇於備禮成制，故與於會盟戰伐甚多。唯曹之公子首，得見於經，其餘或命而禮儀不備，或未加命數，故皆不書之也。邾卑我之等，其奔亡亦多所書，唯數人而已，知其合制者少也。又邾庶其等傳皆言非卿，以地來雖賤必書。紀裂繻來逆女。傳曰：卿爲君逆。知此等微國，亦應有卿，有卿則應書於經，徒以卑陋，制不合禮，失禮之例，杞降爲夷，華耦具官，君子貴之。至於此等卿而不備禮，亦所以見其略賤也。諸儒以爲邾、莒無命卿，既自違傳。劉、賈又云，春秋之序，三命以上，乃書於經。潁氏以爲再命稱人。傳曰：叔孫昭子三命踰父兄。昭公十年（按當作十二年），昭子始加三命，而先此叔孫，皆自見經，知所書皆再命也。」（正義引）又昭公十二年傳正義引釋例亦曰：「魯之叔孫，父兄再命而書於經，晉司空亞旅一命而經不書，推此知諸侯之卿大夫，再命以上，皆書於經。自一命以下大夫及士，經皆稱人，名氏不得見也。」此杜氏明春秋書卿名氏之例也。杜氏之說，頗稱宏通，其駁賈之言，亦於傳有據，當從杜說。

（六）賈逵解西狩獲麟，謂孔子自衛返魯，考正禮樂，修春秋，約以周禮。三年文成致麟，麟感而至。取龍為水物，故以為母致子之應。又謂，周在西，明夫子道繫周。杜預謂，麟者仁獸，聖王之嘉瑞也。時無明王，出而遇獲。仲尼傷周道之不興，感嘉瑞之無應，故因魯春秋而修中興之教，絕筆於獲麟之一句，所感而作，固所以為終也。大野在魯西，故曰西狩。杜說較平實。惟絕筆於獲麟之說仍未確，當以請討陳恆不行而絕筆也。

「十有四年春，西狩獲麟。」（哀公十四年經）

賈逵曰：「孔子自衞返魯，考正禮樂，修春秋，約以周禮。三年文成致麟，麟感而至。取龍爲水物，故以爲修母致子之應。」（正義引賈逵、服虔、潁容等。黃、馬、王、嚴四家皆輯。）

賈又曰：「周在西，明夫子道繫周。」（正義引。馬、黃、王、嚴四家皆輯。）

案李氏貽德曰：「孔子反魯在哀十一年，考正禮樂，修春秋，約以周禮者，史記孔子世家云：孔子追迹三代之禮。論語云：吾自衞反魯，然後樂正。史記又云：因史記作春秋，據魯親周是也。三年文成致麟者，自十一年至此爲三年。文成致麟，謂修禮致麟，麟感母修故至。」（賈服注輯述卷二十）又曰：「云修母致子者，昭二十九年傳：龍，水物也。水官棄矣，故龍不生得。正義曰：漢世先儒說左氏者，皆以五靈配五方，龍屬木，鳳屬火，麟屬土，白虎屬金，神龜屬水。其五行之次：木生火，火生土，土生金，金生水，水生木。王者修其母則致其子：水官修則龍至，木官修則鳳至，火官修則麟至，土官修則白虎至，金官修則神龜至。此漢儒本左氏說義推修母致子之法，服亦同之。書洪範疏引鄭云：五行傳曰：貌屬木，言屬金，視屬火，聽屬水，思屬土。漢書天文志曰：東方春木，於人五常仁也，五事貌也。南方夏火，禮也，視也。西方秋金，義也，言也。北方多水，知也，聽也。中央季夏土，信也，思心也。若然則視明禮修而麟至者，火修致土也。思睿信立而白虎擾者，土修致金也。言從乂成而神龜在沼者，金修致水也。聽聰知正則名川出龍者，水修致木也。貌恭性成則鳳凰來儀者，木修致火也。」（同上）又曰：「桓四年，公狩于郎。莊四年，公及齊人狩于禚。郎禚皆書地名。此既狩于大野，亦當書地，乃不書地而云西狩者，明夫子道繫西周，故麟自西得也。道繫周者，孟子曰：春秋，天子之事也。中庸云：仲尼憲章文武。是修春秋以文武為憲者也。」（同上）顧棟高春秋絕筆獲麟論曰：「春秋二百四十二年終於獲麟，說者謂夫子感麟而作，又以為春秋文成致麟。何休之說尤誕妄。杜氏既絀之，文定乃承其意，謂春秋經成道備，嘉瑞應焉，而以天道終之，比諸簫韶九奏，鳳儀於庭，魯史成經，麟出于野，無論不經，而聖人毋乃涉于自誇大。至宋鄭氏樵則以為終於獲麟，聖人初無意。歐陽氏謂，義在春秋，不在起止。如此則春秋宜終于哀之十四年或十三年冬，不宜以首春一事，遽爾絕筆，則又似非無意。朱子謂，某不敢指定是書成感麟，亦不敢指定是感麟作。大概出非其時，被人殺了，是不祥。意謂感其不祥而遂絕筆，則亦非無所寓意。然愚嘗反覆通經，而知諸儒之說非矣。即朱子亦未為得。蓋春秋之經，因是年請討陳恆之不行而絕筆也。夫春秋為天下之無王作，臣弒其君，子弒其父，生人之道絕矣。故不得已而作春秋，汲汲乎別嫌明微，正名定分。其用於魯也則墮三都，以張公室。逮其歸老，季氏伐顓臾則沮，旅泰山則沮，口誅筆伐，猶望人心懾于大義，而不敢肆。至十四年之四月，陳恆執其君，寘于舒州。六月行弒，孔子是時年七十一，沐浴請討，而魯之君臣，哆然不應，則是人心死而天理絕，天下無復知篡弒之為非者，于是喟然太息曰：已矣，無為復望矣，遂輟簡廢業而是春適有西狩獲麟一事，春秋遂以是終焉，是則春秋之絕筆者為大義之不復伸也。豈區區為一物之微，而漫託于不可知之氣數哉！夫春秋責人事而不言災祥，就使獲麟果不祥，猶當勤人事為補救，若以麟出非其時，明己當退隱，則是春秋撥亂世反之正之書，而以一己之遇合終，私而不公，尤非聖人之志。曰，春秋之弒君多矣，何獨于陳恆爲兢兢？曰，諸國皆遠于魯，而孔子是時猶望大行其道于天下，起而正之。卽哀十年，弒齊侯陽生而以卒赴，猶懼人之見討，至此顯然行弒，魯與齊爲脣齒，且甥舅之邦，聖人于此蓋日懼三桓之爲陳氏也。故其答季子然問仲由、冉求曰：弒父與君，亦不從。至請討不行，顯然勢合而交成其絕筆也。目不忍見，口不忍言，故斷其簡于春秋，而著其事于魯。論曰：後世有能伸討賊之義者，是卽吾春秋之志也。此則聖人未竟之心史也夫。」（春秋大事表四十二之四）俞氏樾曰：「春秋之書狩也，桓之四年曰：公狩于郎。莊之四年曰：公狩于禚。哀十四年西狩獲麟。曰西狩而不地何也？聖人思周道也。春秋託始於隱公，實當平王東遷之初，周室東而周道衰矣。孔子曰：吾其爲東周乎？解者曰：興周道於東方。至其晚年，周公之夢久不復作，亦知東周之不可爲矣。乃退而刪定詩書，而於詩寓意焉。變風始邶鄘衛而終於檜曹。邶之詩曰：山有榛，隰有苓。云誰之思，西方美人。彼美人兮，西方之人兮。檜之詩曰：誰能亨魚，漑之釜鬵。誰將西歸，懷之好音。聖人之惓惓於西方如此，蓋歎東周之不可爲，而追思西京之盛也。哀之十四年，西狩而獲麟，麟則聖王之瑞也，西則文武故都之所在也。故不著其地而曰西焉，猶詩之言西方美人也。有西方之美人而後有西方之麟，孔子若曰：周室其復西乎？其將復見文武成康之盛乎？故書曰：西狩獲麟，而遂絕筆乎？是以爲文武將復興而春秋可無作也。夫西者，魯之西也，非西周也。聖人借以寓意焉爾。抑又考之，哀公元年歲在大梁，則哀十四年歲在實沈也。昔武王之伐紂，歲在鶉火。說尙書者以爲在武王十三年，而書序曰惟十有一年武王伐紂。說者以爲是觀兵之年。夫十三年歲在鶉火，則十一年歲在實沈也。武王克商以鶉火，而伐紂實始於實沈，而哀十四年亦與之同，是故論其地則西也，論其年則武王伐紂之年，固周之所以興也。聖人作春秋，於其終也，大書曰：十有四年春，西狩獲麟。蓋曰：周且再受命也。故曰思周道也。」（曲園雜纂卷第四達齋春秋論）按史記孔子世家載，孔子年六十九，自衛返魯。値周室衰微，詩書缺。孔子乃追迹三代之禮，序書傳，故書傳禮記自孔氏。又刪詩正樂，禮樂自此可得而述，備王道，成六藝。序彖、繫、象、說卦、文言。因史記作春秋，據魯，親周，故殷，運之三代。是賈氏所云：孔子自衛返魯，考正禮樂，修春秋，約以周禮之事也。至「文成致麟」及「修母致子之應」之說，語涉奇誕。其說蓋受讖緯及陰陽災異說之影響，恐不足信。杜預釋云：「麟者仁獸，聖王之嘉瑞也。時無明王，出而遇獲。仲尼傷周道之不興，感嘉瑞之無應，故因魯春秋而修中興之敎，絕筆於獲麟之一句，所感而作，固所以爲終也。多獵曰狩。蓋虞人修常職，故不書狩者。大野在魯西，故言西狩。得用曰獲。」說較平實。然嘉瑞之言，仍不脫災異色彩。正義駁麟感而至之說云：「龍爲水物，以其育於水耳。麟生於火，豈其產於火乎?孔子之作春秋，門徒盡知之矣。丘明親承聖旨，目見獲麟，丘明何以不言?弟子何以不說?子思、孟軻，去聖尤近，荀卿著書，尊崇孔德。麟若應孔子而來，著書無容不述，何乃經傳群籍，了爾不言?」正義之駁是也。故顧氏棟高辨孔子書春秋非絕筆於獲麟之故，乃因是年請討陳恆之不行而絕筆。而記事所以終於獲麟者，以與請討陳恆事適相近，請討陳恆事旣不行，孔子遂輟簡廢業，不復續書，故終於獲麟之一事耳，說頗宏通。較之獲麟說，於義爲長，當從之。至俞氏樾之說，釋賈氏「夫子道繫周」之義，雖能言之成理，然實與獲麟說相表裡，仍不脫災異色彩，不若顧說之平實。故春秋絕筆一義，仍當從請討陳恆不行而絕筆之說也。

（七）孔子春秋記事止於哀十四年夏西狩獲麟。小邾射以句繹來奔以下，至哀公十六年孔子卒。賈逵以為弟子所記，服虔、杜預說同。惟服、杜謂弟子但據魯史舊文續之，無筆削，恐未然。弟子所續仍當有筆削也。

「小邾射以句繹來奔。」（哀公十四年經）

賈逵曰：「此下弟子所記。」（正義引。馬、黃、王、嚴四家皆輯。）

案杜注：「春秋止於獲麟，故射不在三叛人之數。自此以下，至十六年，皆魯史記之文，弟子欲存孔子卒，故並錄以續孔子所修之經。」正義曰：「此文與邾庶其、黑肱、莒牟夷文同，知射是小邾大夫以句繹之地來奔魯也。其事既同，其罪亦等。傳稱庶其等爲三叛人，不通數此爲四叛人者，以春秋之經，止於獲麟，獲麟以上褒貶，是仲尼之意，此雖文與彼同，而事非孔意，故不數也。」又曰：「公羊、穀梁之經，皆至獲麟而盡，左氏之經，更有此下事者，自此以下，至十六年，皆是魯史記事之正文也。仲尼所修，修此記也。此上仲尼修記，此下是其本文，弟子欲存孔子卒，故因經之末，并錄魯之舊史，以續孔子所修之經，記仲尼卒之月日，示後人使知耳。賈逵亦云，此下弟子所記。但不言是魯之舊史耳。」按春秋序疏引服虔說與杜此注同，知杜取服義爲說。三叛人者，襄二十一年邾庶其以漆閭邱來奔。昭五年莒牟夷以牟婁及防兹來奔。三十一年邾黑肱以濫來奔，是也。此年小邾射以句繹來奔。文與之同，而不在三叛人之中，足證此下非孔子所修。服、杜以爲此下弟子所錄，本之賈氏說。杜氏又謂：自此以下，至十六年孔子卒，皆魯史舊文，弟子錄以續經。其意以爲弟子未有筆削，恐未必然。弟子不乏高才，自得依仿孔子體例，刪削舊史以續之，不必照錄史文也。竹添氏左傳會箋云：「此下蓋左氏所補續，亦因史文，修以孔子筆削大法也。」（哀十四年經）會箋亦以爲續經有筆削，當得其實。至謂續經出於左氏之手，於義雖亦可通，然究不若出於弟子所續說之爲當也。

第三節　釋春秋書而示義者

（一）諸侯相會遇，春秋書遇以示貶。

「夏，公及宋公遇于清。」（隱公四年經）

賈逵云：「遇者，用冬遇之禮。遇禮簡易。」（正義引劉、賈。此條馬、嚴輯有，黃、王二家缺。馬、嚴輯無「遇禮簡易」四字，此從劉文淇舊注疏證引。）

案杜注：「遇者，草次之期，二國各簡其禮，若道路相逢遇也。」說與賈異。杜氏春秋釋例駁賈云：「遇者，倉卒簡儀，若道路相逢遇耳。周禮：諸侯多見天子曰遇，劉氏因此名以說春秋，自與傳違。按禮，春曰朝，夏曰宗，秋曰覲，多曰遇。此四時之名，今者春秋不皆同之於禮。多見天子，當是百官備物之時，而云遇禮簡易。經書季姬及鄫子遇于防，此婦呼夫共朝，豈當復用見天子之禮？於理皆違。」（正義引）李貽德釋賈說曰：「案周禮，多見曰遇。後鄭注：遇，偶也。欲其若不期而俱至。曲禮云：諸侯未及期，相見曰遇。是多遇之文，亦取此義。此經公羊傳云：遇者何？不期也。賈以多遇之禮釋之，義足相輔也。」（賈服注輯述卷一）劉文淇亦曰：「案周禮鄭注：朝，朝也。欲其來之早。宗，尊也。欲其尊王。覲之言勤也。欲其勤王之事。遇，偶也。欲其若不期而俱至。疏云：此鄭解其名也。四方諸侯來朝覲天子，豈有別乎？明各擧一邊，互見爲義耳。鄭以不期俱至解遇。即用曲禮未及期相見爲說。劉賈謂多遇之禮，亦謂偶遇也。杜以爲草次之期，轉爲無據。」（舊注疏證隱公四年）按賈云：遇者用多遇之禮，未當。杜氏釋例駁之，是也。惟云遇禮簡易，尙爲不誤。杜云二國各簡其禮，義與賈同。李氏貽德、劉氏文淇欲爲賈氏多遇之說作解釋，皆不能圓其說。杜云草次之期，亦無據。黃氏仲炎曰：「何以書？曰，古者諸侯行役以王事，故不以相遇爲非。春秋諸侯行役以私謀，故以相遇爲罪。」（春秋通說卷一）程氏端學曰：「程子曰：非周禮多見曰遇之遇。張氏曰：古者，諸侯出疆朝天子，若罷朝卒然相遇，則近者爲主，遠者爲客，稱先君以相接，所以崇禮讓，絕慢易也。春秋諸侯雖非相遇，而欲從簡易，則以遇禮相見，而不行朝會之禮，故亦曰遇。春秋因事而書，以譏其非王事出境，無國君之禮。愚案：禮，父母之喪，斬衰不脫經帶，不與人坐。宋公居父喪，未及期，而出境會遇諸侯，隱公亦不以其居喪而與之遇，皆罪也。」（春秋本義卷二）春秋書遇者凡七，黃氏仲炎引張氏說春秋書遇之義，最稱的當。此年隱公與宋殤公遇于清，亦以非王事出境，無國君之禮致譏。況宋殤公又居父喪未及期，而出境會遇諸侯，其非尤甚。故春秋書以示譏貶。

（二）春秋書叔姬歸于紀。賈逵以刺紀貴叔姬為說。杜預則謂叔姬待年於父母國，不與嫡俱行故書。當從賈說。

「叔姬歸于紀。」（隱公七年經）

賈逵曰：「書之者，刺紀貴叔姬。」（正義引。此條嚴輯有，馬、黃、王三家均未輯。）

案杜注：「叔姬，伯姬之娣也。至是歸者，待年於父母國，不與嫡俱行，故書。」說與賈異。正義駁賈說云：「女歸嫁於他國，皆有姪娣與適俱行，則所尊在適，書適不書姪娣。叔姬待年之女，年滿特行，故書其歸，魯女嫁於他國之卿，皆書之，夫人之娣，尊與卿同，其書固是常例。賈云，書之者，刺紀貴叔姬。傳無其事，是妄說也。」按隱二年經書紀伯姬歸於紀。此年何休、范寧注公羊、穀梁，皆謂叔姬待年父母國。范寧穀梁集解引許愼異義曰：「姪娣年十五以上，能共事君子，可以往，二十而御。」（卷二）引之以證叔姬不與嫡俱行。是古左氏說亦謂叔姬待年於父母之國也。何休公羊解詁亦曰：「婦人八歲備數，十五從嫡，二十承事君子。」（卷三）言姪娣之年，與許愼異義合。異義說當本於賈逵，則賈亦以叔姬待年父母國，至是始歸。杜依用之。惟杜不用賈氏刺紀貴叔姬之義。李貽德申賈氏此義曰：「劉、賈云春秋之序，三命以上乃書於經。內外相比，不得書歸明矣。今紀侯既貴重之，故經特變其例，以書於策，蓋所以刺之也。」（賈、服注輯述卷二）劉文淇亦曰：「春秋書姪娣之歸他國，惟此經紀叔姬一見，不得謂常例應書。賈義指爲刺貴叔姬者，蓋以莊二十九年十二月，經書叔姬卒。三十年八月，經書叔姬葬。然紀既告卒告葬。則紀侯平昔之貴叔姬可知。貴之，故特書以刺之。此經公羊無傳，穀梁但解不言卿逆，則賈義當係古左氏說，不得斥爲妄。」（舊注疏證隱公七年）按李氏、劉氏申賈說而駁正義，其說可取，正義駁賈逵之言，未爲當也。且經書姪娣歸他國，僅此年一見。若如杜說，當不只此，何以僅此一見？明非不與嫡俱行即書。黃氏仲炎曰：「春秋內女爲諸侯之嫡夫人者，則書其歸，餘姪娣不書也。伯姬歸于紀則既爲嫡夫人矣。叔姬，娣也，何以書？蓋魯不以叔姬爲伯姬之娣，而以紀夫人之禮納之也。辛伯曰：內寵並后，亂之本也。故書。」（春秋通說卷一）黃氏說與賈逵合。知叔姬歸于紀，紀人違禮貴之，故春秋書以示貶。

（三）經書「有年」。賈逵謂經諸言「有」，皆不宜有之辭。杜以「五穀皆熟書有年」釋之，不以有字為例。當從杜說。

「冬，有年。」（桓公三年經）

賈逵曰：「有年，大有年，有鸜鵒來巢。諸言有，皆不宜有之辭也。」（正義引劉、賈、許。此條馬輯在劉歆春秋左氏傳章句一書中，賈逵春秋左氏解詁未載。嚴輯有，黃、王二家輯缺。）

賈逵曰：「惡桓而有年豐，異之也。言非其所宜有。」（正義引。此條馬、黃、王、嚴四家皆輯。）

按此年經書「有年」，宣公十六年經書「大有年」。春秋書有年，惟此兩見。「有鸜鵒來巢」，乃昭二十五年經文也。杜預注此經云：「五穀皆熟書有年。」於宣十六年經大有年下，無注。是杜不用賈說。桓公三年穀梁傳曰：「五穀皆熟爲有年也。」又宣十六年穀梁曰：「五穀大熟，爲大有年。」杜蓋用穀梁說。賈以諸言有，皆不宜有之辭。杜不謂然，故釋例駁之曰：「劉、賈、許因有年、大有年之經。有鸜鵒來巢，書所無之傳，以爲經諸言有，皆不宜有之辭也。據經，螟螽不書有，傳發於魯之無鸜鵒，不以有字爲例也。經書十有一年，十有一月，不可謂不宜有此年，不宜有此月也。螟、螽俱是非常之災，亦不可謂其宜有也。」（正義引）正義申杜說曰：「賈云，桓惡而有年豐，異之也。言有，非其所宜有。案昭元年傳曰：國無道而年穀和熟，天贊之也。是言歲豐爲佐助之，非妖異之物也。君行既惡，澤不下流，遇有豐年，輒以爲異，是則無道之世，唯宜有大饑，不宜有豐年，非上天佑民之本意也。且言有不宜有，傳無其說。」（桓公三年正義）是杜、孔皆不以有字爲例也。李貽德釋賈說曰：「白虎通災變篇引春秋潛潭巴曰：異之言怪也。國語周語曰：國之將興，其君齊明衷正，精潔惠和，其德足以昭其馨香。國之將亡，其君貪冒辟邪，淫泆荒怠，粗穢暴虐其政腥臊，馨香不登。是年之豐儉，係乎主德之純否也。今桓以篡弒之人，而年穀豐登，是可怪矣。」（賈服注輯述卷三）劉文淇亦曰：「說文：有，不宜有也。春秋傳曰：日有食之。許君用賈義也。昭元年傳：天贊之義，謂其不宜有而有也。螟螽之災，五行家言謂爲貪暴之應。其不書有，正見其宜有。若年盈十而書有，則干寶所稱十盈則定，始以奇從偶，故言有也。乃別一義，不得執以相難，疏說皆非。」（舊注疏證桓公三年）按李劉皆主賈說。公羊傳曰：「有年何以書？以喜書也。此其曰有年何？僅有年也。僅有年亦足以當喜乎？恃有年也。」何注云：「若桓公之行，諸侯所當誅，百姓所當叛。而又元年大水。二年，耗減，民人將去，國喪無日，賴得五穀皆有，使百姓安土樂業，故喜而書之。所以見不肖之君，爲國尤危。」（卷四）昭公二十五年經：「有鸜鵒來巢。」杜以非常故書釋之。左傳曰：「書所無也。」（卷五十一）書所無者，記異之謂也。公羊傳曰：「何以書？記異也。何異爾？非中國之禽也。宜穴又巢也。」（卷二十四）是左氏、公羊皆但以記異與非常爲說，不謂其不宜有也。宋以來學者，多有持說與賈氏相合者，如孫復曰：「桓立十八年，惟此言有年者，是未嘗有年也。書者著桓公爲國不能勸民務農若是也。」（春秋尊王發微卷二）葉夢得曰：「歲非五穀皆不熟，無非有年者，何獨於桓書有年？於宣書大有年歟？桓宣皆弒君者也。桓書大水，書螽，書雨雪，書無冰，則有年非桓之所得致也。宣書螽，書大旱，書大水，書蝝生，書饑，則大有年非宣公所得致也。於皇來牟，將受厥明，明昭上帝，迄用康年。武王之詩也。天降喪亂，滅我立王，降此蟊賊，稼穡卒痒。厲王之詩也。年之有無，豈非以其君歟！」（春秋傳卷三）張洽曰：「五穀皆熟爲有年。春秋常事不書，而此獨書者，桓公行惡，其所感召，如元年大水。五年，旱雩螽。八年十月雨雪。十三年大水。十四年無冰。御廩災。十八年間獨今年五穀僅熟，故以爲異，特書於策，以著桓公之罪，憫魯國之民也。」（春秋集注卷二）張自超春秋宗朱辨義曰：「孫氏復謂桓十八年祇此一年有收，以著桓世之多凶饉也。張氏洽謂桓十八年，水旱與螽疊見，獨此年五穀僅熟，特書於冊，著桓罪憫魯民也。二說爲當。」（張應昌春秋屬辭辨例編引，見五經彙解卷一百七十八。）惠棟九經古義：「朱新仲曰：有年、大有年，桓宣時也。有者不宜有，二公行事不宜有此，皆貶也。春秋二百四十二年之間，豈止於二三年豐熟哉？以是知二公不宜有此也。昭元年秦后子奔晉云云，國無道而年穀和熟，天贊之也。與此意合。」（卷十三）按上引諸家皆謂書有年者，所以著桓宣之罪，依二公行事，不宜有此，皆貶也。說似言之成理，其實非也。賈氏及上引諸說所以致誤者，在以有年與桓公之宜貶二意牽合爲一，實則桓公篡弒當貶固宜，然宜貶與書有年何涉乎？篡弒而得位之君，豈皆不得年豐乎？至春秋二百四十二年之間，所以僅此二年書者，或因此二年前後凶饉特甚，而遇年穀和熟，故喜而書之。其他雖有豐年，以不在凶歉之後，故省而不書也。漢儒災異之說，每以人事與災異相牽合，而往往附會過當，後儒亦頗受其影響，率此類也。黃震讀春秋日鈔云：「以有年爲喜者是也。謂不當有而書異者，非人情也。」（清儒五經彙解卷一百七十八引）方苞春秋通論云：「二百四十年惟桓宣之世一書有年，一書大有年，承歲祲。隱五年螟，八年螟，桓元年大水，故三年有秋，喜而志之。宣自卽位以後，螽蝝水旱，史不絕書，故十六年大有秋，喜而志之。莊六年螟，七年大水，二十四年、二十五年皆大水，而其後不書有年者，繼災之後稍熟而不可謂有年，久則民氣漸復，雖有年不復書矣。」（同上引）顧奎光云：「書譏書有年，重民命也。說者以桓宣書有年為不宜有，夫其君是惡，其民何罪？此正見天心仁愛耳。汪氏曰：「幸其僅有年也。得之矣。」（春秋隨筆卷下）毛氏奇齡曰：「年者稔也，熟也。穀一熟曰年，有年則熟者衆矣。賈、服謂桓惡而得年，異之也。書有，言不宜有也。則宣十六年書大有年，宣惡不必過於桓，而曰大不宜有，誤矣。況君惡耳，民亦何罪而必使無年。」（春秋傳卷六）黃、方、顧、毛諸家說得之。故杜以五穀皆熟書有年釋之，是矣。

（四）經書秋八月蔡季自陳歸于蔡。癸巳葬蔡桓侯。賈逵謂桓卒而季歸，無臣子之辭也。杜預謂稱侯，蓋謬誤。從賈逵說。

「秋八月，蔡季自陳歸于蔡。癸巳葬蔡桓侯。」（桓公十七年經）

賈逵曰：「桓卒而季歸，無臣子之辭也。」（正義引劉、賈、許。此條馬、黃、王三家皆輯。嚴輯缺，馮補有。黃、王二家所輯增「故不稱公」四字，此從馬輯。）

案杜注：「稱侯，蓋謬誤。」正義申杜說云：「五等諸侯，卒則各書其爵，葬則舉謚稱公，禮之常也。此無貶責，而獨稱侯，故云蓋謬誤也。」又引釋例云：「卒而外赴者，皆正爵而稱名，愼死考終，不敢違大典也。書葬者，皆從主人私稱，客主之人，敬各有事，謙敬各得其所，而後二國之禮成也。葬蔡桓侯，獨不稱公。劉、賈、許曰：『桓卒而季歸，無臣子之辭也。』蔡侯無子，以弟承位，羣臣無廢主，社稷不乏祀，故傳稱蔡人嘉之，非貶所也。杞伯稱子，傳為三發，蔡侯有貶，傳亦宜說。史書謬誤，疑有闕文。」亦謂稱侯，非貶所，蓋史書謬誤，疑有闕文。與賈說異。李貽德曰：「案諸侯卒書爵，葬書謚稱公。其得稱公者，各國臣子據本國之稱以赴告，而簡策亦據以書之也。此獨稱侯者，則以桓卒三月而季始歸，是喪無主，喪無主則猶之無臣子矣。賈云無臣子之詞，以釋經之稱侯也。」（賈服注輯述卷三）李氏引申賈說，以爲經所以稱侯者，乃桓侯卒三月，而蔡季始歸，喪無主故也。劉文淇曰：「傳稱蔡人嘉之，乃嘉蔡季無預葬桓之辭。」又曰：「何休謂稱侯，奪臣子辭。徐邈謂蔡臣子失禮。公、穀兩家古誼，皆與左氏同。」（並舊注疏證桓公十七年）孔廣森公羊通義曰：「葬不稱公者，桓公生不能防止其姑姊妹使淫於陳佗，外內亂，有滅道，故不與臣子辭也。五等諸侯皆得以公配謚，本周之舊制，若魯考公煬公，齊丁公乙公是也。然書有文侯之命篇，則亦有謚配爵者，據史記蔡之諸君，始終謚侯，前此考父亦稱宣侯，後此申亦稱文侯，固亦稱景侯，春秋則斷以葬從主人之例，悉更之曰公，唯此存其故稱，我無加損焉，義固已貶矣。亦所謂因其可貶而貶之，蓋春秋雖假文王之法，顧現諸侯不可以屢黜陟也。故褒之進爵者，自隱而後無聞焉。貶之降號者，自蔡杞而外無見焉，猶託始之意耳。是其治諸夏也同姓先蔡，異姓先杞。杞王者之後，最先封，姬姓之在列者，莫長於文王之子，文王之子莫長於蔡，是以獨於此見法也。」（卷第二）按李氏貽德、劉氏文淇說是也。孔氏廣森說雖屬公羊，義可通於左氏，亦可爲賈說之證。公、穀、左氏三家經文並作「癸巳，葬蔡桓侯。」何休注公羊謂：「稱侯者，奪臣子辭也。有賢弟而不能任用，國幾并於蠻荊，故賢季抑桓稱侯，所以起其事。」（卷五）范寧穀梁集解引徐邈曰：「

葬者，臣子之事，故書葬，皆以公配謚。此稱侯，蓋蔡臣子失禮，故即其所稱以示過。」（卷四）是公、穀兩家義皆以稱侯者貶詞，與賈說合。杜注以爲史書謬誤，非也。此條正義引作劉、賈、許說，蓋劉歆爲此說，而賈逵、許淑同之也。

（五）經書夫人孫于齊。賈逵謂桓公之薨，至是年三月，期而小祥。公憂思少殺，念及于母，以其惡重，不可以返之，故書孫于齊。杜預則謂魯人責之，故出奔。內諱奔，謂之孫。又謂文姜與桓俱行，而桓為齊所殺，故不敢還。莊公父弒母出，故不忍行即位之禮，據文姜未還，故傳稱文姜出也。姜於是感公意而還。不書，不告廟。賈說為當。

「夫人孫于齊。」（莊公元年經）

賈逵曰：「桓公之薨，至是年三月，期而小祥，公憂思少殺，念及于母，以其惡重，不可以反之，故書孫于齊耳。」（詩齊風南山正義引何休、賈逵、服虔。此條馬、黃、王、嚴四家皆輯。黃、王二家所輯於「故書孫于齊耳」句下，增「其實先在于齊，本未歸也」十字，此從馬輯。）

案春秋莊公元年：「三月，夫人孫于齊。」賈逵曰：「桓公之薨，至是年三月，期而小祥，公憂思少殺，念及于母，以其惡重，不可以返之，故書孫于齊耳。」（詩齊風南山篇正義引何休、賈逵、服虔說）杜預春秋經傳集解釋此經云：「魯人責之，故出奔。內諱奔，謂之孫。」左傳云：「元年春，不稱卽位，文姜出故也。」杜氏集解：「文姜與桓俱行，而桓爲齊所殺，故不敢還。莊公父弒母出，故不忍行卽位之禮，據文姜未還，故傳稱文姜出也。姜於是感公意而還。不書，不告廟。」（春秋左傳注疏卷八）何休、賈逵、服虔諸家以爲文姜罪重，不敢歸魯。至元年三月，莊公念及于母而不得請歸，乃書孫于齊。杜氏之意則以爲文姜前已返魯，以不告廟故不書其返，至此乃復去魯，故書孫于齊。二說不同，其關鍵在文姜於桓公薨于齊之後，至莊公元年三月，約近一年之間，是否曾經自齊返魯一事。孔穎達春秋左傳正義釋杜說云：「經書三月夫人孫于齊。則是夫人來而復去，故知文姜於是感公意而還也。三月以來，經傳皆無夫人還事，故解之還不書不告廟。」又孔氏正義引杜預春秋釋例云：「文姜之身，終始七如齊，再如莒，皆以淫行，書行而不書返，則元年之還，亦不告廟，推此可知也。」正義又引公羊傳、穀梁傳云云，及左氏先儒說而駁之曰：「杜不然者，史之所書，據實而錄，未有虛書其事者也。夫人若遂不還，則孫已久矣，何故至是三月，始言孫于齊乎？公若念及於母，自可迎使來歸，何以反書其孫？豈莊公召命史官，使書其母孫乎？又禮：三年之喪，期月而練。桓公以往年四月薨，至今年三月，未得一期，何故已得爲練，而云接練錄變，存君念母也？若以經無還文，卽言留齊不返，則自是以後，亦無還文，二年夫人會齊侯于禚，豈復自齊會之哉？以此知三月始從魯去也。」正義所駁，卽前引何、賈、服諸家之說也。毛氏奇齡曰：「夫人，莊公母也。前一年桓喪歸時，夫人已隨喪歸魯矣。是時不書歸者，以喪歸告廟，夫人歸不告廟也。至是復奔齊，諱之曰孫，孫者避也。言慚而避之云爾。若公穀謂，接練時錄母之變。詳其說則誤以姜未歸魯，當小祥練祭。而莊公念母尚在齊，故記曰孫齊，一若此時新去齊者，是以未歸之夫人，而篤言去齊，世無是理。況小祥練祭，必期又一月，喪服四制所云十三月而練者，今自前年夏四月，至此裁十二月耳，何接練之有？」（春秋傳卷九）毛氏亦同正義說，特謂姜氏之歸乃隨桓喪歸魯，與杜說異耳。正義與毛氏之言甚辨，然恐未得其實。李氏貽德申賈逵說云：「桓公以往年四月薨，至此年三月爲一期也。說文云：稘，復其時也；期，會也。二字義略同。會有合訓，復其時合於此月也。禮記間傳云：期而小祥。祥者吉也。言小小從吉也。公於斯時，憂思其父，其心少殺。殺者，減損也。問喪云：思慕之心，孝子之志也。荀子禮論：喪禮之凡久而平。注，久則哀殺如平常也。念及于母者，謂思念母也。雖思念母而母罪太重，不可請于齊而返之，故書遜于齊。公羊傳：夫人固在齊矣，其言遜于齊何？念母也。蓋前此深痛父仇，無暇計母之出，至是哀思少殺，始念母出未返，簡策宜書，即繫之此月，以爲首事，其實卒未歸也。魯桓之喪以前年四月至，夫人宜與同返，經不書夫人之返，見文姜與聞殺公之謀，內歉於心，故不敢還。隱痛深諱者，魏書竇瑗傳：瑗曰，尋注義隱痛深諱者，以父爲齊所殺，而母與之，隱痛父死，深諱母出。禮記喪服四制：期而練。曾子問：主人練祭而不旅。疏：練，小祥祭也。周禮大祝疏：練謂十三月，小祥練祭，蓋桓公之薨，至此將練祭矣。」（春秋左傳賈服注輯述卷四）李氏之釋，頗有合於賈義，可爲賈義之一注脚。

案姜氏以桓十八年與公如齊，經云公之喪至自齊。傳不言文姜來歸。莊元年傳云：「不書即位，文姜出故也。」明莊公卽位之時，姜氏仍滯留在齊，未嘗返魯也。公羊傳云：「夫人固在齊矣，其言孫于齊何？念母也。正月以存君，念母以首事。」（公羊注疏卷六）穀梁傳云：「接練時，錄母之變，始人之也。」范寧注云：「夫人初與桓俱如齊，今又書者，於練時感夫人不與祭，故始以人道錄之。」（穀梁注疏卷五）公穀二傳亦以姜氏往年如齊，至此年三月猶尚不返，三月練祭，念及其母，乃書其出奔，非三月始從魯去也。詩南山序疏云：「何休及賈逵、服虔皆以爲桓公之薨，至是年三月，期而小祥，公憂思少殺，念及于母，以其罪重，不可以返之，故書遜于齊耳，其實先在於齊，本未歸也。」（毛詩注疏卷五）莊公感念其母之義，左傳所無，賈、服蓋以公穀二傳之說，義可通於左氏，故取以爲說。經云，二年夫人會齊侯于禚，當是從魯往會，則於會之前已返魯矣。南山序疏又云：「服虔云：蓋魯桓公之喪從齊來，以文姜爲二年始來。鄭於喪服小記之注引公羊正月存親之事，則亦同於賈、服至二年乃歸也。」（同上）據南山序疏知賈逵、服虔、鄭玄皆以夫人姜氏至二年始返魯也。史記魯世家云：「莊公母夫人因留齊不敢歸魯。」（史記卷三十三）說亦與三傳及何、賈、服、鄭、范諸先儒同。良以魯桓如齊，爲齊人所殺，而事由文姜之淫行而發，此莫大之罪，魯國上下怨之必甚，文姜此時豈敢歸魯？故文姜避罪留齊，至於期年，實事理之常。公穀二傳立說於前。漢儒解經，並同此說，非偶然也。杜氏以其理不可違，故亦云文姜與桓俱行，而桓爲齊所殺，故不敢還。然又創爲莊公不忍行卽位之禮，姜氏於是感公意而還，魯人責之，三月乃復奔齊之說。杜氏之爲此說，但憑臆測，實無明證，而故違諸儒，故南山序疏謂：「杜預創爲其說，前儒盡不然也。」（同前）杜以臆測之言，而故違先儒一致之論，宜其不可從。而毛氏奇齡乃謂，前一年桓喪歸時，夫人已隨喪歸魯矣。則並與三傳之說違異，其謬較杜氏爲尤甚。此其一。

正義駁賈說云：「史之所書，據實而錄，未有虛書其事者。」按公羊傳云：「夫人孫于齊，孫者何？孫猶遜也。內諱奔，謂之遜。」（卷六）穀梁傳云：「夫人孫于齊，孫之爲言猶遜也。諱奔也。」（卷五）公穀二傳但釋書孫之義，特謂文姜畏罪留齊，如奔齊然耳。如文姜此時自魯奔齊，公穀二傳必不容不釋其奔齊之故，以其事關重大，異乎尋常也。左傳云：「夫人孫于齊，不稱姜氏，絕不爲親禮也。」左氏但釋不稱姜氏之故，不言其此時出奔也。若如杜說文姜於此時受責乃出奔，則左傳亦不容不述其事矣。爾雅釋言及許氏說文均釋孫爲遜，賈氏之意，蓋謂夫人姜氏留齊，不敢歸魯，猶遜遯在齊耳，非意謂姜氏此時始奔齊也。毛氏不明此意，故有「一若此時新去齊者」之疑。然則依賈氏之說，書夫人孫遯在齊乃實錄，不得謂之虛書也。正義執以駁賈氏，非也。此其二。正義又謂，夫人若未返魯，則孫已久，何故至是三月，始言孫于齊？公若念母，自可迎歸，何反書其孫？豈莊公召命史官使書之乎？按至是三月始言孫于齊者，公羊傳釋之云：「念母也，正月以存君，念母以首事。」（同前）穀梁傳謂：「接練時，錄母之變，始人之也。」（同前）二傳之說甚是，賈氏亦據以爲言，當足以釋正義之疑矣。至正義「自可迎歸」之駁，則又以其母罪重，不可以返之，左傳所謂絕不爲親禮是也，故不得而迎。既宜絕之，則書其孫，乃史官所職，又何疑乎？此其三。正義又謂，禮三年之喪，期月而練。桓公之薨，至今年三月，未得一期，何故已得爲練？

毛氏亦謂，小祥練祭，必期又一月，至此年才十二月耳，何接練之有？按三年之喪，期月而練，禮固如是。桓公以往年四月薨，至此年三月才十二月，未得行練祭，說皆不誤。然賈氏及公穀二傳蓋謂，至是年三月，公喪已屆期年，次月將行練祭，乃思及母而書孫，非謂已行練祭乃書也。故公羊徐氏疏云：「言夫人當首祭事者，謂夫人當爲首而營其祭事也。言時莊公練祭者，謂桓公去年四月薨，今年三月方爲練祭，而欲迎母，非謂此時已爲練矣。」（卷六）徐氏之言，旣可以駁正義及毛氏不得爲練祭之說，亦可以爲三月書夫人孫齊作解，其言良是。故賈說於禮並無不合，正義及毛氏之駁，非也。此其四。正義又謂，若以經無還文，卽言留齊不返，則自是以後，亦無還文，二年夫人會齊侯于禚，豈復自齊會之哉？按夫人會齊侯于禚，事在莊公二年冬十二月，此時去魯桓之薨，已兩年又八閱月矣。魯人於文姜縱有怨怒，此時亦當時過境遷，不復追究，況莊公母子之情，必不容長久暌絕，故文姜於前此可以安然而返魯也。不宜執此以與新喪期年之內一概而論。且前引賈、服並以二年夫人會齊侯于禚之前已歸魯。而經無還文，明賈氏不以經書還文爲據，不得據以駁賈。此其五。

綜上所論，賈逵、杜預二家之說，於左傳雖皆無明文可證，然賈逵與左氏先儒之說，旣有公穀二傳可據，復就事理及禮制言，皆能確當近理，杜預有意立異，別爲之解，正義力爲辯護，實乏理據，仍當從賈逵、何休、服虔諸儒之說也。

（六）經書公次于滑。賈逵以為善次。又謂書次者，皆美之辭。杜預則據傳例凡師過信為次解之。又謂兵未有所加，所次則書之。既書兵所加，則不書其所次。亦有既書兵所加，而又書次者。所記或次在事前，或次在事後，皆隨事實而書，無義例也。杜說為當。

「冬公次于滑。」（莊公三年經）

賈逵以爲善次。（正義引。此條馬、黃、王三家皆輯，嚴輯馮補均缺。）

案杜注：「傳例曰：凡師過信爲次。兵未有所加，所次則書之。」正義引杜氏釋例云：「兵未有所加，所次則書之，以示遲速，公次于滑，師次于郎是也。既書兵所加，則不書其所次。以事爲宜，非虛次，諸久兵而不書次是也。既書兵所加，而又書次者，義在取於次，遂伐楚，次于陘；盟于牡丘，遂次于匡是也。所記或次在事前，次以成事也；或次在事後，事成而次也。皆隨事實，無義例也。」正義又云：「先儒又言，書次者，皆美之辭。釋例曰：叔孫救晉，次于雍榆。傳曰，禮者，善其宗助盟主，非以次爲禮也。齊桓次于聶北救邢，亦以存邢，具其器用，師人無私見善，不在次也。而賈氏皆卽以爲善次。次之與否，自是臨時用兵之宜，非禮之所素制也。言非素制者，非禮家制此次名以爲善號也。」杜氏不以先儒說爲然，故駁之，說頗閎通。唐宋以來學者說師次之義，頗有歧異。啖助曰：「救者，救其患難；凡救患皆爲美也。凡救，當奔命而往救；次，失救道也。」（

陸淳春秋集傳纂例卷五引，下趙匡說同。）趙匡曰：「凡師駐曰次，惡興師也。兵者，亂之大者也。次猶不可，況侵伐乎？左氏傳例云云，按傳無信舍之文，此例亦妄也。」胡氏曰：「救而書次，其次為貶。」按啖、趙、胡之說皆未的，啖氏謂凡救患難皆為美固是，而以書次為失救道則非也。故陳遷鶴春秋紀疑曰：「夫救而次，未為失也。率師以拯與國之難，多者革車五六百乘，少亦不下三四百乘，過都越鄙，行役經月，士卒勞頓，必休養數日，使士氣安閒，然後可用，且初至其地，山川險易未知，敵人虛實未悉，亦必周詳審慎，不可輕率急赴，是故次非春秋所譏。」（清儒五經彙解卷一百八十二引）惠士奇春秋說亦曰：「趙匡訓次為與，失之矣。一宿再宿不書者，師無不宿之理，故不書。易曰：左次无咎，未失常也。常不書，失常則書。趙匡謂經無信舍之文，是不識春秋之義者也。信舍乃行師之常，又安得書於策哉。」（卷十）陳氏、惠氏說是也。李廉曰：「伐而次，如齊師次陘，修文告以威敵，善之也。故上書伐楚，以著其美。次而伐，如楚次厥貉，藏禍心以憑夏，貶之也。故下書伐麇，以著其惡。以伐楚次陘推之，則晉悼之伐鄭次鄫，亦為善之矣。以次厥貉伐麇推之，則齊衛之次，以伐晉，亦為貶之矣。」（春秋諸傳會通卷五）李氏又以書伐而次乃善之，書次而伐則為貶。又張應昌春秋屬辭辨例編引胡氏曰：「伐而次者，有整兵慎戰之意；救而次者，有緩師畏敵之意；俟而次者，有無名妄動之意。」（清儒五經彙解卷一百八十二）又顧棟高云：「伐而書次，善其節制，齊桓次陘，晉悼次鄫是也。次而書俟，惡其妄動，次郎俟陳蔡是也。救而書次，惡其怯懦觀望，救徐次匡，救晉次雍榆是也。外裔書次，惡其窺覘中夏，楚蔡次厥貉是也。又如公次于滑，譏其救紀無功，齊衛次五氏、垂葭、渠蒢，志其擴伯生事。」（春秋大事表卷首）趙汸曰：「叔孫豹帥師救晉，次于雍榆。先言救後言次，次以成救也。」（春秋集傳卷十一）是則經之書次，或善或貶，或得或失，皆隨事而言，不以書次為義例，先儒以為書次皆為善辭，義或乖違，故不若杜說之為通洽，當從杜說。趙汸曰：「杜氏曰：次在事前，次以待事也。次在事後，事成而次也。今按凡次皆以無成事書也。書救晉者，為次雍榆，言故實不成救也。」（春秋屬辭卷七）按既有其事，則無論成敗，於事過境遷之後，皆得謂之事成，杜謂事成而次，亦卽指此而言，趙氏駁之，不免拘泥矣。

（七）經書冬公次于滑。賈逵謂若魯公次乾侯之比，杜預釋例駁之。從賈逵說。

「冬，公次于滑。」（莊公三年經）

賈逵云：「若魯公次乾侯之比。」（正義引。此條馬、黃、王、嚴及馮補五家均未輯。）

案杜注：「為經書次例也。言凡師，通君臣。」正義曰：「通君臣者，公次于滑，君也；叔孫豹次于雍榆，臣也。但是師行皆從此例。君將不言帥師，故止云公次，亦師次也。非師之次，則不在此例。釋例譏賈氏云，若魯公次乾侯之比，非為用師，不應在例，而復例之，亦為濫也。」昭公廿八年，魯公如晉，次于乾侯。非用師作戰之舉，杜以為不應在例，以傳例言「凡師」觀之，杜說不為無理。然此年公次于滑，欲會鄭伯，以謀救紀，亦非用師作戰之舉，而傳以此事發例，明傳以此事為在例中，則非師之次，亦得在例可知。故賈逵以為若魯公次于乾侯之比，義自可通。正義引沈氏云：「將會鄭伯，非軍旅而書次者，古者君行師從，卿行旅從，故亦從師行之例也。」（經公次于滑下正義）趙汸亦曰：「次者，師止舍之名，君行師從，故君所止舍，亦言次。」（春秋屬辭卷十五）是君所止次，師亦從之，雖非兵事，亦當在例也。賈氏說得之。

（八）經書「及」，三傳說各異。賈氏本古左氏說最為精當。

「城諸及防。」（莊公二十九年經）

賈逵曰：「言及先後之辭。」（正義引。馬輯、嚴輯有，黃、王二家缺。）

案杜注不言及之義。正義云：「此言城諸及防。文十二年城諸及鄆，定十四年城莒父及霄，襄十年傳晉師城梧及制。同時城二邑者，皆言及。穀梁傳曰：以大及小也。何休云，諸君邑，防臣邑。言及，別君臣之義。賈逵云，言及，先後之辭。杜不為注，先後之辭是也。」劉文淇曰：「二傳說『及』異於賈，賈所稱為古左氏義也。」（舊注疏證莊廿九年）是三傳說及，義各不同。孔廣森曰：「何氏云：言及，別君臣之義。此推莒牟夷以牟婁及防茲來奔傳言之，彼特為以邑奔者或據其私邑，或更竊公邑，故漆閭邱不言及，防茲乃言及，別見罪輕重耳，不可通之於城，凡城兩邑，悉有及文，豈必一君邑一臣邑乎？賈逵曰：言及先後之辭，廣森取焉。」（春秋公羊通義卷三）孔氏廣森說公羊亦從賈說，明左氏於義為長。

（九）經書狄入衛。賈逵謂傳言滅，經書入者，不與夷狄得志於中國。杜預謂經不書滅者，狄不能赴，衛之君臣皆盡，無復文告。齊桓為之告諸侯，言狄已去，言衛之存，故但以入為文。又謂書入不能有其地。衛實未滅，經據而書。杜氏不能有其地之說，差為近之。

「狄入衞。」（閔公二年經）

賈逵曰：「不與夷狄得志於中國。」（詩鄘風定之方中正義引。馬、嚴輯有，黃、王二家缺。）

案詩定之方中正義引賈逵語上，有「傳言滅，經書入者」一句，知賈逵語乃針對經書入而言。杜預於傳「遂滅衞」下注云：「經不書滅者，狄不能赴，衞之君臣皆盡，無復文告。齊桓爲之告諸侯，言狄已去，言衞之存，故但以入爲文。」范寧注穀梁傳云：「僖公二年，城楚丘以封衞，則衞爲狄所滅明矣。不言滅而言入者，春秋爲賢者諱。齊桓公不能攘夷狄，救中國，故爲之諱。」（卷六）杜范說以衞當書滅，與賈同；說不書滅而書入之故，則與賈異。按經書入者，或不有其地，或雖有其地，而不絕其祀也。秦人入滑，楚子入陳，吳入郢，皆不有其地者也。魯及齊鄭入許，雖有其地，而不絕其祀者也。而經書滅者，一舉而盡有其地，其君臣或死或奔，其祀亦永絕，乃謂之滅。此年狄伐衞，傳雖言滅，狄實不能據有其地，但入其國都而已。及宋桓公立戴公以廬于曹，齊侯亦使戍曹。曹，衞之下邑也。則衞實未滅，經書入，正得其實。賈謂不與夷狄得志於中國。杜謂齊桓告諸侯，言狄已去，言衞之存，故但以入爲文，皆未妥。范寧以爲爲齊桓諱，按狄伐邢而齊救，入衞而齊不救，蓋衞喪師失國速，不若邢之力抗以待齊援，故齊不及往救耳。且即不書滅，亦不能掩齊不救之迹。何有於諱？則范氏爲賢者諱之說，亦未當也。杜於經下釋云：「書入，不能有其地。」差爲近之。

（十）貫之盟，江、黃書人。賈逵謂江、黃稱人，貶刺之。杜預謂稱人者，皆是其國之大夫與盟。從賈說。

「齊侯、宋公、江人、黃人盟于貫。」（僖公二年經）

賈逵曰：「江、黃稱人，刺不度德善鄰，恃齊背楚，終爲楚所滅。」（正義引。馬、黃、王、嚴四家皆輯。）

案江黃稱人，杜無注。正義曰：「公羊、穀梁皆云，江人、黃人，遠國之辭，言其實是君也。以其遠國，降而稱人。賈云，江黃稱人云云。其意雖異，皆以江人、黃人爲國君親來。杜以諸侯之貶，不至稱人，則稱人者，皆是其國之大夫耳。齊桓威德稍盛，遠國來服，齊桓謙以接遠，故與宋公會之。」正義以爲杜意江黃稱人者，皆其大夫與會之故。毛奇齡春秋傳亦謂：「人者，其大夫也。」（卷十四）說與賈異。此年傳云：「盟于貫，服江、黃也。」杜注：「江、黃，楚與國也。始來服齊，故爲合諸侯。」細繹杜氏此言，當以爲國君親來，正義云云，非杜意也。僖十二年傳稱，黃人曰，即是其君。故知江黃稱人，非大夫與會也。又僖五年傳謂：「楚滅弦，弦子奔黃。於是江、黃、道、柏，方睦於齊，皆弦姻也。弦子恃之，而不事楚，又不設備，故亡。」（卷十二）僖十二年傳謂：「黃人恃諸侯之睦於齊也，不共楚職。曰，自郢及我九百里，焉能害我。夏，楚滅黃。」（卷十三）據此知江、黃不度德善隣，恃齊背楚，故為楚所滅。楚滅江在文四年。度德善鄰，皆左傳文。黃仲炎曰：「穀梁子載貫之盟，管仲曰，江黃遠齊而近楚，楚為利之國也。若伐而不能救，則無以宗諸侯矣。桓公不聽，遂與之盟。管仲死，楚伐江、滅黃，桓公不能救，故君子閔之，是知春秋書貫之盟，所以著江、黃致禍之由，而齊桓實誤之也。」（春秋通說卷五）黃氏之言與賈合。是江、黃有可刺之失，經因稱人以刺之也。

（十一）經書春正月不雨，夏四月不雨。賈逵取穀梁說謂僖有憂民之志，故每時一書；文無憂民之志，是以歷時總書。杜預謂一時不雨，則書首月，正義以史異辭為說。從史異辭。

「春王正月不雨。夏四月不雨。」（僖公三年經）

賈逵取穀梁說，言僖有憂民之志，故每時一書；文無憂民之志，是以歷時總書。（正義引。馬、嚴輯有，黃、王二家缺。）

案杜注：「一時不雨，則書首月。」杜不用賈說。正義曰：「杜既不注，或亦史異辭也。」當得杜意。文二年經：「自十有二月不雨，至于秋七月。」（卷十八）又十三年經：「自正月不雨，至于秋七月。」（卷十九下）皆總書不雨，又不書得雨之月，與此年經於春、夏首月書不雨文不同者，穀梁傳曰：「一時言不雨者，閔雨也。閔雨者，有志乎民者也。六月雨，雨云者，喜雨也。喜雨者，有志乎民者也。」（卷七）又文二年穀梁傳曰：「歷時而言不雨，文不憂雨也。不憂雨者，無志乎民也。」（卷十）賈逵蓋取穀梁說，故此年左氏經正義引穀梁說云云而曰：「言僖有憂民之志，故每時一書。文無憂民之志，是以歷時總書。賈逵取以為說。」按賈逵取穀梁說，雖能言之成理，然亦無由證其必然，故杜不取。毛奇齡曰：「史之書此，但以記異，而穀梁謂君有志于民則書之，夫史記災祥，豈以君意為詳略乎？」（春秋傳卷十四）公羊傳曰：「何以書？記異也。」（卷十）毛說與公羊傳合，而以正義史異辭之說為然也。權衡二說，當以史異辭說於義為長。

（十二）經書「以」，賈逵以為諸稱以，皆小以大，下以上，非其宜。杜預則謂傳例稱師，則諸不言師者，皆不用以為例。從杜說。

「冬，公以楚師伐齊。」（僖公廿六年經）

賈逵曰：「晉人執季孫以歸。劉子、單子以王猛居于皇。尹氏毛伯以王子朝奔楚，隨示以義。諸稱以，皆小以大，下以上，非其宜也。」（正義引劉、賈、潁、許。馬、嚴輯有，黃、王輯缺。）

案此年傳例曰：「凡師能左右之曰以。」杜注：「左右謂進退在己。」正義曰：「能左右者，謂欲左則左，欲右則右，故注謂進退在己。」正義又引杜氏釋例曰：「凡師能左右之曰以。謂求助於諸侯，而專制其用，征伐進退，帥意而行，故變會及之文而曰以，施於匹敵相用者。若伯主之命，則上行於下，非例所及也。吳雖大國，順蔡侯之請，自將其衆，唯蔡侯之命，故亦言以吳子也。傳例稱師，則諸不言師者，皆不用以爲例也。以之於言，所涉甚多，劉、賈、許、潁既不守例爲斷，又亦不能盡通諸以，唯雜取晉人執季孫以歸。劉子、單子以王猛居于皇。尹氏、毛伯以王子朝奔楚。隨示以義，數事而已。又云，諸稱以，皆小以大，下以上，非其宜也。尋案晉侯以季孫歸，又非下以上也。荆以蔡侯歸，亦非小以大也。」按詩周頌載芟：「侯彊侯以。」鄭箋：「春秋之義，能東西之曰以。」疏云：「此傭力隨主人所東西，故稱以也。僖二十六年左傳曰：凡師能左右之曰以。左右即東西也。彼雖爲師發例，要以者，任其東西。」（卷十九之四）是鄭意不稱師者，亦得用以爲例也。此年經，魯以楚師伐齊。魯弱楚强。昭公十三年經，晉人執季孫意如以歸。意如，魯執政卿。晉人稱人，將卑師衆之稱，必其大夫主兵。昭公二十二年經，劉子、單子以王猛居于皇。臣以君也。昭公二十六年經，尹氏、召伯、毛伯以王子朝奔楚。亦臣以君也。以此四事言之，皆小以大，下以上也。小以大，下以上，非事理之宜也。賈說今不知其詳，惟據杜氏所引謂取晉人執季孫以歸數事，隨示以義，則是但以此數事書法爲說，非通言傳例：「凡師能左右之曰以」一例也。故劉氏文淇曰：「按疏舉劉、賈、許、潁說，謂隨示以義，則諸儒舉三者爲公以楚師伐齊，例小以大，下以上，止釋此四者書法，非通言之。知者，劉、單以王猛。尹、召、毛以王子朝。皆下以上也。晉以季孫，荆以蔡侯。經書晉人，或止書荆，不謂國君也。疏改經晉人爲晉侯，以駁諸儒說，非也。杜謂以施於匹敵，於書法尤窒。」（舊注疏證僖公廿六年）按劉說是也。方苞直解云：「用他國之師而書以者，藉所以而後能戰伐也，故覇國會討，列國連兵，皆不書以，必以弱假强而後書以。」高澍然釋經亦云：「以者恃人之謂，弱以强，寡以衆也。故覇者不書以，諸侯首兵亦不書以。」（並淸儒五經彙解卷一九四引）方氏「以弱假强」，高氏「弱以强，寡以衆」，卽賈氏「小以大」之義也，則賈說自可成立。惟若依全書通例言之，杜氏釋例之說爲允。正義引作劉、賈、潁、許說，是賈、潁又本於劉歆者也。

（十三）經書「及」。賈逵本穀梁義，謂稱及，非首謀。杜預謂言及，史異辭，無義例。從杜說。

「晉人殺其大夫士穀及箕鄭父。」（文公九年經）

賈逵曰：「箕鄭稱及，非首謀。」（正義引。馬、黃、王、嚴四家皆輯。）

案杜注：「與先都同罪也。」不用賈說。正義曰：「傳箕鄭先士穀，經士穀先箕鄭者，經以殺之先後，傳以位次序列。傳蒯得居下，知其以位次也。襄二十三年，陳殺其大夫慶虎及慶寅。杜云，言及，史異辭，無義例。則此亦然也。」毛奇齡曰：「及者，次及之也。此及字與襄二十三年，陳殺其大夫慶虎及慶寅例同。穀梁不通書例，謂箕鄭累及之，故稱及。是以晉弒君及荀息，宋弒君及孔父仇牧爲例，失之甚遠。」（春秋傳卷十九）毛氏亦主正義之論而駁穀梁說。穀梁傳曰：「鄭父累也。」（卷十一）又桓二年穀梁傳曰：「宋督弒其君與夷及其大夫孔父。其曰及，何也？書尊及卑，春秋之義也。以是知君之累之也。」（卷三）桓二年公羊傳曰：「及者何？累也。弒君多矣。舍此無累者乎？曰有。仇牧、荀息，皆累也。」（卷四）穀梁、公羊二傳皆以書及爲累之。賈逵以箕鄭稱及爲義，蓋即本之穀梁、公羊說也。洪亮吉曰：「按箕鄭上軍將，士穀下軍將，傳文亦先箕鄭而後士穀。今顧于士穀下，言及箕鄭，明非首謀，故書法如此。正義糾賈，非也。襄二十三年，陳殺其大夫慶虎及慶寅，亦同此例。」（春秋左傳詁卷二）洪氏則主賈說，以爲書及，義當如此。然乏有力理由。按公羊傳於此年無說。其論孔父、仇牧、荀息三人稱及，皆弒君及臣，與此年事有別，恐不宜取以爲說。穀梁傳於此年雖有鄭父累也之文，然左傳敘此事但云箕鄭父、先都、士穀、梁益耳、蒯得作亂，不云有首從之事。且不以及字爲義，是左傳無此說也。賈氏取穀梁義以說經，非所宜也。正義以爲與襄二十三年，陳殺其大夫慶虎及慶寅，稱及俱是史異辭，於義較爲宏通，當從之。

（十四）經稱國稱人以弒。賈逵謂君惡及國朝，則稱國以弒，君惡及國人，則稱人以弒。杜預謂稱國稱人，雖言別而事同，史異辭耳。從杜說。

「莒弒其君庶其。」（文公十八年經）

賈逵曰：「君惡及國朝，則稱國以弒；君惡及國人，則稱人以弒。」（正義引劉、賈、許、潁。馬、黃、王、嚴四家皆輯。）

案杜注以傳例：弒君稱君，君無道爲說，不用賈義。正義引釋例駁賈云：「案傳鄭靈宋昭，經文異而例同，故重發以同之。子弒其父，又嫌異於他臣，亦重明其不異。既不辟辯國之與人，而傳云莒紀公多行無禮於國，大子僕因國人以弒之，經但稱國不稱人，知國之與人，雖言別而事同也。」是杜不以賈說爲然，以爲稱國、稱人，言別事同，史異辭耳。公羊傳曰：「莒弒其君庶其，稱國以弒何？稱國以弒者，衆弒君之辭。」何注：「據莒人弒其君密州。」（卷十四）賈氏蓋師公羊傳之意，故別稱國稱人之異也。春秋書弒君，稱國以弒者四：此年，莒弒其君庶其。成十八年，晉弒其君州蒲。昭廿七年，吳弒其君僚。定十三年，薛弒其君比是也。稱人以弒者三：文十六年，宋人弒其君杵臼。文十八年，齊人弒其君商人。襄卅一年，莒人弒其君密州是也。宣四年傳例曰：「凡弒君稱君，君無道也。」（卷二十一）此七事者，皆稱君之例，明其君有見弒之罪也。莒弒其君庶其。傳云，莒紀公多行無禮於國，太子僕因國人以弒之。是庶其有無道之實。其餘六事，傳中所載，亦屬君有失德之行，杜預皆以傳例釋之，尚無不合。賈氏本劉歆之說，別以稱國、稱人之例，於傳則無確證，恐不足據。細繹傳文，仍當以杜氏釋例之說爲是。

（十五）經書宋人及楚人平。賈逵謂稱人，衆辭。善其與衆同欲。杜預謂平者總言二國和，故不書其人。二說皆未的。當云稱國稱人皆衆辭，示上下同欲也。

「夏五月，宋人及楚人平」。(宣公十五年經)

賈逵曰：「稱人，衆辭。善其與衆同欲。」(正義引。黃、王、嚴三家有，馬輯缺。)

案杜注：「平者，總言二國和，故不書其人。」杜不用賈說。正義曰：「平者，和也。言其先不平，而今始平，小服大，弱下強之意。昭七年，曁齊平。燕與齊平也。定十年，及齊平。十一年，及鄭平。魯與平也。諸言平者，皆舉國言平，總言二國和同之意，故不書其人，謂不書公卿也。燕曁齊平。不言人，此言宋人楚人，史異辭耳。」又駁賈云：「然則彼不稱人者，豈惟國君欲平，而在下不欲平乎？」穀梁傳曰：「平者，成也。善其量力而反義也。人者，衆辭也。平稱衆，上下欲之也。」(卷十二)賈云，稱人，衆辭。與衆同欲。本之穀梁說。云善者，賈氏所創也。穀梁但云善其量力而反義，不謂善其與衆同欲也。鍾文烝穀梁補注曰：「謝湜曰：宋見圍凡九月，外無隻輪匹馬之援，內有析骸易子之變，宋人知怨之不可以結也。故請和於楚，以求平。楚人知怨之不可以恃也。故受宋人之和而與之平。二國之平，衆所同欲也。」(卷十六)趙鵬飛略謂：「平非一人之所能也，上下同心，均釋厥憾。曁齊平，及鄭平，內平也。皆以國舉之，鄭人來輸平，宋人及楚人平，外求平也。皆以人舉之。國舉之，人舉之，詞異而義同，皆上下欲之之意。惟內不得書魯人，故概書國焉。楚之圍宋，九月矣，宋告憊，楚兵力亦疲，獨患二君不能平其忿，群臣不能成其善。今華元倡之，子反和之，上以成其君之善，下以濟其民之欲，均書曰人，穀梁所謂上下同欲之謂也。」

(春秋經筌卷九)按二國釋宿怨而盟以和，化敵爲友，各免於搆兵征伐之危苦，自是舉國上下之所同欲。穀梁傳所釋，深得經義。杜云，平者，總言二國和，故不書其人。尚未得經旨也。賈氏以穀梁義可通於左傳，故取以爲說，義尚不誤。惟賈云，善其與衆同欲。稱善之者，既非穀梁之意，亦非經旨所在，宜從刪削。當云示上下同欲則可耳。又賈云稱人，衆辭。實則但稱國，不稱人者，亦衆辭，昭七年曁齊平，定十年及齊平，十一年及鄭平皆是，不必限於稱人，趙氏鵬飛之言是也。然以賈但云稱人，則似不以但稱國者爲衆辭，故正義駁之云：「然則彼不稱人者，豈唯國君欲平，而在下不欲平乎？」又云：「燕曁齊平，不言人，此言宋人楚人，史異辭耳。」義尚不誤。故賈、杜二家所言，皆有缺失。若云：稱國、稱人皆衆辭，示上下同欲也。則庶幾得經旨乎！

(十六)經書晉人執季孫行父，舍于苕丘。賈逵謂書執行父，舍于苕丘，言失其所。不書至者，刺晉聽讒執之，示己無罪。杜預謂舍之苕丘，明不以歸。不稱行人，非使人。賈、杜說皆未得。執季孫行父，舍于苕丘。以實言也。不書至者，與郤犨盟，從大夫不書至之例也。

「晉人執季孫行父，舍之于苕丘。」(成公十六年經)

賈氏以爲：書執行父，舍于苕丘，言失其所。不書至者，刺晉聽讒執之，示己無罪也。(正義引。馬、嚴輯有，黃、王二家缺。)

案杜注：「舍之苕丘，明不以歸。不稱行人，非使人。」杜不用賈說。正義曰：「昭十三年，晉人執季孫意如以歸。此言舍之苕丘，明其不以歸也。大夫因使被執無罪者，則書行人，以見無罪。於時行父從公伐鄭，在軍見執，雖則無罪，不稱行人，以其非使人故也。季孫意如得釋而歸，書意如至自晉。此行父得釋，不書至者，釋例曰：賈氏以為云云，案傳囚之苕丘，以別晉都，無義例也。公待於鄆，與行父俱歸，厭於公尊，故不書行父至耳，若欲示無罪，則宜於執見義，今既直書其執處，絕不書至，乃所以示終於見執，非示無罪也。穀梁以行父至不致者，為公在故，與杜義合也。」

李貽德釋賈說云：「春秋書列國執行人，皆不言所舍之地。昭十三年，晉人執季孫意如以歸。二十三年，晉人執我行人叔孫婼。皆不言舍地。此書之者，明未至國也。無罪見執，是失所也。十四年，意如至自晉。傳曰：尊晉罪已也。二十四年，婼至自晉。傳曰：尊晉也。若然則此季孫行父見執，而歸不書至者，可證晉受僑如之讒，非理見執，魯無可罪也。」（賈服注輯述卷十）竹添光鴻左傳會箋云：「昭十三年，晉人執季孫意如以歸。稱舍之，稱以歸，各從實書之耳。季孫意如、叔孫婼得釋而歸，皆書至自晉，行父得釋不書至者，於會見執，既而與郤犨盟，則何必書至乎？既書此盟，故從大夫不書至之例耳。意如與婼異此，不書至乃無落著，若無扈之盟，則行父亦無不書至之理矣。」（成公十六年）按晉人以僑如之讒而執行父，舍之苕丘，此言其實也。此事晉人自屬理屈，然經言其實，即足以明之，不必以「失所」言也。而稱以歸與否，亦以實言，何需更云明不以歸乎？是賈、杜說舍于苕丘，義皆未當。至行父歸不書至者，賈云刺晉聽讒執之，示己無罪。釋例駁之云：若欲示無罪，則宜於執見義。釋例之駁，頗當於理，是賈說不書至之義亦未妥。而釋例謂：公待於鄆，與行父俱歸，厭於公會，故不書行父至。此說亦未的，不若會箋所云：「於會見執，既而與郤犫盟，故從大夫不書至之例。」於理為當。又李氏舉季孫意如及叔孫婼二事，以證賈氏行父非禮見執，示魯無罪之說，於義亦未為允當。會箋謂，意如與婼無盟，故書至，異於行父。其說是也。且晉人執行父，固有所失，然終能覺其非而釋之，則亦未為大惡，何當特為諷刺，而又示己無罪哉？

（十七）經書用郊。賈逵本二傳為說，謂諸書用者，不宜用也。杜預謂書用郊，從史文，無義例。杜說為允。

「九月辛丑，用郊。」（成公十七年經）

賈逵以二傳為說，諸書用者，不宜用也。（正義引。馬、嚴輯有，黃、王二家缺。馬輯並公、穀二傳之言皆引之。此從嚴輯。）

賈又以為諸言用，皆不宜用，反于禮者也。（釋例引劉賈，正義同。馬、黃、王三家有，嚴輯缺，馮補有。）

案杜注：「九月郊祭，非禮明矣。書用郊，從史文。」杜不用賈說。正義曰：「傳例：啓蟄而郊，今九月郊祀，是非禮明矣。公羊傳曰：用者何？用者不宜用也。九月非所用郊也。穀梁傳曰：夏之始可以承春，以秋之末，承春之始，蓋不可矣。九月用郊，用者不宜用也。賈逵以二傳爲說，諸書用者，不宜用也。」又引釋例云：「辛丑用郊，文異而丘明不發傳，因時史之辭，非聖賢意也。劉、賈以爲諸言用，皆不宜用，反於禮者也。施之用郊，似若有義，至於用幣、用鄫子，諸若此，此皆當須書用，以別所用者也。若不言用，則事敍不明，所謂辭窮，非聖人故造此用以示義也。且諸遇祀三望之類，奚獨皆不書用邪？」又駁賈云：「案左氏傳，用幣于社。傳曰：得禮。冉有用矛於齊師，孔子以爲義，無不宜用之例也。」李貽德釋賈說云：「賈本二傳爲說云：諸書用者，如莊二十四年大夫宗婦覿用幣。傳曰，非禮也。二十五年，鼓用牲于社。秋大水，鼓用牲于社、于門。傳皆曰，非常也。僖十九年，邾人執鄫子用之。傳：子魚曰，小事不用大牲，而況敢用人乎。是經諸書用者，皆不宜用也。反于禮者，謂違禮也。」（賈服注輯述卷十）劉氏文淇曰：「李氏（貽德）所舉，皆劉、賈取證用郊不宜用者，非關書用以別所用。過則書，是傳文，經但據其月書之，不以用見例，不郊猶三望，經以猶見例，亦不以用見例。文十五年經，六月辛丑朔，日有食之，鼓用牲于社。傳曰：非禮也。日有食之，天子不舉，伐鼓于社，諸侯用幣于社，伐鼓于朝，古之道也。疏稱用幣爲得禮，蓋據彼傳。然彼經書用牲爲不宜用，故傳明諸侯惟有用幣、伐鼓禮，無用牲禮。疏未達傳義，其冉有用矛入齊師，傳文非經文，不爲用郊之證。疏駁皆非。」（舊注疏證成公十七年）

按春秋書郊凡九，言用郊僅此一見。魯郊常期，始於啓蟄，終於春分，時約在周曆三、四月，至遲不過五月上旬。此年經書九月用郊，其時之異於常禮可知，故賈、杜二家皆以爲非禮，此二家之所同然者也。然說經書用之意則有異。賈氏本公、穀二傳，以為諸書用，皆不宜用，違於禮者也。李氏貽德擧莊二十四年，大夫宗婦覿用幣。二十五年，鼓用牲于社。僖十九年，邾人執鄫子用之，為賈稱用之證。劉氏文淇亦以疏未達傳意，其冉有用矛入齊師為傳文非經文，不宜為用郊之證，以駁正義。李氏、劉氏所言雖屬稱用而反于禮者，然以之論事則可，若以之為例，謂凡稱用皆違禮，則未妥。杜氏釋例謂：劉、賈云云，施之用郊，似若有義，至於用幣、用鄫子諸若此，皆當書用，以別所用者，若不言用則事敘不明，非聖人造此用以示義也。說頗宏通，實較劉、賈義為勝。周氏何春秋郊禮考辨云：「蕭楚春秋辨疑卷三云：索其微旨，必成公因事特行郊禮，故曰用。獨此說為近得其實。用者，借用也，非用人、用事之謂。疑成公當時或有必須祀天之事，因用祈穀之禮以行之，史書用郊，據實而錄也。其時究何事而用郊，今不可知，丘明亦或以不得其詳而無傳，杜預所謂從史文是也。九月不宜郊，禮不可假用，今九月用郊，非禮明矣，故公穀之云不宜用者，事義本然；而必欲強謂凡經之書用皆不宜用，則不免失之穿鑿附會矣。」（春秋吉禮考辨第二章）周氏說是也。故書用郊，當從杜氏之說也。

（十八）賈逵以經諸稱「入」為例。杜預駁之，謂諸在例外稱入，直是自外入內，記事者常辭，義無所取，而賈氏雖夫人姜氏之入，皆以為例，如此甚多。從杜說。

「夏，楚子、鄭伯伐宋，宋魚石復入于彭城。」（成公十八年經）

賈氏雖夫人姜氏之入，皆以爲例。（正義引。馬、嚴輯有，黃、王二家缺。）

案此復入之例也。杜注：「謂身爲戎首，稱兵入伐，害國殄民者也。」正義引釋例曰：「身爲戎首，則曰復入，晉欒盈是也。又春秋稱入，其例有二：施於師旅則曰不地，在於歸復則曰國逆。國逆又以立爲例，逆而不立，則皆非例所及，鄭之良霄，以寇而入，入即見殺，而復例之，例稱凡去其國，明非夫子之制也。周敬王、王子猛，不書出而書入。襄王書出而不書入，凡自周無出，故非春秋舊例也。諸在例外稱入，直是自外入內，記事者常辭，義無所取，而賈氏雖夫人姜氏之入，皆以爲例，如此甚多。」劉文淇曰：「夫人之入非國逆。玩杜說，則戎首稱兵，亦是賈義。賈釋上四例既竟，復及例外之書入，舉夫人姜氏之入爲例也。」（舊注疏證成十八年）按杜說復入之例，義尚不誤。其稱引賈說，則欠完整，今不知其所指爲何年之事，其是非自亦難爲遽定。劉氏說，並無確證。且杜氏乃引賈說而駁之，是不以賈說爲然，劉云賈釋上四例既竟，復及例外之書入，舉夫人姜氏之入爲例，恐不然也。

（十九）經書陳侯之弟黃出奔楚。賈逵謂稱名，罪其偪。杜預謂稱弟，明無罪。

杜說爲是。

「陳侯之弟黃出奔楚。」（襄公二十年經）

賈逵曰：「稱名，罪其偪。」（正義引。馬、黃、王、嚴四家皆輯。）

案杜注：「稱弟，明無罪也。」杜不用賈說。正義曰：「傳言非其罪也，則無罪之文明矣。而云稱弟，明無罪者，賈逵以爲稱名，罪其偪。杜以鄭段有罪，去弟以罪段，今此存弟，非是罪黃之文也。言此以排賈氏也。」又杜預釋傳云：「稱弟，罪陳侯及二慶。」正義曰：「稱弟者，止爲罪陳侯，但陳侯之罪，罪在信二慶，故杜兼言二慶耳。稱弟不爲罪二慶也。」又引釋例曰：「兄而害弟者，稱弟以章兄罪，弟又害兄，則去弟以罪弟身。推此以觀其餘，秦伯之弟鍼、陳侯之弟黃，皆是兄害其弟者也。秦伯有千乘之國，而不能容其母弟。傳曰：罪秦伯也，歸罪秦伯則鍼罪輕也。陳侯不能制禦臣下，使逐其弟。傳曰，言非其罪也。非黃之罪，則罪在陳侯，示互舉之文也。」按正義說是也。襄二十七年，衛侯之弟鱄出奔晉，昭元年秦伯之弟鍼出奔晉，與此年陳侯之弟黃出奔楚同例，而皆稱名。而鱄實無罪而出奔，鍼之出奔，亦罪在秦伯，此年黃之出奔，傳亦以爲非其罪，是三事皆以無罪出奔，則罪之之說非也。且傳云二慶畏公子黃之偪，不云公子黃有偪公情事。偪二慶不足爲公子黃罪也。故賈云稱名，罪其偪，於義未妥，當從杜說。

（二十）經書邾畀我奔魯。賈逵謂畀我，庶其之黨，同有竊邑叛君之罪。來奔故書。杜預依用賈說。劉炫規杜過，謂畀我當因他故奔魯，不必與庶其同黨同罪，劉說為長。

「邾畀我來奔。」（襄公廿三年經）

賈逵曰：「庶其之黨，同有竊邑叛君之罪。來奔故書。」（正義引。馬、嚴輯有，黃、王二家缺。）

案杜注用賈說，謂畀我爲庶其之黨，與庶其同有竊邑叛君之罪，以其來奔故書。邾庶其以漆閭丘來奔，事在襄公廿一年春。劉炫不以杜注爲然，故規杜過焉。正義引劉炫規過云：「杜此注云：庶其之黨，庶其奔魯三年，若是其黨，邾人卽應討之，何因至今始奔？庶其以邑奔魯，魯人還以賜之，畀我不得彼邑，竊邑之狀復何在焉？釋例又曰：小國之卿，或命而禮儀不備，或未加命數，故不書之。邾畀我之等，其奔亡亦多，所書唯數人而已，知其合制者少也。如彼所說，又以畀我是卿，何爲兩說自相矛楯乎？」正義駁之云：「炫以爲釋例是，集解非。今刪定知不然者，原杜之意，以二十一年邾庶其竊邑來奔，去此既近，邾更無事，今畀我來奔，必是庶其之黨，同有竊邑叛君之罪。春秋之例，命卿有罪出奔，皆書名，畀我書名，罪其與庶其同黨，非謂畀我非命卿，與釋例不違。劉不曉杜旨，妄爲規過，非也。」按正義申賈、杜說以爲邾庶其於襄廿一年春竊邑奔魯，去此畀我之來奔，爲時既近，邾更無事，必是兩人同黨，故先後奔魯。且依春秋之例，命卿有罪出奔，皆書名，今畀我書名，知其有罪，故賈、杜以爲與庶其同然。庶其、畀我二人是否同黨，傳無明文，或是兩人確爲同黨，襄廿一年庶其奔魯時，畀我先奔他國，至是始來奔。此雖屬揣測，於理可通，故賈、杜說自可成立。惟傳無明文可證，故劉炫駁之，以爲兩人若係同黨，不應庶其來奔，相隔兩年又餘，畀我至今始奔，且畀我是否爲命卿，亦不可必。杜氏釋例正謂若畀我之等，其奔亡實多，春秋所書惟數人而已，其合於命卿之制者少也。是杜氏於釋例既以邾畀我之等，率多非命卿，而集解又以命卿之制說之，豈非自相矛楯乎？是劉炫規杜之言，亦爲有理。正義中杜駁劉，尚乏有力理由，以資反駁，則賈、杜說尚非確當不移之論。然則畀我或以他事，因而來奔，特傳不載其事而已，不必與庶其同黨同罪也。竹添氏左傳會箋亦主劉炫說，並謂：「卽以庶其竊邑之罪，幷書其黨，春秋所書將有不勝書者。」（襄公廿三年）會箋之言可取。權衡二說，當以劉義爲長。

（廿一）經書陳災。賈逵本公穀二傳義，謂愍陳不與楚，故存陳而書之。言陳尚為國也。杜預則以為陳既已滅，降為楚縣，而書陳災者，猶晉之梁山沙鹿崩，不書晉。災害繫於所災所害，故以所在為名。賈逵說得之。

「夏四月陳災。」（昭公九年經）

賈逵曰：「言愍陳不與楚，故存陳而書之，言陳尚爲國也。」（正義引賈服。馬、黃、王、嚴四家皆輯。）

案杜注：「陳既已滅，降爲楚縣，而書陳災者，猶晉人梁山沙鹿崩，不書晉。災害繫於所災所害，故以所在爲名。」正義曰：「公羊、穀梁皆作陳火。公羊傳曰：陳已滅矣，其言陳火何？存陳也。穀梁傳曰：國曰災，邑曰火。火不志，此何以志，閔陳而存之也。賈、服取彼爲說，言愍陳不與楚云云。杜以左氏無此義，故辯而異之。」又曰：「然災害繫於所災所害，而宣十六年不直云宣榭火，而以宣榭繫成周者，以宣榭其名不顯，若不繫成周，不知何處宣榭，與此別也。」毛氏奇齡曰：「陳既爲縣，無稱縣以記災之例。莊二十年齊大災。襄九年宋災。二十年宋又災。昭十八年宋、衛、陳、鄭災。凡記外災，皆以國，未嘗以都邑也。卽本國記災皆闕宮社，如御廩、新宮、雉門、亳社之類，並無及都邑者，況災必有告，此時陳既不告，而楚必無以縣災而來告者，乃特書陳災，則分明以國予陳矣。夫子春秋從無一字爲褒譏，而此則實有意者，雖陳後幸復，而此時已滅，故夫子于書滅陳之後，連書葬陳哀公、會楚子于陳及陳災，以示陳之何可滅。蓋惡强楚，傷衰覇，閔列國興廢，一事而三致意焉。」（春秋傳卷二十九）孔氏廣森曰：「姚大夫曰：言存陳者，孔子悲之也。滅國多矣，曷爲獨悲陳而存之？以楚託於名義，若義當滅陳，世無敢議楚罪者，若是陳將竟滅矣，而幸而復存，是可悲矣。是以春秋於其未復而亟存之也。廣森謂：陳已滅，則春秋雖欲存之，亦無可託，故因天火而錄之，不用外災常例矣。」（公羊通義卷十）李氏貽德曰：「春秋之例，外災不書，往弔來告則其書法如宣十六年成周宣榭火，必繫其國名於火之上。時陳爲楚縣，若與楚有陳，則當曰楚陳火，今曰陳火，明陳國尚存，不與楚滅，爲繼絕存亡之義明矣。若然則沙鹿梁山崩，何不繫晉？王制：天子祭天下名山大川。公羊傳曰：爲天下記異。與災火之異係一國者有殊，故不繫晉也。」（賈服注輯述卷十六）竹添氏左傳會箋曰：「公穀皆云存陳也，賈、服從之，得矣。蔡陳二國皆不遠而復，是國猶國，侯猶侯，故五年之中，因事以寓存陳之意，若終滅之，雖曰不與楚滅，亦安能以筆墨存之耶？凡外災必繫之國，例也。春秋無書邑災者，則稱陳災，是國而書之明矣。

十三年經：蔡侯盧歸于蔡。陳侯吳歸于陳。傳釋之曰：隱太子之子盧歸于蔡，禮也。悼太子之子吳歸于陳，禮也。盧之與吳，實陳侯、蔡侯之孫耳，而經皆書爵，又以國逆爲文，是未嘗以陳、蔡爲亡也。」（昭公九年經）按賈逵本公、穀二傳之說，謂書陳災者，言陳尚爲國也。杜預則以爲災害繫於所災所害，故以所在爲名。不用賈說。後儒以春秋外災例皆書國，無書邑災者，明稱陳災，乃國而書之，故從賈說而非杜氏。毛氏奇齡、孔氏廣森、李氏貽德及會箋之說是也。故仍當以賈義爲正。

（廿二）經書大蒐于比蒲。賈逵謂，書大者，言大衆盡在三家。失之。當云君有重喪，猶行大蒐，明三家專權，綱紀墮廢，故書以示貶。書大者，言其規模之大也。

「**大蒐于比蒲**。」（昭公十一年經）

賈逵曰：「書大者，言大衆盡在三家。」（昭公八年正義引。馬、嚴輯有，黃、王二家缺。）

案此年經書：「大蒐于比蒲。」傳云：「五月，齊歸薨。大蒐于比蒲，非禮也。」杜經傳皆無注，蓋義已備於八年蒐于紅一事，故此從略也。昭八年正義引杜氏釋例嘗駁此年賈逵說云：「隨文造意，以非例爲例，不復知其自違也。」知杜不用賈說。李氏貽德申賈說曰：「叔向論魯事曰：君有大喪，國不廢蒐，國不恤喪，不忌君也。云不忌君，可見蒐事出於三家，非君蒐，而書大者，明大衆盡在三家，至蒐而集，故曰大矣。」（賈、服注輯述卷十六）胡氏安國曰：「君有重喪，國不廢蒐，不忌君也。三綱軍政之本，君執此以馭其下，臣執此以事其上，政之大本，於是乎在。君有三年之慼，而國不廢一日之蒐，則無本矣。」（春秋傳昭十一年經）葉氏夢得曰：「蒐言大，大比之禮也。古者寓兵於農，自五家之比，爲閭爲族爲黨爲州，而六鄉立焉，自五人之伍，爲卒爲兩爲旅爲師，而六軍立焉。四時之田，以習武事者，合兵與農，而校其夫家之衆寡，均土地，閱老幼，至於貢賦車輦，無不盡治，則三歲一修之曰大比。常時不書，此何以書，季氏之爲也。魯自作三軍，三分公室取二，至舍中軍，四分公室，而盡征之，兵民之權，盡在於季氏矣。」（春秋傳卷十八）毛氏奇齡曰：「蒐以習武，然有小君之喪而大蒐，是喪蒐也。」（春秋傳卷三十）竹添氏左傳會箋於傳下曰：「惡三家也。斯時車馬卒乘皆三家有。此大蒐其實三家講武也。齊歸於是月卒，視君之大喪，漠不相關，何怪後此之朋比逐君乎？然皆公致之也。公無蹙容，已不顧其親矣。」（昭公十一年傳）會箋又於經下曰：「大蒐猶大閱。桓六年大閱，亦不言公，春秋惟狩言公，餘則否，避不辭也。若云公大閱公大蒐則不辭，說者謂大蒐大閱俱僭天子禮，非也。傳稱晉子犯曰大蒐以示之禮，又鄭子產簡兵大蒐，二子皆秉禮者而行之，則知大蒐不獨天子稱之矣。」（昭公十一年經）按李氏申賈說謂，蒐事出於三家，非君蒐，故稱大，明大衆盡在三家，至蒐而集。李氏之言，實乏有力理由，不足以證成賈說。胡氏謂，君有三年之慼，而國不廢一日之蒐，是爲無本。葉氏謂，兵民之權，盡在於季氏。毛氏則以爲有小君之喪而大蒐，是喪蒐也。是知三家專魯兵權，綱紀墮廢，公室卑弱極矣。又五月而蒐，亦非其時。蒐既非時，而又違禮，故傳云非禮也。然則賈逵云：「書大者，言大衆盡在三家。」以言公室卑弱，三家專權則是，然謂經以書「大」示義，則失之迂曲，不可從也。杜預釋八年傳紅之蒐事云：「言千乘，明大蒐。」此經云大蒐，亦此意也。參閱昭公八年紅之蒐條。

（廿三）經書宋華亥等自陳入于宋南里以叛。賈逵謂，書入，華貙兄弟作亂，召而逆之。杜預以為直是自外入內，記事常辭，義無所取。從賈逵說。

「宋華亥、向寧、華定，自陳入于宋南里以叛。」（昭公廿一年經）

賈逵曰：「書入，華貙兄弟作亂，召而逆之。」（正義引。馬、黃、王、嚴四家皆輯。）

案杜注：「自外至，故曰入。披其邑，故曰叛。」正義曰：「賈逵云：書入，華貙兄弟作亂，召而逆之。是賈以此入，從國逆之例也。釋例曰：春秋稱入，其例有二：施於師旅，則曰弗地，在於復歸，則曰國逆。國逆又以立為例，逆而不立，則非例所及。諸在例外稱入，直自外入內，記事常辭，義無所取。而賈氏皆以為例，如此甚多，是杜意以賈氏逆之為非，故云，自外至故曰入，以顯異之也。」又曰：「五年傳：叔孫昭子數豎牛之罪云，又披其邑，將以赦罪。彼注云：披，析也。此分析君邑，以自屬己，故曰叛也。」竹添氏左傳會箋云：「入，逆辭。內不受而強入之，與諸侯納之然後始能入，義相近，故亦書曰入。傳例曰：弗地曰入。以惡曰復入。入之為逆辭，可以見矣。」

（昭公廿一年經）又云：「林父入戚，辰入蕭，趙鞅入晉陽，荀寅入朝歌，皆邑也。邑名不繫國，春秋常例也。南里近盧門地，傳文甚明。盧門是郊門，而南里是里名也。不繫國疑于據邑，而華向逼君都城之罪不著。不書南里，疑得全宋，而宋分國以守之勢亦不著。故既目國，而復以里別，此經書法深罪華向也。魚石欒盈兩下相怨，比華向以君爲仇者，罪自不同。宋公之弟辰，雖其罪均，入于蕭以叛，猶未迫君於城下也。書曰入于宋南里以叛，亂甚也。自外入爲亂者，書曰復入則不稱以叛，書曰以叛則不稱復入。魚石、欒盈其罪小於華向、弟辰，此書法之別也。」（同上）按會箋之說是也。此自外入爲亂，當從「以惡曰復入」之例。此年傳謂：張匄遂與子皮等殺多僚，劫司馬以叛，而召亡人。壬寅，華向入。是召而迎之，內外相應合之謂，賈氏以國逆之例釋之，義無不當。而正義引釋例謂：直是自外入內，記事常辭，義無所取。恐不然也。

（廿四）經書公至自齊，居于鄆。賈逵以季氏示欲為臣故以告廟為說。當得其實。

「三月公至自齊，居于鄆。」（昭公廿六年經）

賈逵曰：「季氏示欲爲臣，故以告廟。」（正義引。馬、嚴輯有，黃、王二家缺。）

案此經杜無注。傳云：「公至自齊，處于鄆，言魯地也。」杜注：「入魯境，故書至。猶在外，故書地。」正義釋經曰：「往年公遜于齊，齊侯唁公于野井，公未必往至齊都，而云至自齊者，得與齊侯相見，雖從齊境而來，亦是至自齊也。穀梁傳云：公次于陽州，其曰至自齊何也？以齊侯之見公，可以言至自齊，是也。公不得歸其國都而書至者，賈云：季氏示欲爲臣，故以告廟。」李氏貽德釋賈說云：「曾子問：諸侯相見必告于禰，命祝史告于五廟。反必親告于祖禰，乃命祝史告至于前所告者，而後聽朝而入。桓二年公至自唐。傳曰：告于廟也。今昭公不得歸其國都，而書至者，季氏明示終守臣節，特告于廟，若公至國都者然。晉范獻子謂季孫事君如在國是也。」（賈服注輯述卷十七）毛氏奇齡曰：「公未嘗告廟而仍書曰至，賈逵謂：季爲守臣，當爲公代祭，如荀躒所云：子姑歸祭者。恐意如無道，未肯出此。此必公在行所，亦設主以告，而史官則特以書之，亦文例也。況居鄆則在所必書也。」（春秋傳卷三十二）按昭公出居于鄆，季氏代行君事，不更立新君而仍奉昭公爲君，以號令臣下。則都中一切禮儀當一如舊貫，故於昭公之入于鄆，爲之告廟，亦禮有應然，李氏所釋是也。毛氏疑之，以爲必公在行所，設主以告，史官特以書之。恐非。

（廿五）經書公如晉，至河乃復。賈逵謂刺緩朝見辭。又罪己故失所不諱。賈說未允。當以晉人辭之，故至河而復。晉人不能復修方伯之職，書以示貶。

「三年春王正月，公如晉，至河乃復。」（定公三年經）

賈逵曰：「刺緩朝見辭。失所，不諱，罪己。」（正義引。馬、黃、王、嚴四家皆輯。）

案杜無注。正義曰：「三傳皆無其說，不知何故乃復。賈逵云云。賈雖爲此解，於傳無文，不可從，故杜不言。劉炫謂：公以六月卽位，此年便卽往朝，於事未爲緩也，晉人何以辭之？若以緩見譴，當遺謝罪，何由此後更無謝處？空言罪己，經無孫謝，自罪之狀，復安在乎？晉若以緩致辭，必當要有譴責，何由明年會次，復得依常班序？乃復之意，不可懸知。」李貽德釋賈說云：「公即位已二年，至此始朝晉，故以爲緩朝。經書至河乃復，必晉人辭之，故不入晉。朝晉而來，而不能入，是失所矣。宜諱之而不諱者，所以罪己也。」（賈服注輯述卷十九）昭公在位期間，經書公如晉，至河乃復者凡五（二年冬、十二年夏、十三年冬、廿一年冬、廿三年冬）除廿三年冬之一次，因公有疾而折返者外，其餘四次皆因爲晉所辭。此年經亦書公如晉至河乃復。傳無其說，當亦是爲晉所辭使然。而晉何故辭公，傳既無說，賈氏因以「刺緩朝見辭」爲解。然襄三年春，公如晉。傳云始朝也。襄公即位至朝晉，爲時已兩年，晉人不以爲緩。此年公如晉，亦在三年春。且定公以元年六月即位，至此僅一年有半，爲時尤短，晉人不當以緩辭。則正義引劉炫駁賈之說爲有理，賈說恐未當。鍾氏文烝春秋穀梁補注（卷二十三）亦以劉炫、孔穎達之說爲允，是也。惟劉孔雖駁賈，然謂乃復之意，不可懸知。亦尙未得確解。鍾氏文烝又曰：「但其事不可知，其義則亦當以恥之爲義，從著有疾之例也。」（同前）楊氏士勛穀梁傳疏云：「昭公四如晉，兼有疾爲五，皆不月。公不入晉則無危。十三年、二十三年乃復皆不月，是其例。乃復文承月下，不蒙可知。昭公既位二年而修朝禮無闕，而爲季氏所譖，使不得入。公無危懼之意，猶數數修朝於晉。晉雖不受朝，公無危懼之理。定立今三年，始朝於晉。晉責其緩慢，不受其朝。公懼而反，非必季氏所譖。公有負於晉，而內心畏懼，故危錄之。」（卷十九）竹添氏左傳會箋云：「公如晉止於此，大夫如晉亦止於六年，則賈逵云緩朝見辭，似得之。文公、成公、襄公、昭公皆以元年命大夫會於晉，而定公則從昭公寓於晉四年。及入卽位，不使大夫謝之，間一年而始往。晉既衰，魯之不專於晉，於是可見。至河乃復，此晉魯絕之明文也。昭公時，五年受莒牟夷，晉始咎我。取鄆之後，晉之於我亦甚，若昭公之寓于晉，使晉能修方伯之職，定公亦必不無禮于晉。」（定公三年經）按楊氏穀梁疏之說，謂晉責其緩慢，不受其朝。蓋本賈逵說。且謂公懼而返，故危錄之。此說未確，定公此後不再如晉，其非懼晉可知。故鍾氏文烝駁之云：「昭既無危文，何以危定乎？疏說紆蔓而鑿。」（同前引）鍾駁是也。會箋謂晉魯至此而絕，魯不復專於晉，由晉既衰，不能復修方伯之職故也。說與鍾氏文烝恥之之義合，其說可取。（惟云賈說緩朝見辭似得之，尚未的。）然則魯人於昭公出亡期間，晉不能修方伯之職，助昭公返國，本既有怨。而定公此行，必復爲晉人非禮所辭。魯人乃決意與晉疏遠，不再如往日之專於晉矣。賈云，魯人罪己，亦非。

第四節　釋春秋不書而示義者

（一）經於隱莊閔僖四公不書卽位。賈逵謂四公皆實卽位，孔子修經，乃有不書。杜預謂假攝君位，不修卽位之禮，故史不書於策。賈、杜說皆未的。當云隱公有讓桓之心，卽位之禮有所未備，故不書卽位也。賈氏又謂，不書隱即位，所以惡桓之篡。說亦未當。釋例駁之是也。

「元年春王正月。」（隱公元年經）

賈逵曰：「四公皆實即位，孔子修經，乃有不書。」（正義引舊說賈、服之徒。按此條馬、黃、王、嚴四家皆輯。黃、王二家「四公」作「隱莊閔僖四公」，此從馬、嚴輯。）

又曰：「不書隱即位，所以惡桓之篡。」（春秋釋例即位例引。此條馬、黃、王、嚴四家皆未輯，馮補有。）

案春秋於隱公元年不書即位，左傳云：「不書即位，攝也。」賈逵釋云：「四公皆實即位，孔子修經，乃有不書。」（春秋左傳注疏卷一引賈逵、服虔說）賈氏又云：「不書隱即位，所以惡桓之篡。」（杜預春秋釋例即位例引）賈氏所云四公者，謂隱、莊、閔、僖四君也。杜預集解釋此傳云：「假攝君政，不修即位之禮，故史不書於策。傳所以見異於常。」賈意公實即位，史亦書之，孔子修經乃削而不書，以示貶桓篡弒之意。杜則以爲隱公假攝君政，不修即位之禮，故史不書於策，孔子修經因而不書。是其異也。孔穎達正義申杜說曰：「攝訓持也。隱以桓公幼少，且攝持國政，待其年長，所以不行即位之禮，史官不書即位，仲尼因而不改，故發傳以解之。公實不即位，史本無可書。莊、閔、僖不書即位，義亦然也。舊說賈、服之徒以爲四公皆實即位，孔子修經，乃有不書，故杜詳辨之。」（春秋左傳注疏卷一，下同）又正義引杜氏春秋釋例曰：「遭喪繼位者，每新年正月，必改元，正位百官，以序故國。史皆書卽位於策以表之。隱旣繼室之子，於第應立，而尋父娶仲子之意，委任以讓桓，天子旣已定之，諸侯旣已正之，國人旣已君之，而隱終有推國授桓之心，所以不行卽位之禮也。隱、莊、閔、僖雖居君位，皆有故而不修卽位之禮。或讓而不爲，或痛而不忍，或亂而不得，禮廢事異，國史固無所書，非行其禮而不書於文也。穎氏說以爲魯十二公，國史盡書卽位，仲尼修之，乃有所不書。若實卽位，則爲隱公無讓；若實有讓，則史無緣虛書。」正義及釋例發明杜解之義，頗爲詳明，義亦宏通。而賈逵蓋從公羊、穀梁二傳之說。公羊傳云：「公何以不言卽位？成公意也。何成乎公之意？公將平國而反之桓，故凡隱之立爲桓立也。」（注疏卷一）穀梁傳云：「公何以不言卽位？成公志也。焉成之？言君之不取爲公也。君之不取爲公何也？將以讓桓也。」又云：「將以惡桓也。其惡桓何也？隱將讓而桓弑之，則桓惡矣。」（注疏卷一）公、穀二傳皆以「成公意」（志卽意也）爲言，與左傳「禎祥」之說不相違，穀梁又有「惡桓」之言，故賈氏本之爲說。

　　案賈杜二說，固有可取處，然皆未圓滿。賈謂隱公實卽位，其意可取，然謂孔子修春秋乃削而不書卽位，以示貶桓篡弑之義，則未當。杜謂孔子據史而書，無筆削之實則是，謂隱公未修卽位之禮則非也。何以言之？賈氏以隱公不書卽位，乃孔子筆削之故。此說宋元以來諸儒頗有受其影響者，惟學者說頗紛紜：有謂春秋假周以正王法，隱不書卽位，明大法於始也。諸侯之立，必由王命，隱公自立，故不書卽位，不與其爲君也（呂祖謙春秋集解引程伊川說）。有謂春秋首黜隱公，以明大法，爲其上無所承，內不稟命也（胡安國春秋傳說）。有謂隱公承惠，天子命也，故不書卽位，以見正焉（孫復春秋尊王發微說）。要皆以己意說春秋，實乏理實。後儒嘗駁其說。康熙欽定春秋傳說彙纂云：「不書卽位者，左氏以爲攝，公穀以爲讓，而杜氏預釋之，以爲不行卽位之禮，故不書卽位，此定解也。胡傳謂仲尼首黜隱公以明大法，故削之，義恐未安。夫君行卽位之禮則書卽位，不行則不書，孔子安得而筆削之乎？」（五經彙解卷一百六十九引）毛奇齡云：「國君改元，則必告廟朝正，行卽位之禮。其或朝正告朔，而不行此禮，則史官不書，故春秋不書卽位者四，皆不另行卽位禮者，此不書以攝位也。莊、閔、僖三君亦不書，以三君皆各遭弒逆之變，倉卒卽位，不忍另行也。此皆就實事而史記之，行則書，不行卽不書，並無有取捨筆削于其間。必謂史有筆削焉，謬矣。」（春秋傳卷二）方苞春秋直解云：「卽位者告廟踐阼臨羣臣也。行此禮而書於册者，不可削也。未行此禮而不書於册者，不能增也。隱將讓國，莊閔僖繼，故未行卽位之禮，故舊史無其文也。謂上不請命於天子，則十二公之所同，謂內不承國於先君，則桓宣定之書卽位，不可通矣。」（五經彙解卷一百六十九引）顧棟高云：「隱公元年，不書卽位。胡文定謂春秋首黜隱公，以明大法，爲其上無所承，內不稟命也。先師高紫超氏曰：春秋諸侯不稟命而無承者徧天下，而孔子以本國臣子，首削隱公之卽位，以明王法。非尊君父不敢斥言之義。又謂文成襄昭哀五君，皆書卽位，既誅首惡，此後可從末減。隱何獨不幸，以春秋之首君而當大罰也。孔穎達據杜氏之說曰，隱莊閔僖四君，皆實不行卽位之禮，或讓而不爲，或痛而不忍，或亂而不得，國史固無所書，非行其禮而不書于文也。謂孔子修經削之者，本于賈服之徒，宗之者始于程子，而其說暢于東萊，文定據以作傳，過矣。」（春秋大事表第十九五禮源流口號注）按上引諸家說評宋儒程氏、胡氏等說之非，及謂孔子無筆削之實是也，然謂隱公不行卽位之禮，則恐尙未的。

隱元年不書卽位，左傳云攝也。杜預以「假攝君政」釋之，此攝字之常解也。宋元以來學者，亦多以攝理政事解之，故頗有以左傳言攝爲非者。如歐陽脩云：「經於魯隱始事，書公盟蔑，其卒書曰公薨，孔子始終謂之公，而傳曰攝也。夫攝者，心不欲爲君，而身假行君事，其實非君也。今書曰公，則是不欲爲者，而孔子加之，謬矣。隱實爲攝，則決不書曰公，書爲公則決非攝。」（歐陽修文集居士集卷十八）徐庭垣春秋管窺云：「不書卽位，左以爲攝，夫攝者，行其事而不居其位之謂，若伊之相太甲，周之輔成王是也。今隱公自稱曰寡人，臣民君之，天子聘之，大國會之，小國朝之，孰曰非君也者，而豈得謂之攝。蓋隱志在讓桓，特殺其禮，如後世之元旦免朝賀者，故不書也。」（五經彙解卷二百六十九引）崔述云：「古人之攝有三：舜，君老而攝者也；伊尹、周公，君諒陰而攝者也；共和，君在外而攝者也。皆不爲君，故謂之攝。隱旣君魯矣，卽授國乎弟，亦不過如宋宣公、元武宗耳，卽自老菟裘，亦不過如趙武靈、魏獻文、宋高宗耳，豈得遂謂之攝，豈得遂不謂之卽位。故歐陽之論，不可易也。」（無聞集卷二）華學泉春秋疑義云：「隱不書卽位，傳曰攝也，開章第一義，便與聖經相戾。傳稱惠公薨，有宋師，太子少，葬故有闕，是以改葬。或遂疑惠公之時，桓公已正太子之位，隱承父命，攝以奉桓，審若此則桓爲君，隱爲臣，隱攝以奉太子，太子立而謂之簒可乎？故隱爲攝則桓不當爲簒。桓之立爲簒，則隱不當爲攝，二者不待辨而明也。且亦知攝之道乎？周公之于成王，攝也。書稱位冢宰，正百工，不聞身踐天子之位也。其告於天下也，必曰周公曰王若曰，謂周公承王命云爾，不聞發號施令之自己出也。隱公當日不嘗身踐魯君之位乎？發號施令，有不自己出乎？國人不儼然稱君公，不儼然自稱寡人乎？不儼然列于諸侯之會盟，而受滕薛之旅見乎？若是而謂之攝可乎？設惠公時，桓公果正太子之位，則隱爲簒，羽父爲忠，桓之立爲反正，則春秋誅亂賊，隱公其首也。然而春秋深惡桓，何也？曰正其爲簒也。以春秋之正桓公爲簒，而知桓非太子也。桓非太子，其爲太子何也？曰隱公立之也。桓之太子立於隱，則桓不宜有國，桓不宜有國，則隱之欲與桓也爲讓，而桓之奪之爲簒，正桓之爲簒，而隱之非攝，不待辨而明矣。」（五經彙解卷二百六十九引）

案上擧歐陽氏、徐氏、崔氏、華氏諸家，皆謂魯隱公有卽位爲君之實，可證杜預不行卽位之禮說之非；而謂傳不當言攝，則尚未明傳稱攝之意。傳云攝者，蓋謂攝位，非攝政也。故劉氏文淇駁杜、孔說云：「按明堂位疏引鄭發墨守云，隱公攝位，周公攝政，雖俱相幼君，攝政與攝位異也。是隱公攝位非攝政。況傳明云公攝位而欲修好于邾。攝位則行卽位之禮。杜預之說非也。正義既知隱公之攝爲攝位，而又謂攝位不行卽位之禮，曲護杜氏，謬矣。」（舊注疏證隱公元年）劉氏以爲傳云攝者謂攝位非攝政，旣攝位則行卽位之禮，說皆確當。日人增島固曰：「公羊傳曰：隱爲桓立。史記魯世家曰：魯人共立息姑。其立而卽位也何容疑？然則宜書卽位而不書，故曰不書卽位攝也。攝者假也，非眞之謂也。隱公雖立，有終讓國授桓之意，故其心猶爲假攝也，考之攝政之典，攝有三等：一則先君無子，大臣假聽政也。若曾子問君薨而世子生，卿大夫士從攝主北面于西階南是也。一則亮陰三年，冢卿代次君聽政也。若論語君薨，百官總已以聽于冢宰是也。一則親臣代幼主聽政，若周公以叔父之親代成王攝治天下之政是也。隱之攝也，異于此三典。天子命之，國人君之，儼然在位之正君也。特其心自以爲攝耳。今觀傳所記，其自稱寡人者三，稱寡君者一。寡人寡君，諸侯之稱，攝主而如是乎？及羽父請殺桓，曰爲其少故也，吾將授之。授者果何？非授位耶？況春秋首隱，稱公而起年，其死也曰公薨，其立而卽位亦何疑。在春秋時，不惟隱耳；宋穆公亦然。公羊記穆公言曰：吾立乎此，攝也，終致國于與夷。隱之於桓，猶穆公之於與夷耳。」（左傳會箋隱元年）案增島氏亦以隱公有卽位爲君之實，特其心自以爲攝耳。其說良是。然則隱公既有卽位爲君之實，則不當謂其不修卽位之禮。而傳又以攝位爲言（公攝位而欲修好于邾），又與正位爲君者有異，其必以隱公有讓桓之心，故行卽位之禮有所殺減。禮既未備，史因不書卽位，故傳謂之攝耳。賈逵云，四公皆實卽位，孔子修經乃有不書，非其實也。而杜預云不修卽位之禮，亦未得。惟云史不書於策，經亦因而不書，義則確當矣。賈氏又謂，不書隱卽位，所以惡桓之簒。按此說迂曲，且與傳不書卽位攝也之義不合，不足採信。杜氏釋例駁之曰：「賈氏云云，然則僖不簒閔，閔不簒莊，而此三君皆不書卽位，復以何惡？隱公傳則以攝爲文。莊公傳則以姜出爲文。僖公傳則以亂爲文。僖公傳則以公出爲文。此皆是實，不假文托義也，丘明于四公發傳，以不書不稱起文，其義一也。」（春秋釋例卷一）杜駁是也。故隱公元年不書即位，當以隱公有讓桓之心，即位之禮有所未備，故不書即位也。

（二）經書公子益師卒。傳云公不與小斂，故不書日。賈逵謂不與大斂則不書卒。又曰：日月詳者弔贈備，日月略者弔有闕。杜預謂但臨大斂及不臨喪，亦同不書日。賈、杜說皆據傳例而推得者，二說皆可成立。

「公子益師卒。」（隱公元年經）

賈逵曰：「不與大斂則不書卒。」（正義引。此條馬、黃、王、嚴四家皆輯。黃輯「卒」誤作「年」。馬、王、嚴三家不誤。）

賈逵曰：「日月詳者弔贈備，日月略者弔有闕。」（杜預春秋釋例崩薨卒例引劉、賈、許、潁。此條馬、黃、王、嚴四家皆缺，馮明貞補輯有。）

案經書公子益師卒。杜注云：「傳例曰：公不與小斂，故不書日，所以示厚薄也。春秋不以日月為例，唯卿佐之喪，獨記日以見義者，事之得失，既未足以褒貶人君，然亦非死者之罪，無辭可以寄文，而人臣輕賤，死日可略，故特假日以見義。」杜氏釋例云：「君之卿佐，是謂股肱，股肱或虧，何痛如之。疾則親問焉，喪則親與小斂大斂，愼終歸厚之義也。故仲尼修春秋，卿佐之喪，公不與小斂則不書日，示厚薄戒將來也。即以新死小斂為文，則但臨大斂及不臨其喪，亦同不書日也。襄五年多十二月辛未，季孫行父卒。傳曰，大夫入斂，公在位，是公與小斂則書日之事也。其翬柔溺等，生見經傳，死而不書卒者，皆不以卿禮終也。」（隱元年經正義引）左傳云：「衆父卒，公不與小斂，故不書日。」杜注云：「禮，卿佐之喪，小斂大斂君皆親臨之，崇恩厚也。始死情之所篤，禮之所崇，故以小斂爲文，至於但臨大斂及不臨喪，亦同不書日。」正義中杜預說云：「君臨臣喪之禮，小斂大斂，皆應親之。獨以小斂爲文，故知始死情之所篤故也。」又經下正義云：「杜知不臨喪，亦同不書日者，案慶父之死，不以卿禮終，而經不書，足知唯據不以卿禮終者，經始不書，明以卿禮終，雖全不臨喪，亦同書卒，但不書日耳。春秋諸事，日與不日，傳皆不發，唯此發傳，故特解之云：春秋不以日月爲例，唯卿佐之喪，獨託日以見義也。春秋之文，褒爲厚賞，貶爲大罰，君之於臣，有恩則常事不足以加賞，無恩則小失不足以致罰，故云未足以褒貶也。止欲貶責死者，君自無恩，然亦非死者之罪，意欲以爲勸戒，無辭可以寄文，而人臣對君爲輕賤，死日可略去，故於此一條特假日以見義，其餘則不以日月爲例，故無傳也。」又正義駁賈逵云：「賈逵云：不與大斂則不書卒。然則在殯又不往者，復欲何以裁之？故杜以爲但臨大斂及不臨其喪，亦同不書日也。」李氏貽德釋賈說云：「白虎通崩薨篇，大夫曰卒，若君不與大斂，直不以卿佐視之，亦不得以卒予之。是賈氏所云，雖於傳無例，要與禮意相發明也。」（賈服注輯述卷一）劉文淇亦云：「杜注謂，至於但臨大斂及不臨其喪，亦同不書日。顯與傳背。正義謂，在殯又不往者，復欲何以裁之？按大斂既不書卒，則在殯不往，亦不書卒可知。正義中杜而難賈，非也。」（舊注疏證隱公元年）劉師培曰：「杜預釋例崩薨卒例曰：『劉、賈、許、潁復于薨卒生例云：日月詳者弔贈備，日月略者弔有闕。』其說即由傳例而推，蓋崩薨及卒，經文或書或否，又或經書其事，而日月詳略不同，其書法之殊，悉視魯君所加之禮，觀於隱五年臧僖伯卒，傳言葬之加一等。襄五年季文子卒，傳言大夫入斂，公在位，經皆書日。此日月之詳，由于禮厚之徵也。又隱元年經疏云：先儒以爲雖以卿禮終而不臨其喪，皆沒而不書。傳疏又引賈逵曰：不與大斂則不書卒，此又君禮愈薄，書法愈略之證也。」（春秋左傳時月日古例考崩薨卒例）

按禮記喪大記：「君於大夫、世婦大斂焉，爲之賜則小斂焉。」鄭注：「爲之賜，謂有恩惠也。」（禮記注疏卷四十五）蓋君於大夫之喪，例與大斂，其有恩賜者，則與小斂，此禮之常也。傳例云：公不與小斂，故不書日。杜氏據傳例推之，知君但臨大斂及不臨喪，亦同不書日也。釋例及正義申證此說，舉證詳確，說頗宏通。而賈氏謂不與大斂則不書卒，亦據傳例推知。傳謂公不與小斂，故不書日，明不與大斂，於禮尤見疏遠，則不僅不書日而已，故知不與大斂則不書卒也。李氏及二劉氏之說，可爲賈說之證。賈氏又謂，日月詳者弔贈備，日月略者弔有闕。此亦據傳例爲說，與不與大斂則不書卒說相爲表裏。傳云不與小斂，亦弔贈不備之一端也。然則賈、杜二說，一言書卒，一言書日，實不相違，而皆能言之成理，亦與經書法相合，故皆可成立，不必爲之軒輊也。丁晏云：「傳舉不與小斂不書日爲例，先儒舉不臨不書卒爲例，均指魯君無故不臨喪言，若大夫非卒于國，或國君有故，苟所施禮備，雖非臨喪與斂，亦必書卒書日，如公子牙、仲遂、公孫敖、叔孫婼、叔詣、公孫嬰齊、季孫意如，卒皆書日是也。」（春秋左傳杜解集正卷一）丁氏之言，斯爲確論。

（三）經書衛州吁弑其君完，不稱公子。賈逵謂弑君取國，故以國言之。杜預以為時史異同，辭有詳略。從杜說。

「衛州吁弑其君完。」（隱公四年經）

賈逵曰：「弑君取國，故以國言之。」（正義引。此條馬、黃、王、嚴四家皆輯。黃、王二家「以國言之」句下多「不稱公子」四字，此從馬、嚴輯。）

案杜注：「稱臣弑君，臣之罪也。例在宣四年。」正義云：「州吁實公子而不稱公子者，傳文更無褒貶，直是告辭不同，史有詳略耳。」又云：「釋例云：州吁、無知，不稱公子公孫，賈氏以爲弑君取國，故以國言之。案公子商人亦弑君取國，而獨稱公子。推尋經文，自莊公以上，諸弑君者，皆不書氏；閔公以下，皆書氏，亦足明時史之異同，非仲尼所皆刊也。是杜解州吁不稱公子之意。杜知然者，正以經之所書，無常比例，褒則或書官，或書氏，貶則或稱人，或去族。既無定例，明非舊典。仲尼有所起發，則刊正舊史，無所褒貶則因循故策。仲尼改者，傳辨其由。傳所不言，則知無義，正是史官自有詳略故耳。」（同上）洪亮吉曰：「按此二條（指州吁、無知二事），亦春秋之始例。正義（按當作釋例）言諸弑君者，莊公以上皆不書氏，閔公以下皆書氏。足申明賈義。」

（春秋左傳詁卷一）劉文淇舊注疏證隱公四年，以洪說爲然。李貽德曰：「州吁，公子也，不稱公子而稱衛州吁，以其志在取國，故以國言之。」（賈服注輯述卷一）按洪、劉、李三家申賈說，皆乏有力理由，且於釋例及正義之駁，無以解說，於義爲短。惟釋例謂，莊公以上不書氏，閔公以下皆書氏，乃時史異同之故，非仲尼所皆刊。說雖有當，然尙非的論。顧棟高曰：「春秋之初，諸侯猶請命於天子，不自命大夫，故隱桓之世，如無駭、翬、挾、溺，及鄭之語，齊之年，俱不稱公子，初不以其弒君而削之也。莊公以後，諸侯之公子，多自命爲大夫，故其弒君亦稱公子，此乃時世之異，非聖人有意嚴於前而寬於後也。弒君初不因削公子而見其罪，亦不以書公子而益甚其罪。」（春秋大事表卷四十五亂賊表）按顧氏之說，頗中肯。隱八年傳：「諸侯以字爲氏，因以爲族。官有世功，則有官族。邑亦如之。」杜注：「皆禀之時君。」（卷四）是氏族由於君賜。春秋之例，未命則不書族。春秋之初，隱、桓、莊之世，諸侯命大夫尙守舊典，禀命天王，其未得命者，槪不稱族。閔、僖以後，王室漸卑，名器益濫，諸侯之命大夫，多由自主，不復禀命天王，其得命爲大夫者，因亦日衆。故州吁、無知、督、萬弒君，赴告皆不稱族，以其未受命也。赴告既不稱族，他國史官得赴告因亦不書其族。孔子修經，因而不改。閔僖以後之弒君者，皆已受命爲大夫，史官書其族，經亦因之，故稱其族。杜氏釋例以爲告辭不同，史有詳略，尙未得其實也。（莊公八年經書齊無知弒其君諸兒。賈逵云云，與此例同。）

（四）經書宋人取長葛。賈逵謂長葛不繫鄭者，刺不能撫有其邑。杜預謂上有伐鄭圍長葛，長葛鄭邑可知，故不言鄭。書取言易也。從杜預說。

「**宋人取長葛**。」（隱公六年經）

賈以爲長葛不繫鄭者，刺不能撫有其邑。（正義引賈、服。此條馬、黃、王、嚴四家皆輯。馬輯「鄭」下漏「者」字，黃輯「其」誤作「家」。王、嚴輯不誤。）

案杜注：「上有伐鄭圍長葛，長葛鄭邑可知，故不言鄭也。前年冬圍不克而還，今冬乘長葛無備而取之，言易也。」是杜與賈異。正義駁賈說云：「凡邑爲他國所取，皆是不能撫有之，何故於此獨爲惡鄭？」按襄十三年傳例曰：「凡書取言易也。」（卷三十二）杜說及正義駁賈之言，誠爲有理。李貽德曰：「使鄭能拊循其民，與之固守，宋豈易言取乎？惟忽視其邑，故敵能取之甚易。不稱鄭，蓋刺之耳。」（賈服注輯述卷二）前年冬，宋人已圍長葛，此經仍書取者，明鄭之無戒備，杜注亦謂無備而取之，是鄭有可刺之失，故賈以刺鄭爲言。謂鄭有可刺之失，其理固當，惟不以不繫鄭爲義。賈說失之。仍當以杜義爲長。

（五）經書宋督弒其君與夷及其大夫孔父。賈氏以為督有無君之心，故不書華氏。杜預釋例以史官記事詳略為說。杜說為允。

「**宋督弒其君與夷及其大夫孔父**。」（桓公二年經）

賈氏以爲督有無君之心，故去氏。（隱公四年經正義引。馬、嚴輯有，黃、王二家缺。）

案杜注：「稱督以弒，罪在督也。」隱四年正義引釋例駁賈云：「賈氏以爲督有無君之心，故去氏。案傳自以先書弒君見義，不在於氏也。」杜謂傳言君子以督爲有無君之心，而後動於惡，故先書弒其君，以見罪督之義，不在書氏與否也。釋例又謂：經書弒君者，或稱氏或不稱氏，乃史官記事詳略之故，無義例也。李貽德釋賈說曰：「隱七年傳：諸侯以字爲謚，因以爲族。督爲華氏，受於君也。今督旣無君，故經不稱華督，見去其受於君者之氏，以著其無君也。」（賈服注輯述卷三）按杜駁賈及釋不稱氏之意頗允當，而李氏申賈，但據「諸侯以字爲謚，因以爲族」之說，尚不足以證督爲華氏受於君之義。是賈逵以不書氏爲貶，實有未當。故杜說於義爲長。杜氏又謂，或氏或不氏者，乃史官紀事詳略之故，無義例也。說固允當。然史官紀事，何以有詳略之異？杜但以告辭不同爲言，尙未得其眞象。此蓋以賜氏與否爲斷，其已賜氏者，赴告則例書氏，史亦書之；其未賜氏者，赴告例不書氏，史亦不書。孔子修經因而不改，故有詳略之異也。參見隱四年經，衛州吁弒其君完，及莊十二年經，宋萬弒其君捷及其大夫仇牧等文。

（六）經書春正月。賈逵本穀梁說，謂不書王，弒君易祊田成宋亂，無王也。

元年治桓，二年治督，十年正曹伯，十八年終治桓。故此四年獨書王。

杜預以爲天王或失不班曆，故不書王。劉炫規過以闕文爲說。賈說爲近。

「春正月。」（桓公三年經）

賈逵曰：「不書王，弑君，易祊田，成宋亂，無王也。元年，治桓。二年，治督。十年，正曹伯。十八年，終始治桓。」（正義引。此條馬、黃、嚴、王四家皆輯。）

案杜注：「經之首時，必書王，明此曆天王之所班也。其或廢法違常，失不班曆，故不書王。」說與賈異。桓公在位凡十八年，其元年、二年、十年、十八年，凡四年於春有王，九年春無王無月，其餘十三年但書春某月而不書王。賈逵因曰：「不書王，弑君，易祊田，成宋亂，無王也。元年，治桓。二年，治督。十年，正曹伯。十八年，終始治桓。」穀梁傳云：「桓無王，其曰王何也？謹始也。其曰無王何也？桓弟弑兄，臣弑君，天子不能定，諸侯不能救，百姓不能去，以爲無王之道，遂可以至焉爾。元年有王，所以治桓也。二年有王，正與夷之卒也。十年有王，正終生之卒也。」穀梁注疏卷第三、第四）十八年書王，范寧注云：「此年書王，以王法終始治桓之事。」（卷第四）是賈用穀梁說。劉炫規過駁杜說云：「然天王失不班曆，經不書王，乃是國之大事，何得傳無異文？又昭二十三年以後，王室有子朝之亂，經皆書王，豈是王室猶能班曆？又襄二十七年再失閏。杜云：魯之失曆，頓置兩閏。又哀十三年十二月螽。杜云：季孫雖聞仲尼之言，而不正曆。如杜所注，曆既天王所班，魯人何得擅改？又子朝奔楚，其年王室方定王位，猶且未定諸侯，不知所奉復有何人尚能班曆？昭二十三年秋，乃書天王居于狄泉，則其春未有王矣，時未有王，曆無所出，何故其年亦書王也？若春秋之曆，必是天王所班，則周之錯失，不關於魯，魯人雖或知之，無由輒得改正。襄二十七年傳稱：司曆過再失閏者，是周司曆也，魯司曆也？而杜釋例云，魯之司曆始覺其謬，頓置兩閏，以應天正，若曆爲王班，當一論王命，寧敢專置閏月，改易歲年。哀十三年十二月螽，仲尼曰：火猶西流，司曆過也。杜於釋例又云：季孫雖聞此言，猶不卽改，明年復螽，於是始悟。十四年春，乃置閏，欲以補正時曆。卽言曆爲王班，又稱魯人輒改，改之不憚於王，亦復何須王曆？杜之此言，自相矛楯。以此言說，難得而通。」（正義引）劉氏之駁，確能深中杜說之失，則杜說未允也。劉氏規過又云：「又案春秋經之闕文甚多，其事非一，亦如夫人有氏無姜，有姜無氏，及大雨霖、廬咎如潰之類也。此無王者，正是闕文耳。」（同上）正義駁劉氏云：「若必闕文，止應一事兩事而已，不應一公之內，十四年並闕王字。」是劉氏闕文之說，亦有未妥。毛奇齡春秋傳則以或書王或不書王，皆史有詳略，無關義例。其言曰：「春秋書時月而或書王，或不書王者，皆史有詳略，無關義例。故有時無月而不書王者，凡一百餘條，有時有月而不書王者，凡一十五條，此不書王者，正有時有月而不書之例。而穀梁謂桓無王，故削王字，則宜在元年，乃元年二年有王，至三年而始削之，何其討賊之需遲也。則又爲說曰：『元年有王，所以治桓也。二年有王，正與夷之卒也。』則是有王反治罪，得毋三年以後，其無王者皆褒德者乎！且治桓已耳，華督弒君，與魯何涉，而胡氏亦曰：二年書王正華督之罪，得毋春秋二百四十餘年凡有王者悉治罪之年乎？況有王治罪，無王又治罪，是亂刑也。無王是削而惡桓，有王是筆而又惡桓，是筆與削俱無所準也。且春秋須比例，文九年春有二月三月而無王。成十三年春有三月而無王。定十四年春有二月而無王。以例言之，與桓年正同，然而三君于諸年並未嘗有治罪貶削之事，是屬詞比例，又並無一相合者，吾故曰：此不關義例，非無謂也。」（春秋傳卷六）毛氏之言甚辨，然終無以解說桓十八年之中，何以十四年並闕王字？且史官記事既每年於首時書王，此定例也，其或不書王，謂之闕文猶可，不當即以記事詳略釋之。是毛氏之說，亦未可據爲典要也。劉師培曰：「王爲周王，所謂假王法以明其例也。三年以下不書王，所以著周、魯弗相攝繫，絕桓於周，兼以王不正桓爲棄魯。且桓既無王，則二年十年書王，必非因魯發義，此亦左氏古例也。乃杜、孔說桓經不書王，以爲周不班曆，劉炫以爲闕文，近高郵王引之又以穀梁無王非達詁，不知春秋以書王爲恆例，十一公之經，其有不書王者，均書春不書月，則桓經書月不書王，自係春秋特筆。衆說均非。」又曰：「終始治桓，始乃羨文，蓋元年書王爲始治，末年書王爲終治，與孟子成春秋懼亂賊之說，互以闡明。」（春秋左傳時月日古例考春三月不書王例）劉氏則主經以不書王示義之說，以駁杜、孔及劉炫，而申證賈義，其言爲有理，並謂終始治桓，始字爲衍文，亦可取。萬斯大曰：「春月必一書王，獨桓公之代，不書王者凡十四，先儒多謂桓無王，義則是而詞未盡考。桓十八年中，所行悉無王之事，而莫大于庇翬不誅。蓋弒隱之謀，翬倡之，而桓遂之。然通國之人，咸知隱攝桓適，無有起而議桓者，然而翬不可不討也，討翬庶可以謝兄，因可以自解。春秋于其元年二年書其易田、成亂，隱著其無王，而猶繫王於月者，以其居位日淺，或一旦悔悟，加翬以顯戮，去非而從善也。至三年使翬逆女，寵任已專，與弒之跡彌著。又其即位以來，三受王聘，十受外朝，曾不聞一介至于王廷，至使王使求車，而王崩不赴。行於國者，大雩大閱之罔上，遠狩焚邱之非制。行於外者，輔鄭突而盟會戰伐無虛日，謀衛朔而齊紀會盟不憚煩，凡皆無王之顯顯者，春秋于此欲明著之，而均吾先君有所不可，欲不著之而大義斯晦，亦所未安，爰寓意于春月無王，而桓自無所逃其責，傳所謂微而顯者此也。然而十年書王者，十爲數之終，王不可以終無也。王不可以終無，春秋爲天下而書王，不謂桓有王也。十八年書王者，車中拉幹，足酬寪氏之僵尸，筆削至此甚有所不忍也。」（學春秋隨筆卷二）萬氏之說，義較平正，雖與賈說不盡從同，要可與賈義相發明也。

（七）經書九月子同生。賈逵謂不稱太子者，書始生。杜預用賈說。得之。

「子同生。」（桓公六年經）

賈逵曰：「不稱太子者，**書始生**。」（禮記曾子問正義引賈、杜。馬、嚴輯有，黃、王二家缺。）

案杜注：「不稱太子者，書始生也。」杜用賈說。賈、杜知不稱太子者，以傳謂以太子生之禮舉之，故知。禮記曾子問：「君薨而世子生，如之何？」疏云：「左傳桓六年子同生，賈、杜注云云。」（卷十八）又內則：「書曰：某年某月某日生而藏之。」鄭注云：「春秋書桓六年九月丁卯，子同生。」疏云：「此既據卿大夫以下，而引春秋桓六年子同生者，欲證明子生年月日之事。彼謂諸侯也。」（卷二十八）是鄭義與賈同。正義云：「古人之立大子，其禮雖則無文，蓋亦待其長大，特加禮命，如今之臨軒策拜，始生之時，未得卽爲六子也。以其備用正禮，故書其生；未得命，故不言太子也。」當得賈義。

（八）經書紀季以酅入于齊。賈逵謂紀季以酅奔齊，不言叛，不能專酅也。又謂紀季不能兄弟同心以存國，乃以背兄歸讎，書以譏之。杜預以為齊欲滅紀，故季以邑入齊為附庸。先祀不廢，社稷有奉，故書字貴之。賈、杜說皆未允。紀季以酅入齊，非奔叛之比。書者，閔紀之弱而罪齊也。

「秋，紀季以酅入于齊。」（莊公三年經）

賈逵曰：「紀季以酅奔齊，不言叛，不能專酅也。」正義引劉、賈。馬、嚴輯有，黃、王二家缺。）

賈逵以爲紀季不能兄弟同心以存國，乃以背兄歸讎，書以譏之。（後漢書賈逵傳注引。嚴輯有，馬、黃、王三家未輯。）

按杜注：「季，紀侯弟。酅，紀侯邑。齊欲滅紀，故季以邑入齊爲附庸。先祀不廢，社稷有奉，故書字貴之。」正義引杜氏釋例云：「齊侯鄭伯詐朝于紀侯以襲之，紀人大懼而謀難於魯，請王命以求成于齊，公告不能，齊遂偪之，遷其三邑，國有旦夕之危，而不能自入爲附庸，故分季以酅，使請事于齊。大去之後，季爲附庸，先祀不廢，社稷有奉，季之力也。故書字不書名，書入不書叛也。判，分也。傳曰：始分，爲季侯大去張本也。劉、賈謂紀季以酅奔齊，不言叛，不能專酅也。傳稱季侯不能下齊，以與紀季，季非叛也。紀亡之後，叔姬歸于酅，明爲附庸，猶得專酅，故可歸也。

」公羊傳釋此經云：「紀季者何？紀侯之弟也。何以不名？賢也。何賢乎紀季？服罪也。其服罪奈何？魯子曰，請後五廟以存姑姊妹。」（卷六）穀梁傳云：「酅，紀之邑也。入于齊者，以酅事齊也。」范氏集解云：「雍曰：紀國微弱，齊將吞幷，紀季深覩存亡之機，大懼社稷之傾，故超然遐舉，以酅事齊，庶胤嗣不泯，宗廟永存，春秋賢之，故褒之以字。」（卷五）公、穀二傳之說，皆謂紀季字而不名，乃賢之。杜用其義故謂紀季書字貴之。與賈說不同。按賈逵謂，紀季以酅奔齊，不言叛，不能專酅。此說與莊公四年傳所云，紀侯不能下齊，以與紀季之言，義相抵觸，正義引杜氏釋例駁之，是也。呂大圭亦曰：「春秋之法，人臣竊地以逃者書奔，季不書奔，則非奔也。人臣竊地以自恣者書叛，季不書叛，則非叛也。不書奔，不書叛，直云以酅入齊，是求存其宗祀而已。」（春秋或問卷七）皆以紀季入齊，非奔叛之比，故賈以爲奔叛，蓋非是。又按公、穀二傳之說謂，紀季書字褒之，杜說亦謂稱字貴之，亦非是。考紀季，紀侯弟也。諸侯之弟，例以仲叔季稱，如魯仲遂、許叔、蔡季之類，是稱季非褒辭也。故張應昌春秋屬辭辨例編引御纂直解云：「賢之歟？曰非也。王政不行，小弱無庇，以先王之建國而聽命於强暴，蓋亦不得已焉耳，閔之也，未見有可賢之實也。」（清儒五經彙解卷一百八十二引）鄭玉春秋闕疑曰：「紀季當紀之危，能與其君效死勿去，以守社稷者，正也。至於力不能守，奉兄之命，以酅入齊，求存宗祀，亦情之甚不得已者，然視賣國忘君，棄親事讐者有閒矣。不曰奔叛，所以恕季而罪齊，然非褒季也。」（同上引）賈氏又謂，紀季不能同心以存國，乃以背兄歸讎，書以譏之。按賈氏此說亦未當。前論紀季以酅入齊，非奔叛之比。則季紀非背兄歸讎也，其非書譏可知。且貶者例書名，不貶者書字，此亦不貶而書字之例，經既不書奔叛，傳亦無罪之之言，明非罪非譏，異於宋辰、秦鍼、邾庶其、莒牟夷之類也。焦循曰：「此言紀侯以與紀季，則非兄弟不同心，而季固未嘗背兄。」（春秋左傳補疏卷二）焦氏亦以賈氏「書以譏之」之說爲未當。然則經書紀季以酅入于齊，蓋閔紀之弱而罪齊也。

（九）經書公伐齊納糾。賈逵謂不言公子，次正也。杜預無說。正義以為當是告辭有詳略。從賈逵說。

「公伐齊，納子糾。」（莊公九年經）

賈逵曰：「不言公子，次正也。」（正義引。馬、黃、王、嚴四家皆輯。）

案杜無注。納子糾，公、穀二傳作納糾，無子字。正義引賈說而駁之云：「公羊之說，不可通於左氏。次正不稱公子，其事又無所出。案今定本經文，糾之上且有子字。自外入內，不稱公子者多，唯楚公子比稱公子，蓋告辭有詳略，故爲文不同。」臧琳曰：「春秋莊九年，夏公伐齊納糾。左氏、公、穀經並同，今左氏經作納子糾，子衍文，沿唐定本之誤也。正義於此引賈逵云：『不言公子，次正也。』又於後九月，齊人取子糾殺之下，引賈逵云，稱子者愍之。可證賈景伯本於此無子字。」（經義雜記卷六）按臧氏說是也。正義引定本有子字爲證，而難賈氏，非也。又公羊傳曰：「糾者何，公子糾也。何以不稱公子，君前臣名也。」（公羊注疏卷七）此與賈逵次正之說異，而正義以爲賈氏取公羊義，亦非也。管子大匡篇云：「齊僖公生公子諸兒、公子糾、公子小白。」又云：「諸兒長而賤。」（並卷七）是襄公諸兒爲庶長，而公子糾在其次。經書九月齊人取子糾殺之。公羊傳曰：「其稱子糾何?貴也。其貴奈何?宜爲君者也。」（卷七）白虎通德論封公侯篇云：「春秋經曰：齊無知殺其君，貴妾子公子糾當立也。」（卷上）公羊及白虎通亦以公子糾貴而當立，是次正也。

（十）經書宋萬弒其君捷及其大夫仇牧。賈逵以為萬未賜族，故不書氏。杜預釋例以史有詳略說之。賈義為長。

「宋萬弒其君捷及其大夫仇牧。」（莊公十二年經）

賈逵以爲未賜族。（正義引，隱公四年經正義引同。馬、黃、王、嚴四家皆輯。黃、王二家作「萬不書氏，以未賜族。」此從馬輯。又馬輯、嚴輯將此條歸屬左傳「秋宋萬弒閔公于蒙澤」句下，未妥。此從黃、王二家。）

案隱八年傳：「諸侯以字爲氏，因以爲族。官有世功，則有官族，邑亦如之。」杜注：「皆禀之時君。」（卷四）是賜氏即賜族也。春秋賜族則例書其族，此書宋萬，故賈以爲未賜族。正義云：「萬不書氏者，釋例曰：宋萬，賈氏以爲未賜族。案傳稱南宮長萬，則爲巳氏南宮，不得爲未賜族也。推尋經文，自莊公以上，諸弒君者，皆不書氏，閔公以下，皆書氏，亦足明時史之異同，非仲尼所皆貶也。是杜意以爲史有詳略，無義例也。」洪亮吉曰：「今考春秋時，族有不由君賜者，如士會之孥，處秦者爲劉氏；伍員之子，在齊爲王孫氏。外傳：知果自別其族爲輔氏。則南宮之族，或因所居之地以自稱，非由君賜，亦未可知，即如襄仲居東門，故曰東門氏，亦非君賜，是其一證。又賈於前年乘丘之役南宮長萬下，即注云：南宮氏，萬名。是非不知萬氏南宮，而此云未賜族者，蓋以南宮實非君所賜氏故耳。」（春秋左傳詁卷一）李貽德亦曰：「春秋時有賜族，亦有私氏。南宮當是私氏也。」（賈服注輯述卷四）按洪、李之說，足以釋正義「傳稱南宮長萬，則爲已氏南宮」之疑，其說是也。至釋例謂：「莊公以上，諸弒君者，皆不書氏，閔公以下，皆書氏。」以爲時史異同，非義例。其說尚非的論。詳見隱公四年衛州吁弒其君完文。

(十一)經書新延廄。賈逵謂言新有故木，言作有新木。延廄不書作，所用之木，非公命也。杜預謂言新者，皆舊物不可用，更造之辭。杜說為長。

「春，新延廄。」（莊公二十九年經）

賈逵曰：「言新有故木，言作有新木。延廄不書作，所用之木，非公命也。」（正義引劉、賈。馬、黃、王、嚴四家皆輯。）

案杜注：「言新者，皆舊物不可用，更造之辭。」僖廿年經：「新作南門。」杜注：「言新以易舊，言作以興事。」（卷十四）與劉賈說異。正義申杜曰：「馬之所處謂之廄，延是廄之名。公羊傳曰

：新延廄者何？脩舊也。謂舊廄敝壞，不可因而補治，故言新，爲更造之辭。傳言新作延廄，而經無作字。僖二十年，新作南門。定二年，新作雉門及兩觀。皆言新作，而此獨無作，是作傳之後，轉寫闕文也。」是孔意言新者更造之辭，而經不書作，乃轉寫闕文，無義例也。正義又引杜氏釋例曰：「言新意所起，言作以興事，通謂興起功役之事也。總而言之，不復分別因舊而與造新也。經書延廄稱新，而不言作，傳言新作延廄，書不時也。此稱經文，而以不時爲譏，義不在作也。然尋傳足以知經闕作字也。而劉賈云，言新有故木，言作有新木，延廄不書作，所用之木，非公命也。凡諸興造，固當有新，固當有因。今爲春秋微義直記，別此門此觀，有新木故木，既已鄙近。且材木者，立廄之具也。公命立廄，則衆用皆隨之矣，焉有所用之木，非公命也。此爲匠人受命立廄，而盜共其用，豈其然哉。」是杜氏釋例駁劉賈說之意也。王夫之春秋稗疏云：「新延廄。左傳云，新作延廄。趙氏謂，若新作，但當云作，不當云新。其說良是。」（卷一）毛奇齡春秋傳云：「廄者，馬舍也。延，廄名。新則修舊之詞。」（卷十二）是言新有修舊之意。李貽德曰：「案公羊傳，新延廄者何？修舊也。修舊則有故木矣。楚辭招魂注：故，舊也。漢書禮樂志注：作謂有所興造也。言興造則當用新木矣。僖二十年新作南門，定二年新作雉門及兩觀，皆言新作，而此文獨無作字，傳則仍言新作，知所用雖有新木，以不本於公命，故經不書作也。」（賈服注輯述卷四）劉文淇曰：「疏蓋以經文有作字，故力駁劉、賈之說。洪亮吉謂據劉、賈說，則經文闕作字可知。李貽德云，公羊傳新延廄者何？修舊也。修舊則有故木矣。按洪、李說是也。公羊何注云，繕故曰新，有所增益曰作。穀梁傳，其言新，有故也。范寧集解曰：言改故而新之。是二傳誼與古左氏說同。」（舊注疏證莊公二十九年）按據上引各家之說，是言新有修舊之意，言作則更造之辭。賈云，言新有故木，言作有新木，義尚不誤。而云不書作，乃所用木非公命，以經不書作示義，於義則未允。杜氏釋例駁之是也。經不書作字，蓋如正義所云轉寫闕文耳。杜氏之說，義較宏通，當從之。

（十二）經書城小穀。賈逵謂不繫齊者，世其祿。杜預謂大都以名通者，則不繫國。從杜說。賈、杜皆以小穀為齊邑，得之。

「春，城小穀。」（莊公三十二年經）

賈逵曰：「不繫齊者，世其祿。」（正義引。馬、黃、王、嚴四家皆輯。）

案杜注：「小穀，齊邑。濟北穀城縣，城中有管仲井。大都以名通者，則不繫國。」杜說小穀齊邑，與賈同；說小穀不繫齊之故，則異。正義曰：「吳滅州來，晉滅下陽，如此之類，皆不繫國，知大都以名通者，則不繫國也。華亥、向寧入于宋南里以叛，南里非大都，不得以名通，故繫之宋耳。賈逵云，不繫齊者，世其祿。然則彼不繫者，豈皆世其祿乎？」毛奇齡曰：「其但稱小穀，不稱齊者，凡大都自以名通，即不繫國，以其名爲世共識也。如吳滅州來，晉滅夏陽類。」（春秋傳卷十二）毛氏亦主杜說。李貽德曰：「禮記禮運：大夫有采以處其子孫。周禮太宰以八則治都鄙。後鄭注：都鄙，公卿大夫之采邑。王子弟所食邑，周召毛聃畢原之屬，在畿內者。若然惟王子卿大夫有采邑，其邑不必繫之於王，如溫、原皆世祿之邑，傳稱取溫之麥及晉人伐原，未嘗繫於周也。」（賈服注輯述卷四）按李氏所言，是世祿之邑，有不繫之國者，然未足以證不繫國者之必世其祿也。正義駁賈申杜，以為大都以名通者，則不繫國，義較宏通，當從杜說。自宋以來學者，頗有以小穀為魯邑，非齊邑者。孫復曰：「小穀，魯邑。曲阜西北有小穀城。」（春秋尊王發微卷三）趙鵬飛曰：「左氏因楚申無宇有齊桓公城穀而寘管仲之言，遂以此年城小穀牽合其事，曰為管仲也。杜氏因之，遂以小穀為穀城。夫穀城固齊地，而安可強改小穀為穀城耶。」（春秋經筌卷四）張洽曰：「小穀，魯地。泰山孫氏曰：曲阜西北有小穀城。胡氏曰：孫魯人也，而終身學春秋，其考此事詳矣。」（春秋集註卷三）李廉曰：「小穀，公羊無傳，穀梁及孫氏、胡氏、張氏皆以為魯邑，故書法比於內城。而左氏以為為管仲城者，蓋昭十一年楚申無宇曰：齊桓公城穀而寘管仲焉，至于今賴之。此其案也。纂例亦從之，以楚丘下陽等不係國之例例之，則杜說亦可通，但僖公七年，夫人會穀。二十六年公以楚伐齊取穀，後又有齊師違穀七里之說。經傳皆止書穀而未有言小穀者，則杜說為不通矣。且桓公之有功於魯，只在高子來盟之後，此時桓未見有功之迹，考之前後皆不合，故當從穀梁。」（春秋會通卷七）顧炎武曰：「小穀，不繫齊，疑左氏誤。范寧解穀梁傳曰，小穀魯邑。春秋發微曰：曲阜西北有故小穀城。按史記漢高帝以魯公禮葬項王穀城，當即此地。杜解以此小穀為齊邑，濟北穀城縣城中有管仲井。劉昭郡國志、酈道元水經注皆同。按春秋有言穀不言小者，莊二十三年公及齊侯遇於穀，僖二十六年公以楚師伐齊取穀，文十七年公及齊侯盟于穀，成五年叔孫僑如會晉荀首於穀。四書穀而一書小穀，別於穀也。又昭十一年傳曰，齊桓公城穀而寘管仲焉，至於今賴之。則知春秋四書之穀及管仲所封在濟北穀城，而此之小穀，自爲魯邑爾。況其時齊桓始霸，管仲之功尚未見於天下，豈遽勤諸侯以城其私邑哉？」（左傳杜解補正卷一）江永曰：「彙纂：程氏迥曰：齊地別有穀，在濟北有管仲井，非小穀也。今按齊之穀，今爲東阿縣，見莊七年，夫人姜氏會齊侯于穀。又莊二十三年，公及齊侯遇于穀。僖二十八年，公以楚師伐齊取穀。文十七年，公及齊侯盟于穀。成五年，叔孫僑如會晉荀首于穀。哀二十七年傳，齊師違穀七里，皆齊穀。若此年小穀，自是魯地，曲阜西北有故小穀城，項羽嘗爲魯公，漢高帝以魯公禮葬項王穀城是也。昭十一年，楚申無宇曰，齊桓公城穀而寘管仲。趙氏鵬飛曰，此年偶有城小穀之事，左氏遂取無宇之言合之，杜氏因以小穀爲穀城。其說是。」（春秋地理考實卷一）顧棟高曰：「高氏閌曰：杜預以小穀爲齊邑，若然聖人亦當異其文而繫諸齊，且公雖感齊桓之私，豈肯爲管仲城私邑？昭十一年傳所稱齊桓城穀而寘管仲，蓋齊自有穀，非魯之小穀也。」（春秋大事表第四十二之二三傳異同表）顧氏又曰：「左氏牽于齊桓城穀而寘管仲之言，遂謂此年城小穀即此。考齊地之穀，經傳凡六見，皆止稱穀，無稱小穀者，蓋齊自有穀，豈可強以小穀爲穀城耶。又謂公感齊桓之德，故爲管仲城私邑。李氏廉曰：齊桓有功于魯，在高子來盟之後，此時未見有功之迹，安得爲管仲城之？孫氏復謂宜從穀梁注爲魯邑，曲阜縣西北有小穀城。杜注殆傅會左傳而誤也。」（春秋大事表第四十八杜注正譌表）按上引諸家皆主小穀爲魯邑，其所持理由不外：㈠小穀乃魯地，在曲阜西北，齊別有穀，在東阿縣，非一地，杜氏誤將二地牽合爲一。㈡齊地之穀，經傳凡六見，皆止稱穀，無稱小穀者。稱名既異，自當有別。㈢齊桓有功魯國在高子來盟之後，此時未見有功之迹，魯國安得爲齊城之？㈣小穀若爲齊邑，孔子當異其文而繫諸齊，今不繫齊，明非齊邑。其言似信而有徵矣。然細按之，實有未當。經書「城小穀。」公、穀二傳無說，左傳謂「爲管仲也。」管仲齊人，而以小穀爲魯邑，義不可通，明當爲齊邑，非魯邑也。此其一。今本三傳經皆作「城小穀」，然據公羊疏云：「二傳作小字，與左氏異。」（公羊注疏卷九）是左氏經本作「城穀」，不作「城小穀」也。孫志祖曰：「考春秋之言穀者，除亭林所引外，尙有宣十四年，公孫歸父會齊侯于穀。襄十九年，晉士匄侵齊至穀。又成十七年傳，齊國佐殺慶克以穀叛。則齊地之名穀，而不名小穀灼然矣。小穀應屬魯邑，左氏不應謬誤若此。後讀公羊疏云，二傳作小穀，與左氏異。始悟左氏經本作城穀，此與申無宇所言齊桓公城穀而寘管仲焉，語正合，故杜注以爲齊邑。又引濟北穀城縣中有管仲井以實之耳，今經傳及注俱作小穀者，乃後人據二傳之文而誤加之左氏也。」（讀書脞錄卷二）孫說是也，則此年穀，與他處稱穀者無異，當屬一地，非誤合也。此其二。齊桓自莊九年入齊，至此已二十三年，莊公事齊唯謹，十三年盟于柯，十六年同盟于幽，二十二年盟于防，公如齊納幣，二十三年公如齊觀社，及齊侯遇于穀，二十四年公如齊逆女，二十六年會宋、齊伐徐，二十七年再同盟于幽，二十八年會齊、宋救鄭，三十年會齊侯于魯濟。齊、魯兩國關係，至爲密切。則魯人助齊城穀，亦理所當有。且閔公二年，齊高子來平魯亂及盟，上距此年事僅兩年餘，正見兩國關係密切，乃得有助魯平亂之事也。此其三。城穀經不繫齊，杜氏以爲大都以名通者，則不必繫國，義自可通，則城穀不必繫齊，亦得爲齊邑也。此其四。是知經書城小穀，本當作城穀，乃齊邑，非魯邑也。賈、杜並以齊邑釋之是也。

（十三）莊元年經書：三月，夫人孫于齊。不稱姜氏。閔二年經書：夫人姜氏孫于邾。稱姜氏。賈逵據二傳貶姜氏之說因曰：文姜殺夫罪重，故去姜氏；哀姜殺子罪輕，故不去姜氏。此說非是。不稱姜氏，當從一事再見故文省之說。非貶所也。

「夫人姜氏孫于邾。」（閔公二年經）

賈逵曰：「文姜殺夫罪重，故去姜氏；哀姜殺子罪輕，故不去姜氏。」（正義引賈、服。馬、嚴輯有，黃、王二家缺。）

案杜注：「哀姜外淫，故孫稱姜氏。」正義曰：「此決莊元年夫人孫于齊，不稱姜氏也。賈、服之說，皆以爲文姜殺夫罪重，故去姜氏；哀姜殺子罪輕，故不去姜氏。故杜爲此言以異之。言外淫者，謂以外姓爲淫。」杜不用賈、服說。莊元年經：「夫人孫于齊。」公羊傳曰：「夫人何以不稱姜氏？貶。曷爲貶？與弒公也。」（公羊注疏卷六）穀梁傳曰：「不言氏姓，貶之也。」（穀梁注疏卷五）公、穀二傳皆以不稱姜氏爲貶，賈氏蓋本二傳，故亦以貶爲說。莊元年經書：「三月，夫人孫于齊。」不稱姜氏。此年經書：「夫人姜氏孫于邾。」稱姜氏。故賈氏云然。賈以經書姜氏與否爲褒貶也。此說如以莊元年傳：「三月，夫人孫于齊。不稱姜氏，絕不爲親，禮也」之言證之，則不爲無據。故李貽德曰：「莊元年夫人孫于齊。傳曰，絕不爲親。以文姜與弒桓公，故舍族以絕之，明其罪重也。慶父通哀姜，而子般見殺，是哀姜有殺子之罪，然輕於文姜，故不去氏。」（賈服注輯述卷五）孫復曰：「夫人文姜不言姜氏，貶之也。」（春秋尊王發微卷三）葉夢得曰：「夫人孫于齊，何以不言姜氏，貶也。」（春秋傳卷五）呂祖謙曰：「夫人姜氏孫于邾，不去姜氏，降文姜也。」（春秋集解卷八）李廉曰：「文姜不書姓氏，而哀姜書姓氏者，哀姜與弒子之罪，殺於文姜之弒夫也。」（春秋會通卷五）上引諸說，或以文姜孫齊，不稱姜氏，爲貶之。或以爲哀姜孫邾，稱姜氏者，罪降於文姜也。說與賈略同。然若以經載姜氏之事例觀之，則左傳之說，恐不足據，故宋元以來學者釋此經，亦有不以貶之爲說者，如程端學曰：「夫人孫于齊，不稱姜氏，闕文也。」（春秋本義卷六）趙汸曰：「夫人何以不稱姜氏，蒙上文也。春秋一事而再見者，蒙上文。」（春秋集傳卷三）程、趙二家，或以闕文釋之，或以爲蒙上文而省。說雖不同，而不以爲貶之則一。按文姜孫齊前後，春秋書文姜淫亂之行多起，如公與夫人姜氏遂如齊，及會穀、會防，如齊師、會禚、享祝邱等，皆不以去姜氏見貶，則孫齊不稱姜氏，亦不當以貶說之。故黃仲炎曰：「穀梁子曰，不言氏姓，貶之也。信斯言也，則夫人前乎如齊，與聞殺夫之事，後乎禚之會，祝丘之享，顯示宣淫之迹，而書姜氏者，獨無貶乎？曰，春秋書其事，即見其罪焉爾，不必以去氏姓爲貶也。」（春秋通說卷三）顧棟高亦曰：「夫人孫于齊，不言姜氏，此或是省文爾，若以為貶，哀姜之孫，又何以書夫人姜氏孫于邾乎？或曰，文姜殺夫，哀姜殺子，罪有輕重。夫殺夫殺子，俱是弒君，恐不得分輕重。或又謂，文姜鳥獸行，忘其族姓，故不稱氏。果爾則哀姜之淫其叔，可以為異姓而末減乎？凡淫亂之人，苟除曰文而外，其餘倫理皆可不顧，非聖人垂訓之道也。且後此會穀，會防，如齊師，享祝邱，其忘廉喪恥已甚，又何為不去姜氏，以示貶乎？總之國君弒而夫人奔，直書于策，而罪狀顯然已具，不用更去氏以示貶也。此因上桓十八年，公與夫人姜氏遂如齊以後一年之中，但書桓公見弒一事，中無異事間斷，故此但書夫人而即可知其為文姜，承上文之辭耳，不必曲為之說也。元齊氏履謙亦謂一事再見，故從省。」（春秋大事表四十三闕文表）按黃、顧之說是也。故莊元年夫人孫于齊，不稱姜氏，乃一事再見，故文省耳，非貶之也。此年哀姜孫于邾，稱姜氏，正見經不以去姜氏為貶也。程氏端學以為闕文，亦未當。賈氏據穀梁為說，因而致誤，不足取也。又參見僖元年經夫人氏之喪至自齊條。

（十四）經書夫人氏之喪至自齊。賈逵謂殺子輕，故但貶姜。杜預以為闕文。闕文說得之。

「夫人氏之喪至自齊。」（僖公元年經）

賈逵曰：「殺子輕，故但貶姜。」（正義引。馬、黃、王、嚴四家皆輯。）

案杜注：「僖公請而葬之，故告於廟而書喪至也。齊侯旣殺哀姜，以其尸歸，絕之於魯，僖公請其喪而還。不稱姜，闕文。」說不稱姜之義，與賈異。公羊傳曰：「夫人何以不稱姜氏？貶。曷爲貶？與弒公也。然則曷爲不於弒焉貶？貶必於重者，莫重乎其以喪至也。」（卷十）穀梁傳曰：「其不言姜，以其殺二子，貶之也。或曰，爲齊桓諱殺同姓也。」（卷七）賈逵蓋據二傳，故亦以貶爲說。賈言殺子罪輕故但貶姜者，據莊元年經書文姜孫于齊，不稱姜氏而言也。正義駁云：「齊人治哀姜之罪，取而殺之，則位絕於魯，非復魯之夫人，其死不合書之於策，以僖公請而葬之，外欲固齊以居厚，內存母子不絕之義，故具書於經，而薨葬備禮，諱之，若言無罪而自死然，旣諱其殺，不宜有貶。公羊傳、穀梁傳、賈逵云云，然則姜氏者，夫人之姓，二字共爲一義，不得去姜存氏，去氏存姜，若其必有所貶，自可替其尊號，去一姜字，復何所明？於薨於葬，未嘗有貶，何故喪至，獨去一姜？公羊傳又曰：曷爲不於弒焉貶云云，案禮之成否，在於薨葬，何以喪至獨得爲重？喪至已加貶責，於葬不應備文，何故葬我小君，復得成禮？正以薨葬備禮，知其無所貶責，故杜以經無姜字，直是闕文，公羊、穀梁見其文闕，妄爲之說耳。」按正義申杜而駁二傳及賈，理由頗爲堅强，足以杜二傳及賈氏之口。後之學者，亦多主闕文之說。如黃仲炎春秋通說曰：「夫人氏者，經文闕姜字也。公穀以去姜爲貶，信斯言也，則夫人孫于齊書姜氏者無貶歟？」（卷五）趙鵬飛春秋經筌曰：「不書姜，闕文爾。或以爲貶去氏，且貶去氏則宜書夫人，如莊元年夫人孫于齊則然矣。曰夫人氏何義也？孔子曰，辭達而已矣。所謂辭不達者。其爲闕文審矣，安可鑿爲之說。」（卷六）

毛奇齡春秋傳曰：「若氏無姜字，明係闕文，既已諱惡，則例無可貶，必欲有貶，則不去夫人字，而單去姜字，不可也。況書薨書葬，夫人小君稱謂歷然，夫葬將祔廟，小君之主將入禰室，彼時尚不貶，而獨於告廟時一貶之，世無此理。若公羊謂喪至最重，則夫人之喪至自他國，事當極變，變禮無重輕也。」（卷十四）顧棟高春秋大事表四十三闕文表亦列此事，而斷從闕文之說。王介之春秋四傳質曰：「夫人氏者，闕文也。公羊以爲貶，非也。哀姜之惡，不甚於文姜，文姜不去姓，何獨於哀姜去之？且不貶於孫邾之日而貶於喪至之日，非法矣。書薨于夷，書以歸，書喪至，則哀姜之不容於宗國，足以彰其惡矣。欲加以討罪之辭，削其夫人可矣，於姓乎何尤？穀梁曰：爲齊諱殺同姓也。管蔡叛而周公行誅，何諱焉？胡氏曰，不稱姓，殺於齊，不去氏，受於魯。亦曲爲之辭也。」（清儒五經彙解卷一百八十九引）徐學謨春秋億曰：「不書姜者，史闕也。三傳皆以爲不言姜，與弒二君也。既以弒二君而去其姓，則前此當弒之時，何以不去其姜也？故曰史闕也。」（同上）上引諸家，皆主闕文之說，陳義皆稱允當，與杜說相合，宜從之。至胡安國春秋傳以爲譏齊桓；張洽春秋集注以爲罪魯僖公之不知義；萬斯大春秋隨筆以爲哀姜喪歸，欲稱其謚而未葬無之，欲直稱夫人姜氏，又疑與生時無異，故去姜字以別之。說皆迂曲，不足取也。

（十五）經書許男新臣卒。賈逵謂不言于師者，善會主加禮，若卒于國。杜氏釋例以為史有詳略，無義例。從杜預說。

「許男新臣卒。」（僖公四年經）

賈逵曰：「不言于師者，善會主加禮，若卒于國。」（正義引。馬、黃、王、嚴四家皆輯。）

案杜注：「未同盟而赴以名。」杜不用賈說。成十三年，曹伯盧卒于師。此不言于師，故賈釋之。正義曰：「賈逵云，不言于師，善會主加禮，若卒於國。左氏無此意。釋例曰：若卒于朝會，或書師，或書地者，史之成文，非義所在。然則或言于師，或不言于師，亦是史有詳略，無義例也。注稱赴以名者，公雖在軍，死須相赴，史得赴乃書耳。」正義申杜，與賈異義。穀梁傳曰：「諸侯死於國，不地；死於外，地。死於師，何爲不地？內桓師也。」范注云：「齊桓威德洽著，諸侯安之，雖卒於外，與其在國同。」（卷七）賈蓋本穀梁義而別爲之說者，故持義與穀梁說略同。呂祖謙春秋集解引辨疑趙子曰：「許國與楚近，蓋許男遇疾而歸卒于國，故不言卒于師爾。」（卷九）張洽春秋集註曰：「傳言卒于師，陸淳以爲非，蓋召陵地屬潁川，潁川今之潁昌府長社縣，去許密邇，故許男疾而歸也。」（卷四）劉敞春秋權衡曰：「許男新臣卒。左氏云，卒于師，非也。若實卒于師，經何以不記邪？召陵地屬潁川，潁川今許昌郡也。許昌，許國矣。明許男有疾，歸其國而卒，故不得書卒于師也。」（卷四）李廉春秋會通引胡安國春秋傳曰：「劉敞曰：諸侯卒于外者，在師稱師，在會稱會。今許男一無稱焉，此去師與會而復歸其國之驗也。召陵地在潁川，是以許男復焉。」（卷九）按上引呂氏、張氏、劉氏、李氏、胡氏之說，皆謂召陵密邇許國，許男遇疾歸卒于國，故不言卒于師。此說乃本之趙匡、陸淳之說也。而葉夢得曰：「諸侯卒于會稱會，卒于師稱師。

許男在師矣，何以不言卒于師？非卒于師也。疾而返，卒于道也。」（春秋傳卷八）說又不同。衡以傳義，諸說皆未當。故毛奇齡駁之曰：「胡氏襲劉敞之說，謂必歸許而死于其國，故不書卒師，則召陵之盟，尚在卒後，此時諸侯未散也，故後屈完盟諸侯有云，師次召陵，齊侯陳諸侯之師與屈完觀之，然後完與諸侯盟。而謂許男先歸乎？且胡氏不讀葬許穆公傳乎？」（春秋傳卷十四）毛氏之駁是也。且左傳既云卒于師，則不當輕疑，其爲臆測之言無疑，不足取也。李貽德申賈曰：「會主斥齊桓，加禮卽傳云葬之以侯禮也。云若卒於國者，則穀梁傳曰云云之說也。」（賈服注輯述卷六）說雖於傳有據，然何以旣善之而又不言于師乎？若依左傳所稱：「凡諸侯薨于朝會，加一等。死王事，加二等」之言，則許男卒于師，可比薨于朝會之禮，傳正謂葬之以侯禮是也。經若善之，正宜稱卒于師以褒美之，何爲反不言乎？是則於理有難通者，故賈說亦有未當。毛奇齡曰：「此隨齊伐楚而死于師者，男其爵，新臣其名也。若其但書卒，而不書卒于師者，史文有詳略，無義例也。」（春秋傳卷十四）毛說與正義中杜之言相合，說較宏通，當從之。

（十六）經書楚殺其大夫得臣。賈逵謂得臣不書氏族，陋故也。杜氏釋例以爲或未賜族，或時史有詳略。從賈逵說。

「楚殺其大夫得臣。」（僖公廿八年經）

賈逵以爲不書氏陋。（隱四年及文九年正義引。馬、嚴二家有，黃、王二家缺。嚴輯作「以爲不書族陋。」此從馬輯。）

案杜注：「子玉違其君命以取敗，稱名以殺，罪之。」與賈異。隱四年正義曰：「執殺大夫不書族者二事，楚殺得臣與宜申。賈氏皆以爲陋。案楚殺大夫公子側，大夫成熊之等六七人，皆稱氏族，無爲獨於此二人陋也。」（卷三）又曰：「當時諸國以意而赴，其或自來聘使者，辭有詳略，仲尼修春秋，因採以示義，義之所起，則刊而定之，不者即因而示之，不皆刊正也。總而推之，春秋之義，諸侯之卿，當以名氏備書於經，其加貶損，則直稱人，若有褒異，則或稱官，或稱氏，若內卿有貶，則特稱名，文不直言魯人，故異於外也。若無褒無貶，傳所不發者，則皆就舊文，或未賜族，或時有詳略也。」（同上）正義引釋例以爲或未賜族，或時史有詳略，故不書氏族也。李貽德釋賈說云：「賈子道術篇：辭令就得謂之雅，反雅爲陋。楚自武王始居江漢之間，經書荊敗宋師。荊人來聘。楚人使宜申來獻捷。從其陋俗，故稱人。僖二十一年，楚之君爵始列於會，而其臣名氏猶多差錯。得臣書殺，而不舉族，仍其陋也。至成二年，楚公子嬰齊，始得具列。後殺子反，亦書公子側矣。」（賈服注輯述卷七）按楚國僻處蠻夷之地，文物制度，遠不及中原諸侯完備。春秋之初，楚與中原諸侯尚少往來，故春秋記事多略，措辭亦往往欠週全，此賈氏所謂陋也。僖文以後，楚國勢始漸强盛，與中原諸侯，往來漸密，禮制漸趨完備，赴告朝聘亦得備禮，春秋記事因亦與中原各國趨於一致。春秋之中，楚事前略後詳，前陋後備，不一而足，即此故也。李氏釋賈說，能得其原委。且於正義之駁，能爲適當之辨解，說頗可取。正義引杜氏釋例說，就春秋前後書法論之，雖照應較為週全，說例亦能通達畫一，然以春秋列國各自為政，文野不一，禮制分歧，故過求畫一，反易致削足適履之弊。故就此年「楚殺得臣」事言之，釋例之說，實不如賈說之能得其真象也。（文公十年經書楚殺其大夫宜申，與此例同。）

（十七）經書齊侯伐我北鄙，不言取龍，及侵巢丘。賈逵謂魯殺盧蒲就魁，不與齊盟，以亡其邑，故諱不書。杜預以其義未聞為說。賈、杜皆未允。當以經傳所據史料有別，故不同也。

「春，齊侯伐我北鄙。」（成公二年經）

賈逵曰：「殺盧蒲就魁，不與齊盟，以亡其邑，故諱不書耳。」（正義引。馬、黃、王、嚴四家皆輯。）

案杜注：「取龍，侵巢丘不書，其義未聞。」杜不用賈說。正義曰：「外取內邑，非魯之罪，無所可諱，而此獨不書，故杜云其義未聞。」又駁賈說云：「案楚子滅蕭，嬰齊入莒，皆殺楚人，而經不變文以加罪。此何當改文以諱惡也。哀八年，齊人取讙及闡，以淫女見取，猶尚書之，此殺敵見取，何以當諱？知諱義不通，故不從也。」洪亮吉曰：「賈義蓋因內諱不書之例推之，正義譏賈，乃引楚子滅蕭，齊入莒以例，失其旨矣。當以賈義為長也。」（春秋左傳詁卷十一）劉文淇曰：「哀八年，讙、闡之役，魯未殺齊將，又釁由卿族之女，例無內諱。疏駁皆非。」（舊注疏證成公二年）

按洪、劉二家爲賈說辯護。洪氏謂賈氏蓋據內諱不書之例，推而得之。正義引楚子滅蕭，齊人入莒爲說，爲失其旨。劉氏則以此役與哀八年取讙、闡之役有別，不得以彼難此。說雖能言之成理，然究無以釋正義之駁，恐非確義。正義駁賈之言，雖則有理，然未立說，亦從闕疑。嘗試論之，經所以但書齊侯伐我北鄙，而不及取龍者，蓋孔子所據史料，與左傳所據者有詳略之別。彼有取龍之文，孔子所據者則否，因亦不書耳。前儒蓋認定經傳史料來源一致，且以經一字一句，皆有義例存焉，故必推求其不書之故。豈知孔子所據史料，既有詳略，作春秋亦因而詳略之，不必以義例求也。

（十八）經書鄭伐許。賈逵謂不稱將帥，夷狄之，刺無知也。杜預以為不書將帥，告辭略。從杜說。

「鄭伐許。」（成公三年經）

賈逵曰：「鄭小國，與大國爭諸侯，仍伐許，不稱將帥，夷狄之，刺無知也。」（正義引。馬、黃、王、嚴四家皆輯。）

案杜注：「不書將帥，告辭略。」杜與賈異。正義曰：「直舉國名，傳無其說，知是告辭略，故史異文耳。」又駁賈說云：「此年夏，鄭公子去疾帥師伐許。明年冬，鄭伯伐許，先後並無貶責，獨此伐偏刺之。」此年經公、穀二傳皆無傳。公羊何氏解詁云：「謂之鄭者，惡鄭襄公與楚同心，數侵伐諸夏。自此之後，中國盟會無已，兵革數起，夷狄比周爲黨，故夷狄之。」（卷十七）穀梁范氏集解云：「鄭從楚而伐衛之喪，又叛諸侯之盟，故狄之。」（卷十三）賈氏蓋本二傳舊說也。李貽德釋賈云：「廣雅釋言：仍，再也。穀梁昭十二年：晉伐鮮虞。傳曰：不正其與夷狄交伐中國，故狄稱之也。公羊定四年傳曰：吳何以不稱子？反夷狄也。賈本公、穀之義釋此，故曰不稱將帥，夷狄之也。」（賈服注輯述卷十）劉文淇曰：「夏，鄭公子去疾帥師伐許。傳云：許恃楚而不事鄭，鄭子良伐許。此役爲再伐。賈謂鄭與大國爭諸侯。大國卽斥楚也。是賈氏據傳義。前役書將帥者，時鄭與楚爭許之事未顯白，故傳但云許不事鄭耳。自是再伐，乃變文貶責之。疏駁皆非。賈謂夷狄之者，謂例之夷狄相伐。」（舊注疏證成三年）按李、劉二家爲賈說辯護，均乏有力理由，不足以駁正義說。張應昌春秋屬辭辨例編引朱朝瑛春秋略記云：「鄭擧號，闕文也。同一伐許，不外之於前，不外之於後，獨於此焉外之，決非春秋之義也。以一年再伐爲甚惡，則明年再伐而且忘喪，其爲惡益甚，何不外之，而反爵之？」（清儒五經彙解卷二〇四引）又引張自超春秋宗朱辨義云：「伊川以爲一年再伐故外之，然襄十五、十六、十七、十八年齊再伐魯。襄二十五年鄭再伐陳，何以不外之邪？何氏以爲惡其比楚故外之。范氏以爲伐衛之喪，又叛諸侯之盟故外之。文定則曰：晉楚爭鄭，鄭兩事焉，及邲之敗，始專意事楚，不通中華，其所以異於楚者幾希。若是則當於事楚外之，於背晉外之，於伐衛外之，於叛諸侯之盟外之，何獨外於伐許哉？文定又以爲馮弱犯寡，再動干戈於隣國，夫春秋諸侯大陵小，强兼弱，衆暴寡，率以爲常，當比二百四十二年之諸侯而外之，何獨外于鄭之伐許哉？鄭不以道義自强，附楚亦外，朝晉暮楚亦外，當比鄭君臣終春秋之世而外之，何獨外于是年之伐許哉。陳氏以爲諸夏之變於楚，鄭爲亂階，至于辰陵，鄭帥諸夏而事楚，敗晉于邲，盟十有四國之君、大夫于蜀，皆鄭爲之。若是則當於盟辰陵外之，於盟蜀外之，不當外其伐許。」（同上）按朱、張二家說是也。所謂外之，卽夷狄之也。是二家雖非針對賈氏而駁，然實與駁賈同。公、穀二傳雖有內諸夏、外夷狄之說，然未必表現於此等省略字詞處。賈氏據以立說，自非所宜。朱氏謂之闕文，亦非的解，當以杜氏告辭略之說爲是。

（十九）晉率諸侯之師伐秦，戰于麻隧，秦師敗績。經書伐不書戰。賈逵謂晉直秦曲，無辭不能敵有辭，故不書戰。杜氏釋例謂乃經文闕漏，傳文獨存。賈、杜說皆失之。當以諸侯成師以討有罪，名正義順，而又略秦，故書伐不書戰。

「夏五月，公自京師，遂會晉侯、齊侯、宋公、衞侯、鄭伯、曹伯、邾人、滕人伐秦。」（成公十三年經）

賈氏以晉直秦曲，無辭不得敵有辭，故不書戰。（春秋釋例侵伐襲例第十二引。馬、黃、王、嚴及馮補均未輯。）

案此經，杜無注。傳：「戰于麻隧，秦師敗績」下，杜注：「戰敗績不書，以爲晉直秦曲，則韓役書戰。時公在師，復不須告。克獲有功，亦無所諱。蓋經文闕漏，傳文獨存。」又釋例云：「麻隧實戰，而但書伐。欲以爲不告，則時公在師。欲以爲諱伐無罪，則秦直晉曲（按當云秦曲晉直）。欲以爲無功諱負，則秦師敗績。此皆經文闕漏，傳文獨存也。賈氏云云，而韓之戰，秦直晉曲。宋之戰，魯義而宋不信，亦皆書戰，事類甚多，此既不安。」（春秋釋例侵伐襲例第十二）正義說略同。賈氏以爲晉直秦曲，無辭不得敵有辭，故不書戰。然僖十五年，韓之戰，秦直晉曲，而經書戰于韓，何爲獨於此不書？釋例之駁，誠爲有理，是賈說未當也。鍾文烝曰：「賈逵云云，杜預駁其說。文烝謂是略之，不欲以一秦敵九國君卿，故書伐而已。」（穀梁補注卷十八）竹添光鴻左傳會箋亦曰：「是役侯伯帥諸侯師自京師發，以討有罪之國，名正義順，有泰山壓卵之勢，故特以討有罪成辭曰伐秦而已。傳錄呂相之辭，所以著秦有罪也。又加秦桓公一節，使人不惑呂相過激也。夫九國之師，而七諸侯在焉，又何爲一秦書戰書敗績乎？杜云蓋經文闕漏，失之。」（成公十三年）按經文書法完整無缺，杜以爲闕漏，亦有未當。鍾氏以爲略之，其說得之。會箋蓋本鍾氏說而申言之者也。當從鍾氏及會箋說。

（二十）晉韓厥荀偃帥諸侯之師伐鄭，入其郛。賈逵謂帥諸侯之師伐鄭，謂帥宋、衛、滕、薛伐鄭也。齊、魯、曹、邾、杞次于鄫，故諸侯之師不序。入郛不書者，晉人先以鄭罪令于諸侯，故書伐鄭。入郛既敗鄭，不復告，故不書。此杜無說，當與賈同。賈說得之。

「夏，晉韓厥帥師伐鄭。」（襄公元年經）

賈逵曰：「韓厥、荀偃帥諸侯之師，謂帥宋、衛、滕、薛伐鄭。齊、魯、曹、邾、杞次于鄫，故諸侯之師不序也。入郛不書者，晉人先以鄭罪令于諸侯，故書伐鄭。入郛既敗鄭，不復告，故不書。」（正義引。馬、黃、王、嚴四家皆輯。）

案此年夏五月，晉韓厥、荀偃帥宋、衛、滕、薛等諸侯之師伐鄭，入其郛。敗鄭徒兵於洧上。而齊、魯、曹、邾、杞等東諸侯之師，次于鄫以待晉師。晉師自鄭，以次鄫之師侵楚之焦夷及陳。而晉侯、衛侯次于戚，以爲後援。經僅書韓厥帥師伐鄭，不序次同伐之諸侯及入鄭郛事，故賈逵釋之。杜但釋荀偃不書，非元帥。不及入郛事。正義曰：「傳唯言諸侯之師，不見諸侯之國，未知諸侯之師是何國師也？於是東諸侯之師，次于鄫以待晉師，則次鄫之師，皆不與伐鄭。此諸侯之師，其中必無齊、魯、曹、邾也。案上圍彭城，除此五國以外，猶有宋、衛、莒、滕、薛。下云，晉侯、衛侯次于戚，以爲之援，則衛師從伐明矣。明年戚之會，知武子云，滕、薛、小邾之不至，皆齊故。於戚之會，始怪滕、薛不來，明此時伐鄭，滕、薛在矣。東諸侯皆次于鄫，莒在魯、齊之東，若其在此，當與東人同次。前圍彭城，亦無小邾，此時或無莒與小邾耳。諸侯之師，當是宋、衛、滕、薛也。」下引賈逵云云，此正義卽申賈氏所云諸侯之師也。劉文淇曰：「按圍彭城之役有莒，賈君不數莒，或是相承文脫。小邾亦與彭城之役，經文甚明。疏謂前圍彭城無小邾，非也。」（舊注疏證襄公元年）劉氏以爲莒與小邾當亦在列，特相承文脫耳。劉說是也。李貽德云：「入郛當告而書之，今不書者，以傳例聲罪致討曰伐。鄭從楚同伐彭城，晉士魴來乞師，孟獻子會虛朾，雖爲救宋，實先以伐鄭之故，令之諸侯矣。及入郛敗鄭，略而不告，故不書于經。」（賈服注輯述卷十一）按李說得之。故賈氏云，入郛既敗鄭，不復告，故不書也。

（廿一）經書邾庶其以漆閭丘來奔。賈逵謂三叛人以地來奔，不書叛，謂不能專也。杜預釋例以為三叛人奔魯，皆實叛而不言叛者，直是内外之辭，故或書叛，或稱來奔，詞異而實同。從杜預說。

「正月，邾庶其以漆閭丘來奔。」（襄公二十一年經）

賈逵曰：「三叛人以地來奔，不書叛，謂不能專也。」（正義引劉、賈。馬輯有，黃、王、嚴三家缺。）

案三叛人謂邾庶其、莒牟夷、邾黑肱也。此年，邾庶其以漆閭邱來奔。昭五年夏，莒牟夷以牟婁及防茲來奔。昭三十一年冬，黑肱以濫來奔。傳即以三叛人稱之。此皆以地奔魯而不書叛者也。春秋書叛者凡五：襄二十六年，衛孫林父入于戚以叛。昭二十一年，宋華亥、向寧、華定入于宋南里以叛。定十一年春，宋公之弟辰及仲佗、石彄、公子地，自陳入于蕭以叛。定十三年秋，晉趙鞅入于晉陽以叛。同年冬，晉荀寅、士吉射入于朝歌以叛是也。賈云：三叛人以地來奔，不書叛，謂不能專也。杜不以賈說爲然，故不從之。襄廿六年傳，書曰入于戚以叛罪孫氏也句下正義曰：「春秋書叛者有此孫林父與宋華亥、宋公之弟辰、晉趙鞅，晉荀寅五者，經皆書叛。邾庶其、莒牟夷、邾黑肱，皆以地來奔，雖文不稱叛，傳謂此三人爲三叛人，則三者亦是叛也。所言叛者，或據邑而拒其君，或竊地他國，皆爲有地隨己，故稱爲叛。昭二十二年，宋華亥、向寧、華定自宋南里出奔楚。定十四年，宋公之弟辰自蕭來奔，地不隨己，則不稱叛。是叛雖反背之辭，皆由地以生名也。叛者，判也。欲分君之地，以從他國，故以叛爲名焉。叛無凡例，傳言書曰，是仲尼書爲叛也。人君賜臣以邑，以爲祿食，臣之祿謂所食邑也。君實有之，言其不得專以爲己有也。君臣有義而合義則進以事君，受此祿食，否則奉身而退，當身奔他國，而以祿歸君，專君之祿，以周旋從己，於法爲罪戮之人，故書入於戚以叛，罪孫氏也。」（春秋左傳注疏卷三十七）正義引釋例曰：「古之大夫，或錫之田邑，或分之都城，故有千室之邑，百乘之家。君之祿，義則進，否則奉身而退，若專祿以周旋，雖無危國害主之實，皆書曰叛。叛者，反背之辭也。庶賤之人，不齒於列，故雖有善惡，不章顯名氏。若乃披邑害國，則以地重必書其名，且終顯其惡也。適魯則書地曰來奔，來奔則叛可知。蓋記事外內之辭也。劉、賈說三叛人以地來奔，不書叛，謂不能專也。此直外內之辭，既以地來，妻公之姑姊，還其大邑，不得復言不能專也。」（同上引）又此年正義曰：「諸侯之臣，入其私邑，而以之出奔者，皆書爲叛，衛孫林父、宋華亥、宋公之弟辰、趙鞅、荀寅等，皆書爲叛。叛者，背其本國之大辭也。此及莒牟夷、邾黑肱，亦以邑叛本國，但叛來歸魯，據其至魯爲奔，而言來奔，外內之辭，言俱是叛而辭異耳。」按杜氏以衛孫林父、宋華亥、宋公之弟辰、晉趙鞅、荀寅之等，經皆書叛，而邾庶其、莒牟夷、邾黑肱三叛人奔魯，皆實叛而不言叛者，直是內外之辭，故或書叛，或稱來奔，詞異而實同。又杜駁賈云，邾庶其既以地奔魯，魯妻以公之姑姊，還其大邑，是即專祿以周旋，不得復謂不能專也。杜駁是也。賈說非。顧奎光春秋隨筆曰：「叛者從其國言之，如衛孫林父、宋華亥、宋弟辰、晉趙鞅等是也。書來奔者，辭繫於魯，而不繫於邾，何由書叛？」（清儒五經彙解卷二百十引）顧說與杜內外之辭說，實相表裏，其說是也。

（廿二）經書豹及諸侯之大夫盟于宋。傳云，不書其族，言違命也。賈逵云叔孫義也，魯疾之，非也。蓋以豹去族為貶，而謂魯人此舉為非。杜預以為豹不倚順，以顯弱命之君，而辨小是以自從，故以違命貶之。杜說非。賈以叔孫為義則是，以去族為貶，尚未的。當從一事再見而省文也。

「秋七月辛巳，豹及諸侯之大夫盟于宋。」（襄公廿七年經）

賈逵曰：「叔孫義也，魯疾之，非也。」（正義引。馬、黃、王、嚴四家皆輯。）

案此年經書：「秋七月辛巳，豹及諸侯之大夫盟于宋。」傳謂，叔孫豹會諸侯于宋，季武子使謂叔孫以公命曰視邾、滕。叔孫曰：邾、滕，人之私也；我，列國也，何故視之？宋、衛，吾匹也。乃盟，故不書其族，言違命也。杜預釋經云：「夏會之大夫也。豹不倚順，以顯弱命之君，而辨小是以自從，故以違命貶之。」又釋傳云：「季孫專政於國，魯君非得有命，今君唯以此命告豹，豹宜崇大順以顯弱命之君，而遂其小是，故貶之。」杜據傳違命之意爲說，不用賈義。服虔云：「叔孫欲尊魯國，不爲人私，雖以違命見貶，其於尊國之義，得之。」服說與賈略同。正義中杜說曰：「季孫專政於國，魯君非得有命，此以公命，非公可知。叔孫亦知非公命，故不肯從之。其實叔孫違命，止違季孫意耳。但季孫假以公命謂之，叔孫雖內知非公，而其辭稱公，即須從命。叔孫既得此命，宜應內自思省，我君由來無命，今君唯以此命命我，事雖非理，亦宜聽從，如是則敬君之情深矣。豹宜崇此大順之道，以顯弱命之君，而乃校計公言是非，不肯同於小國，遂其小是，以忘大順，故貶之。此義至妙，唯杜始得之矣。」又經下正義曰：「從公之命，於理順也。不視邾滕，其是小也。順君之命其禮大，不視邾滕爲是小。豹不倚此順道，以顯弱命之君，而辨小是以自從，故以違命貶之也。」又正義引釋例曰：「季氏專魯，祿之去公室三世矣。制命出於私門，非國所知也。叔孫豹，魯之賢臣，欲匡難以矯時，故季孫憚之，不敢以己意，假公命以敦叔孫也。邾滕之班，不列於會，豹不登朝固請受命而行，邾滕降次，事非機危，既不馳請，又不辭會，而率意改命，失命之甚。其君眠食於深宮，今一出命，共命之使，所宜崇長，雖有小失，遂而伸之，國內故知我君之命，不可以違，則季氏有懼，而義士生心，君子以豹不倚順以顯弱命之君，而辨小是以自從，故以違命貶之也。」杜於集解釋經傳但云，豹不倚順，以顯弱命之君，而辨小是以自從。而於釋例，更及豹不登朝固請，受命而行之說。又正義駁賈、服云：「案經去其族，是文貶也。傳言違命，是實惡也。賈、服違經反傳，背左氏，異孔子。孔子貶之，賈逵賞之。丘明言其違命，服虔善其尊國，是不以丘明之言解左傳，不以孔子之意說春秋也。」竹添氏左傳會箋云：「內大夫貶去族之例止於溺，夫子不貶公孫敖叔孫僑如之奔，而今去叔孫豹之族者，蓋以季孫稱公命之故也。夫魯於宋衛，素爲敵偶，宋衛不聞請降于小國，而魯欲自比于邾滕，此必不能得之於晉楚，徒辱命而見誚强鄰，故叔孫權事之宜，尊國之體，此其奉使有功無罪，況大夫出疆，有專對之義，不必盡依使指，而左氏言以違命貶之者，以春秋去族之意實在斯也。蓋當時魯國之患，不在其國不尊，而在臣不奉君命，季孫視邾滕之言，本爲失策，然假公命而行之，則亦魯公之命也。叔孫賢者，魯人服之，今明知其非，而奉承不敢違，使魯人知君命不可違，則公室可張矣。故上文特標之曰，季武子使謂叔孫以公命，其意甚明，且視邾滕，洵卑其國矣。然其害不及民，魯國君臣，以其間修政施仁，欲長視邾滕，豈可得哉？故在當時順命重於尊國，叔孫不達此義而違命申其義，故聖人去族以貶之，而左氏以違命釋之也。」（襄二十七年）會箋之說，雖與杜異，而以叔孫違命，去族示貶則同。賈逵釋此傳以爲叔孫義也。服虔亦謂叔孫尊國之義得之。李貽德申賈、服說云：「叔孫以邾滕屬人，不肯視之，是得行事之宜，故曰義也。魯疾之者，是時季武當國，名曰違公之命，實則違季武之命，故命史氏去其族，以疾之也。夫子以無關宏旨，遂本魯史舊文，著之于經。傳言季武子使謂叔孫以公命，以見命之非出于公也。其敘叔孫與盟，正見臨事能斷，不詭隨以辱國體，上云季武子以公命，此云言違命，所以證明魯史阿附季武之意，去族示貶，故史文如此，然則罪叔孫以違命者，乃魯史之意，非孔子意也。服云，叔孫欲尊魯國，不爲人私者，邾滕爲人之私，使魯視之，辱國甚矣。今叔孫以魯與宋衛爲匹，得與盟列，庶乎能尊國體，雖舊史阿順季孫之旨，去族示貶，據邱明所述，論情論事，實得尊國之義，服非違背經傳，正得經傳之微旨也。」（賈服注輯述卷十二）李氏釋賈、服尊國之義之說是也。後之學者，亦多有本賈、服之說而駁左傳者，毛奇齡曰：「季氏以作三軍分公室之故，恐賦重累己，使叔孫從之，將此盟，亦不得與矣。夫堂堂宗國，甘爲人私，此必不可之事，況本非公命，而左氏無識，謂豹以違命而去其氏，夫史文去氏，並無貶例，見隱八年無駭卒傳。」（春秋傳卷二十八）惠士奇曰：「如從前目後凡之例，則當書諸侯之大夫盟于宋，而再稱豹者，豹若從季孫之言，而視邾滕，則大辱國矣，故再稱豹，言其不辱君命也。左傳以爲違命而舍族，其不然乎！」（春秋說卷六）齊召南曰：「豹不書族，自是蒙上文會盟，祇同一地也。左氏以爲違命。穀梁以爲恭，褒貶不同，要皆過當。」（春秋左傳注疏考證卷二）又曰：「豹以違命去族，此左氏之曲說也。賈逵服虔稱豹執義尊國，自是正論。孔疏謂杜善解左氏可也，即謂賈、服皆背左氏亦可也。若謂賈服異孔子之經，豈其然乎？按劉敞曰：蔡沈失位，左氏貶之，今魯欲自同人之私，失位甚矣。大夫出境有可以重社稷者，猶曰專之，今令出季氏而謂不可違，非也。此論甚明。」（同上）崔應榴吾亦廬稿云：「以豹爲違命，故不書族，此左氏之曲說也。賈、服皆稱豹執義尊國，自是正論，豹不氏，蒙上文會于宋而略其詞，再舉豹以中隔甯喜事也。公羊以爲再舉豹，殆諸侯也。爲衛石惡在是也。穀梁以爲豹云者恭也，皆妄。」（清儒五經彙解卷二百十一引）公羊傳云：「曷爲再言豹？」何注：「據盟于首戴，不再出公。」（公羊注疏卷二十一）公羊及何氏以爲此年經書，豹及諸侯之大夫盟于宋，從盟于首戴之例也。僖五年，諸侯盟于首戴。公羊云：「諸侯何以不序？一事而再見者，前目而後凡也。」（注疏卷十）陳傅良春秋後傳云：「豹云者，蒙上文也。僑如以夫人至自齊，姑至自晉，皆蒙上文也。」（卷九）高澍然釋經亦云：「同役不列序，離事宜凡舉，豹不氏，蒙上省文也。三者皆春秋達例，以特文釋之，鑿矣。」（同上引）

按春秋滕、薛、鄫、邾、小邾、郳等小國，每為大國之私屬，如襄二年傳，滕、薛、小邾，為齊之私屬。此年齊請屬邾，宋請屬滕皆是。然亦可別屬，故定元年傳，滕、薛、小邾亦為宋之私屬。私屬必得盟主之同意，襄四年，魯請屬鄫，晉侯不許。孟獻子言之，晉侯乃許是也。為私屬則不列盟，此年邾、滕既為齊、宋私屬，皆不與盟是。亦得由大國之決定而解除私屬關係，襄四年，魯既而以屬鄫為不利，故是年秋戚之會，鄫人在列，聽命于會矣。是小國或屬或否，為私屬則不與盟，否則與盟。其屬與否，往往由大國臨事定之。此年邾、滕兩國亦來與會，以齊、宋請屬，故不與盟。其為私屬乃出於臨時之決定。傳謂季武子欲魯賦視邾滕，蓋以邾滕將以列國之地位與會，故得比視之，非預知二國為私屬，而欲比視其賦也。叔孫豹既受命與會，而邾、滕以私屬不得與盟，此時叔孫豹若依命而行，既辱國體，見誚諸侯，恐亦無由見許於盟主，故不得已為權宜之計，而列盟矣。此在叔孫豹乃得奉使之正，不得以違命說之也。賈氏云，叔孫義也。服氏云，得尊國之義。其說良是。毛氏、惠氏、齊氏、崔氏皆以左氏違命之說為非，信然。公羊傳以為經叔孫豹不書氏，乃一事再見，從省文之例也。崔氏、陳氏、高氏諸家，亦主此說，是也。故以為貶者，亦非也。李氏申賈、服說雖有當，然尚以去族示貶爲言，則過信左傳違命說之誤也。至杜氏及正義即本左傳違命之說以立言，其誤亦同。夫奉使而至於辱國，其所關至大，豈得謂小？既受命而出疆，情勢有變，自得權宜行事，豈必墨守成命，而至於失宜辱國哉？且欲顯弱命之君，其事亦多矣，何必冒辱國之失，而硜硜然爲之乎？至登朝固請之說，亦非忽促之間所得行，不當以之責叔孫豹也。故會箋謂，魯於宋衛素爲敵偶，宋、衛不聞請降于小國，而魯欲自比于邾滕，此必不能得之於晉楚，徒辱命而見誚强鄰。故叔孫權事之宜，尊國之體，此其奉使有功無罪，況大夫出疆，有專對之義，不必盡依使指。此言得之。然又謂在當時順命重於尊國，則亦誤信左傳違命說之過也。徒以左傳有「故不書其族，言違命也」一語，杜氏强爲之說，正義推爲獨得妙義，遂使合義之事，亦成違命之擧。反以賈、服爲違經反傳，不知經本非貶，何謂違經？傳言違命，正見其誤解經義，非通論也。故豹不書族，乃從省文，非去族爲貶也。左傳違命之說不可從，杜說亦非。

（廿三）經書蒐于紅。賈逵謂蒐于紅，不言大者，言公大失，權在三家。杜預以爲不言大者，經文闕也。賈、杜皆未允。蒐書大與否，本無差異。此不書大者，以始書蒐，修辭之道宜如此，非義例所關。

「秋，**蒐于紅**。」（昭公八年經）

賈逵曰：「**蒐于紅**，不言大者，言公大失，權在三家也。」（正義引。馬、嚴輯有，黃、王二家缺。）

案傳云：「秋，大蒐于紅，自根牟至於商衛，革車千乘。」杜注云：「大蒐，數軍實，簡車馬也。言千乘，明大蒐。」又釋經云：「革車千乘，不言大者，經文闕也。」杜云經文闕，說與賈異。正義申杜說云：「傳稱革車千乘，是大蒐也。十二年大蒐于比蒲。三十二年大蒐于昌間。定十三年、十四年大蒐于比蒲，皆云大蒐。此不云大，知經闕文也。」又正義引釋例云：「紅之蒐，傳言革車千乘，所以示大蒐也。而經不書大，諸事同而文異，傳不曲言經義者，直是時史之闕略，仲尼略而從之，春秋不可錯綜經文，此之類也。劉、賈、潁云，蒐于紅，不言大者，言公大失，權在三家也。十一年蒐于比蒲，經書大蒐。復云，書大者，言大衆盡在三家。隨文造意，以非例爲例，不復知其自違也。」李貽德釋賈云：「按此經不書大。賈云，公失大權。至十二年大蒐于比蒲。三十二年大蒐于昌間。定十四年大蒐于比蒲。仍書大蒐者，以蒐紅爲蒐之始事，經書曰大，明君失權，此後即書大蒐，可證蒐之事，出自三家，史爲緣飾而書大，故不妨仍魯史舊文。杜氏序所云，文見於此，而義見於彼者也。是以十二年大蒐于比蒲。賈復云書大者，言大衆盡在三家，義不相妨也。」（賈服注輯述卷十五）按李氏申賈之言，不足以證賈說之確，亦無以釋杜氏釋例之駁，故於理爲短。蓋蒐者，春田之名，所謂中春教振旅，遂以蒐者，乃藉田獵以習武。雖春蒐秋獮，各有其名，然亦通稱，故秋得謂之蒐也。春秋五書蒐，皆在昭定之世，非前此皆不蒐也。乃自蒐紅之後，見二公在位，君不得有其國，而奪於大夫，大夫不得專其政，而制於陪臣，各恃兵威以爲強，假大蒐之名，陰擇其材力之士，以植私黨，使國人莫敢睥睨，終於不可制。蓋傷公室之削弱，疾臣下之恣横也。故陳氏傅良曰：「蒐狩不書，必違禮而後書。於是舍中軍，四分公室，季氏擇二，二子各一。蒐于紅，革車千乘，皆三家之師也。」（春秋後傳卷十）此經所以書蒐之意也。而賈氏云：蒐于紅，不言大者，言公大失，權在三家。賈氏此言謂公之失權則是，然謂經以不書「大」示義則非也。夫所謂大者，但就其規模之大而言之，其為蒐無異也。且何者為大，何者非大，亦無一定之標準。則稱大與否，自是記事者斟酌事實，以意而言，豈必有深意存乎其間哉？故竹添氏左傳會箋云：「蒐始書，此後四出，皆稱大蒐，故杜云，不言大，經闕。然傳曰大蒐，則蒐即大蒐也。書外災者，始曰齊大災，而後不復言大，非大災則不告，故災即大災也。如宋、衛、陳、鄭四國災，天下之大災也，猶不言大。例而考之，蒐則始不言大，而後必稱大。外災則始稱大而後必不言大。蓋修辭之道，而非義例所關也。」（昭公八年經）會箋言書大與否，乃修辭之道，非義例所關是也。故賈說未當。正義引其說作劉、賈、潁，是賈本之劉歆而潁容亦同二家也。至杜氏經闕之說，並無確據，蓋誤以經必書大蒐，乃為合例。今不書大，故以為經闕，其誤正與劉、賈、潁同，則杜預之說，亦未當矣。

（廿四）經書楚子誘戎蠻子殺之。賈逵謂楚子不名，以立其子。杜預釋例以從所赴之文為說。賈義為長。

「楚子誘戎蠻子殺之。」（昭公十六年經）

賈逵曰：「楚子不名，以立其子。」（正義引。馬、嚴輯有，黃、王二家缺。）

案杜無注。正義曰：「戎是種號，蠻是國名，子爵也。十一年楚子虔誘蔡侯般殺之。彼書楚子之名，此不書楚子名者，彼注云：蔡大夫深怨，故以楚子名告。此非蠻人所告，蓋楚人不以其君名告，故不得書其名也。」又曰：「蔡侯般書名，蠻子不名者，釋例曰：「諸見執者，已在罪賤之地，書名與否，非例所加。或名不名，從所赴之文。」正義又引公羊傳及賈逵云：「公羊傳曰：楚子何以不名？夷狄相誘，君子不疾也。曷爲不疾？若不疾，乃疾之也。言其不足疾，更是深責之也。賈逵云：楚子不名，以立其子。二說異於杜也。」公羊傳及賈逵，皆以楚子不書名爲義例所在說之，杜氏則以書名與否，乃從赴告，非例所加。二說所以爲異。張洽春秋集註云：「蘇氏曰：楚子誘蔡侯殺之，名而書地，以夷狄害中國，疾之也。誘殺戎蠻，不名不地，夷狄相殘，略之也。戎蠻不名，告略也。」（卷九）毛奇齡曰：「楚乘蠻亂，誘其君殺之，而立其子焉。不名，略之。」（春秋傳卷三十）張洽引蘇氏說及毛氏，並以楚子不書名爲略之。此與公羊君子不疾之說，旨意略相近。此又別爲一說。李氏貽德曰：「十一年楚子虔誘蔡侯般殺之。此與之同，則當書名，而不名者，傳云：既而復立其子焉，禮也。傳以爲禮，故賈云：不名，以立其子也。」（賈服注輯述卷十六）李氏從賈逵說。竹添氏左傳會箋云：「誘殺二出：十一年楚子虔誘蔡侯般殺之于申。楚子書名，貶之也。今楚子不名，以立其子也。傳云：楚子聞蠻氏之亂也，與蠻子之無質也，使然丹誘戎蠻子嘉殺之，遂取蠻氏。蠻子雖無信，楚子誘而殺之，遂取其國，則其無信甚於蠻子。釋經所以書誘也。又云：既而復立其子焉，禮也。釋經所以不書名也。」（昭公十六年經）會箋於傳下又云：「經曰誘殺，則其貶明矣。楚子非討亂也，聞國亂而君不信，乘隙誘殺，貪以滅國耳。前傳滅偪陽，非也。納霍人，禮也。與此相類。」（同上）李氏及會箋之言，義皆可取。就諸說衡之，杜氏及公羊、蘇氏、毛氏，其說雖皆可通，然傳既許其有禮，而經又有爲有禮者諱之例，則當以賈義爲長。

（廿五）經書吳敗頓、胡、沈、蔡、陳、許之師于雞父。賈逵謂不國國書師，惡其同役而不同心。杜氏無說。正義以為史略文，非義例。公羊傳以為夷狄故賤略之。正義說為近。

「戊辰，吳敗頓、胡、沈、蔡、陳、許之師于雞父。」（昭公廿三年經）

賈逵曰：「不國國書師，惡其同役而不同心。」（正義引。馬、黃、王、嚴四家皆輯。）

案正義曰：「桓十三年，經書齊師、宋師、衛師、燕師敗績。此不每國書師，而總云師者，傳無其說，杜不爲注，是史略文，非義例也。」又曰：「賈逵云：不國國書師，惡其同役而不同心。案隱十年，宋人、蔡人、衛人伐戴，鄭伯伐取之。傳曰：宋、衛既入鄭而以伐戴，召蔡人，蔡人怒，故不和而敗。亦是同役而不同心。彼既不變其文，此何當變文，以見義乎？是賈之妄。」按：傳有「七國同役而不同心」之文。杜云：「七國：楚、頓、胡、沈、蔡、陳、許。」賈氏因據以說經不國國書師之意，一如桓十三年經書齊師、宋師、衛師、燕師敗績之國國書師者然。正義舉隱十年，宋人、蔡人、衛人伐戴事，以駁賈氏。並謂：傳無其說，是史略文，非義例也。正義駁賈之言得之，當以正義爲是。惟正義不言何故略之，義尚欠明顯。何休公羊傳注云：「不稱國國書師者，賤略之。」（公羊傳注疏卷二十四）何氏之意以彼爲夷狄，故賤而略之。然左氏此年傳無賤視夷狄之文，恐不如公羊說。傳云：諸侯從於楚者衆，而皆小國，畏楚而不獲已，是以來。據此則是諸國皆以國小而又聽命於楚，故略之，非以其爲夷狄故也。

（廿六）經書吳敗頓胡等諸侯于雞父，不書晦。賈逵謂泓之戰，譏宋襄，故書朔。鄢陵之戰，譏楚子，故書晦。雞父之戰，夷之，故不書晦。杜氏釋例以為時史隨其日而存之，無義例。從釋例說。

「戊辰，吳敗頓、胡、沈、蔡、陳、許之師于雞父。」（昭公廿三年經）

賈逵曰：「泓之戰，譏宋襄，故書朔。鄢陵之戰，譏楚子，故書晦。雞父之戰，夷之，故不書晦。」（正義引。馬、黃、王、嚴四家皆輯。）

案此傳杜注不言經不書晦之故。正義曰：「僖二十二年，泓之戰，書己巳朔。成十六年，鄢陵之戰，書甲午晦。此書戊辰，而不言晦者，釋例曰：經傳之見晦朔，此時史隨其日而存之，無義例也。賈氏云：泓之戰，譏宋襄，故書朔。鄢陵之戰，譏楚子，故書晦。雞父之戰，夷之，故不書晦。左氏既無此說，案雞父之戰，經傳備詳其例，非夷之，實晦戰，而經不書晦，明經不以晦示褒貶。」是杜不從賈說，而正義申杜而駁賈氏也。李氏貽德釋賈說云：「泓之戰，在僖二十二年，經書己巳朔。鄢陵之戰在成十六年，經書甲午晦。若然則史有所譏，戰遇朔晦必書，此傳書戊辰晦，經不書晦者，以吳、楚、沈、頓諸國，置之夷狄之列，無足輕重，故不書。」（賈服注輯述卷十七）李氏申賈說，然無以釋正義之駁。張氏應昌春秋屬辭辨例編云：「穀梁曰：事遇朔曰朔。公羊曰：偏戰者日耳，此其言朔何？大其不鼓不成列，以爲雖文王之戰，不過此也。愚按：穀梁是也。公羊說謬。顧氏棟高謂：書日書朔，以楚之驕橫已極，故謹而詳志之，亦非也。舊史書日，遇朔書朔，孔子仍之，無庸異說。」（清儒五經彙解卷一百九十四引）按賈逵以經書晦朔與否爲義例，恐不免附會。杜氏釋例以爲時史隨其日而存之，無義例。張氏亦以爲然，其說較爲宏通，當從之。

（廿七）經書歸粟于蔡。賈逵本二傳為說，以為諸侯歸粟于蔡，故云不書所會，後也。杜預以為魯歸之粟。從杜預說。

「夏，歸粟于蔡。」（定公五年經）

賈逵曰：「不書所會，後也。」（正義引。馬、嚴輯有，黃、王二家缺。）

案杜注：「蔡爲楚所圍，飢乏，故魯歸（歸，音義皆如饋，下同）之粟。」正義曰：「公羊傳曰：孰歸之？諸侯歸之。曷爲不言諸侯歸之？離至不可得而序，故言我也。穀梁傳亦然。賈逵取彼爲說云：不書所會，後也。杜以傳文唯言周亟矜無資，自解魯歸粟之意，不言諸侯歸之。諸侯或亦歸之，要此經所書，其意不及諸侯，故顯而異之，言魯歸之粟。」此年夏，經書歸粟于蔡。左傳未明言何國所歸。公、穀二傳皆云，諸侯歸之。賈逵取二傳為說，以為經不書所會諸侯者，以諸侯雖共歸粟于蔡，而失約後期，故不書之，僅以魯歸為文。杜則以為獨魯歸之，諸侯無與。二說不同。汪氏克寬春秋纂疏引胡寧曰：「二傳皆言諸侯歸粟，其略而不序何也？蔡為楚所困，則環視而不能救，吳旣破楚入郢，解蔡圍，然後相率而歸之粟，非救災恤鄰，從簡書之道也。故略言之，獨書魯而不序諸侯，見其事之末矣。」（淸儒五經彙解卷二百十七引）汪氏從二傳諸侯歸粟之說，與賈逵同，而說不序諸侯之故，則不用賈說。康熙欽定春秋傳說彙纂云：「公、穀以為諸侯歸粟，杜注左氏以為魯歸粟，二說相通。蓋晉以伯令行於同盟，而魯與諸侯皆奉命焉。經書魯事，而諸侯亦在其內也。」（同上）彙纂說與賈略同，惟云二說相通，則未的。張自超宗朱辨義云：「與書城楚邱同，諸侯各自歸之，非若歸宋財之會謀於澶淵，故以魯自歸粟為文，而諸侯之各歸蔡粟可知矣。」（同上）張氏亦主諸侯歸粟之說。方苞春秋直解云：「與城楚邱同義，蓋魯人獨歸之粟也。使諸侯同歸，則如會澶淵宋災故，書曁某某歸粟於蔡，或別書諸侯歸粟於蔡矣。知與戍陳義異者，戍非一國所能任也。歸粟必壤地相近，水道可通。魯歸蔡粟以淮也，告糴於齊以濟也，秦輸晉粟以河也。若齊、晉、宋、衛則但能歸蔡財，安能輸之粟哉！」（同上）葉酉春秋究遺亦云：「方氏說是也。是時晉令不行於諸侯久矣，不能救蔡，蔡旣以吳勝楚，無為復令諸侯歸粟。蓋淮泗通流，舟漕易致，故蔡告糴而魯歸之耳。」（同上）方氏葉氏則主從魯獨歸粟之說，與杜說合。黃氏仲炎曰：「周亟矜無資，仁術也。若夫有所觀望，借恩惠為締交之計，豈得謂之仁哉。吳方敗楚，天下莫强焉。蔡則附吳者也。魯方畏吳，則不敢不私厚於蔡，故歸粟於蔡。不然通春秋二百四十二年考之，列國饑饉多矣，而魯未有以粟歸之者，而歸粟於蔡，獨見於蔡以吳敗楚之明年，則其情可見矣。」（春秋通說卷十二）黃氏說魯所以歸粟於蔡之故，其言甚當。證以正義申杜及方氏、葉氏之言，則魯獨歸粟之說，於義爲當。且春秋所載不言主名者，皆屬魯事。此事經不書主名，其爲魯事又何疑焉。

（廿八）經書公會齊侯於夾谷。賈逵謂不書盟，諱以三百乘從齊師。杜預以為要盟不絜，故略不書。從賈逵說。

「夏，公會齊侯于夾谷。」（定公十年經）

賈逵曰：「不書盟，諱以三百乘從齊師。」（正義引。馬、黃、王、嚴四家皆輯。）

案傳載齊魯二君會于夾谷，二國實盟而經不書盟，故賈逵釋之。杜注：「須齊歸汶陽田，乃當共齊命。於是孔子以公退，賤者終其事，要盟不絜，故略不書。」杜不從賈說。正義曰：「齊魯既平，當兩相從意，齊人既令魯以三百乘從，魯不可即拒，故須齊歸汶陽之田，乃當共齊三百乘之命，則得汶陽之田，是當三百乘也。賈逵云，不書盟，諱以三百乘從齊師。其意以宣七年盟于黑壤而不書經，傳言晉侯之立也，公不朝，又不使大夫聘，晉人止公于會，公不與盟。不書盟，諱之也。緣彼有諱，謂此亦諱。案此會孔子相，反汶陽之田以共齊命，孔子意也。得其三邑而以三百乘從之，爲相當矣。於魯不爲負，何以諱其盟？卽以三邑田少，不足以當三百乘，孔子不應唯令反此而已。今令反此共命，必其足以相當，何以諱其從齊也？若三百乘從齊，必是可諱，孔子爲相，義不能拒，則孔子爲有罪矣。何貴乎聖人也？故杜以爲於是孔子以公退，賤者終其事，要盟不絜，故略不書。釋例曰：夾谷之會，齊侯劫公，孔子以義叱之，以兵威之。將盟，又使玆無還責侵田，拒齊之享，屈彊國，正典儀，此聖人之大勇也。徒以二君雖會而兵刃相要，二國微臣共終盟事，故賤而不書，非所諱也。舊說同於黑壤之辱，爲負仲尼也。」按賈云，魯諱以三百乘從齊師，故不書盟。杜不從賈說而別爲新解，謂孔子以公退，賤者終其事，要盟不絜，故略不書。正義因駁賈云，魯得其三邑而以三百乘從之，於魯不爲負，何以諱其盟？即以三邑田少，不足當三百乘，孔子不應唯令反此而已。今令反此共命，必其足以相當，何以諱其從齊也？若三百乘從齊，必是可諱，孔子爲相，義不能拒，則孔子爲有罪矣，何貴乎爲聖人也？正義此駁未審。鄆、讙、龜陰三邑之田，乃九年齊因陽虎出奔時新取之於魯者，故魯欲藉此會索還三邑。然齊彊魯弱，魯欲索還失地，自非易事。孔子相定公，乃因齊之要盟，而權宜使齊反還三邑，以共齊命。齊侯終允所請。此在魯國，可謂不激不辱，不失時中之宜者也。三邑者，乃魯新失之地，而齊又不費力而得者，故魯欲索還，較易爲力，非孔子取以當三百乘之命，尤非孔子可隨意增益其欲索還之地而可成者。故正義云，魯得其三邑而以三百乘從之，於魯不爲負。又云，孔子不應唯令反此而已。皆昧於實情者也。且魯以三百乘從齊，固屬屈辱，然以齊強魯弱，魯藉此而得與齊和好，於魯亦爲有利，故權宜而爲之，所謂弱國無外交，不得不委屈求全也。此在孔子已盡其最大之力，而使屈辱減至最低限度，豈宜爲孔子病？孔子雖聖者，亦有所不能也。故正義之駁賈，實非的當。至杜預之說，竹添氏會箋難之云：「上文孔子以公退，暫退也。萊人去，理當復進，此孔子不自對，使玆無還者，會朝之禮，各有職也。非退故。且盟者國之大事，豈容使賤者終事哉？上有將盟而下無不盟文，則盟可知矣。若將盟而不果，此好不合也。齊何設享，孔子何謂事既成矣乎？」（定公十年傳）會箋難杜是也。故杜說不足取。賈氏以宣七年盟于黑壤不書。傳云，晉人止公于會，公不與盟。不書盟，諱之也。故此年不書盟，賈氏亦以諱爲解，當得其實。會箋又云：「盟不書者，蓋未全叛晉故也。十一年多及鄭平。傳曰：始叛晉也。然則及齊平，猶未叛晉，異於鄭伯之鹹，衛侯之沙，故不書盟於夾谷。間一歲而書於黃，蓋存盟主，重世變之意也。」（同上）按會箋以未全叛晉爲說，義亦可通，而與賈說不相違。或兩義兼有之歟？

第五節　闡明其事之原委者

（一）經書公及邾儀父盟于蔑。傳云未王命故不書爵。賈逵謂北杏之會時，已得王命。杜預謂王未賜命以爲諸侯，其後儀父服事齊桓，以奬王室，王命以爲邾子，故莊十六年經書邾子克卒。從賈逵說。

「三月，公及邾儀父盟于蔑。」（隱公元年經）

賈以爲北杏之會時，已得王命。（正義引賈服。此條馬、嚴輯有，黃輯、王輯缺。）

案杜注：「王未賜命以爲諸侯，其後儀父服事齊桓，以獎王室，王命以爲邾子，故莊十六年經書邾子克卒。」正義曰：「莊十三年，齊桓會諸國于北杏，邾人在焉。及十六年而書邾子克卒，故知由事齊桓，乃得王命也。」正義又駁賈說曰：「賈服以爲北杏之會時，已得王命，蓋以北杏之會，邾人在列，故謂其已得王命也。列與不列，在於主會之意，不由有爵與否。襄二十七年，宋之盟，齊人請邾，宋人請滕，邾、滕不列於會，故不書邾、滕。襄五年，戚之會，穆叔以屬鄫爲不利，使鄫大夫聽命于會，故經書鄫人。然則爲人私屬則不列於會，不爲人私屬則列於會，不可據列會以否，以明有爵也。昭四年，申之會，淮夷列焉，未必有爵也。邾今無爵，得與魯盟。北杏會齊，何須有爵？莊十五年，會于鄄。傳曰，齊始霸。則齊桓爲霸，自鄄會始耳。北杏之時，諸侯未從，霸功未立，桓尚未有殊勳，儀父何足可紀。且齊桓未有功於王，焉能使王命之？其得王命，必在北杏之後，但未知定是何年耳。」又莊十六年經，邾子克卒。杜注：「稱子者，蓋齊桓請王命以爲諸侯。」正義曰：「北杏之會，邾人在焉。今而稱子，故云，蓋齊侯請王命以爲諸侯。得爲子爵見經也。」（卷九）莊十六年經書邾子克卒。李貽德曰：「隱元年傳云，未王命，故不書爵。此稱爵，則已受王命。王制云：不合于天子，附于諸侯，曰附庸。注，不合謂不朝會也。北杏之會，在十三年，邾人在會，知此時已得王命，故得列于會也。」（賈服注輯述卷四）劉文淇曰：「附庸不得列於會盟，其得列於會盟者，皆以爵爲諸侯。疏說非也。」（舊注疏證莊公十六年）按正義申杜駁賈之說，論證薄弱，無由證其必然也。蓋正義所舉襄二十七年宋之會，及襄五年戚之會。邾爲子爵見經在莊十六年，正義亦以爲然。滕之得爲侯爵，更在邾之前，經傳中屢見，則襄二十七年宋之盟，邾滕雖不在列，何礙其有爵？鄫雖爲魯附庸，然鄫之有爵，在襄五年戚之會前，亦已屢見於經傳矣。則正義所舉，但能證雖有爵，亦有不得列會者，不能證邾雖列會必無爵也。此其一。隱元年，邾與魯盟，邾雖未得王命，但隱公即位，欲求好於邾，故得爲盟，蓋是權宜之舉。北杏之會，齊、宋、陳、蔡、邾，諸國均列會，自當依禮而行，不得以彼例此。此其二。邾之得王命，蓋有其自通之道，未必因服事齊桓之故，即令因事齊桓，乃得王命，亦不必於齊桓始霸之後也。故竹添氏左傳會箋云：「莊五年，郳犂來來朝，名，未王命也。與是傳相照。儀父亦當名不爵者，蓋諸侯繼正赴喪，即告嗣位，觀哀十六年，蒯聵得國，亦必使鄢武子告周，而況春秋之初乎？他皆不見傳者何也？蒯聵因逐輒而得國，告辭不同，命辭亦不同，故特載之。此外告喪嗣位，及天子命之之辭，皆有一定之式，若一一載之，與邸抄何異？至儀父之未王命，則必有其故，而今不可考。杜云其後服事齊桓得王命，恐是臆斷。」（隱公元年）此其三。故正義之駁，於義未爲允當，仍當從賈逵之說也。

（二）經公子翬如齊逆女。賈謂使翬逆女，兼修艾之盟。杜謂禮君有故則使卿逆。二說不相違。賈說可從。

「公子翬如齊逆女。」（桓公三年經）

賈逵曰：「使翬逆女，兼修艾之盟。」（春秋釋例外君臣逆女例引。此條馬、黃、嚴、王四家均未輯，馮補有。）

案杜注：「禮，君有故則使卿逆。」正義曰：「天子尊無與敵，不自親逆，使卿逆而上公臨之，諸侯則親逆，有故得使卿。八年，祭公逆王后于紀。傳曰：禮也。是當使人，天子不親逆也。襄十五年傳曰：官師從單靖公逆王后于齊，卿不行，非禮也。是知天子之禮，當使卿逆，而上公臨之也。禮記哀公問曰：冕而親迎，不已重乎？孔子對曰：合二姓之好，以繼先聖之後，以爲天地宗廟社稷之主，君何謂已重乎？此對哀公指言魯事，是諸侯正禮，當親逆也。莊二十四年：公如齊逆女。丘明不爲之傳，以其得禮故也。文四年，逆婦姜于齊。傳曰：卿不行，非禮也。以卿不行爲非禮，知君有故，得使卿逆也。」李貽德曰：「禮，諸侯當親迎，而使翬逆女者，正義謂有故得使卿是也。」（賈服注輯述卷三）是使翬逆女，於禮爲正。毛奇齡曰：「此桓公娶文姜也。古諸侯娶女，亦必親迎，然此禮不行久矣，但送女大國必以上卿，則逆女大國亦卽以上卿行之。」（春秋傳卷六）毛說是也。艾之盟在隱公六年，修盟所以結援，蓋桓弒君而立，自反不縮，故欲求大援，求大援則莫如齊矣。此蓋桓公求婚於齊，兼修艾盟之隱衷也。

（三）釋大閱之禮。賈逵謂簡車馬於太廟也。杜預以為齊徵諸侯之戍，鄭忽欲以有功為班，怒而訴齊。魯人懼之，故以非時簡車馬。賈說得之。大閱不地，在城內。

「秋八月壬午，大閱。」（桓公六年經）

賈逵曰：「簡車馬於廟也。」（公羊傳徐彥疏引。馬、嚴輯有，黃、王二家缺。）

案杜注：「齊為大國，以戎事徵諸侯之戍，嘉美鄭忽，而忽欲以有功為班，怒而訴齊，魯人懼之，故以非時簡車馬。」杜未用賈義。公羊桓六年傳何注云：「比年簡徒，謂之蒐；三年簡車，謂之大閱；五年大簡車徒，謂之大蒐。」彼疏云：「知其年數者，漢禮猶然。」（卷四）何注又云：「大簡閱兵車，使可任用而習之。不地者，常地也。」疏云：「蓋在郊內，而賈注經云：簡車馬于廟也者，何氏不取。」（同上）是何休亦不用賈說。正義曰：「此不言地者，蓋在國簡閱，未必田獵。昭十八年，鄭人簡兵大蒐，在於城內，此亦當在城內。」李貽德云：「知簡車馬于廟者，隱十一年傳：授兵於太宮。杜云：太宮，鄭祖廟。授兵既在太廟，則大閱亦當在廟，明矣。」（賈服注輯述卷三）劉文淇曰：「疏謂大閱在城內，用賈說而沒其廟中之義。杜以大閱是懼鄭忽而畏齊人，非時簡車馬。三傳皆無此義也。」（舊注疏證桓公六年）按李、劉說是也。此年大閱。傳云，簡車馬也。隱十一年，鄭人授兵在大廟。昭十八年，鄭人大閱在城內。莊八年，甲午治兵。傳云，治兵于廟，禮也。故賈氏謂簡車馬於廟，是也。公羊義與左氏有別，故何氏不用賈逵說。大閱常禮，不必有故。杜氏別為新解，恐非。公羊何注三年大閱之說，亦無確證。此大閱不書地者，正義謂在城內，當得之。

(四)釋經師次于郎,以俟陳人、蔡人。賈逵謂陳、蔡欲伐魯,故待之。杜預從何休、服虔說,以為魯與陳、蔡期共伐郕,陳、蔡不至,故駐師于郎以待之。服虔、杜預說得之。

「師次于郎,以俟陳人蔡人。」(莊公八年經)

賈逵曰:「陳蔡欲伐魯,故待之。」(正義引賈逵及說穀梁者。此條馬、黃、王、嚴四家皆輯。)

案杜注:「期共伐郕,陳、蔡不至,故駐師于郎以待之。」正義曰:「何休、服虔亦言欲共伐郕。」是杜用何休、服虔說也。正義駁賈說曰:「賈逵及說穀梁者皆云:陳、蔡欲伐魯,故待之。陳、蔡於魯,境絕路遙,春秋以來,未嘗構怨,何因輒伐魯也?又俟者相須同行之辭,非防寇拒敵之稱。若是畏其來伐,當謂之禦,不得稱俟,故知期共伐郕耳。」莊八年穀梁傳曰:「甲午治兵,習戰也。治兵而陳、蔡不至矣。兵事以嚴終,故曰善陳者不戰。」范寧注:「以嚴整終事,故敵人不至。」(穀梁注疏卷五)賈逵謂,陳、蔡欲伐魯故待之,蓋本之穀梁說。洪亮吉曰:「按杜注云,期共伐郕。今考此年夏,師及齊師圍郕,郕降于齊師。經文及傳皆不及陳、蔡,知魯無期陳蔡共伐郕之事,當以賈說為長。正義申杜又云,陳蔡與魯,境絕路遙、則魯無容約遠國伐近國。若云二國可共約伐郕,則郕與魯接境,何為獨不可伐魯乎?正義之說,可謂進退失據矣。」(春秋左傳詁卷一)此主賈說者也。而毛奇齡春秋傳曰:「杜氏云,期共伐郕而陳、蔡不至,故次于郎以待之,與後文治兵、圍郕、還師，總是一事。正義云云，非虛語也。」（卷九）毛氏則以杜說爲是。俞樾亦曰：「愚謂孔氏之說是也。惟陳蔡於魯，境絕路遙，魯及齊伐郕，何必遠期陳蔡乎？曰，齊强而魯弱，齊雖與魯共伐郕，而實欲專得郕，魯知其意，故遠與陳、蔡爲期，欲其以師從我，魯得陳蔡之助，則可以脅齊，而齊不得專有郕矣。其必求助於陳、蔡者，正取其遠也。越國鄙遠，自知其難，若近國則助我而又與我爭郕矣。陳、蔡之不至，知魯之謀也。徒爲魯役而無所得，陳、蔡所以不至也。於是魯與齊共伐郕，郕降于齊師，魯不敢爭而還，失陳、蔡之助也。」（曲園雜纂卷四達齊春秋論）按此年魯師次于郎，以俟陳人、蔡人。左傳無說。穀梁傳謂，陳、蔡欲伐魯，次郎所以禦之，爲賈逵說所本。公羊傳何休則謂，師出本爲下滅郕，則次郎所以待陳、蔡之來而共伐郕也。此爲服虔、杜預說所本。二說不同。賈逵之說，乃以魯師次郎，爲別一事，與下治兵、圍郕無涉。洪氏申賈說而駁正義，但於正義所云「境絕路遙，未嘗構怨」之說有駁，而於「俟者相須同行之辭，非防寇拒敵之稱。如畏其來伐，當謂之禦，不得稱俟」之說，則無以難之。可知正義謂，書俟非禦敵之辭之說，爲不可易也。再者，經於此年書師次于郎，以俟陳人蔡人。若係陳、蔡欲伐魯，則屬重大事故，傳無容不說。而經文下卽云，治兵、圍郕，傳於此兩節均有說，明俟陳、蔡，與治兵、圍郕有關，故於俟陳、蔡一節，略而不言，非別爲一事，彼此不相關涉可知。毛氏謂總是一事是也。又俞氏樾之言謂，齊强魯弱，魯恐齊專得郕，故欲得陳蔡之助以脅齊，俾使齊不得而專；且魯利陳、蔡之距地遙遠，不致與彼爭郕，而陳、蔡亦知越國鄙遠之不濟，必徒爲魯役而無所得，故陳、蔡終不果來。說頗當於理。據此可知經書侯陳人、蔡人者，乃待陳人、蔡人之來，以共伐鄎，非備禦陳、蔡也。

（五）經齊小白入于齊。賈逵謂齊大夫來迎子糾，公不亟遣，而盟以要之。齊人歸迎小白。杜預以為二公子各有黨，故雖盟而迎子糾，當須伐乃得入。又出在小白之後，小白稱入，從國逆之文。賈說為是。

「齊小白入于齊。」（莊公九年經）

賈逵以爲齊大夫來迎子糾，公不亟遣而盟以要之，齊人歸迎小白。」（正義引賈、服。馬、黃、王、嚴四家皆輯。）

案杜注：「二公子各有黨，故雖盟而迎子糾，當須伐乃得入，又出在小白之後，小白稱入，從國逆之文，本無位。」杜不用賈說。正義中杜而駁賈云：「傳稱，鮑叔牙以小白奔莒，管夷吾、召忽奉子糾來奔，則二子在國，寵均勢敵，故國內各有其黨，今（原作令，今正）齊大夫來盟于蔇，直是子糾之黨，來迎子糾耳，小白之黨猶自向莒迎小白也。若是擧國同心，共推子糾，來迎即宜付之，不須以盟要之。今既與之盟，而興師送糾，是二公子各自有黨，須伐乃得入，故公伐齊也。昭十三年傳稱，桓公有國、高以爲內主，則國子、高子是小白之黨也。」按無知既被殺，齊公子得立爲君者二人，皆不在國中，公子糾在魯，公子小白在莒。而公子糾及小白二人究以何人居長，說頗紛紜，管子小匡篇：「齊僖公生公子諸兒、公子糾、公子小白。僖公卒，以諸兒長，得爲君，是爲襄公。」（卷八）史記齊世家：「襄公弟子糾，其母魯女也。次弟小白，其母衛女也。」（卷三十二）左傳昭十三年：「齊桓，衛姬之子，有寵于僖。」則公子糾與桓公異母兄弟也。先師趙阿南先生曰：「周秦漢人言糾兄桓弟，自管子、史記外，若莊子、荀子、韓非子、越絕書、說苑皆如此說。卽公羊以桓公爲簒，穀梁以桓公爲不讓，亦以糾是桓兄，序當立也。惟漢薄昭上淮南王書，言齊桓殺其弟以返國，則以漢文是兄，淮南王是弟，不敢斥言殺兄，故改兄作弟。程子之說，蓋本諸此。」（春秋左傳講義）故知糾兄桓弟，當無疑義。賈意此時齊執政之卿，當必議立新君，擇其宜立者立之，公子糾年長，於序當立，又有魯爲之後盾，故欲立之，乃遣使往迎子糾。經書：春公及齊大夫盟于蔇。傳謂齊無君也。杜注亦謂，蓋欲迎子糾。是必朝議欲立公子糾，乃遣大夫往魯迎之。齊大夫旣來迎子糾，魯莊公不亟遣而盟以要之，齊大夫惡莊公要盟，乃變計歸迎公子小白也。洪亮吉曰：「按賈服蓋尋繹經文得之，使齊大夫樂從于盟，幷有成約，則公納子糾，不須言伐；且下言齊小白入于齊，從國逆之文，明齊大夫不樂魯君要盟，因變計逆小白也。若如杜云，二公子各有黨，迎小白者，又非盟蔇之人，則小白之入，與者半，不與者半，又何得泛引『國逆而立之曰入』之例乎？入自矛盾矣。」（春秋左傳詁卷一）洪氏說是也。正義又謂，若是舉國同心，共推子糾，來迎卽宜付之，不須以盟要之。按魯人要盟，意在得利，正以齊舉國同心，共推子糾，魯乃藉機要盟求利，正義云不須以盟要之，非其義也。正義又舉昭十三年傳稱，桓公有國、高爲內主爲言，按此但就桓公返國承位爲君言之，不及公子糾之事。國氏、高氏，齊之世卿，蓋主爲朝議者，亦主爲遣使盟葢之人，彼於渝盟變計，改迎桓公之後，自亦得謂爲桓公之內主矣，此與賈義並不相違，不得執以難賈明矣。國語齊語：「桓公自莒反於齊。」韋昭注：「齊人殺無知，逆子糾于魯，莊公不卽遣，而盟以要之，齊大夫歸，逆小白于莒，莊公伐齊，納子糾，桓公自莒先入。」（卷六）韋注與賈同，云齊大夫歸，卽盟葢之大夫也，與國逆之文正相合，賈說於義爲長。

（六）釋經肆大眚。賈逵謂文姜有罪，故赦而後葬，以說臣子也。魯大赦國中罪過，欲令文姜之過，因是得除，以葬文姜。杜預以爲肆大眚者，赦有罪也。有時而用之，非制所常，故書。賈義為長。

「正月，肆大眚。」（莊公二十二年經）

賈逵以文姜爲有罪，故赦而後葬，以說臣子也。魯大赦國中罪過，欲令文姜之過，因是得除，以葬文姜。（正義引。馬、黃、王、嚴四家皆輯。）

案杜注：「赦有罪也。有時而用之，非制所常，故書。」杜不用賈說。正義駁賈說云：「杜唯言有時用之，亦不知此時何以須赦。要文姜出奔之日，尙稱夫人，夫人之名，未嘗有貶，何須以赦除之？此赦必不爲文姜。但夫人以去年七月薨，十一月則當合葬，乃至此年正月，經七月始葬，如此遲緩，必是國家有事，須赦解之，但不知其所由耳。」依杜說不能解文姜所以緩葬之故，此其失也。毛奇齡曰：「此赦罪之禮。易稱：赦過宥罪。書稱：眚災肆赦是也。第赦必有時，此時文姜未葬，國無大慶，兵荒不作，民亦無大患，何以須赦，則書其事而義自見焉。穀梁謂，文姜罪大，必假赦以貸其罪，始可葬，此調訕語。而賈逵遂云：文姜有罪，借赦以說民，使薄其罪，則此時之所赦者，豈姜爲政乎？」（春秋傳卷十一）沈欽韓曰：「賈逵以文姜爲有罪，故赦而後葬，以說臣子也。按莊公尙不讐齊，何有讐其母？普天曠蕩，蒯夫人得同其例否？此晉武帝以調孫秀，非眞有其事，賈乃創之于前，徒見經文下卽有葬文姜之事，强傅合之耳。」（左傳補注卷二）毛、沈二家不以賈逵說爲然，惟於賈說不能作正面駁難，且於經肆大眚之言，亦不能作解，較之正義駁賈之說尤乏理實。

洪亮吉曰：「按賈依文爲訓，文姜薨在去年七月，至十一月卽當葬，乃遲至七月之久，此數月中，國又無大事，明文姜得罪先君，國人所知，非因肆赦，不可蕩滌，故賈云然耳。正義說非。」（春秋左傳詁卷一）李貽德曰：「出奔書夫人者，魯史臣所以諱國惡也。葬文姜而先肆赦者，魯莊公所以解公議也。文姜與弒其君，禮難合葬，莊又不忍以絕不爲親者，割母子之愛，曲意肆赦，使姜罪同在洗濯之列，而後葬之，魯人可無詞矣。故上文書赦，下卽書葬，以見事之有緣起也。不然姜氏以前年七月薨，至十一月當合葬矣，而必遲至此年正月始葬，于肆赦之後，此爲子不得已之苦心，可概見矣。孔氏之說非也。」（賈服注輯述卷四）劉文淇曰：「莊公固不讐其母，但文姜得罪於先君，此時與先君合葬，臣子之心有所不安，故賈云，赦而後葬，以說臣子也。」（舊注疏證莊廿二年）按洪氏、李氏之駁正義，劉氏之駁沈說而申賈，皆當於理。馬氏宗璉左傳補注（卷一）亦以賈說爲是。經書肆大眚者，大眚蓋衆眚之義，猶後世之大赦也。周禮春官冢人云：「凡死於兵者，不入兆域。」鄭注：「謂戰敗無勇，投諸塋外以罰之。」（卷二十二）則有罪者亦不當入兆域。文姜通於齊襄，而與於弒桓，罪惡深重，死不當與桓公合葬。魯於是大赦國中，隱使文姜之罪惡，因是得以洗濯，然後得入兆域，與桓合葬，以說魯之臣民也。穀梁范寧注云：「文姜罪應誅絕，誅絕之罪不葬，若不赦除衆惡而書葬者，嫌天子許之，明須赦而後得葬。」（穀梁注疏卷六）亦以文姜罪重，須赦乃得葬，與賈說同，是也。

（七）經書戎侵曹，曹羈出奔陳，赤歸于曹。賈逵謂羈是曹君，赤是戎之外孫，故戎侵曹，逐羈而立赤。杜預以為羈蓋曹世子也。赤，曹僖公也。蓋為戎所納，故曰歸。二說不相違，得之。

「冬，戎侵曹。曹羈出奔陳。赤歸于曹。」（莊公二十四年經）

賈逵以爲羈是曹君，赤是戎之外孫，故戎侵曹，逐羈而立赤。（正義引。馬輯、嚴輯有，黃、王二家缺。）

案杜注：「羈，蓋曹世子也。赤，曹僖公也。蓋爲戎所納，故曰歸。」杜不用賈說而釋稱歸之義與賈同。正義云：「杜以鄭突類之，知赤是曹君，故以赤爲僖公。傳例曰：諸侯納之曰歸，以戎侵曹而赤歸，故云，蓋爲戎所納也。賈逵以爲云云，亦以意言之，無所據也。」毛奇齡春秋傳曰：「杜氏據經文書法，倣鄭忽出奔衛，突歸于鄭之文，謂羈本曹世子，敗奔于陳，而公子赤爲戎所納，是謂僖公，此頗近理。然史記年表皆云，僖公名夷，不名赤，且他無可考。若孔疏引賈逵說，以爲羈是曹君，赤是戎之外孫，故戎侵曹，逐羈而立赤。似言赤本曹公子，而爲戎女所出者，此雖與杜說不甚遠，然亦何據焉。」（卷十一）又毛氏春秋簡書刊誤曰：「杜氏注左傳，直云曹羈，蓋曹世子。赤即曹僖公也。蓋爲戎所納，故曰歸。則曹羈出奔陳，赤歸于曹，一如桓十一年鄭忽出奔衛，突歸于鄭。簡書前後，書法恰合，此眞以經解經之最善者。然猶有據史記世家與年表謂曹僖名夷，不名赤，以爲質難，總謂不如闕疑耳。若正義載賈逵說謂，羈是曹君，赤是曹公子之爲戎女出者，故戎侵曹，逐羈而納赤。此說與杜氏同，而較詳於杜。且頗有理焉。知非（非疑當作爲）東漢初原有師承，而爲杜氏所據者，若此者，又何必過難焉。」（卷一）錢大昕云：「問莊二十四年，戎侵曹，曹羈出奔陳，赤歸于曹。杜氏以羈爲曹世子，赤爲曹僖公，爲戎所納，故曰歸，以春秋書鄭忽突之例證之，杜義當矣。曰此左氏先師之說，非杜臆造。賈逵謂，赤是戎之外孫，故侵曹逐羈而立赤，漢儒去古未遠，必有所受，孔疏以爲無據，誤矣。」（潛研堂集卷二）按毛氏主杜說，而以賈云赤是戎之外孫，爲可與杜說相通。錢氏亦以爲賈逵之說去古未遠，必有所受，故當以賈說爲是。正義以爲賈說無據，非也。毛、錢說是也。李氏貽德謂，「上經戎侵曹，羈出奔陳，與赤歸于曹連文，故賈云然。知赤爲戎之外孫者，以若非戎之自出，戎不逐羈而立赤也。與宋納鄭厲公同。」（賈服注輯述卷四）李說能得賈義。蓋曹莊公射姑於前年卒，此年春葬。先君旣葬，羈宜稱爵，而稱名者，蓋與鄭忽不成君同。此經羈奔而赤歸，亦猶忽奔而突歸，祭仲以突歸，故從國逆之例書歸，則赤亦國人逆之也。史記十二諸侯年表列莊廿四年爲曹釐（僖）公元年（史記卷十四）。杜以赤爲曹僖公，與年表合。惟曹世家（史記卷三十五）載曹釐公名夷，不名赤，則與杜違。或係莊公死後，曹世子名羈者卽位，爲戎所逼而出奔。賈云羈是曹君，杜云曹世子，皆不誤。由此言之，杜實據賈說而略變其詞耳，其實二說不相違。正義於賈、杜二說輒爲軒輊，未爲得也。

（八）釋經邾人戕鄫子于鄫。賈逵謂邾使大夫往殘賊之。杜預引傳例自外曰戕，云邾大夫就鄫殺鄫子。二說不相違，賈說殘賊之義為長。

「邾人戕鄫子于鄫。」（宣公十八年經）

賈逵曰：「邾使大夫往殘賊之。」（正義引。馬、嚴輯有，黃、王二家缺。）

案杜注：「傳例曰：自外曰戕。邾大夫就鄫殺鄫子。」杜本賈說。正義曰：「杜以會盟之例，卿則書名氏，大夫則稱人。此稱邾人，故云邾大夫耳。」又杜預釋傳云：「弒戕皆殺也。所以別內外之名。弒者，積微而起，所以相測量，非一朝一夕之漸。戕者，卒暴之名。」正義釋云：「弒者試也。言臣下伺候間隙，試犯其君。戕者，殘也。言外人卒暴而來，殘賊殺害也。弒戕皆是殺也，所以別內外之名耳。」又引釋例曰：「列國之君而受害於臣子，其所由者，積微而起，所以相測量，非一朝一夕之漸，故改殺爲弒。戕者，卒暴之名。有國之君，當重門設險，而輕近暴客，變起倉卒，亦因事而見戒也。臣弒其君，子弒其父，世之惡逆，君子難言，故春秋諸自內虐其君者，通以弒爲文也。春秋弒君多矣，其戕唯此一事。自弒其君，足明無道臣罪之例。戕者，外人所殺，爲無防被害，皆是君自招之，縱使君或無道，其惡不加外國，不得從弒君之例也。若戰死則書滅，此謂在國見殺耳。」杜說弒與戕之例，乃別內外之名，與傳意尙無不合。惟說戕之義，但云外殺，不言殘賊，與賈說略有不同。周禮大司馬職：「放弒其君則殘之。」鄭注：「殘，殺也。王覇記曰：殘滅其爲惡。」疏云：「鄭云殘殺者，以殺解殘也。經本不云殺，不云滅，云殘者，蓋取殘賊殺之，殺之若毒。故尙書梓材云：戕敗人宥。注：戕，殘也。又云：無胥戕，無胥虐。注云：無相殘賊，無相暴虐。是戕爲殘賊也。異義：鄭君以爲左氏宣十八年秋七月云，邾人戕鄫子於鄫。傳曰：凡自內虐其君曰弒，自外曰戕。卽邾人戕鄫子是也。自內弒其君曰弒者，晉人弒其君州蒲是也。雖他國君不加虐，亦曰殺。若加虐殺之，乃謂戕之，取殘賊之意也。若自上殺下及兩下自相殺之等，皆曰殺。若然，此經云殘者，是加虐殺之，雖非他國君，至於賊臣亦云殘也。」（卷二十九）疏引尙書注，解戕爲殘，與賈氏殘賊說同。又引鄭駁異義，以戕爲加虐殺之，其義尤顯。杜說雖與賈略同，然究不如賈說殘賊之爲確當也。公羊傳云：「殘而殺之也。」（卷十六）穀梁傳亦云：「戕，猶殘也。捝殺也。」（卷十二）二傳亦明加虐之義，與賈義合。

（九）釋經公至自伐齊。賈逵謂圍齊而致伐，以策伐勳也。杜氏無說。正義以為史異辭，無義例。從賈逵說。

「公至自伐齊。」（襄公十九年經）

賈逵曰：「圍齊而致伐，以策伐勳也。」（正義引。馬、黃、王、嚴四家皆輯。黃輯勳作動，誤。其他各家不誤。）

案此年經書公至自伐齊，杜無說。正義曰：「往年圍齊，今以伐致，傳既不說，杜亦不解。」又駁賈曰：「伐者，加兵之名，圍則伐內之別，圍、伐終是一事，不得各有其勳，何言策伐勳也？但圍是伐內之別，此言至自伐齊，僖二十九年言至自圍許，史異辭，無義例。」毛奇齡曰：「去年圍齊，當以圍齊致，如僖二十九年諸侯圍許，即以圍許致。今特書伐齊者，以我自伐齊，不關晉師，一似與前之圍齊有各見者，總是不予晉主兵，前以同見而分其主，今又以各見而并去其主焉。賈逵注謂，不言圍而言伐，以策伐勳，則伐者加兵之總名，伐與圍有二勳乎？」（春秋傳卷二十七）毛氏駁賈之言，本之正義。惟謂特書伐齊者，乃不予晉主兵，則與正義史異辭無義例說不同。方苞春秋直解云：「圍而致伐，公出本以伐告也。僖二十九年以圍許致，何也？晉以許不會圍之，魯非初與晉約伐，因會而圍，自當以圍致，安得以伐致？此皆舊史據策書之。」（高澍然釋經說同，清儒五經彙解卷二百九引）方氏謂公出本以伐告，故圍而致伐。劉敞曰：「此圍也，其以伐致何？圍而以伐致者，以伐告也。」（春秋傳卷十一）程端學曰：「此以伐齊出，而歸以伐齊告，圍乃伐之一事耳。」（春秋本義卷二十二）劉氏、程氏、方氏亦以此年書伐齊者，公歸以伐齊告，是也。告卽告廟，策勳亦於告廟時行之，故賈云，以策伐勳也。齊召南曰：「賈逵謂，圍齊而致伐，以策伐勳也。於義爲得，孔疏辨之未當。魯於是役倚晉成功，至作林鐘以銘勳，其以伐告廟，又何疑焉。劉敞曰：圍而以伐致者，以伐告也。義甚明確。」（春秋左傳注疏考證卷二）齊說是也。魯於此役乃倚晉之故，功勳得立，則魯不當不予晉主兵，毛說非也。

（十）釋經吳子使季札來聘。賈逵謂夷末新卽位，使來通聘。杜預以為吳子餘祭既遣札聘上國而後死，札以六月到魯，未聞喪也。賈說為是。

「吳子使札來聘。」（襄公廿九年經）

賈逵曰：「夷末新卽位，使來通聘。」（正義引賈逵、服虔。馬、黃、王、嚴四家皆輯。）

案此年夏經書：「閽弒吳子餘祭」及「吳子使札來聘」二事，中間隔「諸侯城杞」、「晉士鞅聘魯」、「杞子來盟」三事，均不書月。餘祭遇弒死，夷末繼立。杜預曰：「吳子餘祭既遣札聘上國而後死，札以六月到魯，未聞喪也。」杜說與賈異。正義中杜說云：「二十五年，遏爲巢牛臣所殺，餘祭嗣立，至此始使札通上國。吳子未死之前，命札出使，既遣札聘，而後身死。札以六月到魯，未及聞喪，故每事皆行吉禮也。經傳皆無札至之月，知以六月到者，以城杞在五月之下，城杞既訖，乃有士鞅來聘，杞子來盟。若共在月中，則不容此事，下文有秋，知札以六月至也。札去之後，吳始告喪，告以五月被弑，故追書在聘上耳。」又駁賈、服說云：「隱三年，武氏子來求賻。文九年，毛伯來求金。並不言王使，傳皆云王未葬也。是知先君未葬，嗣君不得命臣，此與閽弑吳子，文不隔月，吳魯相去經塗至遠，豈以君死之月，卽命臣乎，而得書吳子使也？且傳稱季札至魯，徧觀周樂，至戚聞鐘聲，譏孫文子云：「君又在殯，而可以樂乎？自請觀樂，譏人聽樂，曠世大賢，豈當若是。故杜以爲通嗣君，通餘祭嗣也。」馬宗璉不以正義說爲然，其言曰：「賈、服皆以嗣君爲夷末新卽位，使來通聘。以上文餘祭被弑而夷末立證之可見。杜謂餘祭使來通聘，正義又曲爲疏證，非是。」（左傳補注卷二）沈欽韓亦主賈、服說而駁正義，其言曰：「傳云，其出聘也，通嗣君也。餘祭之嗣，在襄二十五年，不應至此始云通嗣君，則謂夷末者是。疏以季札在喪，何得觀樂爲難，公達傳文，又曲循杜預，說詳後。」（左傳補注卷八）沈氏又曰：「服云，周樂，魯所受四代之樂也。按樂官肄業而季札觀之，非以樂賓適應遞奏，季札故循弦辨風，以通廣博易良之敎，何嫌於喪不廢樂也？若是餘祭所使，則在聘國聞喪，當卻食饗，惟受芻稍；魯吳接壤，聲息非遙，季札豈得不知，而復有閒情觀樂也？自是新君所使，將命已畢，旣受饗飧，則請遊觀，觀樂之事，正是此時。執禮正文，破杜曲說，誰曰不然。」（同上）竹添光鴻左傳會箋云：「賈、服皆以爲夷末新卽位，使來通聘，可以爲定說矣。傳曰：其出聘也，通嗣君也。餘祭之嗣在襄二十五年，距今五年不應至此始云通嗣君也。夷末以五月立，而季札以六月至魯，量其道里日月，亦適相當，此夷末所指無疑。正義云：武氏子、毛伯以王未葬不稱使，此與閽弒吳子，文不隔月，豈以君死之月卽命臣而得書吳子使乎？然此吳之所以爲夷，不可以諸夏之禮例之，蓋五月餘祭死夷末立，卽使札聘上國也。楚靈王弒君，卽葬卽立，嘉服受聘，在昭元年，宜參考。正義又云，季札徧觀周樂，而譏孫文子曰，君在殯，可以樂乎？曠世大賢，豈當若是？然文九年楚子使椒來聘，其十二年秦伯使衞來聘，書法一也。季札旣以吉服從事，則觀周樂又何疑？至衞國皆凶服，而林父獨樂，譏之亦宜矣。正義雖護杜有理，未足以破賈、服之說。若札爲通餘祭故出聘，則餘祭死而吳不使遽人追告札，非人情也。而五月死，札以六月來聘，猶且聘于齊于鄭，以通餘祭，何以爲說？」（襄二十七年）按會箋駁杜、孔說，所論甚當。馬氏、沈氏之說亦得之。故杜說不足取，當從賈、服二家。

（十一）釋經三月取鄆。賈逵謂楚以伐莒來討，故諱伐不諱取。杜預謂不稱將帥將卑師少。書取言易也。從賈逵說。

「三月取鄆。」（昭公元年經）

賈逵曰：「楚以伐莒來討，故諱伐不諱取。」（正義引。馬、黃、王、嚴四家皆輯。）

案杜注：「不稱將帥，將卑師少。書取言易也。」又於傳文：「季武子伐莒取鄆」句下，注云：「兵未加莒而鄆服，故書取而不言伐。」杜說與賈異。正義申杜云：「將卑師少，例當稱人，魯史不得自言魯人，直書所爲之事，明其有人取之也。若將卑師衆，則言師取某。襄十三年傳例云：凡書取言易也。故杜以此爲易耳。」正義又引賈逵說及劉炫規杜云：「賈逵云云。劉炫以賈說爲是。故又規杜云：案傳，武子伐莒，知非將卑師少也。稱伐則是非易也。杜何得以爲易，將卑師少乎？」又駁劉氏云：「以諸稱取，傳皆以易釋之，此取文與彼同，故以爲易也。若以武子伐而取之，則致力難重，當以滅爲文，與滅項同也。案滅項被討不諱滅，此亦被討，何以諱滅而言取？若必有所諱，當傳有其事。今傳云，莒魯爭鄆，爲日久矣，魯無大罪，亦何所謂也？傳云：武子伐莒者，武子爲伐莒之主耳，別遣小將而行，故不書武子，猶如成二年傳言，楚子重侵衛。經書楚師，杜云子重不書，不親兵之類是也。不書伐者，以兵未加鄆，鄆人逆服，與襄九年傳稱，諸侯圍鄭，經不書，杜云，鄭人逆服不成圍相似，劉以賈氏之注而規杜氏，非也。」正義之駁，頗乏理實，不足爲據。如謂：「魯無大罪，亦何所諱？」按傳明云，莒人告於會，楚請戮魯使。則魯非無罪也。正義又謂：「武子爲伐莒之主耳。別遣小將而行。」此亦與傳「季武子伐莒取鄆之文不合。至不言滅而言取，以鄆爲莒邑，此取邑非滅國。與僖十七年滅項不同。凡此皆不足以駁賈逵、劉炫說也。李貽德申賈說云：「案傳言季武子伐莒取鄆，是伐莒當書於策，而經不書者，傳又言莒人告於會，楚告於晉曰：尋盟未退，而魯伐莒，瀆齊盟，請戮其使。是伐莒之役，爲國大辱，故諱不書，而惟書取鄆。正義云：劉炫以賈說爲是。」（賈服注輯述卷十四）按李說是也。竹添光鴻左傳會箋云：「季武子伐莒，得曰將卑乎？宣十年公孫歸父帥師伐邾取繹，此經不書季孫宿帥師伐莒取鄆，蓋諱之也。五年傳：奸大國之盟，陵虐小國，蓋言取鄆。晉楚尋弭兵之盟，未退而伐鄆，是可諱之甚者也。十年季平子伐莒取鄆而不書取鄆，亦諱之。其義相發。」又云：「不書季孫伐莒者，姧盟虐小，莒人告於會，叔孫豹幾被戮，趙孟固請於楚而後免，故諱不言伐，而從言易之例書之也。杜何以知其兵之未加也？」（並昭公元年）會箋之言良是。其排杜說而持論與賈義合。可證賈說之確當。則杜說不足取，當從賈逵。

（十二）釋經暨齊平。賈逵謂魯與齊平。杜預以為燕與齊平。前年冬，齊伐燕，故不重言燕。賈說為是。

「暨齊平。」（昭公七年經）

賈逵曰：「魯與齊平。」（正義引賈逵、何休。馬、黃、王、嚴四家皆輯。）

案春秋昭公七年：「正月，暨齊平。」穀梁傳以為「魯與齊平。」公羊傳無說，而何休注公羊，亦以爲「魯與齊平。」左傳則云：「正月，暨齊平，齊求之也。」下文接云：「癸巳，齊侯次于虢，燕人行成曰：『敝邑知罪，敢不聽命。先君之敝器，請以謝罪。』公孫晳曰：『受服而退，俟釁而動可也。』二月戊午，盟于濡上。燕人歸燕姬，賂以瑤罋玉櫝斝耳，不克而還。」說左傳者，許惠卿、服虔、杜預等人，皆據左傳之文，釋爲「燕與齊平」。而賈逵則主「魯與齊平」之說。主「魯與齊平」之說者，乃據春秋書法以魯爲內，省文不書魯字之通例爲說，以爲若燕與齊平，則春秋當書「燕與齊平」，不當省燕字。然主「燕與齊平」之說者，則據左傳之文爲說。後之學者，依違於二說之間，莫能一致。今嘗試辨之。

杜預集解釋此經云：「曁，與也。燕與齊平。前年冬，齊伐燕，間無異事，故不重言燕，從可知。」孔穎達正義云：「此直言曁齊平，不知誰與齊平。穀梁傳云：『以外及內曰曁』，謂此爲魯與齊平。賈逵、何休亦以爲魯與齊平。許惠卿以爲燕與齊平。服虔云：『襄二十四年，仲孫羯侵齊。二十五年，崔杼伐我。自爾以來，齊魯不相侵伐，且齊是大國，無爲求與魯平。此六年冬，齊侯伐北燕，將納簡公，齊侯貪賄而與之平，故傳言齊求之也。』齊次于虢，燕人行成，其文相比，許君近之。」（注疏卷四十四）此孔氏正義所述，皆前乎杜預諸家之說也。杜預本許惠卿說，服虔亦以許說爲近。皆與賈逵、何休說相異。孔氏正義又申杜預說云：「其所疑云，前年冬齊伐燕，文接此春，間無異事，故不云燕，省文也。又此年稱『齊曁燕平之月』，傳所擧經文，知此是燕與齊平也。釋例曰：昭六年冬，齊侯伐北燕。七年春而平。冬春相接，間無異事，省文故不重言燕，猶桓五年冬，州公如曹。六年春，因書寔來也。傳以其不分明，故起見齊燕平之月，以正之也。」（同上）

按上引許惠卿、服虔、杜預、孔穎達諸家，皆主燕齊平之說，綜其所言，主要依據有四：一爲經文蒙前年冬齊伐燕一事，與此年春曁齊平，間無異事，故省文不重言燕。二爲此年左傳記鄭公孫段卒，有「齊燕平之月」之文，以爲卽指此燕齊平一事。故據以爲說。三爲自襄公二十四年，魯仲孫羯侵齊。二十五年，齊崔杼伐魯以後，齊魯不相侵伐。兩國旣無相侵伐之事，自無需求平。且齊是大國，無爲求與魯平。四謂此六年多，齊侯伐北燕，將納燕簡公，齊侯貪賄而與之平，故傳言齊求之。又傳文齊次于虢，燕人行成，其文相比，當爲燕與齊平無疑。

清儒毛氏奇齡亦主燕齊平之說，其言與杜、孔說相爲表裏，其說曰：「及至燕而不能納，燕人乃行成，盟于濡上，經不書燕與齊平，蒙上伐燕文也。然不書齊與燕平，而反曰與齊平，以求盟自燕也。胡氏見經文無燕字，不曉間時而不間事，可蒙上爲文，如桓五年州公如曹，六年春書寔來，不更書州公一例，遂誤謂本國與外盟可不書本國名，又誤疑下文叔孫舍（當作婼）如齊涖盟，則必正月與齊盟而三月又尋盟者，因云，昭公欲結強吳，附荊楚，而故與齊平，蓋魯齊平，非燕齊平也。殊不知平雖是盟，然必先有怨隙，而後借盟以平之，所謂行成，非齊盟也。魯自襄二十五年齊崔杼報伐後，已一十四年。未有一十四之怨，而今始平者，且涖盟非尋盟也。陽穀之會，魯未與盟，故公子友涖盟之，並非尋盟。若文七年公孫敖如莒涖盟，未嘗先有莒盟而後尋之也。況此齊平在正月，涖盟在三月，且記其文在公如楚之後，不惟間時，抑且間事，與定十一年及鄭平，叔還如鄭涖盟，又不相合。又況燕齊之平，明見他傳，鄭公孫段卒在燕齊平之月，罕朔殺罕魋在齊師還自燕之月，此如襄公之生在會于沙隨之歲，衛靈公之生在晉韓宣子聘于諸侯之歲，傳例並同，則是燕與齊平，在他傳引經文又有旁證。」（春秋傳卷二十九）此外，陳傳良春秋後傳及趙汸春秋集傳亦主燕說。陳氏後傳云：「平不書，必關於天下之大故而後書，齊侯伐燕，納簡公，庶幾乎天下之大義也。」（卷十）趙汸集傳亦謂：「燕及齊平也。不言燕，蒙上文也。州公如曹，六年春正月寔來，亦蒙上文也。」（卷十二）上引毛、陳、趙諸家之說，雖似有據，而實非確解。

其主賈氏魯暨齊平之說者，則有多家。劉敞春秋權衡云：「左氏云齊求之也。杜云齊伐燕，燕人賂之反從求平也。予謂杜氏之說，與傳意錯，傳所云齊求之者，似指齊求與魯爲平也。其下乃云癸巳齊侯次于虢，燕人行成，若謂齊已暨燕平，則齊侯無緣更進次虢，而燕乃行成也。且齊侯伐燕，燕人賂之，則傳當云燕求之，經當書暨燕平，不當反云齊求之，暨齊平也。杜又注經曰：前年冬，齊伐燕，間無異事，故不重言燕，從可知。此杜欲引州公寔來爲比，彼州公寔來之文，卓詭非常乃可爾，非此之類也。試覆以事推之，自昭公卽位以來，未嘗與齊通好，此年三月，叔孫婼如齊蒞盟，此則魯與齊平之驗矣。亦猶定十一年冬及齊平，叔還如鄭蒞盟。」（卷六）趙鵬飛春秋經筌云：「齊自靈公、莊公再世仇於魯，北鄙之民無日安靖，魯亦倚晉以圖之，比衛以伐之，景公繼故而立，改先君之轍以修好於四鄰，故卽位之初，嘗以慶封來聘，齊雖聘魯而魯無以報之，則怨未除也。故明年慶封來奔，齊以魯納己之叛臣，蓋有言焉，其後仲孫羯嘗同高止爲城杞之役，叔孫再同國弱爲虢之會，然盟主之令而已，非齊魯交鄰之義也。今魯內睦於晉，南連於楚，東婚于吳，齊實懼焉，故欲平，雖非齊之欲，勢有所不得已也。……左氏以爲燕暨齊平比州公如曹，次年書寔來之文。若然，則下安得有叔孫婼如齊涖盟之事乎？案定十一年及鄭平，繼書叔還如鄭涖盟，與此事同文一用，是知左氏之說迂矣。」（卷十三）

按劉氏敞、趙氏鵬飛之說主於駁杜，所論良是。故暨齊平乃魯與齊平，與前年冬齊伐北燕無涉，不當以省文說之。顧棟高春秋大事表四十六「杜注正譌表」亦用劉敞說。此外，張洽春秋集註、家鉉翁春秋集傳詳說、程端學春秋或問、陸昌春秋微旨、高閌春秋集註、戴溪春秋講義、御纂春秋直解、葉酉春秋究遺、孫覺春秋經解、萬斯大學春秋隨筆、孔廣森公羊通義、劉逢祿左氏春秋考證、崔應榴吾亦廬稿及洪亮吉春秋左傳詁等書，皆主魯與齊平之說。按此說實爲確論，理由約有下列數端：關於省文之說，實由於左傳敍此兩事而文誤合爲一所致。「暨齊平，齊求之也。」當別一事，而「癸巳，齊侯次于虢」以下，則屬齊伐燕之事，文當與上年多齊侯伐北燕，將納簡公事相連接，而今本左傳，誤置於七年下，致啓誤解。杜預注經傳，卽襲用左傳之誤而合二事爲一事，並强爲之說，實不然也。此理既明，則省文之說，可不攻自破矣。此其一。依春秋書法通例，魯與諸侯平，書暨或及，今經暨書曰暨齊平，則內與外平之辭，與定十年及齊平，十一年及鄭平同例，皆魯事也。故孔穎達正義不得不謂：「案經例，卽燕與齊平，當書燕，魯與諸侯平皆言暨。據經言之，賈君爲得。」若如服、杜說，外國自相平，經當書燕人與齊人平，如宣十五年宋人及楚人平之例，且卽如燕齊平，經亦當書北燕伯及齊侯盟，如僖三十年衞人侵狄，秋衞人及狄盟之例。彼不隔年猶復出衞人書盟以別內與外平，則此之爲內暨齊平，豈容置疑乎？此其二。杜氏又以傳有「齊燕平之月」，因指爲傳所擧經文，實則傳但擧傳文，非經文也。其與傳所載「鑄刑書之歲二月」及「齊師還自燕之月」等，皆經所不備之事，而傳擧而載之，何獨「此齊燕平」之必卽經所書者乎？此其三。至謂魯自襄公二十四年仲孫羯侵齊，二十五年齊崔杼伐魯以後，齊魯已十四年未相侵伐。未有一十四年之怨今始爲平之說，亦不然。按齊自靈公、莊公再世與魯爲仇，魯之北境，時遭侵擾，魯亦倚晉以圖之，比衛以伐之。至景公立，乃改行修好於四鄰，故即位之初，嘗使慶封聘魯，而魯無以報之，則怨未除也。明年魯納慶封來奔，傳載齊侯來責於魯。其後仲孫羯嘗同高止爲城杞之役，叔孫再同國弱爲虢之會，亦盟主之令而已，非齊魯交隣之義也。自昭公即位以來，魯勤勤於晉楚，而與齊不聞一介往來，二國不平久矣。今魯內睦於晉，南連於楚，東婚於吳，齊有所懼，故欲求平於魯，勢有不得已也。魯既與平，三月，叔孫婼乃如齊涖盟。此正魯與齊平之據，與定十一年及鄭平，叔還如鄭涖盟之事無異也。豈得謂一十四年之怨，今始爲平乎？此其四。正義又謂齊侯伐北燕，納簡公。齊侯貪賄而與之平，故傳言齊求之。此說與傳意不合。傳謂齊侯次于虢，燕人行成曰，敝邑無罪，敢不聽命，先君之敝器，請以謝罪。是燕人求於齊，非齊求之也。此其五。

綜上所論，可知魯齊平說實較燕齊平說爲得當。而兩說之所以相異，其關鍵在於持燕齊平說者，乃誤讀左傳之文。而所以造成誤解傳文之故，實由於左傳所載過於簡略及編排不當所致。經載六年冬，齊侯伐北燕，與七年春，曁齊平，爲不相關涉之兩事。而六年傳載多齊侯伐北燕一事，僅「將納簡公」及晏子曰云云等數語，其餘則載入七年傳，自「癸巳，齊侯次于虢」以下，至「燕人歸燕姬，賂以瑤罋玉櫝斝耳，不克而還」句，皆屬此事。所以然者，蓋以齊伐北燕一事，始於六年多，至次年二月戊午，始盟而告終。傳因亦分載於兩年中。而文頗簡略，語焉不詳。「癸巳」究爲七年正月癸巳乎？抑六年十二月癸巳乎？疑不能定。然中間又爲「正月，曁齊平，齊求之也」一句隔斷，更易造成誤解。（用以釋經「正月曁齊平」者，而釋曁齊平一事，僅「齊求之也」一句，未免太簡。）先儒許惠卿、服虔、杜預等，因將此兩事誤作一事看，乃有釋經「曁齊平」爲「燕曁齊平」之誤。此一癥結既明，則許、服、杜諸家之誤自見矣，故春秋「曁齊平」一事，仍當以魯與齊平之解爲正也。

（十三）釋經葬陳哀公。賈逵謂葬哀公之文在殺孔奐之下，以為楚葬哀公。杜預以為嬖人袁克葬之。魯往會故書。賈說為是。

「葬陳哀公。」（昭公八年經）

賈逵以葬哀公之文，在殺孔奐之下，以爲楚葬哀公。」（正義引。馬、黃、王、嚴四家皆輯。）

案杜注：「嬖人袁克葬之，魯往會，故書。」正義曰：「賈、服以葬哀公之文云云，故杜辯之（之疑當作云）袁克葬之。案傳克欲殺馬毀玉，楚人將欲殺克，不得爲楚葬之。若是楚葬，宜云楚人葬陳哀公，當如齊侯葬紀伯姬，不得直言葬也。且諸言葬某公者，皆是魯往會葬之文，大夫不得書名，言其所爲之事而已。故云，魯往會故書也。案傳袁克之葬，乃是私竊葬之，而魯得會者，諸侯之卒，告卒不告葬，但葬有常期，知卒即往會之，未必得以禮從赴也。」李氏貽德曰：「賈、服以楚師滅陳之下，放子招，殺孔奐，葬哀公，文相比次，故知爲楚葬哀公。公羊十年傳說滅陳之事曰：滅人之國，執人之罪人。何休注：殺人之賊，葬人之君。亦據經發傳，以爲楚葬哀公。正義曰：若是楚葬，宜云楚人葬陳哀公，當如齊侯葬紀伯姬，不得直言葬。若然則十三年經云：葬蔡靈公。傳云：平王卽位，旣封陳、蔡。冬十月葬蔡靈公，禮也。傳所云禮，明指平王。是蔡靈公之葬，爲平王所葬，何經不云楚葬也？」（賈服注輯述卷十五）李說是也。其駁正義之言，誠爲有據。洪氏亮吉亦云：「魯往會葬，則爲楚葬哀公可知。杜注云：嬖人袁克葬之，又自亂其例矣。」（春秋左傳詁卷四）洪氏亦主賈說，其言亦當。而顧氏棟高論春秋昭八年葬陳哀公一事，言之最稱詳審，其言曰：「昭八年陳哀公之葬，諸儒多異辭，左氏謂嬖人袁克葬，賈、服以爲葬哀公之文，在殺孔奐之下，指爲楚葬。孔氏又申杜預之說，謂若果楚葬，宜云楚人葬陳哀公，如齊侯葬紀伯姬之例，不得直言葬。由是注疏據左氏以爲定案矣。而後人又從而訾之。趙氏謂袁克非大臣，何能辦葬死君？又何能告諸侯使會葬？黎氏謂陳爲楚據，魯豈敢于其葬而使臣往會之？彙纂因折衷其說，謂葬從傳文，而魯往會葬則不可解。楚方滅陳，諸侯震恐，故下文九年春魯使叔弓會楚子于陳，以致其敗，豈有先使人如陳會葬陳君之理？蓋必魯會葬而後書，常例也。獨此役魯未往會葬，而變例得書，是聖人存陳之意，果若是則魯實未有其事，魯史未有其文，而夫子書之，是誣也矯也。欲存筆削之義，而先著矯誣之筆，不足以垂法後世。竊謂此亦聖人據實書之耳，蓋楚棄疾奉孫吳圍陳，托名討罪，于哀公固無仇也。滅陳之後，大葬哀公，使其故臣告于諸侯，遠近畢會，以示恩禮，一以悅陳國之遺民，一以掩四方之耳目，而己因得取國而無慙，魯之往會，亦承楚意而爲之，與九年叔弓會楚子，正自並行不悖，是則魯實會葬矣。春秋安得不書葬？楚實以禮葬哀公而使魯往會矣。魯之會葬，固無嫌。若如左氏之說，則爲袁克之私葬，必不能告于諸侯也。魯必不敢逢楚之怒而往會葬也。春秋何由得書？故此事當撥棄左氏而信經文，比事觀之較然矣。其他滅國而不書葬者，或仇怨相伐，俘其國君，或死于其位，臣民私竊藁葬，如是則魯實無由會葬也。春秋安得書葬？故知夫子據事直書之說而春秋之旨四達不悖，諸儒紛紛之論，不辨自明矣。」（春秋大事表十六凶禮表附論）按顧氏就古來各家說而論其得失，並謂楚人滅陳之後，大葬哀公，使其故臣告於諸侯，遠近畢集，以示恩禮，既以悅陳國遺民，亦以掩四方耳目，以固其取陳之圖。魯承楚國之意往會葬，孔子因據實而書之也。又謂此事當撥棄左氏而信經文，持論頗稱精審，而亦主於楚葬之說，與賈說合，當從之。

（十四）釋經曹公孫會自鄸出奔宋。賈逵謂前此以鄸叛也。叛使從鄸而出，叛不告故不書。又謂所以華亥、向寧、射姑等不見有玉帛來聘者，以其時未為卿也。杜預以為當有玉帛之使來告，故書。鄸，曹邑。賈、杜說皆未的。春秋書自鄸出奔者，別於自國都而去也。

「曹公孫會自鄸出奔宋。」（昭公廿年經）

賈逵云：「前此以鄸叛也。叛使從鄸而出，叛不告故不書。」（正義引。馬、黃、王、嚴四家皆輯。）

又云：「所以華亥、向寧、射姑等不見有玉帛來聘者，以其時未爲卿也。」（正義引。馬、嚴輯有，黃、王二家缺。）

案杜注：「嘗有玉帛之使來告，故書。鄸，曹邑。」杜不用賈說，然亦與賈不違。正義曰：「宣十年傳例曰：凡諸侯之大夫違，告於諸侯曰：某氏之守臣某，失守宗廟敢告。所有玉帛之使者則告，不然則否。注云：玉帛之使謂聘，恩好不接，故不告。如杜之意，此爲奔者之身，嘗有玉帛之使於彼國，已經相接則告，若奔者未嘗往聘，恩好不接則不告，唯告奔者嘗聘之國，餘不告也。曹會嘗來聘魯，故云嘗有玉帛之使來告故書也。」此申杜之說也。又曰：「此以二十二年，宋華亥、向寧、華定，自宋南里出奔楚。其文正同。彼華亥等入南里以叛，又從南里出奔，則此亦應然。賈逵云：前此以鄸叛也。叛使從鄸而出，叛不告，故不書。是言卽以鄸叛，又從鄸而出也。」此申賈之說也。正義又曰：「南里繫宋，此鄸不繫曹者，鄸是大都，得以名通。南里是宋都之里，非別邑，故繫於宋，此鄸及定十一年蕭，皆是別邑，故不繫國也。」此釋鄸不繫曹之意也。至公孫會是否爲卿，正義引賈氏又說云云，彼以華亥、向寧、射姑等未爲卿，則是以公孫會已爲卿也。正義又申杜說云：「曹是小國，其臣書名者少，此會書名，蓋備於禮，成爲卿也。釋例曰：小國之卿，或命而禮儀不備，或未加命數，故不書之，郲卑我之等，其奔亡亦多，所書唯數人而已，知其合制者少也。杜言數人謂此公孫會與郲快、郲卑我也。是杜意以會備禮成卿，故書名也。」是賈、杜並以公孫會已爲卿也。正義又引劉炫謂：「玉帛之使，謂國家所有交好皆告之，非奔者之身嘗聘也。」宣十年傳正義亦引劉炫以爲玉帛之使，謂國家有交好之國皆告，非指奔者之一身。按據宣公十年傳例，劉炫說爲當，正義申杜之言，非也。竹添氏左傳會箋亦云：「杜注：玉帛之使謂國家所有交好皆告之，非奔者之身嘗聘也。正義以爲奔者之身所嘗聘，非杜意。」（昭公二十年經）會箋說是也。

又賈氏謂公孫會前此以鄸叛，惟會以鄸叛否，後儒說頗紛歧。孫氏復曰：「鄸，公孫會之邑也。言自鄸出奔宋者，以別從國都而去爾。」（春秋尊王發微卷十）劉氏敞曰：「未有言自者，此其言自鄸何？自鄸待放也。大夫有罪待放於其境，三年，君賜之環則復，賜之玦則去。」（春秋傳卷十三）毛氏奇齡曰：「鄸，曹邑。此事策書失載，不當妄解。胡氏引劉敞言謂：自者待放也。古大夫有罪，待放於其境，三年，君賜之環則還，賜之玦則去。此必賜之玦而後去者。予按春秋止有放例，如宣元年晉放其大夫胥甲父于衛。哀三年蔡人放其大夫公孫獵于吳。類並無待放例，以待放則必書在初放時，或前後兩書，不當于三年後臨去始書簡也。且曹方易君，前十八年曹平公卒而悼公立，距此二十年裁兩年耳，待放須三年，則此時已非三年前所放之君，誰得賜玦而使之奔宋？況經有書例，此年例與二十二年華亥、向寧、華定自宋南里出奔楚正同，故賈逵謂此必前此以鄸叛，一如華亥之先據南里以叛，而此時出奔，故曰自。此亦就經文書例而類推之，豈有趙宋儒者，可公然自造爲事，以註夫子之書，如劉、胡者。嗟乎，亦無忌憚矣。」（春秋傳卷三十一）毛氏駁胡氏、劉氏之說，而主賈氏。

顧氏棟高三傳異同表云：「陸氏淳曰：穀梁云：善會之不以邑叛，夫臣不叛君，常事爾，豈有可褒之理，其稱公孫，蓋卽王命之卿，但以國小之故，不能自崇樹其大夫，請命于王者少。惟此與成二年公子首，凡二人耳。其他無事不見于經，不得謂之無大夫也。言自鄸者，緣先據以叛，今力屈而奔，與魚石自宋南里奔宋，公之弟辰自蕭來奔，義正同，叛時不書，不告耳。公羊曰：爲賢者之後諱。然則賢者之後，便得恣其不臣乎？此說尤鄙。王氏樵曰：公羊猶曰諱，胡氏直謂其待放而後出奔，得去國之禮而賢之。又曰：待放出奔，臣子常禮，免于貶足矣。而何以賢之，爲公子喜時之後賢之也。視公羊尤迂曲矣。棟高按公羊之說，陸氏辨疑、劉氏權衡俱駁之，其理易明，而胡傳仍其說而加甚，至謂後世有乞錄用賢者之後公臣之世，蓋得春秋之旨，何見之頗哉！」（春秋大事表四十二之四）又云：「黃氏仲炎曰：自鄟出奔宋者，蓋自其國都出，止于鄟，又自鄟而奔宋，故春秋以自鄟書爾。春秋叛則書叛，奔則書奔，未有奔而可誣爲叛，叛而可諱爲奔者，使叛而可諱，周公當先爲管叔諱之。棟高案公穀二家之說正相反，一則曰叛，一則曰力足以叛而不叛。愚謂春秋止紀一奔大夫爾，其曰自鄟者，猶鄭詹自齊逃來，春秋無叛文，何從知其叛？更何從知其力足以叛而不叛也？陸氏淳比之魚石、宋辰，亦似硬坐，此二人叛迹，顯有可據，烏得以自之一字偶同，遂加以叛逆之罪乎？文定據穀梁善之之說，至謂待放出奔，得去國之禮，尤屬無據。大抵諸儒泥于一字，遂至褒貶如此相遠，竊以黃氏之說爲近之。公、穀及陸氏皆不免于鑿也。」（同上）按顧氏三傳異同表引諸家說，論之綦詳。而以黃氏仲炎之說爲近之，其說是也。是則春秋書自鄟出奔者，別於自國都而去也。賈氏以爲公孫會前此以鄟叛，叛不告，故不書。正義亦然之，未爲當也。

（十五）經書齊侯取鄆。賈逵謂欲取以居公。不書圍，鄆人自服不成圍。鄆，魯邑。杜預從賈逵說。服虔、劉炫以為此年圍而未得。明年正月庚申始取之。經即因圍書取，而傳言其實。釋不書圍之義，從服虔、劉炫說。鄆為魯邑，得之。

「十有二月，齊侯取鄆。」（昭公廿五年經）

賈逵曰：「欲取以居公，不書圍，鄆人自服不成圍。」（正義引。馬、嚴輯有，黃、王二家缺。）

賈又曰：「鄆，魯邑。」（史記魯世家集解引。馬、嚴輯有，黃、王二家缺。）

案杜注從賈說。正義曰：「經書取鄆，而傳言圍鄆，故曰鄆人自服不成圍。以傳云書取言易也。故賈為此解，杜從之也。劉炫以為此時圍鄆而未得，明年方始取之，經即因圍書取，傳言實圍之日，非自服也，而規杜氏。今知非者，案二十六年，公圍成，亦是圍而不得而書圍，此若圍鄆不得，何以不書圍？案元年伐莒取鄆，書取不言伐，此圍鄆取鄆，亦書取不言圍，其義正同，何為不可。劉何知此年圍鄆未服，鄆若未服，經何得書取？苟出胸臆而規杜氏，非也。」李氏貽德曰：「今案劉炫謂明年方始取之，覯明年傳文，劉言未可駁也。賈云鄆人自服不成圍者，以臣無拒君之義，穀梁傳所云：以其為公取之，故易言之是也。二十六年自釋經不書圍之意，非謂今年圍鄆之日即取鄆也。」（賈服注輯述卷十七）廿六年傳云：「春王正月庚申，齊侯取鄆。」杜云：「前年已取鄆，至是乃發傳者，爲公處鄆起。」正義曰：「杜謂往年已取鄆，此又發傳言齊侯取鄆者，爲下三月公處鄆以發端也。服虔以爲往年齊侯取鄆，實圍鄆耳，經於圍書取，傳實其事，故於是言取。劉以服言爲是。往年十二月庚辰圍鄆，今年正月庚申取之，凡三十一日。例書取言易，此圍乃取言易者，齊侯取以居公，臣無拒君之義，若魯自與之然，故書取以見其易。穀梁曰：以其爲公取之，故易言之是也。」李氏貽德釋服虔說云：「往年齊侯取鄆者，謂往年經已書取鄆也。經於圍鄆之日，即書取者，穀梁傳曰：以其爲公取之，故易言之是也。明臣無拒君之義，故往年傳書圍鄆，經即書取鄆矣。其實取鄆在今年，故傳從實書之。若如杜言，則傳只須于三月公至自齊之前，書齊人取鄆足矣，何必繫月繫日乎？傳書月書日，明取鄆實在此月中也。」（賈服注輯述卷十八）按此年齊侯圍鄆，經不書圍。服虔、劉炫以爲此年圍而未得。明年正月庚申始取之，經即因圍書取，而傳言其實。此說得之。正義駁之，未爲當也。李氏貽德亦從服虔、劉炫說，其申服駁杜之言良是，賈、杜以鄆人自服不成圍釋之，恐非。

至鄆之爲魯邑。文十二年經：「季孫行父帥師城都及鄆。」杜云：「鄆，莒魯所爭者。城陽姑幕縣南有員亭。員即鄆也。以其遠偪外國，故帥師城之。」（卷十九下）程旨雲先生春秋地名今釋云：「一統志，今山東沂水縣東北四十里有員亭，在沭水西岸，即鄆城也，是爲東鄆。又成公四年城鄆，是爲西鄆。成公九年之鄆，杜注：莒別邑。是爲莒鄆。春秋稗疏云：說者以爲有三鄆，非也。東鄆與莒接壤，或爲莒，或爲魯，故昭公元年有曰：莒魯爭鄆，爲日久矣。文十二年，城諸及鄆，鄆爲魯邑。及成九年又爲莒邑，而楚入之。其不見於經者，所謂內失地不書也。按鄆地祇有二：莒鄆卽魯鄆，其稱三鄆者，屬彼屬此，便於區別耳。」（春秋左傳地名圖考第二篇）成公四年城鄆。程旨雲先生曰：「春秋分紀：魯有二鄆，文公十二年城諸及鄆，是爲東鄆。成公四年所城者爲西鄆，在今山東鄆城縣東十六里。」（同上）按程先生說是也。此年之鄆，卽西鄆。賈云魯邑是。二十九年鄆潰，而鄆田遂非魯有。定七年齊人歸鄆、陽關，陽虎居之以爲政。虎敗奔齊，而鄆又入於齊。至定十年，齊人來歸鄆、讙、龜陰田，鄆始復爲魯有焉。

（十六）釋仲孫何忌會諸侯之大夫城成周。賈逵謂魯有昭公難故會而不盟。杜預以為不書盟者，時公在外，未及告公，公已薨。賈杜說皆未洽。當以此會城重於盟，書重而略輕故。

「冬，仲孫何忌會韓不信、齊高張、宋仲幾、衛世叔申、鄭國參、曹人、莒人、薛人、杞人、小邾人，城成周。」（昭公卅二年經）

賈逵曰：「魯有昭公難，故會而不盟。」（正義引。馬、黃、王、嚴四家皆輯。）

案杜注：「不書盟，時公在外，未及告公，公已薨。」正義曰：「傳稱晉魏舒合諸侯之大夫于狄泉，尋盟，令城成周。則此時爲盟矣，而不書盟者，賈逵云云。案傳文無魯人辭盟之事，其城成周，又魯人共城之矣，何以言會而不盟也？若以難辭，當辭不會，身旣在會，何故辭盟？豈以昭公在外而欲背盟乎？故杜以爲不書盟者，時公在外，未及告公而公已薨。既不得告公，故不書於經也。」又曰：「傳尋盟令城成周，則盟在城前。猶得書城，而盟不書者，晉合諸侯大夫，本以城事召之，孟懿子將從晉命，即以告公，雖會還乃書，而已告公訖，故得書之。其尋盟之事，晉不豫令，諸侯大夫既集，晉始發意尋盟之事，未嘗告公，故行還不得書也。」按傳稱：此年諸侯會于狄泉，尋盟，且將城成周。而經但書會不書盟者，賈氏以魯昭公蒙難在外，故仲孫何忌與會而不與盟，史亦因而不書盟。而正義駁之，謂傳無魯人辭盟之事，而諸侯城成周，魯人亦與其事，則不得謂魯會而不盟。且若魯以難辭，當辭不會，既與其會，何故辭盟？正義之駁，確爲有理，故賈逵之說未當也。惟杜預以未及告公而公已薨爲說，雖合於非公命不書之常例，然此時昭公在外，恐不得事皆告公而書。杜說恐亦未洽。竹添氏左傳會箋云：「城在明年，然爲城而會，故因會終言之，與二十五年齊侯取鄆，事則不同，其終言之則一也。去王城，徙成周，故曰城成周。天王徙都，諸侯城之，我卿會之，故書。此會城重於盟，書重而略輕，史之常也。此時三家出入，未必事皆告公而後書，若仲孫告公會故書會，不及告公盟故不書盟，仍徇非公命不書之常例，則上年季孫意如會晉荀躒，豈亦告公而往者邪？荀躒謂季孫曰：君怒未怠，子姑歸祭。是宗廟無主而有主也。故公孫之後，經文所載，皆告廟而書，不係告公與否明矣。」（昭公卅二年經）會箋之說得之，則此經不書盟者，以此會城重於盟，書重而略輕，故書城而不書盟也。賈、杜以昭公之故爲說，恐非。

（十七）經書齊侯、衛侯次于遽挐。賈逵謂欲救宋，蓋恤鄰也。杜預以為不果救，故書次。賈、杜義不相違。賈說得之。

「齊侯、衛侯，次于遽挐。」（定公十五年經）

賈逵曰：「欲救宋，蓋恤隣也。」（公羊傳疏引。馬、嚴輯有，黃、王二家缺。）

案杜注：「不果救，故書次。」杜就經書次之故言之，賈則推齊、衛兩國欲救宋之由。賈云欲救宋，杜云不果救，義不相違。竹添氏會箋云：「受伐宋文，故謀救宋可知也。去年齊侯、衛侯會于牽。齊侯、宋公會于洮。亦文相照應，而齊、宋、衛方睦明矣。傳曰謀救宋，而不曰救宋，則杜解不誤（謂不果救）。然曰不果救故書次，則拘矣。僖元年次于聶北救邢。襄二十三年救晉，次于雍榆。此次卽救也。鄭雖敗宋師，二侯按師則不能大勝，是亦所以救也。春秋書法不可一概論之。渠蒢當為宋地。」（定公十五年經）會箋說是也。此時齊、宋、衛三國方睦，鄭師伐宋，故齊、衛救之，蓋恤隣之道也。周禮大宗伯：「以恤禮哀寇亂。」鄭氏注云：「恤，憂也。鄰國相憂。兵作於外為寇，作於內為亂。」（周禮注疏卷十八）是恤隣之道，禮所宜有，賈說得之。惟李氏廉曰：「五氏、垂葭之次，皆為伐晉。此亦疑為謀晉而出，故明年有伐晉之舉。」（春秋會通卷二十三）張氏自超曰：「李說為是。使果救宋，卽當書救書次以示譏，不當但書次也。觀明年齊、衛伐晉則為謀伐晉無疑，蓋齊、衛憚於伐晉，三次以謀而後乘晉亂以伐也。」（春秋宗朱辨義卷十一）葉氏酉曰：

「李氏堯俞曰：五氏、垂葭皆謀伐晉，此次疑亦謀晉，故明年遂伐晉，時鄭從齊，齊肯救宋以仇鄭邪？其說於情事極合。左傳恐未足信。」（春秋究遺卷十五）李氏、張氏、葉氏以齊、衛謀伐晉爲說，於理亦當，惟謂左傳不足信則未妥。或齊、衛次蘧挐，首謀救宋，亦謀及伐晉之事，傳特就其重要者言之耳。

（十八）經書公會晉侯及吳子于黃池。傳稱吳晉爭盟，而會晉敍吳上。賈逵謂吳先歃，晉亞之。先敍晉，晉有信。又所以外吳。其說得之。

「公會晉侯及吳子于黃池。」（哀公十三年經）

賈逵曰：「外傳曰：吳先歃，晉亞之。先敍晉，晉有信。又所以外吳。」（史記吳世家集解引。馬、黃、王、嚴四家皆輯。）

案經書公會晉侯及吳子于黃池。傳云：「公會單平公、晉定公、吳夫差于黃池。」晉皆敍吳上。傳又云，吳晉爭盟，乃先晉人。國語吳語略云：「吳晉爭長，未成，邊遽乃至，以越亂告。吳王懼，乃合大夫而謀曰：無會而歸，與會而先晉，孰利？王孫雒對曰：二者莫利。必會而先之。乃爲吳王設計，布陳，雞鳴乃定。去晉軍一里。昧明，王乃秉枹，親就鳴鐘鼓丁寧錞于振鐸，勇怯盡應，三軍皆譁釦以振旅，其聲動天地，晉師大駭，不出，周師飾壘，乃令董褐請事。吳公先歃，晉侯亞之。」（卷十九）吳語所記，與傳文異者，正義曰：「國語各記其國之事，言有彼此，故其文不同。」

又曰：「經書公會晉侯及吳子。傳稱公會單平公、晉定公、吳夫差，吳皆在下，晉實先矣。經據魯史策書，傳采魯之簡牘，魯之所書，必是依實，國語之書，當國所記，或可曲筆直己，辭有抑揚，故與左傳異者多矣。鄭玄云：不可以國語亂周公所定法。傅玄云，國語非丘明所作，凡有共說一事，而二文不同，必國語虛而左傳實。其言相反，不可強合也。」李氏貽德申賈說云：「外傳者，國語也。賈以外傳來之列國所記，敍事雖有曲筆，而盟歃先後不容妄說。至魯史公書其事，宜其移易，以示抑揚，以晉侯讓，故先書晉，且復外吳，示華夷之別，傳因而實之。下文子服景伯稱吳爲伯。又曰：君將以寡君見晉君，則晉成爲伯矣。又曰：且執事以伯召諸侯而以侯終之。明是吳人先歃，故稱吳爲伯。」（賈服注輯述卷二十）又李氏引劉恭冕曰：「乃先晉人，文承司馬寅說之後，則先晉人謂吳先晉人也。內外傳義同，注家始謂有異耳。」（同上）齊氏召南春秋公羊傳注疏考證云：「傳，吳主會也。按此會左傳謂先晉，而國語謂先吳。公羊亦謂吳主會。以勢度之，則國語是也。晉不競已數世矣。自宋之會，卽爲楚所先，此時能與吳爭乎？公羊說非無據。但何依注引緯書所云：齊晉前驅，魯衛驂乘，滕薛俠轂而趨者，則言之太過，不可信也。」（卷一）俞氏樾曰：「左傳原文實是乃先吳人，與國語說無異，蓋此傳之文，與襄二十七年宋之盟相準，彼傳云，晉楚爭先。晉人曰：吾固爲諸侯盟主，未有先晉者也。楚人曰：子言晉楚匹也，若晉常先，是楚弱也。且晉楚狎主諸侯之盟也久矣，豈專在晉。叔向謂趙孟曰：諸侯歸晉之德只，非歸其尸盟也。子務德，無爭先。且諸侯盟小國，固必有尸盟者，楚爲晉細，不亦可乎。乃先楚人。此傳云：吳晉爭先。吳人曰：於周室我爲長。晉人曰：於姬姓我爲伯。趙鞅呼司馬寅曰：日旰矣，大事未成，二臣之罪也。建鼓整列，二臣死之，長幼必可知也。對曰：請姑視之，反曰：肉食者無墨，今吳王有墨，國勝乎？太子死乎？且夷德輕，不忍久，請少待之，乃先吳人。二傳之文，兩兩相準，彼傳先述晉楚爭先之言，乃載叔向趙孟兩人之語，其意在務德，無爭先，故繼之曰：乃先楚人。此傳先述吳晉爭先之言，又載趙鞅司馬寅兩人之語，其意在請少待之。杜注曰：少待無與爭，故繼之曰：乃先吳人。若作乃先晉人，則上文吳晉爭先，吳固未肯讓晉，晉人又不欲與爭，此乃先晉人之句，不與上文相背乎？乃者，承上之詞，此乃字於上文何所承也？爲左氏之學者，以彼傳有書先晉晉有信也句，而此無之，故改傳文以合於先晉後吳之經文，不知彼經曰：叔孫豹會晉趙武楚屈建，故有書先晉之文。此經云：公會晉侯及吳子。及者殊會之詞，公羊何謂兩伯也。初不能定其孰先孰後，故傳亦無先晉之文，何得臆改傳文而轉使左氏之傳文義不貫乎？」（茶香室經說卷十五）按吳晉爭盟，孰先孰後，傳文及吳語所載不同。賈氏引吳語說，而云：先敍晉，晉有信，又所以外吳。明賈氏從先吳之說。杜氏不言。正義則從左傳先晉之說。史記吳世家亦然。（卷三十一）惟正義於賈說無駁語，其主先晉之說，亦乏確證。太史公當亦過信傳文「乃先晉人」一語之故。齊氏召南斷從國語說。李氏貽德申賈說，列舉子服景伯之語爲證。亦從國語之說。其說皆爲有理，惟尙無以解傳「乃先晉人」一語之疑。俞氏樾主先吳之說，取襄二十七年宋之盟爲比，以爲傳當作乃先吳人，文義乃順。而今本左傳作乃先晉人者，爲左氏之學者，據襄廿七年傳而改從經文者也。今就此年傳文上下文義觀之，並參以吳語所載，俞氏之說爲有理。且傳稱吳晉爭先，吳序晉上，當亦以吳先之故。然則先吳之說，於義爲長。至劉氏恭冕云：先晉人謂吳先晉人也。以襄廿七年傳「乃先楚人」之文例之，未爲當也。故賈氏云：外傳：吳先歃，晉亞之。先敍晉，晉有信。又所以外吳。得之。

第六節　闡釋經文之旨義者

（一）經齊人取子糾殺之。賈逵謂稱子者，愍之。杜預無說。正義引沈氏謂齊人稱子糾，魯史從其所稱，經亦因之。賈義為長。

「齊人取子糾殺之。」（莊公九年經）

賈逵云：「稱子者，愍之。」（正義引劉、賈。馬、黃、王、嚴四家皆輯。）

案杜注不釋經稱子之意。是不用賈說。正義駁賈說云：「按定本上納子糾，已稱子，則此言子，非愍之也。沈云，齊人稱子糾，故魯史從其所稱，而經書子糾。知者，傳云，子糾親也，請君討之，豈復是愍之乎？劉與賈同。」按前「夏，公伐齊，納子糾」條，引臧琳經義雜記已證賈氏所見古本無子字。正義謂，劉與賈同，則劉歆所見本亦無子字也。唐定本乃後人所改，與劉、賈所見本異。李貽德曰：「前納糾不書子，今書子，故知憐之也。按唐定本上納糾有子字，故正義曰：上已稱子，則此言子，非愍之也。然公、穀皆云納糾，無子字，可見賈景伯所見左傳本，亦無子字，故所釋如此，孔氏執定本以斥賈氏，非也。」（賈服注輯述卷四）洪亮吉曰：「按上經一本無子字，此始有之，故以爲愍。劉炫說與賈同。正義譏賈，非是。」（春秋左傳詁卷一）劉文淇曰：「劉與賈同，則子駿所見經亦無子字也。沈氏義疏駁賈說，則所據本亦有子字，異於賈本。疏執唐所定本以駁，非是。」（舊注疏證莊公九年）上引李氏貽德、洪氏亮吉、劉氏文淇諸說，皆謂正義未可執唐定本以非賈說，是也。至傳稱子糾，蓋沿經書子糾之稱，子糾偶詞，於行文爲便也。又公羊傳釋此經云：「其稱子糾何？貴也。其貴奈何？宜爲君者也。」何休曰：「以君薨稱子某言之者，著其宜爲君，從未踰年君例。」（公羊注疏卷七）范寧注穀梁經亦謂：「言子糾者，明其貴，宜爲君。」（穀梁注疏卷五）公穀皆以爲稱子貴之，說雖異於左氏，要以書子爲異則同也。

（二）經夏吉禘于莊公。賈逵謂禘者，遞也。審諦昭穆，遷主遞位，孫居王父之處。杜預說與賈略同。得之。

「夏，吉禘于莊公。」（閔公二年經）

賈逵曰：「禘者，遞也。審遞（惠棟校宋本作諦）昭穆，遷主遞位，孫居王父之處。」（禮記王制正義王肅論引賈逵。馬、黃、王、嚴四家皆輯。）

案杜注：「三年喪畢，致新死者之主於廟，廟之遠主，當遷入祧，因是大祭，以審昭穆，謂之禘。」杜說禘之義，與賈略同。正義曰：「僖三十三年傳曰：凡君薨卒哭而祔，而祔作主，特祀於主，烝嘗禘於廟。禘祀爲吉祭，說喪事而言禘，知禘是喪終而吉祭也。襄十五年晉悼公卒，十六年傳稱，晉人答穆叔云，以寡君之未禘祀，知三年喪畢，乃爲禘也。喪畢而爲禘祭，知致新死之主於廟也。新主入廟，則遠主當遷。知其遷入祧者，祭法云，天子七廟，有二祧。則祧是遠祖廟也。周禮守祧，掌守先王先公之廟祧，其遺衣服藏焉。廟之遠主，其廟旣遷，主無所從，固當遷入祧也。鄭玄以二祧爲文王武王之廟，遷主入廟，當各從其班，穆入文祧，昭入武祧。禮諸侯五廟，更無別祧，則當謂太祖之廟爲祧也。遠主初始入祧，新死之主，又當與先君相接，故禮因是而爲大祭，以審序昭穆，故謂之禘。禘者，諦也。言使昭穆之次，審諦而不亂也。」正義說禘祭之制，足明賈、杜義。惟釋禘字之義，別一說，與賈異。李貽德曰：「禘之言遞，以音義兼釋也。爾雅釋言：遞，迭也。說文：遞，更易也。廣雅釋詁：遞，代也。審遞昭穆者，言審視而更易之也。禮記王制：天子七廟，三昭三穆，與太祖之廟而七。諸侯五廟，二昭二穆，與太祖之廟而五。周禮小宗伯注：自始祖之後，父曰昭，子曰穆。遷主遞位者，杜注云，三年喪畢，致新死者之主於廟，廟之遠主，當遷入祧。孫居王父之位者，爾雅釋親，父之考爲王父，如王父昭，則孫亦昭位，王父穆，則孫亦穆位。」（賈服注輯述卷五）按李說是也。故禘蓋有二義：就審諦昭穆言，則有諦義；就遷主遞位言，則又有遞義。二義皆是也。

（三）經齊師、宋師、曹師次于聶北，救邢。賈逵本公羊傳說，謂此與襄二十三年叔孫豹救晉，次于雍榆，二事相反。此是君也，進止自由；彼是臣也，先通君命。杜預以為齊帥諸侯之師救邢，次于聶北者，案兵觀釁，以待事也。杜說為允。

「齊師宋師曹伯，次于聶北，救邢。」（僖公元年經）

賈逵曰：「此與襄二十三年，叔孫豹救晉，次于雍榆，二事相反。此是君也，進止自由；彼是臣也，先通君命。」（正義引賈服。馬、黃、王三家皆輯。嚴輯、馮補則缺。）

案杜注：「齊帥諸侯之師救邢，次于聶北者，案兵觀釁，以待事也。」與賈異說。正義曰：「釋例曰：所記或次在事前，次以成事也。或次在事後，事成而次也。皆隨事實，無義例也。此時狄人尚強，未可卽擊，案兵觀釁，以待其事，須可擊乃擊之，故次在事前。」莊三年經正義引左氏先儒說云：「齊桓君也，進止自由，故先次後救；叔孫臣也，先通君命，故先救後次。」（卷八）與此年正義引賈、服說同，則正義所謂左氏先儒者，賈、服亦在其中也。此年公羊傳：救不言次。曷爲先言次而後言救，君也。」（卷十）賈氏蓋據以爲說。此說以書次與救之先後爲義例，恐不免穿鑿，故後儒多有不謂然者。萬斯大曰：「左傳云，諸侯救邢，邢人潰，出奔師，師遂逐狄人，具邢器用而遷之。若救與遷是一時事，據經則救在正月，遷在六月，相距幾半載，且城邢之師，卽救邢之師，書之重詞之複用，見齊桓終始急邢，而狄人去來倏忽，故久次聶北以爲援，既知師還，狄必斃邢，遂相與遷其國而助之城，然後邢可安而師可罷，是則存邢之功，在救與遷，而所以得觀其變，善其謀，使邢得安于無事者，非久次不爲功也。先儒謂救不言次，果春秋之定例乎？」（學春秋隨筆卷五）毛奇齡曰：「此狄又伐邢，而齊統諸侯以救邢之師也。其先次而後救者，正以救之之速，狄尙在國，雜然相持，是必次師其地，略覘動靜而然後邢人知所向往，立散其衆而奔，諸侯之師于是玉石分明，師遂併力逐狄，狄棄邢而逃，乃得收狄所俘之器物而遷邢而還之，故傳曰：諸侯救邢。邢人潰，師遂逐狄人，具邢器用而遷之，師無私焉。此與襄二十三年叔孫豹帥師救晉，次予雍榆，有同例者。」（春秋傳卷十四）按萬氏以爲諸侯救邢，所以書次者，以狄人去來倏忽，故久次聶北以爲援，因得觀其變，善其謀，以成救邢之功也。毛氏亦以爲先次而後救者，次師其地，略覘動靜，因得侯機併力逐狄故也。與杜氏案兵觀釁以待事之說合，是也。杜氏釋例又謂，書次者，或次在事前，次以成事也。或次在事後，事成而次也。皆隨事實，無義例也。說較宏通，當從之。又見莊三年經，公次于滑條。

（四）經書蔡潰。賈、杜皆引傳例民逃其上曰潰爲說。得之。

「蔡潰。」（僖公四年經）

賈逵曰：「民逃其上曰潰。」（史記齊世家集解引。馬、嚴輯有，黃、王二家缺。）

案杜注：「民逃其上曰潰，例在文三年。」杜取賈說。文三年傳例曰：「凡民逃其上曰潰。」（卷十八）正義引釋例曰：「衆保於城，城保於德。言上能以德附衆，以功庇下，民信其德，恃其固，故能交相依懷，以衛社稷。苟無固志，盈城之衆，一朝而散，如積水之敗，故曰潰。潰者，衆散流遁之辭也。」杜氏釋例說潰之義是也。臧壽恭曰：「此賈注民上當有傳曰二字。」（春秋左氏古義卷三）按臧說是也。此經爲書潰之始，故賈引傳例以釋之。又見文三年傳「凡民逃其上曰潰」條。

（五）經書隕石于宋五。是月，六鷁退飛過宋都。賈逵以陰陽災異為說。杜預則謂聞其隕，視之石，數之五，各隨其聞見前後而記之。史各據事而書。杜說為是。

「隕石于宋五。是月，六鷁退飛過宋都。」（僖公十六年經）

賈逵曰：「石，山岳之物；齊，大岳之胤。而五石隕宋，象齊桓卒而五公子作亂，宋將得諸侯，而治五公子。鶂退，不成之象。後六年，霸業退也。鶂，水鳥，陽中之陰，象君臣之訟（穀梁疏，訟作象，蓋誤。馬輯改作訟，從之。）鬩也。」（穀梁疏引。按公羊、穀梁六鷁作六鶂。陸氏釋文云，本或作鶂。說文引傳亦作鶂。史記宋微子世家索隱引同。然則三傳經文本皆作鶂字。馬輯、馮補有，黃、王、嚴三家缺。）

案杜注：「隕，落也。聞其隕，視之石，數之五，各隨其聞見前後而記之。史各據事而書。」又曰：

「鷁，水鳥。高飛遇風而退，宋人以爲災，告於諸侯，故書。」杜不用賈說。漢書五行志：「劉歆曰：石，山物；齊，大嶽後。五石象齊桓卒而五公子作亂。庶民惟星，隕於宋，象宋襄將得諸侯之衆，而治五公子之亂。星隕而鷁退飛，故爲得諸侯而不終。六鶂象後六年伯業始退，執於盂也。」（卷二十七之下）五行志又曰：「石陰類，五陽數，自上而隕，此陰而陽行，欲高反下也。鶂，水鳥，六陰數，退飛，欲進反退也。」（同上）賈逵蓋本之劉歆說也。許愼說文：「嶽，古文爲岳。」（第九篇下）莊廿二年傳：「姜，大嶽之後也。」（卷九）國語周語：「堯命禹治水，共之從孫四岳佐之，胙四岳國，命爲侯伯，賜姓曰姜氏。」（卷三）是太嶽之後姜姓。石爲山物，其徵在太嶽之後，必姜姓之國。姜姓齊國爲大，莊十七年，齊桓公卒。十八年，齊孝公立。宋與齊四公子之徒戰于甗，故賈謂宋襄得諸侯治五公子之亂也。穀梁傳疏引鄭玄：「六鷁俱飛，得諸侯之象也。其退示其德行不進以致敗也。」（卷八）宋襄至僖公二十二年敗于泓而覇業退，距此年適滿六年。故賈以六鷁退飛爲後六年覇業退也。鷁，說文作鶂，云：「水鳥也。」（第四篇上）文選上林賦：「浮文鷁。」注：「水鳥。」（卷八）正義引洪範五行傳曰：「鷁者陽禽。」白虎通五行篇云：「水者盛陰者也。」（卷上）是鷁以陽禽而在水，故曰陽中之陰。韓康伯易繫辭注：「陽，君道也。陰，臣道也。」（卷七）說文云：「鬩，从門兒，兒善訟者也。」（第三篇下）賈謂君臣訟鬩，當謂戰泓時司馬子魚諫而不聽也。此劉歆、賈逵之說。漢人說經傳，每受陰陽五行說之影響，劉、賈此說亦然，恐不免傅會，不足據也。杜以史據事而書釋之，不取陰陽災異之說，較爲平實，當從之。

（六）經書猶三望。賈逵謂三望，分野之星，國中山川。杜預說同。未當。天子四望，達於四方名山大川，無不可祀，不必確指何山何川。魯之三望，當亦如是，惟闕一方為降差而已。魯境所及，以岱、河、海為近，魯之望祭，或即祭此三事也。

「猶三望。」（僖公卅一年經）

賈逵曰：「三望，分野之星，國中山川。」（正義引賈、服。又穀梁傳疏引賈、杜。周禮春官大宗伯疏引。馬、黃、王、嚴四家皆輯。馬、王、嚴三家「中」誤作「之」，黃輯不誤。）

案杜注：「三望：分野之星，國中山川。皆因郊祀望而祭之。」杜釋三望用賈說。正義曰：「襄九年傳曰：陶唐氏之火正閼伯，居商丘，祀大火，相土因之，故商主大火。昭元年傳云：辰為商星，參為晉星。楚語云：天子徧祀群神品物，諸侯二王後祀天地三辰，及其土地之山川。注國語者皆云：諸侯二王後祀天地三辰日月星也，非二王後祀分野星辰山川也。以此知三望分野之星，國內山川，其義是也。」正義據左傳及國語之文，以證諸侯有祀分野星及國中山川之義，是注國語諸家亦以此說為然也。周禮春官大宗伯疏引許慎五經異義謹案論六宗而兼及三望云：「春秋魯郊祭三望，言郊天日月星河海山凡六宗。魯下天子，不祭日月星，但祭其分野星，其中山川，故言三望六宗，與古尚書說同。」（卷十八）許意春秋魯之三望，即祭其分野星及國中山川。許氏蓋本賈逵師說也。鄭玄駁文，大宗伯疏但引其駁六宗說而不及三望。詩魯頌閟宮疏則引其駁三望之說。閟宮疏云：「禮祭法：諸侯之祭山川，在其地則祭之，亡其地則不祭。春秋僖三十一年，不郊猶三望者，公羊傳曰：三望者何？泰山、河、海。鄭駁異義云：昔者楚昭王曰：不穀雖不德，河非所獲罪。言境內所不及，則不祭也。魯則徐州地，禹貢，海岱及淮惟徐州。以昭王之言，魯之境界，亦不及河，則所望者，海也，岱也，淮也。是之謂三望。又王制云：諸侯祭名山大川之在其地者。注云：魯人祭泰山，晉人祭河是也。是由魯境至於泰山，故得望而祭之。」（卷二十之二）又穀梁傳僖三十一年范寧集解引鄭君云：「望者，祭山川之名也。謂海也，岱也，淮也，非其疆界則不祭。禹貢曰：海岱及淮惟徐州。徐，魯地。」（卷九）本年傳正義引鄭玄以為云云，意同駁異義之說。是鄭君謂三望，海、岱、淮也。與賈、許、服、杜說異。

按二說不同，而實皆未當。望者，於境內山川，不至其地，遙擬其方，望而祭之也。良以境內土地，廣袤四方，名山大川，散居各處，不可一時徧及，故為壇於郊，設表象位，遙望而祀之耳。惟望有常祀、特祀之別；常祀者，有常秩，諸侯不得行之，又有常期常地常事，此天子之禮也。特祀者，於受禪、巡狩、出師、禱疾、禳災等禮，皆行望祀，無常秩，亦無常期、常地、常事，此則諸侯亦得行之也。天子之常祀、特祀，皆為四望。周禮司服及大司樂云：「祀四望」。大宗伯典瑞及玉人云：「旅四望」，是也。四望者，望祀四方之名山大川也。故鄭君注舞師云：「四方之祭祀，謂四望也。」（卷十二）大宗伯賈疏亦云：「言四望者，不可一往就祭，當四向望，而為壇遙祭之，故云四望也。」（卷十八）黃以周禮書通故云：「天子方望，無所不通，故四望。四望者，四方之望也，非限定四事，故許以日月星河海岱言之，鄭以五嶽、四鎭、四瀆言之，當以鄭說爲正。」（卷第十四群祀禮）黃以周主鄭君說，所以不從許君者，許君以日月星河海山爲六宗，秦蕙田五禮通考謂，許說六宗卽天子所祀四望（卷四十六引）。而周禮典瑞：祀天旅上帝與祭地旅四望對文，故黃以周謂望祀地示，不得有日月星辰天神之屬也。黃氏主鄭君三望說，雖亦未妥，然謂望祀不得有日月星辰天神之屬則可取。又典瑞於旅四望之外，別云：「圭璧以祀日月星辰。」（卷二十）明與祀四望有別。而考工記玉人云：「圭璧五寸，以祀日月星辰，兩圭五寸有邸，以旅四望。」（卷四十一）亦日月星辰與四望別稱，是四望之中，不當兼有日月星辰也。天子四望不兼日月星辰，魯國之望卽天子郊後之常望，所祀不應異於天子，則魯之三望，不當有分野之星矣。魯以周公有勳勞於王室，得天子特賜，亦得行郊望之禮，禮隆於諸侯。惟天子四望，魯禮降殺，故但有三望之稱，知三望爲魯之專禮也。賈、許、服、杜諸家以分野之星、國中山川釋之，及鄭君以海、岱、淮爲說，義皆未妥。故陳壽祺曰：「賈、許、服等亦知河非魯境，故不從公羊說，然不察三望之名爲魯所專，而欲通於諸侯之制，故以分星強配其數。左傳正義因云，天子四望，諸侯三望，失之矣。」（五經異義疏證卷一）陳氏謂賈、許、服不察三望之禮爲魯所專，而通於諸侯之制，所以致誤，其說良是。鄭君據禹貢及閟宮之文，執魯之疆域所及，以定三望之名，是亦通魯望於諸侯之制，其失與賈、許、服、杜略同，故知二說皆未當也。

然則魯之三望，究何所指乎？公羊傳僖公三十一年云：「三望者何？望祭也。然則曷祭？祭泰山、河、海。」（卷十二）孔廣森公羊通義云：「北望泰山，西望河，東望海，南不及淮者，闕其一方，以下天子。」（卷五）孔說當得公羊之旨，其說近是。周何先生曰：「天子四望，祀五嶽、四鎮、四瀆及海，四方之內名山大川，皆得祀之。魯三望本郎天子之禮，天子四望，達於四方，魯禮降殺，故闕其一方，而曰三望。泰山在五嶽，河在四瀆，海亦在四望之中，故公羊之說爲可信也。左、穀二傳於魯望所祀皆無說，獨公羊舉此三事，或有所本。五禮通考秦蕙田案：公羊此傳論天子、諸侯望祭之事，極有精理，可爲經傳望祭的解。」（春秋吉禮考辨第三章）又云：「然而天子四望，達於四方名山大川，無不可祀，不必確指何山何川。魯之三望，當亦如是，惟闕一方爲降殺而已，則三望所祀蓋不止泰山、河、海三事，公羊舉其各方之尤大者而言也。」（同上）按周說是也。魯境所及，以泰山、河、海爲近。魯之望祭，當必及此三事。惟魯既得行郊後之望，則所望當不僅限於岱、河、海三事而已也。

（七）經書十二月，公至自齊。乙巳，公薨於小寢。隕霜不殺草，李梅實。賈逵謂月者，爲公薨，不憂隕霜，李梅實也。杜預以爲隕霜不殺草，李梅實，書時失。二說不相違。又杜氏釋例駁賈氏不憂隕霜說。賈義得之。

「十有二月，公至自齊。乙巳，公薨於小寢。隕霜不殺草，李梅實。」（僖公三十三年經）

賈氏云：「月者，爲公薨，不憂隕霜，李梅實也。」（釋例大夫卒例引。馬、黃、王、嚴四家皆未輯，馮補有。）

案杜注：「書時失也。周十一月，今九月，霜當微而重，重而不能殺草，所以爲災。」正義曰：「此在十二月下，杜以長曆校之，乙巳是十一月十二日，謂經十二月爲誤。遂以此經四事，皆爲十一月，夏之九月，霜不應重，重又不能殺草，所以爲災也。」按杜以經書十二月誤，與賈義無直接關聯，不具論。隕霜不殺草，謂歲暖霜微也。李梅實，其暖可知。杜云霜重，恐非經意。又云重而不能殺，恐無是理。云書時失，義亦晦澀不可解，故正義未加申解。杜氏釋例駁賈氏云：「然則假設不憂即不得書月，不得書月則無緣知霜不殺草之月。」（大夫卒例）李貽德曰：「案十二公之薨，經無不繫月。至自及災異，或繫時不繫月。此十二月本爲公薨而繫，以至自齊在前，則併書之。隕霜不殺草，李梅實，異而不災，無是憂者，不因是而繫月。」（賈服注輯述卷七）按李說是也。賈氏蓋以爲憂災書月，不憂災則書時。憂者，蓋災重則憂，輕則不憂也。杜氏釋例駁之，恐不免挑剔。隕霜李梅實，於例當繫於多，以公薨爲重，故日之而居前，退隕霜，李梅實於後也。

（八）經書王使榮叔歸含且賵。賈逵本二傳說，謂含賵當異人，今一人兼兩使，故書且以譏之。杜預但釋含賵之義。正義駁賈，以為含賵當異人之說，於理無據。從正義說。

「王使榮叔歸含且賵。」（文公五年經）

賈逵曰：「含賵當異人，今一人兼兩使，故書且以譏之。」（正義引賈服。馬、黃、王、嚴四家皆輯。）

案杜注：「珠玉曰含，含口實，車馬曰賵。」杜不用賈說。正義駁賈說云：「禮雜記：諸侯相弔之禮，含襚賵臨，同日而畢，與介代有事焉，不言遣異使也。諸侯相於則惟遣一使，而責天子於諸侯，必當異人，禮何所出而非責王也。春秋之世，風教陵遲，吉凶賀弔，罕能如禮。王之崩葬，魯多不行，魯之有喪，寧能盡至。全無所譏，不含又無貶責，既含且賵，便責兼之不可，是禮備不如不備，行禮不如不行，豈有如此之理哉？左傳擧來含且賵、會葬二事，乃云禮也。則二事俱是得禮，無譏兼之之意也。言且者，見有二禮而已。」正義又云：「何休膏肓以爲，禮尊不含卑，又不兼二禮，左氏以爲禮，於義爲短。鄭康成箴云：禮天子於二王後之喪，含爲先，襚次之，賵次之，賻次之。於諸侯含之賵之，小君亦如之。於諸侯臣襚之，諸侯相於如天子於二王後。於卿大夫如天子於諸侯。於士如天子於諸侯臣。何休云：尊不含卑。是違禮，非經意。其一人兼歸二禮，亦是爲譏。如康成言，尊不含卑，禮無其事。康成以爲譏一人兼二事者，非左氏意也。」正義駁賈說以爲：賈氏含賵當異使之說，於禮無據。而傳載弔喪之禮，其但賵不含者，並無貶責，不當二禮兼備，反以爲譏。又引鄭康成箴膏肓之言，以駁何休尊不含卑及不兼二禮之說，亦爲有理。

公羊傳云：「其言歸含且賵何？兼之。兼之非禮也。」（卷十三）穀梁傳云：「含，一事也。

賵，一事也。兼歸之，非正也。其曰且，志兼也。」范注云：「禮，含、賵、襚各異人。」（卷十）賈氏蓋本之公羊、穀梁二傳說也。李貽德釋賈說云：「荀子大略：輿馬曰賵，玉貝曰含。公羊傳：含者何？口實也。注：天子以珠，諸侯以玉，大夫以碧，士以貝。春秋之制也。其隱元年傳云：賵者何？喪事有賵，賵者蓋以馬，以乘馬束帛，車馬曰賵。含賵當異人者，禮記雜記：含者執璧將命，上介賵，執圭將命。是含賵異人之證。何休公羊傳注：且兼辭。詩東門之枌釋文：且，苟且也。兼之則苟且矣。故曰譏之。」（賈服注輯述卷八）毛奇齡曰：「公羊謂含賵宜二使，今兼使非禮。則雜記云：諸侯相弔，含襚賵臨，同日而畢，況天子乎？」（春秋傳卷十八）洪亮吉曰：「鄭康成箴膏肓云云，含之下既有先後次第，則每事遣一使可知。即如正義譏賈云，春秋之世，吉凶賀弔，罕能如禮，此依時勢立言，非制禮本義。公羊及賈服幷據常禮爲說，又經文著且字，顯有禮文不備之意，正義以此譏賈，非也。」（春秋左傳詁卷二）劉文淇曰：「隱元年經，宰咺歸賵。大行人疏引服注：咺，天子宰夫。謂宰夫主賻賵之事，以證行人唯主弔法。如禮疏說，則天子歸賵，當使宰夫榮叔以行人攝其事。故賈、服以兼二使爲譏也。洪氏謂賈、服據常禮言之，極是。宰夫之歸賵亦常禮矣。傳稱禮也者，美歸含賵之得禮，不關兼使之事。疏據傳駁賈、服說，非也。」（舊注疏證文公五年）按毛氏駁公羊說，與正義說合。李氏、洪氏、劉氏則主賈說而駁正義。說並有據，惟仍無以破正義之說。李氏引雜記，含者執璧將命，上介賵，執圭將命之文，以證含、賵當異人。惟雜記，弔者、含者、襚者，上介賵。節次相承，含者有降出反位之文。鄭注云：言降出反位，則是介也。是含、襚、賵皆介者爲之，雖異人，然皆爲專使所屬副貳之職，不宜視爲兩使也。是李氏說未當。洪氏謂每事遣一使，亦於禮無據。至劉氏引大行人及禮疏之說，亦不能證含賵之必有二使也。權衡二義，當以正義說爲長。

（九）經納公孫寧、儀行父于陳。賈逵謂二子不繫之陳，絕於陳也。惡其與君淫，故絕之，善楚有禮。納者，內難之辭。杜預以爲二子功足補過，故君子善楚復之。賈氏善楚有禮之說是，惟謂不繫陳爲絕之則非。當以省文爲說。杜謂二子功足補過，非也。

「納公孫寧儀行父于陳。」（宣公十一年經）

賈逵曰：「二子不繫之陳，絕於陳也。惡其與君淫，故絕之，善楚有禮也。納者，內難之辭。」（正義引。馬、黃、王、嚴四家皆輯。黃、王二家無「納者內難之辭」一句，此從馬、嚴二家。）

案杜注：「二子，淫昏亂人也。」君弒之後，能外託楚以求報君之讎，內結强援於國，故楚莊得平步而討陳，除弒君之賊。於時陳成公播蕩於晉，定亡君之嗣，靈公成喪，賊討國復，功足以補過，故君子善楚復之。」杜不用賈說。正義曰：「二子與君淫昏，致使君死國亂，實罪人也。今楚子入陳而納之，乃是納罪人也。例應罪楚子，而傳言書曰入陳，納公孫寧、儀行父于陳，書有禮也。既善楚子有禮，則是恕彼之過也。故杜迹其合恕之由，言賊討國復，是二子之力，其功足以補過，故君子善楚復之。」又駁賈說云：「案子糾、捷菑皆不繫國，自是例之常，賈說非也。釋例云：賈氏依放穀梁云，稱納者，內難之辭，納公孫寧、儀行父于陳，言書有禮，不可言內難也。陳縣而見復，上下交讙，二人雖有淫縱之闕。今道楚匡陳，賊討君葬，威權方盛，傳稱其禮，理無所難，此先儒說之不安也。」按杜云，二子功足補過，故君子善楚復之。此曲說難通，後儒多不謂然。顧炎武曰：「孔寧、儀行父從靈公宣淫于國，殺忠諫之洩冶，君弒不能死，從楚子而入陳，春秋之罪人也，故書曰：納公孫寧、儀行父于陳。杜預乃謂二子託楚以報君之讐，靈公成喪，賊討國復，功足以補過。嗚呼，使無申叔時之言，陳為楚縣矣，二子者楚之臣僕矣，尚何功之有？幸而楚子復封，成公返國，二子無秋毫之力，而杜氏為之曲說，使後世詐諼不忠之臣復援以自解。嗚呼，其亦愈于今之已為他人郡縣而猶言報讐者與？」（日知錄卷四）齊召南曰：「復封陳者，楚莊之有禮，納二子者，楚莊之失刑，但以能復陳國則大善當褒，未暇及細過耳。二子陷君於惡，致國幾亡，行同禽獸，有何功足以補過乎？杜注迂矣。」（左傳注疏考證卷一）沈欽韓曰：「杜預舉二子之功足補過。夫身為貴臣，朋淫褻豬，殺直諫，貽君禍，雖寸磔不足蔽辜，何功之可補？害義傷理，莫斯為大矣。傳之稱楚有禮，謂入其國而不貪其土，豈自二豎子之出入哉！」（左傳補注卷五）

按顧、齊、沈諸家之言是也。杜氏誤解傳有禮之說，遂謂經有褒二子之意，而曲為之說，不知傳謂書有禮者，乃以楚為陳討弒君之賊，而不有其地，為有禮耳。沈氏云：傳之稱楚有禮，謂入其國而不貪其土。顧氏亦謂：「與楚子之存陳，不與楚子之納二臣也。」（同上引）為得其實。賈云，善楚有禮，得之。賈又云：「二子不繫之陳，絕於陳也。惡其與君淫，故絕之。納者，內難之辭。」按賈以二子不繫陳爲絕於陳，未妥。然謂惡其與君淫，故絕之。納者，內難之辭。義則正確。傳載二子從君宣淫於國，致貽君禍，又殺直諫之臣洩冶，失德之甚，罪不容於誅，固當有貶。惟其貶之意，在書楚納已足，不必再以繫陳與否爲貶也。蓋書納者，未有善行而內勿受之辭也。二子罪大，理當爲陳所絕，今楚强納二子於陳，非正也。故齊氏召南謂，納二子爲楚莊之失刑，良是。此經貶楚莊及二子之意也。賈云，惡其與君淫，故絕之。納者，內難之辭。亦卽此義。賈之釋納爲內難，本於穀梁。穀梁傳云：「納者，內弗受也。」（卷十二）義可通於左傳，故取以爲說，未爲不可。故曰賈氏此言爲正確也。而二子不繫陳者，以上云楚子入陳，下云納二子于陳，已有二陳字，文義已足，若二子之上再繫以陳，則爲贅辭矣。經貶楚莊及二子之義，旣已見於「納二子於陳」之文，自不必再以贅辭示貶也。公羊何注亦云：「不繫國者，因上入陳可知。」（卷十六）正義駁云：「子糾、捷菑皆不繫國，自是常例，說尚不誤。故知賈氏不繫陳者乃絕於陳之說爲非是也。且經若於二子無貶，則當云：公孫寧、儀行父自楚歸于陳。今不然者，明其有貶。而傳曰：「故書曰：楚子入陳，納公孫寧、儀行父于陳，書有禮也。」依此文似以楚子納二子于陳爲有禮矣。然傳載其事始末，二子罪惡昭彰，絕無杜氏所謂功可補過之理，楚子納之，焉得爲有禮？則書曰之文，顯與義違。以此知左傳措辭，亦偶有欠當之處。杜氏之誤，卽過信此措辭欠當之句，所以曲說難通也。顧炎武日知錄已謂左傳不必盡信，此亦左傳不必盡信之一端也。

（十）經天子使召伯來賜公命。賈逵謂諸夏稱天王，畿內曰王，夷狄曰天子。王使榮叔歸含且賵，以恩深加禮妾母，恩同畿內，故稱王。成公八年，乃得賜命與夷狄同，故稱天子。杜預從二傳說，以為天子、天王，王者之通稱。從杜預說。

「天子使召伯來賜公命。」（成公八年經）

賈逵曰：「諸夏稱天王，畿內曰王，夷狄曰天子。王使榮叔歸含且賵，以恩深加禮妾母，恩同畿內，故稱王。成公八年，乃得賜命，與夷狄同，故稱天子。」（正義引。馬、黃、王、嚴四家皆輯。）

案杜注：「天子、天王，王者之通稱。」杜不用賈說。正義曰：「天子之見經者三十有二，稱天王者二十五，稱王者六，稱天子者一，卽此事是也。三稱並行，傳無異說，故知天子、天王，王者之通稱也。其不同者，史異辭耳。公羊傳曰：其稱天子何？元年春，王正月，正也。其餘皆通矣。杜用彼說也。」又駁賈云：「左氏無此義，故杜不從之。」李貽德釋賈說云：「曲禮：君天下曰天子。注：天下謂外及四海也。今漢於蠻夷稱天子，於王侯稱皇帝。是漢時諸侯王稱皇帝，卽諸夏稱天王之義。蔡邕獨斷云：王，畿內之所稱，王有天下故稱王。天王，諸夏之所稱，天下之所歸往，故稱天王。天子，夷狄之所稱，父天母地，故稱天子。則賈云畿內稱王，諸夏稱天王，夷狄稱天子，漢時經師相傳之訓也。周禮職喪：掌諸侯之喪，凡國有司，以王命有事焉，則詔贊主人。疏：言諸侯者，謂畿內王子母弟得稱諸侯者。又注：有事謂含襚贈賵之屬，詔贊者以告主人佐其受之。是畿內諸侯有喪，得有含襚贈賵之屬。今成風以外侯妾母，王亦歸含且賵，是於禮有加恩比畿內，故稱王，以見其近也。白虎通崩薨篇：諸侯薨，使人歸瑞珪于天子者何？諸侯以瑞珪爲信，今死矣，嗣子諒闇三年之後，當乃更爵命，故歸之，推讓之義也。爵篇引韓詩內傳曰：諸侯世子三年喪畢，上受爵命於天子。是賜命當在三年之後，今越八年乃賜命，直以夷狄遠之，故經稱天子。」（賈服注輯述卷十）禮記曲禮云：「君天下曰天子。」疏云：「異義：古周禮說，天子無爵，同號于天，何爵之有。許愼謹案，春秋左氏云：施于夷狄稱天子，施于諸夏稱天王，施于京師稱王，知天子非爵稱，同古周禮義。鄭駁：案士冠禮云：古者生無爵，死無謚，自周及漢，天子有謚，此有爵甚明，云無爵，失之矣。若杜預之義，天子，王者之通稱，故成公八年，天子使召伯來錫公命，魯非夷狄，稱天子。莊元年多，王使榮叔來錫公命，魯非京師，而單稱王，是無義例。」（禮記注疏卷四）劉文淇曰：「許愼所稱左氏，卽賈氏之說。春秋所載：凡伯、南季、家父、仍叔之子來聘，及求金、求車、歸賑之類，皆稱天王。若榮叔、召伯之使，不稱天王。賈氏謂榮叔歸含且賵，以恩深加禮妾母，恩同畿內，故稱王。成公八年，乃得賜命，與夷狄同，故稱天子。曲禮疏以杜義難左氏古義，非也。」（舊注疏證隱公元年）劉氏又引蔡邕獨斷云云，曰：「蔡說與賈、服同，蓋同一師說，疏謂左氏無此義，非也。」（同上成公八年）按賈氏云，夷狄曰天子，然經稱天王者二十五，稱王者六，其稱天子者，僅此年一見而已。且賜命魯國，亦與夷狄之說不合。賈氏雖爲此說，然十二公惟桓、文、成三公書賜命，成公八年乃賜命，謂與夷狄同，其未賜命者，果何說乎？又其主賈說者，李氏、劉氏二家。李氏引曲禮鄭注：今漢於蠻夷稱天子，於王侯稱皇帝。此特漢時有此異稱。賈說蓋據漢時之稱而推言之。然漢時之制，未必同於春秋時，此未足爲賈說之證。又引蔡邕獨斷之言，此蓋蔡邕本之賈逵者，亦但能證漢儒相傳有此說，而不能證賈說之確也。至引周禮職喪及白虎通之說，亦與賈說無必然關係，不足以證成之也。劉氏駁曲禮疏及正義之言，亦乏有力論據，不若正義及曲禮疏之通達有力，然則賈逵之說，實未當也。穀梁傳曰：「曰天子何也？曰見一稱也。」范注云：「天王、天子，王者之通稱。自此以上，未有言天子者，今言天子，是更見一稱。」（卷十三）公羊傳之說，正義已引之。是杜取穀梁、公羊二傳之說也。二傳之說，本甚宏通，絕無穿鑿。然顧棟高三傳異同表引啖子曰：「二傳不知文之誤，强穿鑿耳。」又引程端學曰：「啖說近是。蓋天子、天王雖同，然春秋二百四十二年之中，天王之見經者三十有二，惟此稱子耳，故知誤也。」（春秋大事表四十二之三）顧氏引啖程二家以爲經稱天子乃天王之字誤，故以二傳之說爲穿鑿。實則二傳謂天王、天子皆王者之通稱，陳義本甚平正，以爲穿鑿非也。而程氏既云天子、天王義同，又無誤字之確證，則文誤之說，恐不足取。仍當以公、穀二傳及杜說爲是。

（十一）釋經稱歸稱納之例。賈、杜說各有得失。

「夏，楚子、鄭伯伐宋，宋魚石復入于彭城。」（成公十八年經）

賈逵曰：「諸侯歸國，稱所自之國，所自之國有力也。稱納者，內難之辭。納北燕伯于陽，時陽守拒難，故稱納。」（正義引。馬、嚴輯有，黃、王二家缺。）

案杜注：「謂諸侯以言語告請而納之，有位無位皆曰歸。」正義引釋例曰：「諸侯納之，有位無位皆曰歸，衛孫林父、蔡季是也。韓、魏有耦國之強，陳、蔡有復國之端，故晉趙鞅、公子比皆稱歸，從諸侯納之例，言非晉楚之所能制也。傳例稱，諸侯納之曰歸。今檢經諸稱納者，皆有興師見納之事，不須例而自明，故但言納而不復言歸也。衛侯鄭、曹伯負芻皆見執在周，晉、魯請而復之，鄭書歸于衛，負芻稱歸自京師，所發事同而文異者，例意本在於歸，不以他文爲義也。」又曰：「賈氏云云，案楚公子比去晉而不送，是無援於外，而經書自晉。陳侯吳、蔡侯廬皆平王所封，可謂有力，而不言自楚，此既明證。賈氏又依放穀梁云：稱納者，內難之辭，因附會諸納爲義，至于納北燕伯于陽，傳稱因其衆，窮不能通，乃云：時陽守拒難，故稱納，此又無證。經書楚人圍陳，納頓子于頓，則頓國之所欲也。北燕伯傳有因衆之文，不可言內難也。又書納公孫寧、儀行父于陳，陳縣而見復，上下交驩，二人雖有淫縱之闕，今道楚匡陳，賊討君葬，威權方盛，傳稱有禮，理無有難，此皆先說之不安也。」劉文淇駁釋例說云：「楚公子比既自晉歸，則資晉力，不得以去晉不送爲無援於外，杜說自相矛盾。」又云：「據杜駁則書納不關內難，惟此傳明歸例，非明納例。玩賈說，疑不繫於此年，或見納北燕伯于陽下。納北燕伯于陽、納頓子于頓，文正一例，故賈云陽守拒難。至陳靈君弒國亂，安得謂非內難？傳稱有禮，指楚子救患討罪而言，不關書納義，疏駁皆非。

」（舊注疏證成公十八年）李貽德曰：「陽守者，謂守陽城之主，猶史稱上黨守、三川守是。以其距難，故帥師而往。杜氏釋例云：今檢經諸稱納者，皆有興師見納之事。然則稱納者，因所納之地，先必拒難，故須興師以納。賈知陽之拒難為陽守者，以傳云因其衆，明陽之居民未嘗相拒難，拒難者獨此守耳。而北燕伯得入者，當與夙沙衛拒守而高唐人納齊師相類，故傳曰因其衆也。」（賈服注輯述卷十六）按劉氏、李氏駁釋例之言，皆為有理。蓋諸侯歸國，既得所自之國之助，或以師納，或以言語，皆為助力，經因稱其國，則賈云，諸侯歸國，稱所自之國，所自之國有力也。說自可通。惟杜氏舉陳侯吳蔡侯廬為平王所封，可謂有力，而不言自楚，以駁賈說，以為賈說非通例，則亦言之有理。故就各別之事而論，賈說可通，若求為全書通例，則有未能概括者，杜說亦稱得當，特釋例之言，亦間有紕謬耳。至賈云，稱納者，內難之辭，及納北燕伯于陽，以陽守拒難，故稱納，義皆可通，杜氏駁之，非矣。

（十二）經十有二月，公至自救陳。辛未，季孫行父卒。賈逵謂：月者，為下卒起其義也。賈說得之。

「十有二月，公至自救陳。辛未，季孫行父卒。」（襄公五年經）賈氏云：「月，為下卒起其義也。」（公羊傳疏引。馬、黃、王、嚴四家及馮補均未輯。）案此經杜注及正義均無說。徐彥公羊疏亦僅引賈氏一語，而不措一辭。蓋以為賈義可通於公羊也。桓二年傳云：「多，公至自唐，告于廟也。凡公行告于宗廟，反行飲至，舍爵策勳焉，禮也。」正義曰：「凡公行者，或朝或會，或盟或伐，皆是也。孝子之事親也。出必告，反必面，事死如事生。故出必告廟，反必告至。不言告禰廟而言告宗廟者，諸廟皆告，非獨禰也。反行必告而春秋公行一百七十六，書至者唯八十二耳，其餘不書者，釋例曰：凡公之行，不書至者，九十有四，皆不告廟也。」杜氏釋例及正義說公還至之例，但以告廟與否爲言，而不及書月不書月。於賈氏之說亦未論及，當不以其說爲非是。劉氏文淇曰：「此經二傳不說月，則賈注爲左氏義。明公至不以月見例。」（舊注疏證襄公五年經）劉氏師培曰：「僖三十三年十二月，公至自齊。賈君謂此事不繫月。又襄五年十有二月，公至自救陳。辛未，季孫行父卒。公羊疏引賈氏云：月爲下卒起其義也。定八年三月，公至自侵齊。曹伯露卒。公羊疏引賈氏云：還至不月，爲曹伯卒月。由賈說推之，則還至之例，僅書時。僖四年八月，公至自伐楚。爲下葬許君月也。十五年九月，公至自會。爲下震夷伯廟月也。文十四年正月，公至自晉。爲下邾伐南鄙月也。宣十年五月，公至自齊。爲下陳弒君月也。成三年二月，公至自伐鄭。爲下新宮災月也。十一年三月，公至自晉。十七年十一月，公至自伐鄭，爲盟卻犨及公孫嬰齊卒月也。襄二十九年五月，公至自楚。昭五年七月，公至自晉。爲下衛侯卒及敗莒師月也。定四年七月，公至自會。哀十年五月，公至自伐齊。爲下劉卷卒及葬齊悼公月也。桓十六年，公至自伐鄭。經書七月，傳舉以飲至之禮明之。僖十六年，公至自會。經書九月，傳以諱執及猶有諸侯之事明之。成六年正月，公至自會。十三年七月，公至自伐秦。昭七年九月，公至自楚。還至而外，月無他事，乃亦時月並書，在賈君必有釋詞，今不可考。」（春秋左氏傳時月日古例考還至例）按春秋書公還至，多不月。此年書月，以下文季孫行父卒，卿佐之喪，須謹月日，故書十有二月。劉氏之說，當得賈義。

（十三）經書公會諸侯于溴梁。戊寅，大夫盟。賈逵本二傳說，言惡大夫專，而君失權也。杜預以為諸大夫本欲盟高厚，高厚逃歸，故遂自共盟。雞澤會重序諸侯，今此間無異事，即上諸侯大夫可知。杜說為近。

「三月，公會晉侯、宋公、衛侯、鄭伯、曹伯……于溴梁。戊寅，大夫盟。」（襄公十六年經）

賈氏云：「言惡大夫專，而君失權也。」（正義引賈服。馬、黃、王、嚴四家皆輯。）

案杜注：「諸大夫本欲盟高厚，高厚逃歸，故遂自共盟。雞澤會重序諸侯，今此間無異事，即上諸侯大夫可知。」杜不從賈說。正義曰：「公羊以為溴梁之盟，君若贅旒然。穀梁云：不曰諸侯之大夫，大夫不臣也。皆以為此時諸侯微弱，權在大夫，諸侯皆在，而大夫自盟，政教約信，在於大夫，其事不由君也。不曰諸侯之大夫者，刺大夫不臣也。賈、服取以為說，言惡大夫專，而君失權也。案傳荀偃怒，使諸侯大夫盟高厚，以君臣不敵，故使大夫盟之，君使之盟，非自專也。以齊人既有二心，高厚歌詩不類，知小國必有從齊者也。諸侯大夫本意欲盟高厚，高厚雖已逃歸，仍恐餘國有二，故大夫遂自共盟，使同會之國，皆一其志也。雞澤之會，文隔袁僑如會，故重言諸侯之大夫，今此間無異事，直言大夫，即是上會諸侯之大夫，不言諸侯，以可知故也。」李氏貽德釋賈說云：「賈、服云，大夫專而君失權，卽本二傳爲文，實以申明左氏傳也。傳曰：荀偃怒，且曰：諸侯有異志矣。使諸大夫盟高厚，時諸侯咸在，偃擅使諸大夫盟，以君臣不敵，故使諸大夫盟高厚，詳傳文，使是荀偃使也。諸大夫承荀偃頤指，國君咸在，竟爲戊寅之盟，經旣列敍諸侯會于溴梁，繼之曰大夫盟，所以明大夫之專也。漢書五行志云：至於襄公晉爲溴梁之會，天下大夫皆奪君政，亦謂君失權也。正義曰：君使之盟，非自專也。尋繹此傳，並無君使之文，孔欲難賈、服，故違傳文，恆此類也。」（賈、服注輯述卷十一）趙鵬飛曰：「君之所以立國者在權，國之所以立權者在信，權存則國存，信去則權去。溴梁之會，諸侯會而大夫盟，信在大夫也。於是晉權移於六卿，魯權入於三家，齊權屬崔高，衛權在孫寧，宋權歸於罕，陳權歸二慶，權旣下移，宜信之不在君而在臣也。平公承悼公之烈，可以有爲，乃挈覇權以歸大夫，何以示天下，其後杞之城，宋之盟，皆出於大夫，其失權自此始，是以聖人謹之也。」（春秋經筌卷十二）牛運震曰：「溴梁之會，諸侯在而大夫盟，公、穀、胡氏皆以爲權移於大夫，蓋經書大夫，而不繫於諸侯，則大夫之不臣可知也。杜注孔疏謂晉使大夫盟高厚，高厚逃歸而大夫共盟，非大夫之專，西河毛氏從之，夫使大夫本爲高厚盟，高厚逃歸，自盟何爲？若依雞澤書例，當書齊侯使高厚如會，高厚逃歸。戊寅大夫盟。如此則大夫無專盟之嫌。今俱略之，而直書曰：大夫盟，謂之非刺大夫之專，可乎？」（清儒五經彙解卷二百九引牛氏春秋傳）

毛奇齡曰：「經不書高厚于會，以逃歸也。但書大夫盟，不書諸國君，以大夫自盟，國君不與盟也。公穀不知本事，但疑君在而大夫自盟，有政逮大夫之漸，而胡氏又宗之，夫大夫之盟，君使之盟也。大夫可盟高厚，國君不可盟高厚也。今以衆大夫盟一高厚，而謂之逮大夫，向使合衆諸侯以盟一高厚，則大夫役諸侯矣。若其他盟會，雖盡役大夫，吾猶惡其奔命無已，必國君親臨，則諸侯何罪，爲腓肚不如爲贅疣也。」（春秋傳卷二十六）竹添氏左傳會箋云：「是書法春秋一出，傳不示義，非褒貶所關故也。三年雞澤之會，主及陳袁僑盟，故曰孫叔豹及諸侯之大夫。二十七年貶豹，故曰豹及諸侯之大夫盟于宋。彼曰于宋，而此不曰于溫，文之變也。凡事再出而辭可變者變之，春秋之常也。宋之盟，省于宋字亦可，然間有異事，書盟于宋協矣，此盟直受溴梁而書溴梁則文複，書溫則嫌於別處，不書爲協，不曰叔孫豹及諸侯之大夫盟，亦與雞澤對而變者也。正義云：雞澤之會，隔袁僑如會，故重言諸侯之大夫，今此間無異事，直言大夫而不言諸侯，以可知故也。殊不知袁僑如會，不可謂異事，且不可書叔孫豹及大夫，彼經不得不書諸侯之大夫，非關異事有無也。」（襄十六年）

按此年經書，公會晉侯、宋公、衛侯、鄭伯、曹伯、莒子、邾子、薛伯、杞伯、小邾子于溴梁。戊寅，大夫盟。晉人執莒子、邾子以歸。傳謂，會于溴梁，命歸侵田，以我故，執邾宣公、莒犁比公，且曰：通齊、楚之使。晉侯與諸侯宴于溫，使諸侯大夫舞曰：歌詩必類。齊高厚之詩不類。荀偃怒，且曰，諸侯有異志矣。使諸大夫盟高厚，高厚逃歸。於是叔孫豹、晉荀偃、宋向戌、衛寧殖、鄭公孫蠆、小邾之大夫盟曰：同討不庭。此傳載溴梁會盟之始末也。晉悼公卒，平公繼位，爲溴梁之會，圖繼霸也。於時齊久服於晉，至是不服，有爭霸之心，故溴梁之會，齊侯不至，但遣其大夫高厚與會。晉覘得之，且以邾莒之恃齊而數侵魯，魯訴於晉，故晉執邾子、莒子於會，而數其罪曰：通齊楚之使，明言齊之通楚，並命歸侵田，則討齊貳之意顯矣。然猶未出之以激烈之舉動，冀以覇主之威，使高厚自示屈服，參與盟儀，而達討貳服齊之功。以齊爲大國，不欲遽與決裂也。齊既有不服之心，則就晉之立場言，此會自以服齊爲首要之事矣。此時，齊高厚見晉討齊之意已顯，而心不欲服（蓋使命然也），其於盟事，必藉故延宕，以圖避重就輕。晉爲竟服齊之功，自亦不肯輕易退讓，雙方意見未合，盟事亦不得舉行，此溴梁諸侯所以會而不盟也。齊欲逃避，而晉則志在服齊，故晉侯與諸侯宴于溫，使諸侯大夫歌詩見志，高厚之詩不類，晉見其異志，乃以高厚大夫，故亦以大夫與盟，而諸侯不與。欲强盟高厚，高厚乃逃歸，而晉欲服齊，遂未能得。然諸大夫既已約期行盟，高厚雖逃不與會，諸大夫乃遂相與爲盟，以期一致討齊，故曰同討不庭也。而諸大夫之遂相與爲盟，不復避讓其君者，亦見大夫之專擅，諸侯有大權旁落之勢矣。經蓋據實而書，初無褒貶之意。其不曰諸侯之大夫者，卽上諸侯大夫，省文從可知也。賈逵云：言惡大夫專而君失權。謂之據此見大夫專而君失權則可，若謂孔子欲貶惡大夫專而君失權，乃書曰大夫盟，則不可也。公穀二傳之失，正與賈同。杜注云：此間無異事，卽上諸侯大夫可知。意尚不誤。惟言諸大夫本欲盟高厚，高厚逃歸，故遂自共盟，尚未得要耳。正義謂，以君臣不敵，故使大夫盟高厚，是也。然謂君使之盟，非大夫自專，則未得實。李氏主賈說，趙氏、牛氏說與賈說爲近。毛氏、會箋說與杜說爲近。諸說皆有得有失，不盡圓滿也。

李氏云：時諸侯咸在，偃擅使諸大夫盟，言使是荀偃使也。李氏謂諸大夫有專擅之失則是，謂號令一出於荀偃，諸侯無與，則亦未得實也。趙氏之說，謂湨梁之會，諸侯會而大夫盟，信在大夫。以言諸侯大權旁落之勢，理固有當，然謂諸侯失權自此始，則未爲的論。牛氏之失，在以雞澤會書例與此相比況，不知雞澤之會，諸侯已盟，陳袁僑乃如會，故書法如彼，此則高厚先已在會，與袁僑後至者不同，何得援雞澤書例以例此乎？毛氏謂，大夫之盟，君使之盟也，大夫可盟高厚，國君不可盟高厚也。此說固可通，然何以高厚既逃歸之後，諸大夫尚自爲盟？則政逮大夫之說，不爲無見。而毛氏非之，非所宜也。會箋云：此非褒貶所關，不曰于溫者，文之變也。不曰叔孫豹及諸侯之大夫盟，亦與雞澤對而變者也。凡事再出而辭可變者變之，春秋之常。此說是。然謂正義省文之說爲非，則未當也。是諸家之說，各有得失，當分別觀之也。

（十四）經取邾田自漷水。傳云歸之于我。賈逵本二傳說，謂刺晉偏而魯貪。杜預以為邾田在漷水北，今更以漷為界，故曰取邾田。賈說為近。

「取邾田自漷水。」（襄公十九年經）

賈氏云：「言刺晉偏而魯貪。」（正義引賈服。馬、黃、王、嚴四家皆輯）

案杜注：「郲田在漷水北，今更以漷爲界，故曰取郲田。」杜不用賈說。正義曰：「郲在魯南，田在漷水北，今更以漷水爲界，取郲漷北之田，歸于魯也。十六年，命歸侵田，此年正郲魯之界，則此田舊是魯界，郲人取爲己有，今日使之歸魯，故曰取郲田也。」又駁賈曰：「賈、服云云，案傳晉命歸侵田，此田郲先侵魯，追令反本，何晉偏而魯貪？」毛奇齡曰：「晉令郲還所侵魯田，以漷爲界。」（春秋傳卷二十七）毛氏從正義說。正義據十六年，晉命諸侯歸侵田，及此年疆我田之文，謂郲嘗侵魯田，當歸于魯。然十六年晉命諸侯歸侵田，乃對諸侯而言，非專指郲一國。其時侵人田者，尤指齊國，以其數侵佔魯地也。十七年多，郲雖伐魯南部，惟傳無侵田之文，且郲弱於魯，無容久有魯田。此年傳稱，疆我田。疆者，疆理之謂，蓋疆理兩國國界，使明顯之。亦無郲當歸魯田之意。則正義之說，未爲確當也。宋以來學者，說此事多有與賈說相類者。如劉敞曰：「其曰取郲田自漷水，非所取也。脅人之君而制其國，介人之威而私其利，晉魯之惡甚焉，交譏之。」（春秋傳卷十一）蘇轍春秋集解曰：「成二年，取汶陽田，不言齊，魯地也。今以晉命取田於郲，故書曰：取郲田自漷水。言非魯地也。」（清儒五經彙解卷二百九引）張洽曰：「言取郲田，則非魯之舊可知，異於濟西汶陽之取，而恃霸威以强取明矣。」（春秋集註卷八）楊于庭春秋質疑曰：「鞍之戰，取汶陽之田於齊，書曰取汶陽田，不係之齊，此執郲子，曰取郲田自漷水者，何也？汶陽本我田也，郲田乃晉侯惡郲之伐魯而割其田以與魯也，非反魯侵地也。況郲人伐我，執之足矣，又取其田，不幾於蹊田奪牛之誚乎？此書法所以異於取汶陽田也。」（清儒五經彙解卷二百九引）劉氏、蘇氏、張氏、楊氏皆謂，魯恃晉覇威，强取邾田，非返魯之侵地，與成二年取汶陽田不係之齊者有異。而楊氏說尤爲確當。賈逵云，言刺晉偏而魯貪，與此說合。惟賈言刺，尙有未妥，當云書以示晉偏而魯貪則可耳。

（十五）經晉伐鮮虞。賈逵本穀梁說，謂其曰晉，狄之也。不正其與夷狄交伐中國，故狄稱之也。杜預以為書曰晉，不稱將帥，史闕文。從杜預說。

「晉伐鮮虞。」（昭公十二年經）

賈逵曰：「穀梁傳曰：其曰晉，狄之也。不正其與夷狄交伐中國。故狄稱之也。」（正義引賈、服、馬、黃、王、嚴四家皆輯。）

案杜注：「不書將帥，史闕文。」正義曰：「十五年，晉荀吳帥師伐鮮虞。定四年，晉士鞅、衞孔圉，帥師伐鮮虞。二者皆書將帥，此獨不書將帥，是知史闕，或是告辭略，史闕不得知，亦得言史闕文也。穀梁傳曰云云，賈、服取以爲說。左氏無貶中國從夷狄之法。傳曰：亡者侮之，亂者取之。又曰：間攜貳，覆昏亂，覇王之器也。鮮虞，夷狄也。近居中山，不式王命，不共諸夏，不事盟主，伐而取之，唯恐知力不足，焉有以夏討夷，反狄中國？從此以後，用師多矣，何以不常狄晉，更復書其將也？杜以其言不通，故顯而異之。」公羊何休注云：「謂之晉者，中國以無義故爲夷狄所强，今楚行詐滅陳、蔡，諸夏懼然去而與晉會于屈銀，不因以大綏諸侯，先之以博愛，而先伐同姓，從親親起，欲以立威行霸，故狄之。」（卷二十二）孔氏廣森曰：「鮮虞，姬姓之國，見于世本。杜預謂白狄別種，妄也。後改國名中山。左氏哀三年傳有求援于中山者卽是。史記中山武公，徐廣以爲西周桓公之子，雖失其實，然爲周之分子無疑耳。晉爲諸夏盟主，楚翦覆姬宗，坐視不救，又效楚之尤，亦加兵于同姓，故稱國狄之，春秋特於此責晉之甚者。初楚人爲申之會，請諸侯于晉，晉弗敢競，楚由是大得志于中國，放乎滅陳蔡者，晉君臣爲之也。蘇轍曰：楚滅陳蔡，而晉不救，力誠不能，君子不罪也。能伐鮮虞，而不救陳蔡，非力不足也，棄諸侯也，故以夷書之。」（春秋公羊通義卷十）是公羊義亦以爲狄晉也。竹添氏左傳會箋云：「伐鮮虞始書，此後三伐皆書大夫將。春秋書法有謹始者，以文十年秦伐晉，成三年鄭伐許例之，此伐晉見貶，亦特筆也。晉不能救陳、蔡，本年秋以詐假道鮮虞而滅無罪之肥，此春秋所惡也。因肥之役而幷伐鮮虞，自此釁開，攻伐相繼，尤春秋所惡也。滅肥以不告不書，故於此總貶之。」（昭公十二年經）會箋亦以爲貶晉，與賈說合。

惟學者多有主闕文之說者，文十年秦伐晉。黃氏仲炎曰：「此年秦伐晉，成三年鄭伐許，昭十二年晉伐鮮虞，皆脫人字，如夏五闕月是也。說春秋者皆云：不稱人，狄之也。抑不思春秋諸侯擧無道之師以伐人者衆矣，孰非可狄者，何獨是耶？宣二年秦伐晉，猶此年伐晉也，而以秦師書。成四年鄭伐許，猶三年伐許也，而以鄭伯書。定四年晉伐鮮虞，猶昭十二年伐鮮虞也，而以晉士鞅、衛孔圉書。何爲而不狄之哉？此可以見其說之窮矣。」（春秋通說卷七）齊氏履謙曰：「鮮虞，杜氏謂白狄別種，在中山者。二傳欲附狄晉之說，故或以鮮虞爲中國，或以爲晉同姓國，皆非也。文十年秦伐晉，成三年鄭伐許，及此年晉伐鮮虞，要之三者皆春秋闕文。若舊說以爲狄秦、狄鄭、狄晉，則秦之不通中國，鄭之背晉從楚，其狄已久，又何待至此闕其主帥然後以爲狄，非聖人意也。」（春秋諸國統紀卷四）成三年鄭伐許。程氏端學曰：「不特史有詳略，又安知非脫誤乎？其夏棄疾伐許，亦書帥師，何以不狄？」又曰：「始伐許不狄，今再伐故狄之，然則四年冬鄭三伐許，其罪尤夥，何以反不狄之，而稱鄭伯乎？荆楚猾夏，大爲無道，春秋何不狄之，而書楚師楚子乎？此皆一字褒貶之弊也。」又曰：「呂氏本中謂，以小事而略之，亦未然。若以事小而略，則昭十五年晉荀吳帥師伐鮮虞，事亦小也，何爲不略之哉？」（並春秋或問卷七）顧氏棟高曰：「案文十年秦伐晉，成三年鄭伐許，昭十二年晉伐鮮虞。三處不稱人，蘇氏轍、程氏端學、王氏樵皆主闕文之說，而黃氏仲炎言之尤暢。此條齊氏履謙所駁公穀狄晉之說，尤爲有理。夫欲以晉爲狄道，而反以鮮虞爲中國，本夷狄也而中國之，本中國也而夷狄之，爲闕一人字而顚倒夷夏如此，何其說之迂以曲乎？其爲闕文，更無疑也。」（春秋大事表四十三闕文表）

案穀梁義以鮮虞爲中國。公羊義亦以鮮虞爲姬姓國。晉伐鮮虞，乃伐同姓，故以爲與夷狄交伐中國。孔氏廣森申公羊義，以爲晉加兵同姓，故稱國貶之。會箋亦謂，晉不能救陳蔡，而伐無罪之肥。又啓釁鮮虞，攻伐相繼，皆爲春秋所惡，故貶之。此皆與賈說相合者也。杜預以史闕文爲說，是不以貶晉之說爲然。正義申之，其說頗當於理。昭十五年傳云：「晉荀吳帥師伐鮮虞，圍鼓。」

而國語晉語作：「中行穆子帥師伐狄，圍鼓。」（卷十五）同屬一事，而或稱鮮虞，或稱狄，則鮮虞即狄也。正義云：「鮮虞，夷狄」，信不誣也。穀梁范氏集解謂：「鮮虞，姬姓，白狄也。」（卷十七）杜預解左傳亦同此說。應劭風俗通氏姓篇又以鮮虞氏爲箕子之後。（後漢書第五倫傳注引）據此則鮮虞又爲子姓。鮮虞之爲子姓及姬姓，其始末陳槃闇先生有考，詳所著春秋大事表譔異冊六鮮虞國。此不具引。鮮虞既夷狄矣，何以得與商周同姓？陳先生謂：「就其族類言之則白狄，就其統治者言之則子姓或姬姓耳。」（春秋大事表譔異冊六）是則鮮虞雖有子姓及姬姓之族，側居其間，其族類究屬狄人無疑也。則公羊、穀梁以之爲中國者，非矣。而黃氏仲炎、齊氏履謙、程氏端學、顧氏棟高諸家皆主闕文之說，與杜說合。於義爲長，當從之。

（十六）經公在乾侯，取闞。賈逵謂昭公得闞，季氏奪之。不用師徒。杜預以爲公別居乾侯，遣人誘闞而取之。不用師徒。賈、杜說皆未的。此取闞，蓋魯取之於鄆黑肱者也。

「公在乾侯。取闞。」（昭公卅二年經）

賈逵曰：「昭公得闞，季氏奪之，不用師徒。」（正義引。馬、黃、王、嚴四家皆輯。馬、嚴輯多「謂此取闞爲季氏取于公也」句，此從黃、王二家。）

案杜注：「公別居乾侯，遣人誘闞而取之，不用師徒。」此經取闞，左傳無說。故賈逵、杜預說各異。正義曰：「公羊傳曰：闞者何？邾婁之邑也。案傳定元年，將葬昭公，季孫使如闞公氏，將溝焉。則闞是魯公葬地，非是邾邑。公羊不可通於左氏也。土地名：東平須昌縣東南有闞城是也。賈逵云云，謂此取闞爲季氏取於公也。案檢經傳，公自出奔以來，唯齊侯取鄆以居公耳，未有公取闞之處，安得取於公也？且若是季氏奪公，無由得告廟書經，故杜以爲公取之也。四年傳例曰：凡克邑不用師徒曰取。知公遣人誘而取之，不用師徒也。」按正義駁賈謂：傳無公取闞之文，且若季氏奪公，無由得告廟書經。其言有理。趙氏佑亦以正義駁賈爲是。（春秋雜案。清儒五經彙解卷二百一十六引）故賈說未當。然杜謂公遣人誘闞而取之，亦無據。毛氏奇齡曰：「取闞事闕。公羊曰：闞者，邾婁之邑也。據定元年，葬昭公，季氏使役如闞。則闞本魯邑，爲群公墓地所在。公羊妄說也。若杜氏謂遣人誘闞而取之，則亦無據。且此時取闞何爲乎？」（春秋傳卷三十二）毛氏謂杜說無據是也，然謂闞非邾邑，則尚未的。

宋氏翔鳳曰：「經：公在乾侯。取闞。賈、杜兩說並非。傳但釋公在乾侯而不及取闞，則公在乾侯是一事，取闞又一事。謂魯人自取闞也。公羊以闞爲邾婁之邑者，得之。闞即上年冬黑肱以濫來奔之濫。邾魯相接，在邾謂之濫，在魯則謂闞，音近可通。故闞止，史記田齊世家作監止。闞、監、濫，音皆近也。蓋黑肱以濫來，至是魯取而有之。公羊取闞，傳曰：闞者何？邾婁之邑也。曷爲不繫乎邾婁？諱亟也。注：與取濫爲急。疏云：注取亦作受。案作受濫者，以取闞爲受濫之事，非取兩邑也。」（過庭錄卷四）宋氏謂，此年取闞，乃邾黑肱以濫來奔之濫，魯至是取而有之，故經書取闞耳。如宋氏之說，則定元年之闞，當與此年闞，非屬一地也。竹添氏左傳會箋云：「桓十一年，公會宋公于闞，即昭二十五年叔孫昭子如闞之闞。魯又有闞，魯侯墳墓之地。定元年，如闞公氏，是也。此闞則公羊曰邾婁之邑也。凡經義難知者，左氏必釋之，若昭公誘魯邑而經書取闞，乃大義所關，左氏不容不釋。而此經無傳，則亦以爲魯取他國之邑也。然則何爲書之？季氏告廟，故時史書之，仲尼脩春秋，從而不改。曰公在乾侯，曰取闞。屬辭比事，而季氏無君之意自見矣。」（昭公卅二年經）會箋於定元年闞公氏下又云：「此闞是先公葬地。與昭二十五年、三十二年闞邑，蓋異地。墓地不宜太遠，鄭簡公日中而堋，可見也。叔孫昭子如闞，遠鄙也。若在公墓之邑，須聞亂而馳歸耳。」（定元年傳）是會箋以爲闞地有三：此年闞，即濫，本邾邑。杜預以爲在東海昌盧縣。昭二十五年、桓十一年之闞，乃魯邑。杜注在東平須昌縣東南。定元年闞公氏，則魯先君墓地所在，其地當在魯都附近也。與宋氏翔鳳說合，其說可從。然則此年取闞，乃魯取於邾黑肱者，非昭公遺人誘取魯邑，亦非季氏奪之於昭公也。賈、杜說並非。惟經書「取」之義，賈、杜並云不用師徒，乃本昭四年傳例爲說，則尚爲不誤耳。

（十七）經九月大雩。賈逵謂旱也。杜預以為過也。從賈逵說。

「九月，大雩。」（定公七年經）

賈逵曰：「旱也。」（正義引。馬、黃、王、嚴四家皆輯。）

案杜注：「過也。」正義曰：「賈逵云：旱也。杜言過者，杜以春秋旱雩，傳皆發之言旱，以此傳無旱文，故謂之過。如賈之所言，前既有雩，後又有雩，旱可知，不須發傳。若然昭二十五年，上辛大雩，季辛又雩。一月兩雩，旱亦可知，何須發傳言旱甚也?劉以賈言規杜，非也。蓋時有小旱，故傳不言旱；未應合雩，故杜云過也。」李氏貽德釋賈說云：「雩有常雩，有旱雩。常雩者，傳稱龍見而雩是也。旱雩者，周禮司巫曰：若國大旱則師巫而舞雩是也。上文經書大雩，此復大雩，與昭二十五年上辛大雩，季辛又雩同。彼傳云：旱甚也。則此兩雩亦是旱甚。傳不言者，以文見於彼，可據彼以明此，故不發傳。若是常雩，一秋不得有兩雩之理。杜云過也，恐非經義。」（賈、服注輯述卷十九）竹添氏左傳會箋云：「昭二十五年秋書再雩，旱甚也。此經再書大雩，大旱可知。如杜說，前雩不書可也。」（定公七年經）按賈說甚當。李氏貽德申之是也。正義謂春秋旱雩，傳皆發之，此傳無旱文，故杜謂之過。正義以此申杜說，論據至爲薄弱。會箋之言，可證賈義之當，杜說之不足取，從可知也。鍾氏文烝曰：「明至此乃得雨也。若此雩猶不得雨，則兩大雩皆不書。當如宣七年書秋大旱矣。」（春秋穀梁傳補注卷三十二）鍾氏說見經所以不書大旱，而書兩大雩之故，亦可爲賈說之旁證也。

（十八）經書三月公至自侵齊。曹伯露卒。賈逵謂還至不月，爲曹伯卒月。杜氏無說。賈說得之。

「三月，公至自侵齊。曹伯露卒。」（定公八年經）

賈氏云：「還至不月，爲曹伯卒月。」（公羊傳疏引。馬、嚴輯有，黃、王二家缺。）

案此經杜注及正義皆無說。徐彥公羊疏云：「正以春秋之例有雖在月下而不蒙月者，故賈氏云：還至不月，爲曹伯卒月是也。」（公羊注疏卷二十六）李氏貽德釋賈說云：「還至不月者，桓二年經書：多，公至自唐。又莊二十四年秋，公至自齊。僖二年多，公至自伐鄭。二十九年春，公至自圍許。宣五年夏，公至自齊。七年秋，公至自伐萊。八年春，公至自會。襄十年夏，公至自會。十三年春，公至自晉。昭二十七年春，公如齊。公至自齊。其桓十六年經書：秋七月，公至自伐鄭。傳曰：以飲至之禮也。僖十七年九月，公至自會。傳曰：九月公至，書曰至自會，猶有諸侯之事焉，且諱之也。是或行禮，或飾諱，書月非定則，還至不書月者多，今書月者，爲下文曹伯露卒當書月，而公至自齊，適在其前，故月之，實爲曹伯卒月也。」（賈服注輯述卷十九）按李說是也。經書公至自某，例不書月。諸侯卒則例書月，故賈云還至不月，爲曹伯卒月也。又見襄公五年經，公至自救陳條。

第三章　關於左傳義例及文旨之闡釋

第一節　概　說

本章所錄者，爲賈氏闡釋左傳義例及文旨之說。關於左傳義例者僅得三事，而附以闕疑、異本二項，合爲五條。餘皆關於闡釋左傳文旨之說。闡釋左傳文旨之部分計分爲三類：一曰釋傳文之旨義者，凡二十八條，綜釋傳文之旨義，或傳文簡略，賈增字以釋之者也。如宣公十二年傳云：「鄭伯肉袒牽羊以迎。」賈逵謂，肉袒牽羊，示服爲臣隸也。又昭公廿三年傳云：「使各居一館。」賈逵云，使邾、魯大夫各居一館。（均見第三節）二曰說明其事之原委者，凡十五條，明其事之原委以釋傳文者也。如襄二十九年傳云：「吾聞衛康叔、武公之德如是。」賈逵謂，康叔遭管叔、蔡叔之難，武公罹幽王、褒姒之憂，故曰康叔、武公之德如是。又昭公二十五年傳云：「季氏介其雞。」賈逵謂，擣芥子爲末，播其雞翼，可以坌郈氏雞目。（均見第四節）三曰釋傳文所專指者，凡二十一條，釋傳文所專指之名或事也。如文公七年傳云：「正德、利用、厚生。」賈逵謂：正德，人德；利用，地德；厚生，天德。又昭公十一年傳云：「臣聞五大不在邊。」賈逵謂，五大謂太子、母弟、貴寵公子、公孫、累世正卿也。（均見第五節）以上四類，合共六十有九條云。

左傳全書前後體例如一，乃一完整之著作。而賈氏於左傳之學用力獨多，又繼承劉歆及父徽之學，度其於左傳之義例，必多創發，然今可考見者，僅得三條，亦云尠矣。就此僅存者觀之，其得失與前章釋經例者同。而其釋左傳文旨之條，亦與前章釋經文義旨者略同。所釋類多精當允洽，亦賈義之所長者也。然亦有疏略謬誤者，當分別觀之。今爲之辨證而定其然否焉。

第二節　闡明左傳之義例者（闕疑、異文附）

（一）傳云不書卽位攝也。賈逵謂恩深不忍，則傳言不稱，恩淺可忍，則傳言不書。杜預釋例駁之，以為文別而義同，無義例。從杜預說。

「不書卽位，攝也。」（隱公元年傳）

賈逵云：「恩深不忍，則傳言不稱。恩淺可忍，則傳言不書。」（正義引劉、賈、潁。此條馬、嚴輯有，黃、王二家缺。）

按春秋不書卽位者凡四君，隱、莊、閔、僖是也。傳於隱、閔二公云：「不書卽位」，於莊、僖二公云：「不稱卽位」。賈逵因曰：「恩深不忍，則傳言不稱。恩淺可忍，則傳言不書。」以別四君卽位時，心情之實有不同也。李氏貽德釋之曰：「桓爲齊襄所賊，閔爲慶父所弒，莊、僖因之卽位，是曰恩深不忍，故傳言不稱，以明其心之至痛也。桓未克君而暫稽，般未成君而見弒，隱、閔因之卽位，是曰恩淺可忍，故傳言不書，以見時之流變也。」（賈、服注輯述卷一）是言其所以別之意也。李氏所釋，蓋得賈義。惟杜預不從賈說，故春秋釋例駁之云：「丘明於四公發傳，以不書不稱起文，其義一也。劉、賈、潁爲傳文生例云：恩深不忍，則傳言不稱；恩淺可忍，則傳言不書。博據傳辭，殊多不通。案殺欒盈則云不言大夫，殺良霄則云不稱大夫。君氏卒則云不曰薨，不言葬，不書姓。鄭伯克段則云稱鄭伯，此皆同意而別文之驗也。傳本義在解經，非曲文以生例。」（正義引）按杜駁是也。傳或言稱，或言書，辭雖異而義則同。賈氏以恩深恩淺爲別，李氏釋之。皆不免穿鑿之失，不足取也。當從杜氏之說。又正義引稱劉、賈、潁說，是賈逵、潁容本之劉歆者也。

（二）釋傳言「初」之例。

「初，鄭武公娶于申。」（隱公元年傳）

賈逵曰：「凡言初者，隔其年後有禍福將終之，乃言初也。」（正義引。此條馬、嚴輯有，黃輯、王輯缺。）

案李貽德曰：「隔其年後有禍福者，謂間隔其初年之後，或禍或福，傳將終言禍福之事，乃曰初，以追敍事原也。」（賈、服注輯述卷一）正義曰：「杜以爲凡倒本其事者，皆言初也。」按賈說蓋以往年之事原爲主而言之，故曰隔其年後有禍福將終之。杜說則以眼前事爲主，而追敍往年相關之事，故曰倒本其事。言雖不同，其實一也。

（三）釋傳稱「潰」「叛」之例。賈逵謂舉國曰潰，一邑曰叛。杜預以為在衆曰潰，在上曰逃。各以類言之，從杜預說。

「凡民逃其上曰潰。」（文公三年傳）

賈逵曰：「舉國曰潰，一邑曰叛。」（正義引賈、潁。馬、嚴輯有，黃、王二家缺。）

案僖公四年公羊傳曰：「潰者何?下叛上也。國曰潰，邑曰叛。」（卷十）賈逵蓋本之公羊說也。舉國曰潰者，若僖公四年蔡潰，此年沈潰是也。一邑曰叛者，若襄公廿六年衛孫林父入于戚以叛。定公十三年晉趙鞅入于晉陽以叛，是也。傳但為潰逃發例，賈氏為補叛例也。杜注云：「潰，衆散流移，若積水之潰，自壞之象也。國君輕走，群臣不知其謀，與匹夫逃竄無異，是以在衆曰潰，在上曰逃，各以類言之。」杜不用賈說。正義駁賈說云：「案左氏無此義。傳曰：陳侯如楚，慶氏以陳叛，此則舉國不必言潰也。叛者舉城而屬他，非民潰之謂也。」正義之駁為有理。洪亮吉曰：「賈義本公羊傳，『國曰潰，邑曰叛』文，正義糾之，非也。」（春秋左傳詁卷九）洪氏主賈說而駁正義，惟理由尚欠充足。劉文淇曰：「左氏五十凡無叛例，賈、潁據公羊傳例補之，未計違於左氏，是賈、潁之偶疏也。」（舊注疏證文公三年）劉氏以為賈、潁偶疏是也。正義又引釋例曰：「例之潰逃，指為一國一軍一邑，君民相須為用，變文以別之也。鄭詹見囚於齊，自齊逃來，此為逸囚，無下可逃，春秋指事而書，所謂民逃，非在上之逃也。而賈氏復申以入例，亦不安也。」尋味釋例之文，蓋以賈氏復分逃及逃來例爲二，然語焉不詳，不可審知矣。權衡二說，當以杜義爲長。

（四）傳云齊邴意茲來奔，陳僖子使召公子陽生。賈本無「奔」字，故注云：遣意茲來召。又謂日月有誤，闕疑。杜預本有「奔」字，故云：意茲，高、國黨。賈說爲是。經傳日月參差，當是經有闕文故也。

「八月，齊邴意茲來奔，陳僖子使召公子陽生。」（哀公六年傳）

賈逵曰：「遣意茲來召。日月錯誤，其說未聞。」（正義引。馬、黃、王、嚴四家皆輯。正義引作「遣意來召」，今據校勘記依宋本改。）

案杜本左傳作「齊邴意茲來奔。」杜云：「意茲，高、國黨。」又「使召公子陽生」句下注云：「召在七月，今在八月下，記事之次。」正義曰：「經書陽生入齊，文在七月之下，知其召在七月也。今傳在八月下者，欲令下接十月立之，是記事之次也。邴意茲來奔者，自以高國之黨八月來奔耳。僖子使召陽生，自以七月之時，別使人召之，非遣意茲召也。賈遠（當是逵字之誤）以傳文相連，謂遣意（校勘記：宋本作意茲）來召，又怪其日月錯誤，云其說未聞。杜以此故爲注云：高、國黨以隔之。」李氏貽德曰：「賈本當無奔字，故以意茲之來，爲召陽生也。」史記齊世家云：八月齊秉意茲（秉邴同音）田乞（即陳僖子）敗二相。是史遷所采左氏說，亦無奔字，故以秉意茲與田乞同逐高、國。杜本有奔字，故注云：高、國黨。晉、宋以後本皆有奔字，故史記集解於秉意茲下引徐廣曰：左傳八月齊邴意茲來奔魯。云日月錯誤者，以經云秋七月，楚子軫卒，卽繼之曰：齊陽生入于齊，則陽生似七月入齊，而傳於八月始云來召，故賈云錯誤。然經於多前惟書七月，不見餘月，或陽生歸在八九月間，經有闕文，未可定也。」（賈服注輯述卷二十）按李氏云賈本無奔字是也。晉宋以後傳本「邴意茲來」下多一「奔」字，則文意與下「陳僖子使召公子陽生」不相接，則上下皆不成文理，恐非傳意。若依賈氏及太史公所見，「八月齊邴意茲來」句，與下文「陳僖子使召公子陽生」相接，且與下「多十月丁卯立之」，時間前後相應，文意亦上下連貫，完整無缺。故當以賈說爲是。蓋晉、宋學者以傳在八月，與經七月說違異，故增一奔字，以資解說，不知增一奔字，使首字與下文隔斷，則上下文意均欠完足矣。且既有奔字，杜云，記事之次。正義爲之解云：欲令下接十月立之。又云，僖子使召陽生，自以七月之時，別使人召之，非遣意茲召也。若然則傳與「陳僖子使召公子陽生」句上，當別標七月，今傳既不爾，明正義之說非也。至經傳日月參差，賈云其說未聞，闕疑之義也。所以然者當係經有闕文故也。

（五）傳云今茲火出而章，必火入而伏。賈本與杜本同。服虔注本作火出而章，必火，火入而伏。重火字。服虔本爲是。

「今茲火出而章，必火入而伏。」（昭公十七年傳）

賈氏舊文無重火字。（正義引。馬輯、馮補有，黃、王、嚴三家缺。）

案正義曰：「服虔注本，火出而章，必火，火入而伏。重火別句。孫毓云：賈氏舊文，無重火字。」今本不重火字，是與賈氏舊本同也。李氏富孫曰：「服本重火字義尤明。臧氏曰：當从服本重火字爲是。梓愼以火彗之隱顯，占諸侯之有災。下云：其居火也久矣，其與不然乎？言慧星隨火行已二年矣，諸侯之有火災，必然無疑也。若作必火入而伏，爲火星入而彗伏，則下文其與不然，何所指乎？賈不重火字，當以必火句，入而伏句。杜氏一句讀，恐非。」（春秋左傳異文釋卷九）按李說是也。漢書五行志卷下之下引左傳亦不重火字，賈氏舊本與漢志所據本同。

第三節　釋傳文之旨義者

（一）傳云隱公立而奉之。賈逵謂隱立桓爲太子，奉以爲君。鄭衆以爲隱公攝立爲君，奉桓爲太子。杜預以爲隱公立桓爲太子，帥國人奉之。賈義爲長。

「是以隱公立而奉之。」（隱公前傳）

賈逵曰：「隱立桓爲太子，奉以爲君。」（正義引。此條馬、黃、王、嚴四家皆輯。）

按杜預注此傳云：「隱公，繼室之子，當嗣世，以禎祥之故，追成父志，爲桓尚少，是以立爲太子，帥國人奉之。」孔穎達正義引申杜預說云：「繼室雖非夫人，而貴於諸妾。惠公不立太子，母貴則宜爲君。隱公當嗣父世，正以禎祥之故，其父愛之，有以仲子爲夫人之意，故追成父志，以位讓桓，但爲桓年少，未堪多難，是以立桓爲太子，帥國人而奉之，已則且攝君位，待其年長，故於歲首不卽君位。」孔氏又引鄭衆、賈逵說而駁之。其駁鄭衆說云：「鄭衆以爲隱公攝立爲君，奉桓爲太子。按傳言立而奉之，是先立後奉之也。若隱公先立，乃後奉桓，則隱立之時，未有太子，隱之爲君，復何所攝？若先奉太子，乃後攝立，不得云立而奉之，是鄭之謬也。」其駁賈逵說云：「賈逵以爲隱立桓爲太子，奉以爲君。隱雖不卽位，稱公改元，號令於臣子，朝正於宗廟，言立桓爲太子可矣，安在其奉以爲君乎？是賈之妄也。」竹添氏左傳會箋曰：「立謂隱公立爲君，與公立而求成焉之立相應。不書卽位，攝也。卽位二字，卽承此立字。下傳又云：惠公之薨也，有宋師，太子少，葬故有闕，是惠公早已立桓爲太子也。左氏之文，前後相照而互發，非隱公始立桓公爲太子明矣。襄七年簡公生五年，奉而立之。二十五年崔杼立而相之，立字並言立之爲君也。或據是二傳以護杜，可謂曲辨矣。奉之，言不敢弟蓄之也。奉，進也，持也，獻也。皆有尊崇之義。莊卅二年，季友曰：臣以死奉般，亦奉一字成義。」（隱公元年）竹添氏說謂立而奉之，立謂隱公立爲君，與鄭衆說隱公攝立爲君說同。立字固有立爲君之義，然孔氏之駁，以爲傳謂立而奉之，是先立後奉，則隱之爲君，復何所攝？固亦言之成理，則立爲君之義，未爲妥洽。竹添氏說又謂惠公先已立桓爲太子，非隱公時始立。若然，則惠薨桓繼，隱相之可也，何待隱公之攝位乎？則惠公先已立桓爲太子之說，亦有未妥。洪亮吉曰：「杜注亦本賈義，惟正義以奉以爲君，爲賈之妄。不知賈實依經爲訓，使國人知桓有君道而奉之，非隱以君禮奉桓也。周禮鄭注，奉，猶進也。廣雅，奉，持也。又云，奉，獻也。是奉皆尊崇之義，故賈云，奉以爲君耳。」（春秋左傳詁卷五）按賈義隱既攝君位，立桓爲太子，奉以爲君。蓋謂使國人知桓有君道而奉之，非以君禮奉桓也。杜注，立桓爲太子，帥國人奉之，正本之賈義。洪說是也。李貽德曰：「知奉以爲君者，隱公攝也。故元年不書卽位。往還不告廟。惠公改葬不臨，尊仲子爲夫人以赴諸侯，是皆不敢自以爲君，而以君道讓桓也。正義曰：隱雖不卽位，稱公改元，號令於臣子，朝正於宗廟，言立桓爲太子可矣。安在其奉以爲君乎？按白虎通爵篇，王者既殯而卽繼體之位何？緣民臣之心，不可一日無君也。當時惠公薨，桓少，隱因爲之攝政也。隱攝政而仍改元者，所以繫臣民之望，史家從實書之，蓋於桓不能繫其虛年，於隱不能沒其政令。史記十二諸侯表列共和元年，是時奉宣王爲君，而攝事者，未嘗不改元也。文王世子云，昔者周公攝政。洛誥曰：惟周公誕保文武受命，惟七年。尚書大傳云，公攝政，一年救亂，二年克殷，三年踐奄，四年建侯衛，五年營成周，六年制禮作樂，七年致政。是時奉成王爲君，而攝政者未嘗不號令也。又何疑隱之改元號令乎？若然則隱既奉桓爲君，隱不當直稱爲公矣。曰，周公、共和，臣也，以臣攝君，臣不得于天位也。故第改元號令而已。若隱，惠之子，桓之兄也。白虎通嫁娶篇，人君無再娶之義，是元妃既卒，仲子來歸，其分與聲子等也。又封公侯篇，繼世諸侯無子，又無弟，但有諸父庶兄，當誰與？與庶兄，推親之序也。昭二十六年傳，王后無適，則擇立長，年鈞以德，德鈞以卜。按此則隱當立矣。隱當立而奉桓爲君，隱之讓也。魯史不書卽位。穀梁傳曰：成公志也。成其爲公者，春秋繁露王道篇，魯隱之代桓立，執權存國，行正世之意，守惓惓之心，春秋嘉氣義焉。」（春秋左傳賈服注輯述卷一）劉文淇曰：「正義既駁鄭、賈之說，而云立而奉之，謂立爲太子，帥國人奉之。正謂奉之以爲太子。語意重複，殊爲不辭。」又曰：「隱之攝位，傳於元年發之，見隱之不書即位，由於攝位。此傳先經起義，見隱之攝位，由於立桓爲太子。鄭衆以此傳立字，即爲攝立，義有未安。」（春秋左氏傳舊注疏證隱公前傳）按李氏、劉氏申賈說而駁孔、鄭，其言是也。劉氏又謂，禮記曾子問篇云，君薨而世子生，如之何？孔子曰，卿大夫士從攝主北面於西階南云云，及鄭注、孔疏之言云云，以爲「隱之攝位，雖異於上卿之攝主，然立桓爲太子，必告殯宮，是時隱未即位，其告殯之禮，桓自爲主，當與子生三日告殯禮同。隱當與衆主人北面立于西階南，桓公升自西階，北面告殯」。（同上）隱以君道奉桓，禮當如是，故賈云，隱立桓爲太子，奉以爲君也。

（二）傳云，稱儀父，貴之也。賈逵謂，儀父嘉隱公有至孝謙讓之義，而與結好，故貴而字之，善其慕賢說讓。杜預以為能自通于大國，繼好息民，故書字貴之。說貴之之故，杜義為長。

「曰儀父，貴之也。公攝位而欲求好於邾，故爲蔑之盟。」（隱公元年傳）

賈以爲「儀父嘉隱公有至孝謙讓之義，而與結好，故貴而字之，善其慕賢說讓。」（正義引賈、服。

此條馬、黃、王、嚴四家均輯在經公及邾儀父盟于蔑句下。今特移於此。）

案杜注：「附庸之君，未王命，例稱名。能自通于大國，繼好息民，故書字貴之。」按傳有「曰儀父貴之也」之文，故杜與賈皆謂書字貴之。至貴之之由，則杜與賈異。正義駁賈云：「傳云：公攝位而欲求好於邾，是公先求邾，非邾先慕公，復何足貴？且書曰：儀父，乃是新意，仲尼以事有可善，乃得書字善之，不是緣魯之意以爲褒貶，安得以其慕賢，便足貴之？又桓十七年，公及邾儀父盟于趡。桓公不賢不讓，彼經亦書儀父，故知貴之之言，不爲慕賢說讓也。附庸不能自通，不與盟會，今能自通大國，繼好息民，故知爲此貴而字之。不貴來朝而貴其盟者，朝事大國，則附庸常道，齊盟結好，非附庸所能，故盟則貴之，朝從常法。」劉氏文淇駁正義曰：「蔑之盟，雖公先求邾，而邾與公結好，即是慕賢說讓。孔子所以貴之，非緣魯意以爲褒貶。桓十七年，經書儀父，亦君子與人有終之意，不得以彼難此。」（舊注疏證隱公元年）按劉駁尚不足以難正義，仍當以杜義爲長。至書字貴之之義，傳言未王命，知是附庸也。莊五年，郳犁來來朝。傳云：未王命，故稱名。是附庸當名，而此稱字者，莊二十五年傳，陳侯使女叔來聘。傳曰：嘉之，故不名。僖二十五年，衛侯燬滅邢。傳曰：同姓也，故名。是褒則書字，貶則稱名，書字爲貴之也。

（三）傳云生莊公及共叔段。賈逵以共爲諡。杜預則謂段出奔共，故曰共叔，猶晉侯在鄂，謂之鄂侯。從賈逵說。

「生莊公及共叔段。」（隱公元年傳）

賈以共爲謚。（正義引賈、服。此條馬、黃、王、嚴四家均有。黃、王輯作：「共，謚也。謚法：敬長事上曰共。」此從馬、嚴輯。）

案杜注：「段出奔共，故曰共叔，猶晉侯在鄂，謂之鄂侯。」正義駁賈說云：「賈、服以共爲謚。謚法：敬長事上曰共。作亂而出，非有共德可稱。餬口四方，無人與之爲謚。故知段出奔共，故稱共叔，猶下晉侯之稱鄂侯也。」洪亮吉曰：「正義云，見殺出奔，無人與之爲謚。今考魯之穆伯，晉之欒懷子，皆出奔見殺，得有謚。叔段，莊公母弟，雖出奔，得追謚可知。杜云，段出奔共，故云共叔，則虞公出奔共池，亦當謂之共乎？明當以賈、服爲長也。」（春秋左傳詁卷五）李貽德曰：「謚法解，既過能改曰恭，恭即共也。段謚曰共，當取此義。莊公十六年傳，鄭伯云，不可使共叔無後。段有後於鄭，知段當有謚矣。謚法解恭之謚有九，烏知必取義於敬長事上乎？且如正義之言，則魯之慶父，親弒子般，於事上之德何如？何亦謚共也？且列國卿大夫出奔之後，如宣伯太叔成子，類皆有謚，安見共叔無人爲之謚乎？至餬口四方，鄭伯權宜之詞，豈足爲典要乎？下文出奔共，杜注云，共，國名。豈有人臣出奔，繫他國之號，以相稱乎？此說之不可通者也。」（賈服注輯述卷一）劉文淇疏證亦引洪亮吉說以駁正義，並謂杜注以共爲國名，則不得以他人之國爲段號，以難杜氏。說並可取，故賈說於義爲長。

（四）傳云與之陽樊、溫、原、攢茅之田。賈逵謂晉有功，賞之以地。得之。

「與之陽樊、溫、原、攢茅之田。」（僖公廿五年傳）

賈逵曰：「晉有功，賞之以地。」（史記周本紀正義引。黃、王二家有，馬、嚴二家缺。）

案杜無注。傳載：晉文公納定襄王，是晉有功於王室也。文公請隧，王弗許。與之陽樊、溫、原、攢茅之田。故曰賞之以地。國語晉語：「賜公南陽陽樊、溫、原、州、陘、絺、組、攢茅之田。」韋注：「八邑，周之南陽地。」（卷十）此傳無州、陘、絺、組四邑，蓋文省也。隱十一年傳，與鄭人蘇忿生之田，陽樊、溫、原、州、陘、絺、攢茅等七邑，亦在其中。傳下文云：晉於是始啓南陽。即國語韋注所謂周之南陽地。杜注：「在晉山南河北，故曰南陽。」程旨雲先生曰：「案在大行山以南，黃河以北。近山者曰南陽或山陽，近河者曰河陽或河內。馬融云：晉地自朝歌以南至軹為南陽。此時晉之南陽，以馬說為長。」（春秋左傳地名圖考第二篇）程先生說南陽地是也。

（五）傳云介葛盧聞牛鳴，曰是生三犧，皆用之矣。其音云：問之而信。賈逵謂人能聽鳥獸語，堯舜時伯益明是術。周失道，官在四夷，故介葛盧能之。鄭衆亦以夷狄通鳥獸語為說。賈、鄭說恐不可從。

「介葛盧聞牛鳴，曰，是生三犧，皆用之矣。其音云：問之而信。」（僖公廿九年傳）

賈逵曰：「言八律之音，聽禽獸之鳴，則知其嗜慾死，可知伯益明是術，故堯舜使掌朕虞。至周失其道，官又在四夷。」（周禮秋官夷隸疏引。又詩秦風譜疏引「伯益曉是術」句。馬、嚴二家有，馬輯八誤作入，鳴誤作名。黃、王二家僅輯詩秦風車鄰疏引伯益曉是術句，餘缺。）

案周禮秋官夷隸：「掌役牧人養牛馬，與鳥言。」鄭注：「鄭司農云，夷狄之人，或曉鳥獸之言，故春秋傳曰：介葛盧聞牛鳴曰：是生三犧，皆用矣。是以貉隸職掌與獸言。」疏引左傳注云云，下云：「若周末失道，官本不在四夷，無解鳥獸之語者，何周公盛明制禮，使夷隸貉隸與鳥獸之言。然者，賈、服意誤，不與神合，故爲此說。」（卷三十六）嚴蔚春秋內傳古注輯存云：「疏但曰注云，而知爲賈、服注，以注下卽云賈、服意誤定之耳。」（卷中）劉文淇曰：「詩秦譜疏引賈逵說，伯益曉是術。如禮疏說則鄭衆注此傳，當止謂夷狄通鳥獸言，則先儒注此傳，已有二說：賈、服謂術出於伯益，先鄭則謂夷狄乃有是術也。」（舊注疏證僖公廿九年）劉氏謂先儒注此傳有兩說是也。李貽德釋賈說云：「大戴記易本命：律主禽鹿。禮記樂記：八風從律而不姦，故曰八律之音。王制嗜欲不同，疏云好惡殊別，故嗜欲不同，是嗜欲爲好惡矣。生卽犧生，死卽用犧，言聽其鳴而得其情也。伯益明是術者，伯益是舜臣，言亦能聽鳥獸之言。皇侃論語疏云，伯益能聽鳥語是也。相傳如是，當有所本。史記秦本紀僅曰，調馴鳥獸。楊雄羽獵賦云：昔者禹任益虞，而上下和，草木茂而已。漢書百官表：䓞作朕虞。應劭曰：䓞，伯益也。虞掌山澤禽獸官名也。師古曰，䓞，古益字。周失其道者，謂東遷以後。若其盛時，則制夷隸貉隸之言，掌與鳥獸言，其後官既不設，無能通禽獸之言，介葛盧爲東夷，反能審言，故云，官又在四夷也。昭十七年，天子失官，學在四夷。

賈、服引以證此。」（賈服注輯述卷七）李氏之釋，能得賈說旨要。惟先鄭及賈、服之說，雖有差異，然其以人爲能解鳥獸之語則一。此說恐不足信。王觀國曰：「周禮秋官：夷隸掌與鳥言，貉隸掌與獸言。鄭司農注曰：夷狄之人，或曉鳥獸之言，按二隸所謂與鳥獸言者，乃人言也，非鳥獸言也。蓋人與鳥獸言而鳥獸喻人之言也。若謂鳥獸言而人有曉之者，誤矣。前漢武帝紀：元狩二年，南越獻馴象，能言鳥。應劭注曰：馴象者，教能拜起周章從人意也。顏師古注曰：能言鳥即鸚鵡也。蓋馴象喻人言，故能拜起從人意，舞馬與此同也。能言鳥者，人教之言，非人教之則不能言，今世多有之。凡此皆人言而鳥獸喻人之言，非鳥獸自能言而人曉之也。介葛盧聞牛鳴而知其生三犧，猶今人有聞人聲鴟鳴而能知其吉凶禍福耳。譬猶東方朔射覆之義也。若謂牛音云三犧皆用之，則厚誣天下矣。列子曰：東方介氏之國，其國人數數解六畜之語。此蓋因左氏傳有介葛盧之語而爲之說，亦寓言，方外者所不厭其怪也。」（竹添光鴻左傳會箋僖公廿九年引）按王說是也。皇侃論語疏謂伯益能聽鳥語，乃後世傅會之說。史記卷五秦本紀但謂伯益（秦本紀作柏翳）佐舜調馴鳥獸，鳥獸多馴服。楊雄羽獵賦云：「昔者禹任益虞，而上下和，草木茂。」（昭明文選卷八）不謂伯益能聽鳥語也。應劭漢書注：「虞掌山澤禽獸官名。」（卷第七上）猶今國立動物園園長，通解鳥獸之習性而已。鄭司農釋周禮謂夷狄之人或曉鳥獸之言。賈、服注左傳亦謂伯益明是術，皆非也。

（六）傳云東門襄仲將聘于周，遂初聘于晉。賈逵謂先聘晉，後聘周。杜預以為先聘周，後聘晉。入春秋，魯始聘晉，故曰初。杜說為得。

「東門襄仲將聘于周，遂初聘于晉。」（僖公三十年傳）

賈逵曰：「先聘晉，後聘周。」（正義引賈、服。馬、嚴輯有，黃、王輯缺。）

案杜注：「公既命襄仲聘周，未行故曰將。又命自周聘晉，故曰遂。自入春秋，魯始聘晉，故曰初。」與賈異。正義曰：「經書實行之事，傳說將命之初，故云命之將聘于周，未行又命之遂聘于晉。令其從周卽去，更不迴也。賈、服不曉傳意，解為先聘晉，後聘周，故杜詳說之。」劉氏文淇釋賈說云：「賈、服知先聘晉後聘周者，以傳云將聘于周，與經先書公子遂如京師者不同，故據傳以釋經之疑。杜說非。」（舊注疏證僖公三十年）按經書：公子遂如京師，遂如晉。如經之言，是先聘周後聘晉，意至明顯。但傳云將聘于周，遂初聘于晉。文較特殊，將者未行之詞，初者先行之謂。故賈、服云然。惟初聘二字，似當釋為始聘之意。朝曰始，聘曰初，左傳文多有之。乃就魯國聘晉之次第言之，非就聘周聘晉之先後言也。若然則杜氏先聘周後聘晉之說，與經相合，當較允妥矣。至初聘之說，竹添氏左傳會箋云：「初聘始朝，皆就立君而言之，宣十年，季文子初聘于齊，是年齊頃公立。襄廿年，齊子初聘于齊，去年齊靈公卒莊公立。今晉文公立七年矣，亦初聘也。杞伯、滕子來朝，皆在文十二年，傳並曰始朝公也。襄六年七年始朝公三出，杜云入春秋始聘，恐失考。

」（僖公三十年傳）近人楊氏云：「會箋此說固有理，然魯之於晉，不同於齊。初入春秋，魯、晉遠隔，莊、閔以前，春秋且未嘗有晉事，晉亦鮮與聞諸侯之事。文公以前，其無朝聘，可以理推，杜之云云，蓋得其實。」（春秋左傳注僖公卅年）楊說可從，杜氏得之。

（七）傳云鑄鼎象物。賈逵謂象所圖物，著之於鼎。賈說得之。

「鑄鼎象物。」（宣公三年傳）

賈逵曰：「象所圖物，著之於鼎。」（史記楚世家集解引。馬、黃、王、嚴四家皆輯。）

案杜注用賈說。漢書郊祀志敘此事云：「鑄九鼎，象九州。」（卷二十五）管子立政篇注：「著，標著也。」（卷一）畢沅云：「海外經、海內經，周秦所述也。禹鑄鼎象物，使民知神姦，按其文有國名，有山川，有神靈奇怪之所際。是鼎所圖也。鼎亡於秦，故其先時人猶能說其圖，以著於冊。」（畢校山海經序）沈欽韓曰：「今山海經所說形狀物色，殆鼎之所象也。呂氏先識覽：周鼎著饕餮，有首無身，食人未咽，害及其身，以言報更也。又慎勢篇：周鼎著象，爲其理之通也。又離謂篇：周鼎著倕而齕其指，先王有以見大巧之不可爲也。（淮南子本經、道應篇並著其事）又適威篇：周鼎有竊曲狀甚長，上下皆曲，以見極之敗也。又達鬱篇：周鼎著鼠，令馬履之，爲其不陽也。所謂周鼎即夏鼎也。觀其大略，則禹之鑄鼎，非獨燭照神姦，亦以炯垂法戒。」（左傳補注卷五）按畢、沈說是也。夏之九鼎，佚於戰國之末，其鑄鼎象物之實，尚得於山海經、呂覽、淮南諸書所載，得其遺跡。所象圖物，卽傳文所謂遠方圖物。又傳云百物而爲之備，知其所象者多也。

（八）傳云卜臨於大宮，且巷出車吉。賈逵謂臨哭也。巷出車，陳于巷街，示雖困不降，必欲戰也。杜預謂出車於巷，示將見遷，不得安居。從賈逵說。

「卜臨於大宮，且巷出車，吉。」（宣公十二年傳）

賈逵曰：「臨，哭也。巷出車，陳于巷街，示雖困不降，必欲戰也。」（太平御覽卷四百八十引。馬輯有，黃、王、嚴三家缺，馮補有。）

案杜注：「臨，哭也。大宮，鄭祖廟。出車於巷，示將見遷，不得安居。」杜釋臨字與賈同，說巷出車則異。正義曰：「雜記客致含賵訖，請臨。襄十二年傳，吳子壽夢卒，臨于周廟。故云臨哭也。宮卽廟也。象其尊貌則謂之爲廟。言其牆屋則稱之爲宮。大宮，宮之大者，鄭祖廟者，謂鄭太祖之廟也。」儀禮士虞禮：「遂請賓拜如臨。」鄭注：「臨，朝夕哭。」疏云：「朝夕哭，祭時門外送賓訖，入門，男子、婦人，共哭也。」（卷四十二）漢書霍光傳注：「臨，哭臨也。」（卷六十八）史記秦始皇本紀正義：「臨，哭也。」（卷六）呂覽觀表篇：「還車而臨。」注亦曰：「臨，哭也。」（卷二十）是臨者喪哭之謂也。俞樾曰：「臨卽弔臨之臨。周官鬯人，凡王弔臨。鄭注云：以尊適卑曰臨。其實臨亦上下通稱。隱元年傳：改葬惠公，公弗臨。是非必以尊臨卑，乃爲臨也。

襄十二年傳：凡諸侯之喪，異姓臨於外，同姓於宗廟，同宗於祖廟，同族於禰廟。此蓋因道遠不能親臨其喪，故或於城外，或於廟中代之。其後相承，凡哭於廟者，皆謂之臨矣。此傳卜臨於大宮是也。」（群經平議卷二十六）按俞說是也。巷出車者，巷，說文作䢼，云：「里中道也。」（第六篇下）篆作䢼，隸省作巷。釋巷出車之義，賈、杜異說，皆以意言之也。惠棟曰：「案下鄭復修城，則賈說良是。」（春秋左傳補注卷二）洪亮吉曰：「案下言師退，鄭人修城，則復欲戰之說，賈說良是。杜注恐非。」（春秋左傳詁卷十）按惠、洪二家皆以賈說爲是，得之。

（九）傳云鄭伯肉袒牽羊以迎。賈逵謂肉袒牽羊，示服為臣隸也。賈說得之。

「**鄭伯肉袒牽羊以迎。**」（宣公十二年傳）

賈逵曰：「肉袒牽羊，示服爲臣隸也。」（史記楚世家集解引。馬、黃、王、嚴四家皆輯。馬輯隸作僕，黃、王二家脫漏示服二字，惟嚴輯不誤。）

案杜注：「肉袒牽羊，示服爲臣僕。」杜本賈說。史記宋微子世家：「周武王克殷，微子乃持其祭器，造於軍門，肉袒面縛，左牽羊，右把茅，膝行而前以告。」（卷三十八）鄭伯所行禮蓋與此略同，皆所以示服爲臣隸也。禮記郊特牲云：「君再拜稽首，肉袒親割，敬之至也。敬之至也，服也。拜，服也。稽首，服之甚也。肉袒，服之盡也。」（卷二十六）此傳鄭伯肉袒，亦示敬之至也，服之甚也。牽羊者，蓋大牢不可獨制，故牽少牢，以示爲楚子執割烹也。

(十)傳云孤不天。賈逵謂不為天所祐也。未妥。當云不承奉天之旨意也。

「孤不天。」(宣公十二年傳)

賈逵曰：「不爲天所祐也。」(太平御覽卷四百八十引。馬輯有，黃、王、嚴三家缺。馮補有。)

案杜注用賈說。金澤文庫本作孤實不天。周易大有上九爻辭：「自天祐之，吉，無不利。」(注疏卷二)繫辭傳曰：「祐者，助也。天之所助者，順也。」(注疏卷七)鄭伯蓋自謙已不爲天所祐助也。近人楊氏云：「杜注，不爲天所佑。不爲天佑與下句「不能事君」難聯接。不天者，不承奉天之旨意也。杜注不確。」(春秋左傳注宣十二年)楊氏釋爲不承奉天之旨意，於義爲長，當從之。

(十一)傳云吾三分四軍。賈逵謂三分四軍為十二部。杜預從鄭衆說，謂分四軍為三部。從鄭、杜說。

「吾三分四軍。」(襄公九年傳)

賈逵曰：「三分四軍爲十二部。」(正義引。馬、嚴輯有，黃、王二家缺。)

案杜注：「分四軍爲三部。」正義曰：「賈逵以爲三分四軍爲十二部。鄭衆以爲分四軍爲三部。杜以分爲十二則一部人少，不足抗敵，故從鄭說分四軍爲三部。晉各一動而楚三來，欲罷楚使不能也。」是杜從鄭說而不從賈。李貽德釋賈說云：「晉中上下及新軍爲四，每軍各三分之，三四爲十二，故云十二部也。」(賈服注輯述卷十一)李氏主賈說者也。左傳會箋云：「三分四軍者，假令中軍伐鄭，三分新軍，以其一濟之，上軍下軍伐鄭亦如之，是晉二軍常休，而楚師疲於奔命矣。」（襄公九年）會箋則從鄭氏之說。正義以分爲十二則一部人少，不足抗敵駁賈，其說近理。故當以鄭、杜義爲是。

（十二）傳言宣子殺箕遺等十人。賈逵謂十子皆欒盈之黨。知范氏將害欒氏，故先為欒氏作難討范氏，不克而死。得之。

「宣子殺箕遺、黃淵、嘉父、司空靖、邴豫、董叔、邴師、申書、羊舌虎、叔羆。」（襄公廿一年傳）

賈逵曰：「十子皆欒盈之黨。知范氏將害欒氏，故先爲之作難討范氏，不克而死。」（正義引。馬輯有，黃、王、嚴三家及馮補均缺。）

案杜注：「十子皆晉大夫，欒盈之黨也。」杜說十子本賈說。此年傳云：欒盈出奔楚，宣子乃殺十子。知十子欒盈之黨也。國語晉語略謂：平公六年，箕遺及黃淵、嘉父作亂，不克而死。公乃問陽畢，陽畢對曰：掄逞志而虧君以亂國者之後而去之，是遂威而遠權也。欒氏之誣晉國久矣，欒書實覆宗，殺厲公以厚其家，若滅欒氏則民威矣。公許諾，盡逐群賊，而使祁午及陽畢適曲沃，逐欒盈。（卷十四）如晉語之言，則是先殺十子，後逐欒盈，與此年傳：欒盈出奔楚，宣子乃殺十子異者，蓋欒盈城著，而十子在國，知范氏將害欒氏，故十子先爲作難，謀殺范宣子，不克。范宣子殺十子，乃適著逐欒盈也。此傳先言欒盈，後言其黨耳，非是欒盈既奔之後殺十子也。正義謂，此傳言城著而遂逐之，則是就著逐欒盈也。國語言適曲沃逐欒盈者，曲沃是欒氏之采邑，蓋就著逐其身，適曲沃逐其家也。

（十三）傳云叔孫豹帥師救晉，次于雍榆，禮也。賈逵謂禮者言其先救後次為得禮也。杜預謂救盟主，故曰禮。從杜預說。

「**叔孫豹帥師救晉，次于雍榆，禮也。**」（襄公廿三年傳）

賈逵曰：「禮者言其先救後次爲得禮也。」（正義引。馬、黃、王、嚴四家皆輯。）

案杜注：「救盟主，故曰禮。」杜不從賈說。正義曰：「公羊傳曰：曷爲先言救而後言次，先通君命也。僖元年，齊師、宋師、曹師次于聶北救邢。公羊傳曰：曷爲先言次而後言救，君也。其意言君則進止自由，故先次後救，臣則先通君命，故先救後次。賈氏取以爲說，謂此傳云禮者，言其先救後次爲得禮也。」又引釋例曰：「所記或次在事前，次以成事也。或次在事後，事成而次也。皆隨事實，無義例也。叔孫豹次于雍榆，傳曰禮者，善其宗助盟主，非以次爲禮也。齊桓次于聶北救邢，亦以存邢，具其器用，師人無私見善，不在次也。杜以此故言救盟主故曰禮，所以明異舊說也。」按杜不以書次爲例，說較宏通，賈說本之公羊傳，恐不免穿鑿，當從杜說。參見僖公元年經，齊師、宋師、曹師次于聶北救邢條。

(十四)傳云晏子立於崔氏門外。賈逵謂聞難而來。得之。

「晏子立於崔氏之門外。」(襄公廿五年傳)

賈逵曰:「聞難而來。」(史記齊世家集解引。馬、黃、王、嚴四家皆輯。)

案杜注用賈說。傳載:齊莊公爲崔杼所弒,晏子立於崔氏之門外,門啓而入,枕尸股而哭,興三踊而出。故知其聞難而來。崔杼之人促崔杼殺晏子,崔杼曰:「民之望也,捨之得民。」晏子未爲崔杼所害。

(十五)傳云大而婉,險而易行,以德輔此則明主也。賈逵謂其志大,直而有曲,體歸中和,中庸之德,難成而實易行。故曰:以德輔此則明主也。杜預謂渢渢,中庸之聲。婉,約也。險當為儉,字之誤也。大而約,則儉節易行,惜其國小,無明君也。賈說為允。

「大而婉,險而易行,以德輔此則明主也。」(襄公廿九年傳)

賈逵曰:「其志大,直而有曲,體歸中和,中庸之德,難成而實易行。故曰,以德輔此則明主也。」(史記吳世家集解引。馬、黃、王、嚴四家皆輯。)

案杜注:「渢渢,中庸之聲。婉,約也。險,當爲儉,字之誤也。大而約,則儉節易行,惜其國小,無明君也。」賈釋大爲志大,婉爲直而有曲,體歸中和。險而易行,謂中庸之德,難成而實易行。

杜釋婉爲約，險爲儉，謂大而約，則儉節易行。二說不同。正義曰：「魏者，虞舜夏禹所都之地，在禹貢冀州雷首之北，析城之西，於漢則河東郡河北縣，是其都也。周以封同姓。世本無魏君名謚，不知始封之君何所名也。鄭玄以爲周王平桓之世，魏君儉嗇且褊急，不務施德，國人作葛屨之詩以刺之，後凡七篇，皆魏風也。」此魏國及其詩之事也。阮元校勘記：「注云：險當爲儉，字之誤也。惠士奇云：險史記作儉，古文也。古文易云：動乎儉中。又云：儉德辟難。皆讀爲險。險而易行，卽易之易以知險。杜云，當爲儉誤，是也。惠棟云：漢劉脩碑云：動乎儉中，今易作險。案文選張載魏都賦注引傳作儉是也。釋文依注音儉。」（附本年左傳注疏後）沈欽韓曰：「惠云：險史記作儉，古文也。古文易云，動乎儉中。又云：儉德辟難。欽韓按，虞翻云：儉或作險，皆讀爲險。險而易行，卽易之易以知險也。杜預讀爲儉，直是不識字。」（左傳補注卷八）按校勘記引兩惠氏謂杜險當爲儉之說是，而沈氏則以杜讀儉爲非。據惠氏所引古文易：動乎儉中及儉德辟難。皆當讀爲險。險而易行，卽易之易以知險。則校勘記引兩惠氏說，非也。竹添光鴻左傳會箋云：「杜注，渢渢，中庸之聲。本於賈逵。然賈云，其志大，直而有曲，體歸中和，中庸之德難成而實易行。是婉爲婉曲，險爲艱險。中意卻在大與易行也。不直以渢渢爲中聲。杜乃以婉爲約，險爲儉，遂以渢渢爲儉約不失中道之聲。夫魏人儉嗇褊急，何能得中乎?況渢渢絕無中之義。」（襄廿九年傳）會箋駁杜釋渢渢之誤，而以賈說爲正，是也。惟亦主險當讀爲儉之說，則不可從。李貽德引周禮大司徒及禮記中庸之文，以申賈中和中庸之說，（賈服注輯述卷十三）深得賈難成而易行之義，是也。

（十六）傳云故參為晉星。賈逵謂晉主祀參，故參為晉星。得之。

「故參爲晉星。」（昭公元年傳）

賈逵曰：「晉主祀參，參爲晉星。」（史記鄭世家集解引。馬、嚴輯有，黃、王二家缺。）

案傳文云：「遷實沈于大夏，主參，唐人是因。」又云：「屬諸參而蕃育其子孫。成王滅唐而封大叔焉，故參爲晉星。」又史記晉世家云：「封叔虞于唐。」又云：「唐叔子燮，是爲晉侯。」（卷三十九）據此諸文，知參爲晉星。禮，諸侯祀其分野之星及國中山川。參爲晉分野之星，故晉主祀之也。杜注：「叔虞封唐，是爲晉侯。」據晉世家所載，唐叔子燮，始爲晉侯。正義引杜譜亦謂：燮父改爲晉侯。則叔虞之身，尚未有晉稱也。杜當云：叔虞封唐，爲晉之祖。於史實乃洽。

（十七）傳云陳氏得政於齊而後陳卒亡。賈逵謂物莫能兩盛。得之。

「且陳氏得政於齊而後陳卒亡。」（昭公八年傳）

賈逵曰：「物莫能兩盛。」（史記陳世家集解引。馬、黃、王、嚴四家皆輯。）

案杜注用賈說。莊二十二年，陳敬仲奔齊。傳述周史之言曰：物莫能兩大，陳衰此其昌乎！意與此傳同，故賈、杜引以解此文也。

（十八）傳云任良物官。賈逵謂物官，量能授官也。杜預謂物，事也。賈義為近。當云物色之，使各當其官也。

「任良物官。」（昭公十四年傳）

賈逵曰：「物官，量能授官也。」（正義引。馬、嚴輯有，黃、王二家缺。）

案杜注：「物，事也。」正義曰：「任良謂選賢而任之也。物官謂量事而官之也。」俞樾曰：「物謂物色之也。周官載師職曰：以物土事。鄭注曰：物，物色之，以知其所宜之事。然則物官者，亦謂物色之，使各當其官也。成二年傳：物土之宜。顧氏補正曰：如昭三十二年傳：物土方之物。此傳物字，與彼相近。杜解非也。」（群經平議卷二十七）按俞說是也。正義謂，量事而官之，亦未當。賈逵云：「物官，量能授官也。鄭衆曰：「物官，相其才之所宜而官之。」（並正義引）義差近之。禮記王制云：「司馬辨論官材。論定然後官之。」鄭注：「辨其論，官其材，觀其所長。官之，使之試守。」（卷十三）此物官之事也。

（十九）傳云使各居一館。賈逵謂使邾魯大夫各居一館。杜預從鄭衆說，以為分別叔孫、子服回。賈說為當。

「使各居一館。」（昭公廿三年傳）

賈逵曰：「使邾魯大夫各居一館。」（正義引。馬、黃、王、嚴四家皆輯。）

案杜注：「分別叔孫子服回。」正義曰：「賈逵云：使邾、魯大夫各居一館。鄭衆云：使叔孫、子服回各居一館。邾、魯大夫本不同館，無爲復言，使各居一館也。欲分別叔孫、子服回，不得相見，各聽其辭耳。服虔並載兩說，仍云賈氏近之。案傳文各居一館之下，卽云：士伯聽其辭而愬諸宣子，乃皆執之。則皆執各居一館者也。若是邾魯別館，豈執邾大夫乎？且下云：館叔孫於箕，舍子服回於他邑，明此各居一館，是分別子服與叔孫，恐其相敎示。」杜用鄭衆說，與賈逵說異，服虔並載二說，而以賈爲近。洪氏亮吉曰：「今考上下文法，則賈義爲長。下云：舍子服昭伯於他邑，方與叔孫別處耳。」（春秋左傳詁卷十七）李氏貽德亦曰：「賈云使邾、魯大夫各居一館者，非司儀致館，聘禮及館之館，蓋以叔孫不肯與邾大夫坐訟，故使各就坐訟旁舍，以便於聽辭耳。若是客舍，則邾魯大夫至晉之時，已各居館，不必至此始云使各居一館矣。鄭不達賈義，謂使叔孫、子服各居，使不得相見，而各聽其辭。按呂刑云：兩造具備，師聽五辭。此古今治獄之定法也。今叔孫、子服雖爲兩人，祇一造也。兩人別館，士伯就而各聽其辭，名曰各聽，祇聽一造之辭也。聽一造之辭，遽卽執之，恐聽獄者無此理也。卽坐訟者亦不受也。下文云：士伯御叔孫，從者四人，過邾館以如吏，明邾魯各居一館。云過館如吏，明與訟獄之處相近也。故服云賈氏近之。」（賈服注輯述卷十七）按洪氏、李氏主賈說，其所擧各證，義甚妥洽。且就上下文法言之，「使各居一館」句，乃承上文「韓宣子使邾人云云。叔孫聞之，去衆與兵而朝」句之意而來，中隔士彌牟諫韓宣子之語，意仍銜接。則使各居一館云者，當指邾魯兩方而言。下「士伯聽其辭而愬諸宣子，乃皆執之。」謂士伯聽邾魯兩造之訟辭，得其曲直，以邾、魯皆有罪，（邾人過魯境而不假道，曲先在邾。魯取邾師，其罪亦重。）乃愬諸宣子而並執邾、魯兩方之人。（叔孫、子服與邾子、邾大夫，當皆在執。所以恕者，蓋前此韓宣子以邾人無罪，罪在魯人，至是並罪二國，故必恕諸宣子，使明眞象也。）杜謂執之乃執叔孫與子服二人，非也。又下文云：「士伯御叔孫，從者四人，過邾館以如吏，先歸邾子。」御叔孫，從者四人。皆兩方被執之人也。以叔孫、邾子並見執，而邾罪較輕，又位尊，故過邾館時使邾子先歸，知邾子不在四人中也。下士伯曰云云，亦見晉人不甚禮邾子，以邾人亦有罪也。邾人有罪，則魯罪自可減輕，故魯人不必以貨賂求免，晉人終禮而歸之也。綜觀全文，鄭、杜及正義由於誤解「士伯聽其辭而愬諸宣子，乃皆執之」一句之意，乃使其後文意亦連遭誤解，致正義有「豈執邾大夫乎」之疑。且云分別叔孫、子服，恐其相教示。夫叔孫、子服乃有備而來，其說辭必早經商定，何需至是始相教示而使晉人必將二人分館而置乎？故正義之駁，實乏理實。衡諸文義，仍當從賈氏之說也。

(二十)傳云秋七月，上辛大雩。季辛又雩。賈逵謂上辛不注，得之。

「秋七月，上辛大雩。季辛，又雩。」（昭公廿五年傳）

賈逵曰：「上辛不注。」（正義引。馬、黃、王、嚴四家皆輯。）

案杜注：「季辛，下旬之辛也。言又，重上事。」正義曰：「月有三辛。上辛，上旬之辛也。季辛，下旬之辛也。長曆推校此年七月己丑朔。上辛，月三日。季辛，二十三日也。不書其日之辰，空言辛者，本見旱甚，欲知二雩相去遠近耳。無取於辰，故空書辛也。季辛又雩，不云大者，言又見其重上事。上辛是大雩，明季辛亦大雩也。」又曰：「春秋旱則修雩，雩而得雨，則書雩，喜雩有益。雩而不得雨，則書旱以明災成。此書二雩者，上辛雩而得雨，雨少，尋卽爲旱，故書季辛又雩。傳曰：秋，書再雩，旱甚也。是言前雩，少得雨，旱甚而復雩，故賈云：上辛不注是也。」按正義引賈說但云：上辛不注。語甚簡而意欠明，尋上下文意，不注云者，蓋謂不雨也。上辛大雩不雨，故季辛復雩以求之也。

(廿一)傳云抽劍刺王，鈹交於胸。賈謂交專諸胸。得之。

「抽劍刺王，鈹交於胸。」(昭公廿七年傳)

賈逵曰：「交專諸胸也。」(史記吳世家集解引。馬、黃、王、嚴四家皆輯。)

案杜注從賈說。傳敍此事云：公子光欲弒王僚，乃伏甲於堀室而享王，王使甲坐於道及其門，門階戶席，皆王親也，夾之以鈹。羞者獻體改服於門外，執羞者坐行而入，執鈹者夾承之，及體以相授也。光僞足疾，入于堀室，鱄設諸寘劍於魚中以進，抽劍刺王，鈹交於胸，遂弒王。正義曰：「說文云：鈹，劍也。則鈹是劍之別名。」鈹交於胸，鈹者，王僚左右衛卒所執鈹也。鱄設諸抽魚中劍刺王，王左右衛卒亦以劍交刺鱄諸胸也。竹添氏左傳會箋云：「一面刺王，一面被殺，忙接此句，見當下情事，十分迅疾，不及轉瞬。」又云：「鈹交胸，猶弒王，勇銳如睹。」(並昭公廿七年傳)會箋之言，當得其情。賈說是也。

（廿二）傳云無始亂。賈逵謂無為亂始。得之。

「無始亂。」（定公四年傳）

賈逵曰：「無爲亂始。」（太平御覽卷三百九十引。馬輯、馮補有，黃、王、嚴三家缺。）

案「無」與「勿」通。無始亂者，言勿爲禍亂之始。賈云無爲亂始是也。僖十五年傳，史佚有言曰：無始亂。義與此同。

（廿三）傳云主人出，師奔。賈逵謂主人出，魯師奔走而卻退，言魯無戰備也。杜預謂攻郛人少，故遣後師走往助之。賈說為允。

「主人出，師奔。」（定公八年傳）

賈逵云：「主人出，魯師奔走而卻退，言魯無戰備也。」（正義引。馬、黃、王、嚴四家皆輯。）

案杜注：「攻郛人少，故遣後師走往助之。」杜與賈異。正義曰：「賈逵以爲主人出，魯師奔走而卻退，言魯無戰備也。劉炫云：杜亦不勝舊。今杜必異於賈，以爲後師奔走，往助之者，若如賈言，魯師奔走，則是彼敗而還，下傳陽虎何得云：猛在此必敗。明其於時不敗。故猛得逐廩丘之人。是賈言非也。」馬氏宗璉曰：「賈逵以爲主人出，魯師奔走。下陽虎言，猛在此必敗，正魯師奔之證。正義以賈言爲非，何也？」（左傳補注卷三）李氏貽德駁正義云：「按師中奔，皆是奔敗。如杜所云，傳當云使後師助之攻，不當云師奔也。云師奔，明是魯師奔走而卻退也。至下文云：猛在此必敗。正是陽虎見師已奔，詭辭自解。故傳云：陽虎僞不見冉猛者。若遣師助之，則猛因虎激，反逐廩邱人，當有繼者，何傳云：猛逐之，顧而無繼。明師盡先奔，故反顧而後無繼者也。傳文甚明，孔反謂賈爲非，失之。」（賈服注輯述卷十九）竹添氏會箋亦云：「主人出戰，魯師驚走也。杜誣文。」（定八年傳）又云：「杜云，猛必復敗。非也。虎最詐，陽州之役，猛爲殿，虎佯認爲眞。言猛如在此必敗敵，以此勵猛也。」（同上）馬氏、李氏皆從賈逵說，而駁杜預。會箋駁杜說，而與賈合。說皆正確。顧氏炎武（左傳杜解補正卷三）及洪氏亮吉（左傳詁卷十九）亦主從賈說是也。

（廿四）傳云昭夫人孟子卒。賈逵謂言孟子，若言吳之長女也。杜預謂諱娶同姓，故謂之孟子，若宋女。從賈逵說。

「昭夫人孟子卒。」（哀公十二年傳）

賈逵曰：「言孟子若言吳之長女也。」（正義引。馬、黃、王、嚴四家皆輯。）

案杜注：「諱娶同姓，故謂之孟子，若宋女。」正義曰：「諱娶同姓，不得謂之吳女。宋是子姓，長女字孟，故惠公元妃謂之孟子。今亦稱孟子者，全改其本，若言此夫人是宋國之長女也。釋例曰：經書孟子卒，傳言昭公娶于吳，故不書姓。此爲昭公加諱，不復繫吳，改其姓號，傳因而弗革也。論語謂之吳孟子。蓋時人常言，非經傳正文也。而賈氏以爲言孟子，若言吳之長女也。稱吳長女，既不異於同姓，且娶同姓，長之與少，未聞其異，無所爲別也。」李氏貽德釋賈說云：「經書孟子，傳者恐後人知宋是子姓，誤以爲宋女。曰不書姓，明經云孟子，子非夫人之姓。賈體會傳意，以孟是長女，亦稱子，故云若吳之長女也。釋經書孟子之意如此，非以子爲姓也。」（賈服注輯述卷二十）孔氏廣森春秋公羊通義云：「謹案謂之吳孟子猶言吳之長女，特避不稱孟姬耳。杜預以爲詭託宋姓者，非也。孟子者，貴母姊妹之稱。詩曰：齊子由歸，可證也。」（卷十二）洪氏亮吉云：「春秋時，娶同姓者不一而足。穆天子傳有盛姬。是天子以同姓之女備後宮也。列國則晉獻公有大狐姬、小狐姬、驪姬，其娣生卓子，亦姬姓。故莊公二十八年傳：惟二姬之子在絳。平公則內有四姬。傳襄公二十六年衛人歸衛姬于晉是也。國語：富辰曰：聃由鄭姬。韋昭注：聃，姬姓，文王之子聃季之國。鄭女爲聃夫人，同姓相娶。大夫則齊崔杼娶棠姜，東郭偃所云君出自丁，臣出自桓是也。慶舍以女妻盧蒲癸。慶舍之士以爲子不避宗是也。哀公十一年太叔懿子娶晉悼公愸女，亦同姓。晉則羊舌氏爲晉公族而亦娶同姓，論衡叔向之母姬姓是矣。廣韻：鄭公子有食采于徐吾之鄉，後以爲氏，是子南子晳又爭取同姓之女也。獨昭公以吳孟子貽譏者，以魯爲秉禮之國故耳。」（更生齊集春秋不諱娶同姓論）顧氏棟高曰：「傳：死不赴，故不稱夫人。不反哭，故不言葬小君。不稱夫人，不言葬小君，蓋深著季氏之惡。生逐其君，死又弱其配，父子濟惡，書之以志痛也。或以爲譏昭公之娶同姓，過矣！」（春秋大事表十六）楊氏于庭春秋質疑亦曰：「雖曰娶于同姓，然使以夫人之禮喪之，赴於諸侯，反哭於寢，即書曰夫人小君亦可也。乃今考之左氏，孔子與弔，適季氏，季氏不絻，放絰而拜，不服喪也。不服喪者，不以爲夫人也。不以爲夫人者，季氏恨昭公故也。夫人臣而逐其君，又廢其二子使不得立，又溝而絕之於先公之墓，孔子爲司寇而後合之。又廢其敵體之夫人，使不得祔於廟而爲之喪也。不亦傷乎！春秋直書曰孟子卒，季孫之罪始無所容於天地之間矣。胡氏舍季氏邱山之罪，而第舉娶同姓以爲言，此一陳司敗能道之，何待聖人筆削。」（淸儒五經彙解卷二百二十引）按昭公娶同姓，於禮有違，故不曰孟姬而曰孟子。此蓋魯人常稱，而季氏專權，以恨昭公故，而不以夫人小君之禮待之，史亦不稱夫人，春秋因之，所以罪季氏也。賈云稱孟子，若言吳之長女。於義得之。李氏、孔氏引申其說是也。杜氏以爲經書孟子，乃譏昭公娶同姓。此說未允。如洪氏所論，春秋諸侯娶同姓多矣，而無貶，何爲獨於此貶之？且以子爲宋姓，言若宋女。此意尤誤。論語稱，魯人謂之吳孟子。旣稱吳，則子非指宋姓可知。杜及正義說，非也。顧氏楊氏釋經所以罪季氏之意，義並可取。

（廿五）傳云王惡其聞也。賈逵謂惡其聞諸侯。得之。

「王惡其聞也。」（哀公十三年傳）

賈逵曰：「惡其聞諸侯。」（史記吳世家集解引。馬、黃、王、嚴四家皆輯）。

案杜注：「惡諸侯聞之。」意與賈逵同。傳載吳欲與晉爭霸諸侯，而此時盟事未成，國中太子方爲越所敗，事若爲晉所悉，於吳不利，故吳王不欲使事聞於諸侯也。

（廿六）傳云太子與五人介，輿豭從之。賈逵謂介，被甲也。輿豭豚，欲以盟。

杜說同。得之。

「太子與五人介，輿豭從之。」（哀公十五年傳）

賈逵曰：「介，被甲也。輿豭豚，欲以盟。」（史記衛世家集解引。馬、黃、王、嚴四家皆輯。）

案杜注從賈說。正義曰：「豭是豕之牡者。傳稱諸侯盟，誰執牛耳？則盟當用牛。此用豕者，鄭玄云：人君用牛，伯姬迫孔悝以豭，下人君耳。然則蒯聵自謀取國，寧復降下人君？於時迫促難得牲耳。牲不備牛，如孟任割臂以盟莊公。楚昭王割子期之心以盟隨人。此及明年太子疾輿豭爲盟，皆臨時偪切，難以禮論也。」按正義說是也。正義引傳在哀十七年。說文解字豕部：「豭，牡豕也。」（第九篇下）方言云：「豬，北燕朝鮮之間謂之豭，其子或謂之豚。」（卷八）是豭豚皆豕之別名，故豭豚連文。輿豭，欲與孔悝盟也。介爲被甲，常訓。周禮旅賁氏：「軍旅則介而趨。」鄭注：「介，被甲。」（卷三十一）是也。

（廿七）傳云子羔曰弗及，不踐其難。賈逵謂言家臣憂不及國，不得踐履其難。

杜預以爲政不及己，可不須踐其難。賈義爲長。

「子羔曰：弗及，不踐其難。」（哀公十五年傳）

賈逵曰：「言家臣憂不及國，不得踐履其難。」（史記衛世家集解引。馬、黃、王、嚴四家皆輯。）

案杜注：「言政不及己，可不須踐其難。」史記衛世家集解引賈逵說之下，又引鄭衆說云：「是時輒已出，不及事，不當踐其難。子羔言不及，以爲季路欲死國也。」（史記卷三十七）竹添氏左傳會箋云：「是時悝已見奪，故言不及事，不當踐其難。杜云：政不及己，蓋言季子爲孔悝之臣，衛國之政不及己，可以不踐其難。則爲衛國踐其難也。與下季子言不應。」（哀十五年傳）按傳下文：子路曰：食焉不避其難。服虔注：「言食悝之祿，欲救悝之難。此明其不死國也。」（史記衛世家集解引）是杜說未當，會箋駁之是也。惟會箋釋「弗及」，用鄭衆「不及事」之說，亦未當。蓋子羔曰弗及者，乃明其不踐難之理由，鄭云不及事，非所以言踐難之理由也。故賈云：言家臣憂不及國，不得踐履其難。於義爲長。

（廿八）傳云如魚竀尾，衡流而方羊裔焉。賈逵謂竀，赤色。魚勞則尾赤。橫流方羊，不能自安。裔，水邊。言衛侯將若此魚。杜從賈說。鄭衆以爲魚勞則尾赤，方羊遊戲，喻衛侯淫縱。賈義爲長。

「如魚竀尾，衡流而方羊裔焉。」（哀公十七年傳）

賈逵曰：「竀，赤色。魚勞則尾赤。橫流方羊，不能自安。裔，水邊。言衛侯將若此魚。」（正義引。馬、黃、王、嚴四家皆輯。）

案杜注從賈說。正義曰：「杜以魚勞則尾赤，方羊不能自安。裔焉謂魚至水邊，以喻衛侯將如此。是賈逵之說，杜用之也。鄭衆以爲魚勞則尾赤，方羊遊戲，喻衛侯淫縱。杜不然者，以此魚喻衛侯。詩云：魴魚赬尾，王室如燬。魚勞則尾赤，以勞苦之魚，比喻衛侯，則方羊爲勞苦之狀，若其方羊是縱恣之狀，何得比勞苦之魚？」周禮考工記鍾氏注引爾雅：「再染謂之竀。」釋文：「竀，本又作䞓，亦作赬。」（周禮注疏卷四十）今爾雅作赬。是竀爲赤色也。詩周南汝墳：「魴魚赬尾。」毛傳：「赬，赤也。魚勞則尾赤。」疏云：「釋器云：再染謂之赬。郭云：赬，淺赤也。魴魚之尾不赤，故知勞則尾赤。哀十七年左傳曰：如魚赬尾。衡流而彷徉。鄭氏云：魚肥則尾赤，以喻蒯聵淫縱。不同者，此自魴魚尾本不赤，赤故爲勞也。鄭以爲彼言彷徉爲魚肥，不指魚名，猶自有肥而尾赤者。服氏亦爲魚勞。」（詩經注疏卷一之三）疏引鄭衆說作「魚肥則尾赤」，與左傳正義引鄭說作「魚勞則尾赤」者不同，作「勞」者誤也。服氏亦以爲魚勞，與賈同。當從賈、服、杜三家之說。又周禮考工記玉人鄭注：「衡古文橫，假借字也。」（卷四十一）是衡流爲橫流。方羊，詩汝墳疏引作彷徉。後漢書卷四十二東平憲王傳注引作仿徉。是方羊、彷徉、仿徉並同。離騷：「聊須臾以相羊。」王逸注：「須臾、相羊，皆游也。」（楚辭章句卷一）招魂：「彷徉無所倚。」王逸注：「言須彷徉東西，無人可依。」（同上卷七）莊子逍遙遊：「彷徨乎無爲其側。」釋文：「崔本作方羊。」（莊子集釋第一篇）廣雅釋訓：「彷徉，徙倚也。」（卷六）是方羊者，言魚游東西徙倚，泛泛於中流而無所依止也。是不能自安之貌，故賈氏云然。廣雅釋言：「裔，邊也。」（卷五）以繇詞言魚之狀，知裔爲水邊。傳云衛侯貞卜，而得此詞。故賈云言衛侯將若此魚也。

第四節　說明其事之原委者

（一）傳云宋殤公立十年十一戰。賈逵歷舉十一戰之事以明之。

「宋殤公立十年十一戰。」（桓公二年傳）

賈逵曰：「一戰，伐鄭，圍其東門；二戰，取其禾；三戰，取邾田；四戰，邾鄭伐宋，入其郛；五戰，伐鄭，圍長葛；六戰，鄭以王命伐宋；七戰，魯敗宋師于菅；八戰，宋衛入鄭；九戰，伐戴；十戰，鄭入宋；十一戰，鄭伯以虢師大敗宋。」（史記宋世家集解引。此條馬、黃、王、嚴四家皆輯。）

案杜注：「殤公以隱四年立，十一戰皆在隱公世。」正義曰：「服虔云，與夷隱四年即位。一戰，伐鄭，圍其東門；再戰，取其禾，皆在隱四年。三戰，取邾田；四戰，邾鄭入其郛；五戰，伐鄭，圍長葛，皆在隱五年。六戰，鄭伯以王命伐宋，在隱九年。七戰，公敗宋師于菅；八戰，宋衛入鄭；九戰，宋人蔡人衛人伐戴；十戰，戊寅，鄭伯入宋，皆在隱十年。十一戰，鄭伯以虢師大敗宋師，在隱十一年。是皆在隱公世也。」服說與賈同，杜蓋隱括服虔說而不細別，其意亦同賈、服也。此十一戰之事，左傳備載之。

（二）傳云楚武王荆尸。賈逵謂秦始皇父諱楚而改為荆州，亦以其居荆州，故因諱而改之。賈說得之。

「楚武王荆尸。」（莊公四年傳）

賈逵曰：「秦始皇父諱楚而改爲荆州，亦以其居荆州，故因諱而改之。」（詩小雅漸漸之石正義引。此條馬輯有，黃、王、嚴、馮諸家輯缺。馬輯下荆州作荆門，誤，今正。）

案杜注：「荆亦楚也。」正義云：「荆卽楚之舊邑。」詩小雅漸漸之石序：「荆舒不至。」毛傳：「荆謂楚也。」疏云：「以楚居荆州，故或以州言之。春秋經賈氏訓詁云，秦始皇父諱楚，而改爲荆州，亦以其居荆州，故因諱而改之。亦有本自作荆者，非爲諱也。」（毛詩注疏卷十五之三）是賈謂秦始皇父諱楚，故不稱楚，又以楚居荆州，故稱荆。史記秦始皇本紀：「秦王復召王翦，使將擊荆，虜荆王。」張守節正義云：「秦號楚爲荆者，以莊襄王名子楚，諱之，故言荆也。」司馬貞索隱云：「楚稱荆者，以避莊襄王諱，故易之也。」（史記卷六）正義及索引說與賈同，是也。蓋秦人諱楚，故改稱荆，太史公據秦策而作始皇本紀，亦沿用荆字矣。考楚之稱荆，在秦莊襄王卽位前已有之，說文艸部：「荆，楚木也。」徐鍇曰：「荆州因此而爲名也，故其國名楚。」（說文繫傳卷二）又林部：「楚，叢木，一名荆。」段玉裁曰：「艸部荆下曰，楚木也。此云荆也。是則異名同實。」楚國或呼楚，或呼荆，或累呼荆楚。」（說文段注第六篇上）莊公十年經：「荆敗蔡師。」杜注：「荆，楚本號，後改爲楚。」正義曰：「荆楚，一木二名，故以爲國號。」（左傳注疏卷八）程旨雲先生曰：「余楚人也，世居湖北之大冶，又寓居荆州，曾步行秭歸興山，逾荆山南北，至保康、穀城、光化、均縣、襄陽、宜城等縣。居地多荆楚，俗名黃荆。初生時，木莖作方形，葉長而花色藍紫，稍大則幹形漸圓。三禮圖云：凡木心皆圓，而荆心方。目驗之言也。」（春秋左氏傳地名圖考第一篇）據此知荆楚一木二名，以楚地多產之，故其地即以荆楚名，由來甚古。其見於春秋經者，莊公十年始見荆，十四年、十六年、二十三年、二十八年經皆書荆，至僖公元年乃書楚。左傳則桓公二年始見楚，其後桓公六年、八年、九年、十年及莊公四年、六年、十年皆作楚。蓋春秋經即依其正式稱號，始稱荆，後乃稱楚。故杜氏於僖元年經楚人伐鄭下注云：「荆始改號曰楚」是也。左傳則成書較遲，故習用楚矣。而此皆遠在秦莊襄王即位之前，知楚國本荆楚兩號並用，其後秦人避莊襄王諱，乃專用荆以稱楚。至荆州之名，禹貢九州及周禮九州並已有之，皆當在始皇統一六國之前。是古已有是稱。秦一天下，置三十六郡，及漢書地理志所稱漢郡國，均無荆州之名，則荆州非秦所改。至東漢之末，乃復有荆州之建置矣。

（三）傳云六鷁退飛過宋都，風也。賈逵謂風起于遠，至宋都高而疾，故鷁逢風卻退。賈說得之。

「六鷁退飛過宋都，風也。」（僖公十六年傳）

賈逵曰：「風起于遠，至宋都高而疾，故鷁逢風卻退。」（史記宋世家集解引。馬、黃、王、嚴四家皆輯。）

案漢書五行志引劉歆說云：「風發於它所，至宋而高，鷁高飛而逢之則退。」（卷二十七下之上）賈云：風起于遠。蓋本之劉歆說也。李貽德釋賈說云：「抱朴子云：風高者道遠。爾雅釋天：扶搖謂之猋。注：暴風從下上。名義考云：暴風相扶而動搖奔疾若走犬然。卽爾雅所謂猋也。莊子逍遙篇云：摶扶搖而上者九萬里。淮南原道訓云：扶搖抮抱羊角而上。蓋風爲土氣，始起於遠，愈高則愈疾，故顏師古漢書注云：猋，疾風也。宋都者，何休曰：宋國所治也。人所聚曰都。鷁蓋過此而退飛也。」（賈服注輯述卷六）按李釋是也。杜注云：六鷁遇迅風而退飛，與賈說合。然又云，風高不爲物害，故不記風之異，則非傳意，不若賈說之確當矣。

（四）傳云見叔牂曰：子之馬然也。對曰：非馬也，其人也。既合而來奔。賈逵謂叔牂，宋守門大夫。華元既見叔牂，牂謂華元曰：子見獲於鄭者，是由子之馬使然也。華元對曰：非馬自奔也，其人為之也。謂羊斟驅入鄭也。言宋人贖我之事，旣和合而我卽來奔耳。鄭衆謂叔牂卽羊斟，在先得歸，華元見叔牂，牂卽誣之曰：奔入鄭軍者，子之馬然也，非我也。華元對曰：非馬也，其人也。言是汝驅之耳。叔牂既與華元合語而卽來奔魯。杜預謂叔牂，羊斟也。卑賤得先歸，華元見而慰之。叔牂知前言已顯，故不敢讓罪。叔牂言畢，遂奔魯。正義又載另一說。四說以杜預說為最長。

「見叔牂曰，子之馬然也。對曰：非馬也，其人也。既合而來奔。」（宣公二年傳）

賈逵曰：「叔牂，宋守門大夫。華元既見叔牂，牂謂華元曰：子見獲於鄭者，是由子之馬使然也。華元對曰：非馬自奔也，其人爲之也。謂羊斟驅入鄭也。奔，走也，言宋人贖我之事，既和合而我即來奔耳。」（正義引。馬、黃、王、嚴四家皆輯。黃、王輯入鄭也以下十九字未錄入，此從馬、嚴二家。）

案杜注：「叔牂，羊斟也。卑賤得先歸，華元見而慰之。叔牂知前言以顯，故不敢讓罪。叔牂言畢，遂奔魯。合猶答也。」正義曰：「服虔載三說：皆以子之馬然爲叔牂之語，對曰以下爲華元之辭。賈逵云云（賈逵說已錄於前文，此從略。）鄭衆云：叔牂即羊斟也。在先得歸，華元見叔牂，牂即誣之曰：奔入鄭軍者，子之馬然也，非我也。華元對曰：非馬也，其人也。言是汝驅之耳。叔牂既與華元合語而即來奔魯。又一說：叔牂宋人，見宋以馬贖華元，謂元以贖得歸，謂元曰：子之得來，當以馬贖，故然。華元曰：非馬也，其人也。言已不由馬贖，自以人事來耳。贖事既合而我即來奔。」杜氏於服虔所載三說外，別爲新解，合共四說。正義申杜說而駁服載三說云：「杜以傳文見叔牂而即言曰。則曰下皆當爲華元之語，不得爲叔牂之辭。且以華元與賤人交語而稱對曰，謂歸國而言來奔，皆於文不順。又羊斟與叔牂當是名字相配，故不從三家，而別爲之說，採鄭氏來奔爲奔魯耳。合是聚合言語，故云，合猶答也。」正義之駁，尚能言之有理。洪亮吉主賈說而駁鄭、杜二家云：「按以叔牂爲羊斟，始於鄭衆，而杜用之。又無別據，第云羊斟與叔牂，當是名字相配。今考羊當是氏，無緣作字，與氏相配。又羊斟既明言今日之事我爲政，則不得更以子之馬然面誣華元。鄭衆之說非也。斟前既有言，則元亦不必反爲飾辭，杜說亦非。賈以叔牂爲宋守門大夫，其義最確。服虔稱或一說亦云叔牂宋人，與賈注合也。又既合而來奔句，正義欲申杜，乃不引爾雅釋詁文：合，對也。而云合是聚合言語。亦可謂進退失據。又按淮南繆稱訓：羊羹不斟而宋國危，是斟又訓斟酌之斟。其御羊斟不與，謂御不與食羊羹也。高誘注亦不以羊斟爲人姓名，得之。」（春秋左傳詁卷十）沈欽韓曰：「子之馬然也爲叔牂語。非馬也其人也爲華元答語。當如鄭衆說。」（左傳補注卷五）按服虔所載三說，皆以子之馬然爲叔牂之語，對曰以下爲華元之辭。正義謂其於文不順，所見良是。又鄭衆之說，洪氏駁云：羊斟既明言今日之事我爲政，則不得更以子之馬然面誣華元。洪駁有理，是鄭說未妥。賈逵之說，華元既見叔牂，牂謂華元曰，子見獲於鄭，是由子之馬使然。夫華元見獲之情，非必人人皆知，叔牂既爲宋守門大夫，何以知華元見獲乃由其馬使然而慰之乎？而華元又即辯其非是乎？又一說云，叔牂謂華元曰：子之得來，當以馬贖故然。若如其說，當謂：子之來以馬故耳，不當云，子之馬然也。是賈及又一說皆未當也。洪氏又引淮南繆稱訓之說，並謂高誘注不以羊斟爲人姓名。說與左傳違背，不可從也。沈氏主鄭說，然乏有力理由，亦不足取。杜以子之馬然爲華元語，對曰以下爲叔牂之言，於文爲順。惟謂「華元見而慰之」，仍未妥。是以洪氏駁杜云：斟前既有言，則元亦不必反爲飾辭。說亦有理。故近人楊樹達曰：「杜氏集解云：華元見而慰之。樹達按：杜說殊謬。華元不知羊斟之賣己而慰之，則爲愚；知之而慰之，則爲僞；皆非事理也。愚謂『也』讀與『邪』同，古人問詞恆用『也』。論語云：子張問，十世可知也？又云：井有仁焉，其從之也？皆其例也。蓋華元知羊斟之賣己，故婉其詞以詰之，謂子之馳入鄭師者，子之馬則然邪？羊斟知華元之慍己，故既答而出奔也。」（積微居讀書記讀左傳）楊氏以爲「子之馬然也」一句，當作疑問語是也。又杜氏以羊斟、叔牂爲名號之異，雖無顯證，而謂來奔爲奔魯，在左傳則有其例證。是杜說在四說中獨無較嚴重之缺失。當以杜義爲長。又正義謂服虔載三說，而不言服氏主何說，則服氏於此文，或但採先儒之說，而未下己意也。

（五）傳云問守備焉，以無備告，揖之乃登。賈逵謂齊侯以衛告誠，揖而禮之，欲生之也。衛志于戰死，故不順齊侯之揖，而還登城。杜從賈說。服虔引彭仲博說謂齊侯號衛，衛慚而下，云問守備焉，問衛之守高唐者，衛無恩信，故今守者以無備告，齊侯善其言，故揖之，乃命士卒登城。賈說爲近。惟謂齊侯揖而欲生之，仍未當。當云語畢欲別故揖之也。

「問守備焉，以無備告，揖之乃登。」（襄公十九年傳）

賈逵曰：「齊侯以衛告誠，揖而禮之，欲生之也。衛志于戰死，故不順齊侯之揖，而還登城。」（正義引。馬、嚴輯有，黃、王二家缺。）

案杜用賈說。正義曰：「杜於此注皆用賈逵之說。服虔引彭仲博云：齊欲誅衛，呼而下與之言，固可取之，無爲揖之，復令登城。仲博以爲齊侯號衛，衛慙而下，云問守備焉，問衛之守高唐者，衛無恩信，故今守者以無備告，齊侯善其言，故揖之，乃命士卒登城。服虔謂此說近之。」服引彭仲博說與賈異。正義駁服云：「案傳之次第，衛在城上，號之乃下，是衛下也。問守備焉，問衛也，若其別問餘人，當云問其守者，不得云問守備也。若齊侯揖之，而命士卒登城，則士於此時已登矣，何故下文方曰：殖綽工縷會夜縋納師也。衛已下城，齊侯不即執取者，或有所隔礙，不得取之。漢末曹操與馬超對語，徐晃與關羽對語，皆讐敵交言，而不能相取，亦何怪古之人乎？」按正義駁服虔彭仲博說是也。竹添氏左傳會箋云：「乃下、乃登，前後相呼，乃下是衛下，則乃登亦衛登可知矣，注是也。但云揖而禮之，欲生之，則失之。凡古人使人進及與人別，皆揖之。齊侯揖衛者，與之訣別耳。傳記之者，以見衛雖寺人頗有膽略，所以能縱權於一時，而終以高唐叛也。」（襄公十九年）會箋亦以賈、杜爲是，惟謂齊侯揖之，乃與別而揖，非欲生之，確較賈、杜爲長。傳下文：醢衛于軍，亦與會箋說爲近。

（六）傳云欒范易行以誘之。賈逵謂易讀變易之易。行，道也。欒爲將，范爲佐，二人分中軍別將之，欲使欒與范易道，令范先誘楚，欒以良卒從而擊之。鄭衆亦釋易爲變易，易行爲中軍與下軍易卒伍也。杜預釋易爲簡易兵備。言欲令楚貪己，不復顧二穆之兵。鄭衆說爲長。

「**欒范易行以誘之。**」（襄公廿六年傳）

賈逵曰：「易讀變易之易。行，道也。欒爲將，范爲佐，二人分中軍別將之，欲使欒與范易道，令范先誘楚，欒以良卒從而擊之。」（正義引。馬、黃、王、嚴四家皆輯。）

案杜注：「欒書時將中軍，范燮佐之，易行謂簡易兵備，欲令楚貪己，不復顧二穆之兵。」杜不用賈說。正義曰：「賈逵鄭衆皆讀易爲變易之易。賈以行爲道云云。鄭謂：易行，中軍與下軍易卒伍也。」是賈、鄭釋易字同，而釋行字則異也。又正義駁賈、鄭說云：「計設謀之時，軍既未動，道未定分，何以言改道也？將卒相附，繫屬久矣，無容臨戰而改易將卒。且言易行，行非卒伍之名，安得爲易卒伍也？二者之說，皆不可通。杜以傳言誘之，則謂羸師毁車，示弱以誘敵，故讀易爲簡易之易，謂簡易行陳，少其兵備，令楚貪己，不復顧二穆之兵，使中行二郤得克二穆也。楚語說此事云：雍子謂欒書曰：楚師可料也，在中軍王族而已。若易中下，楚必歆之。韋昭云：中下，中軍之上下也。歆猶貪也。簡易欒范之行，示之弱以誑楚也。是韋昭已讀爲簡易之易，故杜從之也。」李貽德曰：「晉之軍制，將先佐後，此欒范易道則佐先將後，佐卒少，故先犯楚以誘致之，然後欒以良卒繼之，是欒范易行以誘之，實范先率師以誘，傳以易行，故欒范並舉耳。楚語說此事云：若易中下，楚必歆之。韋昭云：中下，中軍之上下也。惟其變易，故云中下，以見中軍之下，變而先中軍之上，若從韋氏以爲簡易欒范之行示之弱，杜以爲簡易兵備，則國語只須云易中軍足矣，何必云易中下，傳又何庸欒范並舉乎？合內外傳參校，知賈義爲長。」（賈服注輯述卷十二）竹添氏左傳會箋云：「賈逵、鄭衆皆讀易爲變易之易，得之。但賈云，欒范二人分中軍別將之，則失之。成十六年曰：欒范以其族夾公行，則二人未嘗分中軍別將之也。國語說此事云：若易中下，楚必歆之，鄭以爲易行者，中軍與下軍易卒伍也。中軍之卒良故易之，鄭說洵是。十六年曰：楚之良在其中軍王族而已，請分良以擊其左右，而三軍萃於王卒，必大敗之，則此傳言欒范易行者，謂分中軍之良以與中行二郤，使之擊楚左右師，故下文承之云，中行、二郤必克二穆。誘之云者，欒范以弱卒餌楚中軍，不求勝，而爲不可勝，以支吾之，待二穆敗而四萃也。此傳欒范易行，即國語易中下。此傳以誘之，卽國語楚必歆之。但此傳據中軍而言之，故云欒范易行，國語據中軍及上軍新軍而言之，故云易中下也。時晉下軍不易行，而國語云，易中下者，於文不當云易中與上軍新軍，均爲中軍之下，皆言下以總上軍新軍耳。韋昭以中下爲中軍之上下，亦失之。正義破鄭說云：將卒相附繫屬久矣，無容臨戰而改易將卒。且行非卒伍之名。此論不當。夫中軍之士卒不盡良，上下新軍亦不必盡不良也。一軍有十帥，每帥率二千五百人，每帥有五旅，每旅率五百人，借令易一帥一旅，亦易行也。何必盡易軍列謂之行，何謂無容改易？如杜說易字與楚語悖，前傳分良，亦無應於此。況欒范既夾公行，不宜簡易兵備，令楚貪己，以危其君，杜之誤明矣。」（襄二十六年傳）惠棟曰：「

鄭衆曰：易行，中軍與上下（上字衍）軍易卒伍也。中軍之卒良，故易之。賈逵又一說，見正義，皆勝杜注。」（左傳補注卷四）沈欽韓曰：「賈、鄭皆讀易為變易之易。賈、鄭云云，按鄭說是也。以中軍羸兵誘之，而萃精卒於上下軍，故傳曰：中行二郤必克二穆也。」（左傳補注卷八）俞樾曰：「傳言誘之，則韋氏示弱之說信矣。惟簡易之義，終有未安。易當讀為陁。方言及廣雅釋詁並曰：陁，壞也。字亦作弛。國語魯語曰：文公欲弛孟文子之宅。韋注曰：弛，毀也。然則弛行以誘之者，毀行以誘之也。猶桓六年傳曰：王毀軍而納少師也。詩何人斯篇：我心易也。韓詩作我心施也。易之通作弛，猶易之通作施也。王氏引之謂，魯語弛孟文子之宅，與景公欲更晏子之宅同。弛者易也。說見經義述聞。然則外傳弛宅，當為易宅，此傳易行當為弛行，並古文假字，而學者泥本字以求之，則胥失之矣。」（群經平議卷二十六）按上引各家之說，主杜氏者，正義之說也。主賈說者則李氏一家。其主鄭說者，會箋、惠氏、沈氏也。俞氏樾則別為一說。正義申杜而駁賈、鄭，其說未當，故會箋駁之，並及杜說，會箋之駁良是，俞氏樾亦以杜簡易之義未安，故杜說實未當也。李氏申賈說，以國語易中下，及傳欒范並舉為證，固為有理，然會箋引成十六年傳鄢陵之戰，欒范以其族夾公行，則二人未嘗分中軍別將之，說亦成理，則賈說亦有缺失。會箋及惠、沈二家皆以鄭說為是，其言最合理實，當從之。至俞氏說，雖亦有據，然其失與杜略同，俞說無以釋會箋之駁，故亦未為的當也。

（七）傳云吾聞衛康叔武公之德如是。賈逵謂康叔遭管叔、蔡叔之難，武公罹幽王、褒姒之憂，故曰康叔、武公之德如是。賈說得之。

「吾聞衛康叔武公之德如是。」（襄公廿九年傳）

賈逵曰：「康叔遭管叔蔡叔之難，武公罹幽王、褒姒之憂，故曰康叔、武公之德如是。」（史記吳世家集解引。馬、黃、王、嚴四家皆輯。）

案杜注：「康叔，周公弟。武公，康叔九世孫。皆衛之令德君也。」杜但釋康叔、武公之身世及其德望。賈則就其遭憂之事言之。二說不相違也。李貽德曰：「書序云：成王既伐管叔、蔡叔，以殷餘民封康叔，作康誥、酒誥、梓材。康誥曰：今惟民不靜，未戾厥心。是封康叔時，管蔡雖誅，頑民未靖，賈故以管蔡之難包之，其實康叔封衛，在管蔡叛後也。史記周本紀云：幽王嬖愛褒姒，以為后。賓之初筵詩序曰：衛武公刺時也。幽王荒廢，媟近小人，飲酒無度，天下化之，君臣上下，沉湎淫液。武公既入，而作是詩也。康、叔、武公之德如是，指上文憂而不困言，故賈氏即遭難罹憂事以證明焉。」（賈服注輯述卷十三）按李氏說當得賈義。

（八）傳云有莒衛以為外主。賈逵謂齊桓出奔莒，自莒先入，衛人助之。

「有莒衛以為外主。」（昭公十三年傳）

賈逵曰：「齊桓出奔莒，自莒先入，衛人助之。」（史記楚世家集解引。馬、黃、王、嚴四家皆輯。）

案杜注：「齊桓出奔莒，衛有舅氏之助。」齊襄公立，政令無常。亂將作，公子小白懼禍及己，乃出奔莒。及公孫無知弒襄公，而自立。公子糾奔魯。齊人殺公孫無知。公子小白自莒先入于齊，齊人立之，是爲桓公，事在莊公八年、九年。傳云：齊桓、衛姬之子。知衛國乃其母家，故賈云，衛人助之。杜云，衛有舅氏之助也。

（九）傳云我先君文公有齊、宋、秦、楚以為外主。賈逵謂齊以女妻之，宋贈之馬，楚享以九獻，秦送內之。

「我先君文公，……有齊、宋、秦、楚以爲外主。」（昭公十三年傳）

賈逵曰：「齊以女妻之。宋贈之馬。楚享以九獻。秦送內之。」（史記楚世家集解引。馬、黃、王、嚴四家皆輯。）

案杜注：「齊妻以女，宋贈以馬，楚王享之，秦伯納之。」杜與賈略同。此晉公子重耳出亡期間，歷齊、宋、楚、秦四國之事，見僖公廿三、廿四年傳。國語、晉語：「楚成王以周禮享之，九獻，庭實旅百。」韋昭曰：「九獻，上公之享禮也。」（卷十）傳無楚享以九獻之文，賈氏云者，據晉語而爲言也。

（十）傳云王弗應。賈逵謂太子壽卒，景王不立適子。鄭衆謂壽卒，王命猛代之，後欲廢猛立朝耳。服虔從賈說。杜預從鄭說。賈說為當。

「王弗應。」（昭公廿二年傳）

賈逵曰：「太子壽卒，景王不立適子。」（正義引。馬、黃、王、嚴四家皆輯。）

案杜注：「十五年，太子壽卒，王立子猛。後復欲立子朝而未定，賓孟感雞，盛稱子朝，王心許之，故不應。」正義曰：「賈逵以爲太子壽卒，景王不立適子。鄭衆以爲壽卒，王命猛代之，後欲廢猛立朝耳。服虔以賈爲然。」又曰：「杜今從鄭說者，二十六年傳：閔子馬云：子朝干景之命，則景有命矣。若不命猛，更命誰乎？若子朝子猛，並未有命，俱是庶子，朝年又長，於次當立，自求爲嗣宜矣。劉蚠何以惡其爲亂而欲去之？若俱未被立，王意不偏，群臣無黨，王命爲嗣，則莫敢不從，何須將殺單、劉以立朝也？杜以此知太子壽卒，王立子猛爲適，其後復欲立子朝，而王意未定，賓孟感雞自毀，因此盛稱子朝之美，王心許賓孟，故不應，慮其洩言也。」國語周語云：「景王田于鞏，使公卿皆從，將殺單子，未克而崩。」韋昭曰：「王欲廢子猛，更立子朝，恐其不從，故欲殺之。遇心疾而崩，故未能。」（卷三）韋氏從鄭衆說。洪氏亮吉曰：「案服氏遵賈，杜注則從鄭衆說，然究以賈義爲長。」（春秋左傳詁卷十七）李氏貽德曰：「十五年傳云：王一歲而有三年之喪二焉。謂穆后及太子。則太子壽卒在十五年。二十六年傳：子朝使告于諸侯曰：先王之命曰：王后無適，則擇立長。又曰：穆后及太子壽，早夭卽世，單、劉贊私立少，明穆后之子，惟太子壽，壽卒無適子矣。此云景王不立適子者，適子猶太子。漢宣帝紀：又賜功臣適後。注：適，承嗣者也。若然承嗣爲太子者，得稱適子矣。知時尚未立太子者，以王欲立子朝知之。王既屬意子朝，不遽立者，王子猛年次於朝，分貴於朝。又單、劉之族佐之，王勿能決，故距太子壽卒後，已越六年，尙未定儲位也。韋昭杜預以爲王立子猛，後復欲立子朝，傳無其文，未足據也。」（賈服注輯述卷十七）洪氏、李氏則從賈、服說。姜氏炳璋讀左補義云：「此篇爲王室亂之發端，大書子朝賓起有寵於景王，正亂本也。定亂者劉子、單子，特筆提起，預著兩惡字、兩願字，以見劉文未立之先，已具公忠之志，又見劉獻爲矢心王室，其子奉其明訓，後日不避艱險，扶顚持危，單之功似多於劉，而深明邪正之分，則劉實先發之，傳先將二子本領託出，是忠臣義士立脚處。王崩，劉、單知子朝必亂，故先誅心腹之賓起，見王後始攻起，則已奉新王之命，非無名之擧動矣。劉單始事，已見正正堂堂。」（竹添氏左傳會箋昭公廿二年傳引）

按此年傳敍王子猛、王子朝爭立事，猛直而朝曲，姜氏所言，深得傳意。論王室之亂，當以此意爲大本也。鄭、杜以爲太子壽既卒，王命猛代之，後欲廢猛立朝。正義引申其說，擧三義爲證。賈氏則以爲太子壽卒，景王不立適子。服氏以爲然。李氏證之，義較確當。綜其所言，論之如下：傳詳敍致亂緣由及其經過，若景王有立子猛情事，傳不容不說，左傳敍事多有其例。此其一。廿六年傳載：子朝致書求助於諸侯，若景王已立子猛爲適，子朝安敢明目張膽與爭？雖致書求助，豈能取信於諸侯？且其致書諸侯之辭云：先王之命曰：王后無適，則擇立長。又曰：穆后及太子壽，早夭卽世，單、劉贊私立少。若王子猛已立爲適，子朝說辭豈當如此？明子猛實未立也。此其二。若王已立猛，雖欲殺單、劉而立朝，然事終未成，猛爲適子如故，則景王旣崩，子猛繼位，名正言順，雖子朝亦不得覬覦於其間，臣民亦必擁戴之矣。然傳載子朝因舊官百工之喪職秩者，與靈景之族以作亂，又得王子還、召莊公，及尹氏、毛伯等重臣爲之助，與王子猛可謂勢均力敵。其所以得此助力者，豈非以景王未立適子，故猛、朝得以各據理而爭，臣下亦不知所從矣。於是國中臣民，被迫依附一方而爭鬥，王猛雖立，而乏號召之力，竟使亂事持續數年而不決。向使景王已立適子，則亂事當不致於發生，即有亂事，亦不致如此難於收拾也。此其三。舉此三端，當可證賈、服說之較爲確當也。而正義所陳三疑，實皆有可駁。正義謂：廿六年傳云：子朝干景之命，則景有命矣。按此所謂命者，乃泛稱王命，意指王室之典制言，以在景王之朝，故謂之景命耳，不必釋爲命適子也。正義又謂：若子朝子猛，並未有命，俱是庶子，朝年又長，於次當立，自求爲嗣宜矣，劉蚠何以惡其爲亂而欲去之？按此由子猛分貴於子朝故也。朝雖年長於猛，然猛則分貴於朝。分貴者次正當立，子朝恃寵欲與爭，宜劉蚠之惡而欲去之也。正義又謂：若俱未被立，王意不偏，群臣無黨，王命爲嗣，則莫敢不從，何須將殺單、劉以立朝也？按立儲事關大體，王室宗法典制俱在，子猛既以分貴當立，又有忠耿之重臣單氏、劉氏爲之佐，此景王之所畏憚。徒以景王心寵子朝，意欲立之。其亦逆知不去單、劉，則子朝不得立，故有田于北山，將殺單、劉之謀也。豈必已立子猛，乃必殺單、劉乎？然則景王不立適子之說爲當矣。

（十一）傳云季氏介其雞。賈逵謂，擣芥子為末，播其雞翼，可以坌郈氏雞目。

鄭衆謂，介，甲也。為雞著甲。杜預謂，擣芥子播其羽也。或曰以膠沙播之為介雞。賈說為長。

「季氏介其雞。」（昭公廿五年傳）

賈逵曰：「擣芥子爲末，播其雞翼，可以坌郈氏雞目。」（正義及史記魯世家集解引。馬、黃、王、嚴四家皆輯。）

案杜注云：「擣芥子播其羽也。或曰：以膠沙播之爲介雞。」正義曰：「杜此二解：一讀介爲芥。擣芥子爲末，播其雞羽。賈逵云云，是此說也。鄭衆云：介，甲也。爲雞著甲。高誘注呂氏春秋云：鎧著雞頭。杜又云或曰，不知誰說。以膠沙播之，亦不可解。蓋以膠塗雞之足爪，然後以沙糝之，令其澀，得傷彼雞也。以郈氏爲金距言之，則著甲是也。」李氏貽德曰：「釋文：介又作芥。儀禮疏十六，初學記引傳亦作芥。是賈、服本作芥，故以擣芥子爲說。高誘注淮南人間訓云：介，以芥菜塗其雞翅也。與賈服同。注呂覽察微云：介，甲也。作小鎧著雞頭也。與人間訓互異。呂覽引傳作介，疑淮南引傳作芥，本既異文，高各就文爲說，或今本淮南本雜許氏注也。杜氏前說亦從賈、服，後說則正義謂不可解，良是。正義引鄭衆云云，是鄭本作介也。」（賈服注輯述卷十七）梁履繩左通補釋引王觀國曰：「史記魯世家云：季氏與郈氏門雞，季氏芥雞羽，郈氏金距。司馬遷改介爲芥，而杜預用其說以訓左傳耳。觀國案：介與芥不相通用。介者，介冑之介也。爲甲以蔽雞之臆，則可以禦彼之金距。司馬誤改介爲芥，而杜循其誤，旣自以爲疑，又增膠沙之說。夫以膠浹沙而播其羽，是自累也，又惡能勝彼雞？」（左通補釋卷二十七，王說見學林卷一）梁氏又曰：「案史記集解用賈說，服氏同，杜解本之。儀禮少牢饋食禮疏，並存服、鄭之說。此傳正義亦以著甲爲是。古介芥每通用，王氏乃謂司馬誤改，非也。吳曾能改齋漫錄四摘其謂左傳介其雞，當從高誘注，以鎧著雞頭，不當作蒙雞之臆。履繩以爲：二說前人並用望文爲義。庾子山鬥雞云：貍膏燻鬥敵，芥粉壒春場。韓孟鬥雞聯句云：旣取冠爲冑，復以距爲鐓。可證也。」（同上）竹添氏左傳會箋云：「鄭衆云：介，甲也。杜謂雞不可披甲，故從賈、服讀介爲芥。介、芥古通。劉孝威雞鳴篇云：翅中含芥粉，距外曜金芒。庾信鬥雞詩云：貍膏燻鬥敵，芥粉壒春場。王褒看鬥雞云：妬敵金芒起，猜群芥粉生。褚玠鬥雞東郊道詩：錦衣侵距散，芥羽雜塵生。周去非嶺外代答云：末芥子，糝於雞之肩腋，兩雞半鬥而倦，盤旋伺便，互刺頭腋，翻身相啄，以有芥子，能眯敵雞之目，故用之。是以芥播羽，鬥雞相傳有此法。猶莊子所謂羊溝之雞，以貍膏塗其頭也。然與金距不相應，故杜又出或說。膠沙者，和沙於膠，播之雞胸，使羽毛凝結難傷也。然亦甚費解。不若訓甲之直捷也。雞之相鬥，專距敵胸，蓋裁革披之雞胸，謂之介雞耳。」（昭公廿五年傳）按前引各家，釋介字凡有三說：賈、杜及史記釋介爲芥，此一說也。鄭衆釋介爲甲，此一說也。高誘注淮南子從前說，注呂覽從後說。杜注又引或說，以膠沙播之。此又一說也。按第三說與介字無直接關連，於理爲短，不必深論。第二說以介爲甲，高誘注呂覽從之，正義及王氏觀國並主之，會箋亦以釋介爲甲最直捷。惟此中復有歧異，高誘謂以小鎧著雞頭爲介。正義從之。王氏觀國謂，爲甲以蔽雞之臆爲介。會箋則以裁革披之雞胸爲介雞。諸說不同，似皆未當。按雞鬥重在以力與威取勝，前人所云芥粉、貍膏等物之用，卽在助其威也。而雞之鬥，不善傷害對方，縱郈氏之雞設爲金距，其作用亦當有限，無需著甲以爲之衛也。又於雞首或胸臆等部位著甲，恐雞未必能適應，更將增其負荷，反成累贅。且若此法得宜，當爲後世所沿用，何以後世言鬥雞者多矣，不聞以著甲爲言？凡此皆足證著甲之說，乃出於臆想，非事實也。故第一說實最爲洽當：一以芥粉可昧敵雞之目，可藉以懾服敵雞。二以後世所傳鬥雞詩文，多以芥爲說，足見此法後世鬥雞時每用之，其爲得宜可知。季氏當亦用此法，而後世沿用之也。王氏觀國之誤，梁氏已駁之，及正義會箋諸家所以從鄭說者，蓋皆蔽於金距之爲用，以爲必如人之持刀劍然，將易於嚴重傷害對手，實則雞之拙於使用其武器，與人類之善用者，何啻天壤！雖有金距，何需披甲爲衛？況雞之不適於披甲者乎？傳謂郈氏爲之金距而平子怒。夫平子所以怒者，蓋怒其意在求勝，不下己，非謂郈氏金距之雞已鬥而勝也。故釋傳之介字，當以賈說爲正。

（十二）傳云貪惏無饜，忿纇無期，謂之封豕。賈逵謂惏，者食也，其人貪者財利飲食，無知饜足，忿怒狠戾，無有期度，時人謂之大豬。賈說得之。

「**貪惏無饜，忿纇無期，謂之封豕。**」（昭公廿八年傳）

賈逵曰：「**惏，耆食也。其人貪耆財利飲食，無知饜足，忿怒狠戾，無有期度，時人謂之大豬。**」（正義引。馬、黄、王、嚴四家皆輯。）

案杜注：「纇，戾也。封，大也。」正義曰：「以纇忿共文，則纇亦似忿，故以爲戾，言狠戾也。定四年傳：封豕與長蛇相對，知封爲大也。服虔云：忿怒其類，以饜其私，無期度也。」又曰：「方言云：晉魏河南之北，謂惏爲殘，楚謂之貪。則惏亦貪也。」李氏貽德曰：「惏即婪。說文：婪，貪也。又河內之北謂貪曰惏。是散文惏即貪，若對文則惏爲耆食。離騷：衆皆競進以貪婪兮。王逸注曰：愛食曰婪，是也。忿類之類，杜本作纇。注云：纇，戾也。釋文：服作類，云忿怒其類者，服就其本釋之也。桑柔詩：貪人敗類。傳：類，善也。毛意以敗爲毀，謂貪人毀敗其善也。服本彼爲說。忿怒其類，忿怒其善也。饜與厭同。晉語：屬厭而已。注：厭，飽也。以饜其私，言飽其私欲也。呂覽懷寵：徵斂無期。注：期，度也。故曰，無期度也。」（賈服注輯述卷十八）李氏富孫曰：「釋文云：纇本又作類，服同。案說文云：纇，絲節也。凡人之愆尤曰纇。十六年傳：刑之頗類。服虔注：類讀爲纇。老子釋文：纇河上本作類，字亦通。」（春秋左傳異文釋卷九）按服虔解纇與賈、杜異，當從李氏富孫之釋，以纇爲正，服說非也。賈以爲狠戾，杜云戾也，與李釋略同。釋期爲期度，賈服並同。李氏貽德釋惏、饜、期諸文，並皆恰當。封豕猶言大豬。故賈逵云：其人貪耆財利、飲食，無知饜足，忿怒狠戾，無有期度，時人謂之大豬也。

（十三）傳云越得歲而吳伐之，必受其凶。賈逵謂吳、越同分，而云越福吳凶者，以吳先用兵，故反受其殃。服虔、杜預從賈說。鄭玄謂天文分野，斗主吳，牽牛主越。此年歲星在牽牛，故吳伐之，凶。鄭說為近。惟鄭說吳越所主星宿尚未當。當依越絕書及淮南子天文訓說。

「越得歲而吳伐之，必受其凶。」（昭公卅二年傳）

賈逵曰：「吳越同分，而云越福吳凶者，以吳先用兵，故反受其殃。」（正義引。黃、馬、王、嚴四家皆輯。）

案杜注：「此年歲在星紀。星紀，吳越之分也。歲星所在，其國有福。吳先用兵，故反受其殃。」正義曰：「於十二次分野，星紀是吳越之分也。歲星是天之貴神。所在之次，其國有福。今越得歲星，故吳伐之則凶也。吳越同分，而云越福吳凶者，以吳先用兵，故反受其殃。賈逵云然，杜從之也。」又曰：「鄭玄云：天文分野，斗主吳，牽牛主越。此年歲星在牽牛，故吳伐之，凶。案史傳所云吳越同分，不言於次之內，更復分星。姜氏、任氏共守玄枵，復以何星主齊，何星主薛也？且據三統之術，星紀之初，斗十二度，至於牽牛初度，乃為中耳，十五年餘分始滿，則此年之初，歲星初入此次，伐越在夏，未得已至牽牛。鄭之此說，為妄之甚也。」周禮保章氏賈公彥疏引服虔注云：「歲星在星紀，吳、越之分野。蔡復之歲，歲在大梁，距此十九年。昭十五年，有事於武宮之歲，龍度天門。龍，歲星也。天門在戌，是歲越過，故使今年越得歲。龍，東方宿，天德之貴神，其所在之國，兵必昌。向之以兵則凶。吳、越同次，吳先舉兵，故凶也。或歲星在越分中，故云得歲。」（周禮注疏卷二十六）按服虔、杜預均從賈逵說。鄭玄則與賈異，惟服虔引或說與鄭氏合。顧氏炎武曰：「吳越雖同星紀之分，而所入宿度不同，故歲獨在越。」（左傳杜解補正卷三）顧說與鄭玄合。沈氏欽韓曰：「宋史天文志：歲星所在國不可伐。淮南天文訓：歲星之所在，五穀豐昌。其對爲衝歲乃有殃。鄭云：天分野，斗主吳，牽牛主越。此年歲星在牽牛，故吳伐之，凶。按淮南天文星部地名云：斗、牽牛，越。須女，吳。晉書天文志：自南斗十二度，至須女七度爲星紀。於辰在丑，吳越之分野。陳卓揚州躔次云：九江入斗一度，廬江入斗六度，豫章入斗十度，丹陽入斗十六度，會稽入斗（斗字疑衍）牛一度，臨淮入牛四度，廣陵入牛八度，泗水入女一度，六安入女六度。是吳、越同次而異宿。此年歲星適在越分，若吳越共之，史墨必不僅云越得歲也。鄭精於曆算，自有以知之。孔穎達輩扶杜抑鄭，斥爲甚妄，非也。」（春秋左傳補注卷十一）沈氏亦從鄭說。並引陳卓揚州躔次說，證吳越同次而異宿，故歲獨在越。與顧說同。亦與左傳史墨云越得歲之意相合。其說得之。惟吳越所主星宿，鄭氏與淮南天文訓說各異，沈氏雖並引二說，然尚未有以定其得失。且於正義駁鄭之言，亦無以爲解。是沈說尚非圓滿。竹添氏左傳會箋云：「杜云同得歲而先用兵者凶，於本文不合。錢綺曰：顧亭林云云（欣按顧說與前引同，此從略。）顧說甚當。然未明指吳越所分星度。錢岳源學博曰：漢志以後，皆以斗爲吳分野，牛女爲越分野。時歲星初入星紀，反是吳得歲矣。惟越絕書云：越，南斗也；吳，牛、須女也。然後越獨得歲。淮南子以須女為吳，與越絕書正同。綺按，岳源說為是。蓋歲星隨天右旋，星紀之次，起斗十二度初，終女七度末。斗凡宿廿六度，除去十一度，尚餘十五度。牛八度幷女七度，亦十五度。是歲前半年歲星在斗宿，後半年在牛女二宿。傳文云：夏，吳伐越。則其時歲星尚在斗宿。斗為越分野，故史墨言越得歲。越絕書、淮南子與史墨之言合。」（昭公卅二年傳）會箋引錢綺說是也。漢志以後，以斗為吳分野，牛、女為越分野。鄭玄云，斗主吳，牽牛主越，卽本此說。然此說與傳文史墨之言不相合，故正義駁鄭，非無理實。（正義駁鄭說雖有理，然主杜說則仍未當。）然則鄭氏釋越得歲，意雖可取，說吳越所主星宿則未當。若依越絕書及淮南子天文訓，以說吳、越星宿，則既與史墨之言相合，又且可解正義駁鄭之疑，其說當較為近眞，賈、服、杜之說，恐不可從。惟古人星分之說，渺遠玄虛，其價值今尚難遽定，其眞象亦尚有待於將來進一步之實驗證明也。

（十四）傳云黃父之會。賈逵謂黃父會在昭二十五年。得之。

「黃父之會。」（定公四年傳）

賈逵曰：「黃父會在昭二十五年。」（太平御覽卷三百九十引。馬輯有，黃、王、嚴三家及馮補均缺。御覽引作昭五年，蓋誤，今據左傳正。）

案昭廿五年經：「夏，叔詣會晉趙鞅、宋樂大心、衞北宮喜、鄭游吉、曹人、邾人、滕人、薛人、小郲人于黃父。」（按黃父亦見於文公十七年。杜彼注云：「黃父，一名黑壤，晉地。」程旨雲先生春秋地名今釋第二篇昭公二十五年下云：黃父在今山西沁水縣西南五十里。）傳云：夏，會于黃父，謀王室也。子太叔見趙簡子。簡子問揖讓周旋之禮焉。是其事也。杜注：「在昭二十五年。」與賈注同。

（十五）傳云王使執燧象以奔吳師。賈逵謂：燧，火燧也。象，象獸也。以火繫其尾，使奔吳師，驚卻其衆，使王得脫。杜預從賈說。得之。

「王使執燧象以奔吳師。」（定公四年傳）

賈逵曰：「燧，火燧也。象，象獸也。以火繫其尾，使奔吳師，驚卻其衆，使王得脫。」（正義引。馬、黃、王、嚴四家皆輯。）

案杜注：「燒火燧，繫象尾，使赴吳師，驚卻之。」正義曰：「賈逵云云。杜用其說也。禮有金燧木燧，皆取火之物，故以燧名火也。說文云：象長牙鼻，南越之大獸也。南州異物志云：象身倍數牛，而目則如豕。其鼻長七八尺，其所食物皆鼻取之。性馴良，爲人所養，夷人服乘之。史記大宛傳曰：身毒國其民皆乘象以戰。是象可調馴。楚近南邊，故有此象。王將涉睢，吳師來偪，故使有火繫象尾，令突吳師，使驚卻之。言執燧象者，既繫火於尾，執而率向吳師乃放之。」李氏貽德釋賈說云：「燧，說文作𤐫，云：塞上亭守烽火者。𤐫，篆文省。史記周本紀：幽王爲㷭燧。是𤐫又省作燧。一切經音義十引世本：造火者燧人，因以爲名也。禮有金燧木燧。以其可鑽木取火，故曰燧。然則賈云火燧，直燧是火也。知以火繫象尾者，史記田單傳：田單乃收城中得千餘牛，爲絳繒衣，畫以五采龍文，束兵刃於其角，而灌脂束葦於尾，燒其端。鑿城數十穴，夜縱牛。牛尾熱，怒而奔燕軍，燕軍夜大驚。按田單去楚昭不遠，當祖其燧象遺法。彼束葦於牛尾，則此以火繫象尾可知矣。」（賈服注輯述卷十九）按賈、杜說當得傳意，正義及李氏證之，是也。

第五節　釋傳文所專指者

（一）傳云而位以卿。賈逵云，謂將下軍。得之。

「而位以卿。」（閔公元年傳）

賈逵曰：「謂將下軍。」（史記晉世家集解引。馬、黄、王、嚴四家皆輯。）

案杜注：「位以卿，謂將下軍。」與賈同。周禮夏官司馬：「王六軍，大國三軍，次國二軍，小國一軍。軍將皆命卿。」（卷二十八）上文云，晉侯作二軍，公將上軍，太子申生將下軍。其編制蓋比於次國之數。僖公廿七年傳云：「命趙衰爲卿，讓於欒枝、先軫。使欒枝將下軍，先軫佐之。」是晉制諸軍將佐皆在卿位，申生此時將下軍，故云位以卿也。

（二）傳云君與國政所圖。賈逵謂國政，正卿也。得之。

「君與國政之所圖也。」（閔公二年傳）

賈逵曰：「國政，正卿也。」（史記晉世家集解引。馬、黃、王、嚴四家皆輯。）

案杜注與賈同。爾雅釋詁：「正，長也。」（卷二）正卿爲百官之長，故謂之正。襄二十五年傳：「齊人賂六正。」杜注：「三軍之六卿。」（卷三十六）哀十五年傳：「莊公害故政，欲盡去之。」杜注：「故政，輒之臣。」（卷五十九）國語周語：「昔先大夫荀伯，自下軍之佐以政，趙宣子未有軍行而以政。」韋注並云：「升爲正卿。」（卷二）是政與正通，故賈以國政爲正卿也。

（三）傳云教之以軍旅。賈逵謂將下軍。得之。

「教之以軍旅。」（閔公二年傳）

賈逵曰：「將下軍。」（史記晉世家集解引。馬、黃、王、嚴四家皆輯。）

案杜注與賈同。上年傳載，晉作二軍，公將上軍，太子申生將下軍。此年傳，里克答太子云：「告之以臨民，教之以軍旅。」故知教之以軍旅，謂將下軍也。

（四）傳云夷吾無禮。賈逵謂烝於獻公夫人賈君，故曰無禮。馬融謂申生不自明而死，夷吾改葬之，章父之過，故曰無禮。賈義爲長。

「夷吾無禮。」（僖公十年傳）

賈逵曰：「烝於獻公夫人賈君，故曰無禮。」（正義引。馬、嚴輯有，黃、王輯缺。）

案杜無注。正義爲之說曰：「杜不爲注，當以鬼神之意，難得而知，夷吾無禮，或非一事，不可指言，故不說也。」又引馬融說曰：「申生不自明而死，夷吾改葬之，章父之過，故曰無禮。」與賈說異。莊廿八年傳：「晉獻公娶于賈。」（卷十）詩鄘風鶉之奔奔：「我以爲君。」毛傳：「君，國小君。」疏：「夫人對君稱小君。以夫妻一體言之，亦得曰君。襄九年左傳筮穆姜曰：君其出乎是也。」（卷三之一）夫人賈氏，故曰賈君。僖十五年傳曰：「晉侯之入也，秦穆姬屬賈君焉。晉侯烝于賈君。」（卷十四）按上淫曰烝，此晉侯即夷吾也。禮記曲禮云：「夫禮者，所以定親疏，決嫌疑，別同異，明是非也。」（卷一）又云：「夫唯禽獸無禮，故父子聚麀。」（同上）今夷吾爲鶉鵲之行，故曰無禮。國語晉語：「惠公即位，出共世子而改葬之，臭達於外。」韋注：「獻公時，申生葬不加禮，故改葬之。惠公烝於獻公夫人賈君，故申生臭達於外，不欲爲無禮者所葬。」（卷九）說與賈合。此年傳下文：「帝許我罰有罪矣。」顧炎武左傳杜解補正引傳遜曰：「有罪謂烝於賈君。」（卷一）亦用賈義。馬融以章父之過爲言，雖可備一說，然究不若賈說之信而有徵也。

（五）傳云王曰舅氏。賈逵謂舅氏，言伯舅之使。得之。

「王曰舅氏。」（僖公十二年傳）

賈逵曰：「舅氏，言伯舅之使也。」（史記周本紀集解引。馬、黃、王、嚴四家皆輯。）

案杜注：「伯舅之使，故曰舅氏。」用賈義。禮記曲禮云：「天子異姓謂之伯舅。」鄭注：「稱之以舊，親親之辭也。」疏云：「異姓謂之伯舅者，異族重親之名也。異族無父稱，故呼為伯舅，亦親之故也。」（卷五）史記周本紀正義云：「武公娶太公女為后，故呼舅氏。」（卷四）閻若璩曰：「諸侯既異姓，其臣雖與我同姓，且同出穆王之後，如管仲者，亦祇謂之舅氏，則同姓諸侯之臣之稱，從可知已。或伯父之使，則曰伯氏，或叔父之使，則曰叔氏。一以國之大小為分伯叔，不以其人之字而伯氏叔氏焉。」（古文尙書疏證卷二）閻氏之說，當得賈義。

（六）傳云周公弔二叔之不咸。賈逵謂二叔為管叔、蔡叔。鄭衆說同。馬融以為夏殷叔世。杜預從之。賈、鄭說為當。

「昔周公弔二叔之不咸，故封建親戚，以藩屏周。」（僖公廿四傳）

賈逵曰：「二叔為管叔、蔡叔。傷其不和睦而流言作亂，故封建親戚。」（正義引鄭衆、賈逵。又詩小雅常棣序正義引鄭賈注以二叔為管蔡。馬、黃、王、嚴四家皆輯。）

案杜注：「周公傷夏、殷之叔世，疏其親戚，以至滅亡，故廣封其兄弟。」正義曰：「昭六年傳：三辟之興，皆叔世也。彼叔世為三代之末世，知此二叔亦二代之末世也。二代之末，疎其親戚，以至滅亡，周公創其如此，故制禮設法，親其所親，廣封兄弟，以自蕃衛也。鄭衆、賈逵皆以二叔為管叔、蔡叔，傷其不和睦而流言作亂，故封建親戚。鄭玄詩箋亦然。案其封建之中，方有管、蔡，豈傷其作亂，始封建之？馬融以為夏、殷叔世，故杜同之。」據正義知鄭玄詩箋同於鄭衆、賈逵二家，而杜注則本之馬融，二說不同。正義主馬、杜之說，而詩常棣序鄭箋云：「周公弔二叔之不咸，而使兄弟之恩疏，召公爲作此詩而歌之以親之。」疏云：「此序言閔管、蔡之失道，左傳言弔二叔之不咸，言雖異，其意同弔傷也。二叔卽管、蔡也。不咸卽失道也。實是一事，故鄭引之。先儒說左傳者鄭衆、賈逵，以二叔爲管、蔡。馬融以爲夏殷之叔世。故鄭志張逸問此箋云，周仲文以左氏論之，三辟之興，皆在叔世，謂三代之末，卽二叔宜爲夏殷末也。答曰：此注左氏者，亦云管、蔡耳。問者以昭六年左傳曰：三辟之興，皆叔世也。彼叔世者，謂三代之末世也，則言二叔者，亦宜爲夏殷之末世，不得爲管、蔡，故問之。鄭答：注左氏者，謂鄭、賈之說也。」（卷九之二）是鄭箋及孔氏詩疏，亦主鄭、賈說也。顧炎武曰：「按魏陳思王表曰：昔周公弔管、蔡之不咸，是則二叔謂管叔、蔡叔也。但下有封建之云，首列管、蔡，故杜氏以爲夏、殷之叔世。昭六年，三辟之興，皆叔世也。古人以末世謂之叔季。國語，史蘇以桀紂及幽王爲三季之王。」（左傳杜解補正卷一）此主於杜說者也。洪亮吉曰：「按二叔，馬融以爲夏、殷叔世，杜注蓋用馬說。今考晉書秦秀傳：周公弔二季之陵遲。秀與杜預同時，蓋亦主馬說，然究以鄭賈義爲長。」（春秋左傳詁卷八）李貽德曰：「二叔當以主管蔡者爲是，指夏、殷爲二叔，雖有三辟皆叔世之文爲據，然叔世必連文，去世字則不辭矣。特是孔氏謂封建之中，方有管、蔡，豈傷其作亂，始封建之？其斥賈說，亦爲有理。不知封建實在群叔流言之後，反東攝政之初也。禮記文王世子疏云：案鄭注金縢云云。愚謂旣攝政之後，公傷同氣不諒其志，於是首行封建親戚，明其無私，欲以啓牖二叔之衷，弭人倫之變，故傳言弔二叔之不咸，管蔡得列國焉。」（賈服注輯述卷七）洪、李二家則主鄭、賈之說者也。竹添氏左傳會箋曰：「鄭衆、賈逵皆以二叔爲管、蔡。詩序曰：閔管、蔡之失道，故作常棣。原富辰之意，重在親親，所云二叔，正謂管、蔡。下文所敍十六國，復有管、蔡者，特推本封建之全局而言之耳。杜以二叔爲夏、殷叔世，沿馬融之說也。不知叔世二字，相連爲義，不得去世而稱叔。昭六年，三辟之興，皆叔世也。如去世字而云皆叔也，則所謂叔者，何所指乎？周語曰：周德若二代之季矣。晉語曰：雖當三季之王，不亦可乎？又曰：夫三季王之亡也宜。如去代字而云若二季矣。去王字而云雖當三季，云三季之亡，則文義不明。以是推之，二代之叔世，不得但稱爲二叔明矣。且傷夏、殷之叔世，疏其親戚，則當云弔二叔世之親戚不咸，其義乃著，今不明言親戚，而但曰不咸，則所不咸者，何人何事乎？況上文云，其次親親以相及也，乃緊承之以言周公親親之事，其指管蔡益明。又細玩文理，下文周德之不類，似闇照此不咸。常棣詩卽穆公思周德不類所作，今就詩全篇考之，如云兄弟急難，云雖有兄弟不如友生，正斥管蔡之事。傳又云：兄弟雖有小忿，不廢懿親。皆與二叔不咸相應。曹植求通親親表云：昔周公弔管、蔡之不咸，廣封懿親，以藩屏王室。亦用此文也。」（僖公廿四年傳）按會箋本王引之經義述聞（卷十七）之說，亦主鄭、賈，於正義及顧氏難鄭、賈之說，一一皆爲駁正，持論最爲允當。良以此傳二叔與昭六年之叔世，本各言其義，一指人，一指時世，互不相關，馬、杜誤合爲一義，所以誤也。

(七)傳云封殽尸而還。賈逵謂封識之。杜預謂封，埋葬之。賈義爲長。

「封殽尸而還。」（文公三年傳）

賈逵曰：「封識之。」（史記秦本紀集解引。馬、黃、王、嚴四家皆輯。）

案杜注：「封，埋藏之。」說與賈異。惠棟曰：「賈逵曰：封識之。按易繫曰：不封不樹。虞翻注云：穿土稱封，封下窆字。但殽尸多，不能用葬禮，故杜云，埋藏之。」（左傳補注卷二）惠氏之意蓋以杜說爲長。李貽德釋賈說云：「禮記樂記：封比干之墓。注：積土爲封。識讀爲故以其旗識之之識。史記孝武紀索隱：識猶表也。」（賈服注輯述卷八）李氏釋賈義甚當。劉文淇曰：「朱駿聲云：按殽敗在僖三十三年四月，封尸在文三年五月，閱三載之久，豈尚有可以埋藏之尸，惟表識其地而已。賈是杜非。按朱說是也。」（舊注疏證文三年）朱氏、劉氏則以賈義爲長。按殽尸棄置荒野，人跡罕至，雖時隔三載，白骨必仍散處野地。秦師此來，正可收拾此散處野地之白骨，而埋葬之，故葬事乃必有之舉，朱氏以爲無尸可埋，恐非。惠氏引虞翻易繫注：穿土爲封，封下窆字。李氏引樂記鄭注：積土爲封之釋，及杜注埋藏之說，義皆不誤。惟埋骨而外，必有以表識之者，以爲旌忠紀念之資，如後人之樹石立碑者然。賈云封識之，兼埋骨與表識二義，於義爲長。

(八)傳云正德利用厚生。賈逵謂正德，人德；利用，地德；厚生，天德。得之。

「正德利用厚生。」（文公七年傳）

賈逵曰：「正德，人德；利用，地德；厚生，天德。」（周禮春官大司樂疏引賈、服。馬、黃、王、嚴四家皆輯。黃輯地德誤作厚德。）

案杜無注。周禮春官大司樂：「九德之歌。」鄭司農引此傳爲說。疏更引此左傳賈注以疏解之。（卷二十二）傳云：「正德、利用、厚生，謂之三事。」事者，謂利人之事也。人德之德，猶道也，行也。賈以三才配此三事。蓋謂依此三道而行，皆利人之事也。正德者，正人之德，謂修德也。修德在人，故曰人德。利用者，利財用也。財用出於物，地所生也，故曰地德。厚生者，厚殖生命也。所謂天有好生之德。生命生生不息，厚生之謂也。故曰厚生，天德也。

（九）傳云皇父之二子死焉。賈逵謂三子皆死。服虔、杜預從賈說。鄭衆以爲穀甥牛父二人死耳，皇父不死。馬融以爲皇父之二子，從父在軍，爲敵所殺。賈說爲當。

「皇父之二子死焉。」（文公十一年傳）

賈逵曰：「皇父與穀甥、牛父三子皆死。」（正義引。馬、黃、王、嚴四家皆輯。）

案據正義引鄭衆、馬融說與賈異。正義云：「鄭衆以爲穀甥、牛父二人死耳，皇父不死。馬融以爲皇父之二子，從父在軍，爲敵所殺。名不見者，方道二子死，故得勝之，如今皆死，誰殺緣斯？」又引服虔云：「殺緣斯者，未必三子之手，士卒獲之耳。」杜注：「皇父與穀甥及牛父皆死，故耏班獨受賞。」杜本賈說。服說蓋亦同於賈。正義又云：「下言宋公以門賞耏班，班爲皇父御而有賞，三子不見賞，疑皆死，賈君爲近之。如馬之言，於傳文爲順。但班獨受賞，知三子皆死，故杜亦同之。」正義以賈說爲近，然又謂馬氏之言於傳文爲順，依違於賈、馬之間，未有確論。顧炎武曰：「傳本云，皇父之二子。解乃云，穀甥、牛父，誤。三大夫亦應有賞，傳特以耏門之名，追錄其受賞之由，餘不及載耳。」（左傳杜解補正卷二）顧氏之說，義與馬同。沈欽韓曰：「按馬說是也。若令右與驂乘俱死，則傳文當云，皇父與二子死，不當云皇父之二子也。傳不言三人賞者，主記耏門事耳。」（左傳補注卷五）沈氏亦主馬說。洪亮吉曰：「案耏班獨見賞，或殺緣斯者，即耏班也，故以門爲耏門，所以旌其功。」（春秋左傳詁卷九）洪氏則又別爲之說。王引之曰：「之猶與也。文十一年左傳，皇父之二子死焉。二子者，公子穀甥、司寇牛父也。言皇父與此二子皆死也。」下引賈、杜注爲證。又曰：「成十六年傳，潘尫之黨。襄二十三年傳，申鮮虞之傅摯。謂潘尫與黨，申鮮虞與傅摯也。」（經傳釋詞卷九）按王說是也，亦證賈說之確當。王說出，而鄭衆、馬融，乃至後世之顧炎武、沈欽韓諸家說並可廢矣。

（十）傳云遂東太子光。賈逵謂徙之東垂。得之。

「遂東太子光。」（襄公十九年傳）

賈逵曰：「徙之東垂也。」（史記齊世家集解引。馬、黃、王、嚴四家皆輯。垂，馬輯作鄙，嚴輯作遂，並誤。黃、王二家徙作彼，亦誤。今正。）

案杜注：「廢而徙之東鄙。」杜本賈說。尙書文侯之命疏引鄭注：「鄙，邊邑也。」（卷二十）又杜注左傳，鄙爲邊邑屢見。說文：「垂，遠邊也。」（第十三篇下土部）是邊遠之地曰垂，亦作陲。垂、鄙義近，故賈云東垂，杜曰東鄙也。

（十二）傳云猶未也。賈逵云，言未有雅頌之成功也。杜預謂猶有商紂，未盡善也。賈說為正。

「猶未也。」（襄公廿九年傳）

賈逵曰：「言未有雅頌之成功也。」（史記吳世家集解引。又詩關雎序正義引服虔說。馬、黃、王、嚴四家皆輯。）

案杜注：「猶有商紂，未盡善也。」杜不用賈、服說。顧炎武曰：「言王化局於一方，猶未大行也。」（左傳杜解補正卷二）竹添氏左傳會箋云：「此緊承上始基之矣，言王化未洽也。注解作未盡善，不合本文。」（襄二十九年）是顧氏及會箋皆不以杜說爲然。周禮太師職：「教六詩：曰雅曰頌。」鄭注：「雅，正也。言今之正者，以爲後世法。頌之言誦也，容也。誦今之德廣以美之。」疏云：「云雅正也，言今之正者以爲後世法者，謂若鹿鳴、文王之類是也。云頌之言誦也，容也，誦今之德廣以美之者，凡言頌者，美盛德之形容，以其成功告於神明，謂若清廟頌文王之樂歌之類是也。」（周禮注疏卷二十三）此賈所謂雅頌者也。詩大序云：「周南、召南，正始之道，王化之基。」（毛詩注疏卷一）詩序疏引鄭志云：「張逸問，王者之風當在雅，在風何？答曰：文王以諸侯而有王者之化，述其本宜爲風。」（同上）詩序又云：「是以一國之事，繫一人之本，謂之風。言天下之事，形四方之風，謂之雅。頌者美盛德之形容，以其成功告于神明者也。」（同上）若然則周南、召南，但爲王化之始基，若云施齊正于天下，告成功于神明，則雅頌尙焉。詩大序疏又云：「成功者，營造之功畢也。天之所營，在於命聖；聖之所營，在於任賢；賢之所營，在於養民；民安而財豐，衆和而事節，如是則司牧之功畢矣。干戈旣戢，夷狄來賓，嘉瑞悉臻，遠邇咸服，群生盡遂其性，萬物各得其所，卽是成功之驗也。」（同上）賈所云雅頌之成功者，謂此詩大序及疏所言也。杜云未盡善，未得傳旨。會箋駁之，是矣。顧氏釋之云：言王化局於一方，猶未大行。此就地域言也。會箋云，言王化未洽。此就時之先後言也。二說與賈義並合。惟就詩論詩，當以賈說爲正。

（十二）傳云爲之歌鄭。賈逵謂鄭風，東鄭是。得之。

「爲之歌鄭。」（襄公廿九年傳）

賈逵曰：「鄭風，東鄭是。」（史記吳世家集解引。馬、黃、王、嚴四家皆輯。）

案杜注：「詩第七。」正義曰：「周宣王封母弟友於西都畿內，是爲鄭桓公。於漢則京兆郡鄭縣，是其都也。幽王之時，桓公爲大司徒，見幽王政荒，問於史伯曰：王室多故，余懼及焉，其何以逃死？史伯教之，濟洛河潁之間，有虢鄶之國，取而守之，唯是可以少固，及幽王爲犬戎所殺，桓公死之，其子武公與晉文侯定平王於東都王城，卒取史伯所云虢鄶之地而居之。於漢則河南郡新鄭縣，是其都也。」正義言鄭之初封，及有西鄭東鄭之事，文本之史記鄭世家及漢書地理志也。賈云鄭風，東鄭者，別於西鄭也。詩鄭譜疏引服虔云：「鄭，東鄭，古檜國之地。」（毛詩注疏卷四之二）服說與賈同。賈、服知鄭風爲東鄭之風者，以詩鄭風自緇衣以下，凡二十一篇，皆東遷後之詩也。緇衣序云：「緇衣，美武公也。」將仲子，叔于田，大叔于田，序並以爲刺莊公之詩也。其餘皆武莊以後之詩。說並可信，故賈、服云然。

（十三）傳云夫子獲罪於君以在此。賈逵謂獲罪，出獻公以戚畔也。杜預但云以戚畔。賈義爲長。

「夫子獲罪於君以在此。」（襄公廿九年傳）

賈逵曰：「夫子，孫文子也。獲罪，出獻公以戚畔也。」（史記吳世家集解引。馬、黃、王、嚴四家皆輯。）

案襄公十四年，衛孫文子出獻公於齊。襄廿六年以戚叛。皆孫文子獲罪於君之事，故賈逵云然。杜注云：「孫文子以戚叛。」不及出衛獻公之事，未妥。當以賈說爲是。

（十四）傳言君又在殯。賈謂衛君獻公棺在殯未葬。得之。

「君又在殯。」（襄公廿九年傳）

賈逵曰：「衛君獻公棺在殯未葬。」（史記吳世家集解引。馬、黃、王、嚴四家皆輯。）

案此傳乃吳季札過戚時評衛孫文子之辭。傳在此年秋九月之前。而此年經云：「夏五月，庚午，衛侯衎卒。」隱元年傳云：諸侯五月而葬。故知傳云君在殯，謂衛君獻公棺在殯未葬也。杜注：「獻公卒未葬。」與賈說同。

（十五）傳云五大不在邊，五細不在庭。賈逵謂五大謂太子、母弟、貴寵公子、公孫、累世正卿也。鄭衆說同。杜預以古五官爲說。當從賈、鄭說。

「臣聞五大不在邊，五細不在庭。」（昭公十一年傳）

賈逵曰：「五大謂：太子、母弟、貴寵公子、公孫、累世正卿也。」（正義引。馬、黃、王、嚴四家皆輯。）

案杜注：「上古，金木水火土，謂之五官。玄鳥氏、丹鳥氏亦有五。又以五鳩鳩民，五雉爲五工正，蓋立官之本也。末世隨世施職，是以官無常數。今無宇稱習古言，故云五大也。言五官之長，專盛過節，則不可居邊，細弱不勝任，亦不可居朝廷。」正義曰：「二十九年傳曰：有五行之官，是謂五官。木正曰句芒，火正曰祝融，金正曰蓐收，水正曰玄冥，土正曰后土。是上古金木水火土，謂之五官也。十七年傳云：少皥氏紀於鳥，爲鳥師而鳥名，鳳鳥氏曆正也。玄鳥氏，司分者也。伯趙氏，司至者也。靑鳥氏，司啓者也。丹鳥氏，司閉者也。是玄鳥、丹鳥亦有五也。彼傳又云：五鳩，鳩民者也。五雉爲五工正，數皆有五，蓋古立官之本，以五爲常。末世隨世施職，是以官無常數，不復以五耳。今無字稱習古言，故云五大也。言五官之長，其人大大專盛過節，則不可居邊城，或將據邊城以陵本國也。五官之長，大細弱則不勝其任，不能使威行於下，將爲人所陵，亦不可居朝廷也。」賈逵云：「五大謂太子、母弟、貴寵公子、公孫、累世正卿也。」鄭衆云：「太子，晉申生居曲沃是也。母弟，鄭共叔段居京是也。貴寵公子，若棄疾在蔡是也。貴寵公孫，若無知食渠丘是也。累世正卿，衞寧殖居蒲、孫氏居戚是也。」（並正義引）李氏貽德曰：「按鄭所申賈爲有據。且下文歷引亨櫟、蕭亳、渠邱、蒲戚者，正爲五大之證。若杜爲五官之長，直臆說耳。」（賈服注輯述卷十六）齊氏召南曰：「杜解五大引古五官，與傳上文所引子元、管仲不類。疏中引賈逵、鄭衆之說，與傳相合，勝於杜注。」（左傳注疏考證卷二）洪氏亮吉曰：「疏引先鄭說，可證賈義。杜注似非。」（左傳詁卷十六）惠氏棟左傳補注亦謂：「當用賈逵、鄭衆之注。」（卷五）竹添氏左傳會箋云：「此言爲棄疾居蔡發，則大必指貴重之臣。下文親不在外，羈不在內，似釋五大五細者，五大以勢言，親以情言。古者貴族類世臣，則稱羈爲細亦理也。杜注以五大爲五官大過盛，五細爲細弱。是大以勢言，細以質言，不成文理。且五官之美，在廷爲政，未有使之居邊者，其謬顯然。賈逵、鄭衆云云。但五大，傳不言其目，他書又無所見，今五大之說，姑從賈、鄭。」（昭公十一年傳）按杜預之說，以意而言，殊乏理實。齊氏召南謂其與傳上文所引子元、管仲不類。會箋謂其大以勝言，細以質言，不成文理；且五官之長在廷爲政，未有使之居邊者，其謬顯然。皆足以駁正其失。則杜說不可從。而賈逵之說五大，旣得其要，又得鄭衆之言以爲證，與傳文所論相合，是以諸家並從其說，是也。

(十六)傳云楚子之在蔡也。賈逵謂楚子在蔡，為蔡公時也。杜預謂蓋為大夫時往聘蔡。當從賈說。

「楚子之在蔡也。」（昭公十九年傳）

賈逵云：「楚子在蔡，爲蔡公時也。」（正義引。馬、嚴輯有，黃、王二家缺。）

案杜注：「蓋爲大夫時往聘蔡。」杜不從賈說。正義曰：「賈逵云云。杜以楚子十一年爲蔡公，十三年而卽位，若在蔡生子，唯一二歲耳，未堪立師傅也。至今七年，未得云建可室矣。故疑爲大夫時聘蔡也。」十一年傳：「楚子使棄疾爲蔡公。王問於申無宇曰：棄疾在蔡何如？」（卷四十五）是彼傳以棄疾爲蔡公與在蔡同義，文與此年傳在蔡同。以文例衡之，賈說爲正。然杜疑太子建年太幼，故別爲之解。若如杜解，則傳當云聘蔡，不當云在蔡也。竹添氏左傳會箋云：「此左傳覆前事之文例也。楚子十一年爲蔡公，十三年卽位，此時生子不過七年，何得云建可室？故杜疑爲大夫時聘蔡也。然從杜則於文例不合，本文或有寫誤，若作在陳，則與秦穆室子圉年相若。子圉十歲左右而有室，平王以八年十月滅陳，若以九年生建，則十八年是十歲也。國君十五而生子，則夫人年當長於君耳。建之妻爲父之夫人，是非弱女。」（昭公十九年傳）會箋信正義疑賈之言，又以杜說與傳之文例不合，而不用，因謂本文或有寫誤，文當作在陳。此說就時間言，較之在蔡，凡提早三年，以之說太子建宜娶之年，固較宜，然傳文明作在蔡，既無確證，豈得輕改，則會箋說不足取。愚謂賈說實無可疑。傳云，楚子爲蔡公時在十一年。如賈之言，此時郹陽封人之女奔之，則太子建之生，當在十二年。傳又云：「及（楚子）即位，使伍奢爲之師，費無極爲少師，無寵焉。」此傳乃追敘往年事，雖楚子以十三年即位，然爲太子建立師傅，乃即位後之事，不必在十三年也。何得云才一、二歲，未堪立師傅乎？且傳云：費無極無寵，亦太子建時非僅一、二歲之證。然則未堪立師傅之疑，可以釋矣。至爲太子建授室一節，建如以十二年生，此時年當八歲。會箋學晉公子圉事，證公子十歲可以有室，語尙不誤。建此時年僅八歲而授室，誠太稚，然傳謂：「費無極欲譖諸王，曰建可室矣。」正利其年稚，以便假太子之名以娶婦，而肆其離間楚王父子之詭謀也。曰建可室矣，正見其尙未宜有室，勉曰可而已。傳又云：「王爲之聘於秦，無極與逆，勸王取之。」會箋曰：「欲譖於王而勸爲建授室，其發矢甚遠，其立意甚深，幾不解其何以譖。及勸王取之，而父子之恩遂離。」（同上）會箋此言得之。然則何疑於太子建之以八歲而欲授室乎？故仍當以賈說爲正，杜氏及會箋之說，非也。

（十七）傳云賓將掫。賈逵云：掫謂行夜。得之。

「賓將掫。」（昭公二十年傳）

賈逵曰：「謂行夜。」（周禮夏官掌固疏引賈服。馬、黃、王三家有，嚴輯缺，馮補有。）

案杜注：「掫，行夜。」杜用賈說。許氏說文云：「掫，夜戒守有所擊也。从手取聲。」（第十二篇上）周禮夏官掌固云：「夜三鼜以號戒。」鄭注引杜子春曰：「讀鼜爲造次之造，謂擊鼓行夜戒守也。春秋傳所謂賓將趣者與？趣與造，音相近。故曰終夕與燎。」（周禮注疏卷三十）春官鎛師注引杜子春說略同。（卷二十四）李氏貽德曰：「然則掫，左傳古文作趣。從杜（子春）說趣即周禮之鼜。後鄭（玄）說鼜爲擊警守鼓也。意與杜同，亦與賈服同。」（賈服注輯述卷十七）按李說是。說文謂所擊，亦謂行夜擊鼜也。襄二十五年傳：「陪臣干掫有淫者。」（卷三十六）杜注亦釋干掫爲行夜，是也。

（十八）傳云此時也，弗可失也。賈逵謂時，言可殺王時也。得之。

「此時也，弗可失也。」（昭公廿七年傳）

賈逵曰：「時，言可殺王時也。」（史記吳世家集解引。黃、王、嚴三家有，馬輯缺。）

案杜注：「欲因其師徒在外，國不堪役，以弒王。」按傳云：吳師伐楚，不能退。公子光曰：此時也，弗可失也。告鱄設諸曰：上國有言曰：不索何獲？我王嗣也，吾欲求之。事若克，季子雖至，不吾廢也。故賈知時言可殺王之時也。此年夏四年，專設諸爲公子光弑王僚。公子光代立是爲闔廬。

(十九)傳云上國有言。賈逵謂上國，中國也。得之。

「上國有言。」(昭公廿七年傳)

賈逵曰：「上國，中國也。」(正義引。又釋文引作上國與中國同。馬、黃、王、嚴四家皆輯。)

案杜無說。陸氏釋文云：「上國，賈云：上國與中國同。服云：上古國也。」正義曰：「賈逵云：上國，中國也。服虔云：上國，謂上古之國，賢士所言也。此猶如上文，聘于上國，則賈言是也。」按傳上文：使延州來季子聘于上國。正義引服虔云：「上國，中國也。蓋以吳僻在東南，地勢卑下，中國在其上流，故謂中國爲上國也。」服氏釋此文上國爲中國則是，然謂中國在其上流，故曰上國，則誤。云上國者，與下國對稱，乃以文野分，不以地勢分。吳僻居蠻荒，文化落後，故尊中原諸侯，謂之上國，寓有尊仰文化先進之意也。此「上國有言」之上國，與彼義同，亦謂中國也。服氏釋爲上古之國，亦非。正義斷從賈說是也。

(二十)傳云使死士再，禽焉。賈逵謂死士，死罪人也。鄭衆謂死士，欲以死報恩者。杜預以為敢死之士也。賈義為長。

「使死士再禽焉。」(定公十四年傳)

賈逵曰：「死士，死罪人也。」(史記吳世家集解引。馬、黃、王、嚴四家皆輯)

案杜注：「使敢死之士往，輒爲吳所禽。」史記吳世家集解：「賈逵曰：死士，死罪人也。鄭衆曰：死士，欲以死報恩者也。杜預曰：敢死之士也。」（史記卷三十一）越世家：「句踐乃發習流二千人，教士四萬人，君子六千人，諸御千人，伐吳。」司馬貞索隱云：「虞書云：流宥五刑。按流放之罪人，使之習戰，任爲卒伍，故有二千人。」（史記卷四十一）又秦始皇本紀：「使刑徒三千人皆伐湘山樹。」又云：「發諸嘗逋亡人、贅婿、賈人略取陸梁地。」（史記卷六）是古有以罪人充征戰勞役之事。此傳下文卽云：使罪人三行，屬劍於頭，而辭曰：二君有治，臣奸旗鼓，不敏於君之行前，不敢逃刑，敢歸死，遂自剄也。明此役越有罪人與戰，故賈氏知死士是死罪人也。鄭衆說與杜預義略同。戰國策秦策一：「蘇秦曰：厚養死士。」高誘注：「死士，勇戰之士也。」（卷三）太公六韜：「有貧窮忿怒欲快其志者，聚爲一卒，名曰必死之士。」（卷三）據秦策及六韜之言，則鄭、杜說亦可通。惟據此年傳文罪人一詞衡之，當以賈義爲長。

（廿一）傳云乃背晉而奸宋。賈逵謂以小加大。得之。

「乃背晉而奸宋。」（哀公七年傳）

賈逵曰：「以小加大。」（史記曹世家集解引。馬、黃、王、嚴四家皆輯。）

案杜無說。司馬貞史記索隱云：「干謂犯也。言曹因棄晉而犯宋，遂至滅也。裴氏引賈逵注云以小加大者。加，陵也。小卽曹也，大謂晉及宋也。」（史記卷三十五）隱公三年傳以「小加大」爲六逆之一。此年傳子服景伯云，小所以事大，信也。大所以保小，仁也。背大國不信，伐小國不仁。又云：禹合諸侯於塗山，執玉帛者萬國。今其存者，無數十焉，唯大不字小，小不事大也。故賈氏云以小加大，以喻曹之背晉而犯宋也。

第四章　關於左傳名物及古史之解說

第一節　概　說

本章計包括兩部分：一爲訓釋名物，一爲解說古史。訓釋名物部分，又可區分爲一般器物及特定名稱兩類。屬於一般器物者，又別爲動物、植物、寶器、禮器、武器、典籍、冠飾等項，凡十三條。屬於特定名稱者，則別爲祭名、城郭門、氣候、疾病、星宿、量名諸項，凡十條，合共二十三條。其解說古史部分，則依時代先後，又別爲五帝、夏、商、周初四期，合共二十四條。總名物及古史兩部，計爲四十有七條云。

賈氏之訓釋名物，素稱精審，然就本章所錄二十三條觀之，瑜瑕互見，似未可謂爲精審。此蓋於杜氏集解之不從賈說者，正義輒申杜說而駁賈逵。此等賈說乃得藉正義之引用而留存人間。既爲杜氏所不用，故往往爲賈說之未當者。而賈說之精當者，多爲杜氏集解所本。杜氏既不標明所出，正義亦少見徵引，故賈說之精當者，反不可見。此唐人編撰五經正義定從一家之失也。杜氏襲用賈說之迹，於裴駰史記集解等書所引賈逵說，尚歷歷可見。知賈義之精當者，實多爲杜氏集解所襲用，特其迹已多湮沒，不可詳考耳。

左傳所記以春秋二百四十餘年之史事爲主，然亦間及於前代之遺聞軼事，以爲敍事之佐證。此等史料有屬於五帝時代者，有夏、殷時代者，有周初者，皆在春秋之前，故以古史名之。古者史官職有專司，而又世代相傳，保存文獻必多，春秋時人之博通者，尚多能稱述古文古事，以當時典籍尚有可據也。故左傳所載古史資料，必多為信史，而可資以考古者也。惟亦有語涉荒誕不足採信者，此則本之傳說之失，當分別觀之也。

秦滅六國，史籍毀滅特甚。賈氏生東漢初期，古史已多難徵。是以於訓釋左傳中之古史文字，但以左傳書中所載史事，互為參證，而輔以國語及史記等書所載。所釋語尚簡明，而亦得失互見，以文獻不足，無可徵信，而或出之以臆測，故間有誤失也。

第二節　釋一般名物者

（一）一般器物

1. 動物

「文馬百駟。」（宣公二年傳）

賈逵曰：「文，貍文也。」（史記宋世家集解引。馬、黃、王、嚴四家皆輯。）

案杜注：「畫馬為文。」史記宋世家集解引王肅說：「文馬，畫馬也。」（卷三十八）杜蓋本王肅說，不用賈義。正義曰：「謂文飾雕畫之，若朱其尾鬣之類也。」許氏說文云：「䮍馬，赤鬣縞身，目若黃金，名曰吉皇之乘。周成王時犬戎獻之。春秋傳曰：䮍馬百駟。文馬，畫馬也。西伯獻紂，以全其身。」（說文段注第十篇上）許引傳作䮍馬，與今本左傳不同。惠棟曰：「說文引作䮍馬，云：畫馬也。周書王會曰：犬戎駁馬。此馬當畫赤鬣縞身之形，非眞吉黃之乘也。」（春秋左傳補注卷二）惠氏蓋以此傳文馬卽王會篇之駁馬，並以王肅、杜預畫馬之說爲是。顧炎武曰：「邱光庭曰：文馬，馬之毛色有文采者。」（左傳杜解補正卷二）顧引邱氏說，知其不以許說䮍馬及畫馬說解此傳。李富孫左傳異文釋引許氏說文及賈逵、王肅說，以爲䮍馬今作文從省。又引邱光庭說，謂：「重其難得，若畫爲文，乃是常馬，何足貴乎？」（卷四）是李氏亦以䮍馬卽文馬。而不以畫馬說爲然。洪亮吉曰：「今考叔重旣言䮍馬赤鬣縞身目若黃金，又云畫馬也，則意亦言馬之文采似畫耳。」（春秋左傳詁卷十）洪氏則以今本許氏說文所說前後矛盾，故爲調和之說也。沈欽韓曰：「按周本紀：求驪戎之文馬。尙書大傳：散宜生之犬戎氏取美馬，駮身朱鬣雞目者。若是借畫爲文，則不須遠求。惟此傳百駟，乃是畫者，所謂朱其尾鬣。」（左傳補注卷五）沈氏引周本紀及大傳所云文馬，不當爲畫馬。然又謂此傳有百駟之多，乃是畫者。依違兩說，未作明確論斷。

按上引諸說，皆未得賈義。賈旣釋文爲貍文，則傳「文馬」不當作「䮍馬」可知。而今本說文引傳作「䮍馬」，此可疑者一也。說文又於引傳文下云畫馬也，亦與前文釋䮍馬赤鬣縞身目若黃金之說，不相一致，故洪氏已致其疑惑，此可疑者二也。據此二疑，蓋可推斷，今本說文䮍篆下有後人竄入之文。段玉裁注說文云：「宣二年左傳作文馬。按許書當作文馬。此言春秋傳之文馬，非周書之䮍馬也。恐人惑，故辯之。」又云：「自春秋傳以下，恐皆非許語。」（並說文段注第十篇上）按段氏之言，至爲確當。蓋許書釋䮍篆之義，但據周成王時犬戎所獻吉皇之乘立說，與此傳文馬義別。後人誤以其義同，故竄入春秋傳曰以下之文，惠氏、李氏、沈氏諸家，不知其誤，而據以立說，非也。又惠氏引逸周書王會篇，犬戎䮍馬，及沈氏引周本紀、尚書大傳說，皆與此傳「文馬」義別，不當牽合爲一，自取扞格也。李貽德曰：「禮記檀弓：貍首之斑然。楚辭九歌：乘赤豹兮從文貍。三國志管輅傳：雖有文章，蔚而不明，非虎非雉，其名曰貍。是貍獸之有文章者。」（賈服注輯述卷九）李氏以文章釋貍，當得賈義。賈氏蓋謂馬以文采雕畫裝飾之，其文似貍，義取勇猛善搏也。（周禮射人注：貍，善搏者也。）史記張氏正義謂裝飾其馬是也。王肅解爲畫馬，杜氏云畫馬爲文，義尚不誤。顧氏引邱光庭謂：馬之毛色有文采者爲文馬。此說亦未當。竹添光鴻云：「古者馬貴純毛定色，不貴異文。詩所謂四黃四驪，九十其犉，及騂騮驄騏之屬皆是也。若毛色有文采之馬，恐難比四百，且是後世貴異物之見，非古義也。」（左傳會箋宣公二年）按竹添氏說是也。馬之毛色有文采者，世不多見，宋以百駟贖華元，多至四百匹，恐倉促無由得此數。故惠氏補注謂爲臆說。杜氏明於軍旅之事，亦知其不可，故以畫馬解之，邱說之不可信，亦從可知也。

「今夢黃熊入于寢門。」（昭公七年傳）

賈逵曰：「熊，獸也。」（正義引。馬、黃、王、嚴四家皆輯。）

案杜無說。陸德明釋文云：「黃熊，音雄，獸名。亦作能，如字，一音奴來反，三足鼈也。解者云：

獸非入水之物，故是鼈也。一曰：既是神，何妨是獸。案說文及字林皆云：能，熊屬，足似鹿。然則能既熊屬，入為鼈類，今本作能者勝也。東海人祭禹廟，不用熊白及鼈為膳，斯豈鯀化為二物乎？」正義曰：「諸本皆作熊字。賈逵云：熊，獸也。說文云：熊獸似豕，山居冬蟄。釋魚云：鼈三足能。張衡東京賦云：能鼈三趾。梁王云：鯀之所化，是能鼈也。若是熊獸，何以能入羽淵？但以神之所化，不可以常而言之。若是能鼈，何以得入寢門？先儒以為獸是也。汲冢書瑣語云：晉平公夢見赤熊闚屏，惡之而有疾，使問子產。言闚屏牆，必是獸也。張升反論云：賓爵下革，因鼠上騰。牛哀虎變，鯀化為熊。久血為燐，積灰生蠅。傅玄潛通賦云：聲伯忌瓊瑰而弗占兮，晝言諸而暮終，嬴正沈璧以祈福兮，鬼告凶而命窮。黃母化而黿兮，鯀殛變而成熊。二者所韻不同。或疑張升為能。著作郎王劭云：古人讀雄與熊音，皆于陵反。張升用舊音，傅玄用新音，張升亦作熊也。案詩無羊與正月，及襄十年衛卜禦寇之繇，皆以熊韻陵，劭言是也。」洪亮吉曰：「案刊本作熊，相沿已久，今考外傳亦作能。韋昭注曰：能，似熊。其說與說文字林合。論衡無形篇亦作黃能。釋文云：今本作能者勝也。能讀如字為允，若奴來切，則似三足鼈矣。宋庠國語補音，亦無左傳作熊之語，明左傳舊本作能也。水經注引作其神化為黃龍，尤誤。」（春秋左傳詁卷十六）陳氏芳林內外傳考正，段氏若膺說文解字注，亦皆從陸氏釋文之說，以能字為是，熊字為非。王氏引之則主熊獸也之說，故駁云：「晉平公夢黃熊入於寢門，左傳國語皆載此事，其字並作熊羆之熊，舊本無不如是。自解者以鯀為黃熊入於羽淵，輒疑獸非入水之物，而讀為鼈三足能之能，至唐初遂有逕改為能者，此說之一變也。或眩於熊與能之二說而不能定，遂於作能之本而如字讀之，不以爲熊亦不以爲鼈，而以爲說文之能，熊屬足似鹿。此說之又一變也。今按黃熊入夢，乃鯀之神，神狀似熊，非眞熊獸也。獸非入水之物，而神則可以入水。何得以入淵之文而疑其非獸乎？若以爲能鼈之能，則黃字義不可通。爾雅：鼈三足能。不云色黃。逸周書王會篇曰：東胡獻黃熊。李善注南都賦引六韜曰：散宜生得黃熊而獻之紂，則熊固有色黃者。傳言黃熊，則其獸而非鼈明甚。楚辭天問，化爲黃熊。王逸注不以爲三足鼈，其字作熊不作能可知。論衡死僞篇載左傳今夢黃熊入於寢門，及昔堯殛鯀於羽山，其神爲黃熊之文，而解之曰：夢象也。吉凶且至，神明示象，熊羆之占，自有所爲，則其字爲熊羆之熊明矣。正義引賈逵曰：熊，獸也。如傳本作能，則賈氏當以三足鼈釋之，是皆古本作熊之明驗矣。再以杜本求之，黃熊二字，杜氏無注，蓋以熊之爲獸，人所共知故耳。若作能字，則爲異狀之鼈，不得無注。自陸德明誤從作能之俗本，且如字讀之，而以爲熊屬足似鹿。其後國語舊音，宋庠補音，皆仍其誤。夫訓爲獸名，則當作熊，訓爲鼈名，則當作能。今作能字而以爲獸名，則既不合於舊本之熊，又不合於三足鼈之能，是創前人未有之曲說，所謂歧又有歧也。陳氏芳林、段氏若膺，皆爲陸氏釋文所惑，而以能字爲是，熊字爲非，故具論之。」（經義述聞卷十九）按王氏所論甚諦，則左傳作熊，賈氏以獸釋之是也。

「有兩肅爽馬，子常欲之。」（定公三年傳）

賈逵曰：「色如霜紈。」（正義引。馬、黃、王、嚴四家皆輯。）

案杜注：「肅爽，駿馬名。」正義曰：「釋畜於馬無肅爽之名。爽或作霜。賈逵云：色如霜紈。馬融說：肅爽，鴈也。其羽如練，高首而脩頸，馬似之。天下稀有，故子常欲之。杜以馬名臨時所作，本意不可得知，故直云駿馬名。」杜說無據，正義雖勉爲之作解，實不以其說爲然，故引賈馬之說，以資彌補，此正義可取處也。李氏富孫曰：「正義云：爽或作霜。水經湞水注引作肅霜馬。文選注（吳都賦七命）引作驌驦。玉篇作驌騻。廣雅作驌驦。皆後加偏旁字。」（春秋左傳異文釋卷十）是爽霜互通。李氏貽德曰：「賈逵云：色如霜紈。是賈本作霜。馬融云，羽如練。則馬本亦作霜。」（賈服注輯述卷十九）是也。又李氏貽德釋賈說云：「紈者，說文：紈，素也。漢書地理志曰：織作冰紈綺繡純麗之物。冰紈卽霜紈也。言此馬色似之，故以爲名。淮南說林：墨子見練絲而泣之。注：練，白也。」（同上）洪氏亮吉曰：「說文，鷫鷞，五方神鳥，西方鷫鷞。則鷫鷞是神鳥名。馬云似雁，亦略相似。或馬毛色似此鳥，故取以名。楚詞大招，曼鷫鷞只。王逸章句：鷫鷞，俊鳥也。高誘淮南注，亦以爲鳥名。云長頸綠身，其形似雁。一曰鳳凰之別名也。」（春秋左傳詁卷十九）沈氏欽韓曰：「廣雅釋鳥：鷫鷞，鳳皇屬也。禽經：白鳳謂之鷫。說文：五方神鳥。西方曰鷫鷞。則賈謂色白，馬謂似鳥，俱得之。」（春秋左傳補注卷十一）按賈云，色如霜紈。就馬之毛色言之也。馬融則就其形體言之，而云其羽如練，則亦以爲色白。據說文、楚辭王逸章句、淮南子高誘注、廣雅釋鳥及禽經諸說，鳥有名肅爽者，當無疑義。此傳肅爽二字用爲形容詞，則或以色彩言，或以狀貌言，雖義皆可通。然馬之爲珍異，多主於毛色，未聞以形似鳥爲珍異者。色白如霜紈，正馬中之稀有且珍異者，不必以形言也。王國維曰：「肅霜，互爲雙聲，乃古之聯緜字。不容分別釋之。肅霜猶言肅爽。春秋左氏傳定三年，有兩肅爽馬。正義，爽或作霜。賈逵云，色如霜紈。馬融說：肅爽，鴈也。其羽如練，高首而修頸，馬似之。是肅爽，白馬也。楚辭大招：曼鷫鷞只。釋文：鷞一作鸘。說文：鷫鷞，西方神鳥也。東方發明，南方焦朋，西方鷫鷞，北方幽昌，中央鳳皇。西方之色白，則鷫鷞亦白鳥也。西京雜記：司馬相如取鷫鸘裘爲卓文君貰酒。鷫鸘裘亦當謂白裘也。……故馬有肅爽，鳥有鷫鷞，裘有鷫鸘，水有瀟湘，皆以清白得稱。」（肅霜滌場說，觀堂集林卷一）王說亦證肅爽馬之爲白馬，是也。故仍當以賈逵說爲正，馬融以狀貌似雁解之，非也。

2. 植物

「爾貢包茅不入，王祭不供。」（僖公四年傳）

賈逵曰：「包茅，菁茅包匭之也，以供祭祀。」（史記齊世家集解引。馬、黃、王、嚴四家皆輯。）

案杜注：「包，裹束也。茅，菁茅也。尙書：包匭菁茅。」杜用賈義。尙書禹貢：「包匭菁茅。」僞孔傳：「包，橘柚。匭，匣也。菁以爲菹，茅以縮酒。」（卷六）史記夏本紀亦作：「包匭菁茅。」集解引鄭玄曰：「匭，纏結也。菁茅，茅有毛刺者，給宗廟縮酒。重之，故包裹又纏結也。」（卷二）僞孔傳於包字絕句而釋包爲橘柚，蓋以此包與楊州「厥包橘柚」義同，說與賈、鄭異。鄭釋包與賈同也。僞孔傳以菁茅爲二物，鄭則以爲一物。按菁爲七菹之一，菁茅若非一物，何以獨能與縮酒之茅同貴乎？明菁茅當爲一物也。鄭說包匭菁茅，義與賈合。其說良是，僞孔說非也。劉逵注吳都賦，亦用鄭義。周禮甸師：「祭祀共蕭茅。」鄭玄注：「鄭大夫云：蕭字或爲莤，莤讀爲縮，束茅立之祭前，沃酒其上，酒滲下去，若神飲之，故謂之縮。縮，浚也。故齊桓公責楚不貢苞茅，王祭不共，無以縮酒。茅以共祭之苴，亦以縮酒，苴以藉祭。縮酒，泲酒也。醴齊縮酌。」（卷四）說文：「莤：禮，祭束茅加於裸圭而灌鬯酒，是爲莤，像神飲之也。」（十四篇下酉部）下引春秋傳曰云云，卽此傳之文。是茅可供祭祀之用也。

「叔展曰：有麥麴乎？曰無。有山鞠窮乎？曰無。」（宣公十二年傳）

賈逵曰：「麥麴，鞠窮，所以禦濕。」（正義引。馬、黃、王、嚴四家皆輯。）

案杜注用賈說。李貽德曰：「麴，說文米部作𥻆，云：酒母也。鞠或从麥，鞠省聲。故經傳皆作麴，麥麴卽餅麴。說文：𪍿、𪌂、𪍴皆云：餅𥻆。蓋以麥堅築之成𥻆。釋名釋飲食：麴，朽也。鬱之使生衣朽敗也。齊民要術說作女麴如麥麴法，以青蒿上下奄之，置牀上三七二十一日，開看，徧有黃衣則止，三七日無衣仍停，要須衣徧乃止。出日日暴之，燥則用。素問云：升明之紀，其類火，其藏心，其穀麥。然則麥之性旣屬火，而麥麴又必日以燥之，故足以禦溼。鞠窮卽营䓖，鞠、窮雙聲。爾雅：鞠究窮是也。古草木名雙聲疊韻爲類甚多，营與鞠，一聲之轉。又爲营䓖。說文：营䓖，香草也。司馬相如說营从弓。子虛賦芎藭昌蒲並舉，以性香辛，故相類次，香辛足以止溼，故賈義如是」。（賈服注輯述卷九）沈欽韓曰：「本草：麴止痢。芎藭，一名山鞠窮。此藥行上，專治頭腦之疾，兼禦溼氣。出四川者爲川芎。」（左傳補注卷五）按李、沈說證賈禦溼之義，說尙可通。劉文淇亦曰：「賈注禦溼之說，當本漢人醫經。今藥品神麯之麯，卽麴。南方卑溼，每焚川芎，禦止其氣，醫人治溼亦用之，則賈君說爲可信矣。」（舊注疏證宣十二年）惟焦循不以賈說爲然，其言曰：「神農本草有芎藭。麥麴不見神農本經。二物皆不禦溼。證類本草引春秋注云：山芎藭能去卑溼風氣。此不知何人之注。卑卽指痛痺，以痺由於溼，故連云痺溼。杜當本此，而删去痺字。若麥麴則幷不治痺，於禦溼尤無謂矣。梁簡文勸醫論云：胡麻、鹿藿，才救頭痛之痾。麥麴、芎藭，反止河魚之疾。胡麻、鹿藿，未詳所本。麥麴、芎藭，正指左氏所言，出醫經藥性之外，故云反止。反止云者，本不止此疾也。然簡文所據，卽由杜注，而百千年來，實無以麥麯、芎藭治溼者，則叔展之隱語，果如杜所測乎？蓋叔展取於聲音假借，非取義於藥性。還無社號叔展，欲其免己。叔展曰：有麥麴乎？麥者霾也，麴者曲也。欲其隱霾而局曲也。無社曰無者，言無處藏也，非不解也。叔展曰：有山鞠窮乎？鞠窮言曲折，仍麥霾麴曲之義。謂其宜藏匿曲蹙於山中，無社仍曰無者，言山中無處可藏也。亦非不解也。麥麴、鞠窮，喩其屈身藏匿。庾其辭於藥疾之中，本非言藥言疾，而杜氏望文生義，謂無禦溼之藥將病，誚無社不解，乃無社固解之，而預則全未解也。」（春秋左傳補疏卷三）兪樾亦曰：「簡文勸醫論：麥麴芎藭反止河魚之疾，亦以杜氏所說出乎藥性之外也。然則叔展隱語，杜氏殆未之喩乎？夫楚師是時始傅於蕭，尙未知必克與否，何以卽教以逃死之策？揆之情理，殊不可通。叔展此問，蓋先探其國中之虛實也。神農本草載：芎藭，味辛溫，主中風，氣入腦，頭痛寒痺筋攣。麥麴，不載於本草。名醫別錄小麥下言：作麴，溫消穀，止利。然則麥麴之功，主於消食；芎藭之用，主於去風。食自內積，喻內亂也。風自外受，喻外患也。問有麥麴者，問消弭內亂之方也。問有山鞠窮者，問袪除外患之術也。乃二者俱無，則蕭之君臣束手無策。外之强寇壓境，內之姦民生心，雖楚或未能即克，而蕭亦必將自潰矣。故又問曰：河魚腹疾奈何？杜氏誤解上文，謂欲使逃泥水中，故解河魚腹疾曰：無禦溼藥將病。夫逃死之法亦多矣，無社之逃于眢井，亦偶然事。叔展何爲必使之逃泥水中，因其不解，又再三言之也哉？今按僖十九年公羊傳曰：其自亡奈何？魚爛而亡也。何休解詁曰：百姓一旦相率俱去，狀若魚爛。然則河魚腹疾，亦是此義。叔展既知蕭之將潰，因問蕭潰之後，將何以自免？故曰：河魚腹疾奈何？無社因曰：目於眢井而拯之。乃始告以逃匿之處，令其拯救也。」（群經平議卷二十六）按焦氏言麥麴芎藭二物皆不治溼，說較李、沈二家爲優，則賈、杜謂二物所以禦溼，恐未確。惟焦氏云，叔展取義於聲音假借，非取義於藥性。謂麥者霾也；麴者曲也。欲其隱霾而局曲也。說尚未是。俞氏樾亦不以賈、杜說爲然。然謂叔展之問，乃探其國中虛實，而以麥麴喻內亂，芎藭喻外患，河魚腹疾則喻蕭之內潰。核以左傳文義，說最宏通，當從之。

3. 寶器、禮器

「分康叔以大路、少帛、綪茷、旃旌、大呂。」（定公四年傳）

賈逵曰：「大路，金路也。少帛，雜帛也。綪茷，大赤也。通帛爲旃，析羽爲旌。大呂，鍾名。」（

史記衛世家集解引。馬、嚴輯有，黃、王二家缺。）

案杜注：「少帛，雜帛也。綪茷，大赤。取染草名也。通帛爲旃，析羽爲旌。大呂，鐘名。」又於「分魯公以大路大旂」句下注云：「此大路，金路，錫同姓諸侯車也。」杜釋大路、少帛、綪茷、旃旌、大呂諸名，皆從賈說。正義曰：「周禮司常云：通帛爲旜，雜帛爲物。鄭玄云：通帛謂大赤，從周正色，無飾。雜帛者，以帛素飾其側。白，殷之正色。大赤是通帛，知少帛是雜帛也。釋草云：茹藘茅蒐。郭璞曰：今之蒨也，可以染絳。則綪是染赤之草。茷卽旆也。爾雅：繼旐曰旆。旐是旗身，旆是旗尾，尾猶用赤，則通身皆赤，知綪茷是大赤。大赤卽今之紅旗，取染赤之草爲名也。蓋王以通帛雜帛並賜衛也。然則大赤卽旃也，於綪茷之下，更言旃者，茷言旂尾，旃言旂身，圓其文，故具言耳。若其不然，旌是千之所建，旗皆有旌，少帛旃旆之後，何須更復言旌？明是圓其文，故重言之。周鑄無射，魯鑄林鐘，皆以律名名鐘，知此大呂、沽洗，皆鐘名也。其聲與此律相應，故以律名焉。」又曰：「周禮巾車云：金路，建大旂以賓，同姓以封。鄭玄云：金路，以金飾末。大旂，九旗之畫交龍者。同姓以封，謂王子母弟，以功德出封，若魯、衛也。」王氏引之曰：「雜帛者，謂其帛色赤白相雜也。雜與少不同義。不得以少帛爲雜帛。且雜帛爲物，物是旗名，而雜帛則非旗名，可謂之物，不可謂之雜帛，亦不可謂之少帛。猶之通帛爲旃，可謂之旃，不可謂之通帛也。今案少帛蓋卽小白。逸周書克殷篇：縣諸小白。孔晁注曰：小白，旗名。齊桓公名小白，蓋以旗爲名，若齊大夫欒施字子旗，孔子弟子榮旂字子旗之類也。少與小，帛與白，古字並通。」（

經義述聞卷十九）王氏說少帛爲旗名，與賈、杜說異。李氏富孫曰：「綪茷，雜記注引作蒨旆。詩六月疏引作蒨。正義云：蒨是染赤之草。茷即旆也。則正義本亦作蒨。以其爲旆，故從糸；以其所染，故從艸。六月疏云：茷與旆，古今字也。」（春秋左傳異文釋卷十）按大路，賈、杜以爲即周禮巾車之金路，是也。少帛，賈、杜釋爲雜帛，本之周禮司常：「雜帛爲物」之說也。王氏謂：少帛蓋即小白，旗名也。以左傳文義觀之，少帛、綪茷皆當作物名解，王氏說是也。綪茷，賈、杜云：「大赤也。」史記集解引鄭衆云：「綪茷，旆名也。」（史記卷三十七）詩六月疏云：茷與旆，古今字。是綪茷即綪旆，鄭衆云旆名，得之。巾車：「象路，建大赤以朝。」鄭玄云：「大赤，九旗之通帛。」（周禮卷二十七）是大赤亦九旗之別名。賈、杜云大赤，就其通帛皆赤言之，與鄭衆說不相違，於義亦通。旃旌、大呂，賈、杜所解得之，正義引申其說，是也。

「以文之舒鼎，成之昭兆。」（定公六年傳）

賈逵曰：「舒鼎，鼎名。昭兆，寶龜。」（正義引。馬、黃、王、嚴四家皆輯。）

案杜注：「文之舒鼎，衛文公之鼎。昭兆，寶龜。」正義曰：「賈逵云：舒鼎，鼎名。昭兆，寶龜。杜依用之。蓋衛公鑄此鼎也。其名曰舒，不知其故。成之昭兆，成公新得此龜，蓋以灼之，出兆，兆文分明，故名爲昭兆。」李氏貽德釋賈說曰：「兆，說文作𠧞，云：灼龜坼也。周禮：太卜掌三公之法。釋文云：兆亦作𠧞。是兆是龜坼。質言之則龜亦爲兆。漢書文帝紀注引應劭曰：龜曰兆。文選劇秦美新曰：神卦靈兆。注：亦以龜爲兆矣。」（賈服注輯述卷十九）竹添氏左傳會箋云：「

舒鼎蓋舒國之所造也。與桓二年之郜鼎，晉語之莒鼎一例。舒鼎藏於文公廟，故曰文之舒鼎。下文亦同，蓋三公所寶，故薨而廟之。衛嘗爲狄滅，大路、少帛掃地無遺，故言宗器自文公始。」（定公六年傳）按昭兆，賈、杜並云寶龜，是也。舒鼎，杜云衛文公之鼎。賈云鼎名，其意亦以爲文公之鼎，故正義云杜依用賈義也。會箋說舒鼎爲舒國所造鼎，擧郜鼎、莒鼎爲證。然桓二年傳謂之「郜大鼎」、「郜鼎」，不言「某之郜鼎」，與此年稱文之舒鼎者有異。古人稱名頗謹嚴，若舒鼎爲舒國之鼎，則傳必但稱「舒鼎」，不當言「文之舒鼎」也。定四年傳云：夏后氏之璜，封父之繁弱。與此年傳，文例一致。明當爲文公之鼎也。會箋說恐非。至會箋云，衛嘗爲狄滅，故「言宗器自文公始」。則意尙不誤也。

「陽虎說甲如公宮，取寶玉大弓以出。」（定公八年傳）

賈逵曰：「夏后氏之璜，封父之繁弱，成王所以分魯公也。」（正義引劉氏以來說左氏者。馬、嚴輯有，黃、王二家缺。）

案此年經書：「盜竊寶玉大弓。」杜注：「盜，謂陽虎也。家臣賤，名氏不見，故曰盜。寶玉，夏后氏之璜。大弓，封父之繁弱。」杜從賈逵說。正義曰：「傳言陽虎取寶玉大弓以出，是盜謂陽虎也。春秋之例，再命之卿，始得名氏書經。陽虎，季氏家臣，以賤名氏不見，故書曰盜。盜者，賤人之稱也。此寶玉大弓，必是國之重寶，歷世掌之，故自劉歆以來說左氏者，皆以爲夏后氏之璜，封父之繁弱，成王所以分魯公也。」**成王以夏后氏之璜，封父之繁弱，分於魯公，事見定公四年傳。**

以傳文言之甚明，故劉歆以來說左氏者及杜、孔，皆以寶玉爲夏后氏之璜，大弓爲封父之繁弱，無異辭也。公羊傳曰：「盜者孰謂？謂陽虎也。陽虎者曷爲者也？季氏之宰也。季氏之宰則微者也。惡乎得國寶而竊之？陽虎專季氏，季氏專魯國。」（卷二十六）又謂陽虎專季氏。說與左傳略同。至寶玉大弓之爲物，公羊傳曰：「寶者何？璋判白，弓繡質，龜青純。」（同上）穀梁傳曰：「寶玉者，封圭也。大弓者，武王之戎弓也。」（卷十九）公羊、穀梁之說，並與左傳異，當以左傳之說爲正。

「胡簋之事。」（哀公十一年傳）

賈逵曰：「夏曰胡，周曰簋。」（正義引賈服等。馬、黃、王、嚴四家皆輯。）

案杜注：「胡簋，禮器名。夏曰胡，周曰簋。」正義曰：「胡簋，行禮所用之器，故以胡簋言禮事。論語衛靈公問曰：俎豆之事。意亦同也。明堂位說四代之器云：有虞氏之兩敦，夏后氏之四璉，殷之六瑚，周之八簋。如記文則夏器名璉，殷器名瑚。而包咸、鄭玄等注論語，賈、服等注此傳，皆云夏曰胡，杜亦同之。或別有所據，或相從而誤。」李氏貽德曰：「據明堂位文，則當云夏曰璉。疑記文本云，夏之四瑚，殷之六璉。今作夏璉殷瑚者，互倒耳。皇侃疏以鄭注論語爲誤，則六朝以來已曰四璉六瑚矣。惟瑚屬夏，璉屬殷，故夫子順以擧之曰瑚璉也。」（賈服注輯述卷二十）按李說蓋是夏曰胡，周曰簋，蓋漢儒相傳爲然，故賈亦以爲言也。至胡簋之制，胡，亦作瑚，通作簠。簠金文作[illegible]，形變爲胡，再加玉旁爲瑚，故簠、胡、瑚一也。儀禮公食大夫禮：「宰夫膳稻於梁西。」鄭注：「進稻粱者以簠。」（儀禮卷二十六）周禮掌客：「簠十。」鄭注：「簠，稻粱器也。」（周禮卷三十八）又舍人：「凡祭祀共簠簋。」注：「方曰簠，圓曰簋，盛黍稷稻粱器。」（周禮卷十六）是簠簋皆食器，亦可充祭祀之禮器。許愼說文解字竹部：「簋，黍稷方器也。簠，黍稷圜器也。」（說文卷第五篇上）許以簋爲方，簠爲圓，與周禮舍人鄭注說異。近人容庚釋簠簋云：「簠簋方圓，許、鄭之說不同。今所見簠皆方，無一圓者；所見𣪘（簋）皆圓，無一方者，知鄭說爲不謬。」（商周彝器通考下編第一章）又云：「今證之彝器，簠形長方，銘云用盛稻粱，則鄭玄之說是也。」（同上）按容說是也，則簠方簋圓，當以鄭說爲是。詩秦風權輿：「於我乎每食四簋。」鄭箋：「內方外圓曰簋，以盛黍稷；外方內圓曰簠，以盛稻粱。」（毛詩卷六之四）容庚氏云：「內外方圓之說，與彝器不合，鄭氏蓋未嘗見實物。」（同上）又云：「出土彝器，非特無殷簠，即西周前期之簠亦所未見，明堂位之言非也。」（同上）容氏又云：「簋通用于商周二代，簠西周後期乃始有之。未有簠以前，簋固盛黍稷並盛稻粱也。」（同上）按漢儒所見彝器不廣，所言未可盡信，近人所見較廣，且多出於目驗，所言當較爲確當矣。

4.武器

「好以大屈。」（昭公七年傳）

賈逵曰：「大屈，寶金可以爲劍。大屈，金所出地名。」（正義引。陸氏釋文引作：寶金可以爲劍，出大屈也，馬、黃、王、嚴四家皆輯。」

案杜注：「大屈，弓名。」史記集解引服虔云：「大屈，寶金可以爲劍。一曰大屈，弓名。魯連書曰：楚子享魯侯于章華，與之大曲之弓，既而悔之。大屈，殆所謂大曲之弓。」（史記卷三十三）正義亦節引服虔一曰以下之文。服氏兩解之，杜則但用其弓名一解，杜與賈異。李貽德曰：「禹貢：荆州厥貢惟金三品。詩泮水：大賂南金。是金出楚地。僖十八年傳：鄭伯始朝于楚，楚子賜之金，既而悔之，與之盟曰：無以鑄兵，故以鑄三鐘。與好魯事相類，故賈以大屈爲寶金也。」（賈服注輯述卷十五）大屈之爲地名，書傳無文，不知賈何所據?沈欽韓曰：「御覽八百二魯連子曰：楚王成章華臺，酌諸侯酒，魯君先至，與之大曲之弓，不琢之璧（琢蓋瑑之誤，所謂大圭不瑑）既而悔之，伍舉見魯君云云。按考工記：爲天下之弓合九而成規。注云：材良則句少也。又云：往體寡，來體多，弓長六尺有六寸，謂之上制，上士服之，則此大屈是也。」（春秋左傳補注卷九）沈氏從弓名之說，所引御覽魯連子之文，當與服虔所引魯連書同。李貽德曰：「服以魯連去春秋未遠，當得其實。且薳啓疆言當是寶器，若是賜金，不得曰齊、晉越欲此，並不得曰愼守寶矣。故服從之也。」（同上引）按李說是也。史記魯世家說此事亦謂：「賜昭公寶器。」（卷三十三）則服、杜、弓名之說爲得之矣。

「執冰而踞。」（昭公廿五年傳）

賈逵曰：「冰，櫝丸蓋也。」（正義引。又詩鄭風叔于田引。馬、黃、王、嚴四家皆輯。）

案杜注：「冰，櫝丸蓋。或云：櫝丸是箭筩，其蓋可以取飲。」杜從賈說。正義曰：「賈逵云：冰，櫝丸蓋也。則是相傳爲此言也。方言曰：弓藏謂之鞬，或謂之櫝丸。如彼文則櫝丸是盛弓者也。此或說櫝丸是箭筩，其蓋可以取飲。十三年傳云：司鐸射奉壺飲冰。謂執此也。詩云：抑釋掤忌，抑鬯弓忌。鬯藏弓，則冰藏矢也。毛傳云：掤，所以覆矢，掤與冰，字雖異，音義同，是一器也。」李氏貽德釋賈說曰：「冰卽掤，詩大叔于田：抑釋掤忌。正義：掤與冰，字雖異，音義同。毛傳：掤，所以覆矢。釋文引馬融云：掤，櫝丸蓋也。是漢儒相傳之訓如此。說文：掤，所以覆矢也。引詩曰：抑釋掤忌。北堂書鈔百廿六引劉楨毛詩義問：掤，所以覆矢也。謂箭筩蓋。然則櫝丸卽箭筩。櫝丸亦作韥丸。方言：所以藏弓謂之鞬，或謂之韥丸。廣雅釋器：韥丸，矢藏也。按方言以韥丸爲弓藏，與廣雅異。後漢書南匈奴傳：弓鞬韥丸，注引方言作藏弓爲鞬，藏箭爲韇丸。似方言亦謂矢藏，然此傳疏引方言與今本同。且如彼文，則櫝丸是藏弓者，李賢以上有弓鞬，改方言以伸其意，非方言本文如是。士冠禮鄭注：今時藏弓矢者，謂之韇丸。說文：韥，弓矢韇也。則櫝丸可爲藏弓矢之通名，故廣雅爲矢藏，方言爲弓藏。且凡藏兵器者，皆謂之櫝。少儀曰：劍則啓櫝。又云：戈有刄者櫝是也。其蓋于櫝丸上爲冰，故毛公、許君俱曰覆矢矣。」（賈服注輯述卷十七）按李說是也。賈、杜並云：冰，櫝丸蓋。得之。

5. 典籍

「是能讀三墳五典八索九丘。」（昭公十二年傳）

賈逵曰：「三墳，三皇之書。五典，五帝之書。八索，素王之法。九丘，亡國之戒。墳，大也。言三

王之大道。孔子作春秋，素王之文也。」（文選潘安仁閒居賦李善注引。正義引云：三墳，三王之書。五典，五帝之典。八索，八王之法。九丘，亡國之戒。馬、嚴輯有，黃、王二家缺。）

案杜注：「皆古書名。」正義曰：「孔安國尚書序曰：伏羲、神農、黃帝之書，謂之三墳，言大道也。少昊、顓頊、高辛、唐、虞之書，謂之五典。言常道也。八卦之說，謂之八索，求其義也。九州之志，謂之九丘。丘，聚也。言九州所有，土地所生，風氣所宜，皆聚此書也。楚左史倚相，能讀三墳、五典、八索、九丘，卽謂上世帝王遺書也。周禮：外史掌三皇五帝之書。鄭玄云：楚靈王所謂三墳五典是也。」又曰：「賈逵云：三墳，三王之書。五典，五帝之典。八索，八王之法。九丘，九州亡國之戒。延篤言：張平子說三墳三禮，禮爲大防。爾雅曰：墳，大防也。書曰：誰能典朕三禮？三禮，天地人之禮也。五典，五帝之常道也。八索，周禮八議之刑。索，空。空設之。九丘，周禮之九刑。丘，空也。亦空設之。馬融說：三墳，三氣陰陽始生，天地人之氣也。五典，五行也。八索，八卦。九丘，九州之數也。此諸家者，各以意言，皆無正驗，杜所不信，故云皆古書名。」是賈逵、延篤、馬融、僞孔序諸家，並各歧異。杜於諸家，並不依用，故但云皆古書名也。周禮春官：「外史掌三皇五帝之書。」鄭注：「楚靈王所謂三墳五典。」疏：「按孝經緯云：三皇無文，五帝畫象，三王肉刑。又世本作云：蒼頡造文字。蒼頡，黃帝之史，則文字起於黃帝，今此云五帝之書爲可，而云三皇之書者，三皇雖無文，以有文字之後，仰錄三皇時事，故云掌三皇之書也。按昭十二年云云。彼三墳，三皇時書。五典，五帝之常典。八索，二王之法。九丘，九州亡國之戒。下有延叔堅、馬季長等所說不同，惟孔安國尚書序解三墳五典與鄭同。以無正文，故所解有異。」（卷二十六）外史疏本鄭注以解三墳、五典、九丘三者，皆同於賈逵說，惟八索爲異。李氏貽德釋賈說曰：「白虎通號篇：三皇者何謂也？謂伏羲、神農、燧人也。或曰：伏羲、神農、祝融也。禮曰：伏羲、神農、祝融，三皇也。漢書律曆志敍次則三皇者太昊、炎帝、黃帝也。故後漢書周榮傳注謂：伏羲、神農、黃帝之書曰三墳。墳大者，爾雅釋詁文。五典，爾雅釋詁云：典，常也。楚語申叔時曰：教之訓典。韋昭云：訓典，五帝之書也。說文：典，五帝之書也。五帝者，大戴禮五帝德、史記五帝本紀、白虎通號篇，並以黃帝、顓頊、帝嚳、堯、舜爲五帝。律曆志所敍似黃帝在三皇之中，五帝之首，以少昊當之，合之左昭二十四年傳文，班氏爲得。然則今存堯舜典，當是五典之二，百篇書序稱典，其舊名也。八索：釋文云：索本又作素。是古本作素，故以素王之法釋之。殷本紀云：伊尹從湯，言素王及九主之事。是素王古有其稱。賈氏春秋序云：孔子覽史記，就是非之說，立素王之法。漢書董仲舒傳：孔子作春秋，先正王而繫萬事，見素王之文焉。曰立曰見，明孔子作春秋，準素王之法。舊有其書，特準之爲法耳。是素王之法，卽此八索也。九丘：九是九州之數。九州者，禹貢之九州：冀、兗、靑、徐、揚、荆、豫、梁、雍也。楚辭哀郢云：曾不知夏之爲邱兮。注：邱墟也。是亡國者爲丘墟矣。周書史記解：乃取遂事之要戒，俾戎夫言之，朔望以聞。下述皮氏至有洛亡國之由，卽九邱遺書歟？」（賈服注輯述卷十六）李氏之釋，當得賈義。梁氏履繩曰：「三墳：墳，分也。論三才分天地人之始，其體有三也。五典：典，鎭也。制教法所以鎭定上下差等有五也。八索：索，素也。著素王之法，若孔子者聖而不王，制此法者有八也。九丘：丘，區也。區別九州之土氣敎化所宜施者也。此皆三王以前上古羲皇時書，今皆亡，唯堯典存也。」（左通補釋卷廿四）梁氏所言，於諸家外又別爲一說，亦能言之成理。梁氏又曰：「書序：八卦之說，謂之八索，求其義也。而賈逵以爲八王之法。張平子以爲周禮八議之刑。索，空也。空設之，唯馬融以八卦。杜預但云古書名。蓋孔安國書序猶未行也。愚按國語史伯曰：平八索以成人。韋昭注：謂八體以應八卦也。謂乾爲首，坤爲腹，震爲足，巽爲股，離爲目，兌爲口，坎爲耳，艮爲手，此足以證孔、馬之說。淮南子曰：九州外有八澤方千里。八澤之外有八紘，亦方千里，蓋八索也。案諸說紛如，未定所從。愼氏闡義以爲古書不傳，似不必强爲之解，是已。」（同上）竹添氏左傳會箋說三墳、五典，從孔安國書序說。說八索，從馬融、韋昭說。其說九丘云：「丘、區古通，八索既是八卦，則九丘當是九疇。漢書五行志曰：劉歆以爲虙羲氏繼天而王，受河圖則而畫之，八卦是也。禹治洪水賜雒書，法而陳之，洪範是也。又曰：河圖雒書，相爲經緯，八卦九章，相爲表裏。倘相能通八卦，必能通九疇。三墳、五典爲三皇五帝，八索九丘爲八卦九疇，正是一律。」（昭公十二年傳）會箋又以九丘爲九疇，又別爲一解。綜上所引各家之說，誠如正義所謂：「各以意言，皆無正驗。」然賈氏之說三墳五典，爲鄭玄及僞孔尚書序所本，又得李氏貽德爲之證，說較宏通，當從之。而八索九丘之解，則馬融、僞孔尚書序以爲八卦之說九州之志，說最近理。會箋說八索及梁氏履繩說九丘亦同。權衡諸說，當以此爲勝矣。

6.冠飾

「南冠而縶者。」（成公九年傳）

賈逵曰：「南冠者，楚冠也。」（太平御覽卷六百八十五引。馬輯有，黃、王、嚴三家及馮補均缺。）

案杜注用賈說。傳云南冠而縶者，謂楚人鍾儀。故知南冠爲楚冠也。正義曰：「應劭漢官儀云：法冠，一曰柱後冠。左傳南冠而縶，則楚冠也。秦滅楚，以其冠賜近臣、御史服之，即今解豸冠也。古有解豸獸，觸不直者，故執憲以其角形爲冠，令觸人也。」李貽德曰：「司馬彪輿服志：法冠，一曰柱後，高五寸，以纚爲展筩，鐵柱卷。或謂之獬豸冠。獬豸，神羊，能別曲直。楚王嘗獲之，故以爲冠。胡廣說曰：左氏傳有南冠而縶者，則楚冠也。秦滅楚，以其君服賜執法近臣、御史服之。」（賈服注輯述卷十）漢官儀及輿服志、胡廣說略同，皆以南冠爲楚冠，漢時亦稱解豸冠，執法近臣及御史服之。其說是也。

（二）特定名稱

1.祭名

「而禱於其主鍾巫。」（隱公十一年傳）

賈逵曰：「鍾巫，祭名也。」（史記魯世家集解引。此條馬、黃、王、嚴四家皆輯。）

案杜注：「主，尹氏所主祭。」依傳文則鍾巫在鄭爲尹氏所主祭，公立於魯，則公以之爲祭主。李貽德曰：「鍾巫，祭名者，言所祭巫神名鍾也。淮南精神訓：鄭之神巫。高注：神在女曰巫。漢書郊祀志：巫社巫祠。師古曰：皆古巫之神也。又巫保巫先。注：巫保，神名。巫先，巫之最先者也。是古所祭之神，有名巫矣。」（賈服注輯述卷二）焦循云：「楚語觀射父曰：古者民神不雜，民之精爽不攜貳者，而又能齊肅中正，其知能上下比義，其聖能光遠宣服，其明能光照之，其聽能聽徹之，如是則明神降之。在男曰覡，在女曰巫，是使制神之處位次主。又曰：九黎亂德，民神雜糅，不可方物。夫人作享，家爲巫史，蓋巫能降神，神物憑之。即巫以爲神，故即名其神鍾巫，尹氏主之者，所謂家爲巫史也。隱公禱而得歸，遂亦信而立爲祭主。」（春秋左傳補疏卷一）劉文淇曰：「賈知鍾巫爲祭名者，因下文公祭鍾巫言之。祭名，猶神名也。」（舊注疏證隱公十一年）按諸家說是也。

2. 城郭門

「埋其首於子駒之門。」（文公十一年傳）

賈逵曰：「子駒，魯郭門名。」（史記魯世家集解引。馬、黃、王、嚴四家皆輯。）

案杜注：「子駒，魯郭門。」杜本賈說。惠棟曰：「王符潛夫論曰：魯之公族有子駒氏。以人氏其門者，猶哀十一年黨氏之溝。」（左傳補注卷二）沈欽韓曰：「山東通志：魯郭門北面三門，最西爲子駒門。」（左傳地名補注卷五）太平御覽卷三百五十一引此傳作：「埋其首於子駒之北門。」與山東通志說合，是也。

「入自皇門。」（宣公十二年傳）

賈逵曰：「皇門，鄭城門也。」（史記晉世家集解引。又太平御覽卷四百八十引。馬、黃、王、嚴四家皆輯。）

案杜無注。何休公羊注：「皇門，鄭郭門。」（卷十六）按郭門亦城門也。劉文淇曰：「高士奇云：皇，城南門也。諸侯國各以所向之地爲名。皇，周邑。蓋去王畿之道也。」（舊注疏證宣十二年）劉說蓋是。

3. 氣候

「六氣曰陰陽風雨晦明也。」（昭公元年傳）

賈逵曰：「風，東方。雨，西方。陰，中央。晦，北方。明，南方。唯天陽不變。」（詩小雅漸漸之石正義引賈服。馬、嚴輯有，黃、王二家缺。馬輯變下有唯晦明所屬一句，此從嚴輯。）

案杜注不言六氣所屬。詩疏云：「賈逵、服虔云云，唯晦明所屬爲當，餘甚謬矣，失之於書傳也。」（卷十五之三）李貽德曰：「詩疏據五行傳謂賈服義與書傳相失，不知賈、服據易以釋此六氣也。說卦：巽爲風。又曰：巽，東南也。是風屬東方。兌，正秋也。虞注云：兌爲雨澤，是雨屬西方。坤爲陰。說卦：坤爲地。月令云：中央，土。故陰屬中央。爾雅釋言：晦，冥也。隨象傳曰：君子以嚮晦入宴息。且說卦云：坎，北方之卦。又坎爲隱伏。故晦屬北方。離象曰：明兩作。說卦：離南方之卦也。故明屬南方。惟天陽不變謂乾也。乾象曰：大哉乾元。九家易曰：陽稱大，六爻純陽，故曰大。乾者純陽，衆卦所生，天之象也。故曰：元者氣之始也。繫辭云：夫乾，其靜也專，其動也直，故曰不變。」（賈服注輯述卷十四）按李說當得賈義。

「八風。」（昭公廿年傳）

賈逵曰：「兌爲金，爲閶闔風也。乾爲石，爲不周風也。坎爲革，爲廣莫風也。艮爲匏，爲融風也。震爲竹，爲明庶風也。巽爲木，爲清明風也。離爲絲，爲景風也。坤爲土，爲涼風也。」（正義引。馬、黃、王、嚴四家皆輯。）

案杜注：「八風，八方之風。」正義曰：「易緯通卦驗云：立春調風至，春分明庶風至，立夏清明風至，夏至景風至，立秋涼風至，秋分閶闔風至，立冬不周風至，冬至廣莫風至。調風一名融風。十八年傳云：是謂融風。是調融同也。此八方之風，以八節而至，但八方風氣，寒暑不同，樂能調陰陽，和節氣。隱五年傳曰：舞所以節八音，而行八風。故樂以八風相成也。八節之風亦與八卦八音相配。賈逵云：兌爲金，爲閶闔風也云云。是先儒依易緯配八風也。」隱五年傳正義云：「服虔以爲八卦之風，乾音石，其風不周。坎音革，其風廣莫。艮音匏，其風融。震音竹，其風明庶。巽音木，其風清明。離音絲，其風景。坤音土，其風涼。兌音金，其風閶闔。」（卷三）按賈、服說八風之義，皆以八節之風與八卦八音相配。其八節之風則本之易緯通卦驗之說也。王氏引之曰：「八風，樂之有八音，以應八方之風也。隱五年傳：夫舞所以節八音而行八風。周語：鑄之金，磨之石，繫之絲木，越之瓠竹，節之鼓而行之，以遂八風。賈、服注並曰：八風，八卦之風是也。」（經義述聞卷十八）王氏亦從賈、服說，是也。

「民有好惡喜怒哀樂，生于六氣。」（昭公廿五年傳）

賈逵曰：「好生于陽，惡生于陰，喜生于風，怒生于雨，哀生于晦，樂生于明。」（正義引。詩大雅烝民正義作服注。蓋賈服同此說。馬、黃、王、嚴四家皆輯。）

案杜注：「此六者皆稟陰陽風雨晦明之氣。」正義曰：「賈逵云云，謂一氣生於一志，謬矣。杜以元年傳云：天有六氣，降生五味。謂六氣共生五味，非一氣生一味。此民之六志，亦六氣共生之，非一氣生一志，故云：此六者，皆稟陰陽風雨晦明之氣，言共稟六氣而生也。」李氏貽德曰：「烝民詩箋：其情有所法，謂喜怒哀樂好惡也。彼疏云：昭元年左傳曰：六氣，陰陽風雨晦明也。昭二十五年左傳：民有好惡喜怒哀樂，生於六氣。六情法六氣也。下引服氏此注云云。又禮運何謂人情？疏云：左傳云：天有六氣，在人爲六情。彼注云：喜生於風，怒生於雨，哀生於晦，樂生於明，好生於陽，惡生於陰，其義可知也。按孔疏詩禮兩引此文，皆以服說爲然。而傳疏引此文爲賈逵說，云：一氣生于一志，謬矣。此祖杜之過也。」（賈服注輯述卷十七）沈氏欽韓曰：「漢書翼奉傳：六情十二律，北方之情，好也，好行貪狠，申子主之。東方之情，怒也，怒行陰賊，亥卯主之。南方之情，惡也，惡行廉貞，寅午主之。西方之情，喜也，喜行寬大，巳酉主之。上方之情，樂也，樂行姦邪，辰未主之。下方之情，哀也，哀行公正，戌丑主之。白虎通：北方陽氣始施，故好。東方萬物之生，故怒。南方陰氣始起，故惡。西方萬物之成，故喜。上多樂，下多哀也。案在上爲明，在下晦。三說大抵相同，惟董子陽尊陰卑篇：喜氣為煖而當春，怒氣為凊而當秋，樂氣為太陽而當夏，哀氣為太陰而當多。春氣愛，秋氣嚴，夏氣樂，多氣哀。此泛說事與此傳異也。」（春秋左傳補注卷十）竹添氏左傳會箋申杜說而以賈說為鑿。（昭公廿五年傳）按賈逵以六情配六氣，其所配兩者之特性，確有可相通處，是以詩疏、禮疏並引以為說。翼奉傳以六情與六合、十二律相配，白虎通亦說六合、六氣生六情之故，所配與賈略同，是漢儒相傳有此說，不僅賈氏為然。此所言蓋謂環境變化對人類情緒之一種影響。其說尚無以證其必然。杜預略加修改，以為不當一一相配，其說亦可通。然漢儒既有此說，其當否似尚有待心理學等方面進一步之實驗證明，不宜遽以其為穿鑿而抹煞之也。

4. 疾病

「風淫末疾。」（昭公元年傳）

賈逵以末疾為首疾，謂風眩也。（正義引。馬、黃、王、嚴四家皆輯。）

案杜注：「末，四支也。風為緩急。」杜與賈異。正義曰：「人之身體，頭為元首，四支為末，謂手足也。風氣入身，則四支有緩急。」下引賈逵說而不駁，蓋以賈說亦得通也。惠棟曰：「逸周書曰：元首曰末。易卦：初為本，上為末，故上為首為角。杜據素問以四支為四末，故謂末疾為四支。然不及賈注之當。」（春秋左傳補注卷四）洪亮吉春秋左傳詁卷十五及沈欽韓左傳補注卷九均以惠氏說為是。按賈、杜二說皆有據，說並可通。惟當以賈說為勝，惠、洪、沈諸家是也。

「札瘥夭昏。」（昭公十九年傳）

賈逵曰：「大死曰札，小疫曰瘥，短折曰夭，未名曰昏。」（正義引。馬、黃、王、嚴四家皆輯。）

案杜注用賈說。正義曰：「周禮大司樂云：大札令弛縣。鄭玄云：札，疫癘也。是札大疫死也。爾雅云：瘥，病也。以此說死事而與札相對，故解為小疫也。成二年傳說鄭靈公早死云：夭子蠻。是夭為少死也。尚書六極：一曰凶短折。孔安國云：短未六十，折未三十。是短折為早死之名，故為夭也。子生三月，父名之，未名之曰昏，謂未三月而死也。未名不得為臣，總說諸死，連言之耳。」洪氏亮吉曰：「周禮注：鄭司農云：札為疾疫死亡也。越人謂死為札。廣雅：殙，死也。鄭玄尚書注：昏，沒也。晉語：君子失心，鮮不夭昏。與此同。釋文云：字林，札，夭死也。」（春秋左傳詁卷十七）王氏引之曰：「家大人曰：昬之言泯沒也。皋陶謨：下民昬墊。鄭注曰：昬，沒也。傳曰：寡君之二三臣，若未名而死，不得謂之臣矣。晉語曰：晉侯將死矣。君子失心，鮮不夭昬。晉侯亦非未名而死者也。昭二十年傳所以夭昬孤疾者。周語：然則無夭昬札瘥之憂。義並同也。」（經義述聞卷十九）按王氏釋昬字義，可正賈說之失，其說可從。正義及洪氏所釋，其義略同，蓋札瘥夭昬者，謂遭疫癘疾病而短折泯沒也。

5. 星宿

「有星孛于大辰西，及漢。」（昭公十七年傳）

賈逵曰：「天漢水也。或曰天河。」（太平御覽卷八引。馬輯馮補有，黃、王、嚴三家缺。）

案下傳云：「星孛天漢。漢，水祥也。」杜亦云：「天漢水也。」爾雅釋天云：「析木之津，箕斗之間，漢津也。」郭注：「天漢之津梁。」（卷六）詩小雅大東：「維天有漢。」毛傳：「漢，天河也。」（卷十三之一）又大雅棫樸「倬彼雲漢。」毛傳：「雲漢，天河也。」（卷十六之三）雲漢詩鄭氏箋亦謂：「雲漢，天河也。」（卷十八之二）是漢謂之天漢水，又曰天河也。

6. 量名

「粟五千庾。」（昭公二十六年傳）

賈逵曰：「十六斗爲庾。五千庾，八萬斗。」（史記魯世家集解引。馬、黃、王、嚴四家皆輯。）

案杜注：「庾，十六斗。凡八千斛。」正義曰：「聘禮記云：十六斗曰籔，十籔曰秉。鄭玄云：秉十六斛。今江淮之間量名，有爲籔者。今文籔爲逾。杜據儀禮今文，故以庾爲十六斗，五千庾凡八千斛。考工記陶人：爲庾，實二㲄，厚半寸，脣寸。其下文瓬人云：豆實三而成㲄。則㲄受斗二升，庾實二㲄，則受二斗四升也。彼陶人所作庾自瓦器，今甕之類，非量器也。與此名同而實異。」李氏貽德曰：「聘禮記：十六斗曰籔。注：今江淮之間量名有爲籔者，今文籔爲庾。論語：與之庾。集解引包咸。周語野有庾積。韋昭引唐尚書，並曰：十六斗曰庾：一庾十六斗。累五千庾，得八萬斗也。」（賈服注輯述卷十八）馬氏宗璉曰：「考工記：陶人，庾實二㲄。鄭注：豆實三而成㲄，則㲄受斗二升。庾讀如請益與之庾。戴東原補注云：二斗四升曰庾，十六斗曰籔，庾與籔音聲相邇，傳注往往譌混。案庾與籔往往譌混者，聘禮記云：十六斗曰籔。鄭注云：今文籔或爲逾。康成但言其音同庾，非謂籔即庾也。論語包咸注直云：十六斗爲庾，始混籔爲庾矣。皇侃疏云：庾二斗四升。包氏注曰：十六斗爲庾，即是聘禮之籔也。是疏亦知包注之非，元凱注此傳，混庾爲籔，正義反援儀禮證之，且以庾爲瓦器，非量器，尤爲臆說，不及皇侃之善於糾正矣。」（春秋左傳補注卷三）按論語雍也：「子華使於齊。冉子爲其母請粟。子曰：與之釜。請益，曰：與之庾。冉子與之粟五秉。子曰：……君子周急不繼富。」竹添光鴻論語會箋云：「吳英曰：皇疏云：包注十六斗爲庾，與賈氏注國語同，而不合周禮。周禮瓬人職云：豆實三而成觳。陶人職云：庾實二觳。鄭云：豆實四升。則觳實一斗二升也。按如陶瓬二文，則庾二斗四升矣。據此知庾爲二斗四升也。釜之數既有左傳齊俗據，而庾之數又有周禮瓬人陶人兩處實據，且不差于左傳齊俗之數，尤合此章不繼富之本旨，則據此亦可以知論語釜庾之數本然如此，而非徒以經證經矣。包氏乃自爲十六斗之說，何不思釜者請粟之正數也。庾者請益之餘數也。正數止於六斗四升，則其增益之數，安有反得十六斗之數者邪？即曰非餘數，而爲改前之數，則冉有既得此改數，亦當無五秉之與矣。且始之與釜，此時已有不繼富之意，微示之教，但須從容以告其故，而不必急明己意爾，若因其請益，而忽成二倍有餘，則前所以與釜之意，反爲自掩，使冉有苟無五秉之贈，則周急不繼富之意，無時而發矣。故與之庾之爲數，仍屬無多，斷可識矣。何以謂十六斗？其殆因五秉與釜庾不稱，故多其中間之數，以近之歟。姜上均曰：陶人庾實二觳。疏曰：庾本有二法。故聘禮記云：十六斗曰籔。注云：今文籔爲逾，逾即庾也。昭二十六年，申豐云：粟五千庾。杜注云：庾十六斗。以此知庾有二法也。按聘禮記：籔音㝗，其與庾文異音異，量數之多寡迴異，何得妄以籔爲庾？鄭云：今江淮之間量名有爲籔者，則其量非即爲庾明甚，而其云今文籔爲逾，則逾字非即爲庾字又明矣。疏乃云庾有二法，何邪？杜注左傳，亦訓庾謂十六斗，然考魯申豐爲季氏行賄于齊梁丘據，而欲因高齮以通據，乃請餽粟五千庾，則其所云五千庾者，當是二斗四升之庾，共千二百斛，若十六斗爲庾，當八千斛，則賄據止錦百匹，而賄齮反至八千斛，理尚可通邪？然則歷考經傳，庾爲二斗四升，初非聘禮記十六斗之籔，據此知二斗四升爲庾而非十六斗也。」（論語會箋卷六）馬氏說及竹添氏論語會箋引吳英、姜上均二家之說，辨庾籔各別，籔十六斗，庾當二斗四升。說頗確當。以之釋此傳，五千庾共得一萬二千斗，較之賈、杜說爲近理，當從之。賈云八萬斗，杜云八千斛，其實同也。

第三節　釋古代史迹者

（一）五帝時代

「昔帝鴻氏有不才子……天下之民，謂之渾敦。」（文公十八年傳）

賈逵曰：「帝鴻，黃帝也。不才子，其苗裔讙兜也。」（史記五帝本紀集解引。馬、嚴輯有，黃、王二家缺。）

案杜注：「帝鴻，黃帝。渾敦，謂驩兜。」本賈說。李貽德曰：「大荒東經云：帝俊生帝鴻。帝俊，郭氏以爲帝舜也。畢氏沅據帝王世紀，定爲帝嚳。傳所云帝鴻氏，未審與山海經相合否？賈云黃帝，不知何徵？古籍云亡，難以審定。」（賈服注輯述卷八）依郭氏注山海經，則帝鴻爲帝舜之子。畢沅則以爲帝嚳之子。皆與賈杜說不同。漢書卷二十古今人表列帝鴻氏於「太昊帝宓羲氏」時代之下，爲諸侯，次東扈氏之後，在「炎帝神農氏」時代之前，而「黃帝軒轅氏」時代，更在「炎帝神農氏」之後。則漢書不以帝鴻氏爲黃帝甚明。諸說不同，古籍無徵，今難遽定。以帝鴻氏之不才子渾敦爲讙兜者，尙書堯典云：「流共工于幽州，放讙兜于崇山，竄三苗于三危，殛鯀于羽山，四罪而天下咸服。」（尙書注疏卷三）堯典以共工、讙兜、三苗、鯀爲四罪，而此年傳以渾敦、窮奇、檮杌、饕餮爲四凶，事有同然。正義謂，檢其事以覈其人。堯典：帝言共工之行云，靖言庸違。傳說窮奇之惡云，靖譖庸回。二文正同，知窮奇是共工也。堯典：帝求賢人，驩兜擧共工應帝，是與共工相比。傳說渾敦之惡云：醜類惡物，是與比周。知渾敦是讙兜也。先儒盡然，更無異說，皆以行狀驗而知之也。

謂之檮杌。」（文公十八年傳）

賈逵曰：「檮杌，頑凶無疇匹之貌，謂鯀也。」（史記五帝本紀集解引。馬、嚴輯有，黃、王二家缺。）

案杜注：「謂鯀。檮杌，頑凶無儔匹之貌。」杜本賈說。洪亮吉曰：「說文：檮，斷木也。从木壽聲。春秋傳曰：檮柮。案說文無杌字，當以作柮字爲是。」（春秋左傳詁卷九）李富孫曰：「說文木部引作楇柮。案楇與檮字同。易：干臲卼。說文作槷黜。是出聲與兀聲古通。」（春秋左傳異文釋卷四）按洪、李說是也。史記五帝本紀張氏正義曰：「檮杌謂鯀也。凶頑而不可教訓，不從詔令，故謂之檮杌。案，言無疇匹，言自縱恣也。」（史記卷一）張氏以凶頑當檮杌，謂無疇匹，言自縱恣，則極言其凶頑之甚，可爲賈說之證。此年傳謂檮杌是顓頊氏之不才子。禮記祭法云：「夏后氏亦禘黃帝而郊鯀，祖顓頊而宗禹。」（卷四十六）夏是鯀之後，而祖顓頊，知鯀是顓頊之後。與此傳合。正義謂：堯典：帝言鯀之行云，咈哉，方命圮族。傳說檮杌之罪云，告頑舍嚚，傲狠明德。卽是咈戾圮族之狀。且鯀是顓頊之後，知檮杌是鯀也。

「**縉雲氏**有不才子。」（文公十八年傳）

賈逵曰：「縉雲氏，姜姓也。炎帝之苗裔。當黃帝時，在縉雲之官也。」（史記五帝本紀集解引。馬、嚴輯有，黃、王二家缺。）

案杜注：「縉雲，黃帝時官名。」杜未用賈注。國語晉語云：「炎帝以姜水成。炎帝爲姜。」（卷十）哀九年傳亦云：「炎帝以爲火師，姜姓其後也。」（卷五十八）知炎帝姜姓也。縉雲氏姜姓，故爲炎帝之苗裔。惟縉雲氏之爲姜姓，傳記無明文，不知賈氏何所據而云然？許氏說文云：「縉，帛赤色也。春秋傳曰：縉雲氏。禮有縉緣。」（說文解字第十三篇上）正義曰：「字書：縉，赤繒也。」又引服虔曰：「夏官爲縉雲氏。」是縉色赤，夏官於五行爲火，亦色赤之物，與炎帝火師之說相應。疑賈氏卽以此推言縉雲氏爲炎帝之後，故爲姜姓也。昭十七年傳云：「黃帝氏以雲紀，故爲雲師而雲名。」（卷四十八）知當黃帝時，在縉雲之官也。

「曰余為伯儵，余而祖也。」（宣公三年傳）

賈逵曰：「伯儵，南燕祖。」（史記晉世家集解引。馬、黃、王、嚴四家皆輯。）

案杜注用賈說。傳謂伯儵為鄭文公妾燕姞之祖，燕姞則南燕國之女，故賈杜皆以伯儵為南燕祖。史記五帝本紀載：黃帝之子，得姓者十二，姞其一也。（卷一）許氏說文：「姞，黃帝之後伯鯈姓也。后稷妃家。」（說文解字第十二篇下）按儵與鯈同。洪亮吉曰：「儵即鯈，但移偏旁居上耳。惠氏讖釋文誤字，非也。」（左傳詁卷十）李貽德曰：伯儵當是受姞姓者。」（賈服注輯述卷九）按洪、李說是也。隱五年正義曰：「南燕國，姞姓，黃帝之後。小國無世家，不知其君號謚。唯莊二十年，燕仲父見傳耳。」（卷三）按隱五年傳，衛人以燕師伐鄭。桓十二年，公會宋公、燕人盟於穀丘。十三年，公會紀、鄭及齊、宋、衛、燕戰。十八年，王子克奔燕。莊十九年，衛師、燕師伐周。二十年，鄭伯執燕仲父，皆南燕也。又參見宣三年「鄭文公有賤妾曰燕姞」條。

「恃其射也。」（襄公四年傳）

賈逵曰：「羿之先祖，世為先王射官，故帝嚳賜羿弓矢，使司射。」（正義引。又尚書五子之歌正義引。馬、黃、王、嚴四家皆輯。黃、王二家並淮南子云以下之文亦引之。此從馬、嚴輯。）

案杜注：「羿善射。」又上文有窮后羿注：「羿，有窮君之號。」正義曰：「尚書云：太康尸位以逸豫，有窮后羿因民弗忍，距于河。孔安國云：羿，諸侯名。說文云：羿，帝嚳射官也。羿善射，論語文。」李貽德曰：「說文弓部𢏚下云：帝嚳射官。羽部羿下云：亦古諸侯也。今作羿，羿之俗。羿之先祖，亦稱羿，是先王射官，並得稱𢏚。云帝嚳賜羿弓矢者，本山海經海內經云：帝俊賜羿彤弓素矰，以扶下國。初學記引帝王世紀云：帝嚳生而神異，自言其名曰夋。帝俊即帝嚳。據史記五帝本紀：堯爲帝嚳子。故堯時亦有羿，見淮南本經訓。」（賈服注輯述卷十一）張守節夏本紀正義引帝王紀云：「帝羿有窮氏，未聞其先何姓。帝嚳以上，世掌射正。至嚳，賜以彤弓素矢，封之於鉏，爲帝司射，歷虞、夏。羿學射於吉甫，其臂長，故以善射聞。」（史記卷二）劉文淇曰：「淮南氾論訓：羿除天下之害而死爲宗布。注：羿，古之諸侯。此堯時之羿，非有窮后羿。又原道訓：重之羿、逢蒙子之巧。注：羿，古諸侯，非有窮之君也。高氏兩注矛盾，其辨有窮非堯時之羿最覈。旣遷窮石，乃得有窮之號也。五帝本紀：堯爲帝嚳子，其嚳賜弓矢之羿與堯時之羿爲一人爲二人，書傳無說。」（舊注疏證襄公四年）按諸家說羿頗歧出，然以其爲善射之人，則略無異辭，賈蓋就書傳所載推言之者耳。古史渺茫難徵，其詳已不可得聞矣。

「后帝不臧。」（昭公元年傳）

賈逵曰：「后帝，堯也。臧，善也。」（史記鄭世家集解引。馬、黃、王、嚴四家皆輯。）

案杜注用賈說。正義曰：「襄九年傳稱：閼伯爲陶唐氏之火正。知后帝是堯也。」臧，善也。爾雅釋詁文。（卷一）說文臣部：「臧」亦訓爲善。（第三篇下）詩邶風雄雉：「何用不臧。」毛傳：「臧，善也。」（卷二之二）其餘經傳訓詁臧訓善屢見，不備舉。

「自幕至于瞽瞍無違命。」（昭公八年傳）

賈逵曰：「幕，舜後虞思也。至于瞽瞍無聞違天命以廢絕者。」（史記鄭世家集解引。馬、黃、王、嚴四家皆輯）

案杜注：「幕，舜之先。瞽瞍舜父。從幕至瞽瞍，間無違天命廢絕者。」杜釋無違命，與賈說同。以幕爲舜之先，與賈異。正義曰：「魯語云：幕能師顓頊者也。有虞氏報焉。孔晁云：幕能修道，功不及祖，德不及宗，故每於歲之大烝而祭焉。謂之報，言虞舜祭幕，明幕是舜先，不知去舜遠近也。帝系云：顓頊生窮蟬，窮蟬生敬康，敬康生句芒，句芒生蟜牛，蟜牛生瞽瞍。亦不知幕於蟜牛以前，是誰名字之異也。從幕至瞽瞍，無違天命廢絕，言其不絕世，繼嗣相傳，以至舜也。」史記陳世家裴駰集解云：「賈逵曰云云。鄭衆曰：幕，舜之先也。駰案：國語賈義爲長。」司馬貞索隱云：「按賈逵以幕爲虞思，非也。左傳言自幕至瞽瞍，知幕在瞽瞍之前，必非虞思明矣。」（史記卷三十六）鄭衆說爲杜預所本。索隱以賈說爲非，是也。馬氏宗璉曰：「幕在舜先，鄭衆說是。外傳：展禽曰：幕能帥顓頊者也。有虞氏報焉。下言杼爲禹後，故云帥禹。推之，上甲微爲契後，故云帥契。高圉太王爲稷後，故云帥稷。如使幕爲舜後，當云帥舜，何以言上帥顓頊？此幕在舜先之明證。賈逵以幕爲舜後虞思，於外傳展禽言相背。杜用先鄭說，最爲精當。」（春秋左傳補注卷三）洪氏亮吉曰：「史趙述虞之世次，皆係順序，幕、瞽瞍，舜之先也。虞遂、胡公，舜之後也。文法本明，幕爲舜之先，當以先鄭爲據，杜注取之是也。」（春秋左傳詁卷十六）沈氏欽韓曰：「孔晁魯語注：幕能修道，功不及祖，德不及宗，故每于歲之大烝而祭焉，謂之報。按內外傳皆以幕爲瞽瞍上世。韋昭指爲虞思，非也。呂梁碑：舜祖幕，幕生窮蟬，竊以爲幕卽窮蟬耳。」（春秋左傳補注卷九）李氏貽德曰：「考魯語曰：幕能帥顓頊者也，有虞氏報焉。有虞氏，韋昭注引賈說以爲舜後，然幕果舜後，當云帥舜，不當上溯顓頊矣。鄭語云：虞幕能聽協風，以成樂物生者也。似幕在舜先，不得稱虞，然下文云：周棄能播殖百穀。疏以衣食民者也。后稷之封，尚未有周，而稱周棄，是由後追稱者，則虞幕亦是追稱，不得如傳稱虞思例矣。多方云：自成湯至于帝乙，是由前及後之辭。此云自幕至于瞽叟，文與相同，竊以鄭說爲優。」（賈服注輯述卷十五）按上引司馬貞、馬宗璉、洪亮吉、沈欽韓、李貽德諸家並以幕爲舜之先，從鄭衆、杜預說，其說良是。賈氏云，幕爲舜後虞思，非也。

「世不失職，遂濟窮桑。」（昭公廿九年傳）

賈逵曰：「處窮桑，以登爲帝，故天下號之曰窮桑帝。濟，渡也。言四叔子孫，世不失職，遂渡少皞之世。」（正義引，又水經注卷七，路史後記卷九引。馬、黃、王、嚴四家皆輯。）

案杜注：「窮桑，少皞之號也。四子能治其官，使不失職，濟成少皞之功，死皆爲民所祀。窮桑，地在魯北。」正義曰：「窮桑，少皞之號。帝王世紀亦然。賈逵云云。杜以少皞之世，以鳥名官，不得有木正火正，故以濟爲成。四子能治其官，使不失職，濟成少皞之功。言少皞有王功，子孫能成之，故死皆爲民所祀也。少皞居窮桑，定四年傳稱：封伯禽於少皞之墟，故云，窮桑地在魯北。」

竹添氏左傳會箋云：「賈以濟爲渡，言四叔子孫，世不失職，遂渡少皞之世也。十七年傳：郯子云：共工氏爲水師而水名，而其子句龍爲后土，可見水名鳥名，特紀其官，而五官各以其所掌爲號，並行不相悖。且五官之名，非必起於一代，重之前固當有爲木正者。句芒之名，亦不必自重始。唯重世有大功耳。此曰濟窮桑，則三官是少皞所命其子，而五祀之三是少皞之三官也。賈逵云：少皞處窮桑，以登爲帝，故天下號之曰窮桑帝。」（昭公廿九年傳）按尸子仁義篇云：「少昊（少皞亦作少昊）邑于窮桑。」注：「窮桑，國名。」（畢氏晉書地理志補正卷一引）太平御覽皇王部引帝王世紀云：少昊帝，名摯。邑于窮桑，以登帝位，都曲阜。故或謂之窮桑帝。」（卷七十九）是諸說並以處窮桑，而登爲帝者卽少皞也。又杜釋「濟」爲「成」，與「世不失職」句，文意不協。不若賈釋「渡」之爲當。會箋駁正義而從賈說，是也。

「有烈山氏之子曰柱爲稷。」（昭公廿九年傳）

賈逵曰：「烈山，炎帝之號。」（正義引。馬、黃、王、嚴四家皆輯。）

案杜注：「烈山氏，神農世諸侯。」正義曰：「杜言神農世諸侯者，案帝王世紀，神農本起烈山，然則初封烈山爲諸侯，後爲天子，猶帝堯初爲唐侯然也。若然烈山卽神農，而云神農世爲諸侯者，案世紀神農爲君，總有八世，至榆罔而滅，亦稱神農氏是總號神農也。故烈山氏得於神農之世爲諸侯，後爲神農也。劉炫以爲烈山氏神農，非諸侯而規杜，非也。此及魯語皆云：其子曰柱。祭法云農者，劉炫云，蓋柱是名，其官曰農，猶呼周棄爲稷。」又曰：「魯語及祭法皆云：烈山氏之有天下也，其子能殖百穀，故祀以爲稷。言有天下，則是天子矣。杜注不得爲諸侯也。賈逵、鄭玄皆云：烈山，炎帝之號。」李氏貽德曰：「祭法作厲山，云厲山氏之有天下也。注：厲山氏，炎帝也。起于厲山。或曰：有烈山氏。魯語：昔烈山氏之有天下也。注：烈山氏，炎帝之號也。御覽皇王部引帝王世紀云：神農氏，姜姓也。以火承木，位在南方主夏，故謂之炎帝。又曰：本起烈山，或時稱之一號。是烈山爲炎帝號，信矣。杜以爲神農世諸侯。案祭法、魯語並云：有天下，則非諸侯明矣。烈山卽神農，先儒之說同然，則不得云神農世諸侯明矣。劉炫規杜，宜也。」（賈服注輯述卷十八）崔氏述曰：「補三皇本紀云：神農本起烈山，故左氏稱，烈山氏之子曰柱。亦曰厲山氏。禮曰：厲山氏之有天下，是也。余按左傳稱烈山氏，初不言有天下，若禮記祭法之文，乃采之國語者，國語記上古事率荒唐，此蓋亦想當然之詞，不足以爲據也。古者烈厲同音，祭法之厲山，乃傳寫之誤，亦非有兩號也。鄭氏以神農制耒耜，遂以神農當之。而云厲山，神農所起，小司馬氏從而采之，誤矣。杜氏左傳註云：烈山氏，神農氏諸侯。較鄭氏爲近理。然左傳、國語皆未有稱及黃帝以前者，亦未敢必其然，故今並不載。」（補上古考信錄卷上神農氏）又曰：「烈山氏亦不知爲何代人，鄭氏以爲神農，杜氏以爲神農時諸侯，要皆想當然，非有所據也。故列之於諸帝之後而不敢以某代繫之，闕疑也，志愼也。」（補上古考信錄卷下，黃帝以後諸帝通考）按賈逵、鄭玄、韋昭並以烈山氏爲炎帝之號。杜預則謂爲神農世諸侯。二說不同，杜氏蓋以神農卽炎帝。皇甫謐亦謂，神農氏是爲炎帝。諸說蓋皆出於臆測，並無確據，故崔氏辨之。崔氏又於補上古考信錄卷下，炎帝氏之下，辨炎帝非神農氏，說頗宏通，當從之。賈逵杜預之說，恐皆不可從也。

「而封於少皞之墟。」（定公四年傳）

賈逵曰：「少皞居窮桑，登爲帝。蓋未爲帝，居魯北，既爲帝乃居魯也。」（正義引。馬、嚴輯有，黃、王二家缺。）

案杜注：「少皞虛，曲阜也。在魯城內。」正義曰：「此注少皞之虛，即曲阜是也。曲阜在魯城內，則魯之所都，正在少皞虛矣。昭二十九年注：窮桑，少皞之號。窮桑地在魯北。與此異者，賈逵云：少皞居窮桑，登爲帝。蓋未爲帝，居魯北；既爲帝，乃居魯也。」梁履繩曰：「續漢書郡國志二注引帝王世紀云：黃帝生于壽丘，在魯東門之北。少昊自窮桑登帝位。窮桑在魯北，後徙曲阜。」（左通補釋卷廿九）是少皞先居魯北，後徙曲阜。相傳有此說，故賈氏云然。竹添氏左傳會箋云：「昭二十九年注：窮桑少皞之號。窮桑地在魯北。此以封國言，非指其都。則曲阜、窮桑，皆其虛也。」（定公四年傳）此說於義亦通。又見昭公廿九年傳「世不失職，遂濟窮桑」條。

（二）夏代

「遷實沈于大夏主參，唐人是因，以服事夏商。」（昭公元年傳）

賈逵曰：「唐人謂陶唐之胤劉累，事夏帝孔甲，封于大夏，因實沈之國，子孫服事夏商也。」（史記鄭世家集解引。漢書天文志劉昭補注引「陶唐之胤劉累也」一句。馬、黃、王、嚴四家皆輯。）

案杜注：「唐人若劉累之等。累遷魯縣，此在大夏。」正義曰：「謂之唐人，當是陶唐之後。二十九年傳云：陶唐氏既衰，其後有劉累。知此唐人是彼劉累之等類也。言等類者，謂劉累後世子孫，累雖遷魯縣，子孫仍在大夏，故歷夏及商也。劉炫云：彼稱累事孔甲。下云，遷于魯縣。此云，唐人是因，以服事夏商，則此居於大夏子孫，終商不滅，非累子孫，是其同族等類耳。服虔以唐人即是劉累，故杜顯而異之云：累遷魯縣，此在大夏。」按服虔亦謂唐人即劉累，與賈說同。杜預謂唐人若劉累之等，略本賈逵服虔說，劉炫規杜則疑唐人非劉累子孫。與賈、服、杜諸家異。李貽德曰：「劉累謂唐後，及事孔甲，見二十九年傳文。彼傳云：以更豕韋之後，此賈以爲封于大夏者，以范宣子自炫其世族，必舉虞夏以來之顯者，而襄廿四年傳曰：自虞以上爲陶唐氏，在夏爲御龍氏。是陶、唐之後，御龍氏最顯，則此云唐人，必是劉累可知。彼傳更豕韋之後，非指劉累，因賜氏之文，連舉其後之在商者言之耳。至此傳唐人既定爲劉累，則封在大夏之墟，師古高祖本紀贊注：豕韋，國名。在東郡白馬縣東南，與大夏地相隔絕。是劉累之封非豕韋，其證一也。范宣子曰：在商爲豕韋氏。惟豕韋封之自商，故宣子曰在商。是劉累之封，當孔甲時非豕韋。其證二也。長發詩：韋顧昆吾。箋：韋，豕韋，彭姓也。鄭語：彭姓，彭祖、豕韋則商滅之矣。則豕韋至湯始伐，至商始滅。孔甲時劉累不得伐之，是劉累之封非豕韋，其證三也。劉累既不封豕韋，則封夏之墟爲劉累所封明矣。彼傳又云：劉累遷於魯縣而賈云子孫服事夏商者，正義曰：累雖遷魯縣，子孫仍在大夏。漢高帝紀贊注云：殷末豕韋，徙國於唐。若然則劉累之後，初在大夏，商時代受豕韋，復自豕韋遷唐，至成王始滅。是服事夏商之證也。」（賈服注輯述卷十四）李氏申賈說，至爲允當。竹添光鴻左傳會箋云：「服虔曰：唐人卽劉累，此說得之。遷魯縣是一時逋竄，其國豕韋自若也。襄二十四年詳之。」（昭公元年傳）會箋亦以服虔之說爲是（賈逵說與服虔同）。馬宗璉曰：「杜既云唐人若劉累之等，累遷魯縣矣，是在大夏者又一唐人，非劉累之後可知，何得以唐人專屬諸劉累也。賈逵以累封於大夏，因實沈之國，子孫以服事商。又與昭廿九年傳：懼而遷於魯境之說相背。服虔以唐人卽是劉累。杜誤本之，致生謬解。古事荒遠難徵，闕疑爲善。服、賈注雖勝杜預此注，亦誤本左傳，劉光伯所規，寧止元凱一人邪！」（春秋左傳補注卷三）馬氏疑賈服「唐人謂劉累」之說爲非，與劉炫說合。其說雖能言之成理，然傳「遷于魯縣」之文，既語焉不詳，而李氏貽德據正義及漢高帝紀贊注之說，復能爲之申證，與傳「以服事夏商」之意相合（會箋：遷魯縣是一時逋竄，其國豕韋自若。說略同。）則賈、服之說，自可成立，不必如劉炫所云也。

「夏桀爲仍之會，有緡叛之。」（昭公四年傳）

賈逵曰：「仍、緡，國名也。」（史記楚世家集解引。馬、黃、王、嚴四家皆輯。）

案杜注：「仍、緡，皆國名。」杜本賈說。仍國之見於載籍者，漢書古今人表中中有：「有扔君。」顧注：「扔音仍。」（卷二十）有扔蓋卽有仍也。稱有仍者，猶莘曰有莘，窮曰有窮也。韓非子十過篇：「昔者桀爲有戎之會，而有緡叛之。」（卷三）文與此傳同，知有仍亦作有戎。有戎或從女作有娀。顧頡剛有仍國考云：「有戎蓋又卽有娀也，故史記殷本紀云：桀敗於有娀之虛。與左傳、韓非說類同。」（古史辨册七下編）又以仍任聲相近，故仍亦作任。史記吳世家：「逃於有仍。」索隱云：「未知其國所在。春秋經：桓五年，天王使仍叔之子來聘。穀梁經傳並作任叔。仍、任聲相近，或是一地，猶甫呂、虢郭之類。案地理志云，東平有任縣，蓋古仍國。」（卷三十一）秦嘉謨世本輯補氏姓篇，雷學淇竹書紀年義證帝癸十一年會諸侯于仍條說同。至仍國所在，僖二十一年左傳杜注：「任，今任城縣也。」水經濟水注：「夏后氏之任國也，在亢父北。」又襄三十年左傳：「羽頡出奔晉，爲任大夫。」杜注：「任，晉縣，今屬廣平郡。」地名考略：「古任城，在今任縣東南。」（卷五）二任非一地。陳槃闇先生曰：「亢父本戰國齊地，秦置亢父縣，後漢爲任城縣。故城在今山東濟寧縣南五十里。任縣在河北，與濟寧縣南五十里之任城，相去五百有餘里。疑任亦嘗遷國，但其居今河北與山東孰爲先後，則不可知矣。」（春秋大事表列國爵姓及存滅表譔異册七第壹玖陸仍國）緡國，或作閔。僖二十三年左氏經傳：「伐宋圍緡。」杜注：「緡，宋邑。高平昌邑縣東南有東緡城。」蓋古緡國所在。穀梁經緡作閔是。又通作蒙，或岷。楚辭天問：「桀伐蒙山」之蒙山，及古本竹書紀年：「后桀伐岷山」之岷山，皆即有緡國。說詳顧頡剛氏有仍國考一文。（古史辨册七下編）徐文靖竹書紀年統箋卷四亦謂：岷山蓋即蒙山是也。岷山亦作崏山。韓非子十過篇：「是以桀索崏山之女。」陳啓天氏校釋引纂聞：「崏山即有緡。」（韓非子校釋第六卷）此緡國見諸載籍之異稱也。哀元年傳：「后緡方娠，歸于有仍。」賈逵曰：「緡，有仍之姓也。」（史記吳世家集解引）杜注亦云：「后緡，有仍氏女。」是賈、杜又以緡爲姓，非國名。與此年注不同。竹添氏左傳會箋云：「賈說可從。婦人未有以國氏者。據后緡方娠之文，緡爲有仍之姓，審矣，是有緡卽有仍也。」（昭四年傳）按二說不同，當從國名之說。會箋謂有緡卽有仍，緡爲有仍國之姓，非是。陳槃闇先生春秋大事表譔異駁賈氏緡爲有仍姓之說云：「路史國名紀乙少昊後國篇：山陽東緡，今濟之金鄉有古緡城。鄒衍云：予登緡城以望宋都。后緡國也。賈逵以緡爲有仍之姓，妄也。羅說碻。緡城後爲宋邑，故鄒衍登緡城以望宋都也。復次左傳哀元年文：后緡……逃出自竇，歸于有仍云云，實亦不足以證有仍有后緡母家而緡卽有仍之姓。蓋歸之爲言適也。不必定其爲歸母家。孟子離婁篇：伯夷辟紂，居北海之濱。聞文王作，興曰：盍歸乎來，吾聞西伯善養老者。此歸乎西伯，卽適彼西伯也。襄七年公羊傳：鄭大夫諫鄭伯曰：中國不足歸也，則不若與楚。左傳昭三十年，鄭游吉對晉士景伯曰：諸侯所以歸晉君，禮也。此雖指人心之趨向言之，亦可見非必本國本家始可以言歸也。」（同上引第壹玖柒有緡）又駁會箋說云：「昭王娶於房曰房后。襄王十八年黜狄后；狄，隗姓，故亦曰叔隗。（原注：並詳周語二）齊陳無宇送女，致少姜，少姜有寵於晉侯，晉侯謂之少齊。（原注：昭二年左傳）世本：陸終娶鬼方氏之妹，謂之女嬇。（原注：楚世家索隱引。大戴記帝繫作女隤，漢書人表作女潰。案鬼、嬇、隤、潰音同字通，卽鬼方之鬼。詳王國維鬼方昆夷玁狁考。）中侯娶於酈山，卽以酈山稱其夫人，而稱其所生之女曰酈山之女。（原注：秦本紀）殷契母有娀國之女簡狄，一稱娀簡。（原注：路史高辛紀等引中侯契握，潛夫論五德志、禮記月令鄭注。）房后、狄后、少齊、女隤、酈山女、娀簡，此並以國氏者也。后緡之稱，亦其比也。」（同上引）按陳先生說是也。緡，當從國名之說，而有緡與有仍各別，非一國也。緡國地望所在，杜云在高平昌邑縣東南。沈欽韓左傳地名補注引山東通志：「東緡城即愔邑，在兗州府金鄉縣東北二十五里，本古緡國，爲桀所滅，今名緡城阜。」（卷九）一統志云：「今山東金鄉縣東北二十三里，有東緡城即夏時緡國。」按諸說略同，是也。

「夏后饗之，既而求之，懼而遷于魯縣。」（昭公廿九年傳）

賈逵曰：「夏后既饗，而又使求致龍，劉累不能得而懼也。」（史記夏本紀集解引。馬、嚴輯有，黃、王二家缺。）

案杜注：「不能致龍，故懼遷魯縣，自貶退也。」案杜說與賈氏略同。上文云：劉累學擾龍于豢龍氏，以事孔甲。下及此文，故知是劉累懼而遷于魯縣也。以其文義明顯，故杜注劉累二字亦省去。

「昔有過澆殺斟灌，以伐斟鄩，滅夏后相。」（哀公元年傳）

賈逵曰：「過，國名也。斟灌、斟鄩，夏同姓也。夏后相依斟灌而國，故因殺夏后相也。」（史記吳世家集解引。馬、黃、王、嚴四家皆輯。正義及吳世家集解引「故因」皆作「故曰」，誤。據李貽德說改。）

案杜注：「澆，寒浞子，封於過者。二斟，夏同姓諸侯。襄四年傳曰：澆用師滅斟灌。后相失國，依於二斟，復爲澆所滅。」正義曰：「襄四年傳稱：夏之衰也，有窮后羿因夏民以代夏政，而用寒浞。寒浞殺羿，因其室而生澆，處澆于過，是言澆是寒浞之子，封於過也。二斟，夏同姓諸侯，夏本紀文也。又襄四年傳云：澆用師滅斟灌，此言殺斟灌者，王肅云：滅，殺也。古者滅殺尊卑同名，其意言殺其君而滅其國，故二文各言其一也。賈逵云：夏后相依斟灌而國，故曰（曰當作因）殺夏后相也。案下句別言滅夏后相，王解是也。」按正義引賈說「故因」，誤作「故曰」，故以王解爲是。非也。賈云過爲國名者，據襄四年傳文知之，且此年傳稱「有過」，亦稱國之常例也。史記夏本紀：「太史公曰：禹爲姒姓，其後分封，有斟尋氏、斟氏、戈氏。」索隱：「斟戈氏，按左傳、系本皆作斟灌氏。」（史記卷二。張文虎札記引錢大昕曰：索隱本斟氏戈氏作斟戈氏，即斟灌也。戈灌聲相近。上氏字衍。）據此是斟灌斟鄩二國皆禹後，故賈云夏同姓。杜云夏同姓諸侯也。賈又云，夏后相依斟灌而國，故因殺夏后相者，李氏貽德曰：「水經巨洋水篇注引汲冢書云：相居斟灌。與賈說同。是賈及見古籍，因以爲據也。又引皇甫謐云：夏相徙帝邱，依同姓之諸侯於斟尋氏。是斟尋亦相所依。故過澆滅斟鄩氏。相國於是，因亦殺之。」（賈服注輯述卷二十）李說當得賈義。杜注亦謂后相失國，依於二斟，復爲澆所滅。與賈說同。

「后緡方娠，逃出自竇，歸于有仍。」（哀公元年傳）

賈逵曰：「緡，有仍之姓也。有仍，國名。后緡之家。」（史記吳世家集解引。馬、黃、王、嚴四家皆輯。黃、王二家姓作女，非。馬、嚴二家不誤。）

案杜注：「后緡，相妻。娠，懷身也。后緡，有仍氏女。」此年傳云：有過澆殺斟灌，以伐斟鄩，滅夏后相。后緡方娠，逃出自竇，歸于有仍，生少康焉。爲仍牧正。故杜云：后緡，相之妻，而有仍氏之女。賈云：有仍，國名。后緡之家也。李氏貽德曰：「緡為有仍之姓者，以女子必繫父族之姓。云后緡，猶太任、邑姜也。知后緡為有仍女者，儀禮喪服傳：婦人雖在外，必有歸宗。然則謂嫁曰歸。歸宗者亦曰歸。傳稱歸于有仍，是有仍為后緡家也。」（賈服注輯述卷二十）賈、杜解雖可通，李氏說亦能言之成理，惟昭四年傳云：夏桀為有仍之會，有緡叛之。」賈、杜並云：「仍、緡，皆國名。」以緡為國名，與此說（有仍之姓）異。當從國名之說。而「歸」字則作「歸附」解。詳見昭四年傳條。

「逃奔有虞，為之庖正。虞思於是妻之二姚，而邑諸綸。」（哀公元年傳）

賈逵曰：「有虞，帝舜之後。綸，虞邑。」（史記吳世家集解引。馬、黃、王、嚴四家皆輯。）

案杜注：「虞，舜後諸侯也。梁國有虞縣。思，有虞君也。虞思自以二女妻少康。姚，虞姓。綸，虞邑。」帝舜，國號虞，或稱有虞。其事迹具載史記五帝本紀，不具引。此傳有虞，蓋夏所封舜後，仍襲有虞之號。傳稱虞思妻少康以二姚，而邑諸綸，知有虞為舜後而綸為虞邑也。李氏貽德曰：「史記五帝紀：帝舜為有虞。又云：堯子丹朱，舜子商均，皆有疆土，以奉先祀，服其服，禮樂如之。是舜後子孫國號亦不改也。故魯語云：有虞氏禘黃帝而祖顓頊，郊堯而宗舜。云宗舜，是在舜後。云有虞氏，則舜後子孫國名亦稱虞也。」（賈服注輯述卷二十）李說得之。至有虞及綸之地望所在，正義曰：「尚書堯典云：有鰥在下曰虞舜。又曰：釐降二女于嬀汭，嬪于虞。皇甫謐云：嬪于虞，因以虞為氏。虞今河南大陽縣西山上虞城是也。然則舜有天下，其代號虞，因本河東大陽之虞。及周之興，封仲雍之後爲虞國，卽彼地是也。但舜旣禪禹，禹封舜後爲諸侯，雖取虞爲國名，未必封於河東虞地，而梁國有虞縣，其地以虞爲名，疑是夏時虞國。」雷學淇曰：「漢書續志曰：梁國虞有綸城，少康邑。今虞縣故城在歸德府虞城縣南三里。綸城在縣西三十五里。博物志謂：綸在汾陰。世紀謂虞城在河東大陽縣西山上，俱非是。」（竹書紀年義證卷九）沈欽韓曰：「有虞，一統志：虞縣故城在歸德府虞城縣西南三里。括地志：故綸城在虞城縣東南。紀要：虞城縣東南三十五里。」（左傳地名補注卷十一）諸說並以虞及綸在虞城縣是也。

「夏書曰：惟彼陶唐，帥彼天常。有此冀方，今失其行。亂其紀綱，乃滅而亡。」（哀公六年傳）

賈逵曰：「逸書，夏桀之時。」（正義引賈、服、孫。馬、黃、王、嚴四家皆輯。）

案此傳引夏書曰惟彼陶唐云云，賈逵以爲夏桀時逸書。服孫杜三家亦同。正義曰：此夏書五子之歌第三章也。彼云：惟彼陶唐，有此冀方。今失厥道，亂其紀綱，乃底滅亡。此多帥彼天常一句，又字小異者，文經篆隸，師讀不同，故兩存之。賈、服、孫、杜皆不見古文，以爲逸書，解爲夏桀之時。唯王肅云，太康時也。案王肅注尙書，其言多是孔傳，疑肅見古文匿之而不言也。」此乃晚出古文輯此年引夏書之文以入於五子之歌者也。觀其辭稱冀方，又云，乃滅而亡，則賈、服、孫、杜諸家之說爲是。正義云：惟王肅云太康時。此晚出古文出於王肅之一旁證也歟？（蓋旣輯此傳引夏書之文以入於五子之歌篇中，有彼文爲證，故爲之解云，太康時書。豈非確解獨得乎！正義固已疑之矣。）

（三）商代

「辰在子卯，謂之疾日。」（昭公九年傳）

賈逵曰：「桀以乙卯日死，紂以甲子日亡，故以爲戒。」（禮記釋文引。馬、黃、王、嚴四家皆輯。）

案杜注：「疾，惡也。紂以甲子喪，桀以乙卯亡，故國君以爲忌日。杜本賈說。禮記檀弓下：「子卯不樂。」鄭注：「紂以甲子死，桀以乙卯亡，王者謂之疾日，不以擧樂，爲吉事，所以自戒懼。」陸氏釋文云：「賈逵云：桀以乙卯日死，受以甲子日亡，故以爲戒。鄭同。漢書翼奉說則不然。張宴（宴疑當作晏）云：子刑卯，卯刑子，相刑之日，故以爲忌，而云夏殷亡日，不推湯武以興乎？」（禮記注疏卷九）是鄭玄注檀弓亦同賈說，而翼奉、張宴則別爲一解，與賈逵、鄭玄、杜預不同。檀弓疏云：「鄭司農注春秋以爲五行子卯自刑。」（同上）則鄭衆同於翼奉、張宴說。檀弓疏申鄭玄說云：「案尚書：時甲子昧爽，武王朝至于商郊。又史記云：兵敗，紂自焚而死。是紂甲子死也。案昭十八年二月乙卯，周毛得殺毛伯過而代之。萇弘曰：毛得必亡，是昆吾稔之日也。詩云：韋顧旣伐，昆吾夏桀同誅。昆吾旣乙卯而亡，明桀亦以乙卯被放也。」（同上）此年正義所證，與檀弓疏略同。李氏貽德曰：「長發詩云：韋顧旣伐，昆吾夏桀。言昆吾與桀同時死也。十八年傳：二月乙卯，周毛得殺毛伯過而代之，萇弘曰：毛得必亡，是昆吾稔之日也。昆吾夏桀，亡旣同時，則昆吾以乙卯亡，桀亡亦乙卯矣。漢書律曆志引武成篇曰：粵若來三月，旣死霸，粵五日甲子，咸劉商王紂。殷本紀曰：甲子日，紂兵敗，紂走入登鹿臺，衣其寶玉衣，赴火而死。是紂以甲子日亡也。玉藻：子卯稷食菜羹。注：忌日貶也。疏云：桀紂以其無道被誅，後王以爲忌日。忌卽戒也，故曰以爲戒。」（賈服注輯述卷十六）惠氏棟曰：「賈逵曰：桀以乙卯亡，紂以甲子喪，惡以爲戒。張晏曰：云夏殷以亡，不推湯武以興。此說非也。翼奉曰：北方好行貪狠，申子主之。東方怒行陰賊，亥卯主之。貪狠必待陰賊而後動，陰賊必待貪狠而後用，二陰並行，是以王者忌子卯也。禮經避之，春秋諱焉。孟康曰：北方水，水生於申，盛於子。東方木，木生於亥，盛於卯。李奇曰：北方卯也，卯又陰賊，故爲二陰，王者忌之，不擧樂。翼奉又言：師法用辰不用日，甲乙爲日，子卯爲辰，故云辰在子卯。」（春秋左傳補注卷五）馬氏宗璉曰：「論衡曰：子卯日擧禍，未必有禍，重先王之亡日，悽愴感動，不忍以擧事也。忌日之法，蓋丙與子卯之類，殆有所諱，未必有凶禍也。故晏曰：子刑卯，卯刑子，相刑之日，故以爲忌。而云夏殷亡日，不推湯武以興乎？賈逵說非，檀弓、鄭注，亦同賈說。」（春秋左傳補注卷三）按賈逵、鄭玄、杜預三家，皆主桀紂忌日之說，此說有詩長發、書武成（漢書律曆志引）及昭十八年左傳、史記、殷本紀諸文爲證，當非臆說。惠氏馬氏用陸德明釋文：「不推湯武以興乎」之說，以駁賈逵。然湯武之興，自有其道，不必定於桀紂之死日，則釋文之言，不足以駁賈說也。而翼奉、張晏、鄭衆三家所主子卯相刑之說，得惠氏、馬氏之申證，亦言之成理。則兩說皆可成立。沈氏欽韓曰：「玉藻云：子卯稷食菜羹。則知人君以爲疾日，自貶損也。又士喪禮：朝夕哭，不避子卯。則知他人預凶事弔哭，亦避此日也。」（春秋左傳補注卷九）沈氏之意，蓋謂玉藻之文，可證前說，而士喪禮之文，則可為後說之證。竊謂桀紂既以子卯日亡，後世人君垂為烱戒，亦事理之常，先儒之說，自足信據。而戰國以降，陰陽五行說盛行，子卯相刑之說，蓋由此而來，其說行於卿大夫以下階層，亦非無故。二說本或各不相謀，或互有影響關係，蓋皆有其存在之實。惟此傳云：晉侯飲酒樂。事在諸侯，似前說為勝矣。

「以更豕韋之後。」（昭公廿九年傳）

賈逵曰：「劉累之後，至商不絕，以代豕韋之後。祝融之後，封于豕韋，殷武丁滅之，以劉累之後代之。」（史記夏本紀集解引。馬、嚴輯有，黃、王二家缺。）

案杜注：「更，代也。以劉累代彭姓之豕韋，累尋還魯縣，豕韋復國，至商而滅，累之後復承其國為豕韋氏，在襄二十四年。」正義曰：「傳言以更豕韋之後，則豕韋是舊國，廢其君以劉累代之。鄭語云：祝融之後八姓：大彭豕韋，為商伯矣。又云：彭姓：彭祖、豕韋，則商滅之矣。如彼文，豕韋之國，至商乃滅，於夏王孔甲之時，彭姓豕韋未全滅也。下文云：劉累懼而遷于魯縣，則是累遷之後，豕韋復國，至商乃滅耳。襄二十四年傳：范宣子自言其祖在夏為御龍氏，在商為豕韋氏。則劉累子孫，復封豕韋。杜跡其事，知累之後世，更復其國為豕韋氏也。舊無此解，杜自為證。」高氏士奇曰：「孔穎達以為舊無此解，出於元凱之創獲。要亦無以易之也。再考竹書：劉累遷魯縣，帝皐召豕韋復其國。後與昆吾、韋、顧俱附桀，而湯伐之，詩所謂韋、顧既伐也。竹書：祖乙命韋伯。武丁征豕韋，克之。賈逵曰：武丁滅豕韋，以劉累之後代之。是杜氏之說，亦當有所本矣。」

（地名考略卷十四）李氏貽德釋賈說云：「賈以元年傳：唐人是因。明劉累在孔甲時，本封實是大夏，豕韋至湯始伐，孔甲時未嘗滅亡，不得更代，知此傳云更豕韋之後者，非指劉累，特承賜氏之下，終言其後之在商者耳。故云：劉累之後，至商不絕也。祝融之後，封於豕韋者，指彭姓之豕韋也。鄭語：祝融，其後八姓，大彭豕韋爲商伯矣。是豕韋爲祝融之後也。鄭語又云：彭姓，彭祖、豕韋則商滅之矣。韋昭曰：豕韋，彭姓之別封于豕韋者，殷衰爲商伯，其後世失道，殷復興而滅之。殷本紀：帝小辛立，殷復衰。武丁修政行德，天下咸驩，殷道復興。易稱：高宗伐鬼方。詩殷武稱：撻伐荆楚，武功爲甚。若然豕韋爲伯于帝乙之時，而當滅於武丁之世，劉累之後，實更其封，故襄二十四年傳：范宣子曰：在夏爲御龍氏，在商爲豕韋氏。」（賈服注輯述卷十八）按賈氏以爲祝融之後，封于豕韋，殷武丁時滅之，乃以劉累之後代豕韋。杜氏則以爲劉累於夏后孔甲時，已代豕韋，其後遷於魯縣，豕韋復國，至商而滅，劉累之後乃復承其國爲豕韋氏。賈、杜不同，竊以賈說爲近。杜說實乏憑據，其所據者，蓋此年傳文，然乃出於誤讀，其證據實甚薄弱也。杜所以謂劉累代豕韋在夏后孔甲時者，乃誤讀此年傳：以更豕韋之後一句，以爲上接「夏后嘉之，賜氏曰御龍」之文，卽當在彼時更代豕韋。又以下有遷魯縣之文，因設爲豕韋復國之說，不知「以更豕韋之後」一句特承賜氏之下，終言其後裔之在商者耳，（史記夏本紀亦但云，受豕韋之後，不謂卽受豕韋也。）李氏貽德論之當矣。高氏士奇據今本竹書之文，以爲杜說當有所本，實不足據也。賈說得李氏貽德爲之申釋，而義益顯，李氏於昭元年賈逵說下，亦證劉累之封在大夏，不在豕韋，舉證亦頗有理。合此年及襄廿四年、昭元年左傳之文及鄭語觀之，賈說爲當，李氏貽德申賈之言是也。又清儒馬氏瑞辰疑湯所伐之韋非彭姓，其言曰：「按豕韋，彭姓、劉姓遞有其國，事見左傳及鄭語。考鄭語，初豕韋爲商伯，其後商滅之。韋注：武丁時，劉氏自御龍氏代豕韋。（按此乃夏本紀集解引賈逵說，馬氏誤爲韋注，當正。）則彭姓豕韋，至武丁時始滅。是知湯所伐之韋，非即彭姓豕韋。正義謂成湯伐之，不滅其國，特臆說耳。漢書古今人表：韋有三：其一韋，居下上，在夏帝癸時。其一大彭豕韋，居上下，在殷南庚、陽甲時。又其一劉姓豕韋，居中上，在殷武丁時。按班固表，於南庚、陽甲時之豕韋，始言劉姓，則不以湯所伐之韋在帝癸時者爲彭姓矣。蓋湯滅韋，始以改封彭姓豕韋，故鄭語但曰豕韋爲商伯，不言其在夏時爲侯伯也。蓋夏帝癸時之韋，其姓已不可考，故人表不箸其姓。箋謂湯所伐即彭姓豕韋，誤矣。」（毛詩傳箋通釋卷三十二）馬氏以爲夏代之韋，其姓無聞。湯滅之，始以封彭姓之豕韋。按馬氏之說，不爲無見。（按馬氏所用證據，亦足以否定杜預說。）蓋據左傳及鄭語，僅能推測彭姓豕韋在夏時已存在，而無以證其必已存在，故馬氏之疑，可以成立。惟馬氏所據鄭語及漢書古今人表，文皆簡略，且班氏人表較晚出，似尚不能確證夏代之豕韋必非彭姓，亦不能證湯已伐滅韋國（雖伐而未必滅），而始封彭姓之豕韋也，故馬氏之論，存備一說可也。

（四）周初

「**虢仲虢叔**。」（僖公五年傳）

賈逵曰：「虢仲，封東虢，制是也。虢叔，封西虢，虢公是也。」（正義引。馬、黃、王、嚴四家皆輯。）

案杜注：「虢仲虢叔，王季之子，文王之母弟也。仲、叔，皆虢君字。」杜不言二虢封邑所在，不用賈說。正義曰：「此言虢仲虢叔，王季之穆。國語稱，文王敬友二虢。故以爲文王母弟。母弟之言，事無所出。仲、叔皆文王之時，虢君字也。據傳文，鄭滅一虢，晉滅一虢。不知誰是仲後，誰是叔後。」正義駁賈說云：「雖賈之言，亦無明證。」又引馬融說而駁之云：「馬融云：虢叔同母弟。虢仲異母弟。虢仲封下陽，虢叔封上陽。案傳上陽下陽，同是虢國之邑，不得分封二人也。若二虢共處，鄭復安得虢國而滅之？」按正義駁馬融說甚是，則馬說不足取。杜注母弟之言，正義以爲事無所出，故亦不足據。李貽德釋賈說云：「晉語：文王敬友二虢。韋昭注云：二虢，文王弟虢仲虢叔也。又鄭語言：濟、洛、河、潁之間，虢、鄶爲大。注云：虢，東虢虢仲之後。史記鄭世家集解引虞翻曰：虢，姬姓，東虢也。漢書地理志注引臣瓚曰：初桓公寄孥與賄於虢會之間，幽王既敗。二年而滅會，四年而滅虢。鄭世家集解引徐廣曰：虢在成皋。地理志河南郡成皋。注云：故虎牢，或曰制。隱元年傳云，制，巖邑也。虢叔死焉。蓋即東虢封地。鄭語：西有虞虢。注云，虢，虢叔之後，西虢也。地理志宏農郡陝。注云，故虢國，此即所謂西虢，虢公指虢公醜。」（賈服注輯述卷六）李氏釋東虢甚是，然引地理志弘農郡陝爲西虢，則未的。漢書地理志云：「北虢在大陽，東虢在滎陽，西虢在雍州。」（卷二十八上）元和志云：「虢有三：北虢，今陝州平陸縣。東虢，今滎陽縣。西虢在今鳳翔扶風縣。」（沈欽韓左傳地名補注卷三引）大陽即今平陸縣。元和志與漢書地理志說同。皆以西虢在雍州鳳翔。方輿紀要亦謂，虢城在鳳翔府城南三十五里，即此西虢，是也。惟謂周文王弟虢仲初封此，平王東遷，始徙于上陽，爲北虢，（同上引）則非是。按西虢初封乃虢叔，非虢仲也。且西虢之遷徙，在幽王時，虢公石甫滅焦而徙都大陽，非平王東遷始徙上陽也。西虢之遷爲北虢，雷氏學淇言之最審，其言曰：「西虢本扶風之虢縣，幽王時，虢公石甫滅焦而徙都大陽，謂之北虢，故國語史伯謂鄭桓公曰：當成周者，西有虞、虢、晉、隗、霍、楊、魏、芮。又曰：夫虢石父讒陷巧從之人也。八國皆謂在河北冀州者，則此時虢都下陽可知。巧謂石父與褒姒比而爲亂，恐將禍及，滅焦而徙于冀土，謂越境可免也。晉紀云，文侯六年，虢人滅焦。此事在幽王七年。其明年鄭桓公始爲司徒，王立伯服爲太子。又明年，申侯聘西戎及鄫。又明年王師伐申。據外傳則史伯之語，在申聘西戎之後，王未伐申之前。其時乃幽王之九年也。距石父滅焦而徙于下陽已二年矣。自是以後，虢之宗廟社稷，皆在下陽。平桓之際，虢公林父亦爲王卿士，因下陽阻隔大河，往反不利，乃以焦之故國上陽爲下都，時往居之，是爲南虢。忌父等亦相繼爲卿，故春秋時虢君多居下都。漢志以陝爲故虢國。又曰：北虢在大陽，此之謂也。（原注大陽漢縣名，即下陽也。）」（竹書紀年義證卷二十二）又曰：「周宣王以前，止有東虢西虢。東虢之爵爲子，地在滎陽，故鄭語曰：濟洛河潁之間，子男之國，虢鄶爲大。西虢之爵爲公，故經傳皆稱虢公。此之虢公，亦西虢虢叔之裔也。（同上）雷氏之說與賈逵合，其說良是。雷氏義證又引帝王世紀說謂：「仲封西虢，叔封東虢。」按此蓋據隱元年左傳：「制，巖邑也。虢叔死焉」之文，故謂叔封東虢。然隱元年之虢叔，乃幽王平王時之東虢君，非此年文王弟之虢叔也。故帝王世紀說不足據。沈氏欽韓左傳地名補注及劉氏文淇舊注疏證，皆同此誤。然則賈逵之說為不可易矣。

「為之歌邶、鄘、衛。」（襄公廿九年傳）

賈逵曰：「武王伐紂，分其地為三監。三監叛，周公滅之，更封康叔，幷三監之地，故三國盡被康叔之化。」（正義引孔安國賈逵馬融。馬、黃、王、嚴四家及馮補均缺。）

案史記裴氏集解引此條作杜預說，不云是賈逵說，似杜非用賈說者。然正義曰：「漢世大儒，孔安國、賈逵、馬融之徒，皆以為然，故杜亦同之。」則杜仍用賈說，至為明顯。正義說當可據，裴氏集解蓋從省，故不及賈氏也。正義又曰：「邶、鄘、衛者，商紂畿內之地名也。漢書地理志云：周既滅殷，分其畿內為三國，詩風邶、鄘、衛國是也。邶以封紂子武庚，鄘管叔尹之，衛蔡叔尹之，以監殷民，謂之三監。故書序曰：武王崩，三監叛，周公誅之，盡以其地封弟康叔，故邶、鄘、衛三國之詩，相與同風，此注取漢志為說也。」鄭玄詩邶、鄘、衛譜亦云：「周武王伐紂，以其京師封紂子武庚為殷後。庶殷頑民被紂化日久，未可以建諸侯，乃三分其地，置三監，使管叔、蔡叔、霍叔尹而教之。自紂城而北謂之邶，南謂之鄘，東謂之衛。武王既喪，後五年，周公居攝。三監導武庚叛，成王既黜殷命，殺武庚，復伐三監。更於此三國建諸侯，以殷餘民封康叔於衛，使為之長。

後世子孫稍幷彼二國，混而名之。」（毛詩注疏卷二之一）史記衛康叔世家所載略同，鄭玄蓋卽本之衛世家也。鄭說與孔安國賈逵馬融諸家說合，故杜注此傳亦從賈氏也。

「周有徐奄。」（昭公元年傳）

賈逵曰：「書序曰：成王伐淮夷，遂踐奄。徐卽淮夷。」（正義引。馬、黃、王、嚴四家皆輯。）

案杜注：「二國皆嬴姓。」下引書序曰云云，與賈同。正義曰：「二國皆嬴姓，世本文也。書序曰：成王伐淮夷，遂踐奄。淮夷與奄，同時伐之。此徐奄連文，故以爲徐卽淮夷。賈逵亦然，是相傳說也。服虔云：一曰魯公所伐徐戎也。案費誓云：淮夷徐戎並興。孔安國云：淮浦之夷、徐州之戎並起爲寇。則徐亦非國名。此徐是國名，當謂淮浦之夷，其國名徐。書序擧其大號，此傳言其國名也。僖公時，楚人伐徐。杜云下邳僮縣東南有大徐城。彼近淮旁，成王時徐蓋亦在彼地也。」史記周本紀：「召公爲保，周公爲師，東伐淮夷，踐奄。」（卷四）書序云：「成王東伐淮夷，遂踐奄，作成王政。」是成王之時，確有東伐淮夷及踐奄之事。惟周本紀及書序言淮夷及奄，不言徐；此傳言徐奄，不言淮夷，故賈、杜並謂：徐卽淮夷也。然服虔以書費誓云：淮夷徐戎並興。言並則不得爲一，故引或說云，魯公所伐徐戎也。按費誓所言乃魯公伯禽所伐。而書序別有成王政一篇，乃成王所伐，周本紀載其事，則二事當各別。此傳云周有徐奄，則是與成王所伐同屬一事，故賈、杜云然。其擧費誓爲說者，非也。

「夢帝謂己。」（昭公元年傳）

賈逵曰：「帝，天也。己，武王也。」（史記鄭世家集解引。馬、黃、王、嚴四家皆輯。）

案杜注：「帝天也，取唐君之名。」杜釋帝謂天，與賈同。不言己字何指。尙書洪範：「帝乃震怒，不畀洪範九疇。鯀則殛死，禹乃嗣興。天乃錫禹洪範九疇。」（卷十二）是帝卽天也。史記集解引鄭康成注正謂：「帝，天也。」又禮記文王世子：「夢帝與我九齡。」鄭注亦云：「帝，天也。」（卷二十）是也。正義曰：「晉世家云：初武王之與叔虞母會時，夢天謂武王曰：余命汝生子名虞。謂此夢爲武王之夢也。若是武王之夢，此傳直云武王方生大叔，其文足矣，何以須言邑姜方震也？邑姜方震而夢，明是邑姜夢矣，安得以爲武王夢也？薄姬之夢龍據其心，燕姞之夢蘭爲己子，彼皆夢發於母，此何以夢發於父？是馬遷之妄言耳。服解此云：己，武王也。是習非而逐迷者也。」據正義知史記及服虔說，與賈逵同。正義謂：夢帝謂己乃邑姜，其說雖有理，然謂必非武王，則未當。按傳明云，當武王邑姜方震大叔，則夢自武王或邑姜，均無不可，何必邑姜乎？正義之駁，不免拘泥矣。

「蔡叔，康叔之兄也。」（定公四年傳）

賈逵曰：「蔡叔，周公兄。」（正義引。馬、嚴、輯有，黃、王二家缺。）

案杜注：「蔡叔，周公兄。康叔，周公弟。」杜釋蔡叔從賈說。正義曰：「史記管蔡世家云：武王同母兄弟十人，母曰太姒，文王正妃也。其長子曰伯邑考，次曰武王發，次曰管叔鮮，次曰周公旦，次曰蔡叔度，次曰曹叔振鐸，次曰郕叔武，次曰霍叔處，次曰康叔封，次曰聃季載。如彼文則蔡叔，周公弟也。今以蔡叔爲周公兄者，以僖二十四年傳，富辰言文之昭十六國，蔡在魯上，明以長幼爲次。賈逵等皆言蔡叔周公兄，故杜從之。馬遷之言多辟謬，故不用史記爲說。」竹添氏左傳會箋云：「管蔡世家以蔡叔爲周公弟。萇弘欲以始祖長幼序國，蔡叔果周公之兄，當長蔡於魯，而今獨長於衛，則未嘗以蔡叔爲周公兄也。富辰先言管蔡，後言魯衛者，蓋管蔡一類，魯衛亦一類。周人語古者，恆並稱之，故富辰亦先言管蔡耳。非以蔡叔爲周公兄也。賈逵等皆言蔡叔周公兄，故杜從之，然從史記爲正。」（定公四年傳）按僖廿四年傳云：「管、蔡、郕、霍、魯、衛、毛、聃、郜、雍、曹、滕、畢、原、豐、郇，文之昭也。」（卷十五）管、蔡、郕、霍四國列在魯衛之上。此年傳云：「武王之母弟八人：周公爲太宰，康叔爲司寇，聃季爲司空，五叔無官，豈尚年哉。」賈氏蓋據此二文以定周公年在管、蔡、郕、霍四人之下，故以蔡叔爲周公兄（正義即謂傳以長幼爲次）。惟文昭十六國，未必以兄弟年齒爲序。傳下文云：「凡、蔣、邢、茅、胙、祭，周公之胤。」而襄十二年傳則云：爲邢、凡、蔣、茅、胙、祭，臨於周公之廟。可證傳文所述諸國，大抵隨意臚列，不必以長幼爲序次也。而此年傳武王母弟八人云云，亦不過謂周公、康叔、聃季三人皆上有兄長未爲王朝職官耳，非謂周公、康叔、聃季三人於武王母弟八人中年最幼也。（據史記管蔡世家所述史實，周公當年長於康叔、冉季甚多，非與二人年相若也。）是賈說理由尚未充分，不足以否定史記說。且會箋之釋，亦爲有理，故仍當從司馬遷之說也。

第五章　關於左傳禮制之解說

第一節　概　說

本章所收乃賈氏釋左傳禮制之說。禮制者，謂典禮、制度也。左傳所載春秋時代之史實，以周天子、諸侯及卿大夫等階層之活動爲詳。彼時王朝及諸侯國之各項禮制，已頗詳備，而公私活動大抵皆有一定之禮法制度，以爲規範，故左傳記事中，幾無一不與禮制有關。則禮制一項，其範圍之廣，從可知已。賈氏左傳注之關於禮制者，今僅存六十七條而已。玆區分爲典禮與制度兩類以別之，前者又別爲婚禮、冠禮、喪禮、葬禮、祭祀、聘禮、盟禮、拜禮、饗禮、世子始生之禮、釋親等十一種，而合爲七項。後者又別爲都城、官爵、宗廟、社制、服飾、樂舞、軍制、卜筮、視朔、車制、刑法、疆界、田賦等十三項。賈說各條卽分屬諸項之下，不更立標題，避重複也。又本章所言禮制與前章名物不同者，名物指但釋其名稱之取義，禮制則及於內容實質也。

周禮一書所載典制，往往與左傳所言相合。賈氏精研周禮之學，其說左傳禮制，多取周禮說以釋之。如定公八年傳云：「魯於是始尙羔。」（卷五十五）賈逵引周禮：公之孤四命，執皮帛。卿三命執羔。大夫再命執雁。云魯廢其禮，三命之卿皆執皮帛，至是乃始復禮尙羔。（詳見第二節）此賈氏明引周禮以說左傳禮制者也。又成公三年傳云：「晉作六軍。」（卷二十六）賈逵云：「初作六軍，僭王也。

」（詳見第二節）此據周禮夏官司馬「王六軍」之說也。襄公二十三年傳云：「季氏以公鉏爲馬正。」（卷三十五）賈氏云：「馬正，家司馬。」（見第三節）此據周禮夏官司馬序官文也。如此之例頗多，實賈氏釋左傳禮制之一特色也。其餘援據儀禮、禮記、尙書、國語及其他典籍之文，以釋左傳禮制者，爲數亦夥，均詳各條辨證中，玆不具引。

賈氏之釋左傳禮制，就本章所錄之六十七條觀之，亦多精當之說。其餘爲杜氏集解所本而隱沒不可見者，當不在少數。雖不免偶見疏失，然小疵不掩大醇，其說之價值，固不可廢也。

第二節　釋典禮者

（一）婚禮、冠禮

「先配而後祖。」（隱公八年傳）

賈逵以配爲成夫婦也。禮齊而未配，三月廟見然後配。（正義引。此條馬、黃、王、嚴四家皆輯。）

賈逵以爲大夫以上無問舅姑在否，皆三月見祖廟之後，乃始成婚，故譏鄭公子忽先爲配匹，乃見祖廟。（禮記曾子問正義引賈、服之義。此條馬、嚴輯有，黃輯、王輯缺。）

案杜注：「禮逆婦必先告祖廟而後行，故楚公子圍稱告莊共之廟，鄭忽先逆歸而後告廟，故曰先配而後祖。」正義曰：「先配後祖，多有異說。賈逵以配爲成夫婦也。禮齊而未配，三月廟見，然後配。案昏禮，親迎之夜，衽席相連，是士禮不待三月也。禹娶塗山，四日卽去，而有啓生焉，亦不三月乃配，是賈之謬也。鄭衆以配爲同牢食也。先食而後祭祖，無敬神之心，故曰，誣其祖也。案昏禮，婦旣入門，卽設同牢之饌，其間無祭祀之事，先祭乃食，禮無此文，是鄭之妄也。鄭玄以祖爲軷道之祭也。先爲配匹而後祖道，言未去而行配，案傳旣言入於鄭，乃云先配而後祖，寧是未去之事也？若未去先配，則鍼子在陳譏之，何須云送女也。此三說皆滯，故杜引楚公子圍告廟之事，言鄭忽先逆婦而後告廟，故曰先配而後祖。」李貽德釋賈說云：「配，成夫婦也者，配與妃義同。爾雅釋詁：妃，匹也。詩皇矣：天立厥配。傳：配，媲也。易家人：男正位乎外，女正位乎內。是必成夫婦之位，乃得曰配。故曲禮云：天子之妃曰后，諸侯曰夫人，大夫曰孺人。孔子曰：必也正名乎！未正名，不得稱配，故曰，配，成夫婦也。禮，齊而未配者，禮記郊特牲：壹與之齊。注：謂共牢而食，同尊卑也。齊或爲醮。然對筵伊始，婦禮未成，不得言配。儀禮士昏禮：若舅姑旣沒，則婦入三月乃奠菜，祝帥婦以入告，稱婦之姓曰：某氏來婦，敢奠嘉菜于皇舅某子。賈公彥曰：若舅歿姑存，則當時見姑，三月亦廟見舅。若舅存姑歿，婦人無廟可見。推賈氏之意，舅存者當不廟見。其實此係士禮，若士以上，未有三月不見祖廟者，曾子問：三月而廟見，稱來婦也。擇日而祭于禰，成婦之義也。上是廟見，下是祭禰，明是兩事。鄭注：三月廟見，謂舅姑旣歿者也。蓋據士昏禮以釋，非禮意也。白虎通嫁娶篇：婦入三月，然後祭行，舅姑旣歿，亦婦入三月奠采于廟。是三月祭行，爲廟見之事。三月奠采，爲舅姑旣歿之事，以亦字別之，明是兩事。而士昏禮不言見祖廟者，王制，士一廟。注：雖據祭義云上士二廟，然據本文是統言士則一廟，其常制也。一廟則不得有祖廟，故士昏禮祇奠菜于舅姑而止。其必廟見然後配者，哀公問：合二姓之好，以繼先聖之後，以爲宗廟之主。又祭統：旣內自盡，又外求助，昏禮是也。故國君取夫人之辭曰：請君之玉女，與寡人共有敝邑，事宗廟。蓋娶婦以奉承祭祀爲重，苟性不柔順，又有七出以濟其變。雜記：妻出，夫使人致之曰：某不敏，不能從而共粢盛，使某也敢告於侍者是也。白虎通嫁娶篇：三月一時，物有成者，人之善惡可得知也。然後可得事宗廟之禮。是必廟見之後，乃得成婦，乃可稱配。曾子問：女未廟見而死，歸葬于女氏之黨，示未成婦也，則廟見成婦矣。曰大夫以上者，別士言之也。曰無論舅姑在否者，非如士昏禮舅歿則奠菜，舅存則否也。必三月舅見之後，乃始成婦者，卽曾子問：三月而廟見，稱來婦之義也。今公子忽先配後祖，故鍼子譏之。」（賈服注輯述卷二）劉文淇亦曰：「賈謂配曰成夫婦者，爾雅釋詁：妃，匹也。妃、配義同。詩皇矣：天立厥妃。傳：妃，媲也。齊而未配者，郊特牲：壹與之齊。鄭注謂共牢而食，同尊卑也。齊或爲醮。是齊指同牢也。三月廟見，然後配者，白虎通嫁娶篇云：三月一時，物有成者。人之善惡，可得知也。然後可得事宗廟之禮。賈、服謂大夫以上者，蓋別士言之。曾子問：三月而廟見，稱來婦也。擇日而祭於禰，成婦之義也。王制：士一廟。祭義：上士一廟。禮擧卑者爲例。士一廟，乃常制，一廟則不得有祖廟矣。知廟見之禮，當屬大夫以上也。謂無論舅姑在否，皆三月見祖廟已後，然後成昏者，白虎通嫁娶篇，婦入三月，然後祭行，舅姑旣歿，亦婦入三月奠菜於廟，是無論舅姑在否，婦皆當見於廟，與士昏禮舅歿則奠菜，舅存則否異也。譏鄭公子先爲配匹乃見祖廟者，公子忽先成婚，後廟見，不待三月也。禮經大夫以上昏禮亡。賈、服三月廟見成昏之說，後儒多不謂然。考列女傳云：宋恭伯姬，魯宣公之女，成公之妹也。其母曰繆姜，嫁伯姬於宋恭公，恭公不親迎，伯姬迫於其母之命而行。既入宋，三月廟見，當行夫婦之道，伯姬以恭公不親迎，故不肯聽命，宋人告魯，使大夫季文子如宋，致命於伯姬，又云：齊孝孟姬，華氏之長女。齊孝公之夫人也。好禮貞壹，齊中求之，禮不備，終不往，齊國稱其貞，孝公聞之，乃修禮親迎華氏之室，遂納於宮，三月廟見而後行夫婦之道。伯姬、孟姬位皆諸侯夫人，則賈、服所謂大夫以上三月廟見成昏，容爲古禮，春秋時猶有行之者矣。成九年書伯姬歸宋。又書季孫行父如宋致女。服注：致女亦謂成昏也。詩葛屨正義引駁異義云：昏禮之暮，枕席相連。是當夕成昏也。曾子問正義引熊氏云：如鄭義則從天子以下至於士，皆當夕成昏。舅姑歿者，三月廟見。異義之文，今不可考。以鄭駁推之，許君當用三月廟見成昏之說也。此賈、服義之可證者也。」（舊注疏證隱公八年）劉氏釋鄭衆說云：「先鄭謂配爲同牢食者，牛人注：牢，謂禮飱饔也。昏義：共牢而食，合巹而酳，所以合體同尊卑，以親之也。疏：共牢而食者，同食一牲，不異牲也。謂先食而後祭祖，無敬神之心者，譏公子忽先行同牢之禮，而後祭祖也。」（同上）又劉氏釋鄭康成說云：「後鄭謂祖爲軷道之祭者，校勘記云：宋本正義，祓作軷。生民：取羝以軷。毛傳云：軷，道祭也。字或作祓。說文云：出將有事於道，必先告其神之壇，四通樹茅以依神爲軷。是軷卽五祀之行也。先爲配匹而後祖道，言未去而行配者。聘禮：出祖釋軷。

注：祖，始也。爲行始也。彼疏云：此見出行時祭軷。按韓奕詩云：韓侯出祖，出宿於屠。顯父餞之，清酒百壺。是韓侯入覲天子，出京城爲祖道。又左氏傳：鄭忽逆婦嬀於陳，先配而後祖。陳鍼子曰：是不爲夫婦，誣其祖矣。鄭志以祖爲祭道神，是亦將還而後祖道。此聘使還，亦宜有祖，但文不具。如疏言是公子忽由陳還鄭，行祖道之禮也。曾子問正義云：隱八年，鄭公子忽先配而後祖，鄭以祖爲祖道之祭。應先爲祖道，然後配合，今乃先爲配合，而後爲祖道之祭。此鄭義之別見者。詳略互異，旨則同也。」（同上）

按賈逵、鄭衆、鄭玄、杜預等說先配後祖之義，各有依據，而說各不同，蓋以禮經大夫以上昏禮，亡佚不存，而昏禮儀節，又復繁多，是以異說紛陳，遽難定其是非。賈氏之義，李氏貽德，劉氏文淇二家疏釋，頗能得其義蘊，然三月廟見成昏之說，究無明確禮文可據，故正義以士禮不待三月及禹娶塗山氏女二事駁之，雖則禹事爲遠古時事，不得執以說春秋之禮；士禮與諸侯之禮，詳簡亦自有別，正義之駁，亦乏確據。然賈說於禮文終不能無疑義。鄭衆之說，與賈說略同，故劉氏文淇謂：「先鄭說蓋與賈同：同牢即賈之言齊而未配也。祭祖即賈之言廟見也。特未言三月成昏，爲小異耳。」（同上）鄭衆說雖言之成理，而正義以先祭乃食，禮無此文駁之，亦非無因，是鄭衆說亦有疑義。鄭康成之說，禮有祖道之文，劉氏文淇釋之，說自可成立。正義之駁，亦無確據。細審傳文，鍼子之譏雖敘在「入于鄭」句下，然不害其爲在陳之事。故劉氏文淇曰：「如鄭意，則傳先言入于鄭，乃終事之辭。按敘在陳之事，於文宜爾，先配後祖云云，正是鍼子在陳譏之，因送女而有辭耳，正義駁之，非也。」（同上）劉說是也。然鄭說亦有未洽。祖道之說，雖與禮合，而鄭忽親逆於陳，在陳纔三日耳，豈其未返鄭之前，甚而未離陳祖道之前，即行配匹，於禮典於情理，均有未洽，是康成說亦有疑義也。至杜元凱之說，正義申之，亦能言之成理，然亦不能無疑。劉氏文淇引沈氏欽韓先配而後祖解云：「若杜預之言，乃似是而非者也。貴爲國君之世子，且爲有禮之莊公，乃不如楚之公子圍乎？且鍼子已在鄭，必灼然於耳目者，乃嗟咨於誣祖耳，胡爲追按前此之過，舉成事後之清議。若先未告廟，左氏豈不能出一語貶絕，而待鍼子之定論也。」（同上，下同。按沈氏左傳補注無此段文字，或出於沈氏他書。）又引俞正燮云：「杜言後告廟，忽出國，無不告廟禮。白虎通言娶不先告廟，據士禮言之。若士子及卿大夫出疆，必告廟也。」是杜說亦有疑義。沈欽韓曰：「聘禮：大夫之出，既釋幣于禰，其返也復告至于禰。忽受君父醮子之命于廟，以逆其婦，返不告至，徑安配匹，始行廟見之禮，是爲墜成命而誣其祖。」（春秋左傳補注卷一）又沈氏先配後祖解云：「蓋禮有制幣之奉，春秋有告至之文。彼受命出疆，循必告必面之義，況昏禮之大者乎？然則子忽之失，失在不先告至，將傳宗廟之重於嫡，而惜跬步之勞於祖，已則安伉儷焉。是爲誣其祖也。鍼子曰：不爲夫婦。是則孔子未成婦之義也。」（同上劉文淇疏證引）按沈氏以爲鄭忽先行婚禮而後始告婦至於祖廟，其說較賈氏、二鄭、杜氏諸說爲勝。蓋娶婦之禮，凡兩告廟，一爲告迎，一爲告至。告迎在親迎前，告至則婦至先告於祖廟而後行婚禮成夫婦也。鄭忽蓋既迎婦嬀歸，即成婚配翌日乃告祖廟，故鍼子譏之也。

「秋，哀姜至，公使宗婦覿用幣，非禮也。」（莊公二十四年傳）

賈逵曰：「宗婦，同姓大夫之婦。」（詩小雅常棣正義引賈、杜。馬輯、嚴輯有，黃、王二家缺。）

案杜注：「宗婦，同姓大夫之婦。」詩常棣疏云：「春秋莊二十四年，夫人姜氏入，大夫宗婦覿用幣。謂之宗婦，明是宗族之婦也。故賈、杜皆云，宗婦同宗大夫之婦也。」（卷九之二）國語魯語云：「哀姜至，公使大夫宗婦覿用幣。」說同。襄公二年傳：「葬齊姜，齊侯使諸姜宗婦來送葬。」杜注亦謂：「宗婦，同姓大夫之婦。」正義云：「諸姜，同姓之女也。宗婦，同姓之婦也。」（卷二十九）詩常棣疏引襄二年傳說同，是同姓大夫之婦，謂之宗婦也。

「冠而生子。」（襄公九年傳）

賈逵曰：「人君禮十二而冠也。」（宋書禮志引。馬、黃、王三家皆輯，嚴輯缺，馮補有。）

案杜注：「冠，成人之服，故必冠而後生子。」杜未用賈說。公羊隱元年傳疏云：「依八代記即少昊，亦十二而冠，則知天子諸侯幼即位者，皆十二而冠矣。是以異義古尚書說云：武王崩時，成王年十三，復一年，管、蔡作亂，周公東辟之，王與大夫盡弁，以開金縢之書，時成王年十四，言弁明知已冠矣，是其證也。」（卷一）尚書金縢鄭康成注云：「弁，爵弁。天子諸侯十二而冠。成王此時年十五，于禮已冠。而爵弁者，承天變，故降服也。」（孫星衍尚書今古文注疏卷十三）高誘淮南子氾論訓注云：「歲星十二歲而周天，天道十二而備，故國君十二歲而冠，冠而娶，十五生子，重國嗣也。不從故制也。」（淮南子卷十三）儀禮士冠禮疏引此年傳及尚書金縢文，以證諸侯及天子皆十二而冠。又云：「大戴禮云：文王十三生伯邑考。左傳云：冠而生子，禮也。則殷之諸侯亦十二而冠。」（儀禮注疏卷一）是古尙書說、鄭義及高誘說，並與賈同。高誘云，不從故制者，禮記曲禮云：「二十曰弱，冠。」（卷一）荀子大略篇云：「天子諸侯子十九而冠。」楊倞注：「十九而冠，先於臣下一年也。」王氏集解引郝懿行曰：「傳謂國君十五生子，冠而生子，禮也。於時魯侯年才十二，則太早矣。荀子所言，當是古法。」（荀子集解卷十九）據曲禮及荀子，則士庶二十而冠，天子諸侯之子十九而冠，此常制也。成王、魯侯十二而冠者，蓋幼年即位乃然。賈云，人君禮十二而冠，明非人君則否也。郝氏云：十二而冠，冠而娶，太早。依人體生理言，誠然。謂之重國嗣，恐適得其反，此古禮之不合理者也。

（二）喪禮、葬禮

「改葬惠公，公弗臨。」（隱公元年傳）

賈逵曰：「改葬，改備禮也。葬，嗣君之事。公不臨，言無恩。禮曰，改葬緦也。」（太平御覽卷五百五十三引。此條馬、嚴輯有，黃輯、王輯缺。御覽原引末句作「改葬細也」。細字蓋誤，今正。）

案儀禮喪服記：「改葬緦」。鄭注：「謂墳墓以他故崩壞，將亡失尸柩也。言改葬者，明棺物毀敗，改設之如葬時也。」（儀禮注疏卷第三十四）惠公之葬，爲時未久，當非由於墳墓崩壞，棺物損毀之故。其欲改葬者，下文云，惠公之薨也，有宋師，太子少，葬故有闕，是禮不備也。故賈云改備禮，謂使葬禮備也。李貽德曰：「葬，嗣君之事者，白虎通爵篇：『父在稱世子何？繫於君也。父歿稱子某者何？屈於尸柩也。既葬稱小子者，卽尊之漸也。』嗣君之稱，別於未葬、已葬，明葬爲嗣君事也。公勿臨，言無恩者，喪服四制：『其恩厚者，其服重。』穀梁莊三年葬桓王傳：『改葬也。改葬之禮緦，擧下緬也。』注引江熙曰：『葬稱公，擧五等之上，改葬禮緦，擧五服之下，以喪緬藐遠也。天子諸侯易服而葬，以爲交於神明者，不可以純凶，況其緬者乎？是故改葬之禮，其服惟輕，言緬釋所以緦也。』喪服記：『改葬緦。』鄭注：『服緦者，臣爲君也，子爲父也，妻爲夫也。必服緦者，親見尸柩，不可以無服。』若然則臨而見柩，禮惟服緦，服輕則恩已輕矣，今勿臨則勿緦，恩無所錄，故曰無恩也。禮曰云者，卽引喪服文也。」（賈服注輯述卷一）此李氏引白虎通爵篇、莊三年穀梁說及喪服記鄭注，以證葬者乃嗣君之事及公不臨喪，言無恩之意是也。劉文淇曰：「傳云：『公攝位而欲求好於邾。』攝位者，攝君位也。既攝君位，卽宜爲喪主，故賈云，葬，嗣君之事。弗臨，言無恩。杜注謂隱公讓而不敢爲喪主，非也。」又曰：「儀禮所言，謂除喪之後，有改葬之事，猶用緦服。若未除喪而改葬，其衰裳或用六升，或用七升。喪服疏所謂既葬後，以其冠爲受衰，裳六升。小祥又以其冠爲受衰，裳七升，不用十五升之緦麻。惠公葬月，雖無可考，然隱公元年十月，總未除服。賈引改葬緦者，見除服後改葬，尚用緦服，則公之弗臨，無恩可知，非謂此時當服緦也。」（並舊注疏證隱公元年）劉氏申賈義，其說是也。

「葬故有闕。」（隱公元年傳）

賈逵曰：「**言是以禮闕故也**。」（太平御覽卷五百五十三引。此條馬、嚴輯有，黃、王二家缺。）

案傳云：「惠公之薨也，有宋師，太子少，葬故有闕，是以改葬。」是惠公之葬，禮有未備，故賈逵云：「言是以禮闕故也。」其所闕何禮？傳無明文。李貽德曰：「君之葬禮，儀禮未詳。其散見禮經傳記者，禮記雜記：『升正柩，諸侯執綍五百人，四綍，皆銜枚，司馬執鐸，左八人，右八人。匠人執羽葆御柩。』此朝祖奠之禮也。喪服大記：『飾棺，君龍帷，三池，振容，黼荒，火三列，黼三列，素錦褚，加僞荒，纁紐六，齊，五采五貝。黼翣二，黻翣二，畫翣二，皆戴圭，魚躍拂池。君纁戴六，纁披六。』禮器：『諸侯五月而葬，三重六翣。』此飾棺之禮也。雜記：『遣車視牢具。』鄭注：『諸侯亦大牢包七个。』禮器：『諸侯三重。』注：『天子葬五重者，抗木與茵也。』檀弓：『國君七个，遣車五乘。』此陳明器之禮也。周禮喪祝：及祖、飾棺、遂御、小喪，亦如之。禮記曾子問：『諸侯之喪，斬衰者奠。』此祖奠之禮也。周禮大祝：『作六辭，以通上下。六曰誄。』曾子問：『諸侯相誄，非禮也。』此諡誄之禮也。司士：『作六軍之士執披。』鄭司農云：『披扶持棺險者也。諸侯旁八。』喪大記：『君葬用輴，四綍二碑，御棺用羽葆。』此柩行之禮也。冢人：『共喪之窆器。』注：『下棺豐碑之屬。』喪大記：『君封以衡，君命毋譁，以鼓封。』冢人：『凡諸侯葬於墓者，為之蹕，均其禁。』此窆之禮也。惠之葬，為闕何禮，傳不能明，至此改葬。」（賈服注輯述卷一）按李說當得賈義。

「**請隧弗許**。」（僖公廿五年傳）

賈逵曰：「隧，王之葬禮，闕地通路曰隧。」（國語周語注引。黃、王二家有，馬、嚴二家缺。）

案杜注：「闕地通路曰隧，王之葬禮也。諸侯皆縣柩而下。」杜用賈說。諸侯句，賈所未言。說文：「隧，兩阜之間也。」（第十四篇下）亦用賈闕地之義。正義曰：「隱元年傳曰：闕地及泉，隧而相見。是闕地通路曰隧也。天子之葬，棺重禮大，尤須謹慎，去壙遠而闕地通路，從遠地而漸斜下之。諸侯以下，棺輕禮小，臨壙上而直縣下之，故隧爲王之葬禮。」國語晉語：「公請隧。」韋注：「二君云：隧，王之葬禮。」（卷十）則虞、唐二家注國語，亦同賈說也。周禮春官冢人：「以度爲丘隧。」鄭注：「隧，羨道也。」賈疏云：「天子有隧，諸侯以下有羨道。隧與羨異者，隧道則上有負土，羨道則無負土。若然，隧與羨別，而鄭云，隧羨道者，對則異，散則通，故鄭擧羨爲況也。」（卷二十二）又秋官司約：「若大亂則六官辟藏。」鄭注：「大亂謂僭約，若吳楚之君稱王，晉文公請隧以葬者。」賈疏云：「按僖二十五年，晉文公納定襄王，乃請隧以葬。隧者謂掘地通路，有上負土，諸侯以下，上無負土，謂之羨塗。天子有負土，謂之隧。文公欲行天子之禮，故對曰：未有代德而有二王，不許之也。」（卷三十六）說與冢人疏同，與賈闕地通路說合。洪亮吉曰：「按隧則闕地通路，惟天子始克爲之，故云王章，若羨即不過築墓道，使通間隙。何以知之？鄭注考工記玉人云：羨猶延也。爾雅，延，間也。郭璞注以爲間隙是矣。羨道亦可容人。史記衛世家：共伯入釐侯羨自殺。可知諸侯有羨道矣。蓋隧道寬，羨道窄，一有負土，一無負土。」（春秋左傳詁卷八）洪氏說隧羨之別，可補周禮冢人、司約賈疏之略。惟負土未加申說。劉壽曾曰：「據禮疏：上有負土，則隧道之上仍留土，故曰負土也。天子有隧道，亦有羨道。知然者，檀弓豐碑疏：案春秋天子有隧，以羨道下棺，所以用碑者，凡天子之葬，掘地以爲方壙。漢書謂之方中。又方中之內，先累椁于方中，南畔爲羨道，以蜃車載柩至壙，說而載以龍輴，從羨道而入，至方中乃屬紼于棺之緘，從上而下棺，入于椁之中。于此之時，用碑繂也。則天子羨道在隧道中，由羨道而入壙，故必用碑繂也。」（舊注疏證僖廿五年）按劉說是也。杜注說隧雖用賈說，然謂諸侯皆縣柩而下，則與禮說違異，不足取也。

「子墨衰絰。」（僖公卅三年傳）

賈逵曰：「墨變凶。」（史記晉世家集解引。馬、黃、王、嚴四家皆輯。）

案杜注：「晉文公未葬，故襄公稱子。以凶服從戎，故墨之。」李貽德曰：「儀禮喪服：斬衰裳。傳曰：衰三升。記曰：凡衰，外削幅，裳內削幅。幅三袧，負廣出於適寸。衰長六寸，博四寸。衽二尺有五寸，袂屬幅，衣二尺有二寸。袪尺二寸。傳又曰：苴絰大搹，去五分以爲帶。此衰絰之制也。」（賈服注輯述卷七）李說衰絰之制是也。僖公五年傳：「均服振振。」漢書律曆志五行志引皆作：「袀服振振。」說文：「袀，玄服也。」（第八篇上）戎服上下同服而色黑，所謂袀服也。此年襄公以凶服從戎，故曰墨變凶也。參閱僖五年均服振振條。

「公孫夏命其徒歌虞殯。」（哀公十一年傳）

賈逵曰：「**虞殯，遣殯**歌詩。」（正義引。馬、黃、王、嚴四家皆輯。）

案杜注：「虞殯，送葬歌曲。」杜本賈說。正義曰：「賈、杜云云，並不解虞殯之名。禮：啓殯而葬，葬卽下棺，反日中而虞。蓋以啓殯將虞之歌，謂之虞殯。歌者，樂也。喪者，哀也。送葬得有歌者，蓋挽引之人，爲歌聲以助哀，今之挽歌是也。」梁履繩左通補釋引義門讀書記：「纂文云：賹歌，今之挽歌也。宋玉對問已有陽阿薤露矣。推而上之，左傳公孫夏命其徒歌虞殯。杜注云：送葬歌曲。莊子亦有紼謳之文。司馬紹統注：紼，引柩索也。謳，挽歌也。」（左通補釋卷卅一）是虞殯者，蓋猶莊子之紼謳，宋玉對問之陽阿薤露，如後世之挽歌矣。

（三）祭祀

「秋，大雩。」（桓公五年傳）

賈逵曰：「言大，別山川之雩，蓋以諸侯雩山川，魯得雩上帝，故稱大。」（正義引。又穀梁傳楊士勛疏引首句「大」下有「雩者」二字。此條馬、黃、王、嚴四家皆輯。黃、王二家但輯「言大別山川之雩」一句，此從馬、嚴輯。）

賈以雩爲遠。（正義引賈服。此條馬、嚴輯有，黃、王二家輯缺。）

案杜注：「龍見，建巳之月，蒼龍宿之體，昏見東方，萬物始盛，待雨而大，故祭天遠爲百穀祈膏雨。」禮記月令疏引服虔曰：「雩，遠也。遠爲百穀求膏雨也。」（禮記注疏卷十六）杜用賈、服以雩爲遠之義，不用稱大之義。正義曰：「天官東方之星，盡爲蒼龍之宿，見謂合昏見也。雩之言遠也，遠爲百穀祈膏雨。遠者，豫爲秋收言，意深遠也。」是言雩爲遠之意也。禮記月令鄭注：「雩，吁嗟求雨之祭也。彼疏云：「云雩以吁嗟求雨之祭者，以雩音近吁。」（禮記注疏卷十六）是鄭氏說雩之義，與賈、服、杜異。正義駁鄭云：「郊雩俱是祈穀，何獨雩爲吁嗟？旱而脩雩，言吁嗟可矣；四月常雩，於時未旱，何當云吁嗟也？」李貽德曰：「爾雅釋訓：舞，雩也。公羊此年傳注云：雩旱請雨祭名。使童男女各八人，舞而呼雩故謂之雩，禮記祭法注：雩之言吁嗟也。周禮司巫疏引春秋考異郵曰：雩者，呼嗟求雨之祭。女巫疏引董仲舒說雩求雨之術呼嗟之。月令疏：雩音近吁。是古訓並以吁釋雩。而服（按當作賈服）不同者，說文云：夏祭及月令仲夏大雩帝，此常雩也。玉藻：至于八月不雨注：至其秋秀實之時，而無雨則雩，雩而得之，則書雩，喜祀有益也。此旱雩也。旱雩當以吁嗟爲義，常雩當以遠祈爲義也。」（賈服注輯述卷三）按李說於賈、鄭兩義兼採，然既皆爲雩，則不宜取義各別，說仍未的。周氏何說雩禮云：「常雩用盛樂，蓋兼歌舞可知。歌之與嗟，析言之，深淺有異；施之於祭用，渾而言之，本無大別。故詩大序云：『嗟歎之不足，故永歌之。』禮記樂記云：『歌之爲言，長言之也，長言之不足，故嗟歎之。』然則歌之不足盡其聲，乃嗟之，嗟之不足盡其意，乃復歌之，是歌常吁嗟也。常雩用盛樂，蓋兼歌舞，既歌且舞，則吁嗟而歎，冀天垂憫，時雨得正，免及災旱，賜民有年，不亦可乎？孔氏謂必待旱成始得吁嗟，則謂常雩無歌舞，不用盛樂矣。說不可取。」（春秋吉禮考辨第四章）黃以周郊禮通故亦曰：「以周案：雩之字義，賈、服皆訓爲遠，以正雩在四月，故以遠祈膏雨爲義。若大旱而雩，于遠無取。鄭解爲吁嗟求雨，說本董子，于爾雅號祭之名旣合，正雩大雩之義亦皆可通，宜從鄭。」（禮書通故卷第十二）案周、黃說是也。故說雩字之義，當從鄭說。正義又曰：「傳直言雩，而經書大雩者，賈逵云：言大，別山川之雩，蓋以諸侯雩山川，魯得雩上帝，故稱大。月令云：大雩帝用盛樂。是雩帝稱大雩也。」按禮記月令云：「仲夏之月，命有司爲民祈祀山川百源，大雩帝用盛樂。」鄭注云：「雩帝謂爲壇南郊之旁，雩五精之帝，配以先帝也。自鞀鞞至柷敔皆作曰盛樂。凡他雩，用歌舞而已。百辟卿士，古者上公若句龍后稷之類也。天子雩上帝，諸侯以下雩上公。」（禮記注疏卷十六）劉氏文淇疏證謂：「月令大雩，卽賈注雩上帝。侯國山川之雩，止以雩名，不得稱大雩。」（桓公五年）穀梁疏云：「賈逵云：言大雩者，別於山川之雩。左氏說不爲旱者亦稱大雩，則雩稱大者，或如賈言也。」（桓公五年）賈說蓋本禮記月令，正義及穀梁疏皆以爲然。是穀梁義可通於左氏。公羊桓五年何注：「雩，旱請雨祭名。不解大者，祭言大雩，大旱可知矣。」（卷四）公羊說與賈異。

惟唐宋以來學者，言大雩稱大之意，多有別解：如孫復曰：「謂之大者，雩於上帝也。天子雩于上帝，諸侯雩于山川百神。魯諸侯也，雩于山川百神，禮也。雩于上帝，非禮也。春秋魯史，孔子不敢斥也，其或災異非常，改作不時者，則從而錄之，以著其僭天子之惡。」（春秋尊王發微卷二）蕭楚大雩辨亦曰：「何以書曰大雩？非禮也。禮，天子雩于上帝，諸侯雩于山川百神。魯諸侯雩于上帝，僭也，故書曰大，譏其僭也。」（春秋辨疑卷三）按孫、蕭說謂天子雩上帝，諸侯雩山川百神，說與賈同。然謂魯不當雩上帝，書大所以著其僭禮，則與賈義異。此外，如朱大韶春秋傳禮徵謂：「書大者，別於常雩也。」（卷二）陸淳春秋啖趙集傳纂例：「趙子曰：稱大，國徧雩也。」又云：「趙子曰：舊說，大謂禮物有加也。」（並卷二）徐庭垣春秋管窺：「其曰大雩者，以用盛樂而謂之大雩。」（卷二）諸說又復各不相同。毛奇齡曰：「雩者，旱祭也。其稱大雩者，重其祭名，猶烝嘗之稱大嘗大烝，並非雩祭有大小也。但大雩有二：一是龍見之祭，建巳之月，東方蒼龍七宿，昏見於南，則雩祭以祈膏雨，恐夏旱也。此限定四月之祭，左氏所謂龍見而雩是也。一是呼旱之祭，時當旱暵，則不問夏秋，隨時可祭。穀梁注：雩者，舞而呼旱。鄭氏禮注：雩者吁也。吁嗟而求雨是也。春秋恆禮不書，則四月之雩，未必書冊，凡書大雩，皆是書旱，而左傳謂爲失時，蓋以周之秋，卽夏之夏，而秋始于七八月，但當夏之五六月，而四月不在其內，故凡書秋雩，卽爲失時，以秋無四月也。然襄五年秋大雩，傳又稱曰旱，而不稱失時。或曰：書月者爲旱，以其在八九月間，去四月遠則爲旱。如襄八年九月大雩，傳曰旱。昭三年八月大雩，傳曰旱是也。若祇言秋，則近在五月，去四月近，卽爲失時，則昭二十五年秋七月，上辛大雩，季辛又雩，而傳曰旱甚。夫周之七月，正夏之五月，與四月近，況業已兩雩，則必一正祭而一呼旱，然而皆曰旱，而不稱失時，何也？況春秋貴比例，秋雩之例，總爲旱禱，……故秋雩之書，專爲旱祭，此無可疑者，胡氏不識春秋，妄冠夏時，其于歲候節月，一概不通至此，則又遵賈逵之說，謂大雩者，雩上帝之稱，諸侯但當雩境內山川耳，魯獨雩上帝，用盛樂，是僭禮也，故春秋譏之。則不知賈說本月令而誤解之者，月令以仲夏之月，命有司祈祀山川百源，大雩帝而用盛樂。言先祈祀山川百源之神，而後祈祀五方之帝，以求雨。鄭注所謂先祭其本，然後雩祭，以爲山川者出雨之本也。是山川五帝，一時並祭，何曾有天子祭上帝，諸侯祭境內山川之別？且帝即五帝，謂之方神，禮所稱方明是也。方明之神，諸侯盟會即祭之，何必天子？若雩用盛樂，不過巫師歌舞間用樂器，即所云鞀鞞柷敔者，未嘗曰：歌黃鐘，舞雲門，以祀天神也。又況呂氏月令，不可爲據。論者謂其雜秦制，而即此一祭龍見正雩，斷在巳月，而月令記在仲夏之後，則已訛爲午月矣。春秋說雩，在三傳諸家尚無定詞，豈可以呂氏春秋強釋魯史，況又誤解乎？故吾謂此所書雩，斷屬旱祭，誠非妄言。」（春秋傳卷七）孔廣森曰：「雩言大者，非常雩也，詩所謂上下奠瘞，靡神不舉。」（春秋公羊通義卷二）惠士奇曰：「雩索鬼神，靡神不舉，故以大名，豈必雩帝，然後謂之大哉。」（春秋說卷十五）

按上引各家說大雩之義，可謂歧義間出，瑕瑜互見，比類而觀，則是非之義，可得而正。周氏何雩禮考辨曰：「諸說魯雩僭禮者，大抵皆自春秋書大雩起文，以爲天子雩上帝，諸侯雩山川。而魯以諸侯得雩上帝，春秋乃特書大，以志魯雩僭禮。殊不知常雩、旱雩，皆天子之禮，諸侯有禱而已，無雩祀也。則諸侯雩山川已屬非禮，何必重言大字？蓋無所取義矣。且史書記實，既書曰大雩，其禮必有所自，若不信成王賜祭之說，強謂魯雩僭禮，固亦非也。又魯承王命，有天子郊、望之禮，歲奉常祀；同屬祀天之祭，既得郊，則雩亦可行。故雩之稱大，非書以志僭可知。」（春秋吉禮考辨第四章）如周氏此說，是孫氏復、蕭氏楚之說非也。周氏雩禮考辨又曰：「按雩必祀帝，山川曰祈曰禱，本不相侔，不須藉大以爲異，賈逵等說非正。書見春秋者皆屬旱雩，無須爲別，卽令常雩亦書，亦惟稱以大雩，否則依朱大韶說，當以何稱別之？經書旣皆旱雩，旱或有大有小，而經悉書曰大雩，不書小雩者，大非專對大旱可知，何休亦誤。大雩之祭，禮有常秩，物有常品，未聞有擧國徧雩之義，亦不容任意加減禮物，趙匡及舊說皆左矣。月令：大雩帝，用盛樂者，指言常雩如此，旱雩降於常雩，未必備用盛樂，是徐說亦非的解。然則春秋經書魯雩，所以皆稱大者，以禮樂賜自天子，因以得祀上帝，徧及群神，重其祭，隆其禮，大其事，故同其稱而曰大雩也。猶大嘗、大烝、大旅、大享之類，於禮原無大小之別也。」（同上）是則毛氏、孔氏、惠氏之說，爲得其正矣。

「**始殺而嘗**。」（桓公五年傳）

賈謂始殺，孟秋。（正義引賈服。馬、嚴輯有，黃、王二家缺。）

案杜注：建酉之月，陰氣始殺，嘉穀始熟，故薦嘗於宗廟。」正義曰：「嘗者，薦於宗廟，以嘗新爲名，知必待嘉穀熟，乃爲之也。詩稱：八月其穫。穫刈嘉穀，在於八月，知始殺爲建酉之月，陰氣始殺也。釋例曰：詩蒹葭蒼蒼，白露爲霜，以證始殺百草也。月令：孟秋白露降，季秋霜始降，然則七月有白露，八月露結，九月乃成霜，時寒乃漸，歲事稍成。八月嘉穀熟，所薦之物備，故以建酉之月薦嘗於宗廟。案月令：孟秋農乃登穀，天子嘗新，先薦寢廟，則似七月穀熟矣。七月當嘗祭，而云建酉之月，乃嘗祭者，以上下準之，始殺嘗祭，實起於建申之月，今云建酉者，言其下限。

然杜獨於嘗祭舉下限者，以秋物初熟，孝子之祭，必待新物，故特舉下限而言之。哀十三年，子服景伯謂吳太宰曰：魯將以十月上辛，有事於上帝先公，季辛而畢。彼雖恐吳之辭，亦是八月嘗祭之驗也。何則？於時會吳在夏，公至在秋，景伯言然之時，秋之初也。若嘗在建申，嘗言九月，不應遠指十月，知十月是嘗祭之常期，周之十月，是建酉之月也。建酉是下限耳。若節前月卻，孟秋物成，亦可以孟秋嘗祭。」按賈以始殺在孟秋，孟秋建申之月也。杜以建酉之月釋傳，是以始殺在仲秋，異於賈說。正義伸杜，曲爲之說，意頗勉強，乃不得不謂，今云建酉者，言其下限。既建酉之月爲下限，則是孟秋爲上限，與始殺意合，正見賈說之不誣。又引哀十三年魯十月嘗祭爲說，然此乃因魯恐吳而然，非常禮也。不得據以立說。且正義於賈說無駁，而曰若節前月卻，孟秋物成，亦可以孟秋嘗祭。亦見賈說之不可易也。故李貽德曰：「殺者，言陰氣肅殺也。月令：孟秋之月，用始刑戮，亦本時以爲政也。杜謂建酉之月，與賈、服異。然杜于郊雩，皆著孟月，此舉仲月以當之，斯不倫矣。且月令：孟秋農乃登穀，天子嘗新，先薦寢廟。爾雅釋天：秋祭曰嘗。注：嘗新穀。白虎通宗廟篇：嘗者，新穀熟，嘗之。是嘗以嘗新穀取名，而嘗新穀實在建申之月，故春秋繁露三祭篇謂：嘗者，以七月嘗黍稷也。」（賈服注輯述卷三）劉文淇亦曰：「疏知嘗祭當在七月，而獨舉變禮言之。金鶚禮說云：杜於釋例引詩白露爲霜，以證始殺之爲酉月，不知孟秋律中夷則。夷則卽始殺之義也。白虎通云：夷，傷也。則，法也。言萬物始傷被刑法也。月令：孟秋之月，鷹乃祭鳥，用始刑戮。又云：戮有罪，嚴斷刑，天地始肅，不可以贏。皆始殺之謂。故賈、服注並以始殺爲孟秋。杜注：多烝謂建亥之月，春、夏、多皆孟月，而秋獨用仲月，又何解乎？公羊家亦主孟秋。」（舊注疏證桓公五年）按李氏、劉氏皆證賈逵始殺孟秋說之爲當，得之。

「秬鬯一卣。」（僖公廿八年傳）

賈逵曰：「秬，黑黍。鬯，香酒也。所以降神。卣，器名。諸侯賜珪瓚，然後爲鬯。」（史記晉世家集解引。馬、黃、王、嚴四家皆輯。）

案杜注：「秬，黑黍。鬯，香酒。所以降神。卣，器名。」杜用賈說。正義曰：「秬，黑黍。釋草文。李巡云：黑黍，一名秬黍。周禮鬯人：掌共秬鬯而飾之。鄭玄云：鬯釀秬爲酒，芬香條暢於上下也。鬱人掌祼器，凡祭祀之祼事，和鬱鬯以實彝而陳之。禮祭祀必先祼，是用之以降神也。釋器云，彝卣罍，器也。李巡曰：卣鬯之罇也。孫炎曰：罇，彝爲上，罍爲下，卣居中也。詩江漢篇述宣王賜召穆公云：秬鬯一卣，告于文人。鄭箋云：賜之使祭其宗廟，告其先祖也。當賜之時，實之於卣，其祭則陳之於彝也。」正義釋杜說是也。詩江漢：「秬鬯一卣。」毛傳：「秬，黑黍也。鬯，香草也。築煮合而鬱之曰鬯。」鄭箋：「秬鬯，黑黍酒也。謂之鬯者，芬香條暢也。」（卷十八之四）鄭與毛異。又鄭氏注春官序官云：「鬯，釀秬爲酒。」（卷十七）注易不喪匕鬯及王制並云：「鬯，秬酒也。」（卷十一）皆以鬯爲秬酒。陳奐詩疏云：「鄭司農鬯人注：鬯，香草。肆師及果築鬻注：築煮，築香草煮以爲鬯。說文：𪏰，黑黍也。一稃二米以釀。或从禾作秬鬯。以𪏰釀鬱草，芬芳攸服，以降神也。先鄭及許並治毛詩，同毛義。白虎通義考黜篇：秬者，黑黍。一稃二米，鬯者以百草之香鬱金合而釀之，成爲鬯。班亦與毛不異。鄭康成泥周人鬯、鬱分官，以爲和香草者爲鬱鬯，不和香草者爲秬鬯。恐非是。」（詩毛氏傳疏卷二十五）劉文淇曰：「許君釋鬱鬯以鬱釀，當用賈氏師說。鄭之誤止在以鬯當秬酒。其實此酒以鬯合秬釀成之。毛傳、說文義至明晝。賈注，鬯香酒，當云鬯香草。鬯不可以成酒也。江漢疏引禮緯有秬鬯之草。中候亦云，有鬯草生郊。卽謂鬱金之草。彼疏謂古今書傳，香草無稱鬯者，非也。」（舊注疏證僖公廿八年）按陳、劉說是也。禮記郊特牲云：「既灌然後迎牲。」疏云：「先求神，後迎牲也。」（卷二十五）是灌以求神，卽降神也。賜圭瓚然後爲鬯，本禮記王制文。

「不以纍臣釁鼓。」（僖公卅三年傳）

賈逵曰：「殺而以血塗鼓謂之釁鼓。」（詩小雅斯干疏引。馬、黃、王三家皆輯，嚴輯馮補均缺。）

案杜注：「殺人以血塗鼓謂之釁鼓。」杜本賈說。詩小雅斯干正義曰：「說文云：釁，血祭也。賈逵云：殺而以血塗鼓。則釁者以血塗之名。雜記下曰：成廟則釁之。其禮：雍人拭羊，擧羊升屋，自中屋南面，刲羊，血流於前乃降，是釁廟禮也。昭四年左傳：叔孫爲孟丙作鐘，饗大夫以落之。服虔云：釁以豭豚爲落。則又一名落。蓋謂以血澆之也。」（卷十一之二）按正義說是也。禮記雜記下云：「凡宗廟之器，其名者，成則釁之以豭豚。」（卷四十三）漢書高帝紀：「秦二世元年，高祖乃立爲沛公，祠黃帝，祀蚩尤於沛庭而釁鼓。」注引應劭曰：「釁，祭也，殺牲以血塗鼓呼爲釁。」（卷一上）孟子梁惠王篇：「將以釁鐘。」趙岐注：「新鑄鐘成，而殺牲取血以塗其釁郄也。」

」（卷一）是廟器皆有釁，而取羊、豕、雞等之血塗之。戰陣必用鼓，釁鼓或用敵俘之血，故傳云然。賈、杜說是也。

「山川之神則水旱癘疫之災於是乎禜之。」（昭公元年傳）

賈逵曰：「營攢用幣。」（正義引。馬、黃、王、嚴四家皆輯。）

案杜注：「有水旱之災則禜祭山川之神，若臺駘者，周禮四曰禜祭，爲營攢用幣，以祈福祥。」史記鄭世家引服虔曰：「禜爲營攢用幣也，若有水旱則禜祭山川之神以祈福也。」（卷四十二）服說蓋本之賈逵，杜又本之服虔者也。正義曰：「水旱癘疫，俱祭山川，杜畧癘疫而不言之耳。杜言山川之神，若臺駘者。下云，星辰之神，若實沈者，言此禜祭，祭其先世主山川主星辰者之神耳，非獨祭此山川星辰之神也。周禮大祝掌六祈，以同鬼神示：一曰類，二曰造，三曰禬，四曰禜，五曰攻，六曰說。鄭玄云：禜，日月星辰山川之祭也。又云，禜告之以時有災變也。禜如日食，以朱絲禜社也。玄之此言，取公羊爲說。莊二十五年公羊傳曰：日食以朱絲禜社。或曰，脅之。或曰，爲闇，恐人犯之，故營之，然社有形質，故可朱絲營繞，日月山川，非可營之物，不得以此解禜也。賈逵以爲營攢用幣，杜依用之。日月山川之神，其祭非有常處，故臨時營其地，立攢表用幣告之，以祈福祥也。攢，聚也。聚草木爲祭處耳。」正義謂鄭氏取公羊說，以朱絲禜社解禜字義未當，是也；然以聚草木爲祭處解攢則非是。李貽德曰：「說文：禜，設緜蕝爲營，以禳風雨雪霜水旱癘疫于日月星辰山川也。史記叔孫通傳云：爲綿蕞野外習之。索隱引韋昭云：引繩爲綿，立表爲蕞。蕞即絕也。說文云：蕝朝會束茅表位曰蕝。晉語云：昔成王盟諸侯於岐陽，置茅蕝，設望表。史記索隱引賈云：束茅以表位爲蕝。史記叔孫通傳如氏注：蕞謂以茅翦樹地，爲纂位尊卑之次也。何氏纂文曰：蕝，今之纂字。文選笙賦：歌棗下之纂。纂古歌曰：棗下何攢攢。注：攢，聚貌。纂與攢，古字通。然則服云，營攢者亦同說文設綿蕝爲營。蕝卽纂，纂卽攢也。祭法：雩宗祭水旱也。注：宗當爲禜，禜之言營也。是禜營同聲，故營蕝者爲禜矣。周禮鬯人：禜門用瓢齎。注：禜謂營酇與服同，酇攢字通。周禮遂人：四里爲酇。呂覽季秋：制百縣。注：引爲四里爲攢矣。至鄭注黨正：祭禜亦如之云，禜謂雩禜水旱之神，蓋亦爲壇位，如祭社稷云。鄭據祭法云，蓋者疑詞，是以禜酇爲正義矣。若孔氏不知攢之卽茅蕝，云聚草木爲祭處，失之。」（賈服注輯述卷十四）按李氏說營攢之義是也。竹添光鴻左傳會箋辨禜祭云：「禜之時有二：無定時者遇災而行，所以禳水旱。有定時者，于春秋二仲行之。春祈雨暘之時若，秋則報之。黨正言春秋祭禜是也。祭法曰：雩禜祭水旱也。天子雩禜日月星辰，以及社稷山川，無不畢祭。蓋雩大于禜，禜大于酺。禜與雩異者，雩專主于求雨禳旱，而禜則兼雨暘水旱，幷及疾疫也。禜與酺異者，酺主于人物災害，而禜則主于雨暘水旱也。禜之祭有壇。鄭注黨正云，禜謂雩禜水旱之神，蓋亦爲壇位如祭社稷云。賈逵注左傳謂，禜祭爲營攢用幣以祈福祥。杜注從之。正義云：其祭非有常處，故臨時營其地立攢表。攢，聚也。聚草木爲祭處耳。此與說文設綿蕝爲營同。禜字从營省，取營域之義，外爲營域，其中則有壇也。禜祭亦有牲，鄭注大祝云：造、類、禬、禜皆有牲，攻說用幣而已。雲漢詩言靡愛斯牲。此禜用牲之確證。杜注但言用幣，蓋據左氏言天災有幣無牲也。不知天災惟日月食不用牲，若水旱則無不用牲者矣。」（昭公元年傳）會箋辨禜祭之說，至爲確當。惟謂正義聚草木爲祭處，與說文設綿蕝爲營同。此與李氏貽德說異，此會箋之失，當從李說。鄭注周禮大祝云：禜亦有牲，與賈、服、杜異者，周禮疏云：「旣云天災有幣無牲，其頻禮以上，亦是天災，得有牲者，災始見時無牲，及其災成之後卽有牲。」（卷二十五）是則或但用幣，或兼用牲，得視其災之輕重爲異，然則天災有幣無牲之說，亦不可一概而論矣。

「**木正曰句芒**，火正曰祝融，**金正曰蓐收**，水正曰玄冥，**土正曰后土**。」（昭公廿九年傳）

賈逵曰：「**總言萬物句芒**，**非專木生如句**。**夏**，**陽氣明朗**。**祝**，**甚也**。**融**，**明也**。**亦以夏氣爲之名耳**。**句芒祀於戶**，**祝融祀於竈**，**蓐收祀於門**，**玄冥祀於井**，**后土祀於中霤**。」（正義引。馬、黃、王、嚴四家皆輯。）

案杜注：「正，官長也。取木生句曲而有芒角也。其祀重焉。祝融，明貌。其祀犂焉。蓐收，秋物摧蓐而可收也。其祀該焉。水陰而幽冥，其祀脩及熙焉。土爲群物主，故稱后也。其祀句龍焉。在家則祀中霤，在野則爲社。」正義曰：「正訓爲長，故爲官長，木官之最長也。其火金水土正亦然。賈逵云：總言萬物句芒，非專木生如句。杜誤耳。木正順春，萬物始生，句而有芒角。杜獨言木者，以木爲其主，故經云木正。且木比萬物，芒角爲甚，故擧木而言。劉炫以杜不取賈義，而獨擧於木而規杜，非也。」（劉文淇左傳舊注考正卷八云：「木正順春以下，乃唐人語，以上乃光伯規過之辭。疏首本有劉炫云三字，唐人多所删削。此經删去，遂不可通。便似賈氏規正元凱，又若唐人初以爲誤，旋以爲非誤也。」按劉說是也）又曰：「杜不解祝，則謂祝融二字，共爲明貌也，賈逵云，夏，陽氣明朗。祝，甚也。融，明也。亦以夏氣爲之名耳。鄭語云：黎爲高辛氏火正，以焞耀敦大，光明四海，故命之曰祝融。如彼文，又似由人生名者，彼以其官掌夏，德又稱之，故以夏氣昭明命之耳。」正義又曰：「后者君也。群物皆土所載，故土爲群物之主，以君言之，故云后土也。賈逵云：句芒祀於戶云云，今杜云：在家則祀中霤，是同賈說也。家謂宮室之內，對野爲文，故稱家，非卿大夫之家也。言在野者，對家爲文，雖在庫門之內，尙無宮室，故稱野，且卿大夫以下，社在野田，故周禮大司徒云：辨其邦國都鄙之數，制其畿疆而溝封之，設其社稷之壝而樹之田主，各以其野之所宜木，遂以名其社。鄭玄云：社稷后土，及田正之神。田主，田神。后土，田正之所依也。詩人謂之田祖。所宜木，謂若松、柏、栗也。是在野則祭爲社也。此野田之社，民所共祭，卽月令仲春之月，擇元日命民社是也。劉炫云：天子以下俱荷地德，皆當祭地，但名位有高下，祭之有等級。天子祭地，祭大地之神也。諸侯不得祭地，使之祭社也。家又不得祭社，使祭中霤也。霤亦地神，所祭小，故變其名。賈逵以句芒祀於戶云云，言雖天子之祭五神，亦如此耳。杜以別祭五行神，以五官配之，非祀此五神於門、戶、井、竈、中霤也。門戶井竈，直祭門戶等神，不祭句芒等也。唯有祭后土者，亦是土神。故特辨之云，在家則祀中霤，在野則爲社，言彼與中霤亦是土神，但祭有大小，郊特牲云：社所以神地之道也。地載萬物，取材於地，教民美報焉。家主中霤而國主社，示本也。是在家則祀中霤也。大司徒以下同（此禮也）。」（劉文淇左傳舊注考正卷八云：大司徒以下同此禮也。不成辭。當作大司徒以下同。此禮也三字必係誤衍。」按劉說是。）李氏貽德釋賈說云：「古音亡明相近（書盟諸，亦作明都。史記孟卯，國策作芒卯。詩言采其蝱，說文引蝱作莔，莔明之聲也。），故白虎通五行篇曰：句芒者，物之始生，芒之爲言萌也。是句芒即句萌矣。月令：句者畢出，萌者盡達。賈言萬物句芒，知木正取名，以春氣極盛言也。杜云：取木生句曲而有芒角也。豈春氣所達，僅在木乎？不如賈萬物之賅備矣。正義曰：杜獨言木者，以木爲其主，故經云木正，且木比萬物芒角爲甚，故舉木而言。按孔說非也。以木爲主而獨舉木，則金之神曰蓐收，能曰金之蓐收乎？此不可通也。云句芒祀于戶者，此賈分言五祀之祭也。大宗伯，以血祭祭社稷五祀五嶽。後鄭曰：此五祀者，五官之神，在四郊四時，迎五行之氣於四郊，而祭五德之帝，亦食此神焉。少昊氏之子曰重，爲句芒，食于木。該爲蓐收，食于金。脩及熙爲玄冥，食于水。顓頊氏之子曰黎，爲祝融、后土，食于火土。曲禮：天子祭天地祭四方。注：祭四方謂祭五官之神於四郊也。句芒在東，祝融后土在南，蓐收在西，玄冥在北。詩云：來方禋祀。方祀者，各祭其方之官而已。是鄭以爲五官之祀當在四郊四方。賈謂祀于戶竈等祀者，白虎通五祀云：五祀者何謂也？謂門戶井竈中霤也。是戶竈等祀爲五祀之正名。此傳云：社稷五祀，是尊是奉。是祭五祀時，五行之官亦得祭之，故云句芒祀于戶也。月令：其祀戶。注：春陽氣出，祀之於戶內陽也。凡祭五祀於廟，用特牲，有主有尸，皆先設席于奥。祀戶之禮，南面設主於戶內之西，乃制脾及腎，爲俎，奠于主北。又設盛于俎西，祭黍稷，祭肉，祭醴，皆三，祭肉脾一腎再，既祭徹之，更陳鼎俎，設饌于筵前，迎尸，略如祭宗廟之儀。」（賈服注輯述卷十八）又曰：「白虎通號篇說祝融云：祝者屬也。五行篇釋祝融云：屬，續也。史記楚世家：命曰祝融。集解引虞注：祝，大也。鄭語：故命之曰祝融。韋昭曰：祝，始也。是祝無定義。賈云祝甚者，亦大義也。御覽引崔靈恩三禮義宗亦曰：祝甚。詩既醉：昭明有融。鄭語云：以淳耀惇大，天明地德，光昭四海，故命之曰祝融。是融爲明也。月令曰：其祀竈。注：夏，陽氣盛，熱于外，祀之于竈，從熱類也。祀竈之禮：先席于門之奧，東面設主于竈陘，乃制肺及心肝，爲俎，奠于主西。又設盛于俎南，亦祭黍三，祭肺心肝各一，祭醴二，亦既祭徹之，更陳鼎俎，設饌于筵前，迎尸，如祀戶之禮。」（同上）李氏又曰：「月令：其祀門。注：秋，陰氣出，祀之於門外，陰也。祀門之禮，北面設主于門左樞，乃制肝及肺心爲俎，奠于俎南。又設盛于俎東，其他皆如祭竈之禮。月令作其祀行。呂覽孟多紀，亦作行。注或作井。多水王，故祀之也。淮南時則訓作祀井，白虎通五祀篇行月令亦曰：其祀井。則賈云祀井者，呂覽注所云或本也。白虎通又云：多祭井。井者水之生，藏在地中，多亦水王，萬物伏藏。一說井以豕，或曰井以魚。月令：其祀中霤。注：中霤猶中室也。土主中央而神在室，古者複穴，是以名室爲霤。祀中霤之禮：設主于牖下，乃制心及肺肝，爲俎，其祭肉心肺肝各一，他皆如祀戶之禮。」（同上）

梁氏履繩曰：「五祀見於周禮、禮記、儀禮，雜出於史傳多矣。特祭法以司命泰厲爲七祀，而左傳、家語（五帝篇）則以五祀爲重、該、脩、熙、黎、句龍之五官。月令以五祀爲門、行、戶、竈、中霤。白虎通、劉昭、范曄、高堂隆之徒，以五祀爲門、井、戶、竈、中霤。鄭氏釋大宗伯之五祀則用左傳、家語之說。（先鄭云：祀五色之帝於王者宮中曰五祀。案五色之帝，所謂靑帝靈威仰，赤帝赤熛怒，黃帝含樞紐，白帝白招拒，黑帝汁光紀。）釋小祝之五祀，用月令之說。釋王制之五祀，則用祭法之說。而荀卿謂五祀執薦者百人，侍西房。（見正論篇）侍西房則五祀固非四方之五官，侍必百人則五祀固非門戶之類。然則所謂五祀者，其名雖同，其祭各有所主也。七祀之制，不見他經，鄭氏以七祀爲周制，五祀爲商制。然周官雖天子亦止於五祀，儀禮雖士亦禱五祀。（見既夕禮記，案五禮通考引呂氏大臨曰：士不祭五祀而喪禮言禱者，蓋有不得祭而得禱者與。）則五祀無尊卑隆殺之數矣。祭法：自七祀推而下之，至於適士二祀，庶人一祀，非周禮也。然禮所言五祀，蓋皆門戶之類而已。（禮書九十四）春官大宗伯以血祭祭五祀。鄭鍔曰：中霤，土也，季夏祀之。井，水也，多祀之。門，金也，秋祀之。戶，木也，春祀之。竈，火也，夏祀之。皆五行之小神在地者，故其祭法亦自血始。（王氏周禮訂義二十九）案鄭注以五祀爲祭五官神，非也。血祭貍沈疈辜，皆祭地祇。左傳五官皆當從祀天神，不在地祇內。鄭剛中謂五行之小神在地者，信矣。」（左通補釋卷廿八）按周禮、禮記、儀禮及史傳所言五祀，頗多參差。左傳以五祀爲重、該、脩、熙、黎、句龍之五官，亦與諸說有異。良以神祇既多，各就其事所近言之，故有不同。梁氏謂五祀者，其名雖同，其祭各有所主，是也。賈逵說五祀之祭，取月令五祖爲配（唯月令井作行爲異）

。鄭玄釋周禮小祝之五祀，亦用月令說。白虎通、劉昭、范曄、高堂隆之徒，說五祀，亦與賈同。是漢魏以來學者，相傳有此說。李氏貽德之釋，深得賈義。杜則以別祭五行神，而以五官配之，不用賈氏祀句芒等五神於門、戶、井、竈、中霤。以為門、戶、井、竈，直祭門戶等神，不祭句芒等也。唯祭后土，亦是土神，故特辨云，在家則祀中霤，在野則為社。清儒梁氏履繩謂：「鄭注五祀為祭五官神，非也。」又謂：「血祭貍沈副辜，皆祭地祇。左傳五官皆當從祀天神，不在地祇內。」說亦有理。然則杜以別祭五行神而以五官配之，似較賈氏祀句芒等五神於門、戶、井、竈、中霤之說，為得其實矣。

（四）聘禮、盟禮、拜禮

「周之宗盟，異姓為後。」（隱公十一年傳）

賈逵以宗為尊。（正義引。此條馬、黃、王、嚴四家皆輯。）

賈逵曰：「宗盟，尊盟。」（羅泌路史前紀卷八引。此條馬、嚴輯有，黃、王二家缺。）

案杜注不釋宗盟，但云：「盟載書，皆先同姓。」正義引賈、服、孫三家之說云：「賈逵以宗為尊。服虔以宗盟為同宗之盟。孫毓以為宗伯屬官，掌作盟詛之載辭，故曰宗盟。」正義以服說為是，故駁孫云：「周禮司盟之官，乃是司寇之屬，非宗伯也。」是孫說於義未安，不足取也。服虔以宗盟為同盟之盟。李氏貽德云：「服言同宗之盟者，國語晉語注：宗，本宗也。白虎通宗族篇：大宗能率小宗，小宗能率群弟，所以紀理族人者也。禮記祭義：周人貴親而尚齒」。（賈服注輯述卷二）是服解宗爲同宗，意自可通。孫毓難服云：「同宗之盟，則無與異姓，何論先後？若通共同盟，則何稱於宗？」（正義引）正義駁孫而申服云：「天子之盟諸侯，令其獎王室，未聞離逖異姓，獨與同宗者也。但周人貴親，先敍同姓，以其篤於宗族，是故謂之宗盟。魯人之爲此言，見其重宗之義執其宗盟之文，卽云無與異姓，然則公與族燕，則異姓爲賓。復言族燕不得有異姓也？」按孫氏難服。於理不悖。而正義之駁，謂周人貴親，先敍同姓，篤於宗族，意尙不誤。而以公與族燕爲喻，謂宗盟亦有異姓，則有未洽。故俞樾云：「服虔以宗盟爲同宗之盟。按同宗之盟，則無與異姓，何論先後？而孔疏曲引公與族燕，異姓爲賓之文，謂宗盟無與異姓，則族燕不得有異姓也。此說不然。夫族燕者，公與族人燕也。燕之本義，主乎族人，特以族人皆父子兄弟，以賓禮待之，反若踈外，故立異姓者爲賓也。若天子之盟諸侯，使之共獎王室。則於同姓異姓無所偏主，安得執族燕爲比乎？」（群經平議卷廿五皇清經解續編）俞說是也。是服氏解宗盟爲同宗之盟亦有未妥。賈逵以宗爲尊。正義駁賈云：「盟之尊卑，自有定法，不得言尊盟也。」李貽德釋賈說云：「以宗爲尊者，詩鳧鷖傳云：宗，尊也。儀禮喪服傳：大宗者，尊之統。白虎通宗族篇：宗者，尊也。爲先祖主者，宗人之所尊也。是宗盟者，言盟之所尊也。」（賈服注輯述卷二）劉文淇疏證亦引儀禮喪服傳及白虎通宗族篇之言，謂宗盟以同姓爲重，擧其重者曰宗盟，以釋賈說。與李氏義相近。沈欽韓引賈、服、孫三家說而斷曰：「按夏見曰宗（周禮大行人）鄭云：宗，尊也。欲其尊王。同盟亦是尊王之事。宗、尊字古本通。左傳伯宗，穀梁傳作伯尊。字林：宗，尊也。宗盟亦謂主盟。賈義是也。」（春秋左傳補注卷一）沈氏亦主賈說。是宗者尊也。亦尊王之義也。傳謂周之宗盟，意卽周盟之所尊，在於同姓。與李氏盟之所尊，及劉氏宗盟以同姓爲重，義正相合。宗字實兼有尊與同宗二義。所以然者，左傳文省故也。俞樾曰：「宗者，主也。一切經音義九引字林曰：『宗，尊也，亦主也。』昭二年傳，禮之宗也。杜曰：宗，猶主也。此傳宗盟之宗，亦當訓主。周之宗盟，異姓爲後，謂以王官主諸侯之盟，則先同姓也。」（同上）按尊、主二字，義近可通，訓爲主盟，與尊盟義正相輔，與沈說無異。惟謂以王官主盟，然傳但言滕薛二國朝魯，並無王官主盟之事，則俞說王官主盟非也。至正義以不得言尊盟駁賈，蓋未明傳宗盟二字之義，其失與服虔同。服虔及正義以宗盟二字爲一聯綴之詞而解之，所以誤也。

「若節春秋。」（僖公十二年傳）

賈逵曰：「節，時也。」（史記周本紀集解引。馬、黃、王、嚴四家皆輯。）

案杜注用賈義。王肅云：「春秋聘享之節也。」（史記周本紀集解引）禮記王制：「諸侯之於天子也，比年一小聘，三年一大聘。」注：「小聘使大夫，大聘使卿。」（卷十一）周禮秋官大行人：「殷覜以除邦國之慝。」鄭注：「殷覜謂一服朝之歲也。一服朝之歲，五服諸侯皆使卿以聘禮來覜天子，天子以禮見之。」（卷三十七）國語越語：「天節不遠，五年復反。」韋注：「節，期也。」（卷二十一）期亦時也。周語：「諸侯春秋受職於王，以臨其民。」（卷一）楚語：「聲子謂子木曰：春秋相事，以還軫於諸侯。」（卷十七）吳語：「諸稽郢行成於吳曰：春秋貢獻，不解於王府。」（卷十九）又：「晉董褐讓吳王曰：昔吳伯父不失春秋，必率諸侯，以顧在余一人。」（同上）上引諸文，皆以春秋爲朝聘之禮者也。諸侯使卿聘皆有定期，故賈釋節爲時，與王肅說義正相通是也。

「魯於是始尚羔。」（定公八年傳）

賈逵曰：「周禮：公之孤四命，執皮帛。卿三命執羔。大夫再命執鴈。魯廢其禮，三命之卿皆執皮帛，至是乃始復禮尚羔。」（正義引。馬、黃、王、嚴四家皆輯。）

案杜注：「禮卿執羔，大夫執鴈。魯則同之。今始知執羔之尊也。」正義曰：「禮卿執羔，大夫執鴈。周禮大宗伯文也。魯則同之，蓋命卿與大夫俱執鴈，今見士鞅執羔，始知執羔之尊，於是方始尚羔，令卿執之，記禮廢之久也。傳言於是始尚羔，必往前不執羔矣。但往前所執難知。先儒各以意說：賈逵云云。案周禮禮記皆言卿執羔，大夫執鴈。並以爵斷，不依命數，賈何以計命高下，妄稱禮乎?傳言始尚羔者，當謂舊賤羔，而今尊之耳。若本僭孤禮，皆執皮帛，當云始復用羔，不得云尚也。若改僭從禮，得名爲尚，則初獻六羽，何以不言始尚六佾也。以尚言之，足知魯卿舊執非皮帛矣，鄭衆云：天子之卿執羔，大夫執鴈。諸侯之卿當天子之大夫，故傳曰：唯卿爲大夫當執鴈而執羔，僭天子之卿也。魯人效之而始尚羔，記禮所從壞。案禮傳及記，天子之臣，與諸侯之臣所執，無異文也。周禮掌客：凡諸侯之禮，上公及侯伯之下，皆云：卿相見以羔。是諸侯之卿執羔不執鴈，上大夫相見以羔。是諸侯之卿，必執羔矣。安在於諸侯之卿，當天子之大夫乎？是則背明文而用肺腸也。天子諸侯之臣所異者，士相見之禮，羔鴈皆云飾之以布，而曲禮云：飾羔鴈者以繢。鄭玄云：此爲諸侯之臣與天子之臣異也。然則天子之臣，衣之以布而又畫之；諸侯之臣則用布不畫，所異唯此而已。其執不爲異也。傳文之乖於禮者，爵是卿也，皆當執羔，趙鞅荀寅不應執鴈。此是當時之失，失於偪下，以晉失於偪下，魯卿不應僭上，益明賈言魯卿舊執皮帛，非其義矣。魯人於是始知執羔爲尊，或亦效晉唯上卿一人獨執羔耳，未必即能如禮諸卿皆執羔也。」齊召南曰：「按晉范鞅將中軍，是上卿。趙鞅荀寅蓋上下軍將，下卿也。唯上卿執羔，餘俱執鴈。以晉例魯，則唯季孫可執羔，叔孫孟孫皆宜執鴈耳。」（注疏考證卷二）沈欽韓曰：「按賈謂魯之僭禮，反出晉上。杜謂魯不別羔雁之尊卑。是皆謂魯懵然無知，何爲秉周禮？鄭說得之。」（補注卷十一）李貽德曰：「周禮大宗伯曰：以禽作六摯：孤執皮帛，卿執羔，大夫執鴈。典命曰：公之孤四命，以皮帛眡小國之君。其卿三命，其大夫再命，其士一命。侯伯之卿大夫士，亦如之。周禮於典命敍孤四命，而曰以皮帛，其下敍卿大夫命數，而不詳所執，以羔鴈之摯，已見大宗伯文，故不複述。其孤執皮帛，亦見大宗伯文，而典命必複言者，所以擧一以示例，言孤四命以皮帛，則卿三命以羔，大夫再命以鴈，不必煩言而自見矣。賈擧周禮而約其文，故兼言其命與摯也。孔氏駁之曰：周禮禮記皆言卿執羔，大夫執鴈，並以爵斷，不依命數。賈何以計命高下，妄稱禮乎？孔氏此言直未明典命之文，妄加駁斥耳。知魯廢其禮，三命之卿皆執皮帛者，以其舞用八佾，殯用璵璠，事事僭禮，則其平時執摯，必廢卿羔之禮，而用皮帛，以眡小國之君。及見范獻子執羔，趙簡子、中行文子皆執鴈。是大國之卿，尙守典禮，而趙簡子、中行文子且以卿而執大夫之摯，相形之下，不敢僭侈，於是始復禮而用羔焉。杜云大夫執鴈，魯則同之，今始知執羔之尊也。按五年傳：仲梁懷曰：改步改玉。杜云，昭公之出，季孫行君事，佩璵璠祭宗廟，豈爲君行事，佩君玉尙優爲之，獨於所執之摯，反就大夫以自卑乎？至於羔尊鴈降，禮有明文，豈有秉國之政，未諳典故，至此始知羔之尊貴乎？且尙者上也。惟始貴皮帛而賤羔，今見大國之卿，皆諳禮制，因亦遵循，故曰始尙羔也。」（賈服注輯述卷十九）俞氏樾曰：「孔疏引賈逵、鄭衆說而皆破之。愚謂如賈說則往前所執皆皮帛也。如鄭說則往前所執皆鴈也。是魯國舊無執羔之事，當云魯於是始執羔，不當云魯於是始尙羔。云尙羔者，往前非竟無羔，特至此始尙之爾。然則以文義言，亦知賈、鄭兩說之皆非矣，且使魯向不執羔，今因范獻子執羔而亦執之，則傳文但言范獻子執羔，魯於是始執羔足矣，趙簡子、中行文子皆執鴈之文，不亦贅乎？然則魯舊時何所執乎？曰皆執羔也。皆執羔禮乎？曰禮也。王制云：大國三卿，皆命於天子。正義曰：三卿者依周制而言。謂立司徒兼冢宰之事，立司馬兼宗伯之事，立司空兼司寇之事。故左傳云，季孫爲司徒，叔孫爲司馬，孟孫爲司空，此是三卿也。夫既並爲三卿，則並依卿禮執羔，何不可之有？魯秉周禮，豈並此而不知乎？晉臣之有執羔執鴈之別，蓋是時范獻子爲政（見昭二十八年傳），而中行文子則下卿也（見昭二十九年傳），趙簡子與中行文子同例則不執羔而執鴈，固其所矣。雖同爲卿而有命於天子、不命於天子之分。晉國六卿，其命於天子者，度亦不過如大國之例三人而已。故不能人人執羔也。魯人見之則曰大國之卿且不皆執羔，我三卿敢皆執羔乎？於是季孫一卿執羔，孟、叔二卿降而執鴈，此之謂始尙羔。雖然吾不知魯人何意也？謂僭晉乎？是時晉霸已衰，魯不久且叛晉矣。謂僭禮乎？三卿執羔未始非禮，二卿降而執鴈，未必得禮也。是殆季孫之意乎？是時三家擅魯而季獨强，傳記此一事，雖若爲具禮記而實則爲季氏專魯記，哀公孫越，萌芽於此矣。」（竹添氏左傳會箋定八年傳引）

按賈、鄭、杜三家之說各異，竊以爲賈說最長。正義駁鄭說謂：禮、傳及記，天子之臣與諸侯之臣所執，無異文。且據周禮，諸侯之卿，必執羔，不執鴈。安在於諸侯之卿，當天子之大夫乎？是則鄭氏之說，實有未當。沈氏云鄭說得之，非也。杜氏說引禮卿執羔，大夫執鴈，尙爲不誤。然謂魯則同之，今始知執羔之尊。則失之疏陋。正義申之，以爲祀禮之廢已久，亦乏理實。沈氏、李氏之駁，皆能切中其短，則杜說亦未當也。賈氏謂，魯廢其禮，三命之卿皆執皮帛，至是乃始復禮尙羔。謂魯卿之僭也。李氏貽德引申其說，義頗妥洽。齊氏召南之說，亦與賈義不相違。正義駁賈之言，凡分三項，其言雖辨，其義則非確當。玆駁之如下：正義謂，賈何以計命高下，妄稱禮乎？按賈氏所據乃周禮大宗伯及典命之文，故兼言命數與摯。正義乃云，禮並以爵斷，不依命數。其非實情可知。故李氏駁正義，謂其直未明典命之文，妄加駁斥是也。此其一。正義又謂，傳言始尙羔者，當謂舊賤羔，而今尊之耳。若本僭孤禮，皆執皮帛，當云始復用羔，不得云尙也。按此說亦未足以難賈。尙之一字，其用至廣。謂之舊賤羔，而今尊之，固無不可，然謂舊尙皮帛，今乃改而尙羔，亦無不可也。又本僭孤禮，皆執皮帛，今改用羔，云始復用羔，固可表明其「復用羔」之一義，然傳意魯卿不僅復用羔而已，抑且不再用皮帛，而以羔爲尊也。故必用「始尙羔」，乃能達此意。若云始復用羔，則不足以達此意矣。何謂「不得云尙乎」？故知正義此說未足以難賈，此其二。正義又謂，若改僭從禮，得名爲尙，則初獻六羽，何以不言始尙六佾也？按羽數用八、用六，但行其一，自無需言「尙」。此傳言魯卿改皮帛用羔，大夫則用鴈，有等次之別，且以用羔爲最上，故需言「尙」，乃能表達其意，自與初獻六羽不同，正義隨意牽合，顯非所宜。此其三。是知正義所陳三義，皆似是而非，不足以難賈氏，賈義之確當尙何疑焉？至俞氏樾之說亦未的。俞氏云，如賈鄭之說，是魯國舊無執羔之事。此說不然，賈氏但云三命之卿，皆執皮帛耳，不言再命一命亦如是也。則賈意再命舊當執羔，不得謂魯國舊無執羔之事也。俞氏此意既不確，則其下文謂：「傳但言魯於是始執羔足矣，趙簡子中行文子皆執鴈之文，不亦贅乎？」亦爲不當矣。俞氏又云：魯舊時皆執羔也。若如俞說，則傳不當云魯於是始尙羔。傳云始尙羔，明魯三卿舊時不皆執羔也。是俞氏之說，亦非的論。權衡諸家，仍當從賈逵之說也。

「再拜稽首。」（僖公廿八年傳）

賈逵曰：「稽首，首至地。」（史記晉世家集解引。馬、黃、王、嚴四家皆輯。）

案杜注：「稽首，首至地。」用賈說。周禮春官大祝：「辨九拜：一曰稽首。」鄭注：「稽首拜頭至地也。」疏云：「一曰稽首，稽是稽留之義，頭至地多時，則爲稽首也。稽首，拜中最重，臣拜君之拜。」（卷二十五）疏言稱稽首之義，別於頓首也。尙書洛誥謂周公拜手稽首於成王。（卷十五）是稽首臣拜君之禮也。

（五）饗禮

「改館晉侯，饋七牢焉。」（僖公十五年傳）

賈逵曰：「諸侯雍餼七牢。牛一羊一豕一爲一牢也。」（史記秦本紀集解引。馬、黃、王、嚴四家皆輯。黃輯雍作饔。王輯作饗。此從馬輯，史記集解亦作雍。）

案杜注：「牛羊豕各一爲一牢。」國語晉語韋注：「牛羊豕爲一牢。饔餼七牢，侯伯之禮。」（卷九）杜、韋注均本賈說。儀禮聘禮：「歸饔餼。」鄭注：「牲殺曰饔，生曰餼。」（卷二十一）周禮秋官大行人：「諸侯之禮，介七人，禮七牢。」（卷三十七）禮記禮器亦云：「諸侯七介七牢。」（卷二十三）是諸侯饔餼七牢也。周禮天官宰夫：「掌其牢禮。」鄭注：「三牲牛羊豕具爲一牢。」（卷三）又大行人注：「三牲備爲一牢，又曰太牢。」（同前）鄭說牢之義，亦與賈合。

「周之王也，制禮：上物不過十二。」（哀公七年傳）

賈逵曰：「周禮：王合諸侯享禮十有二牢，上公九牢，侯伯七牢，子男五牢。」（史記吳世家集解引。馬、黃、王、嚴四家皆輯。）

案杜注：「上物，天子之牢。」周禮秋官掌客云：「王合諸侯而饗禮則具十有二牢。」鄭玄注：「饗諸侯而用王禮之數者，以公侯伯子男盡在，是兼饗之莫敵用也。」（周禮注疏卷三十八）掌客又云：「上公饗餼九牢，其死牢如飧之陳牽四牢。侯伯饗餼七牢，其死牢如飧之陳牽三牢。子男饗餼五牢，其死牢如飧之陳牽二牢。」（同上）賈氏所引周禮，卽掌客文也。顧炎武曰：「陸氏曰：如冕如旂俱十二旒，玉路繁纓十二就之類。」（左傳杜解補正卷三）梁玉繩引陸氏附注云：「上物亦通言之，如冕與旗俱十二旒，玉路樊纓十二就之類皆是。」（左通補釋卷卅一）竹添氏會箋云：「上物通言之，如冕與旂俱十二旒，玉路樊纓十二就，國十二門，衣十二章，圭十二寸，馬十二閑之類皆是。不專謂牢，而牢在其中矣。」（哀七年傳）按賈、杜但就牢具言之，尙未盡洽。顧氏、梁氏及會箋用陸氏之說，尤爲確當。

（六）世子始生

「卜士負之，士妻食之。」（桓公六年傳）

賈逵曰：「禮，世子生三日，卜士負之，射人以桑弧蓬矢射天地四方。桑者，木中之衆。蓬者，草中之亂。取其長大統衆而治亂。」（正義引。此條馬、黃、王、嚴、馮諸家均未輯。正義但引桑者木中之衆以下三句，此據劉文淇疏證說補。）

案杜注：「禮，世子生三日，卜士負之，射人以桑弧蓬矢射天地四方。卜士之妻爲乳母。」杜引禮世子生三日，至射天地四方。乃禮記內則篇文。正義引賈逵云：「桑者木中之衆，蓬者草中之亂，取其長大統衆而治亂。」賈逵之言乃釋內則桑弧蓬矢之文，而正義引賈說不引桑蓬之文者，劉文淇曰：「本疏引賈注：桑者木中之衆云云，而不引禮記文，則辭無所附，賈必引內則文而申釋之，疏見杜注亦引禮記文，故略之耳。」（舊注疏證桓六年）劉說是也。然則賈逵說，必引禮記內則之文，杜注本之，而略其桑者木中之衆以下數語，故正義卽引此數語以補杜說之不足也。禮記內則云：「三日始負子。」鄭注：「始有事也。負之，謂抱之而使鄉前也。」（禮記注疏卷二十八）內則又云：「卜士之妻，大夫之妾，使食子。」鄭注：「食子不使君妾，適妾有敵義，不相褻以勞辱事也。士妻、大夫之妾，謂時自有子。」疏云：「使其食子，須有乳汁，故知時自有子者。皇氏云：士之妻大夫之妾者，隨課用一人，故桓六年左傳云：卜士負之，士妻食之。不云有大夫妾，文略也。」（同上）又鄭玄釋內則射人句云：「桑弧蓬矢，本太古也。天地四方，男子所有事也。」（同上）鄭注可與賈義相發明。

（七）釋親

「吾不以妾爲姒。」（成公十一年傳）

賈逵曰：「兄弟之妻相謂爲姒。」（正義引賈逵、鄭玄。馬、黃、王、嚴四家皆輯。）

案杜注用賈說。又云：「穆姜，宣公夫人；宣公，叔肹同母昆弟。」正義曰：「世人多疑娣姒之名，皆以爲兄妻呼弟妻爲娣，弟妻呼兄妻爲姒，因卽惑於傳文，不知何以爲說。今謂：母婦之號，隨夫尊卑，娣姒之名，從身長幼。以其俱來夫族，其夫班秩旣同，尊卑無以相加，遂從身之少長。喪服小功章曰：娣姒婦報。傳曰：娣姒婦者，弟長也。以弟長解娣姒，言娣是弟，姒是長也，公羊傳亦云：娣者何？弟也。是其以弟解娣，自然以長解姒。長謂身之年長，非夫之年長也。釋親云：長婦謂稚婦爲娣婦，稚婦謂長婦爲姒婦。止言婦之長稚，不言夫之大小。今穆姜謂聲伯之母爲姒。昭二十八年傳：叔向之嫂，謂叔向之妻爲姒。二者皆呼夫弟之妻爲姒，豈計夫之長幼乎？釋親又云：女子同出，謂先生爲姒，後生爲娣。孫炎云：同出謂俱嫁事一夫也。事一夫者，以己生先後爲娣姒，則知娣姒以己之年，非夫之年也。故賈逵、鄭玄及此注皆云，兄弟之妻，相謂爲姒，言兩人相謂，謂長者爲姒，知娣姒之名，不計夫之長幼也。」正義以娣姒之稱，從己身之長幼，不計夫之長幼爲說。爾雅釋親疏說略同。邵晉涵爾雅正義云：「孔氏之說非也。婦人三從之義，旣嫁從夫，若娣姒之名，從身之少長，不計夫之長幼，則從夫之義謂何矣？女子同出謂先生爲姒，後生爲娣，此謂俱事一夫者也。所謂媵也。此云長婦謂稚婦爲娣婦，娣婦謂長婦爲姒婦，此謂各事一夫者也。夫年有長稚，故婦從夫而有長婦、稚婦。孔氏以女子之俱事一夫者，牽合於昆弟之妻，則不達於稚訓矣。孔氏所據者左傳之稱弟妻爲姒耳，殊不知古之稱娣姒者，猶今人稱妯娌也。兄妻稱弟妻曰妯娌，弟妻亦稱兄妻曰妯娌。蓋析言之則兄妻爲姒，弟妻爲娣，合言之則昆弟之妻統稱爲娣姒。急言之則但稱爲姒。娣姒妯娌，先後俱可連稱，知娣姒之可連稱，則左傳之稱姒者，不過稱謂之間，偶從其省，不得因此而致疑于兄妻爲姒，弟妻爲娣也。」（卷五）沈欽韓曰：「若兄弟之妻，本非親串，同自外來，則互相敬曰姒，幷身之長幼未必論耳。」（左傳補注卷六）李貽德曰：「愚謂孔氏之非，邵氏辨之良是。如以身年之長幼爲娣姒，豈聲伯之母，叔向之妻，皆年長於穆姜、伯華妻乎？此理之必不然者也。至邵氏謂急言之則但稱爲姒，亦于義未盡。爾雅及喪服章區別兄婦爲姒，弟婦爲娣，正名之義也。傳記：兄弟之妻，相謂爲姒者，時俗之稱也。蓋其各由母族，共事父家，居娣道以謙相推曰姒，傳亦就當時稱謂書之于册耳。邵氏曰急言之但稱爲姒，則急言之何不但稱爲娣乎？似未合春秋時之習俗也。」（賈服注輯述卷十）廣雅釋親：「妯娌、娣姒，先後也。」王念孫疏證引此年傳正義及邵晉涵說而申之云：「按二雲（晉涵字）說是也。郊特牲云：婦人無爵，從夫之爵，坐以夫之齒，明婦人不以己之齒爲坐次也。何獨至於稱謂之間而但計己之長幼，不計夫之長幼乎？兄長而弟幼，故婦從其夫而亦有長稚之稱。女子同出以長者爲姒，幼者爲娣，故婦從其夫之長幼而亦有娣姒之稱。男子先生爲兄，後生爲弟，故婦從其夫而亦有先後之稱也。先後亦長幼也。」（廣雅疏證卷六下）竹添光鴻左傳會箋云：「爾雅：男子謂女子先生爲姊，後生爲妹。女子同出，謂先生爲姒，後生爲娣。同出，謂同一父所出也。其先生者，男稱之爲姊，女稱之爲姒。後生者，男稱之爲妹，女稱之爲娣。姊妹者，男子於女子之專稱，姒娣者，女子於姊妹之專稱。通之則女亦可同男稱，衞女之詩，遂及伯姊是也。男亦可同女稱，列女傳魯子皮之姊，號公乘姒。子皮與之言，皆稱曰姒是也。推之則於諸父諸母所出，亦同此稱，從父姊妹從母姊妹之等是也。惟女子謂姊妹爲姒娣，故妯娌相稱，卽據其年之長少，以姒娣呼之，親之若姊妹也。而繫以婦曰姒婦、娣婦，別其非同生也。自孫叔然誤解同出爲俱嫁事一夫，郭景純因之，不知娣是女妹定名，不待嫁事一夫始名娣也。果以姒娣爲同嫁一夫者，妯娌何以稱姒婦娣婦？如曰妯娌須繫以婦，穆姜謂聲伯之母，子容之母謂叔向之妻，何以止稱曰姒？況謂妻之姊妹同出爲姨，同出文同，義豈宜異？但兄弟之妻，本非親串，同自外來，親之若姊妹，而互相敬曰姒也。賈、鄭皆云，兄弟之妻，相謂曰姒。言其相謂皆舉長者之稱稱之，所以爲讓也。」（成公十一年）按正義之說及邵氏駁正義之言，皆未得賈、杜釋傳之意。賈、杜云：兄弟之妻，相謂曰姒。則是無長幼之別，皆得稱姒。故此年傳：穆姜謂聲伯之母爲姒。昭二十八年傳，叔向之嫂謂叔向之妻曰姒。是兄之婦得稱弟之婦爲姒，不以長幼爲別也。沈氏及李氏之言，差爲近之。王氏之說，以證廣雅，尙爲不誤，若以說此傳，則亦未爲得也。會箋論之最爲詳審，其言相謂皆舉長者之稱稱之，所以爲讓也。此最得賈、杜釋傳之意。沈氏、李氏及會箋說雖能得其要，然於正義及邵氏說之失，則尙有未及澄淸者。此則忽略稱謂之變遷是也。蓋兄弟之妻相謂曰姒，此春秋時之稱謂如此。而爾雅無此說。其後或由於禮法求密之需，乃漸有長稚之別，長曰姒，稚曰娣，此爾雅釋親所以別長婦、稚婦爲姒婦、娣婦也。此長稚有別之說，蓋晚於春秋時，此亦爾雅晚出之一證也。又其後乃更有廣雅釋親：「妯娌、娣姒，先後」之說矣。正義及邵氏不察此變遷之理，而以爾雅釋親之言強說春秋時之稱謂，又用孫炎郭璞之誤說，以解左傳，故致誤也。

第三節　釋制度者

（一）都城

「都城過百雉，國之害也。大都不過三國之一，中五之一，小九之一。」（隱公元年傳）

賈逵謂，雉長三丈，百雉五百步，大都三之一，則鄭是伯爵，城有千五百步，爲五里，是公七里，侯伯五里，子男三里矣。（周禮春官典命疏引賈、服、杜君等義。又左傳正義引首句云賈逵、馬融、王肅。此條馬輯、嚴輯有，黃、王二家缺。）

案杜注：「方丈曰堵，三堵曰雉，一雉之牆，長三丈，高一丈。侯伯之城，方五里，徑三百雉，故其大都不過百雉。」蓋本之賈說。雉制凡有三說：定十二年公羊傳曰：「雉者何？五板而堵，五堵而雉。」何休注公羊以爲堵四十尺，雉二百尺。此一說也。正義引許愼五經異義、戴禮及韓詩說，八尺爲板，五板爲堵，五堵爲雉。板廣二尺，積高五板爲一丈，五堵爲雉，雉長四丈。此二說也。古周禮及左氏說，一丈爲板，板廣二尺，五板爲堵，一堵之牆，長丈高丈，三堵爲雉，一雉之牆，長三丈，高一丈，以度其長者用其長，以度其高者，用其高也。此三說也。正義釋杜說云：「必以雉長三丈爲正者，以鄭是伯爵，城方五里。大都三國之一，其城不過百雉，則百雉是大都定制。因而三之，則侯伯之城當三百雉，計五里積千五百步，步長六尺，是九百丈也。以九百丈而爲三百雉，則雉長三丈。賈逵、馬融、鄭玄、王肅之徒，爲古學者，皆云雉長三丈，故杜依用之。」是賈逵蓋本之古周禮及左氏說，而杜預依用之也。詩鴻雁疏引鄭康成駁異義云：「古之雉制，書傳各不得其詳。今以左氏說，鄭伯之城，方五里，積千五百步也。大都三國之一，則五百步也，五百步爲百雉，則知雉爲五步，五步於度長三丈，則雉長三丈也。」（詩注疏卷第十一）此鄭康成亦主雉長三丈之說也。禮記坊記疏引許愼五經異義古春秋左氏說云：「百雉爲長三百丈，方五百步者。六尺爲步，五六三十，故三百丈爲五百步。」（禮記注疏卷三十）許氏受業於賈，此說蓋本之賈逵者也。又賈、杜云，侯伯之城方五里者，周禮典命：「上公九命爲伯，其國家宮室車旗衣服禮儀，皆以九爲節云云。」注：「公之城蓋方九里，宮方九百步，侯伯之城蓋方七里，宮方七百步，子男之城蓋方五里，宮方五百步。」疏云：「云公之城蓋方九里云云，此經國家及宮室車騎以下，皆依命數而言，既言國家宮室以九以七以五爲節，以天子城方十二里而言，此九七五亦當爲九里七里五里爲差矣。但無正文，故言蓋以疑之也。案書無逸傳云，古者百里之國，九里之城。云或疑焉。周禮匠人：營國方九里，謂天子之城。今大國與之同，非也。然大國七里，次國五里，小國三里之城，爲近可也。或者天子實十二里之城，諸侯大國九里，次國七里，小國五里。如是鄭自兩解不定。鄭必兩解者，若案匠人營國方九里，據周天子而言，則公宜七里，侯伯宜五里，子男宜三里爲差也。若據此文九命者以九爲節，七命者以七爲節，五命者以五爲節。又案文王有聲箋云：築城伊洫。適與成方十里等，小於天子，大於諸侯，以其雖改殷制，仍服事殷，未敢十二里。據此二文而言，則周之天子城方十二里，公宜九里，侯伯宜七里，子男宜五里也。若周天子十二里，則匠人云九里，或據異代法，以其匠人有夏殷法故也。鄭不言異代者，以其無正文，不敢斥言也。是以隱公元年，祭仲云：都城不過百雉。雉長三丈，百雉五百步，大都三之一，則鄭是伯爵，城有千五百步爲五里。是公七里，侯伯五里，子男三里矣。此賈、服、杜君等義與鄭玄一解也。鄭又云，鄭伯之城方七里，大都三之一，方七百步，實過百雉矣。而云都城不過百雉，擧子男小國之大都，以駁京城之大，其實鄭之大都，過百雉矣，又是天子城十二里而言也。」（周禮注疏卷第二十一）按上引周禮春官典命職謂，上公九命，侯伯七命，子男五命，其國家宮室車騎衣服禮儀皆以命數爲節。鄭玄以爲國家，國之所居，謂城方也。以天子城方十二里而言，則公當九里，侯伯七里，子男五里。又引詩文王有聲箋，言文王城方十里，大於諸侯，小於天子之制，與此說爲近。但考工記匠人營國方九里，旁三門。謂天子之城。天子之城方九里，諸侯禮當降殺，則公當七里，侯伯五里，子男三里矣。城制二說不同，而各有所據，故鄭爲兩解。雖鄭爲兩解，然正義引鄭玄注尚書大傳則以天子九里爲正說。是鄭意說左傳及尙書當從考工記匠人說，而與賈說相合者也。

（二）官爵

「鄭武公莊公爲平王卿士。」（隱公三年傳）

賈逵曰：「卿士之有事者，六卿也。」（太平御覽卷四百八十引。此條馬、嚴輯有，黃、王二家缺。）

案杜注：「卿士，王卿之執政者。」賈云有事者，亦謂職司政事也。其六卿之制，李貽德曰：「白虎通爵篇：卿之爲言章也，章善明理也。禮昏義：天子立九卿。說苑臣術篇：九卿者，所以參三公也。是卿當九而此云六卿者，昏義疏云：六卿之官，在王六寢之前，其三孤亦分主六官之職，總謂之九卿。故大戴記保傅篇：於是爲置三少，皆上大夫也。盧注，卿也謂之孤也，云有事者六卿也者，詩假樂箋：卿士，卿之有事者。周官孤卿並擧，而孤之職掌無聞，是九卿中，有事者惟六。六卿者，鄭司農注云：冢宰之職，帥其屬而掌邦治。司徒之職，帥其屬而掌邦教。宗伯之職，帥其屬而掌邦禮。司馬之職，帥其屬而掌邦政。司寇之職，帥其屬而掌邦禁。此三時皆有官，惟冬無官，又無司空，以三隅反之，則事典司空之職也。詩緇衣序，鄭桓公武公相繼爲周司徒。是武爲司徒矣。若莊公不知六卿何屬，故賈氏統以六卿釋之。」（賈服注輯述卷一）是六卿皆有職司，卿士蓋其一也。國語周語：「榮公爲卿士。」韋昭注：「卿士，卿之有事者。」（卷二）蓋本之賈說。

「使爲工正。」（莊公二十二年傳）

賈逵曰：「掌百工。」（史記齊世家集解引。馬、黃、王、嚴四家皆輯。）

案杜注：「掌百工之官。」杜用賈說。周禮考工記：「國有六職，百工與居一焉。」鄭注：「百工，司空事官之屬，於天地四時之職，亦處其一也。司空，監百工者，唐虞以上曰共工。」（卷三十九）又考工記：「以飭五材，以辨民器，謂之百工。」注：「五材各有工。言百，衆言之也。」（同上）禮記月令：「百工咸理，監工日號。」鄭注：「於百工皆理治其事之時，工師則監之，日號令之。」（卷十五）工正殆即月令工師之職。國語齊語：「立五正。」韋注：「正，長也。」（卷六）是工正者，百工之長，故賈以掌百工釋之。

「五侯九伯，女實征之。」（僖公四年傳）

賈逵曰：「五等諸侯，九州之伯。」（周禮春官大宗伯疏引賈服。馬輯、馮補有，黃、王、嚴三家缺。）

案杜注：「五等諸侯，九州之伯，皆得征討其罪，齊桓因此命以誇楚。」杜用賈說。正義曰：「太公為王官之伯，得以王命征討天下，隨罪所在，各致其罰，故五等諸侯，九州之伯，皆得征討其罪。齊桓因太公有此王命，言己上世先公，得征伐有罪，所以誇楚也。」按五侯九伯，凡有三說：史記漢興以來諸侯王年表曰：「周封五等：公侯伯子男。封伯禽康叔於魯衛，地各四百里。太公於齊，兼五侯地。」（卷十七）漢書諸侯王表曰：「昔周監於二代，三聖制法，立爵五等，封國八百，同姓五十有餘。周公康叔，建於魯衛，各數百里；太公於齊，亦五侯九伯之地。」臣瓚曰：「禮記王制云：五國以為屬，屬有長；二百一十國以為州，州有伯。」師古曰：「五侯，五等諸侯也。九伯，九州之伯也。伯，長也。」（卷十四）此一說也。正義曰：「鄭玄以為周之制，每州以一侯為牧，二伯佐之。九州有九侯十八伯，太公為東西大伯，中分天下者，當統四侯半，一侯不可分，故言五侯，其伯則各有九耳。」此一說也。詩邶風旄丘正義引服虔注曰：「五侯，公侯伯子男。九伯，九州之長。」（卷二之二）賈逵、杜預與服同。此又一說也。按史記、漢書均以太公於齊所兼有之地言之，與傳意不合，故王引之經義述聞非之曰：「案下文女實征之，非謂滅其國而有之也。馬、班之說，殊非傳意。」（卷十七）劉壽曾（文淇之孫）亦曰：「臣瓚引王制以說，已非子長之意，小顏用賈服說釋之更非矣。史記十二諸侯年表：齊、晉、秦、楚，其在成周，微甚。封或百里，或五十里。則與漢興以來年表，魯衛各四百里之說不相應，未可援以難此。」（舊注疏證僖公四年）是史漢之說，與傳意不合，當予摒除。鄭玄之說，正義引之。鄭注周禮大宗伯「九命作伯」亦云：「上公有功德者，加命爲二伯，得征五侯九伯者。」疏：「僖四年左氏傳云：五侯九伯，汝實征之。鄭以爲五侯者，九州有九牧，牧即侯。但二伯不可分，故二伯皆言五侯也。言九伯者，九州有十八伯，各得九伯，故云九伯也。此二伯其有違逆者，各征半天下，故云五侯九伯，汝實征之。引之者，證二伯得征半天下之事也。」（周禮注疏卷十八）沈欽韓左傳補注卷三以鄭說爲是。然此年傳正義駁鄭說云：「侯爲牧，伯佐之，言是周制，其事無所出也。且征者，征其所統之國，非征侯伯之身，何當校計人數，以充五九之言？卽如其言，使伯佐牧，二伯共佐治而已，非是分州之半，復安得征九伯也？校數煩碎，非復人情，故先儒無同之者。」王引之經義述聞亦以正義之駁爲然。（同上）按正義之駁，確能指出鄭說之失，則鄭說亦不足取。至賈、服、杜之說，雖似言之成理，然王引之經義述聞駁之曰：「王制曰：八州八伯。鄭志答張逸問曰：九州而八伯何？答曰：畿內之州不置伯。然則方伯惟八州有之，不得言九伯也。」（同上）竹添光鴻左傳會箋亦以爲五謂爵，九謂州，非立言之體。（僖公四年）說皆有理，然則賈、服、杜之說，亦有未當矣。先儒說五侯九伯，三說皆未當。故王引之經義述聞乃別爲之說曰：「今案侯伯謂諸侯之七命者。五等之爵，公侯伯子男。曰侯伯者，舉中而言，天下之侯，不止於五，伯亦不止於九，而曰五侯九伯者，謂分居五服之侯，散列九州之伯，若堯典五刑有服，謂之五服；五流五宅，謂之五宅。禹貢九州之山川，謂之九山九川也。侯言五，伯言九，互文耳。五服卽九州也。又案子長孟堅言齊有五侯九伯之地者，謂侯爵之國五，伯爵之國九，而齊兼有其地耳，其說五九則非，其說侯伯則是，蓋當時說左傳者皆不以侯爲諸侯，伯爲方伯也。」（經義述聞卷十七）按王氏以五侯爲分居五服之侯。九伯爲散列九州之伯。並引尙書五服、五宅、九山九川爲證。其說雖似有理，而實亦未當。故左傳會箋駁之曰：「夫五服五宅，上承五刑有服，五流有宅之文；九山九川，上承九州攸同之文，無妨省文見義，豈無所承而於五服之侯，九州之伯，得直言五侯九伯乎？況五服夏制，周自爲九服乎？五侯九伯，蓋統言天下諸侯之國也。古人制數之法，一爲始數，五爲中數，九爲終數，積而至十，則復歸於一，故以至少者擧則曰一，以至多者擧則曰九，以其中擧則曰五，而十不以爲擧數之例。素問三部九侯謂曰：天地之至數始於一，終於九焉，是其義也。天下之侯，不止於五，伯亦不止於九，言五侯者，擧中數也。猶詩騶虞言，壹發五豝，壹發五豵。其所謂五，皆中數之不可執者也。言九伯者，擧終數也。猶公羊傳言，叛者九國。孫子言，善守者藏於九地之下，善攻者動於九天之上。其所謂九，又皆終數之不可執也。周制：公侯伯子男，爵凡五等，止言侯伯者，亦擧其中以見例也。公尊於侯而建國少，不可以中數擧，子男卑於伯，而建國衆，若以終數擧，則無由別於伯，公之尊，子男之卑，俱不可擧數以見例，故擧侯伯之中，而約其數曰五曰九，自當爲立言者通語，無足異也。」（僖公四年）會箋以五九為虛數，五侯九伯，乃統言天下諸侯之國，陳義最為允當，當從其說。

「季氏以公鉏為馬正。」（襄公廿三年傳）

賈逵曰：「馬正，家司馬。」（太平御覽卷四百二十二引。馬輯有，黃、王、嚴三家缺，馮補有。）

案杜注用賈說。周禮夏官司馬序官云：「家司馬，各使其臣以正於公司馬。」鄭注：「卿大夫之采地，王不特置司馬，各自使其家臣為司馬，主其地之軍賦。」（周禮注疏卷二十八）又都司馬：「家司馬亦如之。」鄭注：「大夫家臣為司馬者，春秋傳曰：叔孫氏之司馬鬷戾。」（同上卷三十三）是鄭義卿大夫得各自使其家臣為司馬，謂之家司馬。並引昭二十五年傳，叔孫氏之司馬鬷戾為證。此年傳載，公鉏為季氏馬正，當亦是家司馬之屬。定十年傳：「公南為馬正。」與此年傳同。傳或稱馬正，或稱司馬，名雖異而實則同也。

「乃使為之卜尹。」（昭公十三年傳）

賈逵曰：「卜尹，卜師，大夫官。」（史記楚世家集解引。馬、黃、王、嚴四家皆輯。）

案杜卜尹無注。李氏貽德曰：「案春官卜師，掌開龜之四兆。序官：太卜，下大夫。卜師，上士。此云大夫官，蓋偶誤也。」（賈服注輯述卷十六）按楚國之官，多以尹名。尹者，正也，長也。此傳云卜尹，則是楚卜官之長。周禮春官序官：「太卜，下大夫二人。」鄭注：「太卜，卜筮官之長。」（卷十七）是卜官之長，得為大夫。且據傳載，觀從乃才智之士，靈王之弑，從歷與大事。及平王即位，欲宥罪舉職，以從有才，欲用之。乃使為卜尹。其職不當在大夫之下。又其父觀起嘗佐令尹子南，爲子南所寵信，位亦當在大夫之列。從承其父之職位爲大夫，亦屬理之常。賈氏以爲大夫官，是也。惠氏棟左傳補注（卷五，惠氏誤作服虔曰，當正。）洪氏亮吉春秋左傳詁（卷十六），並引賈說而無駁，明惠氏、洪氏亦以爲然。李氏謂：賈云大夫官，蓋偶誤。恐非。而賈云：卜師者，蓋屬泛稱，不必與周禮卜師同。而其職司則當如周禮太卜及卜師職也。

「鄭伯男也，而使從公侯之貢。」（昭公十三年傳）

賈逵曰：「鄭伯爵在男畿。」（詩鄭譜正義引。馬輯、馮補有，黃、王、嚴三家缺。）

賈逵曰：「或曰：男當作南，謂南面之君也。」（正義引。馬、黃、王、嚴四家皆輯。）

案杜注：「言鄭國在甸服外，爵列伯子男，不應出公侯之貢。」正義申杜說云：「周語云：鄭伯男也，王而卑之，是不尊貴也。王肅注此與彼皆云：鄭伯爵而連男言之，猶言曰公侯，足句辭也。杜用王說。言鄭國在甸服之外，其爵列於伯子男，言己爵卑國小，不應出公侯之貢也。今使從公侯之貢，懼弗給也。諸侯地有五等，命有三等，伯居五等之中，與侯同受七命，據地小大分爲三等，則侯同於公，伯同子男。僖九年在喪之例云：公侯曰子，言不及伯，是不得同於侯也。僖二十九年，大夫會國君之例云：在禮，卿不會公侯，會伯子男可也。是伯國下同子男也。子產自言其君爵卑，下引子男爲例，故云鄭伯男也。」正義又引鄭衆、服虔說、賈逵說、鄭玄說而駁之曰：「鄭伯男也，舊有多說：鄭衆、服虔云：鄭伯爵在男服也。周禮：男服在三，距王城千五百里，鄭去京師不容此數。賈逵云：男當作南，謂南面之君也。子產爭國小貢重，輒言鄭伯爲南面之君，復何所益？南面君者，豈貢得輕乎？鄭志云：男謂子男也。同之舊俗，雖為侯伯，皆食子男之地。鄭之此言，不知所出。鄭食子男之地，不知復在何時？武公既遷東鄭，併十邑為國，不得食子男之地。若西鄭之時，食子男之地，則今為大國，自當貢重，子產不得遠言上世國小，以距今之貢重。晉之朝士，焉肯受屈而自日中以爭至于昏乎？原此諸說，悉皆不通。」又詩鄭譜疏曰：「昭十三年左傳曰：鄭伯男也。賈逵以為鄭伯爵在男畿。鄭距王城三百餘里，而得在男畿者，鄭志答趙商云：此鄭伯男者非男畿，乃謂子男也。先鄭之於王城，為在畿內之諸侯，雖爵為侯伯，周之舊俗，皆食子男之地，故云鄭伯男也。是鄭意與賈說異。」（詩經注疏卷四之二）正義引賈說與詩鄭譜疏所引不同者，李氏貽德曰：「以鄭在男畿者，賈之正說；男當作南，謂南面之君者，賈引或說。知者，周語云：鄭伯南也。韋昭注引賈侍中云：南者在南服侯伯。或云：南，南面君也。孔氏於譜疏引賈正說，而本疏獨引賈或說者，蓋孔氏意主難賈，故引其說而駁之。不知周語僅言鄭伯之當尊貴，賈猶以南面君非正訓，不過引以備說，豈于此傳為爭承而言，反取此不相比切之文乎？是當以詩疏所引鄭伯爵在男畿為正解矣。」（賈服注輯述卷十六）李說是也。然則賈說當與先鄭、服虔說同。正義故隱賈說眞象，實不足取矣。惠氏棟曰：「董仲舒春秋繁露云：周爵五等，合伯子男為一爵，故云伯男，外傳作伯南，古南男字通。公羊桓十一年，鄭忽出奔衛。傳云：忽何以名？春秋伯子男一也。辭無所貶。何休云：春秋改周之文，從殷之質，合伯子男為一。」（春秋左傳補注卷五）惠氏本公羊說以男為爵，謂合伯子男為一，說與王肅杜預合。馬氏宗璉曰：「鄭志云：男謂子男，周之舊俗，雖為侯伯，皆食子男之地，此言鄭本畿內諸侯，雖爲公侯，亦只食子男之地，況爵本伯男，焉能從畿外公侯之貢乎？鄭發墨守曰：鄭在宗周畿內是也。杜注：鄭國在甸服外，此乃武公後遷之新鄭，非初封之始制也。正義云：子產不得遠言上世國小，以距今之貢重。下文明言晉不暇討，何妨援王制以强抗乎？正義非是。」（春秋左傳補注卷三）馬氏駁正義而主鄭玄說者也。沈氏欽韓曰：「服云：鄭伯爵在男服也。按國語富辰曰：鄭伯男也，王而卑之，是不尊貴也。賈侍中云：南者在南服之侯伯也。鄭司農云：南謂子男，鄭今新鄭，在畿內，畿內之諸侯，雖爵有侯伯，皆食子男之地。韋昭引此傳以子產先云甸服，證在南服者是也。禹貢二百里男邦。孔傳云：男，任也。白虎通云：南之爲言任也。王肅家語注云：男南古字通用，則服言是也。惠氏本鄭司農據公羊義云：春秋伯子男一也。何休云：春秋變周之文，從殷之質。然彼傳黜周王魯，故不從周禮，別立謬說。子產方與晉爭王制，何爲遠徵殷法？鄭司農之說非也。」（春秋左傳補注卷十）

　按沈氏以賈、服說爲是，其駁惠棟本公羊義之言，是也。然誤合鄭司農與惠氏、公羊義爲一說，則非。又國語周語韋注引鄭司農說與正義所引鄭玄說同，而正義則以鄭司農與服虔同一說，鄭玄又別一說。兩處所載，正相抵牾，必有一誤。據詩鄭譜疏謂，先鄭之於王城云云（見前引），是兩鄭之說同也，韋注不誤，其誤者正義也。正義列鄭衆服虔爲一說，實乃賈逵服虔之誤。正義既誤賈爲鄭，又欲隱賈氏之正說，一文而見兩誤，甚矣其粗疏也。沈氏雖未明指正義之誤，而依國語韋注立說，不依正義，可知沈氏亦以正義爲不足據也。然則此傳：「鄭伯男也」之解，前儒凡有三說：

賈逵、服虔爲一說，韋昭同；兩鄭爲一說；王肅、杜預又爲一說也。賈服以男服（或作男畿，意同）釋男字；兩鄭及王、杜則並以男爲爵稱。唯兩鄭主在畿內，王、杜主在甸服之外爲異，故兩鄭及王、杜說爲近。兩鄭之說，雖得馬氏宗璉爲之證，然正義駁之於前，沈氏欽韓復難之於後，確能駁正其失，而竹添氏左傳會箋亦云：「殊不知鄭伯爵，未嘗稱男。若唯言爵，一伯字足矣，何必幷言男？且說連男以言己爵賤，則在周語不尊貴爲不通。況上文揭甸服亦不緊接，今鄭有古公侯之地，故晉命貢其貢，而子產據古禮爭之也。」（昭公十三年傳）會箋此言，前半即所以駁正兩鄭之說，後半（且說以下）則意在駁正王、杜，其言良是。則兩鄭說未當也。其王、杜說，會箋駁之如前引，而李氏貽德亦云：「鄭伯也句，非不足，即欲連文足之，則公與侯連也（詩公侯干城，傳公侯之子孫，禮王制公侯田方百里），侯與伯連也（周禮典命曰侯伯七命，邢遷于夷儀，傳凡侯伯救患分災），子與男連也（孟子子男同一位，王制子男方五十里），不過下兼一等，豈得越子而言男？知王、杜之說爲不然矣。」（賈服注輯述卷十六）李氏及會箋之駁，是也。故王、杜說亦不可從。至賈、服說，正義雖有駁（見前引），然其言未足以難賈、服。李氏貽德釋云：「周語韋昭注云：周公雖制土中，設九服，至康王而西都鎬京。其後衰弱，土地損減，服制改易，故鄭在男服。愚謂韋說固通，而子產以爲男服者，實據舊都鎬京言之，以新鄭之地，由西都計，遠近則在男服，旣則古制稱先，實權詞以濟急，蓋其皦也。」又曰：「（周禮）大行人：男服在甸服之外。康誥：侯甸男采衛。酒誥：越在侯甸男衛。男服皆次在甸服之後。上文卑而貢重者甸服也，則此擧男服，明其在甸服之外，不肯與甸服同貢也。賈、服之說，庶爲近之。」（並同上）李說良是。而沈氏欽韓亦證服說爲確當（見前引）。且定四年傳：「祝佗曰：曹爲伯甸。」（卷五十四）伯甸連文，上爵下服，文與此傳伯男同例。杜氏釋伯甸，正謂：「以伯爵居甸服。」亦可爲賈、服說之一證。權衡諸說，當以賈、服爲是。

「五雉爲五工正。」（昭公十七年傳）

賈逵曰：「西方曰鷷雉，攻木之工也。東方曰鶅雉，搏埴之工也。南方曰翟雉，攻金之工也。北方曰鵗雉，攻皮之工也。伊洛而南曰翬雉，設五色之工也。」（正義引。馬、黃、王、嚴四家皆輯。）

案杜注：「五雉，雉有五種：西方曰鷷雉，東方曰鶅雉，南方曰翟雉，北方曰鵗雉，伊洛之南曰翬雉。」正義曰：「釋鳥：雉之屬十有四，其說四方之雉，西方曰鷷，東方曰鶅，南方曰翟，北方曰鵗。舍人曰：釋四方之雉名也。杜言四方之雉，唯南方不同也。釋鳥又云：鸐，山雉。樊光曰：其羽可持而舞。詩云：右手秉翟。郭璞云：長尾者，爾雅之文，翟與鸐別。而賈逵亦云：南方曰翟雉，則先儒相傳爲說，杜從之也。釋鳥又云：伊洛而南，素質，五采皆備成章曰翬。李巡曰：素質，五采備具，文章鮮明曰翬。孫炎曰：翬雉白質五采爲文也。傳言五雉，必取五方。伊洛，土之中區，明其取翬雉，與四方之雉爲五也。賈逵云云，樊光注爾雅，四方之雉，配工亦與賈同，唯翬雉不配工耳。案賈、樊所言之工，出於考工記耳，而考工記更有刮摩之工，凡有六工，非唯五也。且記是後世之書，少皞時工，未必如記所說。又以工配雉，無所憑據，不可採用，故杜不言。」李氏貽德釋賈說云：「賈以攻是剋治之名，故知以五行相剋取象焉。西方者金，金剋木，故爲攻木之工焉。東方者木，木剋土，故爲摶埴之工焉。考工記注云：摶之言拍也。埴黏土也。南方者火，火剋金，故爲攻金之工也。北方者水，攻皮之工，函鮑爲重，離爲火，爲甲冑。然則攻皮之工火屬也。水剋火，故爲攻皮之工也。釋鳥云：伊洛而南，素質五采皆備成章曰翬。考工記云：畫繢之事雜五色。又云：凡畫繢之事，後素功有似于翬，故知爲設色之工也。」（賈服注輯述卷十七）邵氏晉涵曰：「古者利器用，正度量以平民，故五工正與九農正並重。唐虞之世，工垂猶列於九官，賈、樊所說五雉之名，當屬漢初相傳舊說，不可疑其無據也。考工記於五工之外，更有刮摩之工，則後來所增設耳。惟爾雅作南方曰翯，而賈逵作南方曰翟，杜預集解與賈逵同，疑所見本異也。」（爾雅正義卷十八）按賈氏以工配雉之說，得李氏貽德、邵氏晉涵爲之釋，其說當合傳意，正義疑其無據，恐非。

「九扈爲九農正。」（昭公十七年傳）

賈逵曰：「春扈分循，相五土之宜，趣民耕種者也。夏扈竊玄，趣民耕苗者也。秋扈竊藍，趣民收斂者也。冬扈竊黃，趣民蓋藏者也。棘扈竊丹，爲果驅鳥者也。行扈唶唶，晝爲民驅鳥者也。宵扈嘖嘖，夜爲農驅獸者也。桑扈竊脂，爲蠶驅雀者也。老扈鷃鷃，趣民收麥，令不得晏起者也。鷃鷃亦聲音爲名也。」（正義引。馬、黃、王、嚴四家皆輯。）

案杜注：「扈有九種也。春扈鳻鶞，夏扈竊玄，秋扈竊藍，冬扈竊黃，棘扈竊丹，行扈唶唶，宵扈嘖嘖，桑扈竊脂，老扈鴳鴳。以九扈爲九農之號，各隨其宜，以教民事。」正義曰：「釋鳥：自春鳸鳻鶞，至宵鳸嘖嘖，凡七鳸，其文相次，與此注正同。李巡總釋之云：諸扈別春夏秋冬四時之名，唶唶嘖嘖，鳥聲貌也。郭璞曰：諸鳸皆因其毛色音聲以爲名。竊藍青色，釋鳥又云：鳻鶞老鳸鴳，桑鳸竊脂。注爾雅者，舍人、李巡、孫炎、郭璞，皆斷老上屬，鳸下屬。解云：鳻一名鶞老。鴳一名鳸。鳸，雀也。唯樊光斷鳻鶞爲句，以老下屬。注云：春秋云，九扈爲九農正。九扈者，春扈、夏扈、秋扈、多扈、棘扈、行扈、宵扈、桑扈、老扈。是以老爲下屬，唯鴳不重耳。李巡云：竊脂一名桑扈。郭璞曰：俗謂之青雀，觜曲食肉，好盜脂膏，因名云。鄭玄詩箋云：竊脂肉食。陸璣毛詩義疏云：竊脂青雀也。好竊人脯肉及筩中膏，故以名竊脂也。諸儒說竊脂，皆謂盜人脂膏也。即如此言，竊玄竊黃，豈復盜竊玄黃乎？爾雅釋獸云：虎竊毛謂之虦。貓虦如小熊，竊毛而黃。竊毛，皆謂淺毛。竊即古之淺字，但此鳥其色不純。竊玄，淺黑也。竊藍，淺青也。竊黃，淺黃也。竊丹，淺赤也。四色皆具，則竊脂爲淺白也。其唶唶嘖嘖則聲音爲之名矣。其春扈鳻鶞，樊光云：鳻鶞言分循也。春扈分循五土之宜，乃以人事名鳥，其義未必然也。」又曰：「爾雅：老扈鴳字不重。賈、服皆云：鴳鴳亦聲音爲名也。賈逵云云。舍人、樊光注爾雅，其言亦與賈同，其意皆謂以扈爲官還令，依此諸扈而動作也。然則趣民耕耘及收斂蓋藏，其事可得召民使聚而總號令之，其爲果驅鳥，爲蠶驅雀，豈得多置官方，使之就果樹，入蠶室，爲民驅之哉？又晝驅鳥，夜驅獸，不可竟日通宵，常在田野，溥天之下，何以可周？且其言不經，難可據信也。杜云：以九扈爲九農之號，各隨其宜，以敎民事，以舊說不可采用，又不能知其職掌，故未言之。」邵氏晉涵駁正義云：「諸家釋九扈之名者，俱有老扈，不獨樊光也。然說文云：鶨，鷃老也。又云：老雇，鷃也。是則鷃老之名，其來已久，不得以上屬者爲非，疑下文扈上舊有老字，後人誤以爲重衍而去之耳。又案賈作老扈，鷃鷃者，正義謂，鷃鷃亦聲音爲名是也。」（爾雅正義卷十八）按邵氏說是也。李氏貽德釋賈說云：「說文：雇，九雇農桑候鳥。然則以九雇有知農桑之候，故少昊之時，督民農桑者取其名。春扈分循，爾雅作鳻鶞，說文作鳻盾，爾雅鳥旁爲後人所施矣。相五土之宜者，月令：命田舍東郊，善相邱陵阪險原隰土地所宜。趣民耕種者，三之日于耜。耕種者，春時事，故春扈趣之。夏扈竊玄，趣民耘苗者，耘，說文作𦔹，云：除苗閒穢。漢書食貨志云：芸，除草也。月令：季夏之月，利以殺草，是夏之事，故夏扈趣之。趣民收斂，月令仲秋之事，故秋扈趣之。謹蓋藏是月令孟多之事，故多扈趣之。周禮：天官園圃毓草木。鄭曰：樹果蓏曰圃。漢書食貨志云：還廬樹桑，菜茹有畦，瓜瓠果蓏，殖於疆易。荀子富國篇：「瓜桃棗李一本數以盆鼓。然則果實亦富國者所資矣。故棘扈爲之驅鳥焉。周禮：司寤氏禁宵行者，是行爲晝事，故行扈爲晝驅雀。釋言：宵，夜也。故夜扈驅獸。月令所云：驅獸無害五穀者也。桑扈，桑時候鳥，故曰爲蠶驅雀。離騷：及年歲之未晏兮。注：晚也。呂覽愼小：二子侍君日晏。注：暮也。鷃鷃之聲，故爲驅民早起，以是麥時候鳥，故知爲收麥也。」（賈服注輯述卷十七）按杜預說九扈之名，與賈逵同，惟杜總云九扈爲九農之號，各隨其宜，以敎民事。不別擧扈所能爲異。許氏說文云：「雇：九雇，農桑候鳥，扈民不婬者也。春雇鳻盾，夏雇竊玄，秋雇竊藍，多雇竊黃，棘雇竊丹，行扈唶唶，宵雇嘖嘖，桑扈竊脂，老雇鴳也。」（第四篇上。說文：老雇下云鴳也。各本鴳或作鷃。段注云：「疊字則當作晏晏，鳥聲也。一字則當作鴳也。」蔡邕獨斷說九扈之官云：「春扈氏農正，趣民耕種。夏扈氏農正，趣民耘除。秋扈氏農正，趣民收斂。多扈氏農正，趣民蓋藏。棘扈氏農正，常謂茅氏，一曰掌人百果。行扈氏農正，晝爲民驅鳥。宵扈氏農正，夜爲民驅獸。桑扈氏農正，趣民養蠶，老扈氏農正，趣民收麥。」（卷上）許氏扈作雇，說九雇之名，與爾雅賈杜並同。蔡氏說九扈之官與所能，亦與賈氏合，惟桑扈氏略異。賈、杜說既別，正義因有駁賈之言。而邵氏晉涵釋之云：「案古制茫昧，唐虞以前，設官分職，自難定其職掌，第如孔疏所駁，則又不然。古者重民衣食，果亦民食所資，故爾雅以果不熟爲荒，而急就篇亦云：園菜果蓏助米糧。九扈爲農正，植果養蠶，設官董率，於事無不便，豈必親就果園，躬入蠶室，而始稱棘扈桑扈之職哉？田家種藝，春夏之交，晝驅鳥雀，夜驅走獸，設人伺守，至今猶然。上古質樸，設官以相倡導，自可與民相安。若如孔疏所言，將令農民袖手旁觀，而行扈宵扈之官，使其竟日通宵，馳逐田野，有是理乎？疆域所限，耳目難周，無妨隨地設官，如漢制鄉置三老嗇夫者，古今官制，不必其設一官號，祇使一人爲之，後世守牧令丞，千百人而同一官號，孔疏乃慮及溥天之下，何以可周。是謂九扈之官，必祇有九人也。無乃失之泥與？」（爾雅正義卷十八）邵氏駁正義之言，誠爲有理。則賈氏說自可通。而杜氏既說九扈之名，又就農官所職概言之，義亦可通。二說義不相違，並存可也。

「明其伍候。」（昭公廿三年傳）

賈逵曰：「五候，五方之候也。敬授民時，四方中央之候。」（正義引賈服。馬、黃、王、嚴四家皆輯。）

案杜注：「使民有部伍，相爲候望。」正義曰：「賈、服、王、董皆作五候。賈、服云：五候，五方之候也。敬授民時，四方中央之候。王云：五候，山候、林候、澤候、川候、平地候也。董云：五候，候四方及國中之姦謀也。杜作伍候，故云使民有部伍，相爲候望。彼諸本葢以上多云四，故誤爲五也。」惠氏棟曰：「周書程典曰：協其三族，固其四援，明其伍候，習其武誡，依其山川，通其舟車，利其守務。古伍字皆作五，傳本文也。杜氏依周書爲說，故从人旁。」（春秋左傳補注卷五）沈氏欽韓曰：「惠棟云：周書程典：固其四援，明其五候。欽韓按淮南時則訓：九月官候。注：候望也。是月繕修守備，故曰官候。漢書鼂錯傳：使五家爲伍，伍有長。十長一里，里有假士。四里一連，連有假五。百十連一邑，邑有假候。此五候之法也。」（春秋左傳補注卷十）惠氏、沈氏皆從杜說。李氏貽德釋賈說云：「五方之候者，鄉飲酒義：東方者春，南方者夏，西方者秋，北方者多。月令：季夏曰中央土。候者，說文云：伺望也。敬授民時，堯典文。授時而必候五方者，書疏引書大傳曰：主春者張昏中，可以種穀。主夏者，火昏中，可以種黍。主秋者，虛昏中，可以種麥。主多者，昴昏中，可以收斂。皆云：上告天子，下賦臣人，天子南面而視四方星之中，知民緩急，故曰敬授民時。此候亦當是占候曆象之事。彼主四時，故舉四方，此傳云五候，故兼中央言之。」（賈服注輯述卷十七）又云：「王、董之解，雖與賈、服異說，而漢魏相傳之本，皆作五矣。周書程典云：協其三族，固其四援，明其伍候，按三、四、五相對而言，則周書本亦作五，今作伍者，以杜本左傳文轉改耳。杜作伍，特改字以就己說耳。惠氏棟謂杜氏依周書爲說，亦恐未確。」（同上）按上引賈、服及王肅、董遇、杜預諸說，皆未洽。竹添氏左傳會箋云：「伍候，賈、服、王、董皆作五候。候逆四方及國中之賓客也。周禮候人：各掌其方之道治與其禁令，以設候人。若有方治，則帥而致于朝。及歸，送之于竟。周語：敵國賓至，候人爲導。此候人乃所以結其四援也。明之乃所以惇信於鄰國也。」（昭公廿三年傳）又謂：「正其疆埸以下八句，兩兩相比。正其疆埸，修其土田，險其走集，親其民人四句，是愼其四境也。明其伍候，信其隣國，愼其官守，守其交禮四句，是結其四援也。」（同上）會箋據候人及周語釋伍候爲候逆四方及國中之賓客，與傳上下文義較爲密合，其說當較賈、服、王、董、杜諸家爲長，茲從之。

「帥都君子。」（昭公二十七年傳）

賈逵曰：「都君子，在都邑之士有復除者。」（正義引。馬、黃、王、嚴四家皆輯。）

案杜注從賈說。正義曰：「都謂國都，在都君子，明是在都邑之士也。都邑之士以君子爲號，故知是有復除者，謂優復其身，除其徭役。賈逵云然。今之律令猶名放課役者爲復除，是漢世以來有此言也。此人或別有功勞，或曲蒙恩澤，平常免其徭役，事急乃使之耳。」按正義說是。國語吳語：「越王以其私卒君子六千人爲中軍。」韋注：「私卒君子，王所親近，有志行者，猶吳所謂賢良，齊所謂士也。」（卷十九）謂之私卒者，蓋別於國家軍賦之正卒而言。君子，其號也。其性質當與此傳都君子同。史記越世家云：「乃發習流二千人，教士四萬人，君子六千人，諸御千人伐吳。」集解釋君子即引韋昭吳語注爲說。索隱云：君子謂君所子養有恩惠者。引此傳都君子爲證。（史記卷四十一）是索隱亦以爲如此傳都君子之比。謂之君子，當是有才德之稱，故賈以士爲言。蓋以重其才德，故常時不輕調發，事急乃從耳。

（三）宗廟

「是以清廟茅屋。」（桓公二年傳）

賈逵曰：「肅然清靜，謂之淸廟。」（詩周頌清廟正義引。此條馬、黃、王、嚴四家皆輯。）

案杜注：「清廟，肅然清淨之稱也。」校勘記：「宋本、岳本、足利本：淨作靜是也。案疏文作靜。」杜蓋本之賈說。李貽德曰：「後漢張衡傳注：肅肅，清也。素問五常政大論注：肅，清也；靜也。是肅然狀清靜也。論語微子，馬注：清，純潔也。國語周語注：靜，潔也。以見名清廟取其潔也。」（賈服注輯述卷三）詩清廟鄭氏箋云：「清廟者，祭有清明之德之宮也。謂祭文王也。天德清明，文王象焉。」疏云：「賈逵左傳注云：肅然清靜，謂之清廟。鄭不然者，以書傳說清廟之義云：於穆清廟，周公升歌文王之功烈德澤，尊在廟中，嘗見文王者，愀然如復見文王。說清廟而言功德，則清是功德之名，非清靜之名也。廟者，人所不舍，雖非文王，孰不清靜？何獨文王之廟顯清靜之名？以此故不從賈氏之說也。」（詩經注疏卷十九）此年傳正義曰：「白虎通曰：王者所以立宗廟何？緣生以事死，敬亡若存，故以宗廟而事之，此孝子之心也。宗者，尊也。廟者，貌也。象先祖之尊貌。然則象尊之貌，享祭之所，嚴其舍宇，簡其出入，其處肅然清靜，故稱清廟。清廟者，宗廟之大稱；詩頌清廟者，祀文王之歌，故鄭玄以文王解之，言天德清明，文王象焉，故稱清廟。此則廣指諸廟，非獨文王，故以清廟解之。」正義釋賈、杜說，及其所以異於詩頌清廟鄭箋說之故，其言得之。

「朝于武宮。」（僖公廿四年傳）

賈逵曰：「文公之祖武公廟也。」（史記晉世家集解引。馬、黃、王、嚴四家皆輯。）

案杜注用賈說。武宮者，武公之廟也。史記晉世家：晉武公傳位於子獻公。文公，獻公之子，於武公爲孫。故賈釋武宮云：文公之祖武公廟也。詩大雅烈文序：「成王卽政，諸侯助祭也。」鄭箋云：「新王卽政，必以朝享之禮，祭於祖考，告嗣位也。」（卷十九之一）又閔予小子序：「嗣王朝於廟也。」鄭箋云：「嗣王者，謂成王也。除武王之喪，將始卽政，朝於廟也。」（卷十九之三）是新君卽位有朝廟之禮。文公初立，故朝于武宮。

「勇則害上，不登于明堂。」（文公二年傳）

賈逵曰：「祖廟與明堂爲一。」（正義引左氏舊說及賈逵、盧植、蔡邕、服虔等。馬、嚴輯有，黃、王二家缺。）

案杜注：「明堂，祖廟也。所以策功序德。」通典引服虔說亦云：「明堂，祖廟也。」（卷四十四）是服、杜說明堂皆與賈同。詩靈臺疏引盧植禮記注云：「明堂卽太廟也。天子太廟，上可以望氣，故謂之靈臺。中可以序昭穆，故謂之太廟。圓之以水似辟，故謂之辟雍。古法皆同一處，近世殊異，分爲三耳。」又引蔡邕月令論云：「取其宗廟之清貌，則曰清廟。取其正室之貌，則曰太廟。取其堂則曰明堂。取其四門之學，則曰太學。取其周水圓如璧，則曰辟雍。異名而同耳，其實一也。」疏又云：「頴子容春秋釋例云：太廟有八名，其體一也：肅然清靜，謂之清廟。行禘祫，序昭穆，謂之太廟。告朔行政，謂之明堂。行饗射，養國老，謂之辟雍。占雲物，望氣祥，謂之靈臺。其四門之學，謂之太學。其中室謂之太室。總謂之宮。賈逵、服虔注左傳亦云：靈臺在太廟明堂之中。此等諸儒，皆以廟學明堂靈臺爲一。」（卷十六之五）是盧植、蔡邕、頴容、說明堂之制，並與賈、服、杜說相通。正義引鄭玄以爲：明堂在國之陽，與祖廟別處。鄭氏獨與上引諸儒說異。又靈臺疏引袁準正論云：「明堂宗廟太學，禮之大物也。事義不同，各有所爲，而世之論者，合以爲一體，取詩書放逸之文，經典相似之語而致之，不復考之人情，驗之道理，失之遠矣。夫宗廟之中，人所致敬，幽隱清靜，鬼神所居，而使衆學處焉。饗射其中，人鬼慢黷，死生交錯，因俘截耳。瘡痍流血，以干犯鬼神，非其理矣。是故明堂者，大朝諸侯講禮之處。宗廟，享鬼神歲覲之宮。辟雍，大射養孤之處。大學，衆學之居。靈臺，望氣之觀。清廟，訓儉之室。各有所爲，非一體也。」（卷十六之五）袁氏之論，以爲明堂、宗廟、辟雍等非爲一體。說與鄭氏爲近。阮元明堂論曰：「

明堂者，天子所居之初名也。是故祀上帝則于是，祭先祖則于是，朝諸侯則于是，養老尊賢教國子則于是，饗射獻俘則于是，治天文告朔則于是，抑且天子寢食恆于是，此古之明堂也。洎夏、商、周三代，文治益隆，路寢之制，準郭外明堂四方之一，鄉南而設，故路寢猶襲古號曰明堂。若夫祭昊天上帝則有圜丘，祭祖考則有應門內左之宗廟，朝諸侯則有朝廷，養老尊賢教國子獻俘誠則有辟雍學校，其地既分，其禮益備，故城中無明堂也。然於近郭東西別建明堂，以存古制，藏古帝治法册典於此。或祀五帝，布時令，朝四方諸侯，非常典禮，乃於此行之，此後世之明堂也。自漢以來，儒者惟蔡邕、盧植、實知異名同地之制，尚昧於上古、中古之分。後之儒者，執其一端，以蔽衆說，分合無定，制度鮮通，二千年來，遂成絕學。」（揅經堂集卷二）阮氏所言，以蔡邕、盧植異名同地之說爲近是，與賈說亦合。又汪中明堂通釋云：「明堂有六：其三曰東都。釋云：東都之明堂，亦謂之清廟，故大戴記盛德篇，或以爲明堂者，文王廟也。又云明堂以茅蓋屋，而春秋傳曰：清廟茅屋。蔡邕明堂論引檀弓，王齋禘于清廟明堂。古周禮孝經說，以明堂爲文王廟，皆其證也。周書洛誥，正言作洛事，而曰戊辰，王在新邑，烝祭歲。周公曰：今王即命曰，記功宗，以功作元祀。按司勳之職，凡有功祭於大烝，故孔悝鼎銘，勤大命施於烝彝鼎。然則洛誥所言，正功臣從享太廟之禮，而周書大匡篇云：勇如害上，不登於明堂。晉狼瞫引以爲未獲死所之證。明乎清廟之與明堂爲一地也。周公既祀文王於明堂，又營清廟於東都。以其同爲祀文王之地，故亦曰明堂。詩序曰：清廟，祀文王也。周公既成洛邑，朝諸侯，率以祀文王焉。凡特立廟皆異其名，故姜嫄曰閟宮，文王曰淸廟。」（述學卷一）按汪氏之說，亦證淸廟與明堂爲一地，說亦與賈逵等合。

近人王國維氏撰「明堂廟寢通考」一文，證知明堂之制爲古代宮室之通制，而宗廟之宮室亦如之，並謂古宗廟之有太室，卽足證其制與明堂無異。（見觀堂集林卷三）王氏擧證確當，其說可信，亦可證賈、盧、蔡、服、杜諸家所持祖廟與明堂爲一說之不誣。至明堂之制，則王氏云：「明堂之制，外有四堂，東西南北，兩兩相背，每堂又各有左右二个。其名則月令諸書謂之青陽太廟，青陽左个，青陽右个；明堂太廟，明堂左个，明堂右个；總章太廟，總章左个，總章右个；玄堂太廟，玄堂左个，玄堂右个。此四堂之名，除明堂外，青陽之名僅見於爾雅。總章之名，一見於尸子，而玄堂則無聞焉。其名或出後人之緣飾，然其制則古矣。蓋此四堂八个，實聽朔布政之事相關；聽朔之爲古制，亦可由文字上旁證之。於文，王居門中爲閏。周禮春官，大史閏月詔王居門終月。玉藻，閏月則闔門左扉，立於其中。先鄭注周禮云：月令十二月，分在青陽明堂、總章玄堂左右之位，惟閏月無所居，居於門。故於文，王在門中爲閏。說文亦云：告朔之禮，天子居宗廟，閏月居門中，閏从王在門中。周禮、玉藻之說，雖有可存疑之處，然文字之證據不可誣也。要之明堂爲古宮室之通制，未必爲聽朔布政而設，而其四堂八个，適符十二月之數，先王因之而月異其居，以聽朔布政焉，此自然之勢也。然則古者聽朔之事，可以閏字證之，而四堂、八个之制，又可由聽朔證之，月令之說固非全無依據矣。且考工記之記明堂，世所視爲與月令絕異者也。記但言堂之修廣而不言堂數，故自漢以來多以一堂解之，然其所言世室五室四旁兩夾四阿重屋，無不可見四堂之制。古者室在堂後，有室斯有堂，又一堂止一室，故房有東西也，夾有東西也，个有左右也，而從不聞有二室，今既有五室，則除中央太室外，他室之前必有一堂，有四室斯有四堂矣。四旁兩夾亦然，（古夾个兩字音義皆同，書顧命及考工記之夾，即月令之个也。）每堂各有兩夾，而四堂分居四旁，此所謂四旁兩夾也。若四阿之釋，則或以為四注屋，或以阿為屋翼，或以阿為楣，然鄭氏於考工記匠人王宮門阿之制五雉注及士昏禮當阿注，皆云：阿，棟也。蓋屋當棟處最高，計屋之高，必自其最高處計之，門阿之制五雉，謂自屋之最高處至地凡五雉，自不能以屋翼及楣當之矣。鄭以明堂止有一堂，一堂不能有四棟，故於四阿下解為四注屋，然此四阿與王宮門阿同在匠人一職，不容前後異義，自當從鄭君後說，既有四棟，則為四堂無疑。故考工記所言明堂之制為四堂而非一堂，自其本文證之而有餘，明堂合四堂而為一，故又有合宮之稱。尸子曰：黃帝合宮，殷人總章，殷人陽館，周人明堂。益知四堂之說不可易也。」（觀堂集林卷三）按明堂之制，諸家說頗紛歧，王氏所論最為允洽，當從之。

「秋七月，大室之屋壞，書不共也。」（文公十三年傳）

賈逵以為大廟之室也。（正義引左氏先師賈服等。馬、黃、王、嚴四家皆輯。）

案杜注用賈說。正義曰：「傳稱書不共，則於此室當共，知大廟之室也。明堂位曰：「祀周公於大廟。此周公之廟壞也。不直言大廟壞而云大室屋壞者，大廟之制，其簷四阿而下當其室，中又拔出為重屋。明堂位云，大廟天子明堂，後廟重檐，天子之廟飾。鄭云：復廟重屋也。是天子之廟，上為重屋，此是大廟當中之室，其上之屋壞，非大廟全壞也。」公羊經，大室作世室，傳云：「世室者何?魯公之廟也。周公稱太廟，魯公稱世室，群公稱宮。此魯公之廟也，曷爲謂之世室?世室猶世世不毀也。」（卷十四）穀梁傳云：「大室猶世室也。周公曰大廟，伯禽曰大室，群公曰宮。」（卷十一）公羊、穀梁皆以大室爲魯公之廟，與正義說異。正義駁公羊、穀梁云：「左傳不辨此是何公之廟，而經謂之大室，則此室是室之最大者，故知是周公之廟，非魯公也。明堂位曰：魯公之廟，文世室也。武公之廟，武世室也。不毀則稱世室，世室非一君廟名，若是伯禽之廟，則宜擧其號謚。且左氏經爲大室，不作世室，故左氏先師賈服等皆以爲大廟之室也。」按正義說是也。禮記明堂位云：「以禘禮祀周公於太廟。」鄭注：「周公曰太廟，魯公曰世室，群公稱宮。」疏云：「此公羊文十三年傳云云，左氏經以爲大室屋壞。服氏云，太廟之室。與公羊及鄭違，今所不取。」（卷三十一）明堂位疏以鄭氏從公羊說，異於賈、服。然詩魯頌譜疏云：「文十三年，大室屋壞。傳云，書不恭也。公羊、穀梁皆以大廟爲世室，謂伯禽之廟。服、杜皆以爲大廟之室。鄭無所說，蓋與左氏義同也。」（卷二十一之一）詩疏則又以爲與左氏義同，與賈、服不異。蓋明堂位鄭注，但明大廟與世室之別，不謂太室卽世室也，故當以詩疏爲正，謂於大室之說，同於賈服也。王國維說太室之制云：「四堂四室，兩兩對峙，則其中有廣庭焉。庭之形正方，其廣袤實與一堂之廣相等，左氏傳所謂埋璧於太室之庭，史記封禪書載申公之言曰：黃帝接萬靈明庭，蓋均謂此庭也。此庭之上，有圓屋以覆之，故謂之太室。太室者，以居四室之中，又比四室絕大，故得此名。太者大也。

其在月令則謂之太廟太室。此太廟者，非中央別有一廟，卽青陽明堂、總章玄堂之四太廟也，太廟之太，對左右个而言；太室之太，對四室而言。又謂之世室。世亦大也。古者太大同字，世太爲通用字，故春秋經之世子，傳作太子。論語之世叔，左氏傳作太叔。又如伯父之稱世父，皆以大爲義，故書洛誥、禮月令、春秋左氏、穀梁傳之太室，考工記明堂位公羊傳並稱世室。又太室居四堂四室之中，故他物之在中央者，或用以爲名，嵩高在五嶽之中，故古謂之太室，卽以明堂太室之名名之也。然則太室者，以居中央及絕大爲名。」（明堂廟寢通考）如王氏說則太室乃宗廟中央之室。傳謂太室之屋壞，則是太室上之重屋損壞也。

（四）社制（置社附）

「間于兩社。」（閔公二年傳）

賈逵曰：「兩社，周社、亳社也。兩社之間，朝廷執政之臣所在。」（史記魯世家集解引。馬、黃、王、嚴四家皆輯。）

案杜注：「兩社：周社、亳社。兩社之間，朝廷執政所在。」杜用賈說。正義曰：「王者取七色之土，封以爲社。若封諸侯，隨方割其土，包之以白茅賜之，使立國社。魯是周之諸侯，故國社謂之周社。哀四年，亳社災。是魯國有亳社。穀梁傳曰：亳社者，亳之社也。亳，亡國也。亡國之社，以爲廟屏戒也。則亳社在宗廟之前也。周禮大宗伯（按當作小宗伯）掌建國之神位，右社稷，左宗廟。則諸侯亦當然。定二年，雉門及兩觀災。則兩觀在雉門外也。禮運云，昔者仲尼與於蜡賓，事畢，出遊於觀之上。蜡祭在廟，故出廟而遊於觀也。由此言之，宗廟社稷，在雉門之外，分左右廂也。鄭玄考校禮文，以為魯制三門庫、雉、路。天子諸侯皆三朝，圖宗人之嘉事則有路寢庭，朝日出視則在路門之外，其詢國危，詢國遷、詢立君。周禮朝士所掌外朝之位者，乃在雉門之外耳。雉門之外，左有亳社，右為周社。間於兩社，是在兩社之間，朝廷詢謀大事，則在此處，是執政之所在也。」按小宗伯鄭注云：「庫門內雉門外之左右。」（卷十九）故疏謂，兩社在雉門之外。太僕職鄭注：「燕朝，朝於路寢之庭。」（卷三十一）又司士職鄭注：「此王日視朝事于路門外之位。」（卷三十一）此皆正義所據者也。朝士疏引此年傳及注云云，謂「兩社在大門內中門外為外朝。」（卷三十五）儀禮公食大夫禮云：「明日，賓朝服拜賜於朝。」注：「朝謂大門外。」疏亦引此年左傳及注云云。並謂「但諸侯左宗廟，右社稷，在大門之內，則諸侯外朝，不在大門內者，但外朝大門外，兩社之門，遙繫外朝而言執政所在。」（卷二十六）劉文淇曰：「禮疏稱大門，即庫門也。中門即雉門也。依朝士疏，則兩社在雉門之外，然賈云，執政所在，當指治朝而非外朝。公食大夫疏謂遙繫外朝而言，非也。江永鄉黨圖考云，此大約言周社、亳社中間有朝廷耳，其實治朝仍在中門之內是也。」（舊注疏證閔公二年）劉說得之。

「曹人或夢衆君子立于社宮。」（哀公七年傳）

賈逵曰：「社宮，社也。」（史記曹世家集解引。又水經注卷三十五引。馬、黃、王、嚴四家皆輯。）

案杜注從賈說。裴氏史記集解並引賈逵、鄭衆兩說。其引鄭說云：「社宮，中有室屋者。」與賈異。賈、杜云：「社宮，社也。」是以社宮卽社，無別也。鄭衆云中有室屋者，是別社宮與社異也。竹添氏會箋云：「圍牆內曰宮，社亦有圍牆，故名其中曰社宮，言立於社之圍牆中也。宮字是爾雅大山宮小山之宮，謂圍繞之。禮記曰：君爲廬宮之。又曰：儒有一畝之宮。鄭注：宮爲牆垣也。是其切證。鄭衆云：社宮中有室屋者。然社非喪國不屋，此時曹未亡，曹社焉得有室屋？」（哀公七年傳）然則社宮卽社，不必別言室屋，賈、杜說是也。

「請致千社。」（昭公廿五年傳）

賈逵曰：「二十五家爲一社。千社，二萬五千家也。」（史記齊世家集解引。馬輯、馮補有，黃、王、嚴三家缺。）

案杜注從賈說。正義曰：「禮有里社，故郊特牲稱：唯爲社事單出里，以二十五家爲里。故知二十五家爲社也。」李氏貽德釋賈說云：「周禮遂人：五家爲鄰，五鄰爲里。是五五二十五家也。詩將仲子：無踰我里。傳：二十五家爲里。祭法：大夫以下成群立社曰置社。注：大夫不得特立社，與民族居，百家以上則共立一社，今時里社是也。郊特牲疏，如鄭此言（謂祭法注），則周之政法：百家以上得立社。其秦漢以來，雖非大夫，民二十五家以上，則得立社，故云今之里社。又鄭志云：月令命民社，謂秦社也。自秦以下，民始得立社也。按此則春秋時尚無里社，而賈云二十五家爲社者，里社之名，雖盛於秦漢時，春秋時已有其制。管子小稱，公子開方以書社七百下衛矣。注：古者群居二十五家，則共居社。呂覽知接：書社四十。注：二十五家也。愼大篇：諸大夫賞以書社。注：二十五家爲社。史記孔子世家：楚昭王將以書社七百里封孔子。七百里卽七百社，可證管子云：書社七百者，七百里也。呂覽書社四十者，四十里也。是里社起於秦漢之前，以里是二十五家，一里祀一社，則亦二十五家爲社矣。千社則二萬五千家矣。正義曰云云，按郊特牲注：單出里，皆往祭社于都鄙，非里社也。正義引以證此，誤矣。」（賈服注輯述卷十七）竹添氏左傳會箋云：「金鶚曰：祭法云，大夫以下成群立社曰置社。鄭注云：大夫不得特立社，與民族居百家以上，則共立一社，今時里社是也。案周官百家爲族，族師止得祭酺，不得祭社。五百家爲黨，黨正止得祭禜，亦不得祭社。至二千五百家爲州，州長乃得祭社。鄭駁五經異義亦云：二千五百家爲社。此鄉遂之制也。都鄙民居，不如鄉遂之密，其設社異於鄉遂。司徒職云：四井爲邑，四邑爲邱，四邱爲甸，四甸爲縣，四縣爲都，此都鄙居民之法也。大約一甸五百家有奇，當設官以爲之長，則當立社。郊特牲云：惟社丘乘共粢盛。古甸與乘通，乘當作甸，惟甸有社，故丘甸共粢盛也。五百家立社，已五倍於鄉遂，若謂五百家得立社，何與鄉遂大相絕乎？恐未必然也。至於里社，其制始於秦，古未之有也。一里二十五家，卽得立社，是民自立社也。月令：仲春之月命民社。鄭志亦謂：此秦社。自秦以下，民始得立社也。今引秦里社以解古之置社，未免混亂。萬充宗因謂：庶民得祭社。不知古者成群置社，庶民固得與其祭事，而不得主其祭。太宰職云：以八則馭都鄙：一曰祭祀以馭其神。祭祀莫大於社矣。論語：子路使子羔爲費宰，曰有社稷焉。是祭社必官長主之可知。郊特牲云

：唯爲社事單出里，唯爲社田國人畢作。未嘗言民自祭社也。萬氏又謂：左傳書社卽里社。江愼修亦以二十五家爲一社。其說亦非。齊與衛地，自濟以西，禚媚杏以南，書社五百。賈逵、杜預皆云二十五家爲一社，籍書而致之。此萬氏江氏之所本耳。夫載籍稱書社不一，大戴禮云：通其四疆，教其書社。呂氏春秋云：武王勝殷，諸大夫賞以書社。又曰：衛公子啓方以書社四千下衛。又曰：越王請以書社三百封墨子。荀子：與之書社三百。書社當是一甸之社，社有長，民生齒卽書名於社之長，故謂之書社。凡言書社幾百者，皆幾百戶也。論語云：伯氏駢邑三百。孔注云：伯氏食邑三百家。可以爲證。若以二十五家爲一社，五百社計一萬二千五百戶，齊與衛地，未必如此之大也。」（哀公十五年傳）按說文示部社篆下云：「周禮：二十五家爲社。」段玉裁曰：「風俗通義曰：周禮說二十五家爲社，但爲田主報求。許云周禮者，周禮說也。賈逵杜預注左傳，高誘注呂覽，薛瓚注五行志皆同。晏子春秋，桓公以書社五百里封管仲。呂覽：越以書社三百里封墨子。史記：將以書社七百里封孔子。皆謂二十五家爲里，里有社，故云書社若干里。鄭駁異義引州長職曰：以歲時祭祀州社。是二千五百家爲社也。祭法大夫以下成群立社曰置社。注云：大夫以下謂下至庶人也。大夫不得特立社，與民族居，百家以上則共立一社，今時里社是也。引郊特牲唯爲社事單出里。是鄭不用周禮說。與許異。」（說文解字第一篇上）賈、杜釋此傳據周禮說，以二十五家爲社。高誘、薛瓚並同。而以管子晏子春秋呂覽等之書社爲證。是漢儒相傳有此說。李氏貽德卽引之以釋賈說也。惟鄭玄駁五經異義引周禮州長職及禮記祭法之文，主二千五百家爲社，不從周禮說。會箋引金氏鶚之說謂，鄉遂都鄙之制有別，以爲當一甸五百家有奇而立社，不以鄭氏百家立社之說爲然。並謂里社之制始於秦，春秋時尚無有也。秦漢以後，一里二十五家即得立社，此里社之制，不當以秦之里社解春秋之置社也。春秋置社，謂書社也。書社當是一甸之社，社有長。凡言書社幾百者，皆幾百戶也。按三說不同。賈、杜以二十五家爲社，雖爲周禮說，然周禮無此文。則其取證不甚堅强。鄭說二千五百家爲社，與此傳意別，不宜據以說此傳也。至會箋引金氏之說，以之解此年傳及哀十五年傳，似較賈杜說爲勝，姑從之。

（五）服飾

「鞶厲游纓。」（桓公二年傳）

賈逵曰：「鞶，紳也。一名大帶。厲，大帶之垂者。」（正義云，賈服等說鞶厲皆與杜同。據注補。此條馬、嚴輯有，黃輯、王輯缺。）

案杜注：「鞶，紳帶也。一名大帶。厲，大帶之垂者。」正義曰：「易訟卦上九：或錫之鞶帶。知鞶即帶也。以帶束腰，垂其餘以爲飾，謂之紳。上帶爲革帶，故云鞶紳帶，所以別上帶也。玉藻說帶云：大夫大帶，是一名大帶也。詩毛傳云：厲，帶之垂者。故用毛說以爲：厲大帶之垂者也。大帶之垂者，名之爲紳，而復名爲厲者，紳是帶之名，厲是垂之貌。詩稱：垂帶而厲。是厲爲垂貌也。玉藻稱：天子素帶，朱裏終辟，諸侯素帶不朱裏，大夫玄華辟垂帶，皆博四寸，士帶博二寸，再繚四寸，緇辟下垂。賈服等說鞶厲，皆與杜同。」是杜用賈說。然鄭玄注禮記，說與賈、杜異。正義駁鄭云：「禮記內則注：以鞶爲小囊，讀厲如裂繻之裂，言鞶囊必裂繒緣之以爲飾。案禮記稱：男鞶革，女鞶絲。鞶是帶之別稱，遂以鞶爲帶名，言其帶革帶絲耳。鞶非囊之號也。禮記又云：婦事舅姑，施縏袠。袠是囊之別名，今人謂裹書之物爲袠，言其施帶施囊耳。其縏亦非囊也。若以縏爲小囊，則袠是何器？若袠亦是囊，則不應帶二囊矣。以此知鞶卽是紳帶，爲得其實。」按正義駁鄭是也。說鞶厲之意，仍當以賈、杜義爲正。

「死王事加二等，於是有以袞斂。」（僖公四年傳）

賈逵曰：「死王事，謂朝天子以命用師。袞斂，上公九命服袞也。」（太平御覽卷五百五十六引。馬輯、馮補有，黃、王、嚴三家缺。）

案杜注：「謂以死勤王事。袞衣，公服也。謂加二等。」杜釋死王事，與賈說文異而意同。正義引沈氏云：「朝會亦王事，而別言死王事者，謂因王事或戰陣而死，故別爲文也。」此釋傳別薨于朝會及死王事之意也。周禮大宗伯：「時見曰會。」鄭注：「時見者，言無常期，諸侯有不順服者，王將征討之事，則旣朝覲，王爲壇於國外，合諸侯而命事焉。」（卷十八）此命事卽賈注命用師也。禮記王制曰：「制，三公一命卷。若有加則賜也。」鄭注：「卷，俗讀也。其通則曰袞。三公八命矣，復加一命則服龍袞，與王者之後同，多於此則賜，非命服也。周禮曰：諸公之服，自袞冕而下，如王之服。」疏云：「三公八命，身著鷩冕，若加一命，則爲上公，與王者之後齊同而著袞冕。

」（卷十一）是上公九命服袞也。公之袞冕，章數與王同，其就數則異，故鄭注儀禮覲禮云：「上公袞無升龍。」（卷二十六下）其旒則九，非十二也。說文云：「袞，幅一龍蟠阿上鄉。」段注：「上鄉所謂升龍也。」（第八篇上衣部）覲禮疏云：「白虎通引傳：天子升龍，諸侯降龍。」（同上）然則上公之袞，當作降龍也。

「有韎韋之跗注。」（成公十六年傳）

賈逵曰：「一染曰韎。」（正義引。馬、黃、王、嚴四家皆輯。黃、王二家並釋器云以下二句亦引之，此從馬、嚴輯。）

賈又云：「跗謂足跗。注，屬也。袴而屬於跗。」（周禮春官司服疏引賈服。馬、嚴輯有，黃、王二家缺。）

案杜注：「韎，赤色。跗注，戎服若袴而屬於跗，與袴連。」杜略本賈說。正義曰：「鄭玄詩箋云：韎，茅蒐染也。茅蒐韎聲也。韋昭云：茅蒐，今絳草也。急疾呼茅蒐成韎也。茅蒐即今之蒨也。賈逵云，一染曰韎。釋器云：一染謂之縓。謂一入赤爲淺赤色也。跗注，兵戎之服，自腰以下而注於脚跗，謂屬袴於下，於跗相連。周禮司服：凡兵事韋弁服。鄭玄云：韋弁以韎韋爲弁。又以爲衣裳，晉郤至衣韎韋之跗注是也。鄭以跗當爲幅，謂裁韋若布帛之幅相縫屬，鄭言以爲衣裳，則衣裳不連。聘禮：君使卿韋弁歸饔餼。鄭玄云：其服蓋韎布以爲衣而素裳。鄭以彼非戎事，當爲素裳，明衣裳不連跗。杜言連者，謂腰脚連耳。」正義引鄭氏詩箋，乃詩小雅瞻彼洛矣之詩。爾雅釋草：「

茹藘，茅蒐。」郭注：「今之蒨，可以染絳。」（卷八）詩疏引鄭駁異義云：「韎，草名。齊魯之間言韎，（疏韎下有韐字，蓋衍，故刪。）聲如茅蒐，字當作韎。陳留人謂之蒨。」（卷十四之二）正義謂：韋昭云：急疾呼茅蒐成韎。是茅蒐合音爲韎也。詩毛傳：「一入曰韎」（卷十四之二）此蓋賈氏所本。杜云，韎，赤色。據爾雅爲言也。跗謂足跗者，儀禮士喪禮：「結于跗連絇。」注：「跗，足上也。」疏：「足上者，謂足背也。」（卷三十六）莊子秋水：「蹶泥則沒足滅跗。」司馬彪注：「跗，足跗也。」（第十七篇）足跗析言，則跗亦謂足背也。司馬彪注：跗謂足跗，與賈說同。注謂屬者，周禮函人：「犀甲七屬。」鄭注云：「屬讀如灌注之注。」（卷四十）又匠人：「水屬不理孫。」鄭亦云：「屬讀爲注。」（卷四十二）國語晉語：「恐國人之屬耳目於我也。」韋注：「屬猶注也。」（卷十二）是屬訓爲注，二字音近義同，故賈訓注爲屬也。袴而屬於跗者，李貽德云：「袴，說文作絝，云：脛衣也。周禮司服：凡兵事韋弁服。鄭注云云，引此年傳爲證。晉語注：兵服自腰以下注于跗。若然則賈、服云：袴而屬於跗，非以脛衣當之。謂若袴之連于跗。舉袴以擬其狀。林云若袴而屬於跗。蓋卽用賈服舊注，周禮疏引賈、服注脫若字耳。」（賈服注輯述卷十）按李說是也。故賈云，袴而屬於跗，謂如袴而連屬於跗也。

「使鄧廖帥組甲三百，被練三千。」（襄公三年傳）

賈逵曰：「組甲，以組綴甲，車士服之。被練，帛也。以帛綴甲，步卒服之。凡甲所以爲固者，以盈竅也。帛盈竅而任力者半，卑者所服。組盈竅而盡任力，尊者所服。」（正義引。黃、馬、王、嚴四家皆輯。)

案杜注：「組甲、被練，皆戰備也。組甲，漆甲成組文。被練，練袍。」杜不用賈說。正義引賈逵及馬融說而駁之。賈逵說已見前引，其引馬融云：「組甲以組爲甲裏，公族所服。被練，以練爲甲裏，卑者所服。」又駁賈、馬而申杜云：「然則甲貴牢固，組、練俱用絲也。練若不固，宜皆用組，何當造不牢之甲，而令步卒服之，豈欲其被傷，故使甲不牢也？若練以綴甲，何以謂之被也？又組是條繩，不可以爲衣服，安得以爲甲裏？杜言組甲，漆甲成組文，今時漆甲有爲文者。被練文不言甲，必非甲名，被是被覆衣著之名，故以爲練袍被於身上，雖並無明證，而杜要愜人情。」惠棟曰：「謹案禮說稱賈氏義爲長。少儀曰：國家靡敝則甲不組縢。逸周書曰：年不登，甲不纓縢。孔晁曰：縷繩甲不以組，蓋組甲之工靡于被練，故凶歲不組縢，所以節財也。考工函人云：凡察革之道，眡其鑽空，欲其惌也。空惌則堅，竅滿則固，帛粗故任力者半，組細故盡任力。呂覽有始篇曰：郱之故法爲甲裳以帛。高誘曰：以帛綴甲，卽被練是也。公息忌謂郱君曰：不若以組甲，凡甲之所以爲固以滿竅也。今竅滿矣，而任力者半耳。且組則不然，竅滿則盡任力矣。郱君以爲然。高誘曰：組甲以組連甲，賈氏之說，蓋本於此。」（左傳補注卷三）沈欽韓曰：「少儀，甲不組縢。注云：組縢以組飾之，及紟帶也。疏云：謂以組連甲及爲甲帶。言紟帶，解經縢字，縢是縛約之名。釋文云：紟結也。如鄭義亦以組連甲，因以爲飾。管子五行注：組甲謂以組貫甲也。燕策：身自削甲札，妻自組甲絣。吳師道補正曰：組今綬紛條。韻書以繩直物曰絣，此謂編組穿甲之繩也。遍考古書，皆與賈說同。」（左傳補注卷六）馬宗璉曰：「許慶宗曰：管子四時篇（當作五行篇），房注：組甲謂以組貫也。韓非子過秦：得韓之都而驅其鍊甲。鍊甲即被鍊也。孟子：有布縷之征。趙岐注：縷紩鎧甲之縷也。典枲賈疏：縷用麻之物。是凡甲皆以麻貫之，此組以帛貫之，尤爲精貴矣。」（左傳補注卷二）洪亮吉春秋左傳詁卷十二引呂覽有始篇曰云云，與惠棟說同。李貽德曰：「考工記函人曰：犀甲七屬，兕甲六屬，合甲五屬。注：屬謂上旅下旅札續之數也。疏云：一葉爲札，上旅之中，續札七節、六節、五節。下旅之中，亦有此節。又權其上旅與其下旅，而重若一，疏云，謂札葉爲旅者，以札衆多，故言旅。旅即衆也。然則凡甲聚衆札爲之，鄭讀屬如灌注之注，謂其相連注也。太玄：二挽比札爲甲，是札必相比而後爲甲，其相連比，必綴以絲帛之類。詩叔于田序，繕甲治兵。國策：綴甲厲兵。越絕書吳內傳云：越王反國，皆得士民之衆而欲伐吳，乃使之維甲，維甲者治甲系。詩閟宮：貝冑朱綅。疏曰：朱綅直謂赤綫耳。文在冑下，則是甲之所用，故云以朱綅綴之，謂以朱綫連綴甲也。孟子盡心注：縷紩鎧甲之縷也。凡此皆爲綴札之證。傳云組甲，故賈服皆云，以組綴甲。管子五行篇：衍組甲厲兵。注：組甲謂以組貫甲也。貫猶綴也。說文：綴合箸也。从叕系。段氏曰，聯之以絲也。會意。禮記內則：織紝組紃。疏曰：組紃俱爲條也。薄闊爲組，似繩者爲紃。采蘋序箋，釋文：組綫也。疏曰：組亦條之類，大同小異耳。雜記：紃以五采。注：紃施諸縫中，若今時條也。若然組綴甲謂以薄闊如條者施諸縫中耳。賈云：車士服之者，司馬法：長轂一乘，甲士三人，故乘車稱士，謂車士，服此組甲耳。被，當從說文作紴。說文：紴，條屬，讀若被。又云：練，湅繒也。湅繒卽考工記之湅帛，是已湅之帛，謂之練。此蓋以練爲紴而以綴甲。云被練者，猶司常云，通帛雜帛矣。」（賈服注輯述卷十一）李氏又曰：「步卒服之者，以被練者有三千人，故知是步卒也。云凡甲之所以爲固者，至尊者所服，賈明以製甲精粗之分，爲服甲尊卑之等也。說文：竅，空也。廣雅釋詁云：盈，充也。蓋札相連比綴，不密則空矣。故紩之必充滿其空而後甲固。周禮牛人注：任，猶用也。晉語注：力，功也。任力謂用綴屬之功，裂繒爲紴，是絛屬之闊者，故盈竅之功半於綴組，組旣織文爲之，正義云，薄闊爲組，較之紃爲闊，較之被練則陋矣。故盈竅之功，比被練爲密。逸周書，年不登，甲不纓縢。孔晁注：縷繩甲不以組，足徵組甲之當盡力也。尊卑所服，卽由此判。」（同上）劉壽曾曰：「惠氏據呂覽以證賈注盈竅義最諦。且得組練貴賤之別。惟引函人云：眡其鑽空，欲其窓也。鄭司農彼注云：窓，小孔貌。彼疏云：革惡則孔大，革善則孔小。先鄭訓窓爲孔，孔固可以訓竅，然函人職察革，此孔謂革之毛孔，孔小材堅，孔大材窳，與賈注稱盈竅爲已成之甲義異。」（舊注疏證襄公三年）劉氏又曰：「李氏說甲制甚晰，則賈所謂盈竅，竅謂札相比空隙之處也。帛盈竅而任力半，組盈竅則盡任力者，札是散材，力謂札相比處牽貫之力。惠氏謂帛粗任力半，組細盡任力，深得賈義。李氏訓力爲功，以功之精粗言，非也。組練用以連甲，札皆在甲裏。馬氏謂組爲甲裏，練爲甲裏，與賈氏說同。惟賈謂車士組甲，步卒被練。馬謂組甲公族，被練卑者爲異。楚語：在中軍王族而已。則公族亦得與軍事。據賈、馬說：則組甲貴，故數少，被練賤，故數多。」（同上）按劉氏論惠氏、李氏諸家說之得失及賈、馬之異同，其說得之。又前引惠氏以下各家，皆以賈說爲是，無主杜說者，而正義以三意難賈說，然皆乏理實，不足以破賈氏之說。其難一云：「練若不固，宜皆用組，何當造不牢之甲，而令步卒服之，豈欲其被傷，故使甲不牢也？」此說得惠氏引少儀及逸周書說，足以釋其難矣。其難二云：「若練以綴甲，何以謂之被也？」此李氏謂：被當從說文作紴。說文：「紴，條屬，讀若被。」是被練卽紴練也。蓋以練爲紴，而以綴甲，義自可通。又被作「被覆」解亦通。服甲於身，自可稱被。正義亦謂，被是被覆衣著之名。練卽練甲，被練者，被覆練甲之謂，卽指被覆練甲之士卒也。蓋前句已稱組甲，故此句變文作被練，文簡而有變化，何不可之有哉？其難三云：「組是條繩，不可以爲衣服，安得以爲甲裏？」此則上引各家說組甲之文，論之已詳，不煩更擧。由是言之，正義難賈之言，實無可取。亦可知賈說之爲確當矣。至杜預之說及正義申杜之言，亦屬望文生義，一無可取。故沈欽韓駁杜云：「組，條也。漆如何成條文？被是衣著之稱，非戰所用。（按此駁被練爲戰備之說）」（補注卷六）又駁正義云：「被練若非甲，則被練三千，兎者三百，既非甲士，是何物也？以練袍爲戰服，妄矣。」（同上）李貽德亦駁正義云：「孔氏以文不言甲，必非甲名，則文不言袍，杜何由必知是練袍乎？韓非子：陳軫曰：秦得韓之都而驅其練甲。是被練之爲甲明矣。此不稱甲，以已擧組甲，則此可不煩明指矣。」（輯述卷十一）觀沈氏、李氏之駁，則杜說之誤，從可知矣。

「紫衣狐裘。」（哀公十七年傳）

賈逵曰：「紫衣，君服。」（正義引。馬、黃、王、嚴四家皆輯。）

案杜注從賈說。正義曰：「賈逵云然，杜從之。紫衣爲君服，禮無明文，要此云紫衣，言良夫不合服之。玉藻云，玄冠紫緌，自魯桓公始也。鄭玄云：蓋僭宋王者之後服也。管子稱：齊桓好服紫衣，齊人尚之，五素而易一紫。孔子云：惡紫之奪朱。蓋當時人主好服紫衣，君既服紫，則臣不得僭。今傳言紫衣爲良夫之罪，明紫是君服，良夫僭之，故言紫衣君服也。」按正義說是也。禮記玉藻云：「君衣狐白裘，錦衣以裼之。」（卷三十）又云：「錦衣狐裘，諸侯之服也。」（同上）此云紫衣，當卽錦衣之屬，蓋以爲裼衣也。玉藻又云：「君子（鄭注：君子，大夫士也。）狐裘，黃衣以裼之。」（同上）良夫服紫衣爲裼，故以爲僭而罪之，依禮大夫當服黃衣爲裼也。

（六）樂舞

「樂及偏舞。」（莊公二十年傳）

賈逵曰：「偏舞，皆舞六代之樂也。」（史記周本紀集解引。馬、黃、王、嚴四家皆輯。）

案杜注：「皆舞六代之樂。」杜用賈說。正義曰：「言樂及偏舞，則樂之所有舞悉周偏，故知皆舞六代之樂也。」周禮春官大司樂：「以樂舞教國子，舞雲門大卷、大咸、大磬、大夏、大濩、大武。」鄭注：「此周所存六代之樂。黃帝曰雲門大卷。大咸，咸池，堯樂也。大磬，舜樂也。大夏，禹樂也。大濩，湯樂也。大武，武王樂也。」（卷二十二）又大合樂注：「大合樂者，謂偏作六代之樂。」（同上）國語周語：「樂及偏舞」韋注：「偏舞六代之樂。」謂黃帝曰雲門，堯曰咸池，舜曰簫韶，禹曰大夏，殷曰大濩，周曰大武也。一曰，諸侯大夫偏舞。」（卷一）按韋注亦用賈義。而說六代之樂，與鄭注略同。舜樂簫韶，一本作大招，鄭作大磬，按韶、招、磬通。是皆舞六代之樂也。

「見舞象箾南籥者。」（襄公廿九年傳）

賈逵曰：「象，文王之樂武象也。箾，舞曲也。南籥，以籥舞也。」（史記吳世家集解引。詩周頌維清正義引。馬、黃、王、嚴四家皆輯。）

賈逵云：「箾，舞曲名。言天下樂削去無道。」（正義引。馬、黃、王、嚴四家皆未輯。）

案杜注：「象箾，舞所執。南籥，以籥舞也。皆文王之樂。」杜注略本賈說。惟賈釋箾為舞曲名，杜則云舞所執為異。正義曰：「賈逵云：箾，舞曲名，言天下樂削去無道。杜云，箾，舞者所執。二者俱無所據，各以意言之耳。詩述碩人之善舞云：左手執籥，右手秉翟，籥是舞者所執，則箾亦舞者所執。杜說當得其實。但不知箾是何等器耳。杜云，皆主文王之樂，則象箾與南籥，各是一舞。南籥既是文舞，則象箾當是武舞也。詩云，維清奏象舞，則此象箾之舞。故鄭玄注詩云，象用兵時刺伐之舞，是武舞可知。其名之曰南，其義未聞也。」又曰：「劉炫云，知是文王樂者，詩云，維清緝熙，文王之典。此象樂之所舞，故知是文王樂也。鄭玄注象又云：此樂名象而已，以其象事有舞音，故詩序謂之象舞，舞非此樂名。故此直言舞也。其箾籥是可執之物。司馬相如上林賦曰：拂鷩鳥，捎鳳凰。則捎亦拂之類，今人謂拂爲拂捎，此必傳於古，其箾捎字同也。」洪亮吉曰：「說文：箾，以竿擊人也。虞舜樂曰箾韶。據此則箾本舞器，又爲虞舜舞曲名。杜注：舞所執，亦當此意。惟正義以爲賈、杜各以意言，俱無所據。又云，不知箾是何等器，則不考說文故也。」（春秋左傳詁卷十四）洪說箾本樂器，又爲虞舜舞曲名。前者與杜說合，後者與賈說合。李貽德曰：「詩序云武，奏大武也。注云：大武，周公作樂所爲武也。疏云，武詩者，奏大武之樂歌也。詩序又云：桓，講武類禡也。疏云，桓詩者，講武類禡之樂歌。荀子禮論，以箾與武桓同列，明箾是舞曲名也。杜以爲舞者所執，失之。」（賈服注輯述卷十三）李氏意在申賈，故其言如此。竹添光鴻左傳會箋云：「郊特牲：歌者在上，匏竹在下，貴人聲也。據此知舞時堂上歌其舞曲也。象箾南籥，二舞也。詩序：維清奏象舞，卽此象箾之舞。正義云：南籥文舞，象箾當是武舞，非也。文王曰文，維清以象文德。武王曰武，大武以昭武功。舞象箾南籥，謂吹箾以舞象，執籥以舞二南，皆文王之舞。南溯其始，象要其終也。象箾非武舞矣。箾與簫通，下文舜樂曰韶箾，尚書作簫韶，司馬貞云，箾卽簫也。字體變耳。記又曰：象，管象，維清之詩也。謂以管舞維清之詩也。象文王之德，故曰象。象簫象管，雖簫管不同，其義一也。則爲文武明矣。史記樂書亦以象爲文王之舞，自鄭箋有用兵刺伐之說，說文云，以竿擊人曰箾，而陸德明音朔，與下箾韶之箾音義皆別矣。不知明堂位祭統皆云，升歌清廟，下管象朱干玉戚，以舞大武，蓋清廟用歌象用管，而大武用干戚，未聞用箾也。樂記：始奏以文，謂清廟維清也。維清象也。可知象箾爲文武，豈竿擊人之謂乎？詩云，左手執籥，時時吹之以節也。周禮籥章，逆暑迎寒龡豳詩，祈年則龡豳雅，祭蜡則龡豳頌。謂以管籥爲之聲，是皆以籥舞之明燈。南，二南也。詩序云：南言化自北而南也。迨武王定天下，采十五國風，而周召二國之詩謂之南，蓋文王之德，先及南方，故南籥爲文王之樂也。鄭注文王世子：胥鼓南，及詩：以雅以南，並謂南夷之樂，非也。南夷之樂名任。明堂位所謂：任，南蠻之樂也。孝經緯鉤命訣：東夷之樂曰昧，南夷之樂曰南，西夷之樂曰朱離，北夷之樂曰禁，此鄭之所本。抑思大胥鼓於入學之時，豈應施以夷樂？鼓鐘詩南與雅對擧，下文明曰以籥不僭，亦何得訓南夷之樂乎？」（襄公二十九年）正義謂象箾當是武舞。會箋駁之，是也。會箋又以象爲文王之樂舞，及籥爲舞器，而南籥乃以籥而舞，皆與賈說相合。又釋南爲二南，及駁鄭康成南爲南夷樂之非，說並有當。至賈云，天下樂箾去無道之說，李氏貽德申之曰：「箾從削得聲，而義亦因之，故服說作削去。頌詩如酌桓賚般，皆不取篇首爲名，別取所志以名篇。酌告成功，故名酌。錫予善人，故名賚。此名箾者，以箾从削，故知其取削去無道之義。削之作箾，猶酌之作汋，蓋古字通也。文王時，削去無道者，伐崇戡黎之事是也。」（賈服注輯述卷十三）李氏之言，當得賈義。

「見舞大武者。」（襄公廿九年傳）

賈逵曰：「大武，周公所作武王樂也。」（史記吳世家集解引。馬、黃、王、嚴四家皆輯。）

案杜注：「武王樂。」杜本賈說，惟不云周公所作爲異。正義云：「鄭玄周禮注云：大武，武王樂也。武王伐紂，以除其害，言其德能成武功也。」詩大雅序云：「武，奏大武也。」注云：「大武，周公作樂所爲舞也。」疏云：「武詩者，奏大武之樂歌也。謂周公攝政六年之時，象武王伐紂之事，作大武之樂既成，而於廟奏之詩，人覩其奏而思武功，故述其事而作此歌焉。」（毛詩注疏卷十九之三）又疏釋周公所作之意云：「以王者功成作樂，必待太平。明堂位云：周公攝政六年，制禮作樂，故知大武是周公作樂所爲舞也。謂之武者，禮器云：樂也者，樂其所自成。注云：作樂者，緣民所樂於已之功。然則以武王用武除暴，爲天下所樂，故謂樂爲武樂。武樂爲一代大事，故歷代皆稱大也。」（同上）詩疏所言者是也。當以賈說爲長。

「**見舞韶護者。**」（今本左傳作濩，史記作護，集解引賈注同。襄公廿九年傳。）

賈逵曰：「韶護，殷成湯樂大護也。」（史記吳世家集解引。馬、黃、王、嚴四家皆輯。）

案杜注：「殷湯樂。」正義曰：「周禮謂之大濩。鄭玄云：大濩，湯樂也。湯以寬治民而除其邪，言其德能使天下得其所也。」是賈、鄭、杜三家並同。正義又曰：「然則以其防濩下民，故稱濩也。此言韶濩，不解韶之義，韶亦紹也。言其能紹繼大禹也。」周禮大司樂賈疏云：「言護者，即救護也。」（卷二十二）白虎通禮樂篇云：「湯曰大護者，言湯承衰能護民之急也。」（卷上）漢書禮樂志云：「濩，言救民也。」（卷二十二）諸說皆取救護之義，則作護爲是。

「**見舞大夏者。**」（襄公廿九年傳）

賈逵曰：「夏禹之樂大夏也。」（史記吳世家集解引。馬、黃、王、嚴四家皆輯。）

案杜注：「禹之樂。」正義曰：「樂記解此樂名：夏，大也。鄭玄云：言禹能大堯舜之德。又周禮注云：禹治水敷土，言其德能大中國也。季札見此舞，歎禹勤苦爲民，而不以爲恩德，則鄭周禮注是也。」白虎通禮樂篇：「禹曰大夏者，言禹能順二聖之道而行之，故曰大夏也。」（卷上）白虎通與鄭注禮記說合。鄭注周禮謂，言其德能大中國，大中國亦所以大堯舜之德也。二說同出鄭玄，言雖有別，而實則同也。

（七）軍制

「旝動而鼓。」（桓公五年傳）

賈逵曰：「旝，發石，一曰飛石。范蠡兵法曰：飛石重十二斤，爲機發行二百步。」（正義引賈逵。又引說文云云，謂與賈同。又據漢書甘延壽傳注引張晏說。此條馬、黃、王、嚴四家皆輯。黃、王二家所輯皆作：「旝爲發石，一曰飛石。范蠡兵法有作飛石事。」此從馬、嚴輯。）

案賈逵說云：「旝，發石。一曰飛石。范蠡兵法曰：飛石重十二斤，爲機發行二百步。」（注疏卷六）是賈逵解旝爲發石，或曰飛石也。杜預注左傳云：「旝，旃也。通帛爲之，蓋今大將之麾也。執以爲號令。」（注疏卷六）是杜注以旃解之，與賈說異。二說各有理據。故後儒或從賈說，或從杜注。孔穎達正義引申杜預注云：「旝之爲旃，事無所出，說者相傳以爲然。成二年傳：張侯曰，師之耳目，在吾旗鼓，進退從之。是在軍之士，視將旗以進退也。今命二拒，令旝動而鼓，望旗之動，鼓以進兵，明旝是可觀之物。又旝字從㫃，旌旗之類，故知旝爲旃也。周禮司常：通帛爲旝。故云通帛爲之。謂通用一絳帛，無畫飾也。鄭玄云：凡旌旗，有軍衆者畫異物，無者帛而已。鄉遂大夫或載旜，或載物，衆屬軍吏無所將。如鄭之意，則將不得建旃，而此軍有旃者，僖二十八年傳曰：城濮之戰，晉中軍風于澤，亡大旆之左旃。是知戰必有旃，故以旝爲旃也。鄭氏之言，自謂治兵之時，出軍所建，不廢戰陳之上，猶自用旃指麾。今時爲軍，猶以旌麾號令，故云蓋今大將之麾，執以爲號令也。」（注疏卷六）又正義駁賈逵說云：「案范蠡兵法雖有飛石之事，不言名爲旝也。發石非旌旗之比，說文載之㫃部，而以飛石解之，爲不類矣。且三軍之衆，人多路遠，發石之動，何以可見，而使二拒準之，爲擊鼓候也？」（同上）正義之言甚辨，然尚未足以撼賈逵之說。

說文㫃部：「旝，建大木，置石其上，發以機以槌敵。從㫃會聲。春秋傳曰：旝動而鼓。詩曰：其旝如林。」（第七篇上。此引說文係依大小徐本，與段玉裁注本異。按正義引說文云：「建大木，置石其上，發其（一作以）機以追（一作槌）敵。」陸德明經典釋文亦引作：「建大木，置石其上，發機以磓敵。」均不言「旌旗之屬」。是唐人所見說文與大小徐本同，段注據韻會本改，恐非許書之舊。）許釋旝字與賈逵同，李貽德謂，許慎本賈侍中說是也。（賈服注輯述卷三）太平御覽引春秋舊說云：「旝，發石車也。」（卷三百三十七）蓋亦據賈說。三國志袁紹傳：「太祖乃爲發石車，擊紹樓皆破，紹衆號曰霹靂車。」（卷六）注引魏氏春秋：「以古有矢石，又傳言旝動而鼓。說曰：旝，發石也。於是造發石車。」（同上）此「說曰」云者，惠棟云：「即賈侍中說也。」（左傳補注卷一）惠氏又云：「杜以旝爲旃，蓋本馬融。」（同上）劉文淇曰：「按說文旝字下又引詩曰：其旝如林。當係三家傳詩。馬融廣成頌云：旃旝摻其如林。惠氏謂杜本馬融以此。」（舊注疏證桓公五年）劉說是也。

晉書卞壼傳載：壼奉朝命討蘇峻之叛，死之。朝議賜壼左光祿大夫尙書郎。郭宏納議曰：「賊峻造逆，（壼）勠力致討，身當矢旝，再對賊鋒。」（卷七十）矢旝連文，明晉書以旝爲發石也。嚴蔚曰：「唐書李密傳：造雲旝三百具，以機發石，爲攻城械，號將軍礮。是則賈氏旝爲發石之說，亦可云信而有徵矣。杜預每好爲臆說，旝爲旃何據。而吠聲之？孔氏一意扶杜，乃云發石不可見，猶瞽者之道黑白，無足怪者。」（古注輯存卷一）沈欽韓曰：「尋賈逵、許愼之義，並以旝爲發石。後漢袁紹傳：曹操乃發石車。章懷注：今之抛車也。晉書卞壼傳：賊峻造逆，勠力致討，身當矢旝。則知古訓相承，以旝爲石明矣。唐書李密傳：命護軍將軍田茂廣造雲旝三百具，以機發石，爲攻城械，號將軍礮。獨杜預以旝爲旃，漸染私說，穿鑿不經，而宋儒遂廢雅故。」（左傳補注卷一）是發石車亦名抛車，歷代相沿爲攻戰之具，而名爲旝。嚴氏、沈氏皆據以證賈逵說而駁杜氏義，當得其實。

按馬融廣成頌云：「旃旝摻其如林。」（見前引）旃旝連文，明馬氏以旝爲旃之屬，此蓋爲杜注所本。且旝字從㫃，凡從㫃之字，多爲旌旗之屬，旌旗又師旅必用之物，故杜預從之。此杜解最有力之證。然說文引詩曰：「其旝如林。」今毛詩大雅大明篇「旝」作「會」。毛傳釋「如林」爲「衆」，不釋「會」字。鄭箋云：「盛合其兵衆。」似以「合」釋「會」。毛傳蓋亦以會合意淺近，故不釋。然則毛、鄭蓋不以「會」爲「旝」矣。說文引作旝，蓋據三家詩。又陸德明經典釋文云：「旝，古外反，又古活反。本亦作檜。」（注疏卷六引）是傳文旝字及詩「其旝如林」字，或作檜作會，不必皆從㫃作旝。則杜解所據以爲最有力之證者，將爲之減色矣。

再就左傳文義觀之，「命二拒曰，旝動而鼓。」則是以旝爲號令也。旌旗之用於行陣，蓋重在表誌而已，鮮有用之於號令者，以其但能憑目視，而目視有時而窮也。故號令進退必以金鼓行之，金鼓以聲用，不必爲視野所限也。成二年傳：「師之耳目，在吾旗鼓，進退從之。」即此意。故以旌旗爲號令之具，究非所宜。又飛石可將十二斤重物發行二百步，其響聲必甚大。後漢書袁紹傳：「操乃發石車擊紹樓皆破，軍中呼曰霹靂車。」章懷太子注：「以其發石聲震烈，呼爲霹靂。」（卷七十四上）可證發石用爲號令，二拒準之擊鼓進軍，較之旌旗爲優甚多。正義駁云：「三軍之衆，人多路遠，發石之動。何以可見而爲二拒之準？」按發石之動，以聲不以形，且其聲震烈，遠近可聞，人多路遠，當不足以限制之也。若如正義說，則以旌旗爲號令之準，尤不足憑。正義之駁，非也。凡此皆可證杜說之非勝義明矣。

且發石之用，來源當甚早。漢書甘延壽傳張晏注所引范蠡兵法載之。（卷七十）漢書藝文志兵書類載有范蠡二篇。注云：「越王勾踐臣也」（卷三十）則此書爲春秋越將范蠡所傳，當即張晏所據兵法也。范蠡助越王勾踐滅吳在周元王四年（西元前四七二年）其兵法之作，當距此年不遠，上距魯桓公五年（西元前七〇七年），相隔僅二百三十五年。而據張晏引范蠡兵法所載，其性能已甚優越，必非初創之物，則桓公五年王師伐鄭時，已有發石之械，當甚可能。此亦可爲賈說有利之證也。至左傳旝字何以從㫃？賈逵、許愼蓋已不得其解，故賈於釋傳不言從㫃之故，許造說文，不能明旝字之本原而置於㫃部，皆有缺失，正義駁之非無由矣。然陸氏釋文既見作檜字之本，則檜其本字，旝其假借字歟？綜上所論，可知賈逵說於義爲長，杜預說爲不足據矣。

「其辟君三舍。」（僖公廿三年傳）

賈逵曰：「司馬法：從遯不過三舍。三舍，九十里也。」（史記晉世家集解引。馬、黃、王、嚴四家皆輯。）

案國語晉語韋注云：「治兵，謂征伐。古者師行三十里而舍，三舍爲九十里。司馬法曰：進退不過三舍，禮也。」（卷十）所引司馬法文與賈略異。太平御覽引古司馬法：「古者逐奔不過百步，縱綏不過三舍，是以明其仁也。」（卷二百七十）文亦異，當以賈所引從遯爲正。史記司馬穰苴傳云：「齊威王使大夫追論古者司馬兵法，而附穰苴於其中，因號曰司馬穰苴兵法。」（卷六十四）此即所謂司馬法也。李貽德釋曰：「從猶韓厥從鄭伯之從。遯，說文云：逃也。亦作遁。廣雅釋詁：遁，避也。不過三舍者，言師之進退，不得踰三舍也。」（賈服注輯述卷七）李說是也。詩小雅六月：「于三十里。」傳云：「師行三十里。」箋云：「日行三十里，可以舍息。」（卷十之二）呂氏春秋不廣篇高誘注云：「軍行三十里爲一舍。」（卷十五）莊三年傳：「凡師一宿爲舍。」（卷八）是古行軍之法，三十里而舍，因以舍爲三十里之稱，三舍凡九十里也。蓋退避里數，至三舍而極，亦古師行之法，故傳云，辟君三舍，若不獲命，則與之周旋矣。

「彤弓一彤矢百玈弓矢千。」（僖公廿八年傳）

賈逵曰：「彤弓赤，玈弓黑也。諸侯賜弓矢，然後征伐。」（史記晉世家集解引。馬、黃、王、嚴四家皆輯。）

案杜注：「彤，赤弓。玈，黑弓。弓一矢百，則矢千弓十矣。諸侯賜弓矢，然後專征伐。」杜本賈說。正義曰：「彤赤，玈黑，舊說皆然。說文：彤從丹，玈從玄，是赤黑之別也。」李貽德曰：「玈，說文新附有之。正字當作黸。說文：黸，齊謂黑爲黸是也。省字當作盧。書文王之命：盧弓一，盧矢百是也。假字當作旅。儀禮士冠禮注：古文旅作臚，故聲與盧得通。釋文云：玈本或作旅非也者，陸氏誤也。」（賈服注輯述卷七）公羊定公四年傳注云：「禮，天子雕弓，諸侯彤弓，大夫嬰弓，士盧弓。」（卷二十五）荀子大略篇云：「天子雕弓，諸侯彤弓，大夫黑弓，禮也。」（卷十九）則諸侯之制，賜用彤弓，而兼以大夫士盧弓以備用也。又周禮夏官司弓矢云：「掌六弓，王弓弧弓，以授射甲革椹質者。夾弓庾弓，以授射豻侯鳥獸者。唐弓大弓，以授學射者、使者、勞者。」鄭注云：「勞者，勤勞王事，若晉文侯文公，受王弓矢之賜者。」（卷三十二）考工記弓人云：「往體多來體寡，謂之夾庾之屬。往體寡，來體多，謂之王弓之屬。往體來體若一，謂之唐弓之屬。」（卷四十二）然則唐大是弓強弱之名，彤、玈是弓所漆之色。王、弧則合九而成規，唐、大合七而成規，來、庾合五而成規。是弓矢之制也。諸侯賜弓矢，然後征伐，本禮記王制文。

「虎賁三百人。」（僖公廿八年傳）

賈逵曰：「天子之卒曰虎賁。」（史記晉世家集解引。馬、黃、王、嚴四家皆輯。）

案杜無注。周禮夏官虎賁氏：「下大夫二人，虎士八百人。掌先後王而趨以卒伍，軍旅會同，亦如之，舍卽守王閑。」鄭注：「不言徒，曰虎士，則虎士，徒之選有勇力者。王出將虎賁士居前後，雖群行亦有局分。」（卷二十八、三十一）鄭注未言賁字之義。尙書牧誓僞孔傳：「虎賁，勇士稱也。若虎賁獸，言其猛也。」（卷十一）續漢書百官志注：「虎賁，舊作虎奔。言如虎之奔也。」（卷二十五）國語云：「天子有虎賁，習武訓。諸侯有旅賁，禦災害。大夫有貳車，備承事。士有陪乘，告奔走。」（正義引）是虎賁天子之卒，蓋賈說所本。劉文淇曰：「右周賜晉文公之禮，蓋與策命同時。曲禮：三賜不及車馬。疏：左傳，晉文公受大路、戎路、弓矢、秬鬯、虎賁。此皆九命之外，始有衣服、弓、矢、秬鬯等之賜。旱麓傳：九命然後錫以秬鬯、圭瓚。則此禮在九命之外。禮疏用毛說。江漢傳：九命錫圭瓚、秬鬯。意與旱麓傳同。毛言九命，指傳策命晉侯爲侯伯之類。大宗伯：九命作伯是也。與韓詩說九命爲九錫者異。」（舊注疏證僖公廿八年）按劉說是也。

「請八百乘，許之。」（成公二年傳）

賈逵曰：「八百乘，六萬人。」（史記齊世家集解引。馬、黃、王、嚴四家皆輯。）

案杜注用賈說。國語齊語：「有革車八百乘。」韋注云：「賈侍中云：謂一國之賦八百乘也。乘七十五人，凡甲士六萬人。昭謂此周制耳。齊法以五十人爲小戎，車八百乘，當有四萬人。又上管仲制齊爲三軍，軍萬人。下又曰：君有是士三萬人，以方行於天下，而車數多者，其副貳陪從之車也。或云，八當爲六。」（卷六）韋說齊制車乘人數與周制異。李貽德曰：「司馬法曰：通十爲成，成出革車一乘，甲士三人，步卒七十二人。然則每百乘計七千五百人，以七八五六、五八四乘之，八百乘合六萬人矣。」（賈服注輯述卷十）韋注國語引賈侍中云乘七十五人，謂是周制，則司馬法卽周制也。賈釋此傳卽據司馬法。服虔作丘甲注亦據司馬法：一乘甲士三人，步卒七十二人。則此傳服注，當與賈同。

「晉作六軍。」（成公三年傳）

賈逵曰：「初作六軍，僭王也。」（史記晉世家集解引。馬、黃、王、嚴四家皆輯。黃、王二家軍作卿，誤。馬、嚴二家不誤。）

案杜注：「爲六軍，僭王也。」杜用賈說。僖二十七年，文公蒐于被廬，作三軍。郤縠將中軍，郤溱佐之。狐毛將上軍，狐偃佐之。欒枝將下軍，先軫佐之。此晉有中軍之始。僖二十八年，晉侯作三行以禦狄，荀林父將中行，屠擊將右行，先蔑將左行。此已備六軍之制，惟三行有將無佐爲差耳。至三十一年，蒐于清原，作五軍以禦狄。罷三行而爲新上軍、下軍也。新軍將佐乃備。據國語晉語云：「作五軍，使趙衰將新上軍，箕鄭佐之。胥嬰將下軍，先都佐之。」（卷十）是也。於時舊三軍之將佐仍舊，亦見於晉語。文公六年，蒐于夷，舍二軍。謂舍上下新軍，仍用三軍也。至此年作六軍，乃晉初有六軍之始，故賈逵云：初作六軍也。傳下云：韓厥、趙括、鞏朔、韓穿、荀騅、趙旃皆爲卿。此六人卽新增三軍之將佐也。六年傳：「韓獻子將新中軍」可證。此時舊三軍之將佐：郤克、士燮、欒書、荀首、荀庚、趙同六人皆在，然則今計有十二卿矣。劉文淇舊注疏證謂：「晉軍制，將皆卿爲之，其佐非卿。」非也。劉氏又云：「史記十二諸侯年表：晉景公十二年，始置六卿。晉世家：始作六卿。集解引賈注亦作六卿。」（同上）李貽德亦曰：「此傳六軍，晉世家作六卿。齊世家亦云：晉初置六卿。疑賈注左傳本作六軍，集解依史記之文改作六卿耳。」（賈服注輯述卷十）按殿本、新校本史記集解引賈注皆作六軍，不作六卿，蓋劉、李二家所見本異也。晉於僖二十七年作三軍，已備六卿，六卿不始於此年，明史記作六卿，誤也。史記所以致誤者，劉文淇舊注疏證謂：「涉傳下文新軍卿六人而誤，賈注作卿，亦係誤字。」是也。周禮夏官司馬：「凡制軍：萬有二千五百人爲軍。王六軍，大國三軍，次國二軍，小國一軍。軍將皆命卿。」（卷二十八）王六軍，晉大國當三軍，今作六軍，是僭王也。

「有田一成，有衆一旅。」（哀公元年傳）

賈逵曰：「方十里爲成，五百人爲旅。」（史記吳世家集解引。馬、黃、王、嚴四家皆輯。）

案杜注從賈說。正義曰：「方十里爲成，司馬法文也。五百人爲旅，夏官序文也。田一成，衆一旅，言食此一成之地，其內有爲兵者五百人。周禮小司徒云：乃井牧其四野。鄭衆云：井牧者，春秋傳所謂井衍沃，牧隰皐者也。鄭玄云：隰皐之地，九夫爲牧，二牧而當一井。今造都鄙，授民田，有不易，有一易，有再易，通率二而當一，是之謂井牧。昔夏少康在虞思，有田一成，有衆一旅。一旅之衆，而田一成，則井牧之法，先古然矣。杜解牧隰皐，雖與鄭異，其授民田二而當中，理亦宜然。計方十里爲方一里者百，方一里有九夫之田，則十里容九百夫也。其一百夫授上地不易者，其四百夫授一易，二而當一則得爲五百夫矣。」周禮考工記匠人疏云：「一成之地有九百夫，宮室塗巷三分去一，餘六百夫。上地家百畝，中地家二百畝，下地家三百畝，通率三家受六夫之地，則一成六百夫定受地有三百家，而云有衆一旅五百家者，據上地多家亦多也。」（周禮注疏卷四十二）傳載伍員追論古事，或當以周制準之，若然則賈、杜解一成、一旅之制，據司馬法及周禮之文爲說，當得其實矣。

（八）卜筮

「**筮之，遇觀之否。**」（莊公二十二年傳）

賈逵曰：「坤下巽上，觀；坤下乾上，否。觀爻在六四變而之否。」（史記陳世家集解引。馬、黃、王、嚴四家皆輯。）

案杜注用賈義。正義引沈氏云：「遇者，不期而會之名；筮者，所得卦之吉凶，非有宿契，逢遇而已，故謂之遇。」又引劉炫云：「下體坤，坤爲地爲衆。上體巽，巽爲風爲木。互體有艮，艮爲門闕，地上有木而爲門闕，宮室之象。宮室而可風化，使天下之衆觀焉，故謂之觀也。下體坤，坤爲地。上體乾，乾爲天，天不下降，地不上騰，天地不通，其氣上下否塞，故謂之否也。」是言觀卦、否卦取象之義也。又正義駁劉炫曰：「劉炫規過云，觀之否者，爲觀卦之否爻；屯之比者，屯卦之比爻，皆不取後卦之義。今以爲不然者，以閔元年畢萬筮仕，遇屯之比云，屯固比入。僖十五年，晉獻公筮嫁伯姬，得歸妹之睽云：士刲羊，亦無衁，歸妹上六爻辭。又云：歸妹睽孤，寇張之弧，睽之上九爻辭。又云：歸妹之睽，猶無相也。昭五年明夷之謙云，明夷于飛，垂其翼。又云：謙不足，飛不翔。此之等類，皆取前後二卦以占吉凶。今人之筮，亦皆如此，故賈服及杜，並皆同焉。」按此年傳：「是謂觀國之光，利用賓于王」下，杜注：「易之爲書，六爻皆有變象，又有互體，聖人隨其義而論之。」杜之此言，語涉含混，易滋誤解。劉炫所駁，乃針對此杜注而言。正義不達此意，輒爲駁言，其實正義所引證左傳占卦之語，劉炫豈並此而不知，而待正義爲之指正哉？故劉文淇曰：「劉駁杜六爻皆有變象之說，意主止占一爻。疏駁劉，未達劉意也。」（舊注疏證莊廿二年）劉氏文淇又謂：「惠棟云，筮法有三爻四爻變止占一爻者，觀之否，卽觀之六四也。否比之卦，劉氏之說是也。不然左氏所占卦數處，當時豈皆一爻變者乎？二篇六十四卦，其中六爻有不變者，有升有降，有剛柔易位，杜未通易理，槩言之曰六爻皆有變象，非也。」（同上）杜氏六爻皆有變象之說，意嫌籠統，不足以明爻變之實，劉氏文淇引惠棟說以駁之，是也。

「遇屯之比。」（閔公元年傳）

賈逵曰：「震下坎上，屯；坤下坎上，比。屯初九變之比。」（史記晉世家集解引。馬、嚴輯有，黃、王二家缺。）

案杜注：「震下坎上，屯；坤下坎上，比。屯初九變而爲比。」與賈同。正義曰：「震下坎上爲屯，說卦云，震，動也。坎彖云，坎，險也。動而遇險，有屯難之象。坤下坎上爲比，說卦，坎爲水，坤爲地。水潤下而地受之，相親比之象也。」周易屯卦：「初九，磐桓利居貞，利建侯。彖曰，雖磐桓，志行正也。以貴下賤，大得民也。」（卷一）故傳云，辛廖占之曰吉。

「遇艮之八。」（襄公九年傳）

賈逵曰：「艮下艮上，周禮太卜掌三易。然則雜用連山、歸藏、周易。二易皆以七八爲占，故言遇艮之八。」（正義引賈、劉先儒。馬、黃、王、嚴四家皆輯。馬、嚴輯但作「先代之易」四字，未妥。此從黃、王二家。）

案杜用賈說。正義曰：「周禮：太卜掌三易之法，一曰連山，二曰歸藏，三曰周易。鄭玄云：易者揲著變易之數，可占者也。名曰連山，似山之出內雲氣也。歸藏者，萬物莫不歸而藏於其中也。洪範言卜筮之法：三人占則從二人之言。孔安國云：夏殷周卜筮各異，三法並卜，從二人之言，是言筮用三易之事也。太卜，周官，而職掌三易。然則周世之卜，雜用連山、歸藏、周易也。周易之爻，唯有九六，此筮乃言遇艮之八，二易皆以七八爲占，故此筮遇八，謂艮之第二爻不變者是八也。揲著求爻繫辭有法，其揲所得有七八九六。說者謂七爲少陽，八爲少陰，其爻不變也。九爲老陽，六爲老陰，其爻皆變也。周易以變爲占，占九六之爻。傳之諸筮，皆是占變爻也。其連山歸藏，以不變爲占，占七八之爻，二易並亡，不知實然以否。假令二易俱占七八，亦不知此筮爲用連山，爲用歸藏?所云，遇艮之八，不知意何所道?以爲先代之易，其言亦無所據。賈、鄭先儒相傳云耳。先儒爲此意者，此言遇艮之八，下文穆姜云，是於周易。晉語：公子重耳筮得貞屯悔豫皆八，其下司空季子云：是在周易。並於遇八之下，別言周易，知此遇八，非周易也。」按正義說是也。竹添光鴻左傳會箋云：「內外傳言八者三：一卽此艮之隨，五爻皆變，唯六二不變，筮法以少爲卦主，則艮之八，義易知也。其二在晉語。曰，得貞屯悔豫皆八也。蓋連山、歸藏之法，遇卦曰貞，貞如貞松貞女之貞，故謂不變爲貞。之卦曰悔，悔則改矣，故之卦曰悔。屯之豫，初九九四六五皆變，六二六三上六皆不變，是不變者皆八而無七，故云八也。又曰，得泰之八。下文占之曰：是謂天地配亨，小往大來，專依泰象而言之，則六爻皆不變矣。然則不唯陰得少，陽亦得少。泰卦三陰三陽，其數又同，而必言八者，蓋陽動而陰靜，動者之變，乃是其常，靜者之變，則失其性，二易旣以不變者占，尤貴陰不變，故不言七而言八歟。」（襄公九年）會箋說遇八之義，與正義說合。顧炎武曰：「陸氏曰：劉禹錫稱董生之說曰：揲蓍者九與六爲老，老爲變爻，七與八爲少，少爲定位。國語：晉公子筮得貞屯悔豫皆八，八非變爻，故不曰有所之。穆姜筮遇艮之八，史曰是謂艮之隨。夫艮之隨，唯二不動，斯遇八也。餘五位皆九六，故反焉，筮法以少爲卦主，若定者五而變者一，卽宜曰之某卦，觀之否，師之臨之類是也。今變者五定者一，宜從少占。艮之六二曰：艮其腓，不拯其隨，我心不快。史以遇此爲不利，故從變爻而占曰：是謂艮之隨，苟以悅於姜耳，而杜元凱以爲雜用三易，故有遇八之云，非也。傅氏曰：艮五爻皆變，唯二得八不變，之隨筮法，五爻皆變，則占之卦定爻，得隨之六二，係小子失丈夫，是明示穆姜以通於僑如之穢，姜亦自知之，而以彖辭爲說也。」（左傳杜解補正卷二）沈欽韓左傳補注卷七引劉禹錫集易九六論說與陸氏所引劉說同。惠棟曰：「服虔曰，爻在初六、九三、六四、六五、上九，惟六二不變。連山、歸藏之占，以不變者爲占。棟案：易乾鑿度曰：陽動而進，陰動而退，故陽以七，陰以八爲彖。易一陰一陽合而爲十五之謂道。陽變七之九，陰變八之六，亦合於十五，則彖變之數，若之一也。鄭康成注：彖爻之不變動者，九六爻之變動者。繫辭曰：爻效天下之動也。然則連山歸藏占彖，本質性也。周易占變者，效其流動也。彖者斷也。如鄭此言，連山歸藏占彖，故下文雖引周易，仍用二易以彖爲占，顧氏補正，其說支離，不可從也。（晉語曰：公子筮之，得貞屯悔豫皆八也。筮史占之皆曰不吉，閉而不通，爻無爲也。蓋以不變爲占，故云爻無爲也。司空季子曰：是在周易，皆利建侯。又董因曰：臣筮之，得泰之八曰，是謂天地配亨，小往大來，是雖用周易而仍占彖，夏殷之法也）」（左傳補注卷三）按諸家皆以艮之隨，惟六二爻不變，謂之遇八，連山、歸藏即以此不變者爲占。其說是也。惟顧氏、陸氏、沈氏引劉禹錫謂，史以遇此爲不利，故從變爻而占，苟以悅於穆姜耳。按此說未妥。故惠氏不謂然，而以占彖爲言，仍從用二易爲占之說，與賈說合。

（九）視朔

「公既視朔，遂登觀臺望而書，禮也。」（僖公五年傳）

賈逵曰：「若登臺而不視朔，則書時不書月；若視朔而不登臺，則書月不書時；若雖無事，視朔登臺，則空書時月。」（禮記中庸正義引。馬輯有，嚴輯作服說，馮補正。黃、王二家缺。下賈又曰條同。馬輯「若視朔而不登臺則書月不書時」一句，遺漏「不書時」三字，今據中庸正義補正。）

賈又曰：「靈臺在太廟，明堂之中。」（詩大雅靈臺正義引賈服）

案杜注：「視朔，親告朔也。觀臺，臺上構屋，可以遠觀者也。」文六年傳：「閏月不告月，猶朝于廟。」杜注：「諸侯每月必告朔聽政，因朝宗廟。」正義曰：「周禮：太史頒告朔于邦國。鄭玄云：天子頒朔于諸侯，諸侯藏之祖廟，至朔朝于廟，告而受行之。論語云，子貢欲去告朔之餼羊。是用特羊告于廟，謂之告朔。人君即以此日聽視此朔之政，謂之視朔。十六年公四不視朔。僖五年傳曰：公既視朔是也。」（卷十九上）禮記玉藻：「天子聽朔於南門之外。諸侯皮弁聽朔於太廟。」（卷二十九）聽朔即視朔也。太平御覽五百三十八引五經異義云：諸侯歲遣大臣之京師，受十二月之正，還藏於太廟中，月旦朝廟存神，有司因告曰：今月當行某政。」是視朔告朔之禮，必於太廟行之。詩靈臺疏引五經異義左氏說云：「天子靈臺在太廟之中。諸侯有觀臺，亦在廟中。」（卷十六之五）是靈臺觀臺，以天子諸侯異名。許慎亦同此說也。禮記中庸：「仲尼祖述堯舜，憲章文武，上律天時，下襲水土。」鄭注：「此孔子兼包堯舜文武之聖德，而著之春秋，以俟後聖者也。述天時，謂編年四時具也。」疏云：「言春秋四時皆具，桓四年及七年，不書秋七月、冬十月；成十年不書多十月；桓十七年直云五月，不云夏；昭十年直云十二月，不云多。如此不具者，賈服之義，若登臺而不視朔，則書時不書月。若視朔而不登臺，則書月不書時。若雖無事，視朔登臺，則空書時月。若杜元凱之意，凡時月不具者，皆史闕文。其公羊、穀梁之義，各爲曲說，今略而不取也。」（卷五十三）此孔穎達約舉左傳之義以釋鄭注編年四時具之文也。孔氏於左傳主杜說，故云然。賈則與公羊穀梁爲近也。此年傳下不引賈服說，故亦無駁語。而義具於他年之文，玆不贅。詩靈臺疏又引盧植禮記注云：「明堂卽太廟也。天子太廟，上可以望氣，故謂之靈臺；中可以敍昭穆，故謂之太廟；圓之以水似璧，故謂之璧雍。」（卷十六之五）疏又引穎容春秋注云：「行禘祫，敍昭穆，謂之太廟；告朔行政，謂之明堂；占雲物，望氛祥，謂之靈臺；其四門之學，謂之太學。」（同上）淮南子本經訓高誘注云：「告朔朝曆頒宣其令，謂之明堂。其中可以敍昭穆，謂之太廟，其上可以察氛祥，望雲氣，謂之靈臺。」（卷八）盧氏、穎氏、高氏諸家，皆以太廟明堂爲一，而靈臺卽在太廟明堂之中，說與賈合，是也。

（十）車制

「賜之大輅之服。」（僖公廿八年傳）

賈逵曰：「大輅，金輅。」（史記晉世家集解引。馬、黃、王、嚴四家皆輯。）

案杜注：「大輅，金輅。」用賈說。正義曰：「周禮巾車：金路，鉤，樊纓九就，建大旂以賓，同姓以封。金路以封同姓，知大輅是金輅也。周禮司服：侯伯之服，自鷩冕而下。金輅祭祀所乘，其大輅之服，當謂鷩冕之服。」禮記樂記云：「大路者，天子之車也。所以贈諸侯也。」（卷三十八）襄十九年傳：「王追賜之大路。」廿四年傳：「賜之大路。」杜注並云：「天子所賜車之總名。」（卷三十四、三十五）是天子所賜車，亦得名大輅也。尚書顧命：大輅綴輅。僞孔傳云：「大輅，玉；綴輅，金。」（卷十八）與賈說不同者，大輅本天子車之總名。周禮巾車掌王之五輅：玉輅、金輅、象輅、革輅、木輅。顧命陳四輅，大輅居首，故知爲玉輅。此年以賜諸侯，故賈云金輅也。周禮春官司服：「公之服自袞冕而下，如王之服。侯伯之服，自鷩冕而下，如公之服。子男之服自毳冕而下，如侯伯之服。」（卷二十一）國語周語：「賜晉文公命。」韋注：「命，命服也。諸侯七命，冕服七章。」（卷一）二輅之服，正義據司服謂所賜爲鷩冕。以定制而言，晉侯當賜鷩冕，然金輅既非諸侯常乘之車，則冕服當從之而異。故沈欽韓曰：「覲禮，天子賜侯氏以車服。注：賜車者，同姓以金路，異姓以象路。服則袞也、鷩也、毳也。鄭此注約巾車及司服文言之。以侯氏中有同姓、異姓及公侯伯子男之異也。此大輅之服，則金輅、袞冕。知袞冕者，以雜記云：復諸侯以褒衣冕服、爵弁服。注，褒衣，始命爲諸侯及朝覲見加賜之衣也。褒，猶進也。晉是侯七命，本應鷩冕，今王所賜，固在鷩冕之上。王制所謂三公一命卷。若有加則賜也。謂侯伯亦有服袞者，皆是加賜，非制也。孔疏謂文公所賜是鷩服，非也。」（春秋左傳補注卷四）按沈氏說金輅之服是也。

「載蔥靈，寢於其中而逃。」（定公九年傳）

賈逵曰：「蔥靈，衣車也。有蔥有靈。」（正義引。馬、黃、王、嚴四家皆輯。）

案杜注：「蔥靈，輜車名。」正義曰：「說文云，輜軿，衣車也。前後有蔽。賈逵云：蔥靈，衣車也。有蔥有靈。然則此車前後有蔽，兩旁開蔥，可以觀望。蔥中豎木謂之靈，今人猶名蔥木爲靈子。其內容人臥，故得寢於其中而逃。」李氏貽德曰：「說文：輜，輜軿，衣車也。軿，車前衣也。車後爲輜。釋名釋車曰：輜車，載輜重臥息其中之車也。軿車：軿，屏也。輜軿之形同，有邸曰輜，無邸曰軿。宋書禮志引字林曰：軿車有衣蔽，無後轅。其有後轅者謂之輜。是輜軿析言之則有前衣後衣及有邸無邸之別；渾言之則同。故說文又云：軿，輜軿也。列女傳：齊孟姬曰：立車無軿，非敢受命。釋名：軿車，四面屏蔽，婦人所乘。（軿車，直衣前蔽。云四面有蔽，兼言輜車也。）漢書霍光傳：昌邑王略女子，載衣車。然則輜軿，載衣物，可臥息，爲婦人所乘。故陽虎寢於其中而逃，僞託爲婦人也。云有蔥有靈者，明衣車所以名蔥靈也。蔥从艸悤聲。蔥者，囪之古文。說文：在屋曰囪。此車兩旁開蔥。古音囪讀若蔥。孔氏謂，兩旁開蔥，蔥中豎木謂之靈。如孔言是靈卽櫺之古文。說文云：櫺，楯間子也。一切經音義四引通俗文云：疏門曰櫺。文選遊天台山賦：彤雲斐亹以翼櫺。注：櫺，窗間子也。是蔥間施櫺，故曰蔥靈矣。靈又通軨，文選四十八注引尙書大傳：未命爲士，車不得有飛軨。鄭注：如今窗車也。李尤小車銘：軨之嗛虛，疏達開通是也。」（賈服注輯述卷十九）按杜釋蔥靈爲輜車名，不如賈說之當，正義從賈不從杜可知。李氏貽德之釋，深得賈義，當從之。

（十一）刑法

「在九刑不忘。」（文公十八年傳）

賈逵曰：「正刑一，加之以八議。」（周禮秋官司刑疏引賈服。馬、嚴輯有，黃、王二家缺。嚴輯作「正刑一，議刑八。」此從馬輯。）

案杜注：「誓命以下，皆九刑之書。九刑之書，今亡。」說與賈異。正義曰：「昭六年傳曰：夏有亂政而作禹刑，商有亂政而作湯刑，周有亂政而作九刑。三辟之興，皆叔世也。叔世謂衰世，世衰民慢，作嚴刑以督之。稱其創制聖王，以為所作之法。夏作禹刑，商作湯刑，則周作九刑，作周公之刑也。此云周公作誓命，其事在九刑。知自誓命以下，皆九刑之書所載也。謂之九刑，必其諸法有九，而九刑之書今亡，不知九者何謂。」按正義以此云九刑，與昭六年傳作九刑為一，是也。然謂九刑何指？不能詳知則失考。李貽德釋賈說曰：「周禮司刑疏引鄭注：正刑五，則此云正刑一，謂五刑中之一也。加之以八議者，小司寇以八辟麗邦法、附刑罰：一曰議親之辟，二曰議故之辟，三曰議賢之辟，四曰議能之辟，五曰議功之辟，六曰議貴之辟，七曰議勤之辟，八曰議賓之辟。」（賈服注輯述卷八）正義不以賈、服說為然，故駁賈服云：「服虔云：正刑一，議刑八。即引小司寇八議，議親、故、賢、能、功、貴、勤、賓之辟。此八議者，載於司寇之章，周公已制之矣。後世更作，何所復加？且所議八等之人，就其所犯正刑，議其可赦以否。八者所議，其刑一也。安得謂之八刑，杜知其不可，故不解之。」正義駁賈、服，謂八議載於司寇之章，周公已制之，不當後世更有八議。此說以周官爲周公所作，固不可靠，而謂後世更作，何所復加？亦昧於學術進化之通則，其說非是，然謂八者所議，其刑爲一，安得謂之八刑。義則可取。故賈、服以正刑一，加之以八議得九刑之說，未爲確當。周禮司刑疏引鄭注堯典云：「正刑五，加之流宥、鞭扑、贖刑，此之謂九刑。」（卷三十六）此引鄭注當係鄭康成說。堯典正刑五者，謂墨、劓、剕、宮、大辟也。以五刑配流宥、鞭、扑、贖四刑而爲九，其事見於尚書堯典篇。其數雖合，恐尚非確解。然以五刑爲說，已較賈、服說爲勝。蓋堯典篇近世學者多疑其爲後世述古之篇，非帝堯時所作。其作成之時代，或當晚於周書呂刑一篇。其內容似亦未可作爲說九刑之依據。周代之書論刑罰者，當以呂刑一篇爲最要，論者以爲穆王時書，當可信。呂刑云：「五辭簡孚，正于五刑。五刑不簡，正于五罰。五區不服，正于五過。五過之疵，惟官、惟反、惟內、惟貨、惟來。其罪惟均，其審克之。五刑之疑有赦，五罰之疑有赦，其審克之。墨辟疑赦，其罰百鍰，閱實其罪。劓辟疑赦，其罰惟倍，閱實其罪。剕辟疑赦，其罰倍差，閱實其罪。宮辟疑赦，其罰六百鍰，閱實其罪。大辟疑赦，其罰萬鍰，閱實其罪。墨罰之屬千，劓罰之屬千，剕罰之屬五百，宮罰之屬三百，大辟之罰，其屬二百。五刑之屬三千。」（尚書注疏卷十九）呂刑但言五刑，不言九刑。五刑而外，又有五罰、五過，五刑、五罰皆有赦。而五刑之屬多至三千，亦云夥矣。史記周本紀云：「穆王卽位，王道衰微。」又云：「諸侯有不睦者，甫侯（按卽呂侯）言於王，作脩刑辟。」（卷四）周之亂政而作九刑，其在穆王之時乎！然則所謂九刑者，蓋以其刑罰之多，言九以概括之耳。不必確指九數也。賈、服、鄭及正義皆以實數解之，所以牴牾難通也。

（十二）疆界

「投諸四裔，以禦魑魅。」（文公十八年傳）

賈逵曰：「四裔之地，去王城四千里。」（史記五帝本紀集解引。馬、嚴輯有，黃、王二家缺。馬輯裔作夷，此從嚴輯。）

賈又曰：「魑，山神，獸形。或曰，如虎而噉虎。或曰：魅，人面獸身而四足，好惑人，山林異氣所生，爲人害。」（周禮春官凡以神仕者疏引賈服。馬、黃、王三家有，嚴輯及馮補均缺。黃、王二家輯在宣三年傳下。）

案杜注：「投，弃也。裔，遠也。放之四遠，使當螭魅之災。螭魅，山林異氣所生爲人害者。」杜說螭魅，本賈說。賈氏謂四裔之地去王城四千里者，尙書皐陶謨：「弼成五服，至於五千。」注：「史遷說弼爲輔。五千爲五千里。今尙書歐陽夏侯說，中國方五千里。古文尙書說：五服旁五千里，相距萬里。馬融曰：面五千里，爲方萬里。鄭康成曰：五服已五千，又弼成爲萬里。敷土既畢，廣輔五服而成之，至于面方各五千里，四面相距爲萬里。堯制五服，服各五百里，要服之內四千里曰九州，其外荒服曰四海，此禹所受。地記書曰：崑崙山東南五千里，名曰神州者，禹弼五服之殘數，亦每服者合五百里，故有萬里之界，萬國之封焉。去王城五百里曰甸服，其弼當侯服，去王城千里。其外五百里爲侯服，當甸服，去王城一千五百里。其弼當男服，去王城二千里。又其外五百里爲綏服，當采服，去王城二千五百里，其弼當衛服，去王城三千里。又其外五百里爲要服，與周要服相當，去王城三千五百里。四面相距爲七千里，是九州之內也。要服之弼，當其夷服，去王城四千里，又其外五百里爲荒服，當鎭服，其弼當蕃服，去王城五千里。四面相距，爲方萬里也。」（孫星衍尚書今古文注疏卷二）孫氏所引鄭說，乃以周禮職方氏之九服，說禹貢之五服也。今尚書說及古尚書說，見於禮記王制疏（禮記卷十一）馬融說見於尚書臯陶謨疏（尚書注疏卷五）鄭玄說見於臯陶謨疏（同上）、禹貢疏（卷六）詩殷武疏（卷二十之四）周禮夏官職方氏疏（卷三十三）及禮記王制疏（卷十一）。馬、鄭並從古尚書說也。李貽德曰：「禹貢鄭注：堯之五服，五百里耳，禹每服更以五百里輔之。是五服服別千里，故一面而爲差至於五千也。若然四面去王城各五千里，此云四裔去王城四千里者，賈以荒服計，去王城爲四千里也。」（賈服注輯述卷八）按李說是也。是四裔之地，去王城四千里。賈氏亦從古尚書說也。又魑魅者，魑，一作螭。說文：「离，山神也，獸形。」（第十四篇下）廣雅釋天：「山神謂之离。」（卷九）是魑本作离。說文引歐陽喬說：「离，猛獸也。」（同上）尚書牧誓：「如熊如羆。」史記引作：「如豺如離。」徐廣注：「離與螭同。」（卷四）李貽德曰：「山神之字及歐陽喬說，皆當作离，本不从虫，从虫者，說文所云：若龍而黃者也。傳文及文選西都賦：拖熊螭並作螭者，繕寫之誤也。」（賈服注輯述卷八）李說是也。說文：「鬽，老物精也。或作魅。」（第九篇上）周禮春官凡以神仕者：「致地示物鬽。」鄭注：「百物之神曰鬽。春秋傳曰：螭魅魍魎。」（卷二十七）是魅本當作鬽。釋文：魅本作鬽是也。宣三年傳杜注云：「螭，山神，獸形。魅，怪物。」（卷二十一）即本此年賈注。宣三年傳，王孫滿說九鼎云：「鑄鼎象物，百物而爲之備。民入川澤山林，不逢不若，螭魅罔兩，莫能逢之。」（卷二十一）知螭魅是山林異氣所生爲人害者也。

（十三）田賦

「蔿掩書土田，度山林，鳩藪澤，辨京陵，表淳鹵，數疆潦，規偃豬，町原防，牧隰皋，井衍沃。」（襄公廿五年傳）

賈逵曰：「賦稅差品：山林之地，九夫爲度，九度而當一井也。藪澤之地，九夫爲鳩，八鳩而當一井也。京陵之地，九夫爲辨，七辨而當一井也。淳鹵之地，九夫爲表，六表而當一井也。疆潦之地，九夫爲數，五數而當一井也。偃豬之地，九夫爲規，四規而當一井也。原防之地，九夫爲町，三町而當一井也。隰皋之地，九夫爲牧，二牧而當一井也。衍沃之地，畝百爲夫，九夫爲井。淳，鹹也。疆爲疆檗墝埆之地。下平曰衍，有溉曰沃。」（正義引。馬、黃、王、嚴四家皆輯。）

案賈逵釋此傳以賦稅差品有此九種，各有等差爲言。杜注則但就九事之目，隨文解之，不用賈說。正義引鄭玄云：「隰皋之地，九夫爲牧，二牧而當一井，今造都鄙，授民田，有不易，有一易，有再易，通率二而當一，是之謂井牧。」鄭說與賈同。正義駁賈、鄭說云：「案周禮所授民田，不過再易，唯有三當一耳，不得以九當一也。山林藪澤，京陵、偃豬，本非可食之地，不在授民之限，雖九倍與之，何以充稅而使之當一井也。且以度鳩之等，皆爲九夫之名，經傳未有此目，故杜不云其說。」李貽德釋賈說云：「賈以辨、度、鳩之等，皆爲地名者，以周禮小司徒：井牧其田野。明井牧是田野經界之名。此云牧隰皐，井衍沃，爲井爲牧之名，與周禮合，則推之度、鳩、辨、表，皆是因地以立名矣。其度、鳩、辨、表，皆以九夫計數者，食貨志云：井方一里，是謂九夫。此謂平土可以爲法者也。故山林藪澤，雖因地異名，其夫數仍本井法，所謂準平地爲法也。其曰九度當一井，以至二牧當一井者，食貨志云：若山林藪澤，原陵淳鹵之地，各以肥磽多少爲差。若然則山林極磽之地，故通率九而當一，藪澤、京陵、淳鹵、疆潦，磽有等殺，故通率八、七、六、五而當一者，數亦因地遞減也。若偃豬則稍肥矣。故通率四而當一，原防、隰皐則可耕者多矣，故三町二牧而當一井，此賦稅之差品也。」（賈服注輯述卷十二）沈欽韓曰：「案賈氏此條，約九等之大數，非眞受田有此制也。孔疏祇以杜預不用，遂執周禮授田不過三而當一，不得有九當一，此其蔽也。案管子地員云：九州之土，爲九十物，凡上土三十物，中土三十物，下土三十物。若管子之言，其別土分類更廣矣。豎儒少見多怪，又以爲何如也？」（左傳補注卷八）洪亮吉曰：「案五經異義：左氏說賦法積四十九，除山川坑岸三十六井，定出賦者九井，則千里之畿地方百萬井，除山川坑岸三十六萬井，定出賦者六十四萬井，長轂萬乘。」（春秋左傳詁卷十三）按李氏引食貨志云：「井方一里，是謂九夫。是授田以九夫爲節，周代井田之制，當亦如此。賈、鄭云云，蓋古有是說，故賈鄭云然。李氏沈氏皆以賈說爲是，其言多有可取。洪氏引五經異義左氏說，雖與賈有別，然謂賦法積四十有九，亦見其多，足與賈說相發明。正義駁賈謂：周禮授民田，惟有三當一，不得有九當一。按周禮所云，當指原防以下宜農之田而言，偃豬以上，不在其中，故但言三當一也。正義又謂，山林、藪澤、京陵、偃豬，非可食之地，不在授民之限，雖九倍與之，何以充稅而使之當一井也？按此傳所言，係楚地之事，楚地在長江流域，地形較複雜，山林、藪澤、京陵、偃豬之地，爲數頗廣，其地雖不能耕種，然富於鳥獸魚鼈齒革之利，當亦有授民之制，以利取資，則以之充稅，自無不可。正義未明楚地特徵，悉以中原之地之特徵視之，而駁賈說，恐非也。正義又謂，以度鳩之等，皆爲九夫之名，經傳未有此目。按此制或當楚地所特有，經傳未必及之，不當以經傳所無，即以爲非也。故正義之言，尙未足以動搖賈說。杜注但就九事之目，隨文解之，恐尙未得其實也。

「季孫欲以田賦。」（哀公十一年傳）

賈逵曰：「欲令一井之間，出一丘之稅，井別出馬一匹，牛三頭。」（正義引。馬、嚴輯有，黃、王二家缺。）

案杜注：「丘賦之法，因其田財，通出馬一匹，牛三頭。今欲別其田及家財，各爲一賦，故言田賦。」正義曰：「司馬法，方里爲井，四井爲邑，四邑爲丘，丘出馬一匹，牛三頭。四丘爲甸，甸乃有馬四匹，牛十二頭，是爲革車一乘。今用田賦，必改其舊，但不知若何用之？賈逵以爲云云。若其如此，則一丘之內，有一十六井，其出馬牛乃多於常一十六倍。且直云用田賦，何知使井爲丘也？杜以如此則賦稅太多，非民所能給，故改之。舊制：丘賦之法，田之所收及家內資財，并共一馬三牛。今欲別其田及家資，各爲一賦。計一丘民之家資，令出一馬三牛。又計田之所收，更出一馬三牛。是爲所出倍於常也。舊田與家資同賦，今欲別賦其田，故言欲以田賦也。」杜與賈異，故正義申杜而駁賈。下年春，經書用田賦。鍾氏文烝穀梁傳補注云：「賦與稅異，賦者賦其馬牛，賈、杜所同也。但杜意：田爲一丘之田，田者對乎家財之辭，旣計一丘民之家資，令出一馬三牛，又計田之所收，更令出一馬三牛也。賈意：田爲一井之田，田者對乎丘之辭。以一井之田，而令出一丘一馬三牛之賦也。左傳孔子云：以丘亦足矣，似賈得之。杜以昭四年傳，鄭子產作丘賦，亦是於一丘家資之外，別賦其田，在鄭謂之丘賦，在魯謂之田賦，其事不異，故旣改服虔丘賦復古之說，又改賈逵田賦之說也。凡此皆左傳之學也。國語載孔子之言曰：先王制土，籍田以力，而砥其遠邇，賦里以入，而量其有無，任力以夫而議其老幼，於是乎有鰥寡孤疾，有軍旅之出則徵之，無則已。其歲收田一井，出稯禾秉芻缶米，不是過也。趙汸曰：此與左傳自不同。孔廣森解魯語據異義周禮說，有軍旅之歲，一井九夫，百畝之賦出禾二百四十斛，芻秉二百四十斤，釜米十六斗，以爲卽此田賦。昔伯禽征淮夷徐戎，芻蔆餱糧，郊遂峙之。田賦之法也。今魯用田賦者，是無軍旅之歲，亦一切取之，此說國語之可通者也。公羊何休注曰：田謂一井之田，賦者斂取其財物也。言用田賦者，若令漢家斂民錢以田爲率矣。洪咨夔亦曰：禹貢厥賦厥田不同，周禮九賦斂財賄非出於田，魯旣有諸賦，復使出於田，是三農九穀之地，亦斂其財賄也。此又於左傳國語之外，其說可通者也。古事無徵，群言淆亂，今姑並記之。」（穀梁補注卷二十四）鍾氏以左傳、國語、及公羊何休三說不同，皆有可通，而左傳說又以賈氏爲近。李氏廉曰：「田賦之說，杜氏以爲云云，則是一丘出馬二匹牛六頭也。范氏注穀梁同之。然杜氏於作丘甲條內已曰今魯使丘出甸賦，是一丘十六井，已出馬四匹牛十二頭矣。安得復以爲出馬一匹牛三頭乎？此其前後自相戾也。況家財有無難均，何得別之？賈氏以爲一井之田而欲出十六井之賦，蓋以爲井出丘賦也。夫一井八家而使出一馬三牛之賦可乎？故胡氏獨用國語載孔子對冉有之言。呂氏亦曰：古者田出粟，里出賦。要之二家說爲長。蓋收區域之征以備馬牛車乘，若漢家收田賦泉以補車馬，亦其遺意也。緣此賦止里廛出之，而今賦於田上，故譏之耳。然則司馬法所謂甸出一乘者，其止出一乘之人歟？觀春秋傳所載多臨事而始授以甲，授以車，則知馬牛車乘決非丘甸所出也。」（春秋會通卷二十四）李氏駁杜、賈之說而主丘甸之賦所出乃人而非馬牛車乘。此年傳季孫欲以田賦，則是往常賦止里廛出之，今更欲賦於田上也。毛氏奇齡曰：「用者以也。用田賦者，謂不以丘爲賦而以田爲賦也。古者丘賦之法，每家百畝，收其田所出之財以爲賦，合一百二十八家，得田一萬二千八百畝，爲一丘共賦馬一匹牛三頭，謂之丘賦，不得謂之田賦，以田稅什一自有賦也。今欲分丘賦與田賦爲二，于丘賦外又征馬一匹牛三頭，謂之田賦。雖其賦均出自田中，且亦均在此一丘之中，然既立田賦者，即非丘賦之舊法，不以丘而以田矣。公穀不知田賦爲何賦，妄云公田什一，今田賦多取，過于什一爲非正。夫公田多取，此在宣公初稅畝時，已逾什一，故哀公曰：二吾猶不足，以什二之征，在前時不在此時也。且此是田稅，不是田賦，故前漢志：畿方千里，有稅有賦，稅以足食，賦以足兵，宣公初稅畝，此是加稅。哀公用田賦，此是加賦。何則？以所加者爲馬一匹牛三頭也。若賈逵謂田者井也，以田爲賦，欲令一井之間，出一丘之賦，則一丘十六井，將出賦十六倍，無是理矣，且季孫云以田，夫子云以丘，並無有云以井者，使謂井即是田，則丘何嘗不是田？丘不可名田，則田必不可名井，又斷可知也。若胡氏謂籍田以力，賦里以入，農商不同，若但賦田而不賦里，是弛末削本，失先王重農之意，則籍田以力，而砥其遠邇，賦里以入，而量其有無，本國語夫子議田賦文。彼正謂田稅里賦，力役軍施，均有限制，不得增加。今反云末可加而本不可加，則意有畸重，已非夫子立說之本意矣。況周制九賦，凡山澤關市，斥幣力役，皆在邦郊甸稍縣都諸賦之內，春秋悉索敝賦，正索此等，豈有諸賦皆未加，而獨加田賦者？祇以諸賦無常，如里賦一條，必計其利之出入多寡，而度其財業有無，以爲差等，如所云賦里以入，而量其有無，時增時減，不以田賦之可勒爲定數，故略而不書，且亦見重本析末之意，書所重不書所輕，而胡氏全未之解也。」（春秋傳卷三十六）毛氏以爲用田賦，謂不以丘爲賦，而以田爲賦，欲分丘賦與田賦爲二，于丘賦外又征田賦也。又駁賈氏及胡氏之說。王氏夫之曰：「田賦之說，諸家各異，要當以經文爲正。國語所載孔子之言，田出禾芻米不過是，正與經文合。用田者，言不用戶口也。賦者，賦之爲兵也。傳曰：悉索敝賦。孔子曰：可使治其賦。皆謂兵也。杜氏以爲賦其馬牛，何氏以爲斂取其財物，自不如陳君舉益兵之說爲當。蓋兵車之馬牛，自官所畜牧，非取之民，于周禮可考其大略。武成言放牛桃林，歸馬華山，不言還之民間。衛文公季年三百乘，乃有騋牝三千。魯頌侈言在坰之馬，自足給兵車之用，公家所養，不待求于民也。至謂一成之田，出長轂一乘，尤爲不典。兵車制極精好，非民間所能爲。考工記車人輪人之法，極詳極愼，非國工不能，自司空之屬官司典造，使責之樸吝之農民，則折轅毀輪，爲敵擒耳。其言商賈出入者，亦非。商賈集于津要之地，假令方百里之國，地僻非貨賄所通，區區一二販夫而能供一國之兵車牛馬乎？或商賈之稅入于泉府者，儲以資修治之需，非全倚之以求盈也。杜氏又謂家財之外，又征其田，則是加賦，而不可謂之用田。用田者，言舍其所宜用之夫家，而用其所不宜用也。後不有所謂隨糧帶丁之亂政，與此略同。特其所賦者使爲兵，尤加虐耳。周制雖寓兵于農，然當定徹之初，略用井里爲夫家之率，雖云百畝而一夫，乃有上地中地下地之別，則抑或三百畝而一夫。且無職事者，其夫家之賦自若，迨其後遵用一定之戶籍，時有登耗，皆以丁口之衆寡爲準，大約不出于定額之上下，蓋田止供粟，而又以賦兵。至于春秋之世，萊田漸墾成熟，且有山麓水涘新闢之壤田，溢于夫家之舊額者多矣。宣公稅畝，已無不稅之田，而兵制未改。成公作邱甲，邱漸增而猶據畫井之邱甸，舊籍之夫家以爲率。至于此則用田畝起賦，不問人之衆寡，但有田若干畝，即賦一兵，其賦多少，雖無可考，要之盡廢夫家之籍，惟田是役，商賈游民坐食而無征戍之苦，唯然民因以田爲大害，必且棄先疇而爲游惰，以祈免乎鋒鏑，此苟簡之政，厲農之尤酷者，而亂國邪臣藉口以爲無游逐無規避之良法者也。故曰：用田賦，置夫家于不用之謂也。然則甸方八里，旁加一里爲成，出長轂一乘，步卒七十二人者，以甸成兵制而不論夫家。且兵賦之數如此，其繁重蓋好戰樂殺之士託爲司馬法以殃民，非周先王之制也。三代兵制無可考，以魯言之，方五百里爲田二十五萬井，而詩曰：公徒三萬。大國三軍，其數止于七千五百。要皆以戶口之版籍，酌用其丁壯，而必不以田爲率明矣。漢以下釋經者多承戰國之邪說，誣爲先王之典禮，不知周制孟子時已去其籍，又經秦火，毫無足徵，惟據經文以求本義，尚不致以辯言亂政毒天下。」（春秋稗疏卷二）王氏謂用田賦者，乃舍其所宜用之戶口，而用其不當用之田畝，以爲兵賦也。並駁杜氏賦其馬、牛及別其田與家財各爲一賦之說。顧氏棟高邱甲田賦論曰：「春秋成元年作邱甲。哀十二年用田賦。杜氏兩注馬牛之數，前後自相違戾，具見李氏廉辨論中，李氏特取文定之說曰：作邱甲者，每邱出一甲士，而甸出甲士四人也。往者三人而今增其一，杜氏以爲邱出甸賦，加四倍者非是。用田賦者，往時田主出粟，而賦則取于商賈之里廛，今魯以商賈所當出之賦而于田上征之。蓋收區域之征，以備馬牛車乘，若漢家收田賦泉以補車馬，亦其遺意。杜氏以爲別其田及家財，各爲一賦者，非是。因謂司馬法所云：甸出一乘者，其實止出一乘之人，一切馬牛車乘，決非邱甸所出。卓哉斯論，可破千古之惑，而後儒往往不之信者，則以周禮小司徒及鄉師遂師，俱有六畜車輦旗鼓兵器帥而至之文，疑此言與周禮相悖。余謂周禮出于王莽時好爲繁重碎密之制，特附會司馬法以朁當世之愚民，非周制之本然也。夫信周禮不如信左傳，信左傳尤不若信詩書。詩書非出于一人之手，學者可因文思義，以想見當時之制度，非若周禮勒成一書，有所增飾，故至今猶可考而知也。嘗考左氏傳鄭莊之伐許，授兵于大宮，公孫閼與穎考叔爭車。晉惠公禦秦師，乘小駟，鄭入也。則車馬皆出自上可知矣。衛懿公將戰，國人受甲者皆曰：使鶴。鄭子產授兵登陴。楚武王授師孑焉以伐隨。則甲仗兵器，皆出自上可知矣。夫以六十四井之地，需出長轂一乘，戎馬四匹，牛十二頭，則必廬井溝洫之外，別有牧地。主伯亞旅而外，別有圉人。築場納稼之餘，別煩芻茭。且或秣飼不以時，或致臨事倒斃，不大敗乃公事乎？不特此也，果其馬牛車輦，皆出民間，公家可以不煩畜馬，而衛風有騋牝三千，魯頌有駉駉牡馬，豈反不以備戰陣而止以供遊觀乎？不特此也，馬牛車輦皆民自具，則必怨行役者兼述其供馬賦車之苦，勞歸士者幷慰其車煩馬殆之勤。而東山止言：制彼裳衣，勿士行枚。何草不黃之詩止云：匪兕匪虎，率彼曠野。但曰民勞耳，未嘗一言及車馬也。且其制當自周初已定，武王勝商克紂，當云歸馬于民間，還牛于卒伍可矣。何云歸馬華山之陽，放牛桃林之野？此尤大彰明較著者也。且卽周禮一書，亦自相矛盾，旣云，馬牛供乎邱甸矣，而大司馬校人之職復云，掌王之六馬十二閑。又云，凡軍事物馬而頒之。大司徒牛人又云：軍旅供其兵車之牛與其牽徬以載公任器。與左傳授甲授兵正相類。可見周禮一書，有眞有僞，所貴好學深思之士，旁通經傳，參互而別擇之，勿徒泥于先儒之成說，庶乎考諸三王而不謬也。謹因文定與李氏之說爲衡定之曰：初稅畝，加賦也。作邱甲，益民也。用田賦，備車馬也。春秋當日之情事，瞭然若睹，而諸儒之說，亦有所折衷矣。」（春秋大事表十四）按上引各家之說，乃解田賦義之最具代表性者，而陳義互有不同。賈、杜二家皆以賦其馬牛爲說，惟其數則異。鍾氏文烝於賈、杜二家，雖以賈爲近，然正義及李氏毛氏駁賈之言，亦爲近理，則賈說實未當也。杜說雖有正義爲之引申，毛氏說亦與杜爲近，惟李氏王氏駁杜，頗能切中其缺失，杜義實亦未當。李氏、王氏、顧氏三家皆主馬牛車乘非丘甸所出，而駁證周禮說有不足爲據者，論證詳確，殊爲可取。惟三家之中，李氏、顧氏以爲賦乃取于商賈之里廛，尚非確當。當以王氏說爲最長。

第六章　關於經傳國名、地名之解說

第一節　概說

春秋及左傳所載春秋方國，除周王室而外，諸侯國之較爲重要者，約近二十。此外左傳記事而涉及者，則達一百有餘，益以前代之方國計之，爲數尤多。清儒顧棟高作春秋列國爵姓及存滅表，載春秋方國凡二百零九，可謂衆矣。

賈氏之釋春秋經傳方國，或以國名釋之，如共、鄧是。或以姓氏釋之，如隨、滑、姑、蕭等國是。或擧其先祖及姓氏，如邢、沈、姒、蓐、黃是。或別其種族，如東山皐落氏、廧咎如是。或指明爲某國之遺邑，如郛是。或釋以位置，如虞、虢是。所釋計凡十有六國，合爲十有二項。賈氏說國名之可考見者，雖僅此十餘國，要亦可見其一斑矣。

敍史之必及地名，由來尙矣。春秋及左傳所敍地名，無慮百數。賈氏釋地名之可考者，尙可見四十餘事。其釋地名，或以某國之地釋之，如溫、澤邑、棠、句瀆、堂阜、姑棼、駘等等皆是，此類最多。或以某氏之邑釋之，如曲沃、豐丘、舒州等是。或釋以山名、山險，如靡笄、會稽、太行、孟門是。或釋以水名，如汾、洮是。或釋其位置，如商丘、踐土、甬東等是。或以某山之陽釋之，如岐陽是。或以國都釋之，如雍、絳是。皆隨事而釋，陳義多允當，而著語簡明，具見博洽焉。今依其國別，區分爲周王室、魯、齊、宋、衛、晉、楚、鄭、陳、秦、越、戎等十二國。賈說各條亦不更立標題也。

第二節　釋經傳國名者

（一）共

「大叔出奔共。」（隱公元年傳）

賈逵曰：「共，國名也。」（史記鄭世家裴駰集解引。此條馬、黃、王、嚴四家均輯。）

案杜注：「共國，今汲郡共縣。」杜亦以共爲國名。呂氏春秋愼人：「共伯得乎其首。」高誘注：「共國，伯爵也。」（卷十四）史記周本紀：「號曰共和。」張守節正義引魯連子云：「衛州共城縣本周共伯之國也。」（卷四）漢書地理志：「河內郡：共，故國。」（卷二十八上）顧棟高春秋大事表列國爵姓及存滅表：「共國，伯爵，地在今河南衛輝府輝縣。隱元年見，後地入于衛。」（卷五）閔公二年傳：「共、滕之民。」即此共也。共之始末，陳槃闇先生春秋大事表列國爵姓及存滅表譔異有考，不具引。

（二）邢

「衛人逆公子晉于邢。」（隱公四年傳）

賈逵曰：「邢，周公之胤，姬姓國。」（史記衛世家集解引。此條馬、黃、王、嚴四家皆輯。黃、王二家「胤」作「后」。此從馬、嚴輯。）

案僖公廿四年傳載：「凡、蔣、邢、茅、胙、祭，周公之胤也。」是邢爲周公之胤，傳有明文。史記周本紀：「封棄於邰，號曰后稷，別姓姬氏。」（卷四）禮記大傳正義引鄭駁異義云：「賜稷姓曰姬，著在書傳。」（卷三十四）后稷爲周之祖，故周世爲姬姓。邢爲周公之胤，故爲姬姓國。顧棟高春秋大事表列國爵姓及存滅表：「邢國，侯爵，姬姓，始封周公子。地在今直隸順德府治邢臺縣，後遷夷儀，今山東東昌府西南十二里有夷儀城。隱公四年見傳，僖公二十五年滅于衛。」（卷第五）此年邢國所在，杜預注無說。隱五年傳：「曲沃莊伯以鄭人邢人伐翼。」杜注：「邢國在廣平襄國縣。」顧表云地在今直隸順德府治邢臺縣。蓋即本之杜預。惟杜云釋隱五年之邢在襄國，其地與鄭國所在之鄭縣相去過遠，恐非是。當以在河南平皐縣之邢丘爲近。陳槃闇先生春秋列國爵姓及存滅表譔異有說。說文邑部：「邢，周公子所封地，近河南懷。」（第六篇下）續漢書郡國志云：「河南郡平睪（同皐）縣有邢丘，故邢國，周公子所封。」（卷十九）漢書地理志河內郡野王縣顏注引孟康云：「古邢國也。」（卷二十八上）三說皆以邢國在河南溫縣之邢丘，是也。此年之邢，當仍在邢丘，其後乃遷于邢臺也。

（三）鄧

「蔡侯鄭伯會于鄧。」（桓公二年經）

賈以鄧爲國，言蔡、鄭會於鄧之國都。（正義引賈服。此條馬、嚴輯有，黃、王二家缺。）

案杜注：「潁川召陵縣西南有鄧城。」正義駁賈云：「釋例以此潁川鄧城爲蔡地，其鄧國則義陽鄧縣是也。以鄧是小國，去蔡路遠，蔡鄭不宜遠會其都。且蔡鄭懼楚，始爲此會，何當反求近楚小國，而與之結援？故知非鄧國也。」正義引杜氏釋例以此年蔡、鄭會鄧之鄧，乃蔡地，地在召陵縣西南之鄧城，與在鄧縣之鄧國各別，以駁賈氏。後之學者，或從賈說，或從杜說。其從賈說者，如王夫之曰：「鄧，杜解：潁川召陵縣西南有鄧城。召陵于漢屬汝南郡，在西華、郾城之間，今屬開封陳州，蓋陳地也。案桓九年，鄧南鄙鄾人攻巴客而奪其幣。杜云：鄾在今鄧縣南沔水之北，則今襄陽樊陽之地，在漢江北者也。爲鄧之南鄙，杜氏以鄧爲鄧縣，明乎其爲今鄧州矣。巴人從夔州逕鄖陽，循鄧州之南，由襄入鄀，若鄧國在潁川，則中隔陳蔡，相去亦遠，伐申安得過鄧邪？鄧州之爲鄧國，古今不易。漢書注應劭曰：「鄧縣故鄧侯國。」續漢志郡國志亦言，鄧有鄾聚，皆屬南陽郡。若召陵之有鄧城，在鄭之東，蔡之北，二國謀禦楚。不應東北嚮而謀之。胡氏曰：其地以國，鄧亦與焉。鄭蔡南至鄧而會謀，斯爲得之。」（春秋稗疏卷一）沈欽韓曰：「水經注：醴水東逕郾縣故城南，左入汝。汝水又東南流逕鄧城西，桓二年會于鄧者也。一統志：鄧城在許州府郾城縣東南三十五里。賈服並以鄧爲國，言鄭蔡會于鄧之國都。按傳言始懼楚。鄧國在南陽，逼楚境尤切，故兩國至其都結謀，當從賈服也。許州之鄧，是隱十年所盟之地。」（春秋左傳地名補注卷一）洪亮吉曰

：「地理志：南陽郡：鄧，故國。應劭曰：鄧，侯國。」（春秋左傳詁卷一）李貽德曰：「說文：鄧，曼姓之國。今屬南陽。漢書地理志：南陽郡鄧，自注，故國。應劭曰：鄧，侯國。公羊傳云：離不言會，此其言會何？鄧與會爾。是以鄧爲國，爲賈服所本。左傳云，始懼楚也。蔡鄭鄧皆近楚之國，鄧爲地主，蔡鄭就往會之，故於鄧國都也。」（賈服注輯述卷三）劉文淇舊注疏證引沈欽韓說，亦主當從賈氏。其從杜說者，如江永曰：「彙纂：今鄧襄城在開封府郾城縣東南三十五里。公羊以鄧爲國，則後五年鄧侯來朝，卽其君也。今案郾城今屬許州府，此鄧地在蔡之北，鄭之南，正是蔡鄭相會之處。昭十三年，蔡朝吳奉蔡公召子干子晳盟于鄧，亦此地也。孔疏說是，公羊、賈、服說非。」（春秋地理考實卷一）張應昌春秋屬辭辨例編引高氏考略、顧氏都邑表、程延祚地名辨異，並同此說。高澍然釋經云：「蔡邑也。若鄧國在楚腹地，今襄陽府東北。爲懼楚乃會於此，以啓楚疑乎？必不然矣。」程公說春秋分紀云：「鄧有三：隱十年，公會齊侯盟于鄧，魯地也。桓二年，蔡侯鄭伯會于鄧，蔡地也。九年，巴子請與鄧爲好，鄧國也。」（並張應昌春秋屬辭辨例編引，見五經彙解卷一百七十七。）竹添光鴻曰：「昭十三年，蔡朝吳奉蔡公，召子干子晳盟于鄧，卽此地。今河南許州府郾城縣東南卅五里有鄧襄城，在蔡之北，鄭之南。釋例以鄧爲蔡地是也。賈服以爲鄧國，不合。鄧國在今南陽府，去蔡甚遠，蔡鄭二君，不宜遠會其都。且蔡鄭懼楚，當求己之近國，共爲犄角之勢，以拒楚鋒，何反求近楚之小國而與之結援乎？況楚武王夫人鄧曼是鄧女也，蔡鄭必不與鄧侯會矣。」（左傳會箋桓公二年）程旨雲先生春秋地名今釋亦以鄧爲蔡地，引杜注及一統志說，並謂：「蓋鄧當蔡之北，鄭之南，正蔡鄭相會之處。賈服云云，案鄧國在方城之內，今河南鄧縣。鄧蔡之間，有道、柏、唐、蓼諸國，路遠勢隔，自有未便，且傳文以懼楚結援，當不能反求近楚之鄧國爲會，激怒楚國，仍以杜注爲是。又成公九年，鄭伯會楚公子于鄧，昭公十三年盟於鄧，亦卽此。」（桓公二年）從賈說者，王夫之之言蓋誤以桓九年鄧南鄙之鄧，及莊六年楚伐申過鄧之鄧，與此年鄧同屬一地。又謂若召陵之有鄧城，在鄭之東，二國不應東北嚮而謀之。亦與實地不合。召陵之鄧，在鄭之南，非在東也。且以爲蓋陳地，亦非。是王說不足取。沈欽韓說雖謂當從賈服，然於釋例難賈服之說無辨駁，且引水經注及一統志說則與杜說同，明沈氏不廢杜說。並謂許州之鄧，是隱十年所盟之地，亦非是。是沈說亦不足憑。權衡賈杜兩說，當以杜義爲長。

（四）隨

「**楚武王侵隨**。」（桓公六年傳）

賈逵曰：「隨，姬姓也。」（史記楚世家集解引。馬、黃、王、嚴四家皆輯。）

案杜無說。正義曰：「世本：隨國，姬姓。不知始封爲誰。隨以此年見傳。僖二十年經書：楚人伐隨。自是以後，遂爲楚之私屬，不與諸侯會同。至定四年，吳入郢。昭王奔隨。隨人免之，卒復楚國。楚人德之，使列諸侯。哀元年，隨侯見經。其後不知爲誰所滅。」正義引世本謂，隨國，姬姓。蓋賈氏所本。淮南子氾論云：「隨侯之珠。」高誘注：「隨侯，漢東國，姬姓諸侯也。」（卷十三）高士奇曰：「定四年，吳入郢，楚昭王踰睢涉漳，入于雲中。已復奔隨，吳人從之，謂隨人曰：周之子孫在漢川者，楚實盡之。周室何罪？君若顧報周室，施及寡人，君之惠也。子期似王，逃王，而已爲王。隨人卜與之，不吉，卒辭吳人。依此知隨爲姬姓矣。」（春秋地名考略卷十三）淮南高注及高氏士奇亦以隨國姬姓，與賈說合。惟高氏士奇據定四年傳文，又或據僖廿八年傳有「漢陽諸姬」之文，證隨爲姬姓。義尙非眞確。故陳槃闇先生云：「按高士奇說固存備參。然『漢陽諸姬，楚實盡之』，是姬姓之國已盡于此矣。若隨亦姬姓，且爲大國（原注桓八年傳），則諸姬主要之國，屹然尙存，何云已盡？若吳人之望隨人『顧報周室』，此亦不必限於同姓。周室存亡繼絕，舊國之裔因而續封者，固不在少，即此亦當顧報。然則姬姓之說，存疑可矣。」（春秋列國爵姓及存滅表譔異册三葉二九下）陳先生駁高氏說以爲但據傳文，尙不足以證隨國之必爲姬姓。說亦有理。姓纂一四支隨下引風俗通云：「炎帝裔隨侯之後。」路史國名紀甲云：「隨侯，炎裔。」（葉十七上）又路史後紀四炎帝參盧篇亦云：「隨國，姜姓。」（卷四葉十四下）據此則隨又爲姜姓。孟子盡心下疏引韓詩云：「隨侯姓祝，字元暢，往齊國，見一蛇在沙中。」（卷十四）路史國名紀丁陶唐氏後篇：「按類林：隨侯，祝姓，則亦陶唐氏之後。」（葉三下）據此是隨又有祝姓之說也。是則隨之姓氏，凡有三說，皆有依據。此三說究以何說爲是，則不能詳矣。至隨國所在，漢書地理志云：「南陽郡：隨，故國。」（卷二十八上）杜預注此傳謂：「隨國，今義陽隨縣。」清屬德安府隨州。一統志：「故城在今湖北隨縣縣治。」（卷三四三）諸說並同，是也。隨國始封君爲誰，已不可考。此年始見傳。終春秋之世猶存，其後蓋爲楚所滅。

（五）郚

「齊人降郚。」（莊公三十年經）

賈逵曰：「郚，紀之遺邑。」（正義引劉、賈。羅泌路史國名紀甲引劉歆說同。馬、黃、王、嚴四家皆輯。）

案杜注：「郚，紀附庸國。東平無鹽縣東北有郚城。小國孤危，不能自固，蓋齊遙以兵威脅，使降附。」又正義引杜氏釋例云：「劉賈依二傳以爲郚紀之遺邑。計紀侯去國至此二十七年，紀侯猶不堪齊而去，則邑不得獨存，此蓋附庸小國，若邿、鄟者也。」是杜不用賈說。許愼說文解字邑部：「郚，紀邑也。」段注云：「春秋經，莊三十年，齊人降郚。公羊、穀梁皆曰：郚，紀之遺邑也。劉歆、賈逵依之，許說同。杜云，紀附庸國，東平無鹽縣東北有郚城，距紀太遠，非許意也。古紀國在今山東青州府壽光縣西南三十里，紀城郚邑當附近。卽昭十九年左傳之紀郚也。紀郚者，本紀國之郚邑，猶齊語紀酅，謂本紀國之酅邑也。公穀云，郚紀之遺邑，與左傳云紀郚合。杜云紀郚在東海贛榆是也。莊三十年之郚卽此，杜分爲兩地，非。今江蘇海州贛榆縣縣北七十五里有故紀郚城，亦曰紀城。」（說文段注六篇下）段氏說郚、紀之地是也。洪亮吉曰：「按說文：郚，紀邑也。與賈說同。杜注：郚，紀附庸國。今考紀在春秋時甚微，疑不得有附庸。又紀侯去國至此已二十七年，不得有附庸獨存，杜注蓋非也。」（春秋左傳詁卷一）洪氏亦以賈說爲然。孔廣森曰：「謹案紀之亡二十餘年矣，而郱猶孤存，蓋其守邑大夫抗節未降，若安陵不入於秦，莒、即墨不下於燕者也。桓公必將脅之以威，屈其志而窮其力。以取其土地，故不曰郱降于齊，而曰齊人降郱，閔郱而甚桓，見乎辭矣。」（春秋公羊通義卷三）俞樾曰：「郱者，公穀皆云，紀之遺邑也。夫自紀侯大去，至此二十有七年矣，齊人乃始降郱，何也?叔姬卒故也。莊公二十九年冬十有二月，紀叔姬卒。三十年秋七月，齊人降郱。是叔姬不卒，郱不得而降也。」（曲園雜纂卷四達齋春秋論）按孔、俞說是也。惟孔氏廣森以紀亡二十餘年，而郱猶孤存，蓋其守邑大夫抗節未降之故。俞氏樾則以爲紀侯大去至此二十有七年，齊人乃始降郱者，爲叔姬卒故也。二說辭雖不同，其義則一。蓋以其守邑大夫得以抗節不降，亦爲叔姬在故也。孔、俞說可爲賈說之證，而釋正義之疑。賈說於義爲長。正義引作劉、賈，賈本之劉歆者也。

（六）皐落氏

「晉侯使太子申生伐東山皐落氏。」（閔公二年傳）

賈逵曰：「東山，赤狄別種。」（史記晉世家集解引。馬、黃、王、嚴四家皆輯。）

案杜注：「赤狄別種也。皐落，其氏族。」杜亦以東山皐落氏爲赤狄別種，與賈同。正義曰：「狄有赤狄白狄。成十三年傳，晉侯使呂相絕秦云：白狄及君同州。則白狄與秦相近，當在晉西。此云東山，當在晉東。宣十五年，晉師滅赤狄潞氏，潞則上黨潞縣，在晉之東。此云伐東山皐落氏，知此亦在晉東，是赤狄別種也。皐落其氏族也。」國語晉語：「以皐落狄之朝夕苛我邊鄙。」韋注：「皐落，東山狄也。」（卷七）是亦以皐落爲氏族名也。又元和姓纂云：「黃帝封榆罔支子于潞，傳之皐落、留吁、甲氏、鐸辰、廧咎如，皆赤翟之屬也。」（雷學淇竹書紀年義證卷十三衛懿公及赤翟戰于洞澤條引。）亦以爲赤狄之屬，與賈說合。至皐落氏居地，說頗分歧。張守節史記晉世家正義云：「上黨記，臯落氏在潞州壺關縣城東南山中百五十里，今名平皐。」（史記卷三十九）洪氏曉云：「地理志，西河有皐狼縣。今考左傳閔公二年，晉伐東山皐落氏。是皐狼係皐落之轉音，非二地也。史記秦本紀又云：蜚廉有子季勝，生孟增。孟增幸于周成王，是爲宅皐狼。又云：皐狼生衡父。則皐狼係人名。豈漢時立縣，卽以人名爲地名，如益州郡不韋之比耶？疑宅皐狼者，孟增始居于皐狼，故云宅耳。張守節正義于宅皐狼下亦云：西河郡皐狼縣也。是可證矣。」（讀書齋二錄卷上）據上引諸說，則皐落氏居地，凡有四說。惟究以何說爲是，尙難遽定。陳槃闇先生云：「獻公之世，晉都在翼。所謂今垣曲縣西北六十里之皐落城、皐落鎭，在翼南，相去九十里。昔陽縣東七十里之臯落山、臯落氏墟，在翼北，相去五百六十里。壺關縣東南百五十里之平臯，在翼東，相去三百五十里。臯狼故城，其在武鄉縣西北五十里者，在翼北偏東，相去三百六十里。其在離石縣西北者，在翼北偏西，相去四百十里。案晉自獻公以前，蓋不都太原。獻公在翼，而其稱皐落氏繫之東山，是皐落氏當在翼東。上黨記提出之平臯，適在翼東，則平臯之說，蓋其是也。而翼南亦有皋落城、皋落鎮，翼北亦有皋落山皋落氏墟者，或者為皋落氏遷徙遺迹，不然則其族部繁多，此等處皆其錯雜居地也。然若東山為其專名，則其種人雖徙居任何一方，而其稱不改，是又不必定其適在翼東也。果爾則皋落居地或在翼北，或在翼南，抑或流移無定，均不可知也。音轉為皋狼之說亦可通。武鄉西北之皋狼故城，地當昔陽與壺關之間，距離翼都，視昔陽為近。其又一故城在離石者，則在武鄉西北，相去三百餘里。豈皋落氏初居在此，厥後乃東向遷移歟？」（春秋大事表譔異冊六葉五二一）按陳先生說可釋諸說分歧之疑，頗近理，當得其實。

（七）虞、虢

「假道於虞以伐虢。」（僖公二年傳）

賈逵曰：「虞在晉南，虢在虞南。」（史記晉世家集解引。馬、黃、王、嚴四家皆輯。）

案杜注：「自晉適虢，途出於虞，故假道。」桓十年傳杜注：「虞國在河東大陽縣。」漢書地理志：「河東郡大陽縣。」自注云：「吳山在西，上有吳城，周武王封太伯後於此，是為虞公，為晉所滅。」（卷二十八上）此蓋杜氏所據也。一統志：「今山西平陸縣東北六十里有虞城，一名吳城。」（據程旨雲先生春秋左傳地名圖考引）又地理志：「河東郡絳縣。」注云：「晉武公自曲沃徙此。」（同上）莊廿六年傳杜注：「絳，晉所都也。今平陽絳邑縣。」（卷十）隱元年傳杜注：「虢，西虢國也。弘農陝縣東南有虢城。」（卷二）是虞、晉、虢所在也。閻若璩曰：「虞虢二國，杜注，虞國在河東大陽縣。余謂山西之平陸縣也。虢，西虢國，宏農陝縣東南有虢城。余謂河南之陝州也。名雖二省，而界相連。莫妙於裴駰引賈逵注曰，虞在晉南，虢在虞南。一言之下，而形勢瞭然。爾時爲晉獻公十九年，正都於絳。絳在太平縣之南，絳州之北。土人至今呼故晉城，遺址宛然，余嘗往觀。」（四書釋地卷一）按閻說是也。是晉在北，虞在晉南，虢又居虞南。故晉欲伐虢，必假道於虞也。

（八）滑

「滑人叛鄭。」（僖公二十年傳）

賈逵曰：「滑，姬姓之國。」（史記周本紀集解引。馬、黃、王、嚴四家皆輯。）

案莊十六年經：「會齊侯、宋公、陳侯、衞侯、鄭伯、許男、滑伯、滕子，同盟于幽。」杜注：「滑國都費，河南緱氏縣。」（卷九）洪亮吉云：「成十三年，殄滅我費滑，即此。故杜注言滑國都費也。」（春秋左傳詁卷一）沈欽韓云：「方輿紀要，緱氏城在河南偃師縣南二十里。古滑國，亦曰費滑，費卽滑都。」（左傳地名補注卷二）程旨雲先生春秋地名今釋引一統志：「今河南偃師縣南二十里，有緱氏故城，爲古滑國。」（第二篇莊十六年）諸家言滑國所在是也。此年經書鄭人入滑，傳稱滑人叛鄭而服於衞。僖三十三年秦人入滑，及成十三年費滑，皆同此滑國。顧棟高春秋大事表卷七之四「春秋時之滑，非今滑縣論」駁高江邨「僖二十年鄭人入滑之滑，非緱氏之滑說」之非，亦以此年之滑爲緱氏縣之滑國是也。錢大昕云：「僖二十年，鄭人入滑，滑遂服屬於鄭。三十三年，秦伯謀襲鄭，滅滑而還，晉人敗之於殽，自是滑屬於晉。成十七年，鄭子駟侵晉虛、滑是也。其後滑又屬鄭，此傳所云侵費滑是也。昭、定以後，滑又屬周，昭二十六年，王次于滑。定六年，鄭伐周馮、滑是也。」（潛研堂文集卷二）錢氏說滑服屬經過甚詳，其說可從。至滑國之爲姬姓，襄二十九年傳有明文。僖三十三年傳：秦人滅滑。晉先軫曰：秦不哀吾喪，而伐吾同姓。同姓即謂滑也。又成十三年傳：晉呂相曰：殄滅我費滑，散離我兄弟。晉以滑爲兄弟，皆足證滑爲姬姓之國也。

（九）廧咎如

「狄人伐廧咎如。」（僖公廿三年傳）

賈逵曰：「赤狄之別隗姓。」（史記晉世家集解引。黃、王、嚴三家有，馬輯缺。）

案杜注：「廧咎如，赤狄之別種也，隗姓。」杜用賈說。正義曰：「成二年，晉郤克衛孫良夫伐廧咎如。傳曰：討赤狄之餘焉。彼言赤狄之餘，知是赤狄之別種也。女曰叔隗季隗，知爲隗姓也。」顧棟高春秋大事表列國爵姓及存滅表載：「廧咎如：隗姓，赤狄別種。」（卷五）說與賈、杜合。至其居住之地，顧表都闕。陳槃闇先生曰：「管城碩記：『宋白曰：慈州，春秋廧咎如之國。隋爲汾州，貞觀元年改慈州。』唐慈州，即今山西吉縣治。宋氏之說，未詳所據。」（春秋大事表譔異册六葉五三五下）管城碩記引宋白之說，當有所本。蓋可從。

（十）南燕

「**鄭文公有賤妾曰燕姞。**」（宣公三年傳）

賈逵曰：「姞，南燕姓。」（史記鄭世家集解引。馬、黃、王、嚴四家皆輯。）

案杜注用賈說。隱五年傳：「衛人以燕師伐鄭。」杜注：「南燕國，今東郡燕縣也。」正義曰：「燕有二國：一稱北燕，故此注言南燕以別之。世本：燕國，姞姓。地理志：東郡燕縣。南燕國，姞姓，黃帝之後也。」（卷三）顧棟高春秋列國爵姓及存滅表載：「南燕國：伯爵，姞姓，黃帝後。」（春秋大事表卷五）與地理志同。是姞爲南燕姓也。顧表地在河南衛輝府東南三十五里廢胙城縣是。又參見宣三年「曰余爲伯儵余而祖也」條。

（十一）蕭

「**必以蕭同叔子爲質。**」（成公二年傳）

賈逵曰：「蕭，附庸，子姓。」（史記齊世家集解引。馬、嚴輯有，黃、王二家缺。）

案杜注不釋蕭。莊十二年，蕭叔大心見傳。又云，宋之羣公子奔蕭。杜注：蕭，宋邑也。今沛國蕭縣也。（卷九）莊廿三年經載：蕭叔朝魯莊公于穀。杜云：蕭，附庸國也。（卷十）宣十二年，楚子滅蕭。杜云：蕭，宋附庸國。知杜意莊十二年及廿三年之蕭，與此蕭並同。正義曰：「莊十二年，宋萬弒閔公，蕭叔大心者，宋蕭邑之大夫也。平宋亂，立桓公，宋人嘉之，以蕭邑封叔爲附庸。莊二十三年，蕭叔朝公，是其事也。此年楚子滅蕭。定十一年，宋公之弟辰入于蕭以叛，則此後復爲宋邑也。」按杜以蕭爲附庸，蓋本賈說。正義以蕭叔大心平宋亂，立桓公，有功於宋，宋人嘉之，故以蕭邑封叔爲附庸，蓋是。馬宗璉曰：「賈逵曰：蕭，附庸，子姓。當謂：蕭，宋之附庸，與宋同姓。蕭叔大心卽蕭之先，附庸蓋以叔爲稱。蕭叔朝公是也。」（左傳補注卷二）洪亮吉曰：「帝王世紀：周封子姪之別爲附庸也。按今徐州蕭縣，古蕭叔之國。」（左傳詁卷十一）馬、洪說是。顧棟高春秋大事表五列國爵姓及存滅表載：蕭，附庸，子姓，始封蕭叔大心。今江南徐州府蕭縣西北十里有蕭城。與賈、杜說並同，是也。

（十二）沈、姒、蓐、黃

「沈、姒、蓐、黃，實守其祀。今晉主汾川而滅之矣。」（昭公元年傳）

賈逵曰：「四國，臺駘之後也。滅之，滅四國。」（史記鄭世家集解引。馬、黃、王、嚴四家皆輯。）

案杜注本賈說。傳云，臺駘能業其官，帝嘉之，封諸汾川，沈、姒、蓐、黃，實守其祀。今晉主汾而滅之。故知沈、姒、蓐、黃四國是臺駘之後。羅泌路史國名紀乙少昊後國篇蓐國條云：「鄏，郟也，所謂郟、鄏，俱在河南。有鄏山，後蓋爲蓐收國。風俗通、姓纂云：蓐收後。未然。」（葉八下）羅氏以蓐爲郲鄩之鄩，未當。鮑氏鼎曰：「史記周本紀：『營周居于雒邑而後去』。正義引京相璠地名云：『郲，山名。鄩，邑名』。夫洛陽爲周東都，不近汾川，泌說固不足憑矣。按左昭元年傳：『昔金天氏有裔子曰昧，爲玄冥師，生允格、臺駘。臺駘能業其官，宣汾、洮，障大澤，以處大原。帝用嘉之，封諸汾川，沈、姒、蓐、黃，實守其祀』。又二十九年傳：『少皞氏有四叔，曰重、曰該、曰脩、曰熙，實能金木及水。使重爲句芒，該爲蓐收，脩及熙曰玄冥』。疏：『四叔是少皞之子孫，非一時也。未知於少昊遠近也。四叔出於少皞耳。此五祀者，居官有功，以功見祀，不是一時之人，脩、熙相代爲水正卽非一時也』。鼎按孔說甚通。該爲臺駘之急聲。昭元年之臺駘，卽二十九年之該也。該从亥聲，駘從台聲，俱在之部。臺聲亦在之部。同部聲近，實一人也。臺駘居蓐收金正之官，故卽以官氏國。蓐地所在，典籍無徵。要非郲、鄩，斷可識矣。」（春秋國名考釋卷中之下）按鮑氏主風俗通及姓纂說，以蓐爲蓐收後是也。沈、姒、蓐、黃四國，皆少昊金天氏之後，則皆嬴姓國。晉滅之，乃謂滅此四國也。此四國均封於汾川，卽汾洮流域，蓋皆微國，史不著其事，不知何年滅於晉，確地亦不可考矣。

第三節　釋經傳地名者

（一）周王室

「取溫之麥。」（隱公三年傳）

賈逵曰：「溫，周地也。蘇氏邑也。」（太平御覽卷四百八十引。此條馬、嚴輯有，黃、王二家輯缺。）

案杜注：「今河內溫縣。」漢書地理志：「河內郡，溫縣，故國，已姓，蘇忿生所封也。河南郡，洛陽縣，是爲成周。」（卷二十八上）江永考實引彙纂：「今屬懷慶府，古溫城在縣西南三十里。」（卷一）沈欽韓地名補注：「方輿紀要：溫城在懷慶府溫縣西南三十里。周畿內國。」（卷一）程旨雲先生今釋引一統志：「溫縣故城，在今河南溫縣西南三十里。亦曰蘇城。」（隱公三年）按諸家說並同，是溫周畿內國也。隱公十一年傳：王與鄭人蘇忿生之田，溫居其首列。（卷四）成公十一年傳：「昔周克商，使諸侯撫封，蘇忿生以溫爲司寇。」（卷二十七）是溫爲蘇氏邑也。

「王師在澤邑。」（昭公廿三年傳）

賈逵曰：「澤邑，周地也。」（史記周本紀集解引。馬、黃、王、嚴四家皆輯。）

案澤邑，杜無注。江氏永曰：「彙纂，賈逵曰：澤卽翟泉也。」（春秋地理考實卷三）僖二十九年經：「盟于翟泉。」杜預曰：「翟泉，今洛陽城內太倉西南池水也。」（卷十七）程旨雲（發軔）先生曰：「翟泉，一作狄泉。杜注：今洛陽城內太倉西南。疑未確。彙纂：在今河南洛陽縣東北二十五里，故洛陽城中。案翟泉原在城外，定公元年城成周，乃繞入城內。」（春秋地名今釋僖公二十九年）案此年前後王室戰亂，皆不出周王畿以外。此云王師在澤邑，其爲周地可知。程旨雲先生引彙纂云在故洛陽城中是也。

（二）魯

「公將如棠觀魚者。」（隱公五年傳）

賈逵曰：「棠，魯地。陳漁而觀之。」（史記魯世家集解引。此條馬、黃、王、嚴四家皆輯。黃、王二家「地」下衍「是」字，馬、嚴輯不誤。）

案經書春公矢魚于棠。杜注：「今高平方與縣北有武唐亭魯侯觀魚臺。」傳：「公曰吾將略地焉」下，正義引杜氏釋例曰：「舊說：棠，魯地。據傳公辭欲略地，則非魯境也。」又引釋例土地名曰：「棠在魯部內，云本宋地。蓋宋魯之界上也。」是釋例於棠在魯在宋，游移未定也。又傳：「書曰公矢魚于棠，非禮也，且言遠地也」下，杜注：「矢，亦陳也。棠，魯地境，故曰遠地。」是又以棠在魯地境。二說不同，必有一誤。按，前引釋例說謂，據「傳公辭欲略地，則非魯境。」杜又謂「略，總攝巡行之名。」然則巡行正當在本國境中，何得謂非魯境乎？故釋例疑非魯境，非也。當從注說。又釋例引舊說「棠，魯地。」當係賈說。江永曰：「彙纂：今兗州府魚臺縣魚亭山是其處也。今按魚臺縣北十三里有武唐亭。水經注云，有高臺二丈許，臨菏水。」（春秋地理考實卷一）高士奇曰：「水經注：濟水又東，過方與縣北為菏水。菏水東逕武唐亭，有臺高二丈許，下臨水，昔魯侯觀魚處。戰國時屬宋，名方與。晉屬高平國，唐寶應間改名魚臺縣，取觀魚臺為名，今觀魚臺在縣東北十二里，縣屬兗州府。」（張應昌春秋屬辭辨例篇引高氏春秋參，見皇朝五經彙解卷一百七十四。）程旨雲先生曰：「一統志：棠一作唐，今山東魚臺縣東北十二里有魯侯觀魚臺。」（春秋地名今釋隱公五年）按，上引江氏、高氏及程先生說，均與杜說同。賈云「陳漁而觀之」，用左傳文。爾雅釋詁：「矢，陳也。」（卷一）傳釋矢字與爾雅相應。

「乃殺子糾于生竇。」（莊公九年傳）

賈逵曰：「魯地句瀆也。」（史記齊世家集解引。索隱引同。生竇，史記作笙瀆。馬、黃、王、嚴四家皆輯。）

案杜注：「生竇，魯地。」史記齊世家作笙瀆。司馬貞索隱云：「鄒誕生本作莘瀆。莘，笙聲相近。」（史記卷三十二）周禮大宗伯注：「四竇，釋文，竇本亦作瀆。」（卷十八）是竇、瀆字通。論語憲問篇：「自經于溝瀆，而莫之知也。」（卷十四）李貽德曰：「句，古讀如溝，如句芒、句龍、句吳，皆古讀也。子糾殺于其地，召忽亦自經于此，論語溝瀆即生竇之地。」（賈服注輯述卷四）按李說是也。漢書地理志：「濟陰郡有句陽縣。」應劭曰：「左氏傳句瀆之丘也。」（卷二十八上）水經注濟水篇：「濮水又東，與句瀆合。句瀆首受濮水枝渠於句陽縣東南，逕句陽縣故城南，春秋之穀丘也，左傳以爲句瀆之丘矣。」（程旨雲先生春秋地名今釋引）程旨雲先生以爲地在今山東菏澤縣北三十里之句陽店是也。

「及堂阜而稅之。」（莊公九年傳）

賈逵曰：「堂阜，魯北境。」（史記齊世家集解引。馬、黃、王、嚴四家皆輯。）

案杜注：「堂阜，齊地。東莞蒙陰縣西北有夷吾亭。或曰，鮑叔解夷吾縛於此，因以爲名。」杜以爲齊地，與賈異。文公十五年傳云：「飾棺寘諸堂阜。」杜注：「堂阜，齊魯境上地。」說又不同。蓋其地在齊魯境上，爲齊爲魯，不能確定，賈、杜各以意言之，故說各不同。洪亮吉曰：「按文十五年傳，飾棺置諸堂阜，明堂阜爲齊魯交界，既至齊境，故卽釋其縛也。」（春秋左傳詁卷六）按洪說是也。沈欽韓云：「一統志：堂阜在沂州府蒙陰縣西北三十里。」（左傳地名補注卷二）一統志說堂阜地與杜說合，是也。

「公賜季友汶陽之田及費。」（僖公元年傳）

賈逵曰：「汶陽、費，魯二邑。」（史記魯世家集解引。馬、黃、王、嚴四家皆輯。）

案杜注：「汶陽田，汶水北地。汶水出泰山萊蕪縣，西入濟。」釋例曰：「汶水出泰山萊蕪縣西南，經濟北至東平須昌縣入濟。」（正義引）傳謂公以汶陽之田及費賜季友，則二邑屬魯可知，賈說是也。汶陽田，其地所在，江永春秋地理考實：「水經注蛇水出岡縣東北泰山西，流逕汶陽之田，齊所侵也。自汶之北，平暢極目，元和志：汶陽故城在龔邱縣東北五十四里，其城側土田沃饒，故魯爲汶陽之田。龔邱今寧陽也。」（卷二）沈欽韓左傳地名補注：「方輿紀要：汶水出泰安州萊蕪縣東北七十二里原山之南，水經所謂北汶也。運河記：汶水自泰安州經寧陽汶上縣界，又西去東平州，注濟水，此故道也。按應劭云，水北爲陽，水南爲陰。蓋在今兗州府寧陽縣北。漢置汶陽縣在曲阜縣東北四十里，非此汶陽也。」（卷三）至費地所在，江永云：「今山東沂州府費縣也。故城在今費縣西北二十里。」（同上）沈欽韓補注引一統志說同。

（三）齊

「**齊侯游于姑棼。**」（莊公八年傳）

賈逵曰：「**姑棼，齊地。**」（史記齊世家集解引。此條馬、黃、王、嚴四家皆輯。）

案杜注但云，姑棼齊地，不言其地所在。釋例土地名列姑棼地闕。後漢書郡國志：「樂安國博昌有薄姑城。」劉昭注：「古薄姑氏，杜預曰：薄姑地。」（志卷二十二）郡國志博昌下又有「貝中聚」。劉注：「左傳，齊侯田于貝丘。杜預曰：縣南有地名貝丘。」（同上）是薄姑及貝丘皆在博昌縣境。顧棟高春秋大事表云：「青州府博興縣爲齊薄姑。左氏作薄姑，本殷末薄姑氏國。成王時，薄姑與四國作亂，成王滅之，以益太公之封，後胡公徙都于此。一名姑棼。莊八年，齊襄公遊于姑棼，即其地。」（卷六列國犬牙相錯表上）又列國爵姓及存滅表：「薄姑，今山東青州府博興縣東北十五里有薄姑城。」（卷五）顧氏以姑棼，一名蒲姑，即薄姑，地在山東青州府博興縣境，春秋傳說彙纂及方輿紀要說同。按古博昌縣即清代之博興縣，顧說是也。

「**師至於靡笄之下。**」（成公二年傳）

賈逵曰：「**靡笄，山名也。**」（史記齊世家集解引。馬、黃、王、嚴四家皆輯。）

案杜注用賈說。史記齊世家：「六月壬申，與齊兵合靡笄下。」集解：「徐廣曰：靡亦作摩。」索隱：「靡笄山在濟南，與代地靡笄山不同。」（卷三十二）又晉世家：「平公元年伐齊，齊靈公與戰靡下。」集解：「徐廣曰：靡一作歷。」索隱：「卽靡笄也。」（卷三十九）顧棟高曰：「靡笄山在今濟南府治歷城縣南十里，亦曰歷山。史記晉平公元年伐齊云云。左傳作靡笄之下，省文而爲靡下，又譌靡而爲歷也。漢三年，韓信襲破齊歷下軍卽此。鄭康成云：歷山卽雷首山，山有九名，歷下其一也。三齊記：歷下城南對歷山。城在山下因名。」（春秋大事表卷八上列國山川表）按顧氏以靡笄山卽歷山，在濟南府歷城縣南，與史記索隱說合。沈欽韓曰：「方輿紀要：歷山在濟南府南五里，或以爲卽靡笄山。靡與歷相近。通志：今名千佛山，在府南十里。」（左傳地名補注卷八）沈氏兼取紀要及通志說。二說道里略異。江永曰：「今按戰于鞌，鞌在歷城。傳云，六月壬申，師次于靡笄之下。癸酉，師次于鞌。則靡笄與靡非一地。史記，戰于靡下，當作歷下。然遂以靡笄爲歷山，恐非。金史云：長清有劇笄山，劇笄當卽靡笄。長清縣在濟南府西南七十里，山在其縣，晉師從西來，正與壬申癸酉差一日相合，當以金史爲是。」（春秋地理考實卷二）江氏據金史以爲靡笄山在長清縣，地在濟南府西南七十里，與上引諸家異。劉文淇舊注疏證謂：顧氏及紀要二說，雖道里小殊，然有與鞌一地之疑，校之傳文所引次第不合。故以江永說爲是。（成公二年）惟程旨雲先生不以江永說爲然。其言曰：「細玩傳文，晉師壬申至靡笄之山，齊侯請戰，高固入晉師，徇齊壘。癸酉，師陳于鞌。則晉師齊壘，靡笄鞌山，必相距不遠。如通志所載，鞌與靡笄相距二十里上下，合乎一日行軍里程。如靡笄山在長清，則距鞌山七八十里，決非一日所能到達，應從通志。」（春秋地名通釋成公二年）按通志卽山東通志。通志說與顧棟高說同，程先生說是也。

「入自丘輿，擊馬陘。」（成公二年傳）

賈逵曰：「**馬陘，齊地也。**」（史記齊世家集解引。馬、黃、王、嚴四家皆輯。）

案杜注：「丘輿、馬陘，皆齊邑。」史記齊世家：「晉軍追齊至馬陵。」（卷三十二）梁履繩曰：「馬陘，史記作馬陵，高氏考略遂以地有二名。愚謂陘陵聲近而譌，馬陵自是衛地，見七年。」（左通補釋卷十三）按成七年衛地有馬陵，則梁說可成立。顧棟高曰：「馬陘，杜注，齊邑。史記作馬陵。齊乘：淄水出益都岳陽山，北徑萊蕪谷，又北徑長峪道，亦曰馬陵，卽郤克追齊侯處，所謂弇中狹道，亦卽此。在益都縣西南，近臨淄，蓋已直逼齊都矣。」（春秋大事表七之一列國都邑表）沈欽韓曰：「一統志：長峪在青州府城西南，亦名馬陘，亦名弇中峪，亦名萊蕪谷。水經注：淄水逕萊蕪谷，又北逕馬陵，俗名長谷道。」（左傳地名補注卷六）按青州府城卽益都也。程旨雲先生春秋地名今釋亦謂，說文：陘，山絕坎也。臨淄無絕坎之山，益都、淄川之間，頗多山陘，與馬陘之名切合。故以馬陘在淄川以東，益都西南，與顧、沈說合。至梁氏謂馬陵非馬陘，然齊乘既有是說，且諸家多引之，則馬陘又名馬陵，當無可疑，與衛地馬陵非一地也。

「使毛遷孺子於駘。」（哀公六年傳）

賈逵曰：「**齊邑。**」（史記齊世家集解引。馬、黃、王、嚴四家皆輯。）

案駘爲齊邑，賈、杜並同，據傳文知之也。顧氏棟高云：「或曰，在今青州府臨朐縣界。」（春秋大事表八下）程旨雲先生春秋地名今釋云：「駘，應在章邱縣境，續山東考古錄：『歷城東北八十里有臺邑。』與章邱相接，疑卽駘。」（春秋地名圖考第二篇）從程先生說。

「適豐丘。」（哀公十四年傳）

賈逵曰：「豐丘，陳氏邑。」（史記齊世家集解引。馬、黃、王、嚴四家皆輯。）

案賈杜並云：豐丘，陳氏邑者，傳云子我失道於弇中而適豐丘，豐丘人執之，以告陳氏而殺諸郭關。子我失道，而誤適豐丘。豐丘人執以告陳氏，故知豐丘爲陳氏邑也。傳謂：子我出，陳氏追之，失道於弇中，適豐丘。則豐丘地當近弇中。襄二十五年傳：弇中。杜注：「弇中，狹道。」江永曰：「臨淄縣西南至古萊蕪有長峪，界兩山間，踰二百里，中通淄河。長峪本名馬陘，亦名弇中。」（春秋地理考實卷二）其地當在今山東博山縣境。程旨雲（發軔）先生春秋地名今釋云：「一統志：益都臨朐界上有逢山，亦逢伯之國。案逢與豐古音相近，疑卽豐丘。」（春秋左傳地名圖考第二篇）程先生說蓋是。則豐丘地當在弇中之東。當益都臨朐二縣界也。

「陳恆執公于舒州。」（哀公十四年傳）

賈逵曰：「陳氏邑也。」（史記齊世家集解引。馬、黃、王、嚴四家皆輯。）

案春秋傳說彙纂云：「史記田常執簡公于徐州。崔駰曰：卽春秋舒州也。案舒州今兗州府滕縣東南薛城是。後漢郡國志云：薛城在春秋之季曰徐州。竹書紀年云：邳遷于薛，改名徐州，亦曰舒州。」

（江永春秋地理考實卷三引）江氏永云：「今按徐與舒古音雖相通，然此舒州非薛城之徐州也。當時滕薛未亡，陳恆安得置其君於此？張守節史記正義云：徐州齊之西北界上地名，在渤海郡東平舒縣。此說最是。東平舒在今順天府大城縣界，此齊之極北，與燕界者也。齊之履北至無棣，漢時無棣與東平舒，並屬渤海郡，則齊之北境，可至東平舒矣。又史記齊威王曰：吾臣有黔夫者，使守徐州，則燕人祭北門，趙人祭西門。此徐州亦音舒州，正是東平舒，接燕而近趙之地。故燕趙畏之而祭門。若黔夫守薛城之徐州，去燕趙甚遠，燕趙何爲而祭門？此事理之尤明者。是時陳恆將弒君，故寘諸極遠之界而幽之。」（春秋地理考實卷三）江氏駁彙纂說是也，舒州當在今河北大城縣境。賈云，舒州陳氏邑者，以傳云：陳恆執公于舒州。經云：陳恆執其君，寘于舒州。蓋於舒州執簡公，即幽之於舒州，明舒州爲陳氏邑也。

（四）宋

「秋宋萬弒閔公于蒙澤。」（莊公十二年傳）

賈逵曰：「蒙澤，宋澤名也。」（史記宋世家集解引。馬、黃、王、嚴四家皆輯。）

案杜注：「蒙澤，宋地。梁國有蒙縣。」杜不以爲澤名，與賈略異。後漢書郡國志：「梁國蒙縣有蒙澤。」注引此傳，宋萬殺閔公於蒙澤事爲證。（志第二十）沈欽韓左傳地名補注云：「水經注：獲水東逕己氏縣南，東南流逕于蒙澤。十三州志曰：蒙澤在己氏縣東。寰宇記：蒙澤在宋州宋城縣北三十五里。今歸德府商丘縣。」（卷二）江永春秋地理考實云：「彙纂：今河南歸德府商丘縣北有蒙澤，縣南二十五里有蒙縣故城。」（卷二）顧棟高春秋大事表列國地形犬牙相錯表：歸德府商丘縣，宋地。（卷六上）按春秋宋都卽在今商邱縣境。諸家說蒙澤地略同，而均不以爲澤名，則蒙澤非澤名也。賈說蓋想當然耳，當以杜說爲是。

「遷閼伯於商丘主辰。」（昭公元年傳）

賈逵曰：「商丘在漳南。」（史記鄭世家集解引。馬、黃、王、嚴四家皆輯。）

案杜注：「商丘，宋地。」杜以國地釋之，賈則以其地理位置爲說也。二說不相違。漢書地理志云：周封微子於宋，今之睢陽是也。本陶唐氏火正閼伯之墟。」（卷二十八下）詩商頌譜云：「武王伐紂，乃以陶唐氏火正閼伯之墟，封紂兄微子啓爲宋公，代武庚爲商後。其封域在禹貢徐州泗濱西及豫州盟豬之野。」（毛詩注疏卷二十之三）地理志及詩譜所云，卽襄公九年傳，閼伯居商丘，相土因之之地也。李貽德曰：「地理志上黨長子下云：鹿谷山，濁漳水所出，東至鄴，入清漳。又沾下云：大黽谷，清漳水所出，東北至阜成入大河。過郡五，行千六百八十里。胡氏渭曰：濁漳水出山西長子縣發鳩山，東流經長治縣西。又東北經屯留、潞城、襄垣、黎城、平順。又東經河南林縣，至涉縣東南，清漳水注之。是卽禹貢所謂衡漳者也。商邱屬今歸德府，在林縣東南。衡漳所在，與漢時當不大異，是商丘在漳水南矣。」（賈服注輯述卷十四）按李說是也。商丘爲宋都所在。故杜云宋地也。

（五）衛

「**城楚丘**。」（僖公二年經）

賈逵曰：「**楚丘**，**衛地**。」（史記齊世家集解引。馬、黃、王、嚴四家皆輯。黃、王二家輯在閔公二年，此從馬嚴輯。）

案杜注：「楚丘，衛邑。」國語齊語韋注：「楚邱，衛地。」（卷六）說並與賈同。此年傳謂，諸侯城楚丘而封衛焉。僖十二年傳又謂，諸侯城衛楚丘之郛。故知楚丘爲衛地。漢書地理志：「山陽郡成武，有楚丘亭。齊桓公所城，遷衛文公於此。」（卷二十八上）沈欽韓左傳地名補注云：「輿地廣記，開德府（原注，今大名府之開州）衛南縣本楚丘，衛文公自曹邑徙此。按今省入衛輝府滑縣。一統志：衛南故城在滑縣東六十里。」（卷二）沈說是也。

「**出于五鹿**。」（僖公廿三年傳）

賈逵曰：「**五鹿**，**衛地**。」（史記晉世家集解引。馬、黃、王、嚴四家皆輯。）

案杜注：「五鹿，衛地。今衛縣西北有地名五鹿，陽平元城東亦有五鹿。」五鹿爲衛地，據傳文可知，故賈、杜皆云然。至其地所在，杜兩解之以存疑。沈欽韓云：「元城之五鹿，當是沙鹿地，誤爲五鹿。司馬彪志云：五鹿墟故沙鹿。水經注于元城縣下但引漢元后事，證沙鹿崩，而于衛縣下云，浮水故瀆，東逕五鹿之野，晉文公受塊于野人即此處。又引京相璠云，今衛縣西北三十里有五鹿城，以別元城之沙鹿，非此五鹿。」（左傳地名補注卷三）依沈說則以衛縣之五鹿爲是。程旨雲先生曰：「紀要以元城縣之五鹿，在今河北大名縣東南，衛縣之五鹿，在今河北濮陽縣南三十里。時衛都楚邱，重耳乞食，在過楚邱之後。由楚邱至齊，似以道出濮陽之五鹿爲便。」（春秋地名今釋第二篇）亦主在衛縣之五鹿，與沈說合，是也。

「**戰于城濮**。」（僖公廿八年經）

賈逵曰：「**城濮，衛地**。」（史記晉世家集解引。馬、黃、王、嚴四家皆輯。）

案莊二十七年經，公會齊侯于城濮。杜注亦云：「城濮，衛地。」顧棟高列國都邑表云：「城濮，今山東曹州府濮州南七十里有臨濮城。」（春秋大事表卷七之二）沈欽韓云：「方輿紀要，臨濮城在東昌府濮州南七十里，或曰，卽古城濮也。」（左傳地名補注卷四）程旨雲先生曰：「一統志：今山東濮縣南六十里之臨濮集。江永就僖公二十八年晉侯登有莘之墟，以觀晉師。莘在河南陳留縣東五里，則城濮應在陳留附近，陳留與濮，相距頗遠，未審的在何地。余按城濮確在衛，今山東濮縣南。」（春秋左傳地名圖考第二篇）諸說略同，是其地也。

（六）晉

「**哀侯侵陘庭之田**。」（桓公二年傳）

賈逵曰：「**陘庭，翼南鄙邑名**。」（史記晉世家集解引。此條馬、黃、王、嚴四家皆輯。）

案杜注：「陘庭，翼南鄙邑。」說與賈同。傳下文云：「陘庭南鄙，啓曲沃伐翼。」故知陘庭在翼南也。江永曰：「彙纂：翼卽今平陽府翼城縣，縣東南七十五里有熒庭城。志云，卽陘庭也。今按史記白起傳：攻韓陘城。正義謂，陘庭故城在曲沃縣西北二十里，在絳州東北三十五里，如此則陘庭不在翼城之南矣。襄二十三年，齊莊公伐晉，入孟門，登太行，張武軍於熒庭，戍郫邵，地皆近翼城。又水經注：紫谷水出白馬山，西逕榮庭城南，西入澮，亦在翼城南。則陘庭卽熒庭，亦卽榮庭，在翼城東南者爲是。而白起攻韓之陘城者，別是一地，非此陘庭也。」（春秋地理考實卷一）顧棟高列國都邑表：「今山西平陽府翼城東南七十五里有熒庭城。志云，卽陘庭也。襄二十三年，齊侯伐晉，張武軍於熒庭，卽此。」（春秋大事表卷七之三）梁履繩左通補釋卷二說同。沈欽韓曰：「元和志：陘庭故城在絳州曲沃縣西北二十里，曲沃武公伐翼，次于陘庭是。」（左傳地名補注卷一）李氏貽德輯述及劉氏文淇疏證並同江永說。程旨雲先生春秋地名今釋：「一統志：以陘庭在曲沃縣東北十里。熒庭別爲一地，在翼城東南七十里。細玩傳文，武公伐翼次陘庭。則陘庭在曲沃與翼之間，當以曲沃之東北爲是。至襄公二十三年，齊侯伐晉，登太行，封少水，張武軍於熒庭。則熒庭在翼城與少水之間，當以翼之東南爲是。應從一統志。」（桓公二年）按程先生說是也。

「乃城聚而處之。」（莊公二十五年傳）

賈逵曰：「聚，晉邑。」（史記晉世家集解引。馬、黃、王、嚴四家皆輯。）

案杜注用賈說。沈欽韓曰：「聚，謂其所居之鄉，聚非邑名也。管子乘馬：方六里，命之曰暴，五暴命之曰部，五部命之曰聚。聚者有市。前漢平帝紀，張晏曰：聚，邑落名也。後漢書劉平傳注：小於鄉曰聚。」（左傳地名補注卷二）史記晉世家云：「乃使盡殺諸公子，而城聚都之，命曰絳，始都絳。」（卷三十九）是聚本無名，都之始名曰絳，則聚非邑名。沈氏之說是也。劉文淇曰：「賈言邑名者，要其終也。」（舊注疏證莊廿五年）沈氏又曰：「方輿紀要：車箱城在絳州絳縣東南十里。志云：晉侯處羣公子之所。」（同上）梁履繩左通補釋卷三說晉人城聚所在，與方輿紀要同。

「**敝於韓**。」（僖公十年傳）

賈逵曰：「**韓，晉韓原**。」（史記晉世家集解引。馬、黃、王、嚴四家皆輯。）

案杜注：「韓，晉地。」與賈逵說略同。僖十五年經：「晉侯及秦伯戰于韓。」傳謂：「戰于韓原。」（卷十四）知韓是晉地韓原也。杜但曰晉地。春秋傳說彙纂：「括地志：同州韓城縣南十八里爲古韓國，今屬陝西西安府地名韓原。」（江永春秋地理考實卷二引）江永曰：「按韓城縣，今屬陝西同州府，地在河西，本秦漢之夏陽縣地。隋始析置韓城縣以古韓國爲名。然十五年秦晉戰韓原，獲晉侯，非此地也。秦敗晉於韓原，其地當在河東，故傳云，涉河侯車敗。又晉侯曰：寇深矣。則韓原不在河西。姓氏書：韓蓋庶子，厲王世失國，宣王中興復之，平王時晉滅韓，曲沃幷晉，韓萬爲戎御，復采韓原。則韓原者，韓萬之采邑，蓋在山西平陽府河津、萬泉之間。韓氏後滅鄭，徙都河南，而故采邑，亦失其處，杜以晉邑釋之，不言韓原在夏陽也。彙纂引括地志誤，且韓城地此時仍屬秦，文十年，晉伐秦，取少梁，始入於晉。」（春秋地理考實卷二）先師程旨雲先生春秋地名今釋，亦以江氏之說爲然，是也。

「自雍及絳相繼。」（僖公十三年傳）

賈逵曰：「絳，晉國都也。」（史記秦本紀集解引。馬、王、嚴三家皆輯。黃輯缺。）

案杜注用賈說。翼本晉國所都，見於桓二年及隱五年傳。杜注：翼在平陽絳邑縣東。江永春秋地理考實引彙纂云：「今平陽府翼城縣是也。縣東南有古翼城。」（卷一）昭侯時封文侯之弟桓叔於曲沃。桓叔之孫武公滅翼，而代爲晉侯，改都曲沃。曲沃，隱五年杜注：在河東聞喜縣。武公子獻公城絳居之，事見莊公廿六年傳。江永云：「今絳州之北，平陽府大平縣之南二十里。」（春秋地名考實卷一）是絳地所在也。劉熙釋名釋州國云：「國城曰都，言國君所居，人所都會也。」（卷二）故賈氏云：「絳，晉國都也。」參見釋秦地雍條。

「以緜上爲之田。」（僖公廿八年傳）

賈逵曰：「緜上，晉地。」（史記晉世家集解引。馬、黃、王、嚴四家皆輯。）

案賈云，緜上，晉地。據傳文可知。惟未言其地所在。杜注：「西河界休縣南有地名緜上。」後漢郡國志：「太原郡界休有緜上聚。」（志第二十三）蓋杜注所本。水經注：「石桐水即緜水，出介休縣之緜山，北流逕石桐寺之西，即介之推之祠也。」沈欽韓曰：「輿地廣記：汾州介休縣有緜上山，今謂之介山。一統志：介山在汾州府介休縣南四十里。」（左傳地名補注卷三）諸說皆以緜上在介休縣，蓋自古相傳爲然。顧炎武曰：「考之於傳，襄公十三年，晉悼公蒐于緜上以治兵，此必在近國都之地。又定公六年，趙簡子逆宋樂祁，飲之酒于綿上。自宋如晉，其路豈出於西河界休乎？況文公之時，霍山以北大抵皆狄地，與晉都遠不相及。今翼城縣西亦有綿山，俗謂之小綿山，近曲沃，當必是簡子逆樂祁之地。」（日知錄卷三十一）又曰：「今按緜上又見襄十三年、定六年，疑是近絳之地。」（左傳杜解補正卷一）江永春秋地理考實卷二引顧氏日知錄說，疑其說當是。按顧說似較舊說為優，當從之。

「天王狩于河陽。」（僖公廿八年經）

賈逵曰：「河陽，晉之溫也。」（史記周本紀集解引。酈道元水經注卷五引服虔賈逵云：河陽，溫也。馬、黃、王、嚴四家皆輯。）

案杜注：「晉地，今河內有河陽縣。」不用賈說。穀梁傳曰：「水北為陽，山南為陽。溫，河陽也。」范注亦以河陽為晉地。（卷九）穀梁以河陽為溫，蓋賈說所本。國語周語：「溫之會，晉人執衛成公，歸之於周。」韋注：「溫，晉之河陽。」（卷二）韋說與賈同。漢書地理志：「河內郡，溫。自注云：故國，蘇忿生所封也。」（卷二十八上）僖廿五年傳：王以地賜晉文公，溫在其中。此時溫已屬晉，故云晉之溫也。溫地所在，隱三年傳杜注：「溫，今河內溫縣。」（卷三）江永曰：「彙纂：今屬懷慶府。古溫城在縣西南三十里。」（春秋地理考實卷一）沈欽韓左傳地名補注卷一引方輿紀要說同，萬斯大曰：「溫即河陽也。春秋書諸侯之會于溫，天王之狩于河陽，兩地不相蒙，使若會自會而狩自狩，蓋所以泯召王之迹而全天子之尊也。」（學春秋隨筆卷五）萬氏亦以河陽即溫是也。洪亮吉云：「水經河水注曰：服虔賈逵曰：河陽，溫也。郭緣生述征記曰：踐土，今治坂城。是河陽城故縣也，在治坂西北，蓋晉之溫地。今考治坂城，其下為治坂津，在今孟縣西南，而踐土在今滎澤縣西北王官城之內，故道元辨其非。」（春秋左傳詁卷二）洪氏引水經注據郭緣生述征記以為河陽在孟縣西南，與在溫之說不同。江永春秋地理考實引彙纂云：「今懷慶府古河陽城在孟縣西三十里。」（卷二）沈欽韓左傳地名補注引一統志云：「河陽故城在孟縣西三十五里。」（卷四）按洪氏、江氏、沈氏皆主河陽在孟縣，從杜說。雷學淇亦云：「按經分溫與河陽為二，則杜注之說為是。溫雖近河陽，而王之會狩，實不在溫也。」（竹書紀年義證卷三十一）按漢書地理志河內郡河陽縣，不知何時所置？杜氏蓋以漢志有河陽縣，乃以為春秋天王狩於河陽即其地，然左傳及其他先秦典籍，未見別載河陽其地，則漢志所載河陽縣當係後世所建置，非先秦時所本有也。且穀梁傳謂，河陽乃泛稱，非都邑之名，為孔子所特書者，亦殊可信據。至水經注引郭緣生述征記之說，則舛駁矛盾，有欠準確。權衡二說，仍當以在溫者為是。

「晉人以為邢大夫。」（成公二年傳）

賈逵曰：「邢，晉邑。」（史記晉世家集解引。馬、黃、王、嚴四家皆輯。）

案杜注用賈說。賈、杜皆不言此年邢地所在。經傳載邢，凡有二地：隱四年傳：衛人逆公子晉于邢。杜無注。陸氏釋文：「邢，國名。」莊三十二年經：「狄伐邢。」僖廿五年傳：「衛侯燬滅邢。」此亦皆國名。杜於「狄伐邢」下注云：「邢國在廣平襄國縣。」一統志：「今河北邢臺縣西南，有襄國故城。」蓋卽邢國所在。顧棟高春秋大事表卷五載：「邢，侯爵，姬姓，始封周公之子。地在今直隸順德府治邢臺縣，後遷夷儀。隱四年見，僖二十五年滅于衛。」（列國爵姓及存滅表）顧說邢國所在與杜注及一統志合。此一地也。宣六年傳：「赤狄伐晉，圍懷及邢丘。」杜注：「邢丘，今河南平皋縣。」程旨雲先生引河南通志：「在溫縣城東二十里，故平皋城東北隅。」（春秋地名今釋）襄八年傳：「獻于邢丘。」昭五年傳：「晉侯送女于邢丘。」皆與宣六年之邢丘，同屬一地。此年之邢及襄廿六年傳：「子靈奔晉，晉人與之邢。」皆敍巫臣事，杜注並云：「晉邑。」程旨雲先生謂卽晉之邢丘。（同上）蓋是。此又一地也。至哀四年傳：「齊國夏伐楚，取邢。」杜無說。據傳敍任、欒、鄗以下七邑觀之，此邢當在邢臺縣，蓋前此邢國既滅，其地已爲晉有矣。程先生亦以此邢在邢臺縣是也。（同上）後漢書郡國志：「河內平皋縣有邢丘，故邢國，周公子所封。」（志卷十九）李貽德曰：「邢卽故邢國，衛滅之，後入晉爲邑。哀四年，齊國夏伐晉取邢，卽此。今直隸順德府邢臺縣。」（賈服注輯述卷十）郡國志以河內平皋之邢丘爲周公子所封之邢國，非是。李氏謂：邢國及哀四年之邢在邢臺縣，雖確。然以此年之邢卽故邢國，則非也。

「**納諸曲沃。**」（襄公廿三年傳）

賈逵曰：「**欒盈之邑也。**」（史記齊世家集解引。馬、黃、王、嚴四家皆輯。）

案杜注用賈說。此年經書：欒盈復入于晉，入于曲沃。傳載：齊納欒盈于曲沃。又云：觴曲沃人。欒盈帥曲沃之甲入于絳以作亂。及兵敗，欒盈奔曲沃。晉人克欒盈于曲沃，盡殺欒氏之族黨。據此知此時曲沃已爲欒氏邑，故欒盈因之以作亂。顧炎武左傳杜解補正引傅氏曰：「曲沃，晉祖廟所在，蓋諸卿分掌公邑，而此邑屬欒氏，注以爲欒盈邑。」（卷二）是也。

「取朝歌。」（襄公廿三年傳）

賈逵曰：「晉邑。」（史記齊世家集解引。馬、黃、王、嚴四家皆輯。）

案漢書地理志：「河內郡朝歌。自注云：紂所都。周武王弟康叔所封，更名衛。」（卷二十八上）是朝歌本衛地。春秋閔公二年，衛懿公爲狄所滅，衛南渡河，遷于楚邱，河內故殷墟之地，遂爲狄有，其後歸屬晉，晉人亦謂之舊衛。此年傳云：齊侯伐晉，取朝歌。則朝歌此時已爲晉邑可知。杜注：「朝歌，今屬汲郡。」沈欽韓左傳地名補注引方輿紀要云：「朝歌城在衛輝府淇縣東北。」（卷七）顧棟高春秋大事表卷七之二列國都邑表說同。

「入孟門，登太行。」（襄公廿三年傳）

賈逵曰：「孟門、太行，皆晉山隘也。」（史記齊世家集解引。馬、黃、王、嚴四家皆輯。）

案杜注：「孟門，晉隘道。大行山在河內郡北。」杜以孟門爲隘道，與賈義略同，而以太行爲山名，則與賈異。江永曰：「彙纂，司馬貞曰：孟門在朝歌東北。太行山，地理志在河內郡野王縣西北。今河內縣即野王縣。今按胡渭禹貢錐指曰：凡孟門與太行連舉者，皆非吉州之孟門也。史記：吳起謂魏武侯曰：殷紂之國，左孟門，右太行。杜注左傳，孟門，晉隘道，而不言其處所。司馬貞注吳起傳云：劉氏按紂都朝歌，則孟門在其西。今言左，則東邊別有孟門也。其注齊世家則曰：孟門在朝歌東，蓋據起言以立說，今其地實無山以應之，齊師自朝歌而西入，亦不當反在其東，然則孟門者，太行隘道之名，疑卽今輝縣之白陘。述征記：太行第三陘爲白陘，在今衛輝府之輝縣。齊侯伐晉，取朝歌，入孟門，登太行。杜預云：孟門，晉隘道，蓋卽所謂白陘也。」（春秋地理考實卷三）江氏說孟門卽白陘，爲屬晉之山隘，與賈、杜並合。而以太行爲山名，不以爲山隘。則從杜預說。李貽德曰：「元和郡縣志：太行首始河內，北至幽州，連亙十三州之界，凡有八陘：第一軹關陘，第二太行陘，第三白陘，此三陘在河內。第四滏口陘，卽鄴，第五井陘，第六飛狐陘，第七蒲陰陘，此四陘在中山。第八軍都陘，在幽州。以今日之地，太行陘在懷慶府城北，白陘在輝縣，輝縣界連淇縣，淇縣卽古朝歌。齊之入孟門，蓋入白陘也。殷紂之國，左孟門，右太行，蓋以紂都朝歌，太行如屏擁其西北，二陘分列左右，可恃以爲固也。是時齊輕兵深入，既取朝歌，則分兵爲二部，一入白陘，一登太行也。」（賈服注輯述卷十二）李氏亦以孟門卽白陘，與江說同。然以太行爲太行陘，乃太行山脈八陘之第二陘，非謂太行山，則與江氏說異，而與賈說合。以傳文證之，既分兵爲二部，必是兩路進軍，一走孟門，一走太行，則太行指山隘爲當。程旨雲先生曰：「齊師分兩隊，一隊自孟門入，一隊自太行入，太行有八陘。史記吳起傳：殷紂之國，左孟門，右太行。江永謂：孟門卽輝縣之白陘，太行第三陘也。在輝縣之西。又太行陘一名丹陘，在山西晉城縣南，河南沁陽縣西北三十里，亦爲入晉要道。」（春秋地名圖考第二篇）程先生亦證太行乃謂山隘，非泛指山名，是也。賈云：孟門、太行，皆晉山隘，較杜說爲勝，當從之。

「宣汾洮。」（昭公元年傳）

賈逵曰：「宣猶通也。汾洮，二水名。」（史記鄭世家集解引。又水經注卷六引下句。馬、黃、王、嚴四家皆輯。）

案杜注用賈說。正義引釋例曰：「汾水出太原故汾陽縣，至河東汾陰縣入河。其洮水闕不知所在，當亦是晉地之水，後世竭涸，無其處耳。」呂氏春秋古樂篇：「故作為舞以宣導之。」高誘注：「宣，通也。」（卷五）是宣得訓為通。沈欽韓曰：「一統志：洮水源出絳州絳縣橫嶺山煙莊谷，入聞喜縣界，與陳村峪水合。按陳村峪即涑水也。」（左傳地名補注卷九）李貽德曰：「地理志太原郡汾陽下云：北山汾水所出，西南至汾陰入河。水經汾水出大原汾陽縣北管涔山，至汾陰縣北西注于河。續漢書郡國志：河東郡聞喜有洮水。水經涑水篇：涑水出河東聞喜縣東山黍葭谷。注：涑水所出，俗謂之華谷，至周陽與洮水合。司馬彪曰：「洮水出聞喜縣，故王莽以縣為洮亭也。（李氏附注：檢前志聞水下無莽曰洮亭之文，上左邑下有莽曰兆亭。或酈氏所見本兆作洮，在聞喜下歟？）然則涑水殆亦洮水之兼稱乎？據此則洮水漢時猶未絕。杜闕其地，或絕流於魏晉間乎？」（賈服注輯述卷十四）按李說是。傳云：臺駘、實沈之後，國於汾川。臺駘，汾洮之神。其地應在汾洮二水之交，今新絳至聞喜西南一帶，漢屬河東郡是也。

（七）楚

「而自稷會之。」（定公五年傳）

賈逵曰：「楚地也。」（史記楚世家集解引。馬、黃、王、嚴四家皆輯。）

案杜注：「稷，楚地。」與賈注同。江永曰：「彙纂：當在南陽府桐柏縣境。」（春秋地理考實卷三）顧棟高春秋大事表七之四列國都邑表及程旨雲先生春秋地名今釋說並同。

「以王如高府。」（哀公十六年傳）

賈逵曰：「高府，府名也。」（史記楚世家集解引。馬、黃、王、嚴四家皆輯。）

案杜注：「高府，楚別府。」李氏貽德曰：「說文：府，文書藏也。府本以藏文書，引申之凡物所聚皆曰府。一切經音義九引三蒼：府，文書財物藏也。曲禮：在府言府。謂寶藏貨賄之處。此高府亦當是藏物處，猶魯府名長府也。周禮太宰以八法治官府。注：百家所居曰府。非此府也。」（賈服注輯述卷二十）按李說是也。淮南子泰族訓云：「闔閭伐楚，五戰入郢，燒高府之粟。」（卷二十）則高府是藏粟之府庫。杜云楚別府，蓋以為官府，失之。

（八）鄭

「請京使居之。」（隱公元年傳）

賈逵曰：「京，鄭都邑。」（史記鄭世家裴駰集解引。此條馬、黃、王、嚴四家均有。）

案杜注：「京，鄭邑。今滎陽京縣。」與賈說同。李貽德曰：「禮記郊特牲疏引異義：凡邑有宗廟先君之主曰都。公子爲大夫所食采地，亦自立所出宗廟。時叔段封京，得立宗廟，故曰都也。都亦名邑，莊二十八年傳，宗邑無主。閔元年傳，分之都城。皆指曲沃。而都邑互言，故賈云，都邑也。」（賈服注輯述卷一）按李說是也。漢書地理志，河南郡有京縣。顏師古曰：「即鄭共叔段所居也。」（卷二十八上）沈欽韓曰：「方輿紀要，京城在鄭州滎陽縣東南三十里。」（地名補注卷一）程旨雲先生春秋地名今釋引一統志：「今河南滎陽縣東南二十里有故京城。」（隱公元年）按諸說略同。

「遂寘姜氏于城潁。」（隱公元年傳）

賈逵曰：「城潁，鄭地。」（史記鄭世家裴駰集解引。此條馬、黃、王、嚴四家均輯。）

案依傳意城潁爲鄭地可知。杜注：「城潁，鄭地。」與賈同。江永春秋地理考實引春秋傳說彙纂：「史記正義曰：疑許州臨潁縣是也。今開封府臨潁縣西北十五里，有臨潁故城。」（卷一）洪亮吉春秋左傳詁云：「水經注洧水南有鄭莊公望母臺。」（卷五）沈欽韓左傳地名補注卷一從水經注及史記正義說。程旨雲先生春秋地名今釋從彙纂說。（隱公元年）按諸說並同。

「潁考叔爲潁谷封人。」（隱公元年傳）

賈逵曰：「潁谷，鄭地。」（史記鄭世家集解引。此條馬、黃、王、嚴四家均輯。）

案依傳意潁谷爲鄭地可知。江永春秋地名考實引彙纂：「水經注潁水出陽城陽乾山之潁谷。今河南府登封縣即陽城也。」（卷一）洪亮吉春秋左傳詁云：「水經：潁水出潁川陽城縣西北少室山。酈道元云：潁水有三源，奇發右水出陽乾山之潁谷，春秋潁考叔爲其封人。」（卷五）沈欽韓地名補注云：「水經注，潁水所出。一統志：潁谷在河南府登封縣西南。」（卷一）程旨雲先生今釋引水經注及顧棟高春秋大事表說同。（隱公元年）是其地也。

「盟于踐土。」（僖公廿八年經）

賈逵曰：「踐土，鄭地名，在河內。」（史記周本紀集解引。馬、黃、王、嚴四家皆輯。）

案杜注：「踐土，鄭地。」用賈說。史記周本紀：「晉文公召襄王，襄王會之河陽、踐土。」張氏正義引括地志云：「故王宮在鄭州滎澤縣西北十五里王宮城中。城內東北隅有踐土臺，東去衡雍三十餘里。」（卷四）江永曰：「彙纂：括地志，滎澤縣西北十五里有王宮城，城內西北隅有踐土臺。滎澤今屬開封府。」（春秋地理考實卷二）程旨雲先生春秋地名今釋亦以括地志說爲然，又云：「今滎澤縣改爲廣武縣，其故址在廣武縣東北。」（春秋左傳地名圖考第二篇）按諸說皆以踐土在滎澤縣，是也。史記魏世家：「無忌謂魏王曰：有鄭地，得垣雍。張氏正義：「言韓亡之後，秦有鄭地，得垣雍城。」（卷四十四）續漢郡國志：「河南尹有垣雍城。或曰古衡雍。」（志卷十九）是衡雍鄭地，踐土地近衡雍，是亦鄭地矣。

（九）陳

「衛人使右宰醜涖殺州吁于濮。」（隱公四年傳）

賈逵曰：「濮，陳地。」（史記衛世家司馬貞索隱引。此條馬、黃、王、嚴四家皆輯。）

案史記集解引服虔曰：「濮，陳地。」與賈同。杜注：「濮，陳地水名。」蓋本賈、服。正義曰：「殺之於濮，謂死於水邊也。釋例土地名此濮下注云：闕。哀二十七年傳濮下注云：濮，自陳留酸棗縣受河，東北經濟陰至高平鉅野縣入濟。彼濮與此，名同實異，故杜於此不言闕，直云濮陳地水名。」司馬貞索隱曰：「賈逵云：濮，陳地。按濮水首受河，又受汴，汴亦受河，東北至離狐分為二，俱東北至鉅野入濟。則濮在曹衛之間，賈言陳地，非也。若據地理志，陳留封丘縣濮水受泲，當言陳留水也。」（史記卷三十七）沈欽韓曰：「水經注：濮水一出封丘縣者，首受濟。別出酸棗縣者，首受河。方輿紀要：濮水在大名府開州南六十里，此受河之濮也。又濮渠，在開封府封丘縣西南，此受泲之濮也。」（春秋左傳地名補注卷一）是衛境有二濮水：受河之濮，在大名府開州南六十里，即司馬貞索隱所謂在曹衛之間者。受泲之濮，在開封府封丘縣西南，即索隱所引地理志陳留封丘縣之濮也。此二濮水，均不在陳境。焦循曰：「杜本賈、服也而係以水名。乃說文：濮水出濮陽，南入鉅野。鉅野為魯地。水經：瓠子河出東郡濮陽縣北，河東至濟陰句縣為新溝。又東北通廩邱縣為濮水。然則陳無濮水矣。哀二十七年，齊陳成子救鄭及濮。自齊至鄭，須涉濮水，亦非陳地。釋例土地名闕，疑為是。」（春秋左傳補疏卷一）焦氏引說文及水經所述之濮水，均在衛境，與沈欽韓所引同。哀二十七年傳，齊救趙及濮。杜注此濮亦在衛境。焦氏以為非陳地，是也。江永曰：「濮水本在衛，陳地恐無濮水。」（春秋地理考實卷一）按司馬氏貞、沈氏欽韓、焦氏循、江氏永諸家皆以濮水在衛，則是，以陳無濮水則非。李貽德曰：「昭九年傳：遷城父人於陳，以夷濮西田益之。京相璠曰：以夷之濮西田益也。（李氏原注水經注潩水篇）是濮爲近陳之地。杜云，陳地水名。顧氏棟高曰：在今陳州府北境，卽潩水。水經潩水篇注：劉澄之著永初記云：水經濮水，原出大騩山，東北流注泗，衛靈聞音於水上，殊爲乖矣。余按，水經爲潩水，不爲濮也。是水首受潩水，川渠雙引，俱東注洧，洧與之過沙，枝流派亂，互得通稱，是濮卽潩也。此地蓋在其上。」（賈服注輯述卷一）程旨雲先生曰：「據水經濟水渠水兩篇所注：濮水有二：一爲衛地之濮，在今河南封丘縣與河北濮陽縣之間，由黃河分流者是爲受河之濮；由濟水分流者是爲受濟之濮；兩濮之間，古之桑間濮上也。一統志：『濮水上承濟水於封邱縣東，卽受濟之濮也。』一爲陳地之濮：杜注：『濮，陳地水名。』地闕。水經注渠水篇『沙水，枝津東注，卽濮水也。春秋夷濮西之田卽此水。』在今河南淮陽至安徽亳縣境。」（春秋地名今釋隱四年）程先生說與李氏合，是陳衛均有濮水賈、服、杜皆以殺州吁之濮，在陳國。惟細按經傳，當以在衛之濮爲是。王夫之曰：「濮地以水名，則必於其水之濱。按水經：河水至酸棗縣，濮水出焉。又曰，瓠子水東過廩邱爲濮水。酸棗今延津，廩邱今范縣。蓋西自延津，東至濮州，皆濮水之濱，可名爲濮。時地在河北，與陳國之境，既限以大河，而中間宋地，陳之封壤，不得有濮名也。衛使右宰醜涖殺州吁于濮，衛人自於衛地殺之，若殺石厚則傳言涖殺于陳，亦以明濮非陳境矣。杜解云：濮，陳地。非也。此時衛未東徙，尙都衛輝，而延津在其東南，爲邊境，自陳至衛之孔道，殺州吁于境上，亦戮於甸人之遺意。若續漢郡國志言東郡濮陽，春秋時曰濮，則迂道而東，非陳至衛之途，蓋亦未審。」（春秋稗疏卷一）江永曰：「傳謂陳人執州吁而請涖於衛，衛人使右宰醜涖殺州吁于濮。蓋陳人執州吁送至衛之濮水，衛人於是涖殺之，故經詳其地。若濮是陳地水名，則經當書殺于陳，不必言其地也。」（春秋地理考實卷一）按王氏、江氏說頗可取。故程旨雲先生曰：「按陳衛均有濮水，然玩經傳文，仍以衛之濮水爲是。在今封邱縣東北濮水水濱。」（同上）是殺州吁之濮，在衛不在陳矣。

（十）秦

「自雍及絳相繼。」（僖公十三年傳）

賈逵曰：「雍，秦國都。絳，晉國都也。」（史記秦本紀集解引。馬、王、嚴三家皆輯。黃輯缺）

案杜用賈說。下文：命之曰汎舟之役。杜云，從渭水運入河汾。正義曰：「秦都雍，雍臨渭。晉都絳，絳臨汾。渭水從雍而東，至弘農華陰縣入河，從河逆流而北上，至河東汾陰縣，乃東入汾。逆流東行而通絳，故杜云，從渭水運入河汾也。」史記秦本紀云：「德公元年，初居雍城。」（卷五）詩秦風譜云：「秦仲玄孫德公，又徙於雍。」疏云：「以德公以後，常居雍，故特言之。」是秦都雍。（卷六之三）史記集解引徐廣曰：「今縣在扶風。」（同前）江永曰：「彙纂，今鳳翔府鳳翔縣南七里，有古雍城。秦德公所居。」（春秋地理考實卷二）是雍地所在也。翼本晉國所都，見於桓二年及隱五年傳。杜注：翼在平陽絳邑縣東。江永春秋地理考實引彙纂云：「今平陽府翼城縣是也。縣東南有古翼城。」（卷一）昭侯時封文侯之弟桓叔於曲沃。桓叔之孫武公滅翼，而代爲晉侯，改都曲沃。曲沃，隱五年杜注：在河東聞喜縣。武公子獻公城絳居之，事見莊廿六年傳。江永春秋地理考實云：「今絳州之北，平陽府大平縣之南二十里。」（卷一）是絳地所在也。劉熙釋名釋州國云：「國城曰都，言國君所居，人所都會也。」（卷二）故賈云：雍，秦國都。絳，晉國都也。

「成有岐陽之蒐。」（昭公四年傳）

賈逵曰：「岐陽，岐山之陽。」（史記楚世家集解引。馬、黃、王、嚴四家皆輯。）

案杜注：「周成王歸自奄，大蒐於岐山之陽。岐山在扶風美陽縣西北。」正義曰：「書序云：成王歸自奄，在宗周誥庶邦，作多方。其經云：告爾四國多方，則於時諸侯大集，故謂岐陽之蒐，在此時也。」國語晉語亦云：「昔成王盟諸侯于岐陽，楚爲荊蠻，置茆蕝，設望表，與鮮卑守燎，故不與盟。」（卷十四）此云盟諸侯于岐陽，與正義引多方之言相合，蓋卽其事。今本竹書紀年：「成王六年，大蒐于岐陽。」雷學淇曰：「是役也，託大蒐以數軍實，而實以盟諸侯，以釋其疑也。蓋自武庚爲東南方伯，三叔監之，今皆叛而討平，所征熊嬴族十有七國，俘維九邑，今王又自勤七萃，伐夷入奄，並罰及殷之餘民，遷于洛邑，諸侯不無危心，故王合諸侯之師，蒐于岐陽而爲此盟也。」（竹書紀年義證卷十八）按雷說可從。賈云：岐山之陽者，穀梁僖二十八年傳云：「山南曰陽。」（卷九）詩大雅皇矣箋云：「在岐山之南」（卷十六之四）是也。沈欽韓引方輿紀要云：「岐山在鳳翔府岐山縣東北十里，山有兩岐，故名。」（左傳地名補注卷九）與杜說美陽縣合，是也。

（十一）越

「陳于檇李。」（定公十四年傳）

賈逵曰：「檇李，越地。」（史記吳世家集解引。馬、黃、王、嚴四家皆輯。馬輯「越地」作地名，誤。三家不誤。）

案趙氏坦春秋異文箋云：「檇、醉音同。公羊作醉，假音字。越絕書作就李。方音之轉。漢書地理志下：敗之雋李。師古曰：雋音醉，字本作檇，其旁從木。吳越春秋作檇李。」（卷十一）李氏貽德曰：「吳越春秋云：吳王夫差增越封，西至於醉李。似敗吳時尚爲吳地。杜氏通典云：吳國南百四十里，與越分境。吳伐越，越子禦之於檇李。故賈云越地。今嘉興府治南七里地名國界，相傳爲吳越分界處也。則檇李亦有越地，故賈云然。吳越春秋所言，當謂吳界內之地名檇李者，亦以畀越也。」（賈服注輯述卷十九）鍾氏文烝穀梁補注：「注：檇李，吳地。補曰：當云越地。賈逵、杜預同。杜曰：吳郡嘉興縣南醉李城。國語曰：句踐之地，北至于禦兒。韋昭曰：今嘉興禦兒鄉是也。」（卷二十三）按檇李地當在吳越分界處，故或云吳地，或云越地。此年傳云：吳伐越，越子句踐禦之，陳于檇李。則此時檇李必屬越地無疑，鍾氏文烝得之。賈云越地是也。

「吳王夫差敗越于夫椒。」（哀公元年傳）

賈逵曰：「夫椒，越地。」（史記吳世家集解引。馬、黃、王、嚴四家皆輯。）

案杜注：「夫椒，吳郡吳縣西南大湖中椒山。」正義曰：「杜於此注以椒為山名。土地名以夫椒為地名。以戰必在山旁，以山表地耳。」江永曰：「彙纂：通典，包山一名夫椒山，即西洞庭山也。今在蘇州府吳縣西南。」（春秋地理考實卷三）顧棟高列國山川表列夫椒於吳山險項下，云：「通典：包山一名夫椒山，即西洞庭山也。在太湖中。左思吳都賦：指包山而為期，集洞庭而淹留，即此山。周迴百三十五里，在今江南蘇州府吳縣西南八十五里。」（春秋大事表八下）顧氏以夫椒屬吳地。杜預、江永說，其意蓋亦以為吳地也。司馬貞史記吳世家索隱云：「賈逵云越地，蓋近得之。然其地闕，不知所在。杜預以為太湖中椒山，非戰所。夫椒山不得為一。且夫差以報越為志，又伐越，當至越地，何乃不離吳境，近在太湖中？」（史記卷三十一）李氏貽德曰：「吳語云：句踐起師逆之江。當是今之錢塘江也。傳云：保於會稽。即今之稽山。則夫椒為近江之地，故越敗之後，即得退保會稽也。賈云越地，當得其實。」（賈服注輯述卷二十）沈氏欽韓曰：「索隱云云。按越絕越地記：夫山者，句踐絕糧困地，去山陰縣十五里，此夫椒在越之證矣。向來湮于俗說，故地志不載于山陰，而吳縣太湖中之包山，偏得夫椒之名。」（左傳地名補注卷十一）竹添氏會箋（哀元年傳）亦本索隱說，以賈逵為是。按合司馬氏李氏沈氏三家之說，則賈云夫椒越地者是也。其地所在當如越絕越地記所云，去山陰縣十五里之地也。

「保于會稽。」（哀公元年傳）

賈逵曰：「會稽，山名。」（史記吳世家集解引。馬、黃、王、嚴四家皆輯。）

案杜注：「上會稽山也。在會稽山陰縣南。」江氏永曰：「彙纂：水經注：會稽之山，古防山也。亦謂之茅山，又曰棟山。周禮所謂揚州之鎮也。在今紹興府會稽縣東南十二里。」（春秋地理考實卷三）沈氏欽韓曰：「越絕：禹上茅山，大會計，爵有德，封有功。更名茅山曰會稽山。名勝志：會稽山在紹興府城東南十二里。」（左傳地名補注卷十一）按諸說並同，賈云會稽山名，是也。

「請使吳王居甬東。」（哀公二十二年傳）

賈逵曰：「甬東，越東鄙甬江東也。」（史記吳世家集解引。馬、黃、王、嚴四家皆輯。）

案杜注：「甬東，越地會稽句章縣東海中洲也。」江氏永曰：「彙纂：句章，今浙江寧波府慈谿鎮海二縣地，海中洲即舟山，今之定海縣也。縣東三十里有翁山，一名翁洲，即春秋之甬東。」（春秋地理考實卷三）沈氏欽韓引一統志說同。國語吳語云：「寡人其達王于甬句東。」韋注：「今句章東海口外洲也。」（卷十九）越語云：「句踐之地，東至于鄞。」（卷二十）甬江東北流經鄞縣、鎮海等地而入海，是甬江以東地在越之東鄙也。賈、韋、杜三家之說，文小異而實同也。

（十二）戎

「無駭帥師入極。」（隱公二年經）

賈逵曰：「極，戎邑也。」（正義引。此條黃、馬、王、嚴四家均輯。）

案穀梁傳以極爲姬姓國。杜注：「極，附庸小國。」蓋據穀梁而義小異。賈以爲戎邑，是杜不用賈說。正義駁賈逵云：「極爲戎邑，傳無文焉。戎之於魯，本無怨惡，言修惠公之好，則是求與魯親，公未信戎心，故辭其盟耳。秋卽與盟，復修戎好，若已共戎會，故不與盟，旋令師入其都，然後結好，其爲惡行，亦不是過。讓位賢君，固應不爾。良史直筆，焉得無譏？」依賈之說，極爲戎邑，無駭帥師入極，與前「公會戎于潛」及後「公及戎盟于唐」二事相關，正義則意在辨明極與戎之無關，以申杜而駁賈，雖能言之成理，要不免臆測之辭，故劉文淇曰：「戎性無常，公之不與盟者，正以未信戎心。迨入極之後，戎已受創，秋復請盟，其誠乃見，故公遂與之盟，賈氏尋檢上下，故爲此說。晉書地道記：高平國湖陸縣西有極亭。方輿紀要：在兗州府魚臺縣西。戎城在菏澤西南，去魚臺亦不甚遠，況所盟之唐，亦在魚臺，又何疑極之爲戎邑耶？」（舊注疏證隱公二年）按劉氏謂戎城在菏澤西南，唐在魚臺，乃據一統志之說，江永春秋地理考實引春秋傳說彙纂謂戎城在山東兗州府曹縣。（卷一）梁履繩左通補釋亦以戎在曹縣與河南蘭陽縣接界。（卷一）如江永、梁履繩之說，極之與戎，二地相隔。較一統志說爲近，益可證賈說之可信。至正義「焉得無譏」之疑，則穀梁固以爲貶，何得謂無譏也？

「見戎州。」（哀公十七年傳）

賈逵曰：「戎州，戎人之邑。」（史記衛世家集解引。馬、黃、王、嚴四家皆輯。）

案杜注：「戎州，戎邑。」洪氏亮吉曰：「案隱七年戎伐凡伯於楚丘。是戎邑近衛。」（春秋左傳詁卷二十）竹添氏左傳會箋云：「戎州，戎人之邑也。隱七年戎伐凡伯於楚丘。今山東曹州府曹縣有楚丘故城，卽漢己氏縣。然傳云：公登城以望見戎州。又云：公自城上見己氏之妻髮美。皆言衛城，蓋衛人之城外有己氏人居之，謂之戎州，非謂衛侯登城能望見曹縣之戎州也。」（哀十七年傳）按洪氏及會箋說是也。下文云：戎州人攻之。又云：戎州人殺之，公入于戎州己氏。知戎州爲邑名。賈云，戎人之邑。杜云，戎邑。並得之。

第七章　關於左傳人名之解說

第一節　概　說

左傳所載人物名氏，爲數至夥。漢儒賈、服等注家於左傳所述人物名氏之下，往往加以解說，以明其所出及歸屬。賈氏釋左傳人名，其可考見者，尚有七十餘條。卽此七十餘條以觀，其釋人名之例，亦略可窺見焉。其釋之也，或稱某國之大夫以釋之，如辛伯、王子虎之爲周大夫，申繻之爲魯大夫，析父爲楚大夫。如此之類，爲數最多。或稱某國之大夫某以釋之，如閔子馬之爲魯大夫閔馬父也。或稱某國之卿士，如周公忌父之爲周卿士，石碏之爲衞上卿是。或稱某國之卿某，如高傒之爲齊卿高敬仲，里克之爲晉卿里季也。或稱某之母弟，如莊王爲王猛之母弟是。或稱某公之太子某，如鄭公子忽之爲鄭莊公太子忽是。或稱某之子或孫，如晏圉，晏嬰之子；欒枝，欒賓之孫是。或稱某之弟某，如王子克，莊王弟子儀是。或稱守邑某之大夫，如雍廩之爲渠丘大夫，棠公之爲棠邑大夫是。或稱某氏之族人，如陳豹之爲陳氏族是。或稱某大夫某之屬，如盧蒲嫳之爲齊大夫慶封之屬是。或稱某氏某名，如南宮長萬之爲南宮氏萬名是。或稱其所在，如匠麗氏，晉外嬖大夫在翼者是。或稱某之祖，如長狄緣斯爲喬如之祖是。或傳言字，賈以姓名釋之，如子張，顓孫師是。或傳稱謚，賈以姓名釋之，如昭伯，臧孫賜；懿子，仲孫何忌是。或釋其年歲及生年，如釋孔子是也。或以別號釋之，如雍巫之爲易牙，鬭止之爲子我。或以官職釋之，如鉏吾，太宰；師曹，樂人是。或稱其所長，如鉏麑，晉力士；專諸，吳勇士是。其釋女子，或稱某氏之女，如孟任爲黨氏之女是。或稱某公之女，如姬氏爲成公之女是。或稱某氏之女某姓。如華子爲華氏之女，子姓是。或稱某國之女，如南子，宋女是。或稱某妾，如巴姬，共王妾是。皆隨文解之，而得其要者也。

此章所釋人物，依其地位言，上至周天子，下迄卿大夫、士，乃至夫人女子，皆有之。所包可謂廣矣。今爲便於查考計，又依各人物所屬國別，區分爲周王室、魯、齊、宋、衛、晉、楚、鄭、吳、狄等十國云。

第二節　釋左傳人名者

(一)周王室

「王子狐爲質于鄭，鄭公子忽爲質于周。」（隱公三年傳）

賈逵曰：「王子狐，周平王之子。鄭公子忽，鄭莊公太子忽也。」（太平御覽卷四百八十引。馬、嚴輯有，黃、王二家缺。）

案杜注：「王子狐，平王子。」與賈說同。王子狐之爲平王子，傳無明文。史記周本紀：平王在位五十一年而崩。王崩之年爲魯隱公三年，周鄭交質，正此年事。王崩在三月，傳敘交質事在王崩之前，是平王時事，故賈、杜並以爲平王子也。鄭公子忽，此年始見傳。桓六年傳，始稱鄭太子忽，桓十一年，繼莊公而爲鄭伯，卒謚昭公。說文曰部：曶下引春秋傳曰，鄭太子曶。（第五篇上）說文所引，蓋賈逵舊本也。

「周公欲弒莊王而立王子克，辛伯告王。」（桓公十八年傳）

賈逵曰：「王子克，莊王弟子儀也。辛伯，周大夫也。」（史記周本紀集解引。此條馬、黃、王三家皆輯。嚴輯缺，馮補有。）

案杜注：「王子克，莊王弟子儀。辛伯，周大夫。」杜用賈說。王子克之爲子儀，傳有明文。辛伯爲周大夫，亦據傳知之。王子克與辛伯，均此年見傳。閔二年傳，晉狐突諫太子申生，追敘辛伯諗周桓公事，其時辛伯蓋卒已久矣。

「周公忌父。」（僖公十年傳）

賈逵曰：「周卿士。」（史記晉世家集解引。馬輯、嚴輯有，黃、王二家缺。）

案杜注與賈說同。周公忌父爲周卿士，據傳文知之。其事迹見於莊十六年、僖十年、廿四年傳。

「王使伯服、游孫伯如鄭。」（僖公廿四年傳）

賈逵曰：「二子，周大夫。」（史記周本紀集解引。馬、黃、王、嚴四家皆輯。）

案杜注與賈同。伯服、游孫伯二人之爲周大夫，據傳文推知。二子皆僅此年一見於傳。

「王命尹氏及王子虎內史叔興父。」（僖公廿八年傳）

賈逵曰：「王子虎，周大夫。」（史記晉世家集解引。馬、黃、王、嚴四家皆輯。）

案杜注：「尹氏王子虎皆王卿士也。叔興父，大夫也。」國語周語：「襄王使太宰文公及內史興賜晉文公命。」韋注：「太宰文公，王卿士，王子虎也。內史興，周內史，叔興也。」（卷一）正義曰：「注國語者，皆以爲太宰文公卽王子虎也。今尹氏又在王子虎之上，故以爲皆卿士。唯叔興是大夫。或云，皆大夫。皆字妄耳。」按杜注卿士之說，亦本之國語注。賈云大夫，乃通稱，卿亦大夫也。

「定王使王孫滿勞楚子。」（宣公三年傳）

賈逵曰：「王孫滿，周大夫也。」（史記周本紀集解引。馬、黃、王、嚴四家皆輯。）

案杜注本賈說。傳載周定王使王孫滿勞楚子，知王孫滿是周大夫。王孫滿，左傳中凡兩見：僖三十二年傳謂，秦師過周北門，王孫滿時年尙幼，觀之而斷知秦師必敗，果然。（卷十七）此年傳載其答楚子問鼎，援引古事，應答得體，堪稱賢大夫。

「王子朝賓起有寵於景王。王與賓孟說之，欲立之。」（昭公廿二年傳）

賈逵曰：「子朝，景王之長庶子。」（史記周本紀集解引。馬、黃、王、嚴四家皆輯。）

賈又曰：「賓孟，子朝之傅也。王愛子朝，因愛其傅，故朝起並有寵于景王也。與賓孟並談說之，欲立朝爲太子。」（正義引。馬、黃、王、嚴四家皆輯。）

案杜注：「子朝，景王之長庶子。賓起，子朝之傅。孟卽起也。王語賓孟，欲立子朝爲太子。」杜與賈同。正義曰：「二十六年傳：子朝使告于諸侯云：單劉贊私立少。知朝年長於猛也。賓孟欲立子朝，明是子朝之傅。」又二十六年傳云：王后無適，則擇立長。知王子朝王子猛皆庶出，而朝長於孟也。賈釋說爲談說，杜釋語，義並同也。

「**敬王卽位**。」（昭公廿二年傳）

賈逵曰：「**敬王，猛母弟**。」（史記周本紀集解引。馬、黃、王、嚴四家皆輯。）

案杜注：「敬王，王子猛母弟王子匄。」杜從賈說。正義曰：「敬王名匄，本紀文也。本紀不言敬王是猛之母弟，先儒相傳說耳。」按景王之子，見於記載者凡四人：太子壽前卒。子猛與子朝爭位，子猛亦卒，子朝據地自立，其後出奔。敬王卽位四年，亂局乃定。程氏公說亦云：景王子四人（見春秋分紀）。母弟云者，無明文，蓋先儒以意爲言也。

（二）魯

「**公問名於申繻**。」（桓公六年傳）

賈逵曰：「**申繻，魯大夫**。」（史記魯世家集解引。此條馬輯、嚴輯有，黃、王二家輯在桓公十八年「公與姜氏如齊，申繻曰」句下，此從馬、嚴輯。）

案杜預注此傳亦謂申繻，魯大夫，是杜用賈說。申繻凡三見傳：此年答魯桓公問名。桓十八年諫魯桓公與夫人姜氏如齊。莊十四年，答魯莊公問鄭妖。具見博聞掌故，通達事理，堪稱賢大夫。而自桓六年至莊十四年，前後相去凡二十七年，故其年壽當在六十以上。

「公築臺臨黨氏，見孟任。」（莊公三十二年傳）

賈逵曰：「黨氏，魯大夫，任姓。孟任，黨氏之女。」（史記魯世家集解引。馬、黃、王、嚴四家皆輯。馬輯、嚴輯依史記集解將「孟任黨氏之女」，另立一條，此從黃、王二家合併。）

案杜注：「黨氏，魯大夫。孟任，黨氏女。」與賈同。黨氏，魯臣，故以為魯大夫。知為任姓者，以下文云見孟任也。沈欽韓曰：「寰宇記，莊公臺在兗州曲阜縣西北二里。賈昌朝群經音辨云：『黨，五百家。多莽切；黨氏，諸兩切。』郭忠恕佩觿云，黨氏之黨，音之仰反，與鄉黨字別。」（左傳地名補注卷二）經典釋文：「黨音掌。」（卷十五）李貽德曰：「黨，本當作爪。說文，爪，亦丮也。孟子母仉氏，仉即爪之異文。」（賈服注輯述卷四）是魯有黨氏矣。梁履繩曰：「襄二十九年有黨叔，是其後也。」（左通補釋卷三）史記索引云：「孟任：孟，長也；任，字也，非姓耳。」（卷三十三）按以任為字，非姓，誤也。

「閔子馬見之。」（襄公廿三年傳）

賈逵曰：「閔子馬，魯大夫閔馬父也。」（太平御覽卷四百二十二引。馬輯有，黃、王、嚴三家缺，馮補有。）

案杜注本賈說。閔子馬，又見昭十八年、廿二年、廿六年傳。昭十八年作閔子馬，廿二年、廿六年作閔馬父。父者，長老之稱，蓋至是年齒漸長，才德又著，故改稱閔馬父。閔子馬，魯之賢大夫也。

「吾聞將有達者曰孔丘。」（昭公七年傳）

賈逵曰：「是歲孟僖子卒，屬其子使事仲尼。仲尼時年三十五，定以孔子爲襄二十一年生也。」（襄卅一年正義引服虔、賈逵。又史記孔子世家集解引仲尼句。馬、嚴輯有，黃、王二家缺。嚴輯引在襄廿一年經下。）

案孔子生年，凡有兩說：春秋公羊、穀梁二傳，皆謂魯襄公二十一年孔子生。（襄二十一年公羊傳、穀梁傳）司馬遷史記謂襄公二十二年，孔子生。（十二諸侯年表、魯世家、孔子世家）二說相差一年。襄公卅一年正義引此賈逵之語，謂孟僖子卒年，孔子年三十五，定以孔子爲襄二十一年生。春秋載孟僖子（即仲孫貜）卒於魯昭公二十四年。據此賈氏說孔子生年從前說。惟正義又云：「二十一年，賈逵注經云：此年仲尼生，哀十六年夏四月己丑卒，七十三年。」正義此說，依通常計年壽之法，當云七十四年，不當云七十三年。或是就其實享年月言之，故云七十三年。是賈從襄二十一年說無疑也。杜預注言及孔子年歲者，凡四處：襄三十一年傳注云：「仲尼以二十二年生，於是十歲。」昭七年傳注云：「僖子卒時，孔子年三十五。」昭十七年傳注云：「於是仲尼年二十八。」哀十六年經注云：「仲尼魯襄二十二年生，至今七十三也。」此四處文有牴觸。一、四處從後說，二、三處則合於前說也。故正義於昭七年杜注下云：「當言三十四，而云五，蓋相傳誤耳。」又於昭十七年杜注下云：「沈文何云：襄三十一年注云：仲尼十歲，計至此年二十七，今云二十八，誤。」若然，則是杜從襄二十二年說也。二說孰是孰非，自漢以來，學者聚訟靡定。清儒孔廣牧作先聖生卒年月考一文，援引歷代學者五十一家之文，而斷從後說。（孔文見皇清經解續編）錢賓四（穆）先生孔子生年考亦取後說。並謂：「詳考確論，不徒不可能，抑且無所用。」（先秦諸子繫年考辨卷一）其言實有感而發。玆從孔錢二家。

「琴張聞宗魯死。」（昭公廿年傳）

賈逵曰：「子張，謂顓孫師。」（正義引賈逵、鄭衆。馬、黃、王、嚴四家皆輯。）

案杜注：「琴張，孔子弟子，字子開，名牢。」正義曰：「家語云：孔子弟子琴張與宗魯友。七十子篇云：琴牢，衛人，字子開，一字張。則以字配姓為琴張，即牢曰孔云是也。賈逵、鄭衆皆以為：子張即顓孫師。服虔云：案七十子傳云：子張少孔子四十餘歲，孔子是時四十一，未有子張。鄭、賈之說，不知所出。」竹添氏左傳會箋以服虔駁賈、鄭之說為是，並指出家語說乃王肅所偽託。又云：「牢只一見論語子罕篇，琴張見此傳及孟子盡心篇，他無所見。則是為一人與二人，今不可得而考。莊子大宗師篇子琴張。是琴張上加子字，則疑琴是姓，張是名。論語牢曰：據文必是名，恐不得為莊子則陽篇所云子牢。今之可言者止此。」（昭公二十年傳）按會箋說（本之王引之說，經義述聞卷十九）是也。杜注蓋據王肅家語說。正義所引家語之文，為王肅所偽託，自不足據，杜據以為說，非也。賈、鄭說不知何據？服氏據史記仲尼弟子列傳之文，疑賈、鄭之說為非是，其言可取。惟云，孔子是時年四十一，則誤。以生於襄公廿二年計，此時孔子應為三十歲也。仲尼弟子列傳云：「顓孫師，陳人，少孔子四十八歲。」（卷六十七。崔述洙泗考信餘錄卷之三辨顓孫師為魯人。錢賓四先生先秦諸子繫年考辨卷一孔子弟子通考，亦斷從魯人是也。）錢賓四（穆）先生先秦諸子繫年通表一，魯昭公廿年欄列：「琴張從遊孔子在此時或稍前。」魯定公七年欄列：「顓孫師生。」亦從仲尼弟子列傳。然則琴張與顓孫師非一人也。賈逵、鄭衆以為琴張即顓孫師，恐非。

「師己曰：異哉，吾聞文成之世。」（昭公廿五年傳）

賈逵曰：「師己，魯大夫。文成，魯文公成公。」（史記魯世家集解引。馬、嚴輯有，黃、王二家缺。）

案杜注：「師己，魯大夫。」與賈說同。傳云：文武之世。惠棟曰：「唐石經作文成，謂魯文公、成公時也。史記、漢書、論衡皆作文成。舊本左氏傳亦有作成者。若云周之文武，上下數百年，豈能逆知童謠為魯昭徵驗乎？今本皆作文武，俗誤行之久矣。」（春秋左傳補注卷六）阮氏元校勘記云：「石經、宋本、岳本武作成，謂文公、成公也。陳樹華云：史記、漢書、論衡異虛篇、李善幽通賦注引並作文成。按劉氏史通亦作文成。」（左傳注疏五十一卷末）齊氏召南曰：「按各本俱作文武之世，非也。史記、魯世家及漢書五行志俱引此作文成之世。史記集解引賈逵曰：文成，魯文公、成公，尤其明證。賈即注左傳之一家也。」（左傳注疏考證卷二）李氏富孫曰：「此杜無注。童謠之辭，似後世讖緯之言，文武世必無此謠。且距魯昭時六百餘年，安得已有裯父、宋父、乾侯之讖乎？是當從史漢唐石經作文成。今監本閩本毛本秦本作武，傳寫之譌。（後漢何敞傳注引作文武，譌同。）塾師不加考證，致沿其繆。錢氏曰：史漢皆作文成，今本作文武，誤矣。」（春秋左傳異文釋卷九）竹添氏左傳會箋云：「或疑文成在位各十八年，其間尚有宣公亦十八年。以世次論當稱文宣之世，或稱宣成之世。何獨越去宣公，錯稱文成？此疑未必爲得也。蓋童謠之興，流傳四五十年，不止一時，傳擧首末以統之，非謂宣公之世，獨無此謠也。作文武者寫誤耳。」（昭公廿五年傳）按惠氏、阮氏、齊氏、李氏諸家皆證此傳文武字當爲文成之訛，是也。賈逵釋「文成」爲魯文公、成公，與彼說合。會箋云：傳謂文成之世者，擧首末以統之，非宣公之世無此謠也。其說得之。

「臧昭伯之從弟會。」（昭公廿五年傳）

賈逵曰：「昭伯，臧孫賜也。」（史記魯世家集解引。馬、黃、王、嚴四家皆輯。）

案杜注：「昭伯，臧爲子。」惠氏棟曰：「案世本：臧會，臧頃伯也，宣叔許之孫，與昭伯爲從父昆弟也。」（春秋左傳補注卷六）惠氏引世本說與傳合。杜預世族譜云：「臧定伯，爲。臧昭伯，賜。賜，定伯子。」（春秋釋例卷八）是臧爲子卽臧昭伯，亦卽臧孫賜也。臧昭伯，傳僅此年見。臧爲見襄公廿三年。

「公使郈孫逆孟懿子。」（昭公廿五年傳）

賈逵曰：「懿子，仲孫何忌。」（史記魯世家集解引。馬、黃、王、嚴四家皆輯。）

案杜注與賈同。孟懿子卽仲孫何忌，孟僖子之子。何忌與兄南宮敬叔，俱師事孔子。何忌，昭七年始見傳。昭廿四年，僖子卒，何忌繼立。其後經傳屢見，迄哀十四年八月卒，在卿位凡三十七年。

「申豐從女賈。」（昭公廿六年傳）

賈逵曰：「申豐、汝賈，魯大夫。」（史記魯世家集解引。馬、黃、王、嚴四家皆輯。）

案女，史記魯世家作汝，裴氏集解引賈亦作汝。杜注：「豐、賈二人，皆季氏家臣。」又襄二十三年注云：「申豐，季氏屬大夫也。」（卷三十五）昭四年傳注云：「申豐，魯大夫也。」（卷四十二）杜說申豐所以不同者，蓋以其位在大夫，故或逕以大夫釋之。又以其嘗爲季氏屬大夫，故或謂之家臣耳。屬大夫亦家臣也。申豐於襄二十三年、昭四年、二十三年及此年凡四見傳。據傳敍申豐事，位當在大夫。會箋以爲當是季氏家臣，非大夫，恐未當。女賈，傳僅此年見，賈云大夫，杜云季氏家臣，其情形蓋與申豐同。云女賈，猶女齊、女寬之比，會箋釋爲女地之賈人，恐非。

（三）齊

「齊侯使連稱、管至父戍葵邑。」（莊公八年傳）

賈逵曰：「連稱、管至父，皆齊大夫。」（史記齊世家集解引。馬、嚴輯有，黃、王二家缺。）

案杜注：「連稱、管至父，皆齊大夫。」說與賈同。據左傳及史記齊世家所述，連稱、管至父二人皆齊臣，故通以大夫稱之。二人於左傳僅此一見。

「初公孫無知虐於雍廩。」（莊公八年傳）

賈逵曰：「雍廩，渠邱大夫也。」（史記齊世家集解引。馬、黃、王、嚴四家皆輯。嚴輯「渠邱」作

「葵丘」。）

案杜注：「雍廩，齊大夫。」昭公十一年傳：「齊渠丘實殺無知。」杜注：「渠丘，今齊國西安縣也。齊大夫雍廩邑。」（左傳注疏卷四十五）杜說與賈逵同，皆以雍廩爲渠丘大夫。又昭公十一年正義引鄭衆說，以渠丘爲無知之邑。馬宗璉補注因曰：「渠丘本無知邑，雍廩爲渠丘大夫，時無知虐之，故雍廩懷憾而殺無知。」（春秋左傳補注卷一）鄭謂渠丘爲無知邑，爲賈杜說所無。正義駁鄭云：「無知不坐邑死，何以言渠丘殺無知？蕭亳非子游之邑，渠丘不得爲無知邑。」其說良是，然則渠丘非無知邑也。惟亦以雍廩爲人名，則同於賈、杜。史記齊世家云：「齊君無知，遊于雍林，雍林人嘗有怨無知，及其往遊，雍林人襲殺無知。」（卷三十二）則雍廩字作雍林，而以雍林爲地名。漢書古今人表於下中欄列連稱、管至父後有「雍廩人」。（卷二十）今本誤作雍人廩。稱雍廩人者，謂雍廩之人也，蓋失其名姓故耳。是亦以雍廩爲地名，當本之史記也。（洪亮吉謂古今人表以爲人名，非是。）沈欽韓曰：「史記齊世家作雍林，以爲地名。按齊西門曰雍門，襄十八年傳，晉伐齊，伐雍林之萩，其處有林矣。」（左傳地名補注卷二）王先謙漢書補注曰：「雍人稟，當作雍稟人。稟，古廩字，文誤倒耳。左莊八年傳，無知虐於雍廩。明是地名。廩又作林，音近字通。齊世家，齊君無知遊於雍林云云，足證雍林齊地。而云雍林人嘗有怨無知，則未定主名之詞也。秦紀亦曰：齊雍林人。左昭十一年傳云：齊渠丘實殺無知。賈逵因有雍廩渠邱大夫之注，杜預襲之，乃云：渠邱，齊大夫雍廩邑。王念孫曲爲之說，遂以史記爲誤，且謂：當史公時，左傳尙未有章句，故誤以雍林爲邑名。斯惑之甚矣。」（卷二十古今人表補注）此主從地名之說者也。其主人名之說者，賈、鄭、杜三家而外，有沈欽韓引水經注及洪亮吉、王念孫之說。沈欽韓引水經注曰：「時水北逕西安縣故城南，本渠丘齊大夫雍廩邑。」（左傳地名補注卷二）洪亮吉曰：「今考若據史記、金樓子，則雍林地名；據賈逵注及檢古今人表，則雍廩人名。（按洪氏謂古今人表以爲人名，非是。前已明之。）今細繹經傳，上云虐于雍廩。下經云，齊人殺無知。傳又云，雍廩殺無知。則當以人名爲是。」（春秋左傳詁卷六）漢書古今人表：「雍人稟」。（卷二十）王念孫曰：「案此當作雍稟人。稟，古廩字。齊世家不曰雍林，而曰雍林人者，當史公時，左傳尚未有章句，故誤以雍林爲邑名，而言雍林人殺無知也。此表作雍稟人，亦沿史公之誤，而今本作雍人稟，則義不可通。或以人爲衍字，亦未合班氏之旨。」（漢書雜志卷三）按就前引諸說觀之，說左傳者，賈、鄭、杜諸家，皆以人名解之，無異辭。其主要依據，乃昭十一年傳：「齊渠丘實殺無知」一語。蓋渠丘爲地名，無知之殺，既有其地，則雍廩之爲人名，可決矣。乃史記齊世家輒爲異說，漢書古今人表本之。不知史公是否別有所據，若但本左傳，則恐係出於誤讀，蓋莊八年、九年左傳文太簡略，而史公或未注意及昭公十一年「齊渠丘實殺無知」一語，因而致誤也。史公之說，雖有沈欽韓引襄十八年左傳「雍門之萩」之言爲之證，然當時並無雍林之稱，且左傳作雍廩，不作雍林，其非確證甚明。而沈氏於引襄十八年傳文下，按引水經注作人名解，知沈氏依違兩說之間，疑不能定也。王先謙氏持地名說甚決，蓋由於注史之故，然亦無確證，不足以駁賈、鄭、杜、王諸家之說，故雍廩一詞，仍當從人名之說也。

「管夷吾治於高傒。」（莊公九年傳）

賈逵曰：「齊正卿高敬仲也。」（史記齊世家集解引。馬、黃、王、嚴四家皆輯。黃輯缺「敬仲」二字，馬、王、嚴三家不缺。）

案杜注：「高傒，齊卿高敬仲也。」杜用賈說。惠棟曰：「宰相世系表曰：齊太公六世孫文公赤，生公子高，孫傒爲上卿，與管仲合諸侯有功，桓公命傒以王父字爲氏。食邑於盧，謚曰敬仲，世爲上卿。」（春秋左傳補注卷一）禮記王制云：「次國之卿，二卿命于天子。」（卷五）莊公廿二年及閔公二年，高傒見經。僖公十二年傳：「有天子之二守國、高在。」皆高傒爲齊正卿之證。襄公廿九年傳：「齊人立敬仲之曾孫酀，良敬仲也。」是敬仲宿有賢名，與此年傳鮑叔「管夷吾治於高傒」之言相合。

「雍巫有寵於衛共姬。」（僖公十七年傳）

賈逵曰：「雍巫，雍人名巫，易牙也。」（史記齊世家集解引。又齊世家易牙下正義引。馬、黃、王、嚴四家皆輯。今本史記集解「易牙也」作「易牙字」，未妥。各家輯本皆作「易牙也」，玆從之。正義引正作易牙也。）

案杜注：「雍巫，雍人名巫，卽易牙。」用賈說。正義曰：「周禮掌食之官有內雍、外雍。此人爲雍官，名巫，而字易牙也。」按周禮天官內饔外饔。雍作饔。（卷四）儀禮少牢饋食禮作雍人。（卷四十七）皆掌食之官。而易牙善調味，見於齊世家。薦羞於公，見於傳。皆與饔人之職相合。且此年傳舉雍巫、寺人貂。下文云，易牙與寺人貂。文正相承，足證雍巫即易牙也。史記齊世家索隱云：「賈逵以雍巫為易牙，未知何據？按管子有棠巫，恐與雍巫是一人也。」（卷三十二）沈欽韓曰：「管子小稱篇曰：臣願君之遠易牙、豎刁、堂巫、公子開方。又呂覽知接篇：桓公曰，常之巫審于死生，能去苛病，明年公有病，常之巫從中出曰：公將以某日薨，易牙、豎刁、堂之巫相與作亂。如二書所言，堂巫、常之巫與此雍巫，決是一人，又有從中出之事，其有寵于衛共姬信矣。傳于寺人貂上脫易牙耳。」（春秋左傳補注卷三）按沈氏據管子及呂覽之言，斷雍巫易牙非一人，似信而有據。然先秦諸子之書，重在思想之表達，其敍事每多舛誤失實，未可據為信史，則沈說不足深信，存備一說可也。

「齊王子成父獲其弟榮如。」（文公十一年傳）

賈逵曰：「王子成父，齊大夫。」（史記魯世家集解引。馬、黃、王、嚴四家皆輯。）

案杜注與賈說同。傳云，齊襄公之二年，鄋瞞伐齊，齊王子成父獲其弟榮如。知王子成父，齊襄公時大夫也。呂氏春秋審分覽任數篇載，管仲言於齊桓公以王子成父為大司馬。（卷十七）則王子成父亦逮事桓公也。傳中僅此年一見。

「逢丑父為右。」（成公二年傳）

賈逵曰：「逢丑父，齊大夫。」（史記齊世家集解引。馬、黃、王、嚴四家皆輯。）

案，逢丑父，傳僅此年見。鞍戰爲齊侯車右，晉韓厥俘齊侯，丑父以身代之，齊侯乃得脫。韓厥獻丑父。郤克曰：「人不難以死免其君，我戮之不祥，赦之以勸事君者。」乃免之。鄭樵通志云：「逢氏，商諸侯，封於齊土，至商周之間有蒲姑氏代之，其地在今臨淄。齊大夫有逢丑父。」（氏族略卷二）通志是也。

「齊棠公之妻。」（襄公二十五年傳）

賈逵曰：「棠公，齊棠邑大夫。」（史記齊世家集解引。馬、嚴輯有，黃、王二家缺。）

案杜注用賈說。江永曰：「疑卽郵棠，見襄十八年。孟子發棠，亦是此邑。」（春秋地理考實卷三）顧棟高曰：「杜注，邑名。孟子勸齊王發棠卽此。後譌爲堂。今爲東昌府之堂邑縣。」（春秋大事表七列國都邑表之一）按江氏疑棠卽襄十八年之郵棠，郵棠在卽墨縣。顧氏則以爲在堂邑縣，兩地皆齊之邊邑，惟卽墨在東，堂邑在西，相去千里，距齊都臨淄則里程略相等。程旨雲（發軔）先生謂：「桓公子孫，似不宜鄙居齊東，以在堂邑者爲長，從大事表。」（春秋左傳地名圖考第二篇）傳載，棠公之妻爲東郭偃之姊，東郭偃系出桓公，故程先生云然。以在堂邑者爲長，是也。

「告盧蒲嫳。」（襄公廿七年傳）

賈逵曰：「嫳，齊大夫慶封之屬。」（史記齊世家集解引。馬、黃、王三家皆輯，嚴氏缺。）

案杜注：「嫳，慶封屬大夫。」與賈說略同。此年傳謂，嫳助慶封攻滅崔氏。故知爲慶封之屬，齊之亂人也。廿八年，齊人討慶氏。慶氏敗，慶封奔魯，嫳亦出亡于境。昭三年，嫳見齊侯于莒，嫳請歸齊，子雅不許，復放逐于北燕。

「晏圉弦施來奔。」（哀公六年傳）

賈逵曰：「圉，晏嬰之子。」（史記齊世家集解引。馬、黃、王三家有，嚴輯馮補並缺。）

案杜注從賈說。晏嬰，齊之重臣，此時已卒。此傳敍齊亂，晏圉奔魯，知圉必爲晏嬰之子也。竹添氏會箋云：「晏圉，平仲之子。平仲盡心公室，深以陳氏簒齊爲憂，無字之忌久矣，第以素有重臣，公與國人皆所心服，不可逐耳。迨平仲卒，乞遂借高國之奔，并晏圉逐之，報從前之積憤，除將來之後患。」（哀六年傳）會箋得之。

「闞止有寵焉。」（哀公十四年傳）

賈逵曰：「闞止，子我也。」（史記齊世家集解引。馬、黃、王、嚴四家皆輯。黃、王二家輯在哀公六年傳下。此從馬、嚴二家。）

案此年傳云：闞止有寵。又數言子我。知闞止子我爲一人。杜氏此注及哀六年傳「闞止知之」句下，並以闞止爲子我。與賈說同。史記田敬仲完世家云：「子我者，監止（按即闞止）之宗人也。」（卷四十六）以子我別一人。司馬貞史記索隱云：「齊世家云：子我夕。賈逵云：即監止也。」（按齊世家亦作監止。集解引賈逵曰：闞止，子我也。在「監止有寵焉」句下，索隱云在「子我夕」句下，非。）尋其文意，當是監止。今云宗人，蓋太史誤也。」（卷四十六）索隱從賈說是也。闞止，哀六年及此年見傳。齊簡公即位，以闞止爲執政卿，旋爲陳恆所害。

「諸御鞅言於公。」（哀公十四年傳）

賈逵曰：「鞅，齊大夫也。」（史記齊世家集解引。馬、黃、王、嚴四家皆輯。）

案傳載鞅言於齊簡公曰：陳、闞不可並也，君其擇焉。及簡公爲陳氏所執，悔曰：吾早從鞅言，不及此。知鞅爲齊大夫也。杜注說同。

「初陳豹欲爲子我臣，使公孫言己。」（哀公十四年傳）

賈逵曰：「豹，陳氏族也。公孫，齊大夫也。」（史記齊世家集解引。馬、黃、王、嚴四家皆輯。）

案傳載陳豹爲子我家臣，子我欲逐陳氏而立豹。豹曰：我遠於陳氏矣。知豹爲陳氏族。左傳會箋云：「陳豹字子皮，文子之孫。欲爲子我臣，非豹之欲，乃陳恆之謀，使之爲間也。」（哀十四年傳）會箋是也。豹爲陳氏族，故忠於陳恆，欲爲間於子我家也。又陳豹使公孫言己。杜云：言己，介達之。又稱公孫，當是其氏，故賈云齊大夫也。

（四）宋

「宋雍氏女於鄭莊公，曰雍姞。」（桓公十一年傳）

賈逵曰：「雍氏，黃帝之孫姞姓之後，爲宋大夫。」（史記鄭世家集解引。馬、黃、王、嚴四家皆輯。）

案杜注：「雍氏，姞姓，宋大夫也。」杜用賈說而略改其文。國語晉語云：「黃帝之子，二十五宗，其得姓者十四人，爲十二姓，姬、酉、祁、己、滕、箴、任、荀、僖、姞、儇、依是也。」（卷十）是黃帝之後有姞姓。史記五帝本紀亦云：「黃帝二十五子，其得姓者十四人。」（卷一）司馬貞索引卽引晉語說爲證。許愼說文解字女部：「姞，黃帝之後伯鯈姓也。后稷妃家。」（第十二篇下）亦以姞姓爲黃帝之後。宣三年傳：「鄭文公有賤妾曰燕姞，夢天使與己蘭曰：余爲伯儵，余而（按而汝也）祖也。……吾聞姬姞耦，其子孫必蕃。姞，吉人也，后稷之元妃也。」（卷二十一）按伯儵卽伯鯈，此傳蓋爲許氏所本。雍氏爲宋大夫，左傳明之。

「射南宮長萬。」（莊公十一年傳）

賈逵曰：「南宮氏，萬名，宋卿。」（史記宋世家集解引。馬、黃、王、嚴四家皆輯。）

案杜注：「南宮長萬，宋大夫。不書獲萬，時未爲卿。」下莊十二年經書「宋萬弒其君捷及其大夫仇牧。」杜注：「萬及仇牧，皆宋卿。仇牧稱名。」杜以莊十年乘丘之役時，萬未爲卿，故經不書獲萬。至莊十二年，萬弒宋閔公時，已爲卿，故經書之。賈意，乘丘之役時，萬已爲卿。杜與賈異。賈又以南宮爲氏，乃常義，此杜之所同。以萬爲名，杜雖無明說，然謂仇牧稱名，則亦以萬爲名可知，與賈同。是賈、杜所異者，在乘丘之役時，萬已爲卿與否之一點而已。案杜所以謂南宮長萬於乘丘之役時，未爲卿者，以經不書獲長萬，然下年傳謂，萬殺大宰督于東宮之西，督爲宋之正卿，而經亦不書，明經不書獲萬，蓋以經文簡略，非必由於萬之非卿也。且乘丘之役，在莊公十年六月，長萬爲魯所獲。至莊十二年秋，長萬弒宋閔公于蒙澤，爲時不過兩年有餘。又以見獲而歸，無功可言，何得進位爲卿，此事理之不可通者。若依賈說，萬於乘丘之役時已爲卿，見釋歸宋，仍在卿位，於理爲允。沈欽韓曰：「注云：不書獲萬，時未爲卿。按審其時不爲卿，則被獲贖歸，反以卿追賞其功乎?以卿賞之而又斬之，無是理也。蓋史以敗其師爲重，故略萬不書。」（春秋左傳補注卷二）沈說得之。洪氏亮吉春秋左傳詁卷六，亦以賈說爲長是也。南宮長萬，下年經作宋萬，傳稱南宮萬，粱履繩左通補釋卷三，疑長是其字，蓋是。

「宋華子生公子雍。」（僖公十七年傳）

賈逵曰：「宋華氏之女，子姓。」（史記齊世家集解引。馬、黃、王、嚴四家皆輯。馬輯華氏作華子，誤。此從黃、王、嚴三家。）

案此釋華子之義也。杜注：「華氏之女，子姓。」即用賈說。成十五年傳言宋國之事云：「二華，戴族也。」杜注：「華元華喜。」是宋有華氏，爲戴公之後。史記殷本紀云：「契封于商，賜姓子氏。」（卷三）又云：「契爲子姓，其後分封，以國爲姓，有宋氏。」（同上）又周本紀云：「周公奉成王命，以微子啓代殷後，國於宋。」（卷四）是殷商子姓。宋國，殷商之後，華氏又出宋戴公之後，故華氏亦子姓。傳謂宋華子，爲齊桓公之妾，故賈云，宋華氏之女，子姓也。

「使西鉏吾庀府守。」（襄公九年傳）

賈逵曰：「鉏吾，太宰也。」（正義引。馬、嚴輯有，黃、王二家缺。）

案杜注：「鉏吾，太宰也。府，六官之典。」杜說鉏吾，用賈說。正義曰：「鉏吾太宰，傳無其文。

賈逵云然，相傳說耳，不知其本何所出也。」李貽德曰：「賈知鉏吾為太宰者，以庀府守知之。周禮：大府、王府、內府、外府，皆統於太宰，今所使既皆六官之長，則庀府守當是太宰矣。」（賈服注輯述卷十一）按正義引劉炫謂，府守是府庫守藏，與李說合，是也。

（五）衛

「石碏諫莊公。」（隱公三年傳）

賈逵曰：「石碏，衛上卿。」（史記衛世家集解引。此條馬、黃、王、嚴四家皆輯。）

案禮記王制：「大國三卿。次國三卿。次國之上卿，位當大國之中，中當其下，下當其上大夫。」（卷十一）是卿有上中下之別也。衛國在春秋為次國，當有三卿。潛夫論志氏篇：「石碏，衛公族。」（卷九）又傳載石碏諫莊公，識見閎通練達，且耄耋致仕，其位必崇，故賈逵以為衛上卿。杜注以為大夫，大夫乃泛稱，可兼卿與大夫而言，與賈義不悖。

「使師曹誨之琴。」（襄公十四年傳）

賈逵曰：「師曹，樂人。」（史記衛世家集解引。馬、黃、王、嚴四家皆輯。）

案杜注用賈說。上文：「使太師歌巧言之卒章。」杜云：「太師，掌樂大夫。」李貽德曰：「禮記樂記：乙賤工也。注：樂人稱工。大戴記保傅篇：工誦正諫。注：工，樂人也。然則師曹為樂人，即禮經所云工也。」（賈服注輯述卷十一）傳謂，使師曹誨之琴。又謂，師曹欲歌之，知為樂人。稱師者，猶師曠師涓之比。

「**入見蘧伯玉**。」（襄公十四年傳）

賈逵曰：「伯玉，衛大夫。」（史記衛世家集解引。馬、黃、王、嚴四家皆輯。）

案杜注：「伯玉，蘧瑗。」惠棟曰：「高誘呂覽注曰：伯玉，衛大夫蘧莊子無咎之子瑗，謚曰成子。」（左傳補注卷三）高氏注與賈、杜說合，蓋名瑗字伯玉也。孔子嘗適衛，主蘧伯玉家，見於史記孔子世家。論語衛靈公：「子曰：君子哉蘧伯玉，邦有道則仕，邦無道則可卷而懷之。」（論語注疏卷十五）是伯玉有君子之德，見稱於孔子，衛之賢大夫也。

「**衛侯爲夫人南子召宋朝**。」（定公十四年傳）

賈逵曰：「南子，宋女。」（史記衛世家集解引。馬、黃、王、嚴四家皆輯。）

案杜注從賈說。傳云，衛侯爲夫人南子召宋朝。且宋國子姓，故知南子爲宋國之女。論語：孔子在衛見南子。卽此人也。

「**太子羞之，謂戲陽速曰：從我而朝少君**。」（定公十四年傳）

賈逵曰：「**戲陽速，太子家臣**。」（史記衛世家集解引。馬、黃、王、嚴四家皆輯。）

案杜注從賈說。少君謂南子。傳云：太子蒯聵使戲陽速從己而朝南子，欲使弒少君南子。知速爲太子家臣。史記宋世家速作遬，云蒯聵與其徒戲陽遬謀。云其徒，亦謂家臣也。

「**遇子羔將出**。」（哀公十五年傳）

賈逵曰：「子羔，衛大夫高柴，孔子弟子也。將出奔。」（史記衛世家集解引。馬、黃、王、嚴四家皆輯。）

案杜注本賈說。下文云：孔子聞衛亂，曰：柴也其來，由也死矣。知孔子弟子高柴、仲由二人，此時皆仕於衛。史記仲尼弟子列傳：「高柴，字子羔。」（卷六十七）故知子羔爲高柴，仕於衛，故云衛大夫。遇難將出，知是出奔也。

（六）晉

「師服曰。」（桓公二年傳）

賈逵曰：「晉大夫。」（史記晉世家集解引。馬、嚴輯有，黃、王二家缺。）

案杜注：「師服，晉大夫。」與賈同。左傳中僅此年見，史記晉世家亦以爲晉人是也。

「韓萬御戎。」（桓公三年傳）

賈逵曰：「韓萬，曲沃桓叔之子莊伯弟。」（史記晉世家集解引。馬、黃、王、嚴四家皆輯。）

案杜注：「韓萬，莊伯弟也。」說與賈同。正義曰：「武公，莊伯子。韓萬，莊伯弟。世本，世家文。」是賈、杜蓋本之世本也。史記晉世家：「曲沃桓叔卒，子鱓代桓叔，是爲曲沃莊伯。」（卷三十九）桓二年傳：「曲沃莊伯伐翼。」杜注：「莊伯，桓叔子。」說並同。史記韓世家索隱：「按系本（按即世本）及左傳舊說，皆謂韓萬是曲沃桓叔之子，即是晉之支庶。」（卷四十五）可與正義說相印證，是也。

「**士蔿**。」（莊公二十三年傳）

賈逵曰：「**士蔿，晉大夫**。」（史記晉世家集解引。馬、黃、王、嚴四家皆輯。）

案杜注與賈說同。國語晉語韋昭注：「士蔿，晉大夫，劉累之後，隰叔之子子輿也。」（卷七）士蔿此年始見於傳，莊廿六年爲晉之大司空，至閔元年尙在，稱賢大夫。僖五年及成十八年傳並及士蔿之事，然均屬追敘前事，其實士蔿蓋已前卒矣。

「**卜偃**。」（閔公元年傳）

賈逵曰：「**卜偃，晉掌卜大夫郭偃**。」（史記晉世家集解引。馬、嚴輯有，黃、王輯缺。）

案杜注：「卜偃，晉掌卜大夫。」與賈說略同。國語晉語二：「獻公問於卜偃。」韋昭曰：「卜偃，晉掌卜大夫郭偃也。」（卷八）賈逵有國語注，韋昭蓋卽用賈義。又晉語四：「文公問於郭偃。」韋昭曰：「郭偃，卜偃。」（卷十）韋以卜偃卽郭偃，說與賈同。梁履繩曰：「呂氏春秋當染篇：晉文公染于咎犯郄偃。太平御覽治道部，一作郭偃。作郄偃者，形近而譌。墨子所染篇作高偃，乃郭音之轉耳。」（左通補釋卷四）梁說是也。

「**辛廖**。」（閔公元年傳）

賈逵曰：「**辛廖，晉大夫**。」（史記晉世家集解引。馬、嚴輯有，黃、王二家缺。）

案杜注：「辛廖，晉大夫。」與賈同。劉炫規杜云：「若在晉國而筮，何得云筮仕於晉？又辛甲辛有，並是周人，何故辛廖獨爲晉大夫？」（正義引）正義駁劉炫云：「杜云，辛廖晉大夫，則以畢萬筮仕，在晉國而筮。傳以畢萬是畢國子孫，今乃筮仕於晉，言於晉以對畢耳，非謂筮時在他國也。案昭十五年傳云，及辛有之二子董之，晉於是乎有董史。注云，辛有，周人，二子適晉爲大史。則辛氏雖出於周，枝流在晉。劉炫用服氏之說，以爲畢萬在周，筮仕於晉，又以晉國不得有姓辛，而規杜過，其義非也。」依正義知劉炫用服虔說，以爲畢萬在周，筮仕於晉，則服、劉以辛廖爲周大夫。按劉炫規杜過，雖當於理；而正義之駁，亦頗有依據。二說誰是誰非，頗難審斷。蓋辛氏雖源出於周，而正義引昭十五年傳載辛有之二子自周適晉爲大史，以證晉之有辛氏。此據僖廿二年傳：「初，平王之東遷也，辛有適伊川」之文，可知辛有平王時人。自平王東遷至畢萬適晉之時，已歷時近百年，辛有之二子當早已在晉，則此時晉已有辛氏。就此點言之，二說似可平分秋色。再就筮之時間言之，正義謂畢萬筮時已仕於晉，然無確證；劉氏則以爲既云筮仕於晉，當在仕晉之前爲之，雖亦無確證，然以時人安土重遷之觀念及重視卜筮之情形觀之，則畢萬之筮，當在仕晉之前。權衡二說，當以服劉說爲長。

「**里克諫曰**。」（閔公二年傳）

賈逵曰：「里克，晉卿里季也。」（史記晉世家集解引。馬、黃、王、嚴四家皆輯。）

案杜注：「里克晉大夫。」里克，晉獻公臣，有權謀。獻公卒，歷弒奚齊、卓子，左右國政，故賈以爲晉卿。晉語韋昭注云：「里克，晉大夫里季子也。」（卷七）以里克卽里季，與賈說同。

「晉侯使賈華伐屈。」（僖公六年傳）

賈逵曰：「賈華，晉右行大夫。」（史記晉世家集解引。馬、黃、王、嚴四家皆輯。）

案十年傳稱：「右行賈華。」（卷十三）故賈據以爲說。杜注但謂晉大夫。國語晉語：「令賈華刺夷吾，夷吾逃於梁。」注：「賈華，晉大夫。」（卷八）說並同。賈華僅此年及十年見傳。

「里克丕鄭欲納文公，故以三公子之徒作亂。」（僖公九年傳）

賈逵曰：「丕鄭，晉大夫。三公子，申生、重耳、夷吾。」（史記晉世家集解引。馬、黃、王、嚴四家皆輯。）

案杜注全用賈說。丕鄭，九年、十年、十一年見傳，十一年見經。國語晉語：「驪姬曰：吾欲作大事，而難三公子之徒。」（卷七）又云：「里克將殺奚齊，先告荀息曰：三公子之徒，將殺孺子。」韋昭注三公子，並與賈同，是也。

「讓於欒枝。」（僖公廿七年傳）

賈逵曰：「欒枝，欒賓之孫。」（史記晉世家集解引。馬、黃、王、嚴四家皆輯。）

案杜注：「欒枝，貞子也，欒賓之孫。」杜本賈說。國語晉語云：「欒枝貞愼。」韋注：「枝，晉大夫欒共子之子，貞子也。」（卷十）又晉語韋注：「欒共子，晉哀侯大夫共叔成也。初桓叔爲曲沃伯，共子之父欒賓傅之。」（卷七）是欒枝爲欒賓之孫也。欒賓見於桓二年傳。欒枝，此年始爲卿，卒於文五年。

「晉趙成子、欒貞子、霍伯、臼季皆卒。」（文公五年傳）

賈逵曰：「欒貞子，欒枝也。霍伯，先且居也。」（史記晉世家集解引。馬、黃、王、嚴四家皆輯。）

案杜注：「貞子，欒枝，下軍帥也。霍伯，先且居，中軍帥也。」杜釋人名與賈同。史記十二諸侯年表：「晉襄公六年，趙成子、欒貞子、霍伯、臼季皆卒。」索隱：「欒貞子，名枝。霍伯，先且居也，封之霍。」（卷十四）索隱說亦同。欒枝爲下軍帥，見於僖二十八年城濮之役。先且居爲中軍帥，見於僖三十三年傳。先且居稱霍伯者，霍本周霍叔處之封地。其後爲晉獻公所滅，其地屬晉。國語晉語韋注：「先且居，先軫之子，蒲城伯也。」（卷十）又晉語：「蒲城伯請佐。」韋注：「賈侍中云：蒲城伯，先且居也。」（卷十）蓋先且居食采於蒲城，故稱蒲城伯。其後受霍爲霍伯也。

「使鉏麑賊之。」（宣公二年傳）

賈逵曰：「鉏麑，晉力士。」（史記晉世家集解引。馬、黃、王、嚴四家皆輯。馬輯作勇士，與集解所引不合，此從三家。）

案杜注用賈說。傳云，趙宣子驟諫，靈公患之，欲使鉏麑賊殺宣子。故知鉏麑爲晉之力士也。鉏麑，呂氏春秋過理篇作沮麛。（卷二十三）漢書古今人表作鉏麛。（卷二十）說苑立節篇作鉏之彌。（卷四）李富孫曰：「沮、鉏形聲相近古通。論語：素衣麑裘。玉藻注引作麛。聘禮注引同。麛从弭，彌弭古通，故又作彌。」（左傳異文釋卷四）洪亮吉曰：「案鉏之彌，急讀即作鉏麑。」（左傳詁卷十）是諸書所載姓名雖異，而同屬一人也。

「伯宗曰不可。」（宣公十五年傳）

賈逵曰：「伯宗，晉大夫。」（史記晉世家集解引。馬、黃、王、嚴四家皆輯。）

案杜注本賈說。伯宗，此年始見傳。成五年、六年亦見。據傳載，伯宗乃一博通事理之君子，好直言，故爲郤氏所怨恨。成十五年，郤氏譖而殺之，並及欒弗忌。其子伯州犂奔楚。傳云：「初，伯宗每朝，其妻必戒之曰：『盜憎主人，民惡其上。子好直言，必及於難。』」果不免。此數語可見其爲人。

「武從姬氏畜于公宮。」（成公八年傳）

賈逵曰：「姬氏，成公之女。」（正義引賈服先儒。馬、嚴輯有，黃、王二家缺。）

案杜注：「莊姬，晉成公女。」杜本賈說。史記趙世家云：「朔娶晉成公姊爲夫人。」（史記卷四十三）是司馬遷以姬氏爲晉成公之姊，與賈、杜說異。正義曰：「傳趙衰適妻是文公之女，若朔妻成公之姊，則亦文公之女。父之從母，不可以爲妻，且文公之卒，距此四十六年，莊姬此時尚少，不得爲成公姊也。」正義之言是也。故姬氏當是晉成公之女，非成公姊也。

「晉侯使呂相絕秦。」（成公十三年傳）

賈逵曰：「呂相，晉大夫。」（史記晉世家集解引。馬、黃、王、嚴四家皆輯。）

案杜注：「呂相，魏錡子。」成十八年傳：「使魏相爲卿。」杜云：「相，魏錡子。」（卷二十八）是呂相又稱魏相。稱呂者，食采於呂故也。成十八年始爲卿，則此時尚是大夫也。

「晉三郤害伯宗。」（成公十五年傳）

賈逵曰：「三郤：郤錡、郤犫、郤至。」（史記晉世家集解引。馬、黃、王、嚴四家皆輯。）

案郤錡，郤克子。郤犫，郤克從祖昆弟。郤至，郤克族子。成公年間，三人屢以參與諸侯盟會見於經傳，皆郤氏之在尊位者，故並稱三郤。成十三年麻隧之戰，郤錡佐上軍，郤至佐新軍。此時二人皆在卿位。郤犫於成十一年聘魯及盟。十四年送衛孫林父見衛侯。十六年與魯季孫行父盟于扈。此年又將新軍，且為公族大夫。至是犫亦為卿矣。成十七年，三郤同時為晉厲公所殺，以族大多怨，又為厲公及胥童所忌故也。

「公遊于匠麗氏。」（成公十七年傳）

賈逵曰：「匠麗氏，晉外嬖大夫在翼者。」（史記晉世家集解引。馬、黃、王、嚴四家皆輯。）

案杜注：「匠麗，嬖大夫家。」傳謂此年十二月，厲公遊于匠麗氏，為欒書、中行偃所執。欒書、中行偃使程滑弒厲公，葬之于翼東門之外。國語晉語云：「國人不蠲，遂弒諸翼。」又云：「欒武子、中行獻子圍公於匠麗氏。」韋注：「匠麗氏，嬖大夫家。」（卷十二）據傳及晉語知厲公弒於翼，故賈云：匠麗氏為晉外嬖大夫在翼者。杜則本之晉語韋注也。馬宗璉曰：「杜注未全本賈說，與下葬東門外不貫。」（左傳補注卷二）馬氏謂杜注不如賈說之確當也。此翼蓋即故絳，成六年晉遷新田，以新田為絳，因謂故絳為翼也。

「箕襄、邢帶、叔禽、叔椒、子羽，皆大家也。」（昭公五年傳）

賈逵曰：「叔禽、叔椒、子羽，皆韓起庶子。」（正義引。馬、黃、王、嚴四家皆輯。）

案杜注用賈說。正義曰：「賈逵云然，杜依用之。杜以上箕襄邢帶食邑於箕、邢，故爲韓氏之族。叔禽、叔椒，皆連叔爲文，羽又稱子，事似兄弟，故云皆韓起庶子。劉炫以爲叔禽等亦是韓起之族，既無明證，而妄規杜氏，非也。」竹添氏左傳會箋云：「劉炫云：亦韓起之族，得之。若是起之庶子，安得別爲大家乎？」（昭公五年傳）按會箋疑三人非韓起庶子，然傳但稱其名或字，與箕襄、邢帶異例，若同爲韓氏族，當不爾也。且韓起爲執政上卿，封地必廣，其庶子當別有領地兵賦，故傳三人及襄、帶並以家數之，而不別。賈、杜之說自可通，會箋非之，恐不然也。

「有欒、郤、狐、先以爲內主。」（昭公十三年傳）

賈逵曰：「四姓，晉大夫。」（史記楚世家集解引。馬、黃、王、嚴四家皆輯。）

案賈云：欒、郤、狐、先四姓，皆晉大夫。杜注：「謂欒枝、郤縠、狐突、先軫也。」賈、杜說是也。狐突事見僖公廿三年傳。郤縠、欒枝、先軫事見僖公廿七年傳。

「梁嬰父嬖于知文子。」（定公十三年傳）

賈逵曰：「梁嬰父，晉大夫也。」（史記趙世家集解引。馬、黃、王、嚴四家皆輯。）

案傳云：梁嬰父嬖於知文子，文子欲以爲卿。知梁嬰父爲晉大夫。梁嬰父，此年及十四年見傳。

「今三臣始禍。」（定公十三年傳）

賈逵曰：「范、中行、趙也。」（史記趙世家集解引。馬、黃、王、周四家皆輯。）

案賈云：范、中行、趙者，謂范吉射、荀寅、趙鞅也。傳云：晉趙鞅殺邯鄲午，荀寅、范吉射將作亂。三人皆爲晉人所逐。故知始禍三臣，謂彼三人也。

（七）楚

「子玉使宛春告於晉師。」（僖公廿八年傳）

賈逵曰：「宛春，楚大夫。」（史記晉世家集解引。馬、黃、王、嚴四家皆輯。）

案國語晉語：「令尹子玉使宛春來告。」韋注：「宛春，楚大夫。」（卷十）說與賈同。宛春之爲楚大夫，蓋據傳文及晉語推知。左傳中僅此年一見。呂氏春秋分職篇載，衛靈公天寒鑿池，以宛春諫而罷役。劉向新序刺奢篇亦載之。按衛靈公之立，在魯昭公八年，上距此年凡九十八年，蓋別一人也。

「既又欲立王子職。」（文公元年傳）

賈逵曰：「職，商臣庶弟也。」（史記晉世家集解引。馬、黃、王、嚴四家皆輯。）

案杜注用賈說。傳謂楚成王欲廢太子商臣而立王子職，知職爲商臣弟也。知爲庶弟者，傳云：子上曰：君之齒未也，而又多愛。蓋推此文知之。王子職僅此年傳一見。

「申叔時使于齊。」（宣公十一年傳）

賈逵曰：「叔時，楚大夫。」（史記陳世家集解引。馬、黃、王、嚴四家皆輯。）

案申叔時，楚之賢大夫也。於此年始見傳，宣十五年，再見。及成十五年、十六年又見。成十五年傳已謂其年老。壽數當在六十以上。

「潘尫入盟，子良出質。」（宣公十二年傳）

賈逵曰：「潘尫，楚大夫師叔字也。子良，鄭公子也。」（太平御覽卷四百八十引。馬輯有，黃、王、嚴三家缺，馮補有。）

案杜注：「潘尫，楚大夫。子良，鄭伯弟。」傳下文：「子良，鄭之良也。師叔，楚之崇也。」所言卽潘尫及子良二人。知潘尫卽楚大夫師叔。蓋尫名，師叔其字也。文十六年傳杜注：「師叔，楚大夫潘尫也。」（卷二十）是杜與賈同。尫，疑卽潘崇之子。子良，鄭穆公之子公子去疾也。宣四年，靈公被弒，鄭人欲立子良，子良讓，乃立公子堅。堅，子良兄也，是爲襄公。歷事襄公、悼公、成公三君，爲鄭之賢大夫。

「僕析父從。」（昭公十二年傳）

賈逵曰：「析父，楚大夫。」（史記楚世家集解引。馬、黃、王、嚴四家皆輯。）

案杜注用賈說。析父，亦稱子晳。國語楚語：「靈王城陳蔡不羹，使僕夫子晳問於范無宇。」韋昭曰：「子晳，楚大夫僕晳父也。」（卷十七）韋注與賈同。馬氏宗璉曰：「析父爲大僕，故時在王左右。楚語作僕夫。虞箴曰：獸臣司原，敢告僕夫。卽太僕也。爲親近之臣，故告之，使達於王也。」（春秋左傳補注卷三）馬氏說可從，故賈、韋、杜並云楚大夫也。

「**共王無冢適，有寵子五人，……既乃與巴姬密埋璧於大室之庭。**」（昭公十三年傳）

賈逵曰：「巴姬，共王妾。」（史記楚世家集解引。馬、黄、王、嚴四家皆輯。）

案杜注用賈說。正義曰：「襄十二年傳云：楚司馬子庚聘于秦，爲夫人寧禮也。彼秦女是夫人，明巴姬是妾。」竹添氏左傳會箋云：「巴姬，賈逵亦云共王妾，可疑。正義云云。然共王三十年，秦嬴歸于楚。其明年共王卒，未足以爲徵。」（昭公十三年傳）按襄十二年傳正義曰：「楚共王以成元年卽位。秦嬴歸楚，蓋應多年。傳因子庚之聘，發其歸楚，非此年歸而卽使歸寧。」（卷三十一）正義說是也。會箋未明襄十二年傳文之義，故有是疑。得正義之說，當可冰釋。賈、杜云：巴姬，共王妾，是也。

（八）鄭

「**鄭公子忽爲質于周。**」（隱公三年傳）

賈逵曰：「鄭公子忽，鄭莊公太子忽也。」（太平御覽卷四百八十引。馬、嚴輯有，黄、王二家缺。）

案鄭公子忽，此年始見傳。桓六年傳，始稱鄭太子忽，桓十一年，繼莊公而爲鄭伯，卒謚昭公。說文曰部：曶下引春秋傳曰：鄭太子忽。（第五篇上）說文所引，蓋賈逵舊本也。

「**使其壻雍糾殺之。**」（桓公十五年傳）

賈逵曰：「雍糾，鄭大夫。」（史記鄭世家集解引。此條馬、黄、王、嚴四家皆輯。）

案雍糾僅此年見傳。傳載鄭伯與雍糾謀殺祭仲，雍糾又爲祭仲之婿，知雍糾爲鄭大夫也。

「**鄭伯聞之，見虢叔。**」（莊公二十年傳）

賈逵曰：「鄭厲公突；虢公林父也。」（史記周本紀集解引。馬、黃、王三家皆輯，嚴、馮輯均缺。）

案杜注：「叔，虢公字。」國語周語：「鄭厲公見虢叔。」韋注：「厲公，鄭莊公之子，厲公突也。虢叔，王卿士，虢公林父也。」（卷一）說與賈同。此鄭伯爲厲公突，虢叔爲虢公林父，據傳知之，賈說是也。

「**公子宋與子家將見。**」（宣公四年傳）

賈逵曰：「二子，鄭卿也。」（史記鄭世家集解引。馬、黃、王、嚴四家皆輯。）

案杜注：「宋，子公也。子家，歸生。」太平御覽卷三百七十引同。杜不用賈說。公子歸生，文二年始見傳，其後文十三年、十七年及宣二年、四年又見，而卒於宣十年，前後凡廿七年，或帥師攻伐，或參與盟會，爲鄭執政之卿甚久長。公子宋，於此年及宣七年見傳。宣七年傳謂：鄭及晉平，公子宋之謀也，故相鄭伯以會。是亦執政之卿。賈云二子鄭卿是也。

「**孫擊孫惡出奔衛。**」（襄公八年傳）

賈逵曰：「二孫，子狐之子。」（正義引。馬、嚴輯有，黃、王二家缺。）

案杜注用賈說。正義曰：「賈逵云然，未必有文可據，相傳爲此說也。」按傳云：鄭子駟辟殺子狐、子熙、子侯、子丁，孫擊孫惡出奔衛。故賈以二孫爲子狐之子。

（九）吳

「使公子掩餘、公子燭庸帥師圍潛。」（昭公廿七年傳）

賈逵曰：「二子，皆吳王僚母弟。」（正義及史記吳世家集解引。馬、黃、王、嚴四家皆輯。）

案杜注從賈說。正義曰：「三十年傳：此二公子奔楚，楚子大封而定其徙。子西諫曰：吳光新得國，若好吾邊疆，使柔服焉，猶懼其至，吾又疆其讎，以重怒之，無乃不可乎？謂此二子爲光之讎，或當是僚母弟也。」按正義說是也。傳下文公子光既弒王僚，公子掩餘奔徐，公子燭庸奔鍾吾。王僚弒而二子即奔，明二子與王僚關係至密，故賈、杜並云僚母弟也。杜氏世系譜又以公子掩餘及燭庸，皆吳王壽夢子。與此年注異。**當從此年注。**

「乃見鱄設諸焉。」（昭公廿年傳）

賈逵曰：「鱄諸，吳勇士。」（史記吳世家集解引。馬、黃、王、嚴四家皆輯。）

案鱄設諸，設字語助辭。公羊、吳越春秋、史記刺客列傳，並作專諸。刺客列傳云：「專諸者，吳堂邑人也。」（卷八十六）爲公子光刺吳王僚，其事跡具見史記及吳越春秋。故賈、杜皆以爲吳之勇士也。

（十）狄

「獲長狄緣斯。」（文公十一年傳）

賈逵曰：「僑如之祖。」（史記魯世家集解引。馬、黃、王、嚴四家皆輯。）

案杜注：「緣斯，僑如之先。」杜本賈說。傳敍此年冬十月，魯敗狄于鹹，獲長狄僑如。因追敍往年長狄事，知長狄緣斯爲僑如之祖。傳云宋武公之世，據史記十二諸侯年表載：宋武公卽位十八年，以魯惠公二十一年卒。其卒在春秋前之二十六年也。史籍未見載此事，不知鄋瞞伐宋是在何年。自宋武公之末，至此年，已屆百三十三年矣。

第八章　關於經傳字義之訓詁

第一節　概說

西漢之初，承秦火及大亂之後，師儒離散，典籍蕩然。至孝惠之世，始除挾書之律。文、景、武繼之，乃漸開獻書之路，建藏書之策，置寫書之官，於是天下圖書往往間出。然而遺經寶典，文辭古奧，自非究心故訓，鮮能讀解；重以古學荒廢，殆成絕響。一二老師宿儒，講學授徒，乃不得不講求名物詁訓，以爲通經之法焉。故漢儒治經所以特重名物詁訓者，亦時勢有以致之也。

東漢以還，其學益盛，賈氏躬逢時會，精研古學，其於訓詁一途，亦所精究，故訓釋左傳，義多切當。服虔、杜預兩家承賈氏之後，相繼爲左傳作訓解，其字義詁訓襲用賈氏者，尚可考見一二，其餘本於賈氏者，度必甚夥，惜已不可詳考。今賈氏訓釋左傳之說，尚存約五十條。玆別爲八類：一曰以本義釋者，如釋弔爲問凶，釋蘭爲香草是。二曰以引申義釋者，如釋羇旅爲寄客，釋京爲大，釋蕩爲搖，釋均爲同是也。此類爲數最多。三曰以假借義釋者，如釋于思爲白頭貌。讀贏爲盈，訓受也。讀曠爲廣，訓大也。釋物爲職等是。四曰以同類之名爲釋者，如釋溝爲塹，釋陴爲城堞，訓行爲陳者是。五曰訓義與爾雅相應者，如釋闈爲宮中之門，與爾雅釋宮之文相應。釋祀云商曰祀，與釋天之文相應是。六曰訓義與毛傳相應者，如訓弘爲大，與詩節南山「喪亂弘多」毛傳相應。訓祈爲求，與詩賓之初筵「以祈爾爵」毛傳相應是。七曰訓義與方言、釋名相應者，如訓葴爲勑也，與方言相應（方言勑作敕）。訓風爲放，與釋名相應是。八曰訓義可證徐鉉本說文之誤者，如訓肓爲鬲，云心下爲膏。徐鉉本說文作：「肓，心上鬲下也。春秋傳曰：病在肓之下。」按徐本說文釋肓及引傳文皆誤，依賈義可證之，詳見彼文。

第二節　釋經傳字義者

（一）以本義釋者

「秋，宋大水。公使弔焉。」（莊公十一年傳）

賈逵曰：「問凶曰弔。」（史記宋世家集解引。馬、黃、王、嚴四家皆輯。）

案說文人部：「弔，問終也。」段注：「謂有死喪而問之也。」（八篇上）是弔以問終爲本義。禮記曲禮云：「歲凶，年穀不登。」（卷四）孟子梁惠王篇下：「凶年饑歲，君之民老弱轉乎溝壑。」（卷二）是年穀無成，歲途饑饉，亦得曰凶。此年，宋遭大水侵襲，將成饑饉，莊公使人弔之，故賈以問凶釋之。周禮大宗伯：「以弔禮哀禍烖。」鄭注：「禍烖，謂遭大水。宋大水，魯莊公使人弔焉曰，天作淫雨，害於粢盛，如何不弔。」（卷十八）鄭注周禮，引此年傳以釋之，說與賈同。

「夢天使與己蘭。」（宣公三年傳）

賈逵曰：「蘭，香草也。」（史記晉世家集解引。馬、嚴輯有，黃、王二家缺。）

案杜注用賈說。說文：「蘭，香草也。从艸，闌聲。」（第一篇下）與賈同。易繫辭云：「其臭如蘭。」虞翻注亦以蘭爲香草。（李道平周易集解纂疏卷八）詩衛風溱洧：「士與女方秉蕑兮。」又陳風澤陂：「有蒲與蕑。」毛傳並訓蕑爲蘭。（詩經注疏卷四之四及七之一）陳奐曰：「傳云蘭者，陸義疏云：蕑卽蘭，香草也。其莖葉似藥草。澤蘭廣而長節，節中赤，高四五尺，漢諸池苑及許昌宮中皆種之。可箸粉中藏衣，箸書中辟白魚。本草綱目以爲卽今省頭草是也。炮炙論云：大澤蘭卽蘭草，小澤蘭卽澤蘭。案澤蘭有此兩種，與今之山蘭不同物。」（詩毛氏傳疏卷七）案陳說是。是蘭爲香草也。

（二）以引申義釋者

「羇旅之臣。」（莊公二十二年傳）

賈逵曰：「羇，寄；旅，客也。」（史記陳世家集解引。馬、黃、王、嚴四家皆輯。）

案杜注用賈義。說文网部：「䍦，馬絡頭也。重文作羈。」段玉裁曰：「今字作覊，俗作羇。」（說文段注第七篇下）又㫃部：「旅，軍之五百人。」（同上第七篇上）是羇之本字當作䍦，今字作覊，作羇者俗字也。說文所釋乃覊旅二字之本義也。張衡思玄賦：「顝羇旅而無友兮。」舊注：「覊，寄也；旅，客也。」（昭明文選卷十五）漢書陳餘傳：「兩軍覊旅。」注引張晏曰：「覊，寄；旅，客也。」（卷三十二）是古義相傳爲然。周禮地官遺人：「以待羇旅。」鄭注：「羇旅，過行寄止者。」（卷十三）亦寄客之意也。廣雅釋詁：「旅，客也。」

「莫之與京。」（莊公二十二年傳）

賈逵曰：「京，大也。」（史記陳世家集解引。馬、黃、王、嚴四家皆輯。）

案杜注：「京，大也。」用賈義。說文：「京，人所爲絕高丘也。」段注：「按釋詁云：京，大也。其引申之義也。凡高者必大。」（五篇下）爾雅釋詁：「京，大也。」（卷一）詩文王：「祼將于京。」又大明：「曰嬪于京。」毛傳並云：「京，大也。」（並卷十六）是說文所釋乃京之本義，訓大則其引申之義。賈亦用其引申義也。

「齊侯與蔡姬乘舟于囿，蕩公。」（僖公三年傳）

賈逵曰：「蕩，搖也。」（史記齊世家集解引。馬、黃、王、嚴四家皆輯。）

案杜注：「蕩，搖也。」杜取賈說。禮記樂記注：「蕩猶動也。」（卷三十七）廣雅釋詁：「搖，動也。」（卷一）是搖卽蕩也。

「均服振振。」（僖公五年傳）

賈逵曰：「均，同也。」（周禮春官司几筵疏引賈、服、杜君等。馬、嚴輯有，黃、王二家缺。馬輯作周禮雞人疏引，誤。嚴輯不誤。）

案均，或作袀。說文：「袀，讀若均。」（第八篇上）蓋袀本字，均假借字也。服虔云：「袀服，黑服也。」（文選閒居賦注引）杜注：「戎事上下同服。」杜義與賈爲近。呂覽悔過：「今袀服回建。」注：「袀，同也。兵服上下無別，故曰袀服。」（卷十六）淮南子齊俗：「尸祝袀袨。」注：「袀，純服。」（卷十一）純服謂服色同也。袀袨亦作袗玄。儀禮士昏禮：「女從者畢袗玄。」鄭注：「袗，同也。同玄者，上下皆玄。」疏：「此袗讀從左氏均服振振一也，故云同玄，上下皆玄也。」（卷五）是袀亦作袗。戰國策趙策四：「願令補黑衣之數。」注：「黑衣，戎服。」（卷二十一）說文：「袀，玄服也。」（第八篇上）是均服同服也。以戎事上下同服而色黑，故服氏釋作黑服。說雖異而實相成也。

「敝於韓。」（僖公十年傳）

賈逵曰：「獘，敗也。」（史記晉世家集解引。馬、黃、王、嚴四家皆輯。）

案敝，史記晉世家作獘。說文：「獘，頓仆也。」（十篇上犬部）周禮大司馬：「質明獘旗。」鄭注：「獘，仆也。」（卷二十九）故引申有敗義，杜注亦以敗釋獘，用賈義。

「且旌善人。」（僖公廿四年傳）

賈逵曰：「旌，表也。」（史記晉世家集解引。馬、黃、王、嚴四家皆輯。）

案杜注用賈說。許氏說文：「旌，游車載旌，析羽注旄首也。所以精進士卒也。」段注：「引申為凡表異之稱。」（第七篇上）旌乃旗幟之一種，所以精進士卒，故引申為表識之義。國語周語：「故為車服旗章以旌之。」韋注：「旌，表也。車服旗章，上下有等，所以章別貴賤，為之表識也。」（卷一）韋注亦以表識釋之是也。

「楚國之舉，恆在少者。」（文公元年傳）

賈逵曰：「舉，立也。」（史記楚世家集解引。馬、黃、王、嚴四家皆輯。馬輯立作之誤，黃、王、嚴三家不誤。）

案說文：「舉，對舉也。」段注：「對舉謂以兩手舉之。」（第十二篇上）此其本義也。國語晉語：「舉而從之。」注：「舉，起也。」（卷八）呂覽遇合：「凡舉人之本。」注：「舉，用也。」（卷十四）禮記中庸：「則其政舉。」疏：「舉，猶行也。」（卷五十二）此年傳賈逵云：舉，立也。杜注同。皆其引申之義也。昭十三年傳云：「叔向曰：芊姓有亂，必季實立，楚之常也。」（卷四十六）與此年傳意同。

「其子何震之有。」（文公五年傳）

賈逵曰：「震，威也。」（史記晉世家集解引。馬、黃、王、嚴四家皆輯。）

案杜用賈說。下文：「母淫子辟，無威。」即此義也。詩頌長發：「有震且業。」箋云：「震猶威也。」（卷二十之四）襄公卅一年傳：「有威可畏謂之威。」（卷四十）成公二年傳：「畏君之震。」（卷二十五）震亦當訓威。杜訓動，未妥。國語周語：「君之武震。」韋注：「震，威也。」（卷二）義並與此同。

「而使歜僕。」（文公十八年傳）

賈逵曰：「僕，御也。」（史記齊世家集解引。馬、嚴輯有，黃、王二家缺。）

案杜用賈說。詩正月屢顧爾僕箋：「僕，將車者也。」（卷十二之一）又車攻徒御不驚傳：「御，御馬也。」（卷十之三）論語子路篇：「冉有僕。」皇疏：「僕，御車也。」（卷十三）李貽德曰：「古佐綏之人，或稱御，或稱僕。禮記曲禮：僕人執策。儀禮既夕：御者執策。是也。」（賈服注輯述卷八）是僕御異名同實，可以互訓。宣十五年傳：「申叔時僕。」（卷廿四）哀二年傳：「子南僕。」（卷五十七）哀十一年傳：「使其女僕而田。」（卷五十八）及此年杜注均作：「僕，御也。」又孟子離婁篇下：「問其僕曰」趙注（卷八）及國語晉語：「魏絳斬其僕」韋注（卷十三），並作：「僕，御也。」是其證。

「謂之八愷。」（文公十八年傳）

賈逵曰：「愷，和也。」（史記五帝本紀集解引。馬、嚴輯有，黃、王二家缺。）

案杜注從賈說。爾雅釋詁：「愷，樂也。」（卷一）詩旱麓：「愷悌君子」釋文（卷十六之三），僖十二年傳：「愷悌君子」杜注（卷十三），僖二十八年傳：「振旅愷以入于晉」杜注（卷十六），及孝經：「愷悌君子」注（卷七）並作：「愷，樂也。」又愷亦作豈，作凱。詩青蠅：「豈弟君子」鄭箋（卷十四之三）及禮記孔子閒居：「凱弟君子」鄭注（卷五十一），並作「凱弟，樂易也。」樂易，安和之謂。正義曰：「愷訓爲樂，樂亦和也。」故賈杜並云：愷，和也。

「謂之八元。」（文公十八年傳）

賈逵曰：「元，善也。」（史記五帝本紀集解引。馬、嚴輯有，黃、王二家缺。）

案杜注：「元，善也。」用賈說。正義曰：「言其善於事也。論語曰：善人爲邦百年，亦可以勝殘去殺矣。」易文言曰：「元者，善之長也。」（卷一）國語晉語：「故曰元」。韋注：「元，善之長也。」（卷十二）又禮記王制：「天子之元士」，及月令：「乃以元日祈穀于上帝」。鄭注並云：「元，善也。」（禮記注疏卷十二及十六）是其證。

「謂之饕餮。」（文公十八年傳）

賈逵曰：「貪財爲饕，貪食爲餮。」（正義引賈服。馬、黃、王、嚴四家皆輯。）

案杜注用賈說。正義曰：「此無正文，先儒賈、服等相傳爲然。」史記五帝本紀張氏正義曰：「謂三苗也。言貪飲食，冒貨賄，故謂之饕餮。」（史記卷一）張氏以飲食、貨賂爲言，與賈義合。張氏又曰：「神異經云：西南有人，馬身多毛，頭上戴豕，性狠惡，好息，積財而不用，善奪人穀物，强者奪老弱者，畏群而擊單，名饕餮。言三苗性似，故號之。」（同上）此言好積財、奪穀物，亦貪財貪食之謂，故賈氏以貪財貪食爲說。饕餮二字，說文引此傳作饕飻。饕俗作叨。饕、飻皆訓貪也。（第五篇下）洪亮吉曰：「按飻字本从殄省，故亦可作餮。玉篇亦云：餮與飻同。」（春秋左傳詁卷九）李富孫曰：「飻从殄省聲。今不省，後人加耳。」（春秋左傳異文釋卷四）王念孫曰：「饕飻者，說文：饕，貪也。多方云：有夏之民叨懫。叨與饕通。說文：飻，貪也。引文十八年左傳謂之饕飻。今本飻作餮。賈逵、服虔、杜預注並云：貪財爲饕，貪食爲餮。案傳云：貪于飲食，冒于貨賄，侵欲崇侈，不可盈厭，聚斂積實，不知紀極，天下之民，謂之饕餮。是貪財貪食，總謂之饕餮。饕餮一聲之轉，不得分貪財為饕，貪食為餮也。呂氏春秋先識篇云：周鼎著饕餮，有首無身，食人未咽，害及其身。蓋饕餮本貪食之名，故其字從食，因謂貪欲無厭者為饕餮也。」（廣雅疏證卷二上）按王說是也。賈氏蓋以傳有「貪于飲食，冒于貨賄」之文，因誤以貪財、貪食分釋饕、餮二字，服、杜又沿其誤，其說非也。

「遂出武穆之族。」（文公十八年傳）

賈逵曰：「出，逐也。」（史記晉世家集解引。馬、黃、王、嚴四家皆輯。）

案杜未釋出字。賈以出為逐，乃引申之義，謂逐而出之也。史記宋世家亦作：「出武穆之族。」（卷三十八）集解卽引賈氏此說為釋。劉文淇引春秋讀本云：「宋所以無武、穆、成、昭四公支族也。」（舊注疏證文十八年）讀本云者，卽以四族被逐故也。

「厚斂以彫牆。」（宣公二年傳）

賈逵曰：「彫，畫也。」（史記晉世家集解引。馬、黃、王、嚴四家皆輯。）

案釋文：「彫，本亦作雕。」史記晉世家：「靈公壯侈，厚斂以雕牆。」（卷三十九）亦作雕。彫本字，雕假借字也。杜注：「彫，畫也。」用賈說。說文：「彫，琢文也。」段注：「琢者，治玉也。玉部有琱，亦治玉也。凡琱琢之成文曰彫，故字从彡。」（第九篇上）又說文：「彡，毛飾畫文也。」段注：「毛者，聿也，亦謂之筆，所以畫者也。」（同上）是彫字从彡，亦有以筆畫文之義。詩行葦：「敦弓既堅。」毛傳：「敦弓，畫弓也。天子敦弓。」（卷十七之二）公羊定四年何休注云：「天子彫弓。」（卷二十五）是敦、彫同，彫亦畫也。

「塞井夷竈。」（成公十六年傳）

賈逵曰：「塞，塡也，滿也。」（顧野王玉篇引。馬輯有，餘各家均缺。）

案杜無注。說文土部：「塞，隔也。」（十三篇下）又𨸏部：「隔，塞也。」（十四篇下）二字爲轉注。塞之本義乃關塞字，引申爲蔽塞、阻塞，又爲塡塞。故賈訓塡也。塡之則滿，故又訓滿。軍屯必鑿井作竈以自給。因地形狹隘，列陣不便，故不得已塡井毀竈，以利陣師也。

「啓牢成。胠商子車。」（襄公廿三年傳）

賈逵曰：「左翼曰啓，右翼曰胠。」（正義引。馬、黃、王、嚴四家皆輯。）

案杜注用賈說。正義曰：「左翼曰啓，右翼曰胠。賈逵以爲此言，或當有成文也。且此傳上下先驅，申驅是前軍也，大殿是後軍也。明啓胠是在旁之軍。說文云：胠，腋下也。胠是在旁明矣。凡言左右，以左爲先，知啓是左也。名之曰啓，或使之先行。詩云：以先啓行。服虔引司馬法謀帥篇曰：大前驅啓乘車，大晨倅車屬焉。大晨，大殿也。音相似。如服言，古人有名車爲啓者。」正義說是也。後漢書岑彭傳注：「凡軍在前曰啓。」（卷十七）太平御覽兵部引開元文字：「前曰啓。」（卷三百二）是前鋒亦得曰啓。莊子胠篋。司馬云：「從旁開爲胠。」（第十篇）亦取義於側翼也。

「釁於勇。」（襄公二十六年傳）

賈逵曰：「釁，動也。」（正義引鄭賈先儒。馬、嚴輯有，黃、王二家缺。）

案杜注用賈說。正義曰：「賈、鄭先儒皆以釁爲動也。王肅云：釁謂自矜奮以夸人。王延壽魯靈光殿賦云：忔奮釁以軒鬐。是釁爲奮動之意也。」李貽德曰：「齊語云：釁三浴之。注：釁或爲熏。易震厲熏心。虞翻曰：荀氏以熏爲動，讀作動。是釁、熏、勳、動，古音義得通也。」（賈服注輯述卷十二）正義及李說得之。

「美哉淵乎。」（襄公廿九年傳）

賈逵曰：「淵，深也。」（史記吳世家集解引。馬、黃、王、嚴四家皆輯。）

案杜注用賈說。說文水部：「淵，回水也。从水，象形。左右，岸也。中象水貌。」（第十一篇上二）是淵本義爲回水，回今作洄。洄水者，洄流之水也。凡水洄流處多深，故引申爲深也。淵訓爲深，乃常訓。詩燕燕：「其心塞淵。」毛傳：「淵，深也。」（毛詩注疏卷二之一）定之方中：「秉心塞淵。」鄭箋：「淵，深也。」（同上卷三之一）文十八年傳：「齊聖廣淵。」杜注亦釋淵爲深是也。

「蕩乎樂而不淫。」（襄公廿九年傳）

賈逵曰：「蕩然無憂，自樂而不荒淫也。」（史記吳世家集解引。馬、黃、王、嚴四家皆輯。）

案杜注：「蕩乎，蕩然也。樂而不淫，言有節。周公遭管蔡之變，東征三年，爲成王陳后稷先公不敢荒淫，以成王業，故言其周公之東乎。」杜注與賈略同，而語加詳。正義曰：「蕩蕩，寬大之意。好樂不已，則近於荒淫，故美其樂而不淫也。史記周本紀（史記卷四）及鄭玄詩譜（毛詩卷八之一）略謂：豳者，禹貢、雍州岐山之北，原隰之野，其地西近戎，北近狄，名之曰豳，於漢則扶風郡拘邑縣也。周室之先，后稷之曾孫曰公劉者，自邰而遷彼焉。由能修后稷之業，敎民以農桑，民咸歸之，而成國。積九世，至太王，乃入處於岐山，世世修德，卒成王業。武王崩，成王幼，周公攝政，管蔡流言云，公實不利於孺子。周公於是舉兵東伐之，乃陳后稷先公風化之所由，致王業之艱難，作七月之詩以表志，太師以其主意於先公在豳時之事，故別其詩以爲豳國之變風，凡七篇，皆爲周公之事也。此可爲賈、杜說之證。李貽德曰：「論語：君子坦蕩蕩，小人長戚戚。集解引鄭曰：坦蕩蕩，寬廣貌。長戚戚，多憂懼。蕩蕩與戚戚相對，則蕩蕩是無憂之貌。論語：樂而不淫。注：樂不至淫，言其和也。」（賈服注輯述卷十三）李氏釋蕩及樂而不淫，其說得之。

「爲之歌頌，曰至矣哉。」（襄公廿九年傳）

賈逵曰：「言道備至也。」（史記吳世家集解引。馬、黃、王、嚴四家皆輯。）

案杜注：「言道備。」用賈說。正義曰：「至矣哉，言其美之至也。以王道周備，故爲至美也。」鄭玄周頌譜云：「頌之言容也。天子之德，光被四表，格于上下，無不覆幬，無不持載，此謂之容也。於是和樂興焉，頌聲乃作。」（毛詩注疏卷十九之一）詩序云：「頌者，美盛德之形容，以其成功告於神明者也。」（同上卷一之一）蓋言天子盛德，有形容可美，可美之形容，謂道敎周備也。故賈、杜云然。李貽德曰：「備至，以音相近爲訓。華嚴經音義上引儀禮劉兆注：備，畢盡也。」（賈服注輯述卷十三）李氏釋賈以備訓至之義，是也。

「如天之無不燾也。」（今本左傳燾作幬，史記作燾，引賈注同。襄公廿九年傳。）

賈逵曰：「燾，覆也。」（史記吳世家集解引。馬、黃、王、嚴四家皆輯。）

案此從史記作燾。周禮司几筵：「每敦一几。」鄭注：「敦讀曰燾。燾，覆也。」（卷二十）禮記檀弓下：「天子龍輴而椁幬。」（卷十）又喪大記：「大夫殯以幬。」（卷四十五）鄭注並云：「幬，覆也。」又中庸：「無不覆幬。」鄭亦云：「幬，亦覆也。或作燾。」（卷五十三）後漢書朱穆傳：「天不崇大，則覆幬不廣。」注：「幬亦覆。」並引此傳作燾，謂幬與燾同。（卷四十三）是燾幬古字通用。說文巾部：「幬，襌帳也。」（第七篇下）又火部：「燾，溥覆照也。」段玉裁曰：「蓋幬是假借字。」（第十篇上）然則燾是正字，幬其假借字也。左傳舊本當作燾，故集解引賈注亦然。杜注從今本左傳作幬，而釋與賈同。

「古之遺愛也。」（昭公廿年傳）

賈逵曰：「愛，惠也。」（史記鄭世家集解引。馬、嚴輯有，黃、王二家缺。）

案杜注：「子產見愛，有古人之遺風。」王氏引之曰：「家大人曰：愛即仁也。謂子產之仁愛，有古人之遺風，非謂其見愛於人也。以子產為古之遺仁，猶以叔向為古之遺直耳。史記鄭世家集解引賈逵注曰：愛，惠也。惠亦仁也。故廣雅曰：惠，愛也，仁也。」（經義述聞卷十九）按王說是也。論語**憲問**：「或問子產。子曰：惠人也。」朱熹曰：「子產之政，不專於寬，然其心則一以愛人為主，故孔子**以為惠人**。」（論語集註卷七）朱子亦以愛釋惠，是愛、惠義同。

「昔有仍氏生女黰黑。」（昭公廿八年傳）

賈逵曰：「美髮爲黰。」（正義引賈、杜。馬輯有，黃、王、嚴三家及馮補並缺。）

案杜注從賈說。正義曰：「黰即鬒也。詩云：鬒髮如雲。毛傳云：鬒，黑髮也。如雲言美長也。說文云：㐱，稠髮也。然則鬒者，髮多長而黑美之貌也。此傳黰下有黑，則黰文不兼於黑，故賈、杜皆云：美髮爲黰。」詩鄘風君子偕老疏引服虔云：「髮美爲鬒。詩云：鬒髮如雲。其言美長而黑，以髮美故名玄妻。」（毛詩注疏卷三之一）李氏貽德曰：「說文：㐱，稠髮也。詩曰：㐱髮如雲。或作鬒。今詩作鬒。疑此傳亦作鬒，作黰者涉下黑字而誤耳。說文無黰字。二十六年傳：有君子白皙鬒鬚眉。亦作鬒，不作黰。髮美爲黰，即稠髮也。髮稠則美也。毛傳：鬒，黑髮也。如雲，言美長也。毛取此傳爲說。服亦引彼詩，又取毛傳爲說，故曰：言其美長而黑也。」（賈服注輯述卷十八）按李氏疑此傳黰字當作鬒是也。詩疏引服虔說：髮美爲鬒。是賈、服、杜三家並同。

「故國有豢龍氏，有御龍氏。」（昭公廿九年傳）

賈逵曰：「豢，養也。穀食曰豢。」（史記夏本紀集解引。馬、黃、王、嚴四家皆輯。嚴輯作服說，誤。）

案杜注：「豢、御，養也。」正義曰：「服虔曰：豢，養也。穀食曰豢。御亦養也。養馬曰圉。禮，養犬豕曰豢，知其以穀養。蓋龍亦食穀也。御與圉同，言養龍猶養馬，故稱御。」正義引服說與史記集解引賈說同。是服氏從賈說也。說文豢作豢，云：「以穀圈養豕也。」（第九篇下）禮記樂記云：「夫豢豕爲酒。」注：「以穀食犬豕曰豢。」（禮記注疏卷三十八）國語楚語「芻豢幾何」韋注（卷十八），淮南時則訓「案芻豢」高注（卷五）皆云：「穀食曰豢。」是凡以穀養之者皆曰豢。引申之則豢爲養，賈、服、杜三家並同，是也。

「鬱湮不育。」（昭公廿九年傳）

賈逵曰：「鬱，滯也。湮，塞也。育，生也。」（正義引。馬、黃、王、嚴四家皆輯。）

案杜注從賈說。正義曰：「鬱積是沈滯之義，故爲滯也。傳謂塞井爲堙井。是堙爲塞也。言此物沈滯堙塞，不復生也。」按漢書宣帝紀：「鬱于大道。」注引孟康曰：「鬱，不通也。」（漢書卷八）又元帝紀：「深惟鬱悼。」注云：「不通之意也。」（漢書卷九）滯亦不通之謂，故鬱爲滯也。莊子天運：「唯循大變無所湮者。」釋文引李注亦釋湮爲塞也。（莊子第十四）育生常訓，易漸「婦孕不育」虞注（周易注疏卷五），及禮記樂記「萬物育焉」鄭注（禮記注疏卷三十七）並訓育爲生是也。

「嘖有煩言，莫之治也。」（定公四年傳）

賈逵曰：「嘖，至也。」（正義引。馬、嚴輯有，黃、王二家缺。）

案杜注用賈說。正義曰：「嘖至，賈逵云然，是相傳訓也。易繫辭云：聖人有以見天下之賾。謂見其至深之處。賾亦深之義也。謂至於會時，有煩亂忿爭之言，無才辨者，則莫之能治也。」賈、杜云：嘖至者，至猶甚也。嘖有煩言，猶甚有煩言也。正義引易繫辭以證嘖至之義，說尚可通。惟繼云

：「謂至於會時。」以「至」爲「至於」義，則非賈義也。顧氏炎武曰：「嘖，爭言也。管子有嘖室之議。荀子：嘖焉而不類。」（左傳杜解補正卷三）沈氏欽韓曰：「荀子正名篇注：嘖，爭言也。說文：嘖大呼也。顧云：管子四問有嘖室之議。」（春秋左傳補注卷十一）竹添氏左傳會箋云：「管子，嘖室之議。尹注云：謂議論者言語讙嘖。荀子嘖然而不類。楊倞曰：嘖，爭言也。此云嘖有煩言。若曰：嘖然有煩亂忿爭之言耳。周頌：休有烈光。句法同。成二年：治煩去惑。襄二十六年：正其違而治其煩。煩字治字相應。」（定公四年傳）按顧、沈及會箋說皆謂：嘖宜訓爭言。嘖有煩言，謂言語嘖然煩亂也。於義較之賈、杜說爲長，當從之。

「管蔡啓商，惎間王室。」（定公四年傳）

賈逵曰：「惎，毒也。間，亂也。」（正義引。馬、黃、王、嚴四家皆輯。）

案杜注：「惎，毒也。周公攝政，管叔、蔡叔開道紂子祿父，以毒亂王室。」杜釋惎間爲毒亂，從賈說。正義曰：「惎、毒，間、亂，賈逵云然，是相傳訓也。道祿父作亂，將以害周，若毒螫然，故云毒亂王室也。」惠氏棟曰：「惎當訓爲敎（宣十二年注訓惎爲敎），言管蔡開商叛周之心，而敎之乘間以圖王室。張衡西京賦云：天啓其心，人惎之謀。與傳意合。左傳惎字凡四見：宣十二年傳：楚人惎之。當依說文作畀。哀元年傳：少康惎澆。當訓爲毒（說文云惎毒）也。廿七年傳：趙襄子惎知伯。當訓爲忌（小爾雅云惎忌也）。此傳當訓爲敎（小爾雅云惎敎也）。杜唯哀元年注得之，餘皆非也。」（春秋左傳補注卷六）王氏引之曰：「案毒亂之語，不辭。惎之言基，基，謀也。

間，犯也。謂謀犯王室也。爾雅曰：基，謀也。康誥曰：周公初基作新大邑于東國洛。鄭注以基爲謀是也。廣韻：惎，教也。一曰謀也。訓惎爲教，本於宣十二年傳：楚人惎之脫扃。注訓基爲謀。疑即此傳舊注也。玉篇：諆，謀也。廣韻：諅，謀也。諆、諅、基，並字異而義同。」（經義述聞卷十九）按賈杜訓惎間爲「毒亂」，惠氏以爲當解爲「教之乘間以圖」，義皆未妥。王氏引之訓爲「謀犯」，義最確當。應從王說。

「今吾子曰，必尋盟。若可尋也，亦可寒也。」（哀公十二年傳）

賈逵曰：「尋，溫也。」（禮記中庸正義及論語邢昺疏引。馬輯馮補有，黃、王、嚴三家缺。）

案杜注：「尋，重也。寒，歇也。儀禮有司徹疏引服虔曰：「尋之言重也，溫也。寒，歇也。亦可寒而歇也。」（儀禮注疏卷四十九）杜預用服虔說。正義曰：「少牢有司徹云：乃尋尸俎。鄭玄云：尋，溫也。引此若可尋也，亦可寒也。則諸言尋盟者，皆以前盟已寒，更溫之使熱。溫舊即是重義，故以尋爲重。傳意言若可重溫使熱，亦可歇之使寒，故言寒歇，不訓寒爲歇也。」李氏貽德曰：「儀禮有司徹云：乃燅尸俎。注：燅，溫也。古文燅皆作尋，記或作燖。春秋傳曰：若可燖也，亦可寒也。禮郊特牲：血腥爓祭。注：爓或作燖。是燖、燅、爓一字，皆溫也。今傳作尋，古文也。中庸：溫故而知新。鄭云：讀如燖溫之溫。是尋爲溫也。」（賈服注輯述卷二十）洪氏亮吉曰：「尋有溫義，杜所未取。鄭引傳直作燖字，則漢人訓如此，與下文寒字對也。」（春秋左傳詁卷二十）又曰：「杜取服說，言尋之言重也，義亦通。然賈義爲長矣。」（同上）按尋或作燖，與溫同義，故鄭注中庸云：溫，讀如燖溫之溫。與下文寒字相對，賈說得之。服、杜訓尋爲重，義雖可通，不如訓溫之爲直截也。

「故君臣多間。」（哀公廿七年傳）

賈逵曰：「間，隙也。」（史記魯世家集解引。馬、黃、王、嚴四家皆輯。）

案說文解字門部：「閒，隙也。」段玉裁曰：「隙者，壁際也。引申之凡有兩邊有中者，皆謂之隙。隙謂之閒。閒者，門開則中爲際，凡罅縫皆曰閒。其爲有兩有中一也。」（第十二篇上）是閒隙二字之義皆謂兩邊而中有所斷隔也，故二字可互訓。引申之凡兩人之間情意欠融洽，有嫌怨，亦稱有隙。隙或假作郤。間爲隙，經傳注多有之。昭十三年傳「諸侯有間」杜注，國語晉語「一間也」、越語「事將有間」韋注，荀子强國篇「得間則散」楊注，並云：「間，隙也。」是也。

（三）以假借義釋者

「以贏諸侯」（襄公卅一年傳）

賈逵曰：「贏，讀爲盈，受也。」（正義引。馬、黃、王、嚴四家皆輯。）

案杜注：「贏，受也。」正義曰：「賈、服、王、杜皆讀爲盈，盈是滿也，故皆訓爲受。」竹添光鴻左傳會箋云：「君行師行，而舍之於隸人之垣，車馬從者盈溢於垣內，故云贏諸侯。凡器受物則滿，滿者受之極也，故杜轉盈爲受也。」（襄公卅一年）昭明文選古詩：「盈盈樓上女。」李注：「

盈與嬴同，古字同。」（卷二十九）故賈云：嬴讀爲盈，受也。服、王、杜諸家並同。

「**居于曠林**。」（昭公元年傳）

賈逵曰：「**曠，大也**。」（史記鄭世家集解引。馬、黃、王、嚴四家皆輯。）

案杜注：「曠林，地闕。」杜以曠林爲地名，與賈異。洪亮吉曰：「案杜注蓋不從賈義。今考李善文選注引作曠埜。足證賈義爲長。」（春秋左傳詁卷十五）左傳會箋云：「據賈逵說則爲曠廓之林，猶穆天子傳所謂曠原也。特所在未詳。」（昭公元年）會箋亦從賈說，是也。賈云曠爲大者，廣雅釋詁：「廣，大也。」（卷一）曠從廣聲，亦作廣。說文日部：「曠，明也。」段氏云：「廣大之明也。會意兼形聲字也。」（第七篇上）荀子解蔽：「則廣焉能弃之矣。」楊倞注：「廣讀爲曠，遠也。」（卷下）是曠廣互通。廣大常訓，故曠亦得訓大也。

「**祀夏配天，不失舊物**。」（定公元年傳）

賈逵曰：「**物，職也**。」（史記吳世家集解引。馬、黃、王、嚴四家皆輯。）

案杜注：「物，事也。」傳云：少康逐滅過戈，復禹之績，祀夏配天，不失舊物。是舊物謂舊職也。（廣雅釋詁四：職，業也。）賈氏釋「物」爲「職」者，音近義得相通。杜釋爲「事」，失之。

（四）以同類之名為釋者

「**乃溝公宮**。」（僖公十九年傳）

賈逵曰：「溝，塹也。」（史記晉世家集解引。馬、黃、王、嚴四家皆輯。傳文乃溝公宮，王輯作梁溝公宮，黃輯作梁淸公卒，並有誤。馬、嚴輯不誤。）

案杜注：「溝，塹。」用賈說。說文：「塹，阬也。」段注引江沅曰：「阬，閬也。閬門高大之貌，門之高大，阬之深廣相似也。故阜部：阬，閬也。即緜傳之阬高貌。古毛詩蓋作臯門有阬耳。塹則與阬之深廣同義。」（第十三篇下）是河溝之深廣者爲塹，取義與阬同，故許愼以阬釋之。塹，通常於城壘外爲之，爲防禦之設施。史記高祖本紀：「使高壘深塹，勿與戰。」（卷八）深塹即壘外之深溝也。故廣韻艷韻釋云：「塹，遶城水也。」（卷四）又謂之護城河。至莊子外物篇釋文云：「塹，掘也。」（第二十六篇）此則其引申義也。

「守陴者皆哭。」（宣公十二年傳）

賈逵曰：「陴，城堞也。」（太平御覽卷四百八十引。馬輯有，黃、王、嚴三家缺，馮補有，馬輯作城也，脫漏堞字，今正。）

案杜注：「陴，城上俾倪。」正義曰：「陴，城上小牆。俾倪者，看視之名。襄六年，晏弱圍萊堙之環城，傅於堞。注云：堞，女牆也。又二十五年，吳子門于巢，巢牛臣隱於短牆以射之。二十七年盧蒲嫳攻崔氏，崔氏堞其宮而守之。注云：堞，短垣也。陴、堞、俾倪、短牆、短垣、女牆，皆一物也。」說文云：「陴，城上女牆俾倪也。」（第十四篇下）又說文：「堞：城上女垣也。」（第十三篇下）堞今字作堞。女垣即女牆也。俾倪亦作睥睨。釋名釋宮室：「城上垣曰睥睨。言於其孔中睥睨非常也。亦曰陴：陴，裨也。言裨助城之高也。」（卷五）陴亦作埤。國語晉語：「反其埤。」注：「城上女垣。」（卷十二）墨子備城門篇云：「俾倪：廣三尺，高二尺五寸。」（墨子閒詁卷十四）蓋其制也。是賈、杜釋陴字，文雖異而實同也。

「亂行于曲梁。」（襄公三年傳）

賈逵曰：「行，陳也。」（史記晉世家集解引。馬、黃、王、嚴四家皆輯。）

案杜注：「行，陳次。」杜本賈義。晉語韋注：「行，行列也。」（卷十三）周禮夏官序官行司馬注：「行，謂軍行列。」（卷二十八）又秋官掌客注：「陳，列也。」（卷三十八）又士師云：「大師帥其屬而禁逆軍旅者，與犯師禁者而戮之。」鄭注：「犯師禁，干行陳也。」疏云：「犯師禁、干行陳者，干犯軍之行陳。案昭元年云云。襄三年，雞澤之盟，晉侯之弟楊干亂行於曲梁，魏絳戮其僕。魏絳曰：軍事有死無犯爲敬。此二者是反將命、干行陳之事也。」（卷三十五）鄭注、賈疏皆行陳並稱，是行爲陳也。陳，今字作陣。

（五）訓義與爾雅相應者

「共仲使卜齮賊公於武闈。」（閔公二年傳）

賈逵曰：「卜齮，魯大夫也。宮中之門謂之闈。」（史記魯世家集解引。馬、黃、王、嚴四家皆輯。馬、嚴輯分作兩條，此從黃、王輯。）

案杜注：「卜齮，魯大夫也。宮中小門謂之闈。」略同賈說。傳稱，卜齮有田爲閔公之傅所奪，又與弒閔公，故以爲魯大夫。傳僅此年見。爾雅釋宮：「宮中之門謂之闈，其小者謂之閨，小閨謂之閤。」（卷五）賈說蓋據爾雅。說文：「闈，宮中之門也。」（第十二篇上）與賈同。杜以宮中小門釋闈，則與閨無別，非也。周禮：「保氏，使其屬守王闈。」鄭注：「闈，宮中之巷門。」（卷十四）又考工記：「匠人，闈門容小扃參个。」鄭注：「小扃長二尺，參个六尺。」（卷四十一）是其制也。

「載祀六百。」（宣公三年傳）

賈逵曰：「載，辭也。祀，年也。商曰祀。」（史記楚世家集解引。馬、黃、王、嚴四家皆輯。）

案杜注：「載祀皆年。」杜釋載字與賈異。王肅曰：「載祀者，猶言年也。」（史記卷四十楚世家集解引）杜說蓋本王肅。正義曰：「釋天云：唐虞曰載，商曰祀，周曰年。孫炎云：載取物終更始，祀取四時祭祀一訖，年取年穀一熟。是載祀皆年之別名，複言之耳。」唐虞曰載，見於尚書堯典篇。杜云，載、祀皆年。正義謂複言之耳，於左傳文義可通。詩載馳：「載馳載驅。」毛傳：「載，辭也。」（卷三之二）是載可爲語辭。賈訓載爲語辭，於文義亦可通。武億曰：「載當記載之載，謂記年六百，與下卜世三十，卜年七百句意同。賈逵曰：載，辭也。以載爲辭，不云皆年，義可據。」（群經義證卷三）按武氏說以載爲記，此常訓也。又就左傳上下文義觀之，似較賈、杜說爲優，當從之。商曰祀者，見於爾雅釋天。（卷五）尚書洪範：「惟十有三祀，王訪於箕子。」僞孔傳

：「商曰祀。箕子稱祀，不忘本。」（卷十二）僞孔傳謂箕子用商人稱，是也。經傳引此文亦多稱商書。又商人稱祀，卜辭中屢見，是殷商稱年爲祀也。

「而或燠休之。」（昭公三年傳）

賈逵曰：「燠，厚也。休，美也。」（正義引。馬、黃、王、嚴四家皆輯。）

案杜注：「燠休，痛念之聲。」正義云：「服虔云：燠休，痛其痛而念之，若今時小兒痛，父母以口就之曰燠休，代其痛也。杜氏：燠休痛念之聲，其意如服言也。」是杜說本之服虔。賈就字義言之，服則舉時俗以爲況也。二說義不相違。說文火部：「燠，熱在中也。」（第十篇上）尙書洪範：「庶徵，曰燠曰寒。」（卷十二）燠又假奧爲之。詩小雅小明：「日月方奧。」毛傳：「燠，煖也。」（卷十三之一）引申之，故有厚義。休，美也。爾雅釋詁文。李貽德申服說云：「樂記：煦嫗覆育萬物。注：以氣曰煦。則以口就之，謂吹氣以溫之也。淮南本經訓：以相嘔咐醞釀而成育群生。嘔咐即燠休。玉篇本服注，燠休又作噢咻矣。」（賈服注輯述卷十四）竹添光鴻左傳會箋云：「或之言有也。燠，溫煦之意。集韻：燠音嫗，或作噢。休音煦，氣以溫之也。玉篇：噢咻，痛念之聲。集韻或省作休。漢尉氏令鄭季宣碑：噢咻，即用此傳語。服虔云云，服說精矣。觀玉篇燠休字皆从口，更於聲意無可疑者矣。」（昭公三年傳）李氏及會箋之說可爲服氏之證。杜云痛念之聲，不若服說之明確。

「稱姻妾以告。」（哀公十五年傳）

賈逵曰：「**婚姻家妾也**。」（史記衛世家集解引。馬、黃、王、嚴四家皆輯。）

案杜注從賈說。爾雅釋親：「婿之父爲姻，婦之父爲婚。」（爾雅注疏卷四）說文解字女部：「姻，婿家也。女之所因，故曰姻。」（第十二篇下）又女部：「婚，婦家也。禮娶女以昏時，婦人陰故曰婚。」（同上）此婚姻二字之別也。釋親又云：「婦之父母，壻之父母，相謂爲婚姻。」（同前）婚姻二字連舉，經傳中每多有之。如詩小雅我行其野：「婚姻之故。」（詩經注疏卷第十一）儀禮士昏禮云：「某以得爲外婚姻。」（儀禮注疏卷六）皆謂二姓結爲姻親之意，後世亦沿用不改。國語晉語云：「納女工妾三十人。」韋昭注：「妾，給使者。」（卷十四）據此則姻妾爲婚姻給使之人，故賈云，婚姻家妾也。

（六）訓義與毛傳相應者

「**于思于思**。」（宣公二年傳）

賈逵曰：「**白頭貌**。」（正義及釋文引。又詩小雅瓠葉疏引作服虔。馬、黃、王、嚴四家皆輯。）

案杜注：「于思，多鬢之貌。」太平御覽卷三百五十五引注：「于思，鬚之貌。」又卷三百七十四引注：「于思，多髯之貌。」疏引釋文：「于思，如字，又西才反。多鬚貌。」又云：「鬚修于反，字又作鬢。」則陸氏所見杜注，當以作鬚爲正，作鬢者誤也。杜釋于思爲多鬚貌，不用賈說。正義駁賈云：「賈逵以爲白頭貌。成十五年，華元爲右師。距此三十二年，計未得頭白，故杜以爲多鬢貌，亦是以意言之耳。此鬚亦當作鬚。惠棟曰：「賈逵曰：白頭貌。案毛詩瓠葉云：有兔斯首。鄭箋云：斯白也。今俗語斯白之字作鮮，齊魯之間聲近斯。正義曰：服虔以于思爲白頭貌，字雖異，蓋亦以思聲近鮮，故爲白頭也。後漢書朱儁傳：賊多髭者，號于氏根。注引杜注爲證。案此則于爲須，思爲白，于思爲白須也。」（左傳補注卷二）惠氏引詩瓠葉鄭箋證賈、服白頭之說，而以後漢書朱儁傳注證于思爲白鬚，與杜說略同。惠氏蓋以爲兩說皆可通。洪亮吉曰：「杜注以于思爲多鬚貌，恐非，當以賈義爲長。」（左傳詁卷十）洪氏主賈說，然未有申證。沈欽韓左傳補注亦引瓠葉鄭箋證賈說。又云：「說卦，巽爲宣髮。虞翻曰：爲白故宣髮。宣鮮聲同，故宣亦爲白。于，曰也，曰思曰思，不必指其頭髮白。澤門之晳，有類于此。」（卷五）澤門之晳，見襄十七年傳。沈氏證賈說外，又釋于爲曰，以爲不必指其頭髮白。是亦爲兩可之論。竹添光鴻曰：「于，發聲也。思，多鬚貌。詩盧令：其人美且偲。毛傳：偲，鬚美貌。朱傳亦以偲爲多鬚。引此傳作證。是思與偲同。又思而音義相通。考工記：作其鱗之而。說文：而，頰毛也。注：今俗別作髵。玉篇：髵，多毛貌。張衡西京賦：猛毅髬髵。注：髬髵，猛獸奮鬣貌。增韻：髬䰄，多須也。或作思。然則髬䰄即髬髵也。從髟定是末造。張衡所謂髬髵即不而也。于思之于，不而之不，皆是發聲。爾雅釋魚：左倪不類，右倪不若。疏云：不，發聲也，是也。不之爲發聲，與髬髵正似。」（左傳會箋宣公二年）按賈以于思爲白頭貌，典籍中無明顯例證。惠氏、沈氏引詩瓠葉鄭箋爲說，亦但能證思爲白，不能證其必爲白髮也。以思爲白，故推斷其爲白髮耳。杜氏釋爲多鬚貌，正義謂其亦是以意言之耳。竹添氏以思與偲同，又與「而」音義相通為說，可為杜說之證。當較賈說為優。後世亦多以杜說為于思一詞之正解矣。惟俞樾釋于思不從賈、杜二說，其言曰：「集解曰：于思，多鬢之貌。正義曰：賈逵以為白頭貌。樾謹按：二說皆以意言之，無他證也。思字疑助語辭。禮記中庸篇，神之格思，不可度思，矧可射思。鄭注曰：思皆聲之助，是也。于思于思，棄甲復來。猶韓退之文所謂于于然來耳。于于，自足貌。莊子應帝王篇云：其臥徐徐，其覺于于。語助之詞，即以為韻，三百篇中亦往往有之。關雎篇正義所謂即將助句之字，以當聲韻之體也。莊二十八年傳：狄之廣莫，於晉為都。晉之啓土，不亦宜乎。乎與都蓋亦韻也。」（群經平議卷二十五）按俞氏說甚有見地，衡以左傳上下文義，實較賈、杜二說為優，當從之。

「聖人之弘也。」（襄公廿九年傳）

賈逵曰：「弘，大也。」（史記吳世家集解引。馬、黃、王、嚴四家皆輯。）

案說文宀部：「宏，屋深也。从宀，厷聲。」段玉裁云：「屋深者，其內深廣也。法言曰：其中弘深，其外肅括。此宏字之義，假弘為宏耳。」（第七篇下）又弓部：「弘，弓聲也。从弓，厶聲。」段氏云：「經傳多假此篆為宏大字。」是宏大字當作宏，作弘者，其假借字也。弘訓為大，乃常訓。詩節南山：「喪亂弘多」毛傳（毛詩注疏卷十二之一），尚書顧命：「弘璧」孔疏（尚書注疏卷十八）後漢書李杜傳論：「其道弘矣」注（卷六十三），爾雅釋詁疏引尸子廣澤（卷一）並云：「弘，大也。」是其證。

「作祈招之詩。」（昭公十二年傳）

賈逵云：「祈，求也。招，明也。言求明德也。」（正義引。馬、黃、王、嚴四家皆輯。）

案杜注：「祈父，周司馬，世掌甲兵之職。招，其名。」正義曰：「尚書酒誥云：若疇圻父。是祈父爲官名也。詩小雅有祈父之篇，其詩云：祈父予王之爪牙，胡轉予于恤。毛傳云：祈父，司馬也。職掌封圻之甲兵。鄭箋云：此司馬也。時人以其職號之，故曰祈父。杜用彼說，故云祈父司馬，世掌甲兵之職也。祈既是官，故以招爲其名。謂穆王之時，有司馬之官，其名曰招也。」正義又引賈逵及馬融說。賈說見前引。其引馬說云：「馬融以圻爲王圻千里，王者遊戲不過圻內，昭明也。言千里之內，足明德。」李氏貽德釋賈說曰：「說文：祈，求福也。詩賓之初筵：以祈爾爵傳；禮器：祭祀不祈注，並以祈爲求。詩鹿鳴：德音孔昭箋；儀禮士冠禮：昭告爾字注，並訓昭爲明。言求明德者，以下文引詩：引昭德音故云。」（賈服注輯述卷十六）洪氏亮吉曰：「案賈逵本作祈昭，與家語同。馬融本作圻昭。又案招當作常搖反。招與韶通。孟子：徵招角招。史記帝舜紀：禹乃興九招之樂。此其證也。杜注以招爲祈父之名，殊無所據，當以賈義爲長。」（春秋左傳詁卷十六）按洪氏駁杜說是也，然謂招與韶通，恐不可從。馬氏宗璉曰：「祈昭解當從馬融說。」（春秋左傳補注卷三）按杜注謂祈父爲周司馬，招乃祈父之名。正義以爲此從詩小雅祈父毛傳鄭箋之說。然毛、鄭不言祈父爲穆王之詩，詩序謂：「祈父，刺宣王也。」（卷十一之一）皆與此傳所言不合，且傳文亦不作祈父，則杜說非也。正義引賈、馬說而不駁，足見正義亦以賈、馬義爲長。阮元校勘記云：「賈逵、馬融云云，據此則賈逵本作祈昭，馬融本作圻昭也。」二家皆以明釋昭，而以明德爲言。惟祈字說異。如阮氏之言，則是所從本異，因亦異說。傳云：穆王欲肆其心，周行天下，祭公謀父乃作祈招之詩，以止王心。似馬融說爲長。馬氏宗璉云：當從馬說，是矣。

（七）訓義與方言釋名相應者

「以蕆陳事。」（文公十七年傳）

賈逵曰：「蕆，勑也。」（正義引賈服。馬、黃、王、嚴四家皆輯。嚴輯作「箴，敕也。」）

案杜注：「蕆，勑也。勑成前好。」杜用賈義。釋文：蕆，勑展切。正義曰：「蕆之爲勑，無正訓也。先儒相傳爲然。賈、服皆云：蕆，勑也。」洪亮吉曰：「案晉以後諸本皆作蕆。徧檢字書，並無蕆字。方言、廣雅蕆字，亦後人追改。今考字當作茍，通作蕆，形相近而誤也。說文：茍，自急敕也。正用賈義。方言：茍，備也。葡字從茍，亦是一證。」（春秋左傳詁卷九）李貽德曰：「說文無蕆字，新附字有之。鈕氏樹玉曰：「蕆，疑古作蕆。玉篇：蕆，敕展切，解也，備也。引左傳曰：寡君願以蕆事。蕆，敕也。據晉語：陽畢曰：厚戒蕆國以待之。韋注：蕆，猶敕也。是蕆義與蕆同。方言：蕆，敕；戒備也。又云：備、該，咸也。箴从咸，或聲兼義，更與蕆合。又形聲亦相類，故疑古作蕆。」（賈服注輯述卷八）按李說可證洪氏通作蕆之義，二說並與賈、杜合，其說蓋是。

「唯是風馬牛不相及也。」（僖公四年傳）

賈逵曰：「風，放也。牝牡相誘曰風。」（書經費誓正義引。馬、黃、王、嚴四家皆輯。正義引作服虔注，蓋服與賈同。）

案杜注：「牛馬風逸，蓋末界之微事，故以取喻。」正義曰：「尙書稱，馬牛其風。此言風馬牛，謂馬牛風逸，牝牡相誘，蓋是末界之微事，言此事不相及，故以取喻不相干也。」杜本之賈說。惠棟曰：「呂覽曰：乃合纍牛騰馬，遊牝於牧。高誘曰：纍牛，父牛也。騰馬，父馬也。皆將群游從牝於牧之野，風合之。其說與賈侍中蓋同。漢儒相傳有是語也。」（春秋左傳補注卷一）惠氏引呂覽高誘注，以證牝牡相誘曰風之義，說固可通。而焦循駁注說云：「費誓，馬牛其風。鄭注訓風爲走逸。釋名：風，放也。氣放散也。詩北山，出入風議。箋亦云：風，猶放也。是風爲放逸之名。馬牛各有羈縶，不越疆界，惟放縱走逸，則可越界而行。上云君處北海，寡人處南海，並不連疆接境，雖放馬牛，使之走逸，斷不相及。言楚之馬、牛雖逸，不能入齊地，齊之馬牛雖逸，不能入楚地，言其遠也。故下云不虞君之涉吾地也何故？至因牝牡相誘而逸，此風之由耳。呂氏春秋：乃合纍牛騰馬，游牝於牧。高誘注云，皆將群游，從牝於牧之野，風合之。風合亦當謂放之使合。杜以馬牛風逸爲末界微事，未得傳意。二十八年晉中軍風于澤，亦是馬走逸於澤。杜言因風而走，亦未是。」（春秋左傳補注卷二）按焦氏之說較賈、杜爲確當，蓋風本馬牛走逸之名，以馬牛牝牡群游於野，每由牝牡相誘而走逸，故又以牝牡相誘謂之風，乃從後起之義。賈以放釋風固是，又以牝牡相誘爲說則未當也。沈欽韓左傳補注：「管子侈靡篇：佶堯之時，牛馬之牧不相及。張世南游宦紀聞

：牛走順風，馬走逆風。亦是一理。」（卷三）沈氏補注所引兩說，亦無確證，恐不足取。焦氏之說，於義最長，當從之。

（八）訓義可證徐鉉本說文之誤者

「居肓之上，膏之下。」（成公十年傳）

賈逵曰：「肓，鬲也。心下爲膏。」（正義引。馬、嚴輯有，黃、王二家缺。）

案杜注用賈說。正義曰：「此賈逵之言，杜依用之。古今傳文，皆以爲膏之下，賈、服何休諸儒等，亦皆以爲膏。雖凝者爲脂，釋者爲膏，其實凝者亦曰膏，故內則云，小切狼臅膏。則此膏謂連心脂膏也。劉炫以爲釋者爲膏，連心之脂，不得稱膏，以爲膏當爲鬲，改易傳文，而規杜氏，非也。」尋繹正義之文，知劉炫謂，釋者爲膏，連心之脂，不得稱膏，故傳文膏字當爲鬲，以此規正杜氏。正義以劉說非是，故駁之，云：凝者亦得稱膏，引禮記內則：「小切狼臅膏」爲證，正義是也。洪亮吉曰：「說文：肓，心上鬲下也。春秋傳曰：病在肓之下。按尋賈義及說文，應云：居肓之下，膏之上。今本上下字，疑有脫亂。釋文引說文作：心下鬲上，誤。」（春秋左傳詁卷十一）俞正燮癸巳類稿持素脈篇靈脈經脈云：「心主乎厥陰，心包胳之脈起於胸中，出屬心包絡，下隔歷絡三焦。案心主所謂肓。說文肓云：心上鬲下也。左傳云：病在肓之下。道藏隱字千金方白帖疾部、容齋三筆，皆引左傳：膏之上，肓之下。東醫寶鑑引醫法入門亦作：膏之上，肓之下。蓋依說文所引肓下卽心，心下乃膏。先言膏者，如卦畫自下而上。正義云：古今傳文皆以爲膏之下，賈、服、何休諸儒皆以爲然，其意以爲二童子一居心上肓上，一居心下膏下，遂與說文本異。說文春秋左傳用賈逵，不應賈逵本有異。又醫緩言，攻之不可，達之不及，藥不至焉。明二豎同居心中，知今本左傳誤也。」（卷六）劉文淇曰：「說文以肓爲心上鬲下，又引傳文證之，則心上鬲下必是賈說。賈注當云：肓，鬲也。心上爲肓。上下肓膏，字易淆亂。又傳文上下字誤倒。後人用傳之誤本而改賈注。段氏玉裁說文注轉用左傳釋文，改許君說爲心下鬲上，非也。」（舊注疏證成公十年）李貽德釋賈說云：「說文：肓，心下鬲上也。此云鬲，不云鬲上者，素問云：肓之原在臍下。釋名釋形體云：膈，塞也。塞上下使氣與穀不相亂也。是肓原在臍下而運于鬲上，言鬲足該之矣。說文列膏于腸肪之間。腸者大小腸也。膏者，肥也。肪者，亦肥也。通俗文以脂在腰曰肪，則膏卽脂矣。」（賈服注輯述卷十）按徐鉉本說文肉部：「肓，心上鬲下也。春秋傳曰：病在肓之下。」（陽湖孫氏平津館本第四篇下）陸德明釋文引說文作：「肓，心下鬲上也。」與此異。左傳作肓之上，亦與此所引不同。段玉裁云：「下上各本互譌，篇韵同，今依左傳音義正。左傳：疾不可爲也，在肓之上，膏之下。賈逵、杜預皆曰：肓，鬲也。心下爲膏。按鄭駁異義云：肺也，心也，肝心，俱在鬲上。賈侍中說肓鬲也，統言之；許云，鬲上爲肓者，析言之。鬲上肓，肓上膏，膏上心。今本作心上鬲下，則不可通矣。素問曰：肓之原在臍下。釋名曰：膈，塞也。塞上下使氣與穀不相亂也。」（說文段注第四篇下肉部肓注）是段氏以今本（卽徐鉉本）說文有誤，故予以訂正，而改從陸氏釋文，引傳文亦改從今本左傳。李富孫春秋左傳異文釋云：「在肓之上，說文引作之下。案今釋文本引作：心下鬲上，不誤。肓之下，當作肓之上。」（卷五）李氏所見，與段氏同。李貽德引說文亦從段注本。沈欽韓曰：「馬蒔靈樞經脈注云：膈，隔也。凡人心下有膈膜，前齊鳩尾，後齊十一椎，周圍著脊，所以遮隔濁氣，不使上薰心肺也。」（左傳補注卷六）竹添光鴻左傳會箋云：「鬲，膈膜之膈，胸腹相隔之所是也。傅遜曰：鬲者，隔也。自鬲以上，皆心肺清潔之屬，自鬲以下，皆腸胃汚濁之屬。故晉人言酒之美惡，有鬲上、鬲下之分，則心在上，鬲在下固矣。而心下有微脂爲膏，鬲下有薄膜爲肓也。蓋以醫家凡用針灸藥石，必以經絡穴道管某腑某臟而治之，二豎居心鬲之上下，猶有肓與膏之係，而居肓膏之上下，則於臟腑略無所係，爲至虛之處，非經絡穴道所關，以故攻之不可，達之不及，藥不及焉。」（成公十年）按段氏、李氏正說文，段氏、沈氏、會箋正膈膜及膏肓之位處，皆是也。洪氏、俞氏、劉氏引說文皆從徐鉉本，因而致誤。徐本說文之誤，不知始於何時？唐陸德明所見本尚不誤也。洪氏、劉氏據誤本說文，乃反疑左傳，非也。俞氏謂道藏隱字千金方、白帖疾部、容齋三筆等書引左傳皆作膏之上，肓之下。蓋亦據今本說文，因而致誤。然則徐本說文之誤，由來久矣。又會箋引傳遜言鬲下有薄膜爲肓及二豎居心鬲之上下云云，說尚未妥。按肓卽鬲也。鬲，謂膈膜。沈氏引馬蒔靈樞經脈注說不誤。今謂之横膈膜，亦稱膈膜，爲隔離胸腹兩腔之板狀筋，其中央部由腱膜而成，周緣繞以筋束，此傳所謂肓也，說文釋爲心下鬲上，謂在心之下則是，謂在鬲上則尚未確。膈膜之上與心、肺等臟器相隣接，其間所積脂肪，卽謂之膏，此傳所謂膏也。膏肓介胸腹之間，非重要臟器所在，古醫家以爲非藥石所能達，故傳云然。俞氏謂，心主所謂肓，及二豎同居心中，皆與傳意不合，非也。故賈、杜云，肓，鬲也。心下爲膏。言雖簡，而義則確當也。

附錄一　參考書目

經部春秋類

玉函山房輯佚書（春秋左傳部分）　清馬國翰輯
逸書考（春秋左傳部分）　清黃奭輯
漢魏遺書鈔（春秋左傳部分）　清王謨輯
春秋集傳纂例（十卷）　唐陸淳撰
春秋微旨（三卷）　唐陸淳撰
春秋啖趙二先生集傳辯疑（十卷）　唐陸淳撰
春秋釋例（十五卷）　晉杜預撰
春秋經傳集解（三十卷）　晉杜預撰
春秋左傳注疏（六十卷）　晉杜預集解、唐孔穎達疏
春秋內傳古注輯存（三卷）補輯（三卷）　清嚴蔚輯、馮明貞補輯
春秋尊王發微（十二卷）　宋孫復撰
春秋傳（十五卷）　宋劉敞撰
春秋權衡（十七卷）　宋劉敞撰

春秋意林（二卷） 宋劉敞撰
春秋經解（十三卷） 宋孫覺撰
春秋集解（十二卷） 宋蘇轍撰
春秋本例（二十卷） 宋崔子方撰
春秋經筌（十六卷） 宋趙鵬飛撰
春秋傳（二十卷） 宋葉夢得撰
春秋後傳（十二卷） 宋陳傅良撰
春秋集解（三十卷） 宋呂祖謙撰
春秋左氏傳說（二十卷） 宋呂祖謙撰
春秋傳（三十卷） 宋胡安國撰
春秋提綱（十卷） 宋陳通則撰
春秋通說（十三卷） 宋黃仲炎撰
春秋集註（十一卷） 宋張洽撰
春秋或問（二十卷） 宋呂大圭撰
春秋集傳詳說（三十卷） 宋家鉉翁撰
春秋本義（三十卷） 元程端學撰

春秋或問（十卷）　元程端學撰
春秋集傳（十五卷）　元趙汸撰
春秋屬辭（十五卷）　元趙汸撰
春秋師說（三卷）　元趙汸撰
春秋左氏傳補注（十卷）　元趙汸撰
春秋諸傳會通（二十四卷）　元李廉撰
春秋集傳釋義大成（十二卷）　元俞臯撰
讀春秋編（十二卷）　元陳深撰
春王正月（二卷）　明張以寧撰
春秋稗疏（二卷）　清王夫之撰
左傳事緯（十二卷）　清馬驌撰
春秋毛氏傳（三十六卷）　清毛奇齡撰
春秋簡書刊誤（二卷）　清毛奇齡撰
春秋屬辭比事記（四卷）　清毛奇齡撰
春秋地名考略（十四卷）　清高士奇撰
春秋管窺（十二卷）　清徐庭垣撰

春秋宗朱辨義（十二卷）　清張自超撰
春秋通論（四卷）　清方苞撰
春秋說（十五卷）　清惠士奇撰
春秋大事表（五十卷）　清顧棟高撰
左傳補注（六卷）　清惠棟撰
春秋左氏傳小疏（一卷）　清沈彤撰
春秋地理考實（四卷）　清江永撰
春秋究遺（十六卷）　清葉酉撰
春秋隨筆（二卷）　清顧奎光撰
學春秋隨筆（十卷）　清萬斯大撰
春秋正辭（十三卷）　清莊存與撰
春秋異文箋（十三卷）　清趙坦撰
左傳杜解補正（二卷）　清顧炎武撰
春秋左傳注疏考證（六卷）　清齊召南撰
春秋左傳校勘記（四十二卷）　清阮元撰
春秋左傳補疏（五卷）　清焦循撰

春秋左傳補注（三卷）　清馬宗璉撰
左氏春秋考證（二卷）　清劉逢祿撰
春秋古經說（二卷）　清侯康撰
春秋釋（一卷）　清黃式三撰
春秋左傳詁（二十卷）　清洪亮吉撰
左通補釋（三十二卷）　清梁履繩撰
左傳異文釋（十卷）　清李富孫撰
左氏古義（六卷）　清臧壽恭撰
春秋左氏傳補注（十二卷）　清沈欽韓撰
春秋左傳地名補注（十二卷）　清沈欽韓撰
左傳舊疏考正（八卷）　清劉文淇撰
春秋左傳賈服注輯述（二十卷）　清李貽德撰
春秋左氏傳舊注疏證（不分卷。襄公六年以下缺）　清劉文淇撰
茶香室經說（左傳部分）　清俞樾撰
達齋春秋說　清俞樾撰
左傳輯釋（二十五卷）　日本安井衡撰

左傳會箋　日本竹添光鴻撰
清儒春秋彙解　抉經心室主人撰
春秋左傳讀敘錄　章太炎先生撰
劉子政左氏說　章太炎先生撰
讀左劄記　劉師培撰
春秋左氏傳時月日古例考　劉師培撰
春秋左氏傳答問　劉師培撰
春秋左氏傳古例詮微　劉師培撰
春秋左氏傳例略　劉師培撰
左傳分國集註　韓席籌撰
春秋左傳地名圖考　程師旨雲撰
春秋辨例　戴君仁先生撰
左傳五十凡例辨　陳槃先生撰
春秋大事表列國爵姓及存滅表譔異　陳槃先生撰
春秋吉禮考辨　周何先生撰
許愼之經學　黃永武撰

左傳眞僞考及其他　高本漢撰
左傳眞僞考的提要與批評　胡　適撰
論左傳之可信及其性質　胡　適撰　國立中山大學語言歷史學研究所周刊第一集第一期
左傳之研究　衛聚賢撰　國學論叢第一卷第一、二號
論左傳之性質及其與國語之關係　楊向奎撰　國立北平研究院史學集刊第二期
左傳與國語　卜　德撰　燕京學報第十六期
論國語與左傳的關係　張以仁撰　中央研究院歷史語言研究所集刊第三十三本
（以上左傳之屬）
春秋公羊傳注疏　漢何休注　唐徐彥疏
春秋穀梁傳注疏　漢范寧注　唐楊士勛疏
春秋公羊通義　清孔廣森撰
公羊義疏　清陳立撰
公羊禮疏　清凌曙撰
穀梁異文釋　清李富孫撰
穀梁大義述　清柳興恩撰
穀梁補注　清鍾文烝撰

穀梁范注發微　王熙元撰
春秋繁露注　漢董仲舒撰　清凌曙注
白虎通疏證　漢班固撰　清陳立疏證
公羊何氏解詁箋　清劉逢祿撰
（以上公羊、穀梁、繁露、白虎通之屬）

經部易類

周易注疏　魏王弼、晉韓康伯注　唐孔穎達疏
周易集解　唐李鼎祚撰
易傳　宋程頤撰
周易本義　宋朱熹撰
孫氏周易集解　清孫星衍撰
周易集解纂疏　清李道平撰
先秦漢魏易例述評　屈萬里先生撰
周易卦爻辭釋義　李漢三先生撰

經部書類

尙書注疏　僞孔安國傳　唐孔穎達疏

書集傳　宋蔡沈撰

尙書今古文注疏　清孫星衍撰

尙書歐陽夏侯遺說考　清陳喬樅撰

尙書集註音疏　清江聲撰

今文尙書考證　清皮錫瑞撰

尙書源流考　劉師培撰

太史公古文尙書說　章太炎先生撰

尙書釋義　屈萬里先生撰

尙書述略　林師景伊撰

經部詩類

毛詩注疏　漢毛亨傳、鄭玄箋　唐孔穎達疏

毛詩草木鳥獸蟲魚疏　晉陸璣撰

詩集傳　宋朱熹撰

毛詩補疏　清焦循撰

毛詩傳箋通釋　清馬瑞辰撰

詩毛氏傳疏　清陳奐撰

三家詩遺說考　清陳喬樅撰

詩三家義集疏　清王先謙撰

經部禮類

周禮注疏　漢鄭玄注　唐賈公彥疏

儀禮注疏　漢鄭玄注　唐賈公彥疏

禮記注疏　漢鄭玄注　唐孔穎達疏

禮記集解　清孫希旦撰

禮記訓纂　清朱彬撰

禮書通故　清黃以周撰

儀禮正義　清胡培翬撰

周禮正義　清孫詒讓撰

禮記異文箋　清俞樾撰

周禮古注集疏　劉師培撰

大戴禮記補注　清孔廣森撰

大戴禮記解詁　清王聘珍撰

禮學新探　高師仲華撰

鄭玄學案　高師仲華撰

三禮鄭氏學發凡　李雲光撰

經部論語、孟子、孝經、爾雅、小學類

論語注疏　魏何晏等集解　宋邢昺疏

論語正義　清劉寶楠撰

孟子注疏　漢趙岐注　宋孫奭疏

孟子正義　清焦循撰

孝經注疏　唐玄宗御注　宋邢昺疏

爾雅注疏　晉郭璞注　宋邢昺疏

爾雅正義　清郝懿行撰

說文解字注　清段玉裁注

說文解字　南唐徐鉉傳本

說文解字繫傳　南唐徐鍇撰

說文解字引經考　馬宗霍撰

說文通訓定聲　清朱駿聲撰

方言（盧氏抱經堂本）　漢楊雄撰

釋名（吳氏璜川書屋本）　漢劉熙撰
廣雅疏證　晉張揖撰　王念孫疏證
玉篇（張氏澤存堂本）　梁顧野王撰
廣韻（張氏澤存堂本）　宋陳彭年撰
集韻（新興書居影印本）　宋丁度撰

經部總義類

經典釋文　唐陸德明撰
經典釋文序錄疏證　吳承仕疏證
五經異義疏證　清陳壽祺撰
九經古義　清惠棟撰
古經解鈎沈　清余蕭客撰
經義雜記　清臧琳撰
經學巵言　清孔廣森撰
經義述聞　清王引之撰
群經平議　清俞樾撰
經學源流考　清甘鵬雲撰

經學歷史　清皮錫瑞撰
經學通論　清皮錫瑞撰
經學通志　錢基博撰
中國經學史　馬宗霍撰
兩漢經學今古文平議　錢穆先生撰
國學概論（經學）　程師旨雲撰
中國學術思想大綱（經學）　林師景伊撰

史部之屬

史記三家注　漢司馬遷撰
史記會注考證　日本瀧川龜太郎撰
漢書補注　漢班固撰　唐顏師古注　清王先謙補注
續漢書志　晉司馬彪撰
後漢書集解　宋范曄撰　清王先謙集解
三國志注　晉陳壽撰　晉裴松之注
三國志集解　民國盧弼撰
晉書　唐房喬等撰

南齊書　梁蕭子顯撰

魏書　北齊魏收撰

南史、北史　唐李延壽撰

隋書　唐魏徵撰

舊唐書　石晉劉昫等撰

新唐書　宋歐陽脩、宋祁合撰

（以上正史）

世本八種　漢宋衷注　清秦嘉謨等輯

國語注　三國韋昭注

戰國策注　漢高誘注

逸周書集訓校釋　清朱右曾撰

竹書紀年義證　清雷學淇撰

漢紀　漢荀悅撰

後漢紀　晉袁宏撰

華陽國志　晉常璩撰

水經注　北魏酈道元撰

史通　唐劉知幾撰

東漢會要　宋徐天麟撰

路史注　宋羅泌撰　羅苹注

四庫總目提要　清紀昀撰

文史通義　清章學誠撰

兩漢三國學案　清唐晏撰

補續漢書藝文志　清錢大昭撰

補後漢書藝文志　清侯康撰

補後漢書藝文志　清顧櫰三撰

後漢藝文志　清姚振宗撰

補後漢書藝文志幷考　清曾樸撰

隋書經籍志考證　清姚振宗撰

僞書通考　張心澂撰

漢代學術史略　顧頡剛撰

子部之屬

墨子閒詁　清孫詒讓撰

莊子集釋　清郭慶藩撰
荀子集解　唐楊倞注　清王先謙集解
呂氏春秋注　漢高誘注
山海經箋疏　清郝懿行疏
淮南鴻烈集解　劉文典撰
對策　漢董仲舒撰
鹽鐵論　漢桓寬撰
說苑　漢劉向撰
新論　漢桓譚撰
論衡　漢王充撰
獨斷　漢蔡邕撰
顏氏家訓　隋顏之推撰
世說新語　宋劉義慶撰
困學紀聞　宋王應麟撰
北堂書鈔　唐虞世南撰
初學記　唐徐堅撰

藝文類聚　唐歐陽詢撰
太平御覽　宋李昉等撰
玉海　宋王應麟撰
日知錄　清顧炎武撰
崔東壁遺書　清崔述撰
東塾讀書記　清陳澧撰
左盦集　劉師培撰
觀堂集林　王國維撰
章氏叢書　章太炎先生撰
國學略說　章太炎先生撰
黃侃論學雜著　黃季剛先生撰
先秦諸子繫年考辨　錢穆先生撰
書傭論學集　屈萬里先生撰
梅園論學集、續集　戴君仁先生撰
賈景伯年譜（國粹學報第七年第八十二期）　陳邦福撰

集部之屬

楚辭章句　漢王逸章句
昭明文選注　梁蕭統選　唐李善注
歐陽文忠公集　宋歐陽脩撰
曝書亭集　清朱彝尊撰
潛研堂文集　清錢大昕撰
望溪先生文集　清方苞撰
揅經室集　清阮元撰
東原集　清戴震撰
經韻樓集　清段玉裁撰
經學質疑錄　清張聰咸撰
東塾集　清陳澧撰
賓萌集　清俞樾撰

附錄二　賈逵春秋左傳遺說分年索引

公	年	經傳	賈逵所釋之經文或傳文	頁數
隱公	前	經	釋春秋名義	34
			魯史所以稱春秋	37
			孔子所以作春秋	38
		傳	隱公立而奉之	237
	元	經	元年春王正月	96
			公子益師卒	102
			公及儀父盟于蔑	154
		傳	不書即位攝也	232
			釋傳言初之例	233
			曰儀父貴之也	240
			生莊公及共叔段	241
			請京使居之	526
			都城過百雉	413
			大叔出奔共	490
			遂寘姜氏於城潁	527
			潁考叔爲潁封人	527
			改葬惠公公弗臨	378
			葬故有闕	379
	2	經	無駭帥師入極	535
	3	傳	鄭武公莊公	415
			王子狐爲質于鄭	539 570
			取溫之麥	505
			石碏諫曰	558
隱公	4	經	衛州吁弒其君完	105
			公及宋公遇于清	51
		傳	衛人使右宰醜	528
			衛人逆公子晉	490
	5	傳	公將如棠觀魚者	506
	6	經	宋人取長葛	107
	7	經	叔姬歸于紀	53
	8	傳	先配而後祖	371
	11	傳	周宗盟異姓爲後	399
			禱於其主鍾巫	332
桓公	2	經	宋督弒其君與夷	107
			蔡侯鄭伯會于鄧	492
		傳	宋殤公立十年	267
			是以清廟茅屋	432
			鞶厲游纓	444
			師服曰	560
			哀侯侵陘庭之田	516
	3	經	春正月不書王	108
			公子翬如齊逆女	156
			有年	54
		傳	韓萬御戎	560
	5	傳	旝動而鼓	457
			秋大雩	383
			始殺而嘗	388

昭公	25	傳	上辛大雩	258	昭公	32	經	諸侯大夫城成周	188
			生于六氣	336			傳	越得歲而吳伐之	287
			師己曰異哉	546	定公	元	傳	祀夏配天	592
			季氏介其雞	283		3	經	公如晉至河乃復	93
			臧昭伯之從弟會	547			傳	有兩肅爽馬	316
			使郈孫逆孟懿子	547		4	傳	嘖有煩言莫之治	588
			執冰而踞	327				蔡叔康叔之兄也	368
			請致千社	441				封於少皡之墟	350
	26	經	公至自齊居于鄆	92				分康叔大路少帛	321
		傳	申豐從女賈	548				管蔡啓商	589
			粟五千庾	339				黄父之會	289
	27	傳	使公子掩餘帥師	572				無始亂	260
			帥都君子	431				執燧象以奔吳師	290
			此時也弗可失也	307		5	經	歸粟于蔡	150
			上國有言	308			傳	而自稷會之	526
			抽劍刺王	259		6	傳	以文之舒鼎	323
	28	傳	有仍氏生女黰黑	587		7	經	九月大雩	228
			貪惏無饜	286		8	經	釋曹伯露卒	229
	29	傳	國有豢龍氏	587			傳	主人出師奔	260
			以更豕韋之後	361				盜竊寶玉大弓	324
			夏后饗之既而求	355				魯於是始尚羔	402
			鬱湮不育	588		9	傳	載蔥靈	473
			木正曰句芒	394		10	經	公會齊侯于夾谷	152
			世不失職濟窮桑	347				梁嬰父嬖于知子	567
			烈山氏之子曰柱	348		13	傳	今三臣始禍	567
	32	經	公在乾侯取闞	226		14	傳	陳于檇李	533

定公	14	傳	使死士再禽焉	308	哀公	12	傳	今吾子曰必尋盟	590
			衛侯爲夫人南子	559		13	經	公會晉吳于黃池	191
			謂戲陽速曰	559			傳	王惡其聞也	263
	15	經	齊侯衛侯次蘧挐	190		14	經	西狩獲麟	46
哀公	元	傳	吳王夫差敗越	533				小邾射來奔	50
			保于會稽	534			傳	闞止有寵焉	554
			有過澆殺斟灌	355				諸御鞅言於公	555
			后緡方娠	356				陳豹欲爲子我臣	555
			逃奔有虞爲庖正	357				適豐丘	512
			有田一成衆一旅	465				陳恆執公於舒州	512
	6	傳	晏圉弦施來奔	554		15	傳	稱姻妾以告	596
			夏書曰惟彼陶唐	358				太子與五人介	264
			齊邴意茲來奔	235				遇子羔將出	559
			使毛遷孺子於駘	511				弗及不踐其難	264
	7	傳	禮上物不過十二	407		16	傳	以王如高府	526
			夢衆君子立社宮	440		17	傳	紫衣狐裘	451
			乃背晉而奸宋	309				如魚竀尾	265
	11	傳	命其徒歌虞殯	382				見戎州	536
			胡簋之事	325		22	傳	請使吳王居甬東	535
			季孫欲以田賦	481		27	傳	故君臣多間	591
	12	傳	昭夫人孟子卒	261					

再版後記

本書於民國七十二年元月，由台南市興業圖書公司出版，僅於台灣地區銷售。歷經多年，擬予再版發行，經商請台北市文史哲出版社社長彭正雄先生同意進行再版事宜。初版時尚無國家圖書館 ISBN 書號制度，現已完成書號申請，便利行銷海內外。

我國古代經典，內容博大精深，乃中華文化之根基，春秋左傳尤為先秦重要典籍。本書為有關春秋左傳賈逵一家學說之研究探討，初版迄今，忽忽已四十年於茲，自愧無當於大雅，然敝帚自珍，實不忍自棄。來者方滋，或可為初學者導乎先路，期予望之矣。

本論文係作者就讀台灣師範大學國文研究所之時，在師長高明、林尹兩位教授指導下完成。此外，為書名題簽之施之勉教授，則為作者就讀成功大學中文系時之師長、系主任。幾位老師今已先後榮歸道山，師門深恩厚澤，將永銘於心，在此敬表由衷感激之忱。

二〇二一年，歲次辛丑年五月二十三日，新冠肺炎時疫正肆虐全球之時，

葉政欣謹記於台灣台南市東安路寓廬。